Spätmittelalter, Humanismus, Reformation

Studies in the Late Middle Ages,
Humanism, and the Reformation

herausgegeben von Volker Leppin (New Haven, CT)

in Verbindung mit

Amy Nelson Burnett (Lincoln, NE), Johannes Helmrath (Berlin),
Matthias Pohlig (Berlin), Eva Schlotheuber (Düsseldorf),
Klaus Unterburger (Regensburg)

134

Ulrich Bubenheimer

Wittenberg 1517–1522

Diskussions-, Aktionsgemeinschaft
und Stadtreformation

Herausgegeben von
Thomas Kaufmann und Alejandro Zorzin

Mohr Siebeck

Ulrich Bubenheimer, geboren 1942; Studium der Ev. Theologie, der Historischen Hilfswissenschaften und der Rechtsgeschichte; 1973 Promotion; 1987–2009 Professor für Ev. Theologie und Religionspädagogik an der Pädagogischen Hochschule Heidelberg; 2014–18 Mitarbeit an der Karlstadt-Edition.

Thomas Kaufmann, geboren 1962; Studium der Theologie in Münster, Göttingen, Tübingen; 1990 Promotion; 1994 Habilitation; 1996–2000 Lehrstuhl für Kirchengeschichte an der LMU München; seit 2000 Lehrstuhl für Kirchengeschichte in Göttingen; 2020 Leibnizpreis.
orcid.org/0000-0002-5003-8731

Alejandro Zorzin, geboren 1955; Studium der Ev. Theologie; 1989 Promotion; 1990–2000 Dozent für Kirchengeschichte am Instituto Superior Evangélico de Estudios Teológicos, Buenos Aires; seit 2012 wissenschaftlicher Mitarbeiter der Karlstadt-Edition.

ISBN 978-3-16-161981-6 / eISBN 978-3-16-161982-3
DOI 10.1628/978-3-16-161982-3

ISSN 1865-2840 / eISSN 2569-4391 (Spätmittelalter, Humanismus, Reformation)

Die Deutsche Nationalbibliothek verzeichnet diese Publikation in der Deutschen Nationalbibliographie; detaillierte bibliographische Daten sind über *http://dnb.dnb.de* abrufbar.

© 2023 Mohr Siebeck Tübingen. www.mohrsiebeck.com

Das Buch wurde von epline in Böblingen aus der Stempel Garamond gesetzt, von Gulde Druck in Tübingen auf alterungsbeständiges Werkdruckpapier gedruckt und von der Buchbinderei Spinner in Ottersweier gebunden.

Printed in Germany.

Vorwort

Am 30. September dieses Jahres jährt sich Ulrich Bubenheimers Geburtstag zum 80. Mal. Die Unterzeichnenden sahen darin einen erwünschten Anlass, diesen Band anzuregen. Sie wussten sich dabei von der Zustimmung vieler Kolleginnen und Kollegen der internationalen Reformationsgeschichtsforschung getragen. Ulrich Bubenheimer nahm unsere Anregung dankenswerter Weise freundlich auf, besprach mit uns die Auswahl der Beiträge, steuerte den Titel bei und schaute sich alles mit der ihm eigenen, unnachahmlichen Akribie noch einmal an. Dabei wurden an manchen Stellen substantielle Veränderungen vorgenommen; sie dokumentieren, dass Bubenheimer bis heute ein über alle Maßen lebendiger Forscher geblieben ist.

Bei der Umsetzung dieses Vorhabens erfuhren wir mancherlei moralische Unterstützung von den aktiven und ausgeschiedenen Mitarbeiterinnen und Mitarbeitern der Karlstadtedition, namentlich Dr. Harald Bollbuck, Dr. Stefania Salvadori, Prof. Dr. Martin Keßler (Bonn), Timo Janssen und Antje Marx sowie praktische Hilfen bei der Manuskripterstellung durch Frau Dr. Aneke Dornbusch (jetzt Bonn). An den Druckkosten beteiligte sich dankenswerterweise die Deutsche Forschungsgemeinschaft (aus Mitteln des Leibnizpreises), die Akademie der Wissenschaften zu Göttingen und die Evangelische Landeskirche in Württemberg.

Das Buch möge als Zeichen des tiefen Respektes gegenüber einem großen Wissenschaftler, uneigennützigen Kollegen, behutsamen und liebevollen Förderer des wissenschaftlichen Nachwuchses und ungemein liebenswürdigen Menschen und Freund, vor dem wir uns in Verehrung und Dankbarkeit verneigen, aufgenommen werden.

Göttingen und Limburgerhof im August 2022
Thomas Kaufmann und Alejandro Zorzin

Inhaltsverzeichnis

Einleitung der Herausgeber

Ulrich Bubenheimer gehört seit einem halben Jahrhundert zu den markantesten Erscheinungen der reformationsgeschichtlichen Forschung. Wie kein Zweiter hat er prominente Vertreter der sogenannten „radikalen Reformation" – allen voran Andreas Bodenstein von Karlstadt und Thomas Müntzer – in ihrem spannungsreichen Zusammenhang mit dem Wittenberger Hauptstrang der reformatorischen Entwicklung zu verstehen versucht. Bis heute ist Bubenheimer ein rastloser Forscher und Entdecker, ein Quellensucher und -finder, ein Paläograph von Rang, dessen Fähigkeiten Maßstäbe gesetzt haben und dessen detektivische Kombinationsgabe immer wieder verblüfft und zu eigener Weiterarbeit anregt. Bubenheimer ‚lebt', dass Forschung ein nicht abschließbarer, Generationen verbindender Prozess ist. Seiner Generosität und seiner selbstlosen Hingabe an die Sache haben die reformationsgeschichtliche Forschung und auch die Unterzeichnenden viel zu verdanken.

Immer wieder gelangen Bubenheimer, der sich in Jahrzehnten eine umfassende hilfswissenschaftliche Bildung und eine analogielose Kenntnis diversester Handschriften der Reformationszeit erworben hat, überraschende Quellenfunde und -zuschreibungen, die neues Licht auf vermeintlich bekannte Sachverhalte warfen[1]: eine Mitschrift zu Luthers Invokavitpredigten, die quer zur Drucküberlieferung stand und die Entstehungsgeschichte dieses Schlüsseldokuments der frühen Reformationsgeschichte differenziert zu analysieren veranlasst; ein Bucheintrag des Erfurter Augustinereremiten in einem aus seines Ordensbruders und Freundes Johannes Langs Besitz stammenden Gedichtdruck des Baptista Mantuanus mit dem Erstbeleg von Röm 1,17 aus Luthers Feder; Luthers Lesespuren in einem Band der Frobenschen Hieronymusausgabe, die die Tiefe seiner Befassung mit der Exegese des Kirchenvaters und Bibelübersetzers dokumentiert; die Zuschreibung eines Eintrags auf dem Berliner Exemplar des Leipziger Thanner-Drucks der *95 Thesen* an Johannes Lang, die neue Bewegung in die Diskussion um dieses Schlüsseldokument der Reformation brachte; eine Notiz des Wittenberger Juristen Johannes Schwertfeger auf dem Exemplar der lateinischen Version von Müntzers *Prager Sendbrief*, die den ursprünglichen Verwendungszusammenhang klärt; die Interpretation eines weithin unbeachtet gebliebenen Zettels aus der Müntzer-Überlieferung, die den Nachweis erbrachte, dass der spätere Antipode Luthers an einer Wittenberger Hieronymus-Vorlesung des Humanisten Aesticampianus teilgenommen und also vor einem

---

[1] S. die vollständige Bibliographie unten S. 395 in diesem Band.

breiten Studienhintergrund an der Leucorea und im Zusammenhang mit humanistischen Bildungsbemühungen zu interpretieren ist; ein Eintrag Luthers auf
einem Exemplar der anonym erschienenen Flugschrift *Dialogus Bulla* (1520; VD
16 M 383), die die Zuweisung des Textchens an Luthers Ordensbruder Petzensteiner erlaubt; eine Handschrift der *Asterici*, die von einem nicht realisierten
Publikationsplan kündet; Johannes Langs Exemplar der ersten Basler Luther-
Sammelausgabe aus dem Oktober 1518 – und vieles andere mehr. Ulrich Bubenheimer ist damit derjenige unter den Reformationshistorikern geworden, der am
konsequentesten nach Handschriften in gedruckten Texten fahndet und Marginalien in Druckschriften als Quellen erschlossen hat. Auf diese Weise wurde
einem bisher weitgehend unterschätzten, noch kaum ausgeschöpften Überlie-
ferungstypus Aufmerksamkeit zuteil, der gerade jetzt, unter den Bedingungen
der digitalen Zugänglichkeit gigantischer Druckbestände des 16. Jahrhunderts,
umfassend gehoben werden kann und genutzt zu werden verdient.

Bubenheimer trat mit einer Studie zu Karlstadt in die reformationsgeschichtliche Forschung ein. Das sechs Jahre nach der eingereichten Fassung der Dissertation (1971) publizierte Buch trägt den Titel „*Consonantia Theologiae et
Iurisprudentiae. Andreas Bodenstein von Karlstadt als Theologe und Jurist zwischen Scholastik und Reformation*"[2]; es stellt den Beginn der neueren Karlstadt-
forschung dar. Denn es basiert auf präzisen Detailrekonstruktionen und exakten
Kontextualisierungen, verzichtet auf umfassendere theologische Wertungen im
Geiste eines konfessionellen Positionalismus und eröffnet Perspektiven auf viel-
fältige Lesarten Karlstadts, des Juristen, des Scholastikers, des Humanisten, des
Bibeltheologen und -hermeneutikers, des akademischen Lehrers, des Kirchen-
reformers, des Propagandisten eines reformatorischen Laienchristentums. Charakteristisch für ‚Bubenheimers Karlstadt' war und ist, dass er sich definitiven
Fixierungen entzieht und bis in seine späte Basler Zeit hinein weiterentwickelt.
Zu seinem Verständnis bedarf es vieler Schlüssel. Als vorläufiger Abschluss der
von Bubenheimer inaugurierten Forschungsperiode kann die im Erscheinen begriffene Karlstadtedition[3] gelten, an der er unermüdlich mitwirkt und die ihm
mancherlei Förderung verdankt.

Wichtige Leitperspektiven der Dissertation Bubenheimers gehen auf die
produktive Lehrerschaft Heiko A. Obermans[4] zurück, mit dem er seit 1967/8
eng zusammenarbeitete[5]; dies betrifft etwa die integrative Sicht auf Scholastik,

---

[2] [JusEccl 34], Tübingen 1977.

[3] Die Edition erscheint in der Reihe der Quellen und Forschungen zur Reformationsgeschichte, hg. von Thomas Kaufmann, Gütersloh 2017 ff. Seit Beginn dieser Edition ist Ulrich Bubenheimer als Mitarbeiter involviert.

[4] Wissensgeschichtliche Hinweise zu Oberman jetzt in: Thomas Kaufmann, Aneignun-
gen Luthers und der Reformation, hg. von Martin Kessler [Christentum in der modernen
Welt 2], Tübingen 2022, S. 424 f. u. 445.

[5] Weitere Einzelheiten in: Martin Kessler, Das Karlstadt-Bild in der Forschung
[BHTh 174], Tübingen 2014, S. 446 ff.

Humanismus und Reformation, das Interesse an Zusammenhängen zwischen Italien und Mitteleuropa, besonders Deutschland, das Bemühen darum, Vertreter von „Reformation" und „Gegenreformation" vor dem Hintergrund gemeinsamer spätmittelalterlicher Prägungen und Voraussetzungen zu verstehen, oder auch den Versuch, die Akteure der frühen Wittenberger Reformation als Gruppe zu erfassen, in der Luther zwar eine führende Rolle spielte, aber nicht so stark dominierte, dass nicht auch andere Stimmen vernehmbar geworden wären. Mit Bubenheimers Karlstadtmonographie, die gegenüber der eingereichten Version um ein die Schweizer Periode behandelndes Kapitel erweitert worden war, beginnt eine Auseinandersetzung mit dem aus Franken stammenden Theologen, die von jeder wertenden Sicht im Sinne der älteren konfessionellen Frontlinien unabhängig ist. Noch Hermann Barge[6], dessen Karlstadtbiographie von 1905/06 bis heute die Grundlage jeder wissenschaftlichen Arbeit zu dem Dissidenten der Wittenberger Theologie bildet, wurde infolge einer positiv-identifikatorischen Beziehung zu seinem ‚Helden' in Konfrontationen verstrickt, die sich mühelos als Perpetuierung oder Reaktivierung der konfessionellen Positionierungen des 16. Jahrhunderts lesen lassen: emanzipatorisches Laienchristentum versus orthodoxes Luthertum unter landesherrlicher Ägide, jeweils repräsentiert in den Antagonisten Luther und Karlstadt. Bubenheimers Sicht auf Karlstadt lässt Sympathien anklingen, ist aber von kämpferischen Inanspruchnahmen frei. Zugleich nimmt er signifikante Prägungen durch den Humanismus und den Drang der Zugehörigkeit zu diesem wahr und nivelliert die traditionell antithetische Sicht auf das Verhältnis von Scholastik und Humanismus. Von wegweisender Bedeutung ist es, dass Bubenheimer Barges These, Karlstadts juristische Promotion sei in Siena erfolgt, korrigieren und die engen Verbindungen zu Rom und zu Sylvester Prierias nachweisen konnte. Dadurch trägt er entscheidend dazu bei, die Fluidität von Problemstellungen und Diskurslagen und die Kontinuität des Personals vor und während der Reformation offenzulegen. Im Weiteren erwiesen sich die Italienbezüge Karlstadts auch in Bezug auf die Rezeption Giovanni Pico della Mirandolas und der Kabbalah, vermittelt durch den Hebraisten Johannes Reuchlin, als wichtiger Forschungsimpuls.

Mit der Jurisprudenz fand Bubenheimer eine Perspektive auf Karlstadt, die dem traditionellen Gegensatz zwischen Luther und Karlstadt einerseits enthoben ist und doch andererseits Besonderheiten seines theologischen Denkens und Kohärenzmotive seiner an Sprüngen und Brüchen reichen, unabgeschlossenen Biographie zu erhellen erlaubt. Bubenheimers Stärke in Bezug auf die Karlstadt-Interpretation besteht darin, dass er seine ‚Entdeckung' des Juristen nicht gegen den „Schwärmer" und „Mystiker", den Augustininterpreten, Kollegen und Antagonisten Luthers, der von dem Augustinereremitenpater tatsächlich etwas ‚gelernt' hatte, ausspielt. Die starke Bedeutung juristischer Argumente gibt

---

[6] Vgl. nur Kessler, Karlstadt-Bild, S. 149 ff.

Karlstadts Wirken in der Frühphase der Reformation zeitweilig einen durchaus
‚konservativen' Zug – so etwa, wenn er in der Kanonsfrage unter Berufung auf
die Kirchenväter auf der Integrität der traditionellen Textcorpora bestand oder
erst deutlich später als Luther, nachdem auch er durch die Bannandrohungsbulle *Exsurge Domine* inkriminiert worden war, zu einem klaren Bruch mit dem
Papsttum und dem kanonischen Recht gelangte.

Bereits in seiner Dissertation hatte Bubenheimer im Kontext der Wittenberger Reformdebatten und -entwicklungen der Jahre 1521/22 bei Karlstadt Motive
eines „frühprotestantischen Kirchenrecht[s]"[7] ausgemacht. Durch diesen Ansatz schuf er, rechtshistorisch fundiert, die Voraussetzung für eine grundlegend
neue Deutung der vor allem infolge von Nikolaus Müllers epochaler Akten-
sammlung[8] so genannten „Wittenberger Bewegung" als „Wittenberger Stadtreformation". Noch vor dem Druck der Dissertation erschien sein großer Aufsatz „*Scandalum et ius divinum*" (1973; s. u. Nr. 5), der diese wissenschaftliche
Neubewertung einleitete. Methodisch wurde diese neue Perspektive dadurch
erreicht, dass Bubenheimer die von Müller nicht mitedierten Texte – Briefe Luthers und der anderen Wittenberger Akteure etwa, akademische Disputationen,
weitere Schriften der beteiligten Akteure, auch die weitgehend auf Karlstadt
zurückgehende Wittenberger Stadtordnung vom Januar 1522 etc. – konsequent
in die Analyse der Vorgänge einbezieht. Damit gab er die traditionelle Leitori-
entierung an der Biographie Luthers, wie sie auch im Untertitel von Müllers
Sammlung anklang – „Die Vorgänge in und um Wittenberg während Luthers
Wartburgaufenthalt" – auf und ersetzte sie durch eine auf die Stadt, die Universität und ihre Institutionen sowie das Allerheiligenstift und die kursächsische
Kanzlei fokussierte, auch Rechtsakte einschließende Sichtweise. Überkommene Wertungstendenzen, wie sie in Begriffen wie ‚Unruhe', ‚Chaos', ‚Aufruhr',
‚Wirren' oder „Sturm- und Drangperiode"[9] anklangen, ersetzte Bubenheimer
durch nüchterne Analysen, bei denen er sich auch die neuere Forschung zu den
städtischen Reformationen[10] zu Nutze machte. Methodisch wegweisend wurde,
dass Bubenheimer sowohl bei Luther als auch bei Karlstadt und etwa Melanchthon neben politischen genuin theologische Motive ihres Handelns offenzulegen
vermochte. Dass Luther in Karlstadts Inanspruchnahme des ‚göttlichen Rechts'
eine neue, ‚nomistische' Gesetzlichkeit sah, erhellt die Tiefendimensionen dieses
schicksalhaften Zerwürfnisses. Indem Bubenheimer freilich Luthers Insistieren
auf der Vorläufigkeit jedes evangelischen Kirchenrechts einschärfte, fand er zugleich Kriterien gegen eine orthodoxe Obrigkeitsfixierung, wie sie für den späte-

---

[7] Bubenheimer, Consonantia, wie Anm. 2, S. 10.

[8] Nikolaus Müller, Die Wittenberger Bewegung 1521 und 1522. Die Vorgänge in und
um Wittenberg während Luthers Wartburgaufenthalt, Leipzig [2]1911.

[9] Müller, Bewegung, S. 1.

[10] Vgl. die forschungsgeschichtlichen Hinweise in: Bernd Moeller, Reichstadt und Reformation, hg. von Thomas Kaufmann, Tübingen [3]2011, S. 1–38.

ren ‚Kirchenvater' der lutherischen Kirche und seine Epigonen charakteristisch werden sollte.

Bubenheimers Sicht der „Wittenberger Stadtreformation" als eines durchaus geordneten, rechtsförmigen, in enger Verbindung zwischen Stadt und Universität ausgehandelten Entscheidungs- und Interaktionszusammenhanges wurde durch zwei weitere mikrologisch rekonstruierende Beiträge, die gleichfalls in der „Zeitschrift der Savigny-Stiftung für Rechtsgeschichte" publiziert wurden (s. u. Nr. 4 und 6, erschienen 1985 und 1987), flankiert. Sie zielten darauf ab, die Vorgänge in den Entscheidungsmonaten der „Wittenberger Stadtreformation" auf möglichst breiter Front zu studieren und die theologischen Debatten mit der Frage der politischen Entwicklungen im Rat und im Verhältnis zu den Vertretern der kursächsischen Administration zu verbinden. Dabei gerieten auch die studentischen Aktivitäten des Jahres 1520 gründlich in den Blick. Die wohl wichtigsten Ergebnisse dieser Detailrekonstruktion sind darin zu sehen, dass Bubenheimer Karlstadts epochale Abendmahlsfeier unter beiderlei Gestalt vom 25. Dezember 1521 in der Stiftskirche lokalisierte, die personellen Veränderungen im Wittenberger Stadtrat in ihrer Bedeutung für die Entwicklung des Frühjahrs 1522 aufwies, Karlstadts für alle weiteren Auseinandersetzungen wegweisende Schrift *Von Abtuung der Bilder* vor dem Hintergrund dieses Machtwechsels interpretierte und plausibel machen konnte, dass der Archidiakon und Theologieprofessor Bodenstein aufgrund seiner persönlichen Isolation quasi als einzig Verantwortlicher einer von Luther und der kurfürstlichen Kanzlei ex post problematisierten Richtung übrig blieb – nachdem Gabriel Zwilling Wittenberg verlassen und sich Nikolaus von Amsdorf und Philipp Melanchthon von dem früheren gemeinsamen Kurs abgewandt hatten.

Sodann zeigte Bubenheimer insbesondere anhand der Auseinandersetzungen um die Priesterehe, an denen Karlstadt auch publizistisch führend beteiligt war, welche Konfliktdynamik der Wegfall des traditionellen kirchlich-juristischen Autoritätsgefüges entband und wie er die weiteren binnenreformatorischen Verständigungsdebatten beeinflusste. Bei alledem erwiesen sich Karlstadt und das Recht als Schlüssel zu einem neuen Gesamtverständnis der „Wittenberger Stadtreformation" und ihrer einzelnen Reformansätze. In Bezug auf die Aufruhrthematik waren in der Zeit von Luthers Abwesenheit bereits die drei alternativen Richtungsmodelle des später obsiegenden landesherrlichen, des gemeindereformatorisch – pazifistischen und des kommunalistisch – militanten Reformationsverständnisses, repräsentiert in den drei Personen Luther, Karlstadt und Müntzer, quasi in nuce im Schwange. Die „Wittenberger Stadtreformation" erweist sich dadurch als eine Art Nukleus all jener Tendenzen, die sich bis in die Zeit des Bauernkrieges ausformen sollten.

Die weiteren Beiträge dieses in Abstimmung mit dem Autor zusammengestellten Bandes sind um Bubenheimers Neudeutung der „Wittenberger Stadtreformation" und sein Verständnis der Wittenberger Theologen als sich wechselseitig beeinflussende Diskursgemeinschaft, die insbesondere die Disputationen als Instrument nutzte, um ,weiterzukommen', gruppiert. Dabei folgt die An-ordnung der Beiträge im Ganzen einer chronologischen Logik und deckt, gemäß dem Haupttitel, den Zeitraum zwischen 1517 und 1522 und die in sich vielfäl-tigen Dimensionen der Wittenberger Reformation ab. In jedem dieser Beiträge werden neue Quellenfunde zur Diskussion gestellt; sie zeigen, wie die bohrende Detailarbeit des ingeniösen Paläographen zu immer neuen Thesen, Sichtweisen und Revisionen führt.

In einer grundlegenden, komparatistisch angelegten Studie rekonstruiert Bu-benheimer, dass zwischen Luther, Müntzer und Karlstadt zum Teil frappierende familiale, milieu- und bildungsgeschichtliche Gemeinsamkeiten, ja Verflechtun-gen bestanden (s. u. Nr. 1), die das gehobene, ratsfähige Stadtbürgertum als sozi-algeschichtliches Substrat der Reformation in allen ihren Richtungen erweisen. Die geistige Rezeption und emotionale Identifikation mit dem Humanismus, die hinsichtlich der Causa Reuchlins bei Luther und Karlstadt durchaus unter-schiedliche Intensitätsgrade erkennen ließ, bildete neben der eher spezifischen Rezeption Picos bei Bodenstein und der Anknüpfung an die Ordnungskatego-rie in Quintilians Rhetorik bei Müntzers ein in die jeweiligen reformatorischen Entwicklungen integriertes Ferment produktiver theologischer Entwicklungen. Anhand Wittenberger „Thesenanschläge" des Jahres 1517 und der Auseinander-setzung mit Eck 1518 (s. u. Nr. 2) zeigt Bubenheimer, wie produktiv es ist, Lu-thers und Karlstadts Agieren vergleichend aufeinander zu beziehen und in ihren ,diplomatischen', nicht per se auf Konfliktakzelleration abzielenden Dimensio-nen zu verstehen.

Der Müntzer gewidmete Beitrag (Nr. 3) führt Linien, die Bubenheimer vor allem in seiner großen Monographie von 1989[11] gezogen hat, weiter aus. Er zeigt, dass der aus Stolberg im Harz stammende Prediger mit humanistischen Tradi-tionen intensiv vertraut war, engstens in die Wittenberger Schule eingebunden war, wichtige Verbindungen nach Erfurt unterhielt und die frühen Ansätze re-formatorischer Entwicklung produktiv mit seiner durchaus frühzeitig als sehr eigenständig erkennbaren reformatorischen Theologie zu kombinieren verstand. Auch die enge Beziehung zu Karlstadt, der als wohl wichtigster Wittenberger Lehrer Müntzers zu gelten hat, treten in deutliches Licht. Bubenheimer macht plausibel, dass Müntzer nach der Prager Phase bis ca. März 1522 in Wittenberg oder Umgebung anwesend war; damit füllt er eine gravierende biographische Lücke und macht dessen Stimme im Konzert der Akteure der „Wittenberger Stadtreformation" vernehmbar.

Als Hintergrundsmotiv der reformatorischen Entwicklungen, die sich in Wittenberg im Herbst 1521 vollzogen, hebt Bubenheimer den Streit um ein von

---

[11] ULRICH BUBENHEIMEr, Thomas Müntzer. Herkunft und Bildung [SMRT 46], Leiden u. a. 1989.

Albrecht von Brandenburg geplantes Reliquien- und Ablassfest in Halle (Nr. 7) heraus. Der Beitrag ist auch deshalb besonders wertvoll, weil er bisher unbekannte Quellen zu diesem Ereignis dokumentiert und vor allem Karlstadts z. T. subversives publizistisches Vorgehen unter dem Pseudonym Lignatius Stürll herausarbeitet. Eine interessante Pointe, die Bubenheimers paläographischer Expertise zu verdanken ist, besteht darin, dass Luthers Pamphlet *Wider den Abgott zu Halle* vor der Drucklegung durch Amsdorf im Sinne einer Entschärfung der konkreten Angriffe gegen den Kirchenfürsten in der Nachbarschaft bearbeitet worden ist. Anhand der berühmten *Invokavitpredigten* Luthers, die Bubenheimer innerhalb einer breiten Analyse der zusehends intensivierten Wittenberger Predigttätigkeit der Jahre 1521 und 1522 interpretiert (Nr. 8), zeigt er auf, wie Zwilling und Jonas aus Luthers ‚Schusslinie‘ gerieten und Karlstadts ‚Devianz‘ konstruiert und rhetorisch inszeniert wurde. Während Luther einen exklusiven Anspruch auf ‚Orthodoxie‘ erhob, wurde Karlstadt zum Außenseiter gemacht, ja in die Rolle eines „Kryptodissidenten“ gedrängt, der die ihm zugemutete Rolle mehr und mehr annahm und ausfüllte.

Die anonyme *Antithesis figurata*, die historisch ursprüngliche lateinische Version des berühmten *Passionals Christi und Antichristi* von 1521 (Nr. 9), wird von Bubenheimer als Werk der engen Zusammenarbeit Lukas Cranachs d. Ä., Melanchthons und des Juristen Schwertfeger durchsichtig gemacht und in den weiteren Zusammenhang des Kampfes gegen den päpstlichen Antichristen eingeordnet. Dabei arbeitet er eine eigenständige christologische Konzeption heraus, die ethisch ausgerichtet ist, in einer gewissen Spannung zu Luther deutlich den Vorbildcharakter Christi betont und eine gewisse theologische Nähe zu Karlstadt und Erasmus erkennen lässt. Auch dieser Beitrag unterstreicht, dass das Wittenberg der Jahre 1521/2 ein theologisches Laboratorium durchaus unterschiedlicher und sehr offener Tendenzen war.

Der Beitrag zur „christlichen Stadt“ Wittenberg (Nr. 10) beschließt den Band im Sinne einer synthetisierenden Gesamtschau, die – wie immer in Bubenheimerschen Texten – mit zahlreichen neuen Quellenfunden verbunden wird. Neben der *Stadtordnung* und ihren Regelungen aus dem Januar 1522, die vor allem im Horizont des Denkens und Wirkens Karlstadts zu verorten ist, arbeitet er an der „Wittenberger Stadtreformation“ publizistische und kommunikative Momente der stadtreformatorischen Entwicklungen im Allgemeinen aus, die bis auf die Ebene von Bucheinträgen Melanchthons in Büchern des von Bubenheimer quasi ‚entdeckten‘ Notars Andreas Gronewalt heranreichen. Die historisch früheste „Stadtreformation“ gerät damit – wiewohl sie scheiterte – zu einer Art Paradigma der städtischen Reformationsprozesse überhaupt. Ein Verzeichnis mit den „historischen Arbeiten“ des jahrzehntelang im Brotberuf als Professor an den Pädagogischen Hochschulen in Reutlingen und Heidelberg Tätigen rundet das Buch ab.

1. Luther – Karlstadt – Müntzer:
soziale Herkunft und humanistische Bildung

Ausgewählte Aspekte vergleichender Biographie

Aus der kaum in Angriff genommenen Aufgabe vergleichender biographischer Forschung habe ich zwei Aspekte aus der Biographie der drei Reformatoren ausgewählt, und zwar aus der Phase ihres „Weges zur Reformation":

1. Die *soziale* Herkunft.
2. Die humanistische Bildung als ein Element der *geistigen* Herkunft.

Diese Auswahl ist erstens *theoretisch* bestimmt von der Vermutung möglicher Zusammenhänge zwischen den genannten Aspekten: Korrelationen zwischen sozialem Milieu und humanistischer Bildung hat die sozialgeschichtliche Forschung aufgezeigt. Ebenso erfordert die These vom Klassencharakter der von Luther, Karlstadt und Müntzer zur Aufruhrfrage jeweils eingenommenen Positionen die Untersuchung ihrer sozialen Herkunft und Verflechtungen. Zweitens soll mir die genannte Auswahl *pragmatisch* die Möglichkeit bieten, unbekannte Quellen und neue Forschungsaufgaben vorzustellen in weitgehend unerforschten Bereichen, zu denen die soziale Herkunft Karlstadts und Müntzers als auch deren humanistische Bildung gehören.

I. Soziale Herkunft

Ich stelle zunächst das soziale Herkunftsmilieu Karlstadts dar, da er aus einem anderen geographischen Raum kommt als Müntzer und Luther und es bei den letzteren eine besondere Nähe hinsichtlich ihrer Herkunft gibt.

1. Andreas Bodenstein von Karlstadt

Andreas Bodenstein wurde nicht um 1480, sondern 1486 in Karlstadt am Main geboren, wie wir aus einem anlässlich von Karlstadts Tod in Basel (1541) erschienenen Gedenkblatt erfahren.[1] Der Heimatort der unmittelbaren Vorfahren war mindestens väterlicherseits die nördlich von Karlstadt gelegene fuldasche Land-

---

[1] REVERENDVS IN CHRISTO D. Andreas Botenstein Carolstadius, obijt ⟨…⟩ anno aetatis suae quinquagesimoquinto …, Basel [1541/42] (Einblattdruck; Stadt- u. UB. Bern: Hospinian 7).

stadt Hammelburg. Wie wir aus Universitätsmatrikeln ablesen können, gehörten die dortigen Bodensteins seit ein bis zwei Generationen einem Bildungsbürgertum an, das seine Söhne auf die Lateinschule und anschließend auf die Universität schickte. Stammuniversität der Bodensteins aus Hammelburg ist zunächst Erfurt. Einige Aspekte des Studierverhaltens der Hammelburger Bodensteins wiederholen sich später bei den Karlstädtern. Dazu gehört die in der Regel nur kurze Verweildauer an der Universität, wo allenfalls der unterste akademische Grad, das artistische Bakkalaureat, erworben wird: Andreas' Brüder Jodokus und Konrad kommen 1506, Martin 1511 an die Wittenberger Universität, wo sie keine Grade erwerben. Eine Ausnahme stellt in dieser Hinsicht bei den Hammelburgern Heinrich dar, der ab 1454 in Erfurt und ab 1460 in Köln studiert. Gerade seine Studienlaufbahn findet Nachahmung in der Familie: Andreas wird später ebenfalls zuerst in Erfurt (1499/1500) und dann in Köln (1503) studieren, bevor er 1505 als erster Bodenstein die Universität Wittenberg aufsucht.

Der 1477 in Erfurt eingeschriebene Peter Bodenstein aus Hammelburg kann als Vater des Andreas Bodenstein gelten. Bereits 1481 finden wir ihn in der etwa 2000 Einwohner zählenden würzburgischen Landstadt Karlstadt als Bürgermeister, 1485 als Bruderschaftsmeister. Seine nachgewiesenen politischen und religiösen Ämter zeigen soviel, dass er der Karlstädter städtischen Führungsschicht angehörte. Mehrere Hinweise zeigen, dass Andreas Bodenstein die Patronage des heimatlichen Rittergeschlechts von Thüngen genoss, das seinerseits wieder enge Verbindungen zur fürstbischöflichen Residenz in Würzburg hatte und mit Konrad von Thüngen 1519 den Bischof stellte.

Der klerikale Aufstieg des Andreas in Wittenberg bis zur Würde des Archidiakons, die er bereits mit 25 Jahren erlangte, ist in dem sozialen Milieu seiner Familie keine singuläre Erscheinung. Sein mit ihm blutsverwandter „Oheim" Nikolaus Demudt aus Hammelburg wird analog 1519 als Augustinerregularkanoniker Propst und Archidiakon des Klosters Neuwerk bei Halle. In den Jahren nach seiner Flucht aus dem Kloster (1523) erreicht er auch wieder einen standesgemäßen weltlichen Rang als kurfürstlicher Amtmann zu Torgau.

Zu dem beschriebenen Milieu passt bestens die Hinwendung von mindestens zwei Bodensteins zur Jurisprudenz, die dem Bürgertum im Zuge der Rezeption des römischen Rechts neue Aufstiegsmöglichkeiten in einflussreiche und gutbezahlte städtische und höfische Ämter eröffnete. Andreas wird 1516 Doktor beider Rechte in Rom an der Kurie, wo er nach seiner eigenen Aussage ebenfalls Protektion genoss.

2. *Thomas Müntzer*

Die Darstellung von Thomas Müntzers sozialem Herkunftsmilieu kann bislang nicht von der Familiengenealogie her aufgebaut werden. Dennoch kann das soziale Milieu, dem Müntzer entstammt, mit Hilfe einer Analyse seiner persönlichen Verflechtungen annäherungsweise erfasst werden. Dabei erweisen sich drei Berufsgruppen für Müntzers soziale Herkunft als bedeutsam: Goldschmiede, Münzmeister, Fernhändler.

1. *Goldschmiede*: Die Anwendung der genannten Methode erbrachte das Ergebnis, dass bei Müntzers Kontaktpersonen auffallend oft das Goldschmiedehandwerk repräsentiert ist. Bislang konnten sieben „Goldschmiedekontakte" Müntzers registriert werden. Für diesen Sachverhalt lässt sich eine plausible sozialgeschichtliche Erklärung unter Rückgriff auf die Etymologie des Namens Müntzer geben. Der „Münzer" bezeichnet vorrangig den mit der Münzprägung an einer Münze beauftragten Münzmeister. Die auch bisher schon in der Forschung favorisierte Hypothese, dass es in Müntzers Herkunftsfamilie Münzmeister gegeben habe, erhält durch den Nachweis einer signifikanten Anzahl von Verflechtungen Müntzers mit Goldschmieden erhöhte Plausibilität. Denn zwischen dem Goldschmiedehandwerk und den Münzmeistern gab es allerengste Verbindungen. Die Münzmeister kamen in zahlreichen Fällen aus dem Goldschmiedehandwerk, weil der Goldschmied die für die Münzprägung erforderlichen handwerklichen Fertigkeiten mitbrachte.

2. *Münzmeister*: Es drängt sich hier die Frage auf, ob sich mit der Methode der Verflechtungsanalyse auch Kontakte Müntzers zu Personen aus Münzmeisterfamilien belegen lassen. Der rudimentäre Forschungsstand erlaubt hier noch keine abschließende Aussage. Jedoch gibt es Einzelhinweise auf solche Kontakte. Abgesehen von der noch ausstehenden Identifizierung von Thomas Müntzers Vater, ist eine Beschäftigung mit dem Berufsstand der Münzmeister eine Hilfe zur Beschreibung von Müntzers sozialem Herkunftsmilieu. Die Münzmeister waren in der Regel wohlhabende bis ausgesprochen reiche Leute. Bevor man allmählich im 16. Jahrhundert dazu überging, die Münzmeister mit einem festen Gehalt zu besolden, hatten sie ihre Gewinne aus ihrer Tätigkeit zu ziehen. Die Verführung, durch Reduzierung des Feingehalts der Münzen die Gewinne zu erhöhen, war groß. Auch die fürstlichen Münzherren nutzten oft Münzverschlechterungen als Mittel zur Erhöhung des eigenen Profits an der Münzprägung aus. Anders war die Interessenlage der Städte, die zugunsten ihres Handels für die Stabilität der Münzwährungen kämpften. Unerlaubte Münzmanipulationen und Münzfälschungen waren mit der Todesstrafe bedroht. So standen die Münzmeister immer auch mit einem Bein im Grabe.

3. *Fernhändler*: Die chronologisch erste größere Personengruppe, die sich im Rahmen von Müntzers biographischen Verflechtungen bislang erfassen und sozialgeschichtlich beschreiben lässt, ist sein Freundeskreis in Braunschweig. Dort war Müntzer ab 6. Mai 1514 Inhaber eines Altarlehens an der Michaelskirche der Altstadt, das erst am 22. Februar 1522 nach Müntzers freiwilligem Verzicht auf seinen Nachfolger überging. Aus der erhaltenen Korrespondenz Müntzers mit Braunschweig können wir zahlreiche Verflechtungen Müntzers

mit Braunschweiger Bürgern entnehmen, die in ihrer Mehrzahl im Fernhandel der Hansestadt engagiert waren.[2]

Zwischen Goldschmieden, Münzmeistern und Fernhändlern gab es mannigfache ökonomische Verflechtungen, einmal dadurch, dass sich Goldschmiede und Münzmeister oft selbst am Fernhandel beteiligten, zum anderen durch das Engagement der Fernhändler am Edelmetallhandel oder auch am Bergbau und der Verhüttung selbst.

3. Luther und Müntzer

Die soziale Herkunft Luthers aus dem Besitz- und Bildungsbürgertum der Grafschaft Mansfeld kann als bekannt vorausgesetzt werden. Familiär vermittelte Bildungsansprüche flossen über die städtische Herkunft der Mutter Margarete Lindemann ein, während der Vater Hans Luder, tätig als Hüttenmeister im Eislebener und Mansfelder Kupferbergbau, als erfolgreich aufsteigender, neureicher Unternehmer charakterisiert werden kann. Hier soll auf einige auffallende Parallelen und Überschneidungen in der Herkunft Luthers und Müntzers aufmerksam gemacht werden.

Die geographische Nähe von Luthers und Müntzers Herkunftsorten, gelegen im Südostharz bzw. dessen Vorland, zeigt der Blick auf die Karte: Die Entfernung zwischen Stolberg und Mansfeld beträgt etwa 40 km. Ökonomische und verwandtschaftliche Verflechtungen zwischen den Orten der Grafschaften Stolberg und Mansfeld waren naturgegeben. Luther war verwandt mit der Familie des Stolberger Rentmeisters Wilhelm Reifenstein, der mit dem Mansfelder Hüttenmeister Hans Reinecke, Luthers einstigem Magdeburger Schulkamerad, Hauptgesellschafter der Steinacher und Ludwigstädter Saigerhandelsgesellschaften war. Im April 1525 holte man Luther nach Stolberg zur Predigt gegen den Aufruhr. Umgekehrt hatte auch Müntzer alte Beziehungen ins Mansfeldische. Mehrere Indizien sprechen dafür, dass er sich in seiner noch unerhellten Frühzeit im Raum Eisleben/Mansfeld aufhielt oder intensive Verbindungen dahin pflegte.

Erstens: Bekannt ist Müntzers Freundschaft mit Johann Agricola von Eisleben.

Zweitens: Martin Seligmann aus Heilbronn, seit 1516 als Vikar in Talmansfeld belegt, schreibt am 13. Mai 1524 an Müntzer,[3] dass er mit ihm schon „viele Jahre" Umgang gehabt habe.

---

[2] Bubenheimer, Ulrich, Thomas Müntzer in Braunschweig. Teil 1.2, in: Braunschweigisches Jahrbuch 65 (1984) 37–78; 66 (1985), 79–114. – Ders.: Thomas Müntzer und der Anfang der Reformation in Braunschweig, in: NAKG 65 (1985), 1–30.

[3] Vgl. ThMA 2, Nr. 73.

Drittens: In Müntzers Briefwechsel befindet sich ein undatierter Brief eines Johann Esche.[4] Wahrscheinlich handelt es sich bei dem Schreiber um den Antwerpener Augustinermönch Johann van Eschen, der am 1. Juli 1523 mit seinem Klosterbruder Hendrik Vos in Brüssel verbrannt wurde. Zur Erklärung der persönlichen Bekanntschaft zwischen Müntzer und Esche erscheint mir – entgegen meinen Ausführungen im Braunschweigischen Jahrbuch 1985[5] – nunmehr die Annahme einer Reise Müntzers in die Niederlande als überflüssig. Eine näherliegende Spur erhalten wir aus einer Angabe des Chronisten Cyriakus Spangenberg (1528–1604), wonach sich die beiden genannten Augustinermönche zeitweilig im Eislebener Konvent aufgehalten hätten.

Viertens ist hier die Freundschaft Müntzers mit Christoph Meinhard in Eisleben zu nennen, der ab 1523 als enger Vertrauter Müntzers belegt ist. Er war gleichzeitig mit Luthers Vater Hüttenmeister in Eisleben. 1526 – nach dem Bauernkrieg – schenkte er Luther einen silbernen Kelch. Zwei Mitglieder der Familie Meinhard sind in der zweiten Hälfte des 16. Jahrhunderts als Münzmeister in Eisleben belegt.

Fünftens: Neu für die Müntzerforschung sind die Kontakte Müntzers mit dem damals größten Nürnberger Montanunternehmer Christoph Fürer, die sich aus einem von mir jüngst in Nürnberg entdeckten Schriftwechsel Fürers mit Müntzer ergeben.[6] Fürer hat in seinen persönlichen Aufzeichnungen seine nonkonforme religiöse Gedankenwelt niedergelegt, durchtränkt von typisch müntzerischen Begriffen und Gedanken. Er war ab 1497/98 zwei Jahre in Eisleben tätig als Faktor der Arnstädter und Gräfenthaler Saigerhandelsgesellschaften. Später war er als Vorsteher der Arnstädter Saigerhütte oft im Thüringer Raum. Wir stoßen hier auf einen Freundeskreis Müntzers im Mansfeldischen mit Verflechtungen nach Nürnberg. Philipp Gluenspieß in Mansfeld schickte Müntzers Mahnbriefe an die Mansfelder Grafen vom 12. Mai 1525 sofort, noch vor der Schlacht von Frankenhausen (15. Mai), abschriftlich an seinen Verwandten, den aus Mansfeld stammenden Georg Römer (1505–1557) in Nürnberg.[7] Von diesem gelangten sie an Christoph Fürer. Schon 1521 setzte sich Müntzer ein für einen Philipp Römer, einen aus Wertheim stammenden Verwandten des genannten Georg Römer, und zwar beim Rat von Neustadt an der Orla in der Eheangelegenheit Philipps mit Dorothea Normbergerin.

---

[4] Vgl. ThMA 2, Nr. 52.

[5] Vgl. BUBENHEIMER, Thomas Müntzer in Braunschweig (wie Anm. 3), 100f.

[6] Vgl. Fragartikel [Christoph Fürers] mit den Antworten [Müntzers, Nürnberg 1524 zwischen Oktober und Dezember]; in BUBENHEIMER, ULRICH, Thomas Müntzer. Herkunft und Bildung, Leiden 1989 (SMRT 46), 268–276.

[7] LB Dresden: Mscr. Dresd. C 109^d, Bl. 21^r.

4. Zusammenfassung: Soziale Herkunft im Vergleich

Luther und Müntzer entstammen einem landschaftlich und wirtschaftlich zusammengehörigen Raum, dem die Städte Eisleben, Mansfeld und Stolberg mit ihrer Beteiligung am Kupferbergbau angehören. Ferner sind ihre Familien in derselben sozialen Schicht angesiedelt, nämlich in dem durch umfangreiche Teilhabe an den Wirtschafts- und Bildungsgütern gehobenen Stadtbürgertum, durch Bergbau, Handwerk und Handel verflochten in die frühkapitalistische Montanwirtschaft des Mansfelder Landes und des Harzes. Hans Luder ist ein sozialer Aufsteiger, der in Mansfeld als einer der Viermänner und als Ratsherr auch zu politischer Partizipation gelangt.

Karlstadt ist mit Luther und Müntzer gemeinsam, dass er kleinstädtischem Bürgertum entstammt. Bereits länger, als dies bei Luthers und Müntzers Familien belegt ist, nutzt seine Herkunftsfamilie die Möglichkeiten akademischer Bildung. Die Familie kann angesichts der Position des Vaters als Bürgermeister der kleinstädtischen bürgerlichen Führungsschicht zugerechnet werden. Luther, Müntzer und Karlstadt entstammen derselben bürgerlichen Klasse.

II. Humanismusrezeption

Die beschriebene soziale Schicht ist um 1500 einer der Träger humanistischer Bildung in den Städten. Die Bildungsbedürfnisse des im Handel engagierten Bürgertums sowie ihr Unabhängigkeitsstreben gegenüber kirchlichen Institutionen hatten vielerorts zur Einrichtung städtischer Lateinschulen geführt. Die akademisch gebildeten Lehrkräfte dieser Schulen vermittelten Bildungsgüter und Bildungsideale des Humanismus an die Stadtbürger. Eine Schicht gebildeter und für den Humanismus offener Stadtbürger begegnet später auch als eine wichtige Trägergruppe frühreformatorischer Bewegungen in den Städten.

1. Luther und der Frühhumanismus

Für Luther hat Helmar Junghans in seinem Buch „Der junge Luther und die Humanisten" (Weimar 1984) das vom Frühhumanismus mitgeprägte Milieu beschrieben, in dem Luther als Schüler und Student lebte und lernte. Junghans hat plausibel gemacht, dass Luther bereits in seinen frühen Erfurter Lehrjahren hinsichtlich der Ausbildung formaler wissenschaftlicher Methoden wesentliche Anregungen von den Erfurter Frühhumanisten erhielt. Junghans sieht in einem Luther vom Humanismus vermittelten, mehr von klassischer Rhetorik und Grammatik als von der Dialektik her entwickelten exegetisch-hermeneutischen Instrumentarium ein Mittel, mit dessen Hilfe Luther in späteren Jahren bei konsequenter Anwendung auf Bibel und kirchliche Tradition zu neuen, über seine einstigen Lehrer hinausgehenden inhaltlichen Aussagen gelangte.

Junghans weist auch darauf hin, dass durch Luthers Eintritt in den Augustinereremitenorden die humanistischen Einflüsse verstärkt werden konnten durch analoge Tendenzen innerhalb dieses Ordens, unter anderem bekannt aus den Klöstern in Erfurt, Wittenberg und Nürnberg. Auf die bekannten, von Junghans zusammengestellten Daten brauche ich nicht einzugehen. Erwähnt sei ein noch unbekanntes Beispiel für die Wertschätzung humanistischer Schriftsteller durch Luther auch noch dann, als er als Theologe bereits einen von deren Gedankengut abweichende Position bezogen hatte. In einem auf das Nürnberger Augustinerkloster zurückgehenden Sammelband der Herzog-August-Bibliothek Wolfenbüttel findet sich auf dem Titelblatt einer 1519 erschienenen Schrift des Otto Brunfels – „De corrigendis studiis severioribus praeceptiunculae breves" – eine Geschenkwidmung von Luthers Hand: „R[everendo] p[atri] priori Vuolphango"[8]. Bei dem Adressaten handelt es sich um den damaligen Nürnberger Prior Wolfgang Volprecht. Die persönliche Bekanntschaft der Nürnberger Konventualen hatte Luther 1518 auf der Rückreise von Augsburg gemacht.

Die sich auch in diesem Buchgeschenk niederschlagende Wertschätzung Luthers für humanistische Schriftsteller war nicht nur ein Ergebnis geistiger Rezeption, sondern im reformatorischen Aufbruch auch ein Phänomen emotionaler Identifikation des sich zunächst mit Scholastikern, alsbald aber auch mit der römischen Hierarchie auseinandersetzenden werdenden Reformators. Ein augenfälliges Beispiel einer solchen Identifikation mit all denjenigen Verfolgten, mit denen Luther sich in einem Boote wähnte, findet sich im März 1520 in Luthers Antwort auf seine Verurteilung durch die Universitäten Köln und Löwen. Hier bietet Luther eine Liste von „Vorreformatoren", denen er teilweise ausdrückliches Lob zollt: Giovanni Pico della Mirandola, Lorenzo Valla, Reuchlin, Johann Rucherat von Wesel, Faber Stapulensis und Erasmus.[9] Auf die enge Verzahnung solcher emotionaler Identifikation mit geistiger Rezeption werden wir bei Karlstadt aufmerksam werden.

2. Karlstadt

Ein Humanismusbild, in dem Scholastik und Humanismus nur als Gegensätze gesehen werden, hat verhindert, die humanistische Bildung des vorreformatorischen Karlstadt hinreichend wahrzunehmen und zu würdigen. Neuere Forschungen haben deutlich gemacht, dass für den Frühhumanismus, wie er am Vorabend der Reformation unter anderem an den Universitäten Erfurt und

---

[8] HAB Wolfenbüttel: 142.7 Quod. (5).
[9] WA 6, 182,31–185,20.

Wittenberg gepflegt wurde, ein prinzipieller Gegensatz zur scholastischen Gelehrsamkeit nicht bestand.

Karlstadt erhielt mit seinem Studium in Erfurt, wo er 1502 baccalaureus artium wurde, seine erste akademische Bildung in demselben vom Frühhumanismus mitgeprägten Milieu, das Junghans für Luther beschrieben hat. Sein Wechsel an die Universität Köln (1503 bis 1505) und seine Zugehörigkeit zu der für Orthodoxie bekannten thomistischen Montanerburse wären als Absage an das geistige Klima Erfurts fehlinterpretiert, hat doch der Wechsel von Erfurt nach Köln bereits Familientradition. Natürlich wird Karlstadt seine philosophische Ausbildung nach dem Weg der Thomisten zum größeren Teil in Köln erhalten haben. Aber er hat dort keinen akademischen Grad erworben, sondern kam im Frühjahr 1505 an die junge Universität Wittenberg, wo er dann bereits am 12. August 1505 Magister artium wurde. Aus seiner danach aufgenommenen philosophischen Lehrtätigkeit *in via Thomae* stammen seine zwei gedruckten scholastischen Werke: *Distinctiones Thomistarum* und *De intentionibus*, beide 1507 gedruckt.[10]

In *De intentionibus* zeigt Karlstadt gegenüber seinen Kölner Lehrern, den Montanerthomisten, bereits ein distanziertes Verhältnis. Er übt in einer humanistischen Art Kritik an ihnen: „Amor praeceptorum" hindere sie, zu den Quellen selbst zurückzugehen. Seine humanistischen Epigramme sind natürlich auch ein Stück Selbstdarstellung vor den Humanismusliebhabern in der Wittenberger Kollegen und Studentenschaft. Das gilt auch für die griechischen und hebräischen Zitate am Anfang und Schluss der *Distinctiones*. Aber diese Elemente sind nicht nur schmückendes Beiwerk, sie sind auch ein Stück Leben in einer an Kraft zunehmenden geistigen Bewegung.

Karlstadt gilt den Zeitgenossen als *trilinguis*, d. h. dass er die drei klassischen Sprachen pflegte. Außerdem hatte er nach seiner Italienreise (1515/16) Italienischkenntnisse. Das Griechische beherrschte er. Wahrscheinlich hatte er später, als Professor des Alten Testaments in Basel, auch für jene Zeit gute Hebräischkenntnisse. Durch eine Analyse der frühen Hebraica Karlstadts bis zum Jahre 1519 hat Hans Peter Rüger festgestellt, welches hebraistische Schrifttum Karlstadt verwendet hat.[11] Bereits 1507 hat er Reuchlins *Capnion vel de verbo mirifico* (1494), dessen *Rudimenta hebraica* (1506) sowie ein jüdisches Gebetbuch benützt. Die Kenntnis weiteren einschlägigen Schrifttums lässt sich 1518/19 belegen. Damals aber – 1518/19 – war unter dem Einfluss des Erasmus Karlstadts Begegnung mit dem Humanismus bereits vertieft. Er bezeichnet 1519 Erasmus als „omnium theologorum princeps". Nicht darauf und auch nicht auf seine 1534–41 an der Universität Basel breit entfaltete humanistisch-reformatorische Theologie soll hier eingegangen werden, sondern auf eine Phase seines Weges dahin: auf

---

[10] Vgl. KGK I.1, Nr. 1 f.

[11] RÜGER, HANS PETER, Karlstadt als Hebraist an der Universität zu Wittenberg, in: ARG 75 (1984), 297–308.

seine Parteinahme für Reuchlin und – ein völlig unbekanntes Terrain – seine
Beschäftigung mit dem traditionskritischen Denker der italienischen Renaissance Giovanni Pico della Mirandola (1463–1494) in der Zeit des theologischen
Umbruchs in Wittenberg.

Die etwa gleichzeitigen Stellungnahmen Karlstadts und Luthers zur Reuchlinistenfehde eignen sich zur vergleichenden Betrachtung. Spalatin hatte im
Jahre 1514 die beiden Wittenberger Theologieprofessoren um ihre Stellungnahme zu dem Gutachten Reuchlins gebeten, in dem dieser die Verbrennung
jüdischen Schrifttums gegen die Kölner Theologen verworfen hatte. Luthers
Antwort hat im Rahmen der intensiven Beschäftigung mit Luthers Stellung zu
den Juden in jüngster Zeit Interesse gefunden. Hier besteht die Möglichkeit,
Luthers spezifische Stellung durch den Vergleich mit Karlstadts Stellungnahme
präziser zu erfassen. Beide Theologen, Luther und Karlstadt, ergreifen in der
öffentlich gewordenen Streitfrage Partei für Reuchlin, der sich nach dem Urteil
beider durch sein Gutachten nicht dem Häresieverdacht ausgesetzt habe. Beide
bringen auch ihre persönliche Wertschätzung für den berühmten Humanisten
zum Ausdruck, Karlstadt allerdings deutlich euphorischer als Luther. Karlstadt
nimmt gleichzeitig eine Selbsteinordnung in die Gemeinschaft der Humanisten
vor, wenn er Reuchlin als „totius Reipublicae litterariae adjutor" bezeichnet.
Bei Luther ist die Identifikation mit Reuchlins Person und seiner Sache nicht
so ausgeprägt wie bei Karlstadt. Er nimmt Spalatins Anfrage zum Anlass für
weitergehende theologische Ausführungen. In der Hauptsache, der Frage der
Verbrennung der jüdischen Bücher, baut er doch einen Vorbehalt in Form des
für ihn typischen theologischen Antijudaismus ein: Weil die Juden verstockt
sind und nur noch schlimmere Bücher schreiben würden, braucht man die vorhandenen Bücher nicht zu verbrennen. Mit dem Verstockungstheorem lässt sich
aber auch eine Position gegen die jüdischen Bücher begründen, wie Luthers späte
Judenschriften zeigen.

Karlstadts Brief zeigt ihn damals als einen Reuchlinisten, Luther ist das nicht.
Dem entspricht, dass Karlstadt 1516 eine *littera obscurata* für Reuchlin[12] verfasst
hat und sich damit unter Anknüpfung an die Dunkelmännerbriefe einer humanistischen literarischen Gattung bedient, die er später auch im Schlagabtausch
mit Eck einsetzen wird.

Sein Interesse an den jüdischen Schriften geht wie bei Reuchlin über das Philologische hinaus. Die italienische Renaissance hat im Rahmen ihres Interesses
für mystische und hermetische Traditionen auch die Kabbala entdeckt. Karlstadt
wurde auf sie durch Reuchlins und Picos Schriften hingewiesen. In einem undatierten Brief an Spalatin, nach März 1517, macht Karlstadt folgende Äußerung:

> „Übrigens würdest Du mir nicht nur einen kleinen Gefallen tun, wie Du es am Schluss
> Deines Briefs in feiner Weise ausdrückst, sondern vielmehr einen unübertrefflich gro-

---

[12] KGK I.1, 32.

ßen, wenn Du meinen rohen und bäurischen, allerdings aus einer großen Zuneigung quellenden Brief zusammen mit Deinem so gebildeten und geistreichen Schreiben an unseren himmlischen Lobes würdigen Reuchlin schicken würdest. Seinen Cabbalistica kann ich nur allerhöchstes Lob aussprechen neben der Auslegung [scil. der Kabbala] des Giovanni Pico, Grafen von Mirandola, die ich nächste Woche trefflichen Jünglingen und Männern vortragen werde."[13]

In der Karlstadtforschung blieb diese Ankündigung einer Lehrveranstaltung über Pico unausgeschöpft, weil der historische Hintergrund völlig fehlte. Ein Quellenfund hilft jetzt weiter: In der Herzog-August-Bibliothek Wolfenbüttel findet sich eine handschriftliche Sammlung Wittenberger Thesenreihen aus dem Zeitraum zwischen 1517 bis etwa 1521. Sie enthält neben anderem je eine unbekannte Thesenreihe Karlstadts und Melanchthons sowie einen Text mit folgender Überschrift „Johannis Pici comitis Merandule conclusiones, quas iniuste et imperite damnarunt theologi scolastici ac sophiste: sed ipse defendit in Apologia egregie."[14]

Darauf folgen die 13 als häretisch verurteilten Thesen Picos aus seinem Neunhundert-Thesen-Werk (1486), das dieser vor großem Forum in Rom zur Debatte stellen wollte. Pico hat diese 13 Thesen in seiner in obigem Zitat genannten *Apologia* (1487) verteidigt und ihnen darin eine orthodoxe Interpretation nachgeschoben. Diese 13 Thesen wurden in Wittenberg mit einer antischolastischen Zuspitzung in der Überschrift erneut zur Debatte gestellt. Die Annahme liegt nahe, dass wir hier ein Stück vor uns haben, das im Zusammenhang mit Karlstadts geplanter Veranstaltung über Picos Kabbalaauslegung steht. Die Bedeutung der Kabbala wird auch in einer der 13 Thesen programmatisch formuliert: „5. Nulla est scientia, que nos magis certificet de divinitate Christi quam magia et cabala."[15]

Magia, eine hermetische Tradition der Naturerklärung, und die ihr verwandte Kabbala, die jüdische Mystik, waren geheime Weisheiten, deren gnostische und mystische Elemente das Interesse der Neuplatoniker der italienischen Renaissance auf sich zogen. Auf die Bedeutung dieser Beschäftigung Karlstadts mit Pico, die in der Anfangszeit der antischolastischen Neuorientierung der Wittenberger Universitätstheologen sehr deutlich das Phänomen der Solidarisierung mit unschuldigen Opfern der *scolastici ac sophiste* zeigt, weisen zwei in den 13 Thesen angeschnittene Themen hin: *Erstens* wird die Frage der Bilderverehrung in kritischer Auseinandersetzung mit Thomas von Aquin thematisiert. Zweitens wird mit dieser Thesenreihe der Gedanke einer signifikativen Deutung der Einsetzungsworte des Abendmahls zur Debatte gestellt. Schon die Tatsache hochschulöffentlicher Diskussion dieser Deutung in den reformatorischen Anfängen ist von Bedeutung, auch wenn Pico diese Deutung in seiner These zurückweist. Auch Karlstadt hat die signifikative Deutung, als sie im Herbst 1521 im Witten-

---

[13] KGK I.1, 32 u. 35.5.400, 4–9.
[14] HAB Wolfenbüttel: Li 5530 (35, 585), Bl. 11^{r-v}.
[15] KGK I.1, 370.

berger Augustinerkloster vertreten wurde, zunächst zurückgewiesen, später
aber auf sie zurückgegriffen.

Dies sind nur allererste Hinweise auf die Bedeutung Picos für Karlstadt. Die
Erforschung der Rezeption des Neuplatonismus der italienischen Renaissance
durch Karlstadt ist eine Forschungsaufgabe, die damit gestellt ist.

3. Müntzer

Eine humanistische Schulung und entsprechende Interessen Müntzers sind
deutlich seinem schriftlichen Nachlass zu entnehmen. Griechischkenntnisse
belegen gelegentliche griechische Wendungen in seinen Briefen. Unter Müntzers nachgelassenen Schriftstücken findet sich auch eine *littera obscurata*, une-
diert und als *littera obscurata* bisher nicht erkannt.[16] Ihr Schreiber ist ein bereits bekannter Schüler und Korrespondent Müntzers, der Kleriker Mauritius
Reinhart. Den Spottbrief, in dem die altgläubige Predigt der Franziskaner in
Altenburg ironisiert wird, unterzeichnet er unter Verballhornung seines eigenen Nachnamens als „frater Langius Rumherius" (Bruder Lang, der Rühmer).
Humanistische Briefstellerei betreffen auch zwei ebenfalls unedierte Stücke,
die wir auf Müntzers Privatunterricht zurückführen können, den er in seinem
Haus befindlichen Schülern erteilte. Bei Müntzer verblieben zwei Briefe des
Ambrosius Emmen aus Jüterbog,[17] der in Zwickau und Allstedt als Schüler und
Helfer bei Müntzer war. Bei seinen Briefen handelt es sich um typische Übungs-
briefe, deren fingiertes Thema die Notwendigkeit lateinischer Stilübungen ist.
Die beiden Stücke geben einen Einblick, wie Müntzer seinem Schüler gepflegten
humanistischen Briefstil beibrachte.

Diese Bruchstücke deuten bereits an: Müntzer besaß eine humanistische Bildung und gab solche auch weiter. Der Humanismus als Element der von Müntzer
rezipierten geistigen Traditionen wird erkennbar auch in dem wenigen, was von
der Lektüre und den Büchern Müntzers belegt oder erschließbar ist. Der älteste
Druck, dessen Benützung durch Müntzer sich nachweisen lässt, bietet Texte eines
zeitgenössischen Humanisten, nämlich die von Jakob Wimpheling 1498 herausgegebenen *Lucubraciunculae ornatissimae* des Straßburgers Petrus Schott. Die
Beschäftigung mit den neuen, von Humanisten herausgegebenen Kirchenväterausgaben ist für einen Mann mit dem Bildungsweg Müntzers selbstverständlich.

Auffallender aber ist, was sich aus noch unedierten Manuskripten Müntzers
ergibt: Ein Inhaltsverzeichnis sämtlicher Schriften Platons, gefertigt nach der
lateinischen Ausgabe des Marsilio Ficino (1433–1499), belegt Müntzers Begegnung mit Platon ebenso wie biographische Notizen über Platon, die Müntzer

---

[16] Thomas Müntzers Briefwechsel. Lichtdrucke Nr. 1 bis 73 nach Originalen aus dem
Sächs. Landeshauptarchiv Dresden, bearb. v. H. Müller, o. O. u. J., Leipzig 1953, T. 55 (im Original Bl. 3). auch Verweis in TMA-2 (BW).

[17] Ebd., T. 67 f. (= Bl. 82ʳ. 87ʳ). ThMa 2, Nr. 20 Beilage 2.

im Wintersemester 1517/18 in Wittenberg in einer Hieronymusvorlesung des Humanisten Johannes Rhagius Aesticampianus nachgeschrieben hat. Am Rand glossierte Müntzer seine Nachschrift mit Zitaten aus zwei weiteren Autoren: Der eine, Johannes Gerson, sei hier nur im Vorübergehen aufgeführt; der andere, von der Forschung bisher übersehene Autor aber zieht im Rahmen der Thematik „Müntzer als Humanist" unser unmittelbares Interesse auf sich: Aus dem 11. Buch der *Institutio oratoria* des Rhetors Quintilian (ca. 35 bis ca. 100 n. Chr.) notiert Müntzer unter genauer Nennung des Fundorts: „thesaurus eloquentiae memoria"[18].

Ich will über dieses Zitat die Bedeutung der Erforschung von Müntzers klassisch-humanistischer Bildung zeigen. Als ich den Kontext des Zitats in Quintilians Kapitel über das Gedächtnis (XI 2) las, stellte sich heraus: Eine Reihe zentraler Begriffe der Theologie Müntzers, darunter seine Kategorie *ordo rerum*, entstammen der antiken Rhetorik. Da diese Verbindung zwischen Müntzer und der antiken Rhetorik der Forschung bislang entgangen ist, ist ein kurzer forschungsgeschichtlicher Seitenblick angebracht. Hans-Jürgen Goertz hat in seiner 1967 erschienenen Dissertation „Innere und äußere Ordnung in der Theologie Thomas Müntzers"[19] den *ordo*-Begriff im Titel hervorgehoben. Er deutete Müntzers Rede von der „Ordnung Gottes" als Ausdruck einer grundlegenden „formalen Denkstruktur".[20] Dies ist Goertz' bleibende Entdeckung, wenngleich präziser der weitere Begriff *ordo rerum* als Ausdruck einer „formalen Denkstruktur" zu bezeichnen wäre, während „Ordnung Gottes" bereits eine theologische inhaltliche Füllung jenes „formalen" Begriffs ist. Als unhaltbar erweist sich allerdings die einseitige Ableitung von Müntzers *ordo*-Begriff aus der Mystik. Goertz hat selbst eingeräumt, dass der *ordo*-Begriff in den von ihm herangezogenen mystischen Quellen „in losem und austauschbarern Gebrauch" vorkomme, während bei Müntzer eine „konzise Formel" vorliege.[21] Eine Erklärung für diese Differenz hat Goertz nicht gegeben. 1976 ist Wolfgang Ullmann bei der Untersuchung einiger Randbemerkungen Müntzers zu Tertullian erneut auf *ordo rerum* als einen von Müntzer hervorgehobenen Begriff gestoßen.[22] Ullmann versuchte, Müntzers *ordo*-Begriff inhaltlich von Tertullian her zu deuten. Jedoch zeigt eine vollständige Berücksichtigung von Müntzers Randbemerkungen, dass Müntzer die Kategorie *ordo rerum* bereits an Tertullian heranträgt und ihn sogar wegen ungenügender Berücksichtigung des *ordo rerum* kritisiert.

---

[18] Ebd., T. 58 (= Bl. 23ᵛ).
[19] GOERTZ, HANS-JÜRGEN, Innere und äußere Ordnung in der Theologie Thomas Müntzers, Leiden 1967.
[20] Ebd., 39–45.
[21] Ebd., 40.
[22] ULLMANN, WOLFGANG, Ordo rerum. Müntzers Randbemerkungen zu Tertullian als Quelle für das Verständnis seiner Theologie, in: ThV 7 (1976), 125–140; hier 128–132.

Der methodische Mangel in Goertz' Vorgehen besteht darin, dass er einen Einzelbegriff statt eines ganzen Begriffsfeldes untersuchte und daher die bei Müntzer zum *ordo*-Begriff gehörigen Kontextbegriffe für seinen Versuch einer geistesgeschichtlichen Herleitung nicht berücksichtigt hat. Zu diesem Begriffsfeld gehören unter anderem folgende Kontextbegriffe: *ordo rerum*, „Ordnung", Anfang und Ende, das Ganze und die Teile, die Verknüpfung. Diese Zusammenstellung, die keine eigentlichen Theologumena enthält, zeigt bereits, dass es sich hierbei um Formalbegriffe handelt. Sie entstammen der antiken Rhetorik und waren Müntzer mindestens aus dem Werk Quintilians bekannt. Nach Quintilian ist der *ordo* in der Rhetorik die richtige Anordnung (*dispositio*); dabei handelt es sich um die richtige Abfolge und Verknüpfung des jeweils Vorhergehenden mit dem Folgenden. In diesem *ordo* haben Anfang und Ende ihren naturgegebenen Platz und finden in der Redekunst besondere Aufmerksamkeit: Einer Rede ohne *ordo* „ist weder Anfang noch Ende gesetzt und sie folgt mehr dem Zufall als einem Plan (*consilium*)" (VII Prooem., 3). Indem Quintilian einräumt, dass selbst die Natur auf einem *ordo rerum* beruhe (ebd.), deutet sich eine über den engeren rhetorischen Bereich hinausgehende Weite der Kategorie *ordo rerum* an. Das verdient hervorgehoben zu werden im Blick auf Müntzers Interesse an der Ordnung der Natur im Rahmen der Gotteserkenntnis. Das dialektische Verhältnis des Ganzen zu seinen Teilen ist ebenfalls in der *ordo*-Lehre der Rhetorik vorgegeben, bei Müntzer wird es unter anderem bezogen auf Gott und seine Werke.

Inhaltlich hat Goertz Müntzers *ordo*-Begriff soteriologisch als *ordo salutis* gedeutet, während Ullmann ihn von Tertullian her heilsökonomisch als den festen Plan Gottes, nach dem sich die Heilsgeschichte vollzieht, interpretiert hat. Beide nennen damit je *einen* systematischen Locus, auf den Müntzers Begriff von der „Ordnung der Dinge" angewendet wird. Die Entdeckung der rhetorischen Herkunft dieses Begriffs sowie der zugehörigen Kontextbegriffe zeigt aber, dass diese Kategorie viel grundlegender ist und noch vor einzelnen theologischen Loci angesiedelt ist: Die rhetorischen Begriffe haben in Müntzers Theologie die Funktion von hermeneutischen Grundkategorien erhalten.

Ein dem beschriebenen Sachverhalt gerecht werdendes rezeptionstheoretisches Modell könnte folgendermaßen aussehen: Die über Quintilian vermittelten Kategorien der antiken Rhetorik wurden von Müntzer als hermeneutische Strukturbegriffe rezipiert, die bei seiner Lektüre von Schriften der Mystik oder der Kirchenväter eine ordnende und selektive Funktion hatten. Mit Hilfe eines „Programms", bestehend aus der nunmehr theologisch-hermeneutischen Hauptkategorie des *ordo rerum* und den dieser Kategorie kontextuell zugeordneten Begriffen, las Müntzer Mystik, Kirchenväter und wahrscheinlich auch weiteres Traditionsgut. Nicht von der Mystik her bezog er seinen *ordo*-Begriff, sondern diesem wurden entweder explizite Aussagen Tertullians oder der Mystik über die Ordnung Gottes integriert oder Müntzer interpretierte deren Aussagen im Sinne seiner Kategorien, auch wo seine Quellen nicht explizit von *ordo* bzw. „Ordnung" redeten. Wie durch diesen komplexen Rezeptionsvorgang die rhetorischen Begriffe ihre inhaltliche theologische Füllung bekamen und wie sich diese näherhin zu deren ursprünglichem rhetorischen Gehalt verhält, bedarf nunmehr der Klärung in weiterer Forschungsarbeit.

4. Humanismus- und Antikerezeption im Vergleich

Die erhaltenen Quellen deuten darauf hin, dass es bei Luther, Karlstadt und Müntzer zunächst einige wichtige Gemeinsamkeiten hinsichtlich ihrer humanistischen Bildung gibt. Hier gibt es örtliche Überschneidungen erstens durch Karlstadts und Luthers Studium in Erfurt, zweitens durch Müntzers enge Kontakte nach Erfurt und zu dortigen Humanisten. Der Niederschlag einer den drei Reformatoren gemeinsamen humanistischen Bildung zeigt sich in folgenden Phänomenen: Beschäftigung mit den klassischen Sprachen; humanistischer Briefstil und entsprechende Briefstellerei; Kenntnis und Verwendung antiker Autoren; Rezeption der humanistischen Kirchenväterausgaben als ein Aspekt der Hinwendung zu den Primärquellen; Lektüre und Wertschätzung zeitgenössischen humanistischen Schrifttums; die Bedeutung, die Grammatik und antike Rhetorik zunehmend anstelle scholastischer Dialektik gewinnen.

In der Rezeption von Renaissance und Humanismus lassen sich aber gleichzeitig wichtige Differenzen beobachten. Für Luther und Müntzer lässt sich das am Beispiel der Rezeption antiker Rhetorik zeigen. Bei Luther hatten bereits einige Forscher die Aufnahme antiker rhetorischer Elemente registriert, für Müntzer habe ich sie am Beispiel des *ordo*-Begriffs gezeigt. Nach Junghans sind bei Luther die rhetorischen Begriffe exegetisches Hilfsmittel: „[…] die antike Rhetorik […] verhilft ihm zum Verständnis des biblischen Sprachausdruckes […] und fördert die Trennung von der mittelalterlichen Exegese und Theologie."[23] Bei Müntzer geht das Gewicht der von ihm rezipierten rhetorischen Begriffe über ihre exegetische Hilfsfunktion hinaus. Unter Aufnahme einer rhetorischen Unterscheidung könnte – unter Inkaufnahme einer gewissen Vereinfachung – die Differenz zwischen Luther und Müntzer folgendermaßen charakterisiert werden: Luther interessiert sich in einem exegetisch-hermeneutischen Sinn vorwiegend für den *ordo verborum* der von ihm ausgelegten Texte, Müntzer geht es in einem systematisch-hermeneutischen Sinn um den *ordo rerum*, der im *ordo verborum* des geschriebenen Bibeltextes (*liber scripturae*) nur einen Niederschlag findet neben dem in die Natur gelegten *ordo* (*liber naturae*) und dem *ordo* der im Hier und Jetzt lebendigen und erfahrenen Anrede des *deus vivus et loquens* (*liber cordis*) nach und neben der in Texten geronnenen und insofern historischen Rede Gottes. Hermeneutik kann sich daher nicht vorrangig auf

---

[23] JUNGHANS, HELMAR, Der junge Luther und die Humanisten, Weimar 1984, 218.

Schriftauslegung beschränken, sondern muss eine Hermeneutik der Naturauslegung und der Auslegung der kontingent erfahrenen Rede Gottes im Herzen des Menschen einbeziehen als auch diese drei Bereiche systematisch verbinden. So erklärt es sich, dass bei Müntzer die rezipierten rhetorischen Elemente nicht wie bei Luther vorrangig Begriffe der Texthermeneutik sind, sondern dass er auf wesentlich weiter gefasste Grundkategorien der Rhetorik zurückgreift und zu systematischen Strukturelementen seiner Theologie macht. Der *ordo verborum* betrifft rhetorisch die Redegestalt, hermeneutisch die Textgestalt. Der *ordo rerum* umgreift rhetorisch ein Spektrum von einer sachimmanenten Ordnung bis zur Redegestalt, theologisch bei Müntzer einen Offenbarungsprozess, der Gott den Schöpfer, sein in jeder Zeit lebendig gesprochenes Schöpfungswort und die Schöpfung als sein gestaltetes *opus* umfasst. Die Heilige Schrift ist ein herausgehobener, jedoch historisch begrenzter Niederschlag dieses Offenbarungsprozesses, ein *Teil* des Offenbarungsganzen.

Karlstadt, der Quintilian ebenfalls zitierte und schätzte, kann mangels einschlägiger Untersuchungen in das Feld „reformatorische Theologie und Rhetorik" noch nicht befriedigend eingeordnet werden. Es lässt sich beim Vergleich der Humanismusrezeption Luthers und Karlstadts eine phänomenologisch ähnliche Beobachtung machen wie beim Vergleich Luthers und Müntzers, wenn wir bei ihrem Interesse an Reuchlins Schriften ansetzen. Karlstadts Aufnahme der Schriften Reuchlins geht über Luthers weitgehend exegetisch-philologischen Rückgriff auf Reuchlin hinaus und bezieht theologische Grundpositionen tangierende Aspekte mit ein. Die Rezeption neuplatonischer und kabbalistischer Traditionen verbindet Reuchlin mit Pico della Mirandola, mit dessen Schriften sich Karlstadt in der Zeit der reformatorischen Anfänge intensiv beschäftigte. Von hier herkommende und sich mit dem Erbe Augustins und der deutschen Mystik verbindende neuplatonische Traditionen dürften Karlstadts Theologie, insbesondere im Bereich der Anthropologie, mitgeprägt und seine theologischen Differenzen mit Luther mitbedingt haben. Die von Luther vollzogene theologische Abgrenzung vom Humanismus im Bereich der Anthropologie und der Rechtfertigungslehre brauchte bei Karlstadt in einer vergleichbaren Weise nicht zu erfolgen. Karlstadt entwickelte sich nach einer vorübergehenden Dominanz seiner Lutherrezeption letztlich zum reformatorischen Humanisten. Hier unterscheidet er sich auch von Müntzer, der u. a. in seinen Randbemerkungen zu Tertullian deutliche Abgrenzungen von Erasmus und vom erasmischen Humanismus vollzieht.

III. Ergebnisse und Aufgaben der vergleichenden Methodik

Die Methode des biographischen Vergleichs hat für die soziale Herkunft der drei Reformatoren eine grundlegende Gemeinsamkeit erbracht, nämlich ihre Herkunft aus demselben gehobenen Milieu städtischen Bildungs- und Besitzbürgertums. Die späteren unterschiedlichen theologischen und politischen Positionen Luthers, Müntzers und Karlstadts lassen sich nicht aus der jeweiligen sozialen Herkunft genetisch ableiten.

Die Herkunft aus derselben sozialen Schicht spiegelt sich auch wider in der Partizipation an Bildungsangeboten, die alle drei Reformatoren mit dem geistigen Milieu des Frühhumanismus in Verbindung bringen. Alle drei erhalten hier wichtige Impulse für ihren Weg zur Reformation. Hier lässt sich einerseits ein gemeinsames Element in den drei Reformatorenlaufbahnen beobachten. Andererseits zeigt sich aber an derselben Stelle, wie ein geistiges Angebot, nämlich das des Humanismus, subjektiv unterschiedlich rezipiert und verarbeitet wird. Die vorauszusetzenden jeweiligen sozialisations- und persönlichkeitsspezifischen Faktoren, die die individuellen Rezeptionsprozesse mitbedingen, lassen sich vorläufig nicht benennen. Wichtige Schritte der weiteren Forschung sind:

– *Erstens* die durchaus noch aussichtsreiche Erweiterung der Quellenbasis durch systematische Archiv- und Handschriftenforschungen sowie eine Verbesserung der paläographischen und editorischen Standards.
– *Zweitens* auf der methodischen Ebene die Entwicklung und Anwendung differenzierter Rezeptionsmodelle, die Rezeption als einen ganzheitlichen soziomentalen – nicht nur intellektuellen – Prozess erfassen.
– *Drittens* die weitere Klärung der Frage, wie sich der eine Rezeptionssektor „Frühhumanismus" zu anderen Rezeptionssektoren, z. B. Mystik und Apokalyptik, verhält.
– *Viertens* sind die Rezeptionsprozesse auf den jeweiligen biographischen Kontext der Rezipienten zurückzubeziehen.

2. Andreas Karlstadt und Martin Luthers frühe Reformationsdiplomatie

Thesenanschläge des Jahres 1517, Luthers *Asterisci*
gegen Johannes Eck und Wittenberger antirömische Polemik
während des Augsburger Reichstags 1518

I. Que approbat alibi omnia negat

Der Wittenberger Humanist Otto Beckmann (gest. 1540), Lizentiat (1517) und Professor der Rechte sowie Syndikus am Wittenberger Allerheiligenstift (ab 1517), schrieb auf das Titelblatt von Luthers *Resolutiones disputationum de indulgentiarum virtute* („Auflösungen zu den Disputationen über die Kraft der Ablässe"),[1] erschienen im August 1518, den Satz: „Que approbat alibi omnia negat" („Was er billigt, verneint er alles anderswo"). Der betreffende Lutherdruck ist eingebunden in einen Sammelband Beckmanns, heute in der Erzbischöflich-Akademischen Bibliothek Paderborn,[2] dem Beckmann handschriftlich den Titel *Liber primus opusculorum Martini lutheri* („Erster Band der kleinen Schriften Martin Luthers")[3] gegeben hat.[4] Beckmann gehörte in jenen Jahren zu den Wittenberger Humanisten, die gegenüber Luther ebenso wie gegenüber Karlstadt eine wohlwollende Position einnahmen.[5] Beckmanns Sammelband dokumentiert, dass sich Luther und Beckmann wechselseitig Neuheiten des Buchmarkts zukommen ließen. Beckmann wollte Luther den Basler Nachdruck von dessen 95 Ablassthesen[6] schicken, doch verblieb das Exemplar mit der von

---

[1] LUTHER, MARTIN, Resolutiones disputationum de Indulge[n]tiarum virtute [...], [Wittenberg: Johann Rhau-Grunenberg] 1518, VD16 L 5786, (Claus/Benzing 1, Nr. 206). Beckmanns Notiz auf dem Exemplar der EAB Paderborn: Th. 6116 (3).

[2] Der Band wurde beschrieben von HONSELMANN, KLEMENS, Otto Beckmann und sein Sammelband von Reformationsschriften, in: Westfälische Zeitschrift 114 (1964), 243–268.

[3] Aus dieser Formulierung kann geschlossen werden, dass Beckmann mindestens noch einen zweiten Band mit Lutherschriften angelegt haben dürfte.

[4] Der Band enthält 42 Drucke der Jahre 1517–1519, überwiegend verfasst von Luther, aber auch von Melanchthon, Erasmus u. a. Gemeinsamer Nenner der Texte ist die Auseinandersetzung Luthers mit seinen Gegnern im Umkreis des Ablassstreites. Alle Drucke sind von HONSELMANN, Beckmann (wie Anm. 2), 260–268, bibliographiert.

[5] Zu Beckmann s. MÜLLER, NIKOLAUS, Die Wittenberger Bewegung, Leipzig ²1911, 224–237. BÜNGER, FRITZ/WENTZ, GOTTFRIED, Das Bistum Brandenburg. Zweiter Teil, Berlin 1941 (Germania Sacra 1, 3, 2), 125 f.; HONSELMANN, Beckmann (wie Anm. 2), 243–255.

[6] LUTHER, MARTIN, DISPVTATIO [...] PRO DECLARATIONE VIRTVTIS INDVLGEN-TIARVM, [Basel: Adam Petri] 1517, VD16 L 4457, EAB Paderborn: Th. 6116 (1), (Benzing/

Abb.1: Titelblatt des *De potestate pape dialogus* des Silvester Prierias, gedruckt
Leipzig 1518, mit Notiz Luthers für Otto Beckmann. Erzbischhöflich-Akademische
Bibliothek Paderborn: Th. 6116 (3). http//digital.ub.uni-paderborn.de/eab/content/
pageview/1681365

Beckmanns Hand geschriebenen Adresse an Luther („D.[omino] Martino Luther Theologo"[7] – „Dem Theologen Herrn Martin Luther") letztlich bei Beckmann, vielleicht weil Luther den Druck schon selbst besaß. Luther übermittelte Beckmann den von Melchior Lotter d. Ä. (gest. 1549) in Leipzig nachgedruckten *De potestate pape dialogus* („Dialog über die Gewalt des Papstes") des Silvester Prierias[8] (1456–1527), mit dem dieser Hoftheologe (Magister Sacri Palatii) des Papstes eine scharfe Widerlegung der Ablassthesen Luthers veröffentlicht hatte. Luther schrieb – was bisher nicht erkannt worden ist – mit eigener Hand auf das Titelblatt eines Exemplars des *Dialogus* (Abb. 1): „D[omino] Licentiato Ottoni Begman Dono Melchioris Lotter"[9] („Herrn Lizentiat Otto Begman[10] als Geschenk Melchior Lotters"), d. h. Luther übersandte das vorliegende Exemplar an Beckmann als ein Geschenk des Leipziger Druckers Melchior Lotter d. Ä. Der Kontext der eingangs zitierten Notiz Beckmanns über Luthers wechselnde Aussagen spricht dafür, dass er die Notiz nicht erst auf den Druck schrieb, nachdem er durch seinen Abgang aus Wittenberg 1523 seinen Bruch mit Luther vollzogen hatte.[11] Denn in dem ganzen Band findet sich ansonsten keine Notiz Beckmanns, die überhaupt auf eine spätere Benutzung der in dem Band gesammelten Druckschriften aus den Jahren 1518 und 1519 hindeutet. Beckmann meinte wahrzunehmen, dass Luther Positionen vertreten konnte, die er in verändertem Kontext wieder zurücknahm. Dass Beckmann das missfiel, spiegelt sich in der Überspitzung wider, Luther nehme „alles" wieder zurück.

Claus 1, Nr. 89). Beckmann hat am Schluss den im Druck nicht genannten Druckort handschriftlich ergänzt: „Apud inclytam Basileam".

[7] Die Adresse steht auf der letzten, unbedruckten Seite des Exemplars. HONSELMANN, Beckmann (wie Anm. 2), 260 Nr. 3, zitierte diese Adresse und vermutete (257 f.) Adam Petri als Schreiber, der das Exemplar an Luther geschickt habe, der es seinerseits wiederum an Beckmann weitergegeben habe. Der paläographische Vergleich ergibt eindeutig, dass die Adresse von Beckmann geschrieben ist.

[8] MAZZOLINI DA PRIERO, SILVESTRO, R. P. Fratris Siluestri Prieratis […] in p[re]umptuosas Martini Luther co[n]clusio[n]es de p[otes]tate pape dialog[us], Leipzig: Melchior Lotter d. Ä. 1518., VD16 L 4458, Exemplar der EAB Paderborn: Th. 6116 (7).

[9] Zitiert von HONSELMANN, Beckmann (wie Anm. 2), 261. Honselmann (256) hielt irrtümlich Melchior Lotter d. Ä. für den Schreiber der Notiz. Meine Zuweisung der Handschrift an Luther als Schreiber beruht auf Vergleichen mit Autographen Luthers und Lotters. Zu den paläographischen Fragen der Identifizierung von Luthers Handschrift vgl. BUBENHEIMER, ULRICH, Luthers Handschrift, in: Albrecht Beutel (Hg.), Luther Handbuch, Tübingen [3]2017, 21–27.

[10] Die Schreibweise „Begman" ist bei Otto Beckmann selbst belegt. In seinem Exemplar von Gratianus, Decretum Gratiani […], Lyon: Nicolaus de Benedictis, 12. März 1506, lautet Beckmanns Besitzvermerk auf dem vorderen Spiegel: „Liber licentiati Othonis Begman Vuartbergensis emptus Vuittenberge cum reliquis duabus partibus decem flor[enis] Anno 1513" (EAB Paderborn: 3,329a). Zitiert von HONSELMANN, Beckmann (wie Anm. 2), 246 Anm. 24, mit fehlerhafter Signatur. – Die Namensform „*Beckman*" taucht in der Wittenberger Matrikel auf, wo Beckmann im Sommersemester 1507 immatrikuliert wurde: Album Academiae Vitebergensis, Bd. 1, hg. v. Karl Eduard Förstemann, Leipzig 1841, 23b.

[11] Vgl. HONSELMANN, Beckmann (wie Anm. 2), 251 f.

Beckmann kannte natürlich als Glied des Wittenberger Kollegen- und Freundeskreises um Luther und Karlstadt nicht nur deren gedruckte Schriften. Die Insider dieser Gruppe wussten aus dem mündlichen Austausch und gegebenenfalls auch als Hörer von Vorlesungen, Disputationen und Predigten etwas mehr über die Vorstellungen und Ziele dieser Theologen als das, was sie in ihren Publikationen bekannt machten. Denn diplomatisch motivierte Zurückhaltung, sei es zum Selbstschutz, aus Rücksichtnahme gegenüber Dritten oder sei es aus strategischen Erwägungen, spielte in der reformatorischen Publikationstätigkeit eine Rolle, zumal in Konfliktsituationen, in denen sich die Wittenberger Protagonisten befanden. Ich verwende für dieses Phänomen hier den Begriff der „Diplomatie" vorwiegend als Bezeichnung für eine menschliche Verhaltensstrategie, nicht im engeren Sinn der Berufs- oder Hofdiplomatie, in deren Rahmen die Wittenberger Protagonisten allerdings auch immer wieder agieren mussten.

Manchmal gaben die beteiligten Wittenberger Akteure selbst etwas von ihrem nicht oder noch nicht öffentlich bekannt gewordenen Insiderwissen preis, z. B. in Briefen, Disputationen oder in privaten Gesprächen. Das möchte ich an zwei Beispielen, je einer Äußerung Luthers über Karlstadt und Karlstadts über Luther, aufzeigen.

Luther schrieb am 28. März [1517] an einen nicht identifizierten Ordensbruder: „Auch Karlstadt ist, selbst wenn er allein stehen sollte, bereit, sich mit Freude allen derartigen Sophisten und Juristen entgegenzustellen. Er wird es tun und dabei Erfolg haben. Gesegnet sei Gott, Amen."[12] Luther spielte auf Karlstadts Abwendung von der Scholastik in den vorangegangenen Wochen an und hatte bereits Kenntnis, dass Karlstadt einen öffentlichen Angriff auf scholastische Theologen, aber auch auf Juristen, vorbereitete. Luthers Äußerung lässt erkennen, wie eng der Austausch zwischen den beiden Fakultätskollegen in jener Zeit war, denn Karlstadt veröffentlichte seine antischolastische Thesenreihe, die sogenannten „151 Thesen", in denen auch Kanonisten – allerdings nur in einer einzigen These[13] – angegriffen werden, erst etwa einen Monat später, ab 26. April 1517. Auch Karlstadt verrät seinerseits mitunter Kenntnis von kritischen Positionen Luthers, schon bevor dieser sie öffentlich gemacht hatte. In einer Disputation, die in Wittenberg am 3./4. Oktober 1519 auf dem dort abgehaltenen Provinzialkapitel der sächsischen Franziskaner mit Beteiligung der Theologen der Universität stattfand,[14] bestritt Karlstadt auf der Basis bibeltheologischer

---

[12] „Paratus est vel unus Carlstadius etiam cum gaudio cunctis eiusmodi sophistis et iuristis contraire. Et faciet et prosperabitur. Benedictus deus. Amen." WA.B 18, 143 (Nr. 4341,8 f.).

[13] „7. Sententia beati Augustini in moralibus nulli cedit. – contra canonistas." KGK I.1, 499,11.

[14] HAMMER, GERHARD, Militia Franciscana seu militia Christi. Das neugefundene Protokoll einer Disputation der sächsischen Franziskaner mit Vertretern der Wittenberger theologischen Fakultät am 3. und 4. Oktober 1519, in: ARG 69 (1978), 51–81; 70 (1979), 59–106; Edition von Gerhard Hammer in WA 59, 606–697.

Argumente bereits grundsätzlich das Existenzrecht der Bettelorden[15] und fügte hinzu: „Ich weiß, dass eben in dieser Sache der ehrwürdige Vater Martinus beunruhigt ist und sich deswegen ein mehr als bitteres Gewissen macht [...]."[16] Luther gab seine grundsätzlichen Bedenken gegen die Bettelorden, von denen Karlstadt schon im Oktober 1519 wusste, ungefähr Anfang August 1520 in seiner an den deutschen Adel gerichteten Reformschrift an die Öffentlichkeit.[17]

Diplomatische Strategien Karlstadts und Luthers zeige ich im Folgenden nur an ausgewählten Beispielen aus den Jahren 1517 und 1518 auf. Diese Beispiele sind pragmatisch so ausgewählt, dass sie mir die Möglichkeit bieten, einige unbekannte Quellen, darunter auch kleine Luther-Autographe, bzw. für die Erforschung der Wittenberger Frühreformation wenig ausgewertete Quellen einzubeziehen.

II. Wittenberger Diskussionen um den Ablass vor 1517

Zur akademischen Disputation gehörten bestimmte Rituale, die in den Statuten der Universität Wittenberg und in denen der theologischen Fakultät (1508/1513) festgelegt waren. Darin waren drei Grundformen von Disputationen vorgesehen: Die wöchentlich abgehaltenen Übungsdisputationen bzw. „Zirkulardisputationen", die Prüfungsdisputationen im Zusammenhang mit dem Erwerb eines akademischen Grades und schließlich die außerordentlichen, feierlichen Disputationen, die jeder Professor einmal im Jahr bestreiten sollte.[18] Letztere zielten auch auf Repräsentation und Werbung der Universität nach außen ab. Karlstadt hatte auswärtige Disputationen 1509 in Halberstadt[19] und 1516 an der Sapienza in Rom[20] bestritten, Luther 1518 zwei Disputationen in Heidelberg, und zwar am 25. April auf dem Konvent der Augustinereremiten über theologische Thesen, über philosophische am 26. April in der dortigen Artistenfakultät.[21]

---

[15] Incipiunt disputationes Minoritice habite Wittenberge in eorum conuentu [...], [Leiden: Jan Seversz, 1519], Bl. A 7r–A 8v (Benzing/Claus 2, Nr. 818e); WA 59, 688,1–691,10.

[16] Ebd., Bl. A 8v: „[...] Scio et hoc ipso moueri reuerendum patrem martinum / et conscientiam amariorem inde habere / sicut et de illo. Quad non potius manibus laborantes necessaria habeant corporis / quam elemosinis sustentari." WA 59, 691,7–10.

[17] WA 6, 438,14–22. Vgl. dazu Kaufmann, Thomas, An den christlichen Adel deutscher Nation von des christlichen Standes Besserung, Tübingen 2014 (Kommentare zu Schriften Luthers 3), 280–285.

[18] UUW 1, Nr. 23, 34–37 sowie Nr. 22, 31.

[19] Vgl. Barge, Bd. 1, 45 f. und KGK 1.1, 495.

[20] Vgl. Bubenheimer, Ulrich, Consonantia Theologiae et Iurisprudentiae. Andreas Bodenstein von Karlstadt als Theologe und Jurist zwischen Scholastik und Reformation, Tübingen 1971 (JusEcc 24), 59–62.

[21] Zur Datierung der Heidelberger „Disputation" auf zwei Tage, die sich auf Mitteilungen Johannes Langs stützt, der bei dem Ereignis anwesend war, s. KGK 1.1, 487.

Im Rahmen von Prüfungsdisputationen gab es auch interdisziplinäre Zusammenarbeit zwischen den Fakultäten. Am 12. Dezember 1511 hatte der Jurist Hieronymus Schurff (1481–1554) den Vorsitz bei der Disputation anlässlich der Promotion des Augustinus Hanemann von Jüterbog zum Bakkalaureus beider Rechte. An der Disputation beteiligten sich auch Karlstadt und zwei weitere Theologen, da über eine Ablass und Beichte betreffende Materie disputiert wurde, die sowohl Gegenstand des kanonischen Rechts als auch der Theologie war.[22] Fragen um den Ablass waren also in Wittenberg ein eingeführter akademischer Disputationsgegenstand.

Die außerordentlichen Disputationen wurden gerne mit besonderen Anlässen und Feierlichkeiten verknüpft. Dazu gehörten in Wittenberg auch das Reliquien- und Ablassfest im Frühjahr sowie die Verkündung des mit besonderen päpstlichen Privilegien ausgestatteten Allerheiligenablasses des Stifts. An diesen Feierlichkeiten beteiligte sich selbstverständlich auch die mit dem Stift engstens verbundene Universität. An diesen Tagen waren Ablass, Buße und Beichte die gegebenen Themen für die abzuhaltenden Ablasspredigten, aber gegebenenfalls auch für die Durchführung einer außerordentlichen Disputation. Veit Dieterich (1506–1549), Luthers zeitweiliger Mitarbeiter, berichtete später folgendes Ereignis:

> „Als die Ablässe im Schloss publiziert wurden, gab Karlstadt Thesen heraus, in denen er disputierte, dass die, die nicht im Schloss gebeichtet hätten, nicht in den Genuss der Ablässe kommen könnten. Als dann Luther dagegen disputierte und sagte, es gehe hier um ein Privileg [nämlich Beichtprivileg für die Schlosskirche], nicht um ein Gebot, antwortete jener verärgert: Luther, wenn ich wüsste, dass Ihr das ernst meint, würde ich Euch beim Papst als Ketzer anklagen."[23]

Das zwischen Karlstadt und Luther erörterte Beichtprivileg des Stifts betraf den Allerheiligenablass. Da Karlstadt an Allerheiligen 1515 nicht in Wittenberg war, ist Allerheiligen 1516 der wahrscheinlichste Termin für jene Disputation; an Allerheiligen 1517 ist dieser Konflikt zwischen den beiden Professoren kaum denkbar.[24] Herbst 1516 war die Zeit, in der auch andere theologische Differenzen zwischen Karlstadt und Luther aufgebrochen waren und Karlstadt sich bemühte, Luther zu widerlegen. In der von Dieterich zitierten These Karlstadts verteidigte dieser als Stiftsherr ein vom Papst erteiltes Beichtprivileg des Stifts. Allerdings hielt er Luther zugute, dass die Disputationsmethodik auch erlaubte, experimentell Positionen zu vertreten, um deren Haltbarkeit auszuloten. Als Prediger des Allerheiligenstifts hatte der Archidiakon, damals Karlstadt, nach der Predigtordnung aus dem Jahr 1508 am Tag der Reliquienzeigung drei Pre-

---

[22] Näheres dazu s. BUBENHEIMER, Consonantia (wie Anm. 20), 14 f. Die disputierte These ebd., 15 Anm. 23.

[23] Zitiert ebd., 122 Anm. 209.

[24] Näheres zur Datierung dieser Disputation s. ebd., 123.

digten zu halten, eine vor acht Uhr, eine am Vormittag und eine um 12 Uhr.[25]
Von einer Predigt an diesem Tag wurde erwartet, dass der Prediger auf den Kasus dieses Tages, die Reliquien und den Ablass, eingeht, da es üblich war, bei einer Ablassverkündung die Ablassgnaden in der Predigt zu erklären. Von daher
wäre es auch möglich gewesen, aus den Inhalten solcher Predigten Thesen für
eine Disputation abzuleiten und auf diese Weise die Aufgaben am Stift mit den
akademischen Aufgaben zu verbinden.

In diesem Zusammenhang ist von Interesse, dass Luther seinerseits in einer
nicht eindeutig datierbaren Predigt in der Schlosskirche bereits Ablasskritik vorgetragen hatte, die der Ablasskampagne Tetzels vorausging. Nach Luthers späte-
rer Rückerinnerung habe Kurfürst Friedrich diese Predigt aus Liebe zu seinem
Allerheiligenstift missfallen.[26]

III. Karlstadts 152 Thesen vom 26. April 1517

Karlstadt hat seine gegen Scholastik und Kanonisten gerichteten 152 (später nur
151)[27] Thesen nach eigener Aussage am 26. und 27. April 1517 öffentlich ausgehängt. Am 28. April 1517 schrieb er an Georg Spalatin, den Privatsekretär und
Ratgeber Kurfürst Friedrichs (III.) des Weisen von Sachsen:

> „Vielgerühmter Patron. Die hundertzweiundfünfzig Thesen, die ich vor kurzem am
> Sonntag Misericordia Domini [26. April] und am heiligen Tag der Zeigung der ehr-
> würdigen Reliquien [27. April] öffentlich ausgehängt habe, versprach ich auch Dir,
> ehrwürdiger Herr, zu schicken. Jetzt schicke ich sie in aufgeräumter Stimmung und
> mit der demütigen Bitte, Du, mein Herr, mögest geruhen, mich unserem durchlauch-
> tigsten Fürsten zu empfehlen und ihm zu berichten, dass (ich) das zu seiner Ehre ge-
> tan habe und jene (Thesen) später zu einem festen Termin über mehrere Tage er-
> örtert werden sollen, und dass es mir nicht widerstrebt, vielmehr zusagt, wenn seine
> durchlauchtigste Gnade bestimmte (Personen) aus seiner sächsischen Provinz zu dem
> künftigen theologischen Wettstreit abordnen wolle. Im Übrigen erwarte ich sehnlich

---

[25] Diese Predigtordnung, die das Stiftskapitel dem Kurfürsten 1508 vorgeschlagen hatte,
sei, so heißt es, „nach alter gewonheynt unnd gefallen der prediger dohyn verordent", aufgestellt worden. Barge, Bd. 2, 528. Diese Ordnung ist allerdings, wie sich an einigen Punkten
nachweisen lässt, 1517 nicht mehr unverändert ausgeführt worden. Die Erforschung der Quellen zum vorreformatorischen Predigtwesen in Wittenberg ist ein Desiderat.

[26] Luther in *Wider Hans Worst* (1541): „Als nu viel Volcks von Wittenberg lieff dem Ablas
nach gen Jütterbock und Zerbst etc., [...] fieng ich seuberlich an zu predigen, man köndte wol
bessers thun, das gewisser were, weder Ablas lösen. Solche predigt hatte ich auch zuvor gethan
hie auffm Schlosse, wider das Ablas, Und bey Hertzog Friderich damit schlechte gnade ver-
dienet, Denn er sein Stifft auch seer lieb hatte." WA 51, 539,4–10.

[27] Die Thesenreihe wurde erst 1521 von anderer Seite in der ersten gedruckten Sammlung
Wittenberger Thesenreihen mit der neuen Überschrift *Centum quinquagintaunum conclusiones de natura, lege et gratia, contra scolasticos et usum communem* publiziert, wobei in dieser
Ausgabe eine These fehlt. Zur unterschiedlichen Zählweise der Thesen s. deren Edition, bearb.
v. Ulrich Bubenheimer u. Martin Keßler, in: KGK 1.1, 487 f.492. Im Anschluss an Karlstadt
spreche ich im Folgenden von den „152 Thesen".

Deine Antwort und empfehle mich Dir. Eilends gegeben in Wittenberg, eben am Tag des Vitalis [28. April] im Jahr 1517.
Andreas von Karlstadt, Archidiakon."[28]

Der Stil des Briefes zeigt, dass es sich nicht um einen Freundesbrief handelt, sondern um eine offizielle Eingabe, von der Karlstadt erwartet, dass deren Inhalt an seinen Dienstherrn, den Kurfürsten, weitergeben werden solle. Sofern es sich bei der Angelegenheit um eine Disputation handelt, schreibt Karlstadt in seiner Rolle als Theologieprofessor der Universität. Angesichts der von ihm hergestellten Verbindung seines Thesenanschlags mit der Reliquienzeigung des Allerheiligenstifts betraf der Vorgang auch seine Rolle als Stiftsherr, weshalb er seiner Unterschrift auch seinen Stiftsherrentitel *Archidiaconus* hinzufügte, was er im Briefwechsel mit Spalatin nur ausnahmsweise tat.

Karlstadt schrieb an Spalatin, er habe seine Thesen an zwei aufeinanderfolgenden Tagen ausgehängt. Meines Erachtens will Karlstadt damit zum Ausdruck bringen, dass seine Thesen an den von ihm genannten zwei Festtagen ausgehängt waren. Das Reliquien- und Ablassfest begann offiziell mit der ersten Vesper des Sonntags Misericordia Domini und endete mit Sonnenuntergang am folgenden Montag, an dem die Reliquienzeigung erfolgte. Nach den Statuten der Theologischen Fakultät waren Disputationsthesen an den Türen der Wittenberger Kirchen – insgesamt 4 – auszuhängen.[29] Offen ist, ob Karlstadt das wirklich so durchgeführt hat oder ob er sich in diesem besonderen Fall, in dem er einen Disputationstermin noch nicht nannte, auf den Aushang an der Stifts- bzw. Schlosskirche, die zugleich Universitätskirche war, beschränkt hat.

Schon vor seinem Brief vom 28. April hatte Karlstadt Spalatin versprochen, ihm seine Thesen zuzuschicken. Demnach hatten die beiden schon vor Abfassung des Briefes entweder über die Thesen korrespondiert oder, falls Spalatin zur Zeit der Reliquienzeigung in Wittenberg war, darüber gesprochen. Spalatin war also vor der Bekanntmachung der Thesen vorinformiert, und er konnte als Vertreter des Kurfürsten in Universitätsangelegenheiten erwarten, dass ihm nicht nur das Vorhaben, sondern auch die Thesen für außerordentliche öffent-

---

[28] „Quas nuper Dominica Misericordia Domini, dieque sancta ostensionis venerabilium reliquiarum conclusiones centum quinquaginta duas publice affixi, tuae quoque R[everendae] D[ominationi] mittere pollicebar, iam hilari transmitto mente, humiliter deprecans, quatinus tua Dominatio me apud illustrissimum nostrum Principem commendare referreque dignetur, ob eius honorem id esse factum atque eas certo imposterum per nonnullos dies tempore discutiendas. Mihi neque adversari immo placere, si sua illustriss[ima] gratia certos ex sua provincia Saxonica ad futurum certamen Theologicum destinare vellet. Caeterum responsum tuum exopto cui me commendo. Datum celeriter Wittemburgae, ipso die Vitalis, Anno MDXVII. Andreas Carolostatensis, Archidiac[onus]." Scrinium Antiquarium, Idiocheira Antiquitatis Fragmenta, hg. v. Johann Gottfried Olearius, Halle 1671, 8; KGK 1.1, 514, 3–12; vgl. die Einleitung zu diesem Brief von Alejandro Zorzin, KGK I.1, 514.
[29] Näheres s. bei MOELLER, BERND, Thesenanschläge, in: Joachim Ott/Martin Treu (Hg.), Luthers Thesenanschlag – Faktum oder Fiktion, Leipzig 2008 (Schriften der Stiftung Luthergedenkstätten in Sachsen-Anhalt 9), 9–31, hier 29 Anm. 109.

liche Disputationen vorgelegt werden, insbesondere wenn sie wie im vorliegenden Fall nicht nur auf Veränderungen in der theologischen Theorie, sondern implizit auch im kirchlichen Bereich abzielten und der Autor dafür sogar die Unterstützung des Kurfürsten erhoffte. Ein anderes, der Forschung bislang nicht bekanntes Disputationsvorhaben aus dem Jahr 1519 zeigt in ähnlicher Weise, wie eine frühzeitige Einbeziehung des Hofes aussehen konnte. Der auch theologisch gebildete Jurist Johann Schwertfeger (gest. 1524)[30] war nach meiner Kenntnis der erste, der frühreformatorische Kirchenkritik in die Lehre der juristischen Fakultät einzubringen versuchte. Er teilte am 22. November 1519 Spalatin brieflich mit, dass er, wie er ihm schon zuvor angekündigt hatte, Thesen habe ausgehen lassen, über die er, beginnend mit dem nächsten Sonntag, disputieren wolle. Im ersten Abschnitt behandle er die Arglist der Offiziale, d. h. der bischöflichen Richter, in weiteren Disputationen solle es um das sogenannte Recht der Ersten Bitten sowie um die Tyrannei der Bischöfe gehen, die diese im Umgang mit der priesterlichen Absolution von Mördern an den Tag legen würden. Die Thesen legte Schwertfeger seinem Brief an Spalatin bei, der urteilen solle, ob sie der Disputation wert seien.[31]

Karlstadt hatte wie Schwertfeger seine Thesen Spalatin gegenüber zuerst angekündigt und diese dann nach seiner zweitägigen Publikationsaktion an den Hof gesandt, und zwar sofort am Tag danach und noch vor einer Disputation. Allerdings legt er Spalatin zugleich nahe, sich für die Unterstützung des Disputationsvorhabens durch den Kurfürsten einzusetzen. Dieser Strategie verdankt sich die von Karlstadt gewählte diplomatische Formel, seine Aktion sei zur Ehre des Kurfürsten geschehen. Denn es war unter den gegebenen Umständen durchaus zweifelhaft, ob der Kurfürst es als Ehre aufnehmen würde, dass Karlstadt die Aufmerksamkeit von Besuchern des Reliquien- und Ablassfestes auf seine provozierenden Thesen zu lenken versuchte.

Da Karlstadt als Kanoniker am Allerheiligenstift in die mit Reliquienzeigung und Ablass verknüpften Rituale eingebunden war, sei es als Prediger, Prozessionsteilnehmer oder Beichtvater, kann vorausgesetzt werden, dass er den Zusammenhang zwischen seiner neuen Sicht des Verhältnisses der Werke des Menschen und der Gnade Gottes einerseits und den sogenannten Ablassgnaden andererseits reflektiert hat.

---

[30] Zu Schwertfeger s. u. bei Anm. 180.

[31] Johann Schwertfeger an Georg Spalatin, Wittenberg, 22. November [15]19 (Original in der Universitätsbibliothek Basel: G I 31, Bl. 36^r): „Quo re comprobarem, quod uerbis tue dominacioni coram pollicitus sum emisi posiciones, Die Solis proxima disputaturus [...]. Mitto ad te mearum nugarum exemplar, iudica num dignae disputacione sint an secus. Metui non nihil ne in priore periodo in coelum me spuere plerique existimarent. Verumtamen quom Officialium maliciam probe meditatam haberem libitum est magis ueritatis (huic studuisse me arbitror) racionem habere quam Deliciis aurium magnatorum incrementum adiicere. Restant plura quae disputare constitui ut de primariis precibus. De homicidis a presbitero absoluendis in quibus episcopi Tirannidem exercent."

In seiner Thesenreihe behandelte Karlstadt, in breitem Umfang den Kirchenvater Augustin (354–430) zitierend und diesen der scholastischen Theologie entgegenstellend, die Frage, ob es dem Menschen möglich sei, mit seinen angeborenen Fähigkeiten eine Anwartschaft auf das Geschenk der göttlichen Gnade zu erwerben. Karlstadt verneinte diese Frage kompromisslos. Er vertritt die totale Unfähigkeit des sündigen Menschen zu in ethischer Hinsicht gutem Handeln, sofern dieses nicht von Gott selbst gewirkt ist (Th. 37). Vollkommene Vergebung der Sünde erfolgt in der Taufe (Th. 13–19). Im Blick auf die bleibende Neigung auch des getauften Menschen zur Sünde formuliert Karlstadt: „138. Der Gerechte ist zugleich gut und böse, ein Sohn Gottes und ein Sohn der Welt."[32]

Zu diesem seinem neuen theologischen Standpunkt war Karlstadt durch die Lektüre der gegen Pelagius gerichteten Schriften Augustins gekommen, zu der Luther Karlstadt in der Disputation *De viribus et voluntate hominis sine gratia* („Über die Kräfte und den Willen des Menschen ohne die Gnade")[33] am 25. September 1516 aufgefordert hatte. Karlstadt hatte in jener Disputation Luther widersprochen, doch schon im März 1517 äußerte sich Luther begeistert über Karlstadts theologische Wende.[34]

Eine sachliche Verbindung zur Ablassthematik steckt zum Beispiel in der Formulierung der Thesen 13 und 15:

> „13. Durch das Sakrament der Wiedergeburt [d. h. die Taufe] wird die Strafverfallenheit *(reatus)*[35] gelöst, aber es bleibt das Gesetz der Sünde. [...] 15. Durch dasselbe Sakrament erfolgt eine vollkommene Vergebung der Sünden *(plena remissio peccatorum)*."[36]

Die *plena remissio peccatorum*, von der Karlstadt hier in Anlehnung an Augustin[37] spricht, ist auch ein zentraler Begriff in der Buß- und Ablasstheologie jener Zeit, wobei letztere noch die subtile Unterscheidung von *remissio plena*, *plenior* und *plenissima* („vollkommene", „vollkommenere" und „vollkommenste Vergebung") einführte, um die Vielzahl der Ablässe hinsichtlich der Quantität und Qualität der zu erwerbenden Ablassgnaden zu differenzieren. Diese Distinktion findet man u. a. in der *Coelifodina*, dem Hauptwerk von Luthers Or-

---

³² [1]38. „Iustus ergo simul est bonus et malus,filius dei: et filius seculi." KGK 1.1, 510.

³³ WA 1, 142–151.

³⁴ WA.B 18, 143 (Nr. 4341,8f.).

³⁵ Vgl. ALTENSTAIG, JOHANN, Vocabularius Theologiae [...], Hagenau: Heinrich Gran (D); Iohann Rynman von Öhringen (V) 1517, VD16 A 1992, Bl. N 2ʳ, s. v. reatus: „Reatus est obligatio ad poenam propter peccatum secundum beatum Thomam. ij. senten[tiarum] di[stinctione] xxx. q[uaestione] j. ar[ticulo] ij. vel est ordinatio peccatoris ad penam. Et aliquando sumitur pro culpa: aliquando pro poena: quia est medium quodam modo inter vtrumque secundum eundem .ij. senten[tiarum] dis[tinctione] xlij. q[uaestione] j. ar[ticulo] ij."

³⁶ „13. Per sacramentum regenerationis solvitur reatus sed manet lex peccati. [...] 15. Per idem sacramentum fit plena remissio peccatorum." KGK I.1, 500,1–4.

³⁷ Siehe ebd., 500 Anm. 10.

densbruder Johannes von Paltz,[38] der im Rahmen seiner Tätigkeit als Ablass-Subkommissar 1490 auch Predigten vor Kurfürst Friedrich III. und Herzog Johann von Sachsen gehalten hatte.[39]

Karlstadt wird auch nicht unbekannt gewesen sein, dass im Rahmen der Ablasskampagnen seiner Zeit die Tendenz bestand, dem Ablass einen quasi-sakramentalen Charakter zuzuschreiben,[40] sodass zum Beispiel Johann Tetzel (gest. 1519) in einem *Consilium* die Wirkung des Ablasses mit der Wirkung der Taufe vergleichen konnte.[41] In These 54 weist Karlstadt eine scholastische Argumentation zurück, die sich auch im *Consilium* Tetzels findet:

> „54. Zu bekräftigen, dass ein Sünder, der eine Todsünde begangen hat, gute Werke als solche tun müsse, um leichter geheilt zu werden, bedeutet die Schriften zu verdrehen. – Gegen dieselben [nämlich die Scholastiker].“[42]

Die einzige Hilfe, die dem Sünder bleibt, ist Christus. Karlstadt formuliert in These 35, einen Satz aus Augustins Schrift *De spiritu et littera*[43] variierend:

> „35. Er [näml. der Mensch] kann nicht erneuert werden ohne das Eintreten des Mittlers [näml. Christus].“[44]

Als logische Konsequenz ergäbe sich aus diesen und weiteren Aussagen, dass der Ablass nicht notwendig sei. Aber Karlstadt sagt es in seinen Thesen nicht explizit, sondern er bringt seine Bedenken diplomatisch vor, indem er die Thesen an den Tagen der Ablassverkündung aushängt.

Am Sonntag Misericordia Domini des Jahres 1517, an dem Karlstadt mit den 152 Thesen den Ertrag seiner Lektüre der im Januar 1517 erworbenen Werke Augustins vorstellte, kaufte er die Predigten des Mystikers Johannes Tauler (gest.

---

[38] Johannes von Paltz, Celifodina [...], Erfurt: Wolfgang Schenck, 15. März 1502 (VD16 J 252), Bl. Q6ʳ. – VON PALTZ, JOHANNES, Werke, Bd. 1, hg. von Christoph Burger [u. a.], Berlin 1983 (SuR 2), 373,15–26.

[39] Vgl. HAMM, BERNDT, Frömmigkeitstheologie am Anfang des 16. Jahrhunderts. Studien zu Johannes von Paltz und seinem Umkreis, Tübingen 1982 (BHTh 65), 111 f.

[40] HAMM, Frömmigkeitstheologie (wie Anm. 39), 291, hat eine solche Tendenz bei Johannes von Paltz festgestellt. Paltz argumentiert dabei etwas anders als Tetzel in seinem *Consilium* (s. Anm. 41).

[41] Vgl. BUBENHEIMER, ULRICH, Johann Tetzel erteilt einem Beichtvater ein Consilium zum Umgang mit einem in Todsünde befindlichen Käufer eines Beichtbriefes, in: Hartmut Kühne u. a. (Hg.), Johann Tetzel und der Ablass. Begleitband zur Ausstellung „Tetzel – Ablass – Fegefeuer“ in Mönchenkloster und Nikolaikirche Jüterbog vom 8. September bis 26. November 2017, Berlin 2017, 345–348, hier 348 das *Consilium commissarii Iohannis tetzel Existens in mortali an mereatur indulgentias.*

[42] „54. Confirmare quod peccator qui mortaliter peccavit debet facere bona opera ex genere ut facilius sanetur est pervertere scripturas. – Contra eosdem [scil. scholasticos].“ KGK I.1, 503,8 f.

[43] AUGUSTINUS, De spiritu et littera 28, 48 (CSEL 60, 203,7–9): „unde auersi obsolescere meruerunt; renouari autem nisi gratia christiana, hoc est nisi mediatoris intercessione, non possunt.“

[44] „35. Non potest renouari absque intercessione mediatoris.“ KGK I.1, 502,1.

1361), die er in der Folgezeit ebenfalls gründlich durcharbeitete. Dabei meinte Karlstadt zu entdecken, dass Tauler die augustinische Gnadenlehre auf den Ablass anwandte. In einem alphabetischen Register, das Karlstadt handschriftlich in seinen Taulerband eingetragen hatte, verwies er unter den Stichworten „Indulgentie und ablas"[45] auf eine Predigt Taulers, in der dieser dem üblichen Ablasserwerb den Ablass entgegenstellte, um den der Sünder Christus bittet:

> „[...] Vnd gib mir ablaß aller meiner sünde. auß deinen götlichen hailigen wunnden da alle gnad ist auß geflossen. Vnd du möchst dis also begeren mit starckem grossen vesten glauben vnd getrauen zu got haben [...]."[46]

IV. Der Thesenanschlag und das Disputationsprojekt Karlstadts

Es kann angenommen werden, dass Karlstadt seine umfangreiche Thesenreihe in Gestalt eines Einblattdruckes ausgehängt hat. Für eine gedruckte Fassung von Karlstadts Thesen spricht, dass Luther am 6. Mai 1517 mehrere Exemplare an Christoph Scheurl in Nürnberg zur Weiterverteilung schickte.[47] Diese Urgestalt von Karlstadts Thesen ist verschollen. Es existiert ein Abdruck unter der neuen Überschrift *de natura, lege et gratia* („über Natur, Gesetz und Gnade") in der ersten gedruckten Sammlung Wittenberger Thesenreihen, erschienen in Leiden 1521. Von diesem Druck unabhängig ist eine handschriftliche Überlieferung, die sich in einer Handschrift aus dem Besitz des Humanisten Johannes Hess (1490–1547) in Breslau findet, der nach Studium und Lehrtätigkeit in Wittenberg (1510–1513) durch Reisen und Briefe mit Wittenberg in Kontakt geblieben war. Beide Überlieferungen sind mit unterschiedlichen Tendenzen bearbeitete Textfassungen.[48]

Nach seinem oben zitierten Brief an Spalatin wünschte Karlstadt eine mehrtägige Disputation seiner Thesen unter Einbeziehung auswärtiger Personen, die der Kurfürst aus seinem sächsischen Fürstentum abordnen möge. Damit schreibt er seinen Thesen eine Bedeutung für das ganze Herzogtum zu. Seine Aussage macht den Eindruck, als habe er schon die Vision einer künftigen, vom Landesherrn mitgetragenen Reformation, in welchem Umfang auch immer. Dieser Plan

---

[45] Karlstadts Exemplar von TAULER, JOHANNES, Sermones: [...], Augsburg: Johann Otmar (D); Johann Rynman von Öhringen (V) 1508, VD16 J 783, befindet sich in der RFB Wittenberg, Bestand BEPS: HTh fol. 891; hier in Karlstadts Register auf dem vorderen Spiegel und dem folgenden Vorsatzblatt (recto).

[46] TAULER, Sermones (wie Anm. 45), Bl. 170va. Hier hat Karlstadt das Wort *ablaß* unterstrichen.

[47] WA.B 1, 94 (Nr. 38,15–17): „Has sententias, quas vocant Positiones, mitto ad te, et per te Patri Magistro Venceslao, et si qui alii sunt, quos huius generis deliciae delectant." Demnach war je ein Exemplar für Scheurl und Wenzeslaus Linck bestimmt, die Empfänger der übrigen Exemplare sollte Scheurl selbst auswählen. Vgl. KGK 1.1, 492.

[48] Näheres zur Überlieferung s. KGK I. 1, 485–489.

ist vermutlich daran gescheitert, dass der Kurfürst die von Karlstadt erbetene Unterstützung des Disputationsvorhabens nicht gewährte.

Die handschriftliche Überlieferung der Thesenreihe bietet die Überschrift: „Bartholomeus Bernhart Feltkyrchensis theologie baccalaureus sub domino Andrea Carolstatensi theologie doctore" („Bartholomäus Bernhardi aus Feldkirch, Bakkalar der Theologie, unter dem Herrn Andreas aus Karlstadt, Doktor der Theologie").[49] Karlstadt hatte demnach für seinen Disputationsplan mit Bartholomäus Bernhardi (1487–1551) einen Respondenten gefunden, der schon Disputationserfahrung mit einem zentralen Thema der 152 Thesen Karlstadts hatte. Denn Bernhardi hatte im September 1516 für seine Promotion zum Sententiar unter Luthers Vorsitz[50] über die *Quaestio de viribus et voluntate hominis sine gratia* („Frage betreffend die Kräfte und den Willen des Menschen ohne die Gnade")[51] respondiert.[52] In diesem Fall war Bernhardi sogar selbst der Verfasser der Thesen, wie Luther an Johannes Lang schrieb.[53] In jener Disputation hatte Karlstadt Luther mindestens in einem Punkt widersprochen, der ihn daraufhin aufforderte, die Kirchenväter selbst zu lesen. Bei der intensiven Lektüre der Schriften Augustins wurde Karlstadt dann vom Gegner der antischolastischen Theologie Luthers zu deren Verteidiger.[54] Karlstadt knüpfte mit seinen 152 Thesen an das Thema jener Disputation Luthers und Bernhardis an, indem er das Verhältnis des menschlichen Willens zur göttlichen Gnade zu einem Hauptthema seiner Thesenreihe machte.

V. Luthers Anschlag der 95 Ablassthesen und Karlstadts Thesenanschlag

Luther hat für die Veröffentlichung seiner 95 Thesen „über die Kraft der Ablässe" analog zu Karlstadt mit dem 31. Oktober 1517 einen Tag gewählt, der in einem Zeitraum lag, zu dem im Allerheiligenstift in Wittenberg Ablass verkündet wurde, nämlich vom 30. Oktober bis 3. November.

Die Parallele in Karlstadts und Luthers Vorgehen hat schon Bernd Moeller herausgestellt. Er vermutet, dass die beiden in ihren Disputationsprojekten zu-

---

[49] Vgl. KGK I.1, 499,1 f.

[50] Luther an Johann Lang, [nach 5. und vor 26. Oktober 1516]; WA.B 1, 65,22, Nr. 26.

[51] LStA 1, 153–162; WA 1, 145–151.

[52] Die Disputation fand wahrscheinlich am Freitag, 19. September 1516 statt; vgl. SCHWARZ, REINHARD, Disputationen, in: Luther Handbuch (wie Anm. 9), 372–384, hier 376; zur anschließenden Promotion zum Sententiar am Donnerstag, 25. September 1516 vgl. Liber decanorum, Das Dekanatsbuch der theologischen Fakultät zu Wittenberg, In Lichtdruck nachgebildet, mit einem Vorwort von Johannes Ficker, Halle a. S. 1923, Bl. 26ᵛ.

[53] WA.B 1, 65–66 (Nr. 64,18–57).

[54] KGK I.2, 561,20–562,27.

sammenwirkten,[55] standen sie doch damals in einem positiven kollegialen Austausch, in dem sie sich wechselseitig unterstützten.

In Thesenanschlägen zum Zeitpunkt der Wittenberger Ablassverkündungen treffen sich akademische Rituale und Rituale der Ablasspraxis. Der vorreformatorische Karlstadt hatte, wie dargestellt, schon vor 1517 Thesen über Ablass in Verbindung mit einer Wittenberger Ablassverkündung disputiert. In der Tradition dieses Disputationsrituals stand das Vorgehen Karlstadts (152 Thesen) und Luthers (95 Thesen), ihre jeweiligen auf Reformen abzielenden Thesen zum Termin einer Ablassverkündung zu publizieren. Letztere Thesenreihen wurden zwar nicht an jenen Ablasstagen disputiert, da in beiden Fällen der Disputationstermin noch nicht festgesetzt war, denn beide Theologen wollten einen über Wittenberg hinausreichenden Personenkreis an Disputation und Diskussion beteiligen. Aber die an den jeweiligen Ablassaktionen Beteiligten – Personal, Ablassnehmer, Besucher der Reliquienzeigungen – konnten sich, soweit sie Latein verstanden oder ihnen dieses übersetzt wurde, Gedanken über den Zusammenhang des jeweiligen Thesenaushangs mit dem jeweils begangenen Kasus, Ablassverkündung und Reliquienzeigung, machen. Insofern bot die Terminwahl dem Leser der ausgehängten Texte einen ersten Deutungshorizont. Dieser Deutungshorizont konnte bei der Lektüre von Luthers Thesen die Erkenntnis fördern, dass die Kritik am Ablass in der Sache nicht nur die Ablasskampagne Erzbischof Albrechts von Brandenburg und seines Kommissars Johannes Tetzel, sondern implizit auch die Ablassunternehmungen Kurfürst Friedrichs des Weisen traf.

Eine entsprechende Intention der beiden Professoren lag umso näher, als es sich seit den Anfängen des Buchdrucks mehr und mehr durchgesetzt hatte, an Kirchentüren mit Plakatdrucken für die jeweiligen Ablässe zu werben.[56] So wurde zum Beispiel für den sogenannten Petersablass, den Erzbischof Albrecht von Brandenburg vertrieben hat, mit Einblattdrucken geworben, die den Text der Ablassbulle Leos X. oder lateinische bzw. deutsche Summarien (Zusammenfassungen) des Bullentextes enthielten und auf diese Weise die besonderen Gnaden und näheren Bedingungen für den Erwerb des Ablasses bekannt machten. Zur Bekräftigung der Glaubwürdigkeit jener Gnaden wurde zusätzlich das päpstliche Wappen auf Plakaten ausgehängt.[57]

Auch Kurfürst Friedrich nutzte derartige Printmedien. 1509 und 1510 hatte er Reliquienzeigung und Ablässe des Allerheiligenstifts in Buchformat mit dem

---

[55] MOELLER, Thesenanschläge (wie Anm. 29), 17 f. und 31.

[56] Vgl. EISERMANN, FALK, Der Ablass als Medienereignis, Kommunikationswandel durch Einblattdrucke im 15. Jahrhundert, in: Berndt Hamm u. a. (Hg.), Media Salutis, Gnaden- und Heilsmedien in der abendländischen Religiosität des Mittelalters und der Frühen Neuzeit, Tübingen 2011 (Spätmittelalter, Humanismus, Reformation 58), 121–143.

[57] Zu den Druckerzeugnissen für den von Albrecht von Brandenburg vertriebenen Petersablass vgl. BUBENHEIMER, ULRICH, Druckerzeugnisse aus der Leipziger Offizin Melchior Lotters d. Ä. für den von Albrecht von Brandenburg vertriebenen Petersablass und deren Funktion, in: Kühne (Hg.), Johann Tetzel (wie Anm. 41), 267–285.

sogenannten Wittenberger Heiltumsbuch beworben.[58] Da Einblattdrucke als Verbrauchsmaterial nur selten erhalten sind, ist aus der einschlägigen Ablasswerbung Friedrichs bislang nur ein deutsches Summarium des Ablasses der Frühjahrs-Reliquienzeigung im Allerheiligenstift Wittenberg bekannt geworden, das als Plakat gedruckt wurde und vom 18. März 1520 datiert ist.[59] Der Druck enthält zwei handschriftliche Ergänzungen, die von der Hand Georg Spalatins geschrieben sind,[60] den wir hier als loyalen Sekretär des Kurfürsten wirken sehen. In einer der Ergänzungen Spalatins wird das im Druck unkorrekt angegebene Quantum des den Besuchern der Reliquienzeigung gewährten Ablasses vollständig aufgeführt: „Ein itlichs stuck hat Ein hundert | Jar. Eyn hundert tag. Ein hundert | vnd ein Quadragen Ablas".[61] Dieser knappe Satz bedeutet: Für jedes Reliquienpartikel wird dem andächtigen Betrachter Ablass von 100 Jahren plus 100 Tagen sowie 101 mal 40 Tage Ablass gewährt. Dass gerade diese für den Ablassnehmer wichtige Information in dem Plakatdruck fehlerhaft war, könnte sich daraus erklären, dass der Kurfürst in den Vorjahren wiederholt um die Erweiterung der Ablässe an der römischen Kurie bemüht war, mit der Folge, dass sich zuletzt Änderungen im Umfang der Ablässe aufgrund einer von Karl von Miltitz am 25. September 1519 überbrachten päpstlichen Ablassbulle[62] ergeben hatten.

---

[58] Dye zaigung des hochlobwirdigen hailigthums der Stifftkirchen aller hailigen zu wittenburg, Wittenberg: [Symphorian Reinhart] 1509, VD16 Z 250. Ich habe folgendes Reprint verwendet: CRANACH, LUKAS, Wittenberger Heiltumsbuch. Faksimile-Neudruck der Ausgabe 1509, Unterschneidheim 1969.

[59] Verkundung des grossen Aplas | der weysung des hochwirdigen heiligthumbs | jn Aller Heiligen stifftkirchen zu | Wittenberg| [...], [Wittenberg: Symphorian Reinhart, 1520]. Abgebildet und beschrieben von KÜHNE, HARTMUT, Einblattdruck über den Ablass der Wittenberger Heiltumsweisung, in: Hartmut Kühne u. a. (Hg.), Alltag und Frömmigkeit am Vorabend der Reformation in Mitteldeutschland. Katalog zur Ausstellung „Umsonst ist der Tod", Petersberg 2013, 210f., Nr. 4.9.3. Edition des Textes von KALKOFF, PAUL, Ablass und Reliquienverehrung in der Schlosskirche zu Wittenberg unter Friedrich dem Weisen, Gotha 1907, 107f. Ähnliche gedruckte Bekanntmachungen über die am Allerheiligenstift erwerbbaren Ablässe dürfte es auch für die Vorjahre gegeben haben. Ein von KALKOFF, Ablass, 106f. edierter Text, der von Spalatins Hand geschrieben ist und in dem Ablassgnaden für den Allerheiligenablass zusammengestellt sind, ist kein Summarium der Ablassbulle De salute gregis Leos X. (gegen KÜHNE, Einblattdruck, 211), sondern ist, wie zwei Bemerkungen zeigen, ein Dokument aus der Vorgeschichte dieser Bulle, die zum Zeitpunkt der Niederschrift des Textes in der päpstlichen Kanzlei noch nicht expediert war („Die expedition dieser gnad will zweihundert ducaten gesteen.")

[60] Den Schreiber habe ich durch Handschriftenvergleich bestimmt. Vgl. KAUFMANN, THOMAS, Erlöste und Verdammte. Eine Geschichte der Reformation, München 2016, 113.

[61] KALKOFF, Ablass (wie Anm. 59), 108 hat diese Ergänzung Spalatins nicht mitediert.

[62] Siehe KÜHNE, Einblattdruck (wie Anm. 59), 211.

VI. Die Mythisierung von Luthers Thesenanschlag

Die Überlieferung, dass Luther seine Thesen über die Kraft der Ablässe angeschlagen habe, ist, soweit es den bloßen Aushang eines Thesenplakats betrifft, kein Produkt der „Monumentalisierung" Luthers,[63] sondern der historische Kern einer nachträglichen Mythisierung dieses Vorgangs. Die große Wirkung der Ablassthesen führte in einem schon früh einsetzenden Prozess zu metaphysischen Deutungen des physisch vollzogenen Thesenanschlags. Zu diesem unzureichend erforschten Prozess möchte ich hier nur wenige Anmerkungen machen und dazu auch eine in der Debatte um den Thesenanschlag nicht beachtete bildliche Quelle vorstellen.

Der Bischof von Merseburg, Adolf von Anhalt (1458–1526), sah als Zeitgenosse in Luthers Thesen bald nach ihrer Publikation ein Dokument, das zum Anschlagen bestimmt war. Cäsar Pflug (1458–1524), Rat Herzog Georgs von Sachsen, berichtete am 27. November 1517 nach einem Gespräch mit dem Bischof an seinen Dienstherrn:

> „Es gefil aber s. g. [nämlich dem Bischof] auch wol, das die arme leute, die also zulifen und die gnade suchten, vor dem betrig Tetzels vorwarnt wurden und die conclusiones, die der Augustinermönch zu Wittenberg gemacht, an vil ortern angeslagen wurden; das wurde grosen abbruch der gnade thuen [...]."[64]

Der Bischof setzte das Anschlagen derartiger Thesen als einen selbstverständlichen Vorgang voraus. Er äußerte sogar den Wunsch, dass diese geläufige Form der Thesenpublikation an vielen Orten erfolgen solle, da er sich davon eine große Wirkung versprach, nämlich den Erfolg von Tetzels Ablasskampagne erheblich zu schmälern.

Siebzehn Jahre später wurde in Wittenberg im Titelholzschnitt der ersten Gesamtausgabe von Luthers Bibelübersetzung (1534)[65] dargestellt, wie ein Einblattdruck von Engeln unter Verwendung eines Hammers angeschlagen wird (s. Abb. 2). Ich konnte keinen Beleg für die Verwendung des Motivs „Anschlag eines Plakatdrucks" für die bildliche Gestaltung eines Titelblatts vor der Erstausgabe von Luthers Gesamtbibel nachweisen. Genau genommen, handelt es

---

[63] Vgl. LEPPIN, VOLKER, Die Monumentalisierung Luthers. Warum vom Thesenanschlag erzählt wurde – und was davon zu erzählen ist, in: Joachim Ott/Martin Treu (Hg.), Luthers Thesenanschlag – Faktum oder Fiktion, Leipzig 2008 (Schriften der Stiftung Luthergedenkstätten in Sachsen-Anhalt 9), 69–92.

[64] Akten und Briefe zur Kirchenpolitik Herzog Georgs von Sachsen, hg. v. Felician Gess, Bd. 1, Leipzig 1905, 29,1–5, Nr. 35. Zitiert von KAUFMANN, Erlöste und Verdammte (wie Anm. 60), 114.

[65] Biblia / das ist / die gantze Heilige Schrifft Deudsch. Mart. Luth. Wittemberg. Begnadet mit Kürfurstlicher zu Sachsen freiheit. Gedruckt durch Hans Lufft. M. D. XXXIIII., Wittenberg: Hans Lufft 1534, VD16 B 2694, Benzing/Claus 2, Bibel 1534.4. Faksimileausgabe: Köln 2002 (2 Bde.) mit einem Begleitheft von FÜSSEL, STEPHAN, Das Buch der Bücher, Die Luther-Bibel von 1534, Eine kulturhistorische Einführung, Köln 2002.

Abb. 2: Titelblatt der ersten Gesamtausgabe von Luthers Bibelübersetzung,
Wittenberg 1534, mit Holzschnitt des Monogrammisten MS. Herzog August
Bibliothek Wolfenbüttel: Bibel-S. 4° 11a

sich bei dem Holzschnitt um eine Titeleinfassung, denn die Ränder des Ein-
blattdrucks bilden den Rahmen einer freien Fläche, in die der Drucker die
Titelei in Typendruck einsetzte. In der Bibelausgabe ist diese Titeleinfassung
dreimal verwendet worden:[66] Für das hier abgebildete Haupt-Titelblatt, für das
Zwischentitelblatt des Prophetenteils[67] sowie für den Zwischentitel des Neuen
Testaments.[68]

Das Bild bietet drei Szenen – oben eine im Himmel, unten eine auf der Erde,
dazwischen der Anschlag eines Plakates. Oberhalb einer Brüstung ist Gottvater[69] mit Schreiben beschäftigt. Drei helfende Engel tragen ihm Bücher für
seine Arbeit zu. Eine Inschrift –"Gottes wort bleibt ewig" – auf einer über die
Brüstung gelegten Decke verrät, dass Gott sein „Wort", also den Bibeltext, nie-
derschreibt. Hinter dieser Symbolik steht 1 Tim 3,16: „Alle Schrift ist von Gott
eingehaucht (θεόπνευστος)." Ein Engel reicht den Text – oder einen Teil davon –
in versiegelter Form (vgl. Apk 5,1) nach unten. Auf der untersten Ebene arbeitet
eine Gruppe von Engeln an einem Buch. In der vorderen Engelreihe, in der Mitte zentriert, liest ein Engel aus einem großen Buch, andere schauen ebenfalls
in dieses Buch. Rechts außen schreibt ein Engel auf einem über das linke Knie
gelegten Blatt; links außen hält ein Engel ein kleineres aufgeschlagenes Buch
in der Hand; in der hinteren Engelreihe zeigt ein Engel mit dem Finger auf ein
Blatt Papier und scheint mit einem anderen etwas zu besprechen. Die Körperhal-
tungen mehrerer Engel deuten an, dass sie zusammenarbeiten. Hier ist offenbar
symbolisch der Übersetzerkreis um Luther inszeniert, der in regelmäßigen Sit-
zungen gemeinsam an der Übersetzung des Alten Testaments gearbeitet hatte.
Der schreibende Engel weist auf den mitwirkenden Protokollanten hin; der zen-
tral platzierte Engel, der im Buch liest und durch seine Kleidung hervorgehoben
ist deutet auf Luther hin. Die Darstellung der Übersetzer in Engelsgestalt drückt
aus, dass die Übersetzer im Auftrag Gottes handelten und von seinem Geist
geleitet waren. Auch der Anschlag des Plakates wird von göttlichen Boten ausgeführt.

Der Titelholzschnitt kann dem Monogrammisten MS zugeschrieben werden,
der ab 1532 die Holzschnitte für die vorliegende Bibelausgabe geschaffen hat.[70] Es

---

[66] Vgl. Füssel, Buch der Bücher (wie Anm. 65), 76.

[67] Die Propheten alle Deudsch. D. Mar. Luth. Gedru(e)ckt zu Wittemberg durch Hans
Lufft. M. D. XXXIIII. Mit diesem Titel beginnt der zweite Band (Propheten, Apokryphen,
Neues Testament) dieses in der Regel in zwei Bänden gebundenen Bibeldrucks.

[68] Das Newe Testament. D. Mart. Luth. Wittemberg M. D. XXXIIII.

[69] Die Darstellung Gottvaters als bärtiger Greis war in jener Zeit geläufig und kommt in
den Holzschnitten zum Text vorliegender *Biblia* mehrfach vor. Vgl. Braunfels, Wolfgang
Art. Gott, Gottvater, in: LCI 2 (1970), 165–170. Zudem ist der Nimbus Gottes dreigeteilt als
Zeichen der Dreifaltigkeit, so auch in der *Biblia* im Holzschnitt zu Apk 4. Es handelt sich also
nicht einfach um einen „bärtigen alten Mann mit Heiligenschein" (Reinitzer, Heimo, Biblia
deutsch. Luthers Bibelübersetzung und ihre Tradition, Wolfenbüttel [u. a.] 1983, 173).

[70] Vgl. Reinitzer, Biblia deutsch (wie Anm. 69), 172.

ist belegt, dass Luther auf die Gestaltung der den Text begleitenden Holzschnitte Einfluss genommen hat. Christoph Walther, der ab 1536 als Unterkorrektor, ab 1551 als Korrektor in der Druckerei Lufft an den Bibeldrucken mitgewirkt hatte,[71] schrieb 1563: „Der Ehrnwirdige Herr Doctor Martinus Luther / hat die Figuren in der wittembergischen Biblia zum teil selber angegeben / wie man sie hat sollen reissen oder malen [...].“[72] Daher kann angenommen werden, dass Luther auch an der Entwicklung des Bildprogramms für den Titelholzschnitt beteiligt war.

In diesem Bildprogramm[73] wird der Vollendung der Bibelübersetzung durch Rückgriff auf die Symbolik des Anschlagens eines Plakates, die für den Anfang der Reformation steht, das Gewicht der Publikation von Luthers Ablassthesen zugeschrieben. Der Vorgang des Anschlagens ist nach 17 Jahren zum Mythos geworden: Gott und seine Engel haben beim Thesenanschlag wie bei der Bibelübersetzung Regie geführt. Im Bild ist einer der Engel dabei, mit einem kleinen Hämmerchen einen Einblattdruck anzuschlagen.[74] Für den zeitgenössischen Wittenberger Kenner der Luther-Publizistik lag es nahe, diesen Engel mit Luther zu verbinden, der schon im September 1518 von Philipp Melanchthon in einem griechischen Epigramm als „von Gott inspirierter Bote der Weisheit“ angesprochen wurde.[75] Und seit der Verbrennung der Bannandrohungsbulle durch Luther im Dezember 1520 galt dieser seiner Anhängerschaft als von Gott gesandter Engel. Ein anonymer Wittenberger Berichterstatter verkündete in den *Exustionis Antichristianorum decretalium acta* („Akten der Verbrennung der antichristlichen Dekretalen“): „[...] Und für alle Kleinen in Christus [...] und alle

---

[71] VOLZ, HANS, Luthers deutsche Bibel. Entstehung und Geschichte der Lutherbibel, Hamburg 1978, 107 mit Abb. 156.

[72] WALTER, CHRISTOPH, Von vnderscheid der Deudschen Biblien vnd anderer Büchern des Ehrnwirdigen vnd seligen Herrn Doct. Martini Lutheri / so zu Wittemberg gedruckt / vnd an andern enden nachgedruckt werden, Wittenberg: Hans Lufft 1563, VD16 ZV 18738, Bl. B 2ʳˉᵛ. Zitiert von MARTIN, PETER, Martin Luther und die Bilder zur Apokalypse. Die Ikonographie der Illustrationen zur Offenbarung des Johannes in der Lutherbibel 1522 bis 1546, Hamburg 1983 (VB 5), 177.

[73] Zu weiteren Aspekten dieses Bildprogramms s. BUBENHEIMER, ULRICH, Paratexte in Martin Luthers Biblia deutsch und Vulgata-Rezeption in Wittenberg. Bibelgestaltung durch Produzenten und Rezipienten, in: Stefan Rhein (Hg.): Wittenberger Bibeldruck in der Reformationszeit, Leipzig 2022 [im Druck].

[74] Dieser Hinweis wurde aufgegriffen von BENJAMIN HASSELHORN und MIRKO GUTJAHR: Tatsache! Die Wahrheit über Luthers Thesenanschlag, Leipzig 2018, 120 f. mit 142 Anm. 149. Die darauf gebaute Rede vom „hammerschwingenden Luther“ (ebd., 121, entsprechend die Graphik auf dem Vorderdeckel) ist allerdings der Darstellung auf dem Titelblatt der *Biblia* von 1534 nicht angemessen. Das kleine Hämmerchen ist kein Schmiedehammer. Denn um ein Blatt Papier vorübergehend anzuheften, reichten kleine Nägel, die wieder entfernt werden konnten.

[75] MELANCHTHON, PHILIPP, σοφιας θεοπνευστ αγγελε. SERMO [...] DE CORRIGENDIS ADVLESCENTIAE STVDIIS, Wittenberg: Iohann Rhau-Grunenberg 1518, VD16 M 4233, WA.B 12, Nr. 4213, 12,7 (mit Ergänzung der diakritischen Zeichen und Übersetzung); MWA 7, 1, Nr. 8, 46,7.

Unschuldigen liegt offen zu Tage, dass Luther der Engel des lebendigen Gottes ist".[76]

Ein frühes Beispiel dafür, wie Luther selbst seine Heroisierung innerhalb seines Ordens gefördert hat, finden wir ebenfalls im Jahr 1520 im Kontext der Bannandrohungsbulle. Die reformationsgeschichtliche Literatur erwähnt kaum einmal den Wittenberger Druck eines pseudonymen satirischen Dialogs mit dem Titel *Dialogus Bulla*,[77] in dem die personifizierte italienische Bulla auf dem Weg von Rom nach Wittenberg einen Dialog mit einem „Germanus", einem „Deutschen", führt. Der Bulla wird, anknüpfend an die Bedeutung von „bulla" als „Wasserblase", Wirkungslosigkeit gegen Luther prophezeit. In einem Epigramm auf dem Titelblatt (s. Abb. 3) ruft der Autor die Leser auf: „[...] und lernt am Beispiel der Wasserblase (*Bullae*), dass die Bullen (*Bullas*) der Päpste Träume und ein Nichts sind."

Der Dialog, verfasst vermutlich noch vor dem Eintreffen der Bulle in Wittenberg, wurde zeitweise Ulrich von Hutten zugeschrieben,[78] aber wohl nur, weil auch Hutten in Dialogen Romkritik geübt hatte. Es gibt aber keinen inhaltlichen Bezug zwischen dem *Dialogus Bulla* und den Dialogen Huttens. Dem Verfasser dieses *Dialogus* kommen wir über das Exemplar in der Pitts Theology Library an der Emory University in Atlanta, Georgia,[79] auf die Spur. Auf dem Titelblatt des Druckes *Dialogus Bulla* findet sich ein fingiertes Impressum: „Excusum, Impensis et opera Iohannis Coticulae" – „Gedruckt auf Kosten und mit der Arbeit des Johannes Wetzstein". Dazu findet sich auf jenem Exemplar der Pitts

---

[76] Exustionis Antichristianorum decretalium acta, [Leipzig Valentin Schumann 1520], Bl. A 3ᵛ: „Atque palam est omnibus in Christo paruulis [...] cunctisque innocentibus, Luttherum esse viuentis dei angelum [...]." Zu Ort, Drucker und Erscheinungsjahr s. CLAUS, HELMUT, Das Leipziger Druckschaffen der Jahre 1518–1539. Kurztitelverzeichnis, Gotha 1987 (Veröffentlichungen der Forschungsbibliothek Gotha 26), 119 Nr. 120; davon abweichend VD16 E 4740. Zur Stilisierung Luthers als Engel durch seinen Ordensbruder Michael Stiefel (1522) s. KAUFMANN, THOMAS, Der Anfang der Reformation. Studien zur Kontextualität der Theologie, Publizistik und Inszenierung Luthers und der reformatorischen Bewegung, Tübingen 2012 (Spätmittelalter, Humanismus, Reformation 67), 276.

[77] DIALOGVS, BULLA, T. Curtio Malaciola. Equit. Burlassio. Autore. [...] Gygantum Fraterculus. Excusum, Impensis & opera Iohannis Coticulae, [Wittenberg: Melchior Lotter d. J. 1520], VD16 M 383. KÖHLER, HANS-JOACHIM, Bibliographie der Flugschriften des 16. Jahrhunderts. Teil 1: Das frühe 16. Jahrhundert (1501–1530), Bd. 3, Tübingen 1996, Nr. 3177.

[78] Edition des Textes in ULRICHI HUTTENI, opera, hg. v. Eduard Böcking, Leipzig 1859–1862, Bd. 4, 332–336.

[79] Diese Bibliothek besitzt mit der Richard C. Kessler Reformation Collection nach eigener Aussage innerhalb der Vereinigten Staaten die größte Sammlung reformationszeitlicher Drucke, ergänzt um einige Handschriften. Bibliographisch ist die Sammlung in einem vierbändigen Katalog vorbildlich dokumentiert: The Richard C. Kessler Reformation Collection. An Annotated Bibliography, compiled by Fred A. Grater, ed. by Wm. Bradford Smith, Atlanta, Georgia 1999, 4 Bde. Der Katalog bietet zu jedem Druck eine Abbildung des Titelblatts, so dass auch die auf den Titelblättern befindlichen Notizen zeitgenössischer Nutzer der Drucke erkennbar sind.

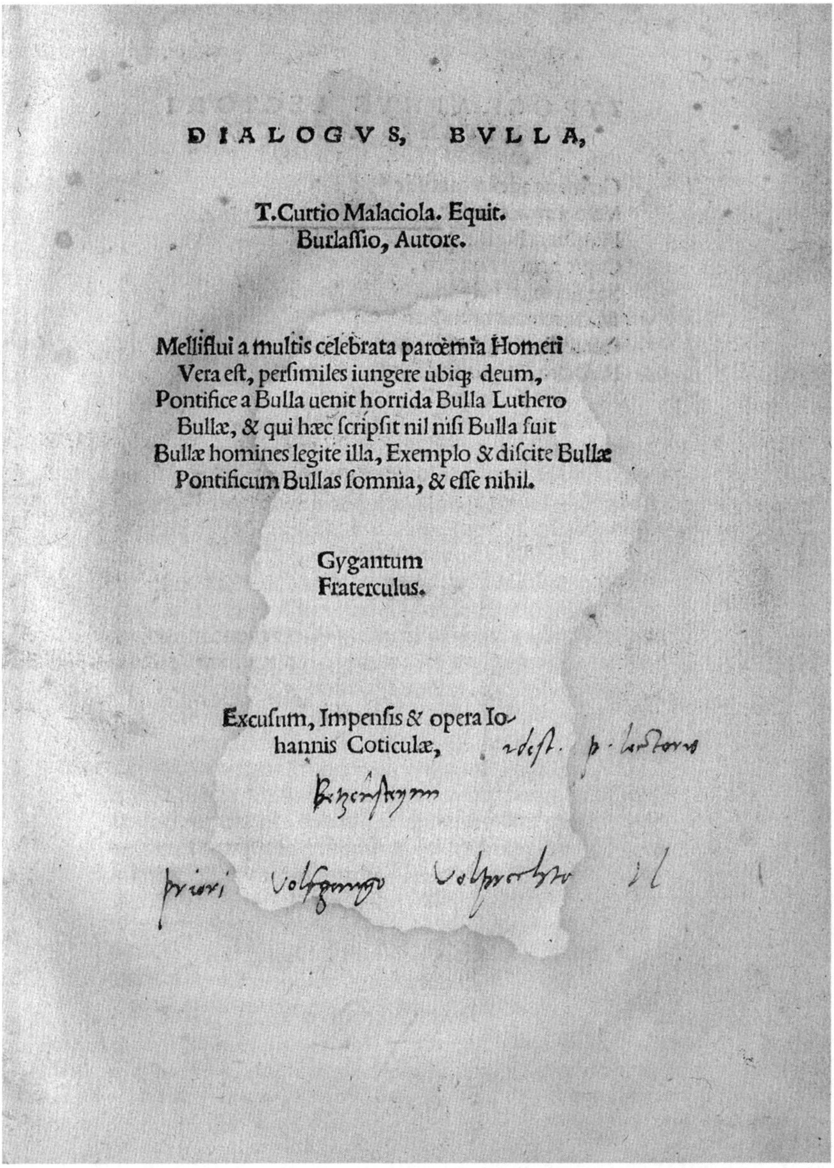

DIALOGVS, BVLLA,

T.Curtio Malaciola. Equit.
Burlaffio, Autore.

Melliflui a multis celebrata parœmia Homeri
Vera eft, perfimiles iungere ubiq; deum,
Pontifice a Bulla uenit horrida Bulla Luthero
Bullæ, & qui hæc fcripfit nil nifi Bulla fuit
Bullæ homines legite illa, Exemplo & difcite Bullæ
Pontificum Bullas fomnia, & effe nihil.

Gygantum
Fraterculus.

Excufum, Impenfis & opera Iohannis Coticulæ,

Abb. 3: Titelblatt des pseudonymen Dialogus Bulla, Wittenberg 1520,
mit Notizen Luthers für Prior Wolfgang Volprecht in Nürnberg. Pitts Theology
Library, Emory University, Atlanta: Richard C. Kessler Collection, 1520 MALA.

Theology Library[80] (Abb. 3) eine Notiz von Luthers Hand:[81] „idest. p.[atris]. lectoris | Betzensteynn", wobei Luther „Wetzstein" in „Betzstein" modifizieren konnte, da der Lautwandel zwischen B und W in jener Zeit geläufig war. Es folgt, ebenfalls von Luthers Hand geschrieben, die Adresse: „priori Volfgango Volprechto N[urenbergensi]" („Dem Prior Wolfgang Volprecht in Nürnberg"). Diese Notizen blieben bislang unbeachtet, da die Entzifferung im Katalog nicht vollständig gelungen und Luther nicht als Schreiber der Notizen erkannt worden war. Auch hatte man die mit den Namen Betzensteyn und Volfgangus Volprechtus bezeichneten Personen nicht identifiziert. Luther gibt mit seiner Notiz seinen Wittenberger Klosterbruder Johannes Betzenstein alias Petzensteiner[82] (vor 1490 bis 1554) als Verfasser des *Dialogus* zu erkennen– als Drucker kommt er natürlich nicht in Frage. Petzensteiner war 1507 aus dem Nürnberger in das Wittenberger Augustinerkloster zum Studium gekommen und hier 1515 *Magister artium* geworden.[83] Nach Luthers Notiz hatte er 1520 im Wittenberger Kloster das Amt eines Lektors inne und wird als solcher von seinem ehemaligen Ordensbruder Heinrich von Zütphen (gest. 1524) noch am 29. November 1522 bezeichnet.[84] Dass Luther gegenüber Prior Wolfgang Volprecht (gest. 1528) in Nürnberg den Namen des Autors der Bullensatire preisgab, lag wohl daran, dass Prior Volprecht und Petzensteiner sich von Nürnberg gekannt haben dürften, wo sich Petzensteiner übrigens im Jahr 1520 vorübergehend aufgehalten hatte.[85] Kontakt zwischen Luther und Volprecht ist schon im Jahr 1519 belegt: In diesem Jahr machte Luther dem Nürnberger Prior eine Schrift des Humanisten Otto

---

[80] Identifizierung des Schreibers durch Handschriftenvergleich. Vgl. BUBENHEIMER, ULRICH, Luthers Handschrift, in: BUBENHEIMER, Luthers Handschrift (wie Anm. 9), 21–27.

[81] Pitts Theology Library, Atlanta: 1520 MALA. Bibliographische Beschreibung mit Abbildung des Titelblatts in: The Richard C. Kessler Reformation Collection (wie Anm. 79), Bd. 1, Nr. 223.

[82] Eine Zusammenstellung biographischer Daten in BÜNGER/WENTZ, Bistum Brandenburg (wie Anm. 5), 474. Ferner s. SIMON, MATTHIAS, Johannes Petzensteiner, Luthers Reisebegleiter in Worms, in: ZBKG 35 (1966), 113–137.

[83] Immatrikuliert im Sommersemester 1507: „Frater Johannes petzensteiner de nuremberga dioc. Bambergen. ordinis sancti Augustini." (Album [wie Anm. 10], 1, S. 22a). Bacc. art. 1509 (Frater Iohannes Beczensteiner), mag. art. 30. Januar 1515 („Iohannes Benczensteyner de Nürenberga Augustinianus"). KÖSTLIN, JULIUS, Die Baccalaurei und Magistri der Wittenberger philosophischen Fakultät 1503–1517, Halle 1887, 10 und 27.

[84] Heinrich von Zütphen an Jakob [Propst] und Pater Reynerus [in Wittenberg], Bremen, 29. November 1522; KAPP, JOHANN ERHARD, Kleine Nachlese einiger, größten Theils noch ungedruckter, Und sonderlich zur Erläuterung Der Reformations-Geschichte nützlicher Urkunden, Leipzig 1727, 553: „Salutate et vos venerabiles patres priorem Baccalaurios [!] lector[em] Iohan[nem] Petschenstein et omnes meos." Vgl. Simon, Petzensteiner (wie Anm. 82), 120.

[85] Christoph Scheurl an Ulrich von Dinstedt in Wittenberg, [5. oder 13.] Oktober 1520; Christoph Scheurl's Briefbuch [...], hg. v. Franz von Soden u. J[oachim] K[arl] F[riedrich] Knaake, Potsdam 1867–1872, Bd. 1, 115; zitiert von SIMON, Petzensteiner (wie Anm. 82), 115.

Brunfels (1488–1534) zum Geschenk, in der Brunfels Luther in eine Liste der bedeutendsten Theologen seiner Zeit aufgenommen hatte.[86]

Betzenstein bezeichnete sich auf dem Titelblatt des *Dialogus* als „kleiner Bruder der Giganten" („Gygantum fraterculus"), zu denen er wohl Luther zählte. Auch Karlstadt hat, soweit es den Kampf gegen den Ablass betraf, ein Bild vom Helden Luther[87] gezeichnet. Am 21. September 1521 schrieb er in der an Arndt Belholt (gest. 1534/35), Humanist in Münster, gerichteten Widmungsvorrede zu seinen *Loci tres tribulationis, praedestinationis et orationis theologici* („Drei theologische Hauptthemen über Leiden, Vorherbestimmung und Gebet"): „Sie [näml. die Ablässe] sind durch das lutherische Schwert niedergehauen. Am Boden liegt der verweste Kadaver voller Würmer."[88]

VII. Luthers Asterisci gegen Ecks Obelisci – ein Beispiel für Publikationsdiplomatie

Sowohl Karlstadt als auch Luther hatten 1517 den Plan, über die hier erörterten Thesenreihen größere öffentliche Disputationen zu veranstalten. Dazu sollten auch auswärtige Teilnehmer kommen. Luther schrieb im Kopftext seiner Ablassthesen: „Deshalb bittet er [nämlich Luther], dass diejenigen die nicht anwesend sein und mündlich mit uns debattieren können, dies in Abwesenheit schriftlich tun mögen."[89] Für ein solches außergewöhnliches Vorhaben kannten die Wittenberger ein Vorbild: Der dreiundzwanzigjährige Humanist Giovanni Pico della Mirandola (1463–1494) hatte 1486 die Gelehrtenwelt überrascht und das kuriale Establishment provoziert, indem er in Rom 900 Thesen aus verschiedenen Wissenschaftsdisziplinen einschließlich der Theologie publizierte, zu deren Disputation er alle interessierten Gelehrten einlud. Die Disputation wurde von Seiten der Kurie unterbunden; stattdessen beurteilte eine Inquisitionskommission 13 Thesen als der Häresie verdächtig oder als anstößig. Pico hat

---

[86] Beschrieben von BUBENHEIMER, ULRICH, Unbekannte Luthertexte. Analecta aus der Erforschung der Handschrift im gedruckten Buch, in: Lutherjahrbuch 57 (1990), 220–241, hier 237f.

[87] Zur Stilisierung Luthers als Held s. KAUFMANN, Anfang der Reformation (wie Anm. 76), 266–331.

[88] BODENSTEIN VON KARLSTADT, ANDREAS, „Sunt enim Lutheriano gladio concisae. Iacet cadaver putre vermium plenum.", LOCI TRES, […] Tribulationis, Praedestinationis, et Orationis Theologici. […], [Wittenberg: Nikolaus Schirlentz 1521], kein VD 16, Fragment, Bl. A 1v. Einziges Exemplar: Turmbibl. Eisenach: 221n. Zu dieser Schrift vgl. BUBENHEIMER, ULRICH, Reliquienfest und Ablass in Halle. Albrecht von Brandenburgs Werbemedien und die Gegenschriften Karlstadts und Luthers, in: Stephan Oehmig (Hg.), Buchdruck und Buchkultur im Wittenberg der Reformationszeit, Leipzig 2015 (Schriften der Stiftung Luthergedenkstätten in Sachsen-Anhalt 21), 71–100, hier 99f. die Widmungsvorrede.

[89] „Quare petit: vt qui non possunt verbis presentes nobiscu(m) disceptare: agant id literis absentes." LStA 1, 176,3f.; WA 1, 233,5–7.

in einer *Apologia* (1487) diese 13 Thesen schriftlich verteidigt und abschließend diese Verteidigung in weiteren sogenannten *Apologeticae Conclusiones* („Verteidigende Thesen") zusammengefasst. Die 13 verurteilten Thesen Picos hatte Karlstadt im Sommersemester 1516, nachdem er von seinem fast halbjährigen Romaufenthalt zurückgekehrt war, zum Gegenstand eines Kollegs gemacht, vielleicht auch darüber disputieren lassen.[90] Karlstadts Motiv bei diesem Unternehmen war – im Kontext seiner Parteinahme für Johannes Reuchlin in dessen römischem Prozess[91] – die Aversion des Humanisten gegen theologische Scholastiker, denen Karlstadt die Verurteilung der 13 Thesen Picos anlastete, indem er diesen folgende Überschrift voranstellte: „Thesen des Grafen von Mirandola Johannes Pico, welche scholastische Theologen und Sophisten zu Unrecht und ohne Kenntnis verdammten, die er aber trefflich in seiner Apologia verteidigte."[92] Dass Karlstadt mit seinen antischolastischen Thesen 1517 Picos Disputationsformat vor Augen hatte, zeigt ein Jahr später der Titel seiner 405 Thesen, die er – eine Formulierung Picos aufnehmend – nun auch *Apologeticae Conclusiones* nannte. Dieser Titel scheint Karlstadts Sicht widerzuspiegeln, er verteidige mit den *Apologeticae Conclusiones* auch einen Angriff auf seine 152 Thesen des Vorjahrs. Ein direkter literarischer Angriff auf Karlstadts 152 Thesen ist allerdings bislang nicht bekannt geworden. Jedoch konnte Karlstadt mit Johannes Ecks (1486–1543) erster ablehnender Stellungnahme gegen Luthers Ablassthesen, *Obelisci* („Spießchen") genannt, auch den Inhalt seiner 152 Thesen betroffen sehen. Da Luther mehrere Exemplare von Karlstadts 152 Thesen an den Nürnberger Juristen Scheurl (1481–1542) in Nürnberg zur Weiterverteilung geschickt hatte,[93] ist ein Exemplar auch an Eck gelangt,[94] da sich Scheurl damals bemühte, den Austausch von Briefen und Publikationen zwischen den Wittenberger Theologen und Eck zu vermitteln.[95]

Das erhoffte große Disputationsprojekt Luthers war zwar ebenso wenig wie dasjenige Karlstadts zustande gekommen, stattdessen jedoch verlagerte sich die theologische Auseinandersetzung auf die schriftliche Debatte, zu der Luther ausdrücklich in seinem Thesenblatt aufgerufen hatte. Einer der ersten, der schriftlich zu Luthers Ablassthesen Stellung nahm, war Johannes Eck, Theologieprofessor in Ingolstadt, Domherr in Eichstätt, Domprediger in Augsburg. Er brachte zu einer Reihe ausgewählter Thesen Luthers mit den *Obelisci* seine kritischen Anmerkungen zu Papier. Eck hatte diese allerdings nach eigener Aussage nicht für Luther geschrieben, sondern für den Eichstätter Bischof Gabriel

---

[90] Siehe 13 Conclusiones Giovanni Picos della Mirandola, bearb. v. Ulrich Bubenheimer, KGK I.1, 365–371.

[91] KGK I.1, 313 f.386,13 f.398.400,4–9.

[92] „Johannis Pici comitis Merandule Conclusiones Quas iniuste et imperite damnarunt Theologi scolastici ac sophiste: sed ipse defendit in apologia egregie." KGK I.1, 370,1–4.

[93] Siehe Anm. 47.

[94] Scheurl an Karlstadt, 3. November 1517; Scheurl's Briefbuch (wie Anm. 85), Bd. 2, 37.

[95] Scheurl an Luther, 1. April 1517; WA.B 1, 91 (Nr. 36).

von Eyb (1455–1535), Kanzler der Universität Ingolstadt, der Eck, Vizekanzler der Universität, bei einem Gespräch über Luthers Ablassthesen um Verschriftlichung seiner Bedenken gebeten hatte.[96] Vom Bischof gelangten die *Obelisci* an den Eichstätter Domherrn Bernhard Adelmann von Adelmannsfelden (1459–1523), Vetter des Bischofs, der sie an den Nürnberger Prediger Wenzeslaus Linck (1483–1547), Luthers Vertrauensmann im Nürnberger Augustinerkloster, weiterleitete. Linck wiederum schickte sie seinem Ordensbruder Luther zu.[97]

Luther hatte Ecks Text einige Zeit vor dem 23. März 1518 erhalten[98] und war am 23. März bereits mit einer Antwort beschäftigt, die er *Asterisci* („Sternchen") nannte,[99] während er Ecks Anmerkungen zu seinen Ablassthesen mit dem Begriff *Obelisci* („Pfeilchen") betitelte.[100] Ihm waren diese Begriffe aus seiner Arbeit mit einer der lateinischen Bibeldrucke seiner Zeit vertraut. Denn in zwei Paratexten, die diesen Ausgaben regelmäßig dem Beginn des eigentlichen Bibeltextes vorangestellt waren,[101] wurden mit jenen Begriffen zwei Zeichen, nämlich Sternchen und Pfeil, erklärt, mit denen in der Überlieferung auf textkritische Anmerkungen zum Bibeltext hingewiesen wurde (s. Abb. 4).[102]

Auf die *Asterisci* gehe ich im Folgenden ausführlicher ein, weil die Forschung eine Reihe von Fragen zu diesem Luthertext noch nicht geklärt hat.[103] Luther wollte, wie er gegenüber Johannes Sylvius Egranus (gest. 1535) äußerte, Eck sei-

---

[96] ECK, JOHANNES, Defensio contra amarulentas D. Andreae Bodenstein Carolstatini Invectiones (1518), hg. v. Joseph Greving, Münster 1919 (Corpus Catholicorum 1), 36,26–37,4.

[97] Vgl. Dokumente zur Causa Lutheri (1517–1521). 1. Teil: Das Gutachten des Prierias und weitere Schriften gegen Luthers Ablaßthesen (1517–1518), hg. u. kommentiert v. Peter Fabisch u. Erwin Iserloh, Münster 1988 (Ccath 41), 378 f.

[98] Siehe Anm. 101.

[99] Siehe Anm. 118.

[100] KOHNLE, ARMIN, Art. Asterisci, in: Volker Leppin/Gury Schneider-Ludorff (Hg.), Das Luther-Lexikon, Regensburg 2014, 80. BRECHT, MARTIN, Martin Luther, Bd. 1: Sein Weg zur Reformation 1483–1521, Stuttgart [2]1983, 206 schrieb die Einführung dieses Begriffs irrtümlich Eck zu.

[101] Zur Vertrautheit Luthers mit den Paratexten der Vulgata vgl. BUBENHEIMER, Paratexte in Martin Luthers Biblia deutsch (wie Anm. 73).

[102] Den lateinischen Bibeldrucken sind mehrere Paratexte vorangestellt. Darunter befindet sich ein Notandum, das einen kurzen Abriss zur Geschichte der lateinischen Bibelübersetzungen bietet (Incipit: „Notandum quod translatores et interpretes biblie multi fierunt […]".) Darin wird der Gebrauch des *Asteriscus* und des *Obelus* als Korrekturzeichen bei den Kirchenvätern von Theodotion bis Hieronymus dargestellt. Ferner finden sich die Begriffe in dem der Genesis vorangestellten *Prologus* des Hieronymus zum Pentateuch. Der Wittenberger Humanist Heinrich Stackmann, Hörer von Vorlesungen und Predigten Luthers seit 1516, hat an beiden Stellen der von ihm verwendeten Biblia latina die aus dem Griechischen entlehnten Begriffe am Rand lateinisch bzw. griechisch wiederholt und dazu den Asteriskus als Sternchen, den Obelus (Obeliskus) als senkrechten bzw. waagrechten Pfeil gezeichnet. Stackmanns Exemplar befindet sich in der Reformationsgeschichtlichen Forschungsbibliothek Wittenberg: 2 ETh 28: Sanctus Hieronymus interpres biblie. Biblia cum concordantijs veteris et noui testamenti […], Lyon: Jacobus Sacon (D); Anton Koberger (V), 30. August 1513, VD16 ZV 26696.

[103] Vgl. KOHNLE, Asterisci (wie Anm. 100), 80: „Die Entstehungsgeschichte der zwischen März und Mai 1518 abgefassten *Asterisci Lutheri adversus Obeliscos Eckii* darf als weitgehend

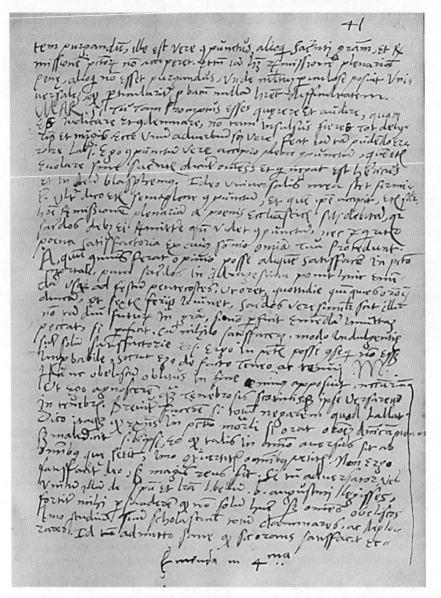

Abb. 4: Ausschnitt aus einer Bearbeitung der Asterisci Luthers von unbekannter Hand (Wittenberg, 10, August 1518) mit einer Korrekturanweisung Luthers am unteren Rand. Stadtarchiv Kamenz: Sammelband 6463 angeb. 5, Bl. 41r.

ne *Asterisci* nur privat zukommen lassen,[104] d. h. ohne diese anderweitig zu verbreiten. Seine Antwort an Eck dürfte Luther bis 9. April 1518, dem Tag seiner Abreise zum Konvent seines Ordens in Heidelberg, fertiggestellt haben, da er sie in Heidelberg bei sich hatte. Luther schrieb seinen Text in Annäherung an die Form einer literarischen Disputation. Jedem einzelnen *Obeliscus* Ecks stellte er jeweils seine Antwort verteidigend gegenüber.[105]

In Heidelberg hielt sich Luther vom 21. oder 22. April[106] bis etwa 1. Mai 1518 auf. Aus dem Nürnberger Augustinerkloster nahmen mindestens Prior Wolfgang Volprecht und Wenzeslaus Linck teil.[107] Luther ermöglichte Linck, eine Abschrift der *Asterisci* nach Nürnberg mitzunehmen.[108] Christoph Scheurl, sowohl mit Eck als auch mit Luther in Briefwechsel stehend, informierte Eck am 14. Mai über den Umgang der Nürnberger Augustiner mit Luthers Schrift:[109]

„Sie [näml. die Augustiner] brachten neulich ihre Verteidigungen[110] aus Heidelberg[111] mit, die jener [nämlich Linck][112] so mit Beifall vorliest, anderen erklärt und so fest in

---

geklärt gelten." Der Rückgriff auf die sowohl in den Editionen als auch in der Forschung vernachlässigte handschriftliche Überlieferung hat diese Einschätzung nicht bestätigt.

[104] Luther an Egranus, 23. März 1518: „Volui tamen hanc offam Cerbero dignam absorbere patientia, sed amici coegerunt, illi ut respondeam, sed privata manu." WA.B 1, 158 (Nr. 65,24 f.). Zu Recht folgerte Otto Clemen aus Luthers Formulierung „ut respondem", dass dies nicht bedeutet, dass Luther am 23. März seine Antwort an Eck bereits fertig gestellt hatte (WA.B 1, 157).

[105] Vgl. Dokumente zur Causa Lutheri (wie Anm. 97), 380.

[106] BRECHT, Luther, (wie Anm. 100), 209.

[107] Otto Clemen in WA.B 1, 176.

[108] Für die Behauptung von Clemen (WA.B 1, 177), die Nürnberger Augustiner hätten „hinter seinem [nämlich Luthers] Rücken" (von Clemen gesperrt gedruckt!) eine Abschrift angefertigt, gibt es keinen Beleg in den Quellen. Offensichtlich wollte Clemen damit Luther von dem Verdacht entlasten, er habe in dieser Sache gegenüber Eck falsche Angaben gemacht.

[109] „Ipsi [scil. Aureliani] nuper Hedelberg attulere defensiones suas, quas ille ita plausibiliter legit, aliis interpretatur et tam continenter in manibus habet, ut mihi etsi iterum atque iterum rogitanti nondum copia fieri potuerit: audio tamen, quia de his multus sermo est, Martinum propriis telis te confodere et mirum ad modum se tueri." Scheurls Briefbuch (wie Anm. 85), 47.

[110] Aus dem Briefkontext ist ersichtlich, dass Scheurl mit „defensiones" bzw. „defensio" (s. Anm. 113) Luthers *Asterisci* meint, mit denen er sich gegen Eck verteidigt. Indem Scheurl von „defensiones suas" – „ihren Verteidigungen", d. h. Verteidigungen der Augustiner – spricht, gibt er zu erkennen, dass er die Augustiner als eine „familia" betrachtet, die sich Luthers Verteidigung zu eigen gemacht hat. Vgl. Scheurl an Luther, 3. November 1517: WA.B 1, Nr. 49, 115,2 f.

[111] Im lateinischen Text steht nur „Hedelberg" ohne Kasusendung, so dass grammatisch offenbleibt, ob „nach Heidelberg" oder „aus Heidelberg" gemeint ist. Vermutlich ist der Text fehlerhaft. Der Kontext zeigt, dass „aus Heidelberg" gemeint ist.

[112] Im vorausgehenden Brieftext ist keine Person explizit genannt, auf die sich *ille* beziehen könnte. Ich stimme Otto Clemen (WA.B 1, 176) zu, dass Scheurl Linck meint. Von ihm könnte im vorausgehenden – verlorenen – Brief Ecks an Scheurl die Rede gewesen sein, auf den Scheurl mit vorliegendem Brief antwortet (vgl. Scheurl's Briefbuch [wie Anm. 85], Bd. 2, 47: „[…] et importunas amici litteras non modo non gravate suscipis sed et his accurate etiam respondes […])".

seinen Händen behält, dass es mir trotz wiederholter Anfrage noch nicht gelungen ist, an eine Abschrift zu kommen. Doch höre ich, weil davon viel die Rede ist, dass Martin dich mit eigenen Waffen niederstrecke und sich bewundernswert behaupte."

Zusätzlich bekundete Scheurl gegenüber Eck seine Absicht, ihm so bald wie möglich Luthers Verteidigungsschrift (*defensio*) zu schicken, und legte ihm nahe, nach ihrer Lektüre so zu tun, als kenne er Luthers Text nicht.[113]

Aus diesen Mitteilungen Scheurls ergibt sich, dass Luther die *Asterisci* bereits in Heidelberg – oder auch auf der gemeinsamen Rückfahrt mit den Nürnbergern bis in die Nähe Würzburgs[114] – an Linck weitergab, der eine Abschrift mit nach Nürnberg brachte und dort sogar anderen daraus vorlas, zunächst ohne den Text aus der Hand zu geben. Scheurl hoffte aber dennoch, an eine Abschrift zu kommen. Denn immerhin gab Linck den Text an Willibald Pirckheimer in Nürnberg mit folgender Begleitnotiz weiter: „Ich möchte dich, bester Pirckheimer, gebeten haben, niemandem die martinischen *Asterisci* auszuhändigen, sondern nach Einsichtnahme an mich zurückzuschicken".[115] Wir werden unten sehen, dass auch Georg Spalatin im August 1518 mit einer Abschrift der *Asterisci* versorgt war. Indem Luther die *Asterisci* vorweg – bevor er sie an Eck schickte – an Linck weitergab, machte er aus den *Asterisci* mehr als eine private Antwort an Eck. Erst nach seiner Ankunft in Wittenberg (15. Mai),[116] und zwar am 19. Mai, schickte Luther die *Asterisci* an Eck, wobei er wiederum den Weg über Wenzeslaus Linck in Nürnberg wählte, über den er Ecks *Obelisci* erhalten hatte. In diesem Zusammenhang stellte er den *Asterisci* eine sehr kurze, an Linck adressierte Vorrede voraus.[117] In seinem Begleitbrief an Eck vom selben Tag griff Luther zu

---

[113] „Quid inter hos [scil. Wittenburgenses] sentiat Spalatinus meus, clarum faciet epistola sua, quam una cum litteris Martini mitto ea lege, ut non modo remittas sed et pro non lectis habeas, pari conditione defensionem Martini ut primum licuerit missurus." Scheurl's Briefbuch (wie Anm. 85), Bd. 2, 48. Die hier erwähnten Briefe Spalatins und Luthers an Scheurl, die Scheurl an Eck weiterreichte, sind verschollen.

[114] Vgl. WA.B 1, 173 (Nr. 75,7f.).

[115] „*Rogatum te velim optime pirgkhamer ne Martinianos asteriscos cuiquam alio tradas sed visos a te, mihi remittas Causam huius ex me dignosces [...]*." Transkribiert nach der Abbildung in: MENTZ, GEORG, Handschriften der Reformationszeit, Bonn 1912, Tafel 20a. Vgl. die Transkription von Mentz, ebd., XIX, Nr. 20a und die Edition in Willibald Pirckheimers Briefwechsel, Bd. 3, bearb. v. Helga Scheible, hg. v. Dieter Wuttke, München 1989, Nr. 537, 315,3–5. Der Brief Lincks ist undatiert.

[116] WA.B 1, 173 (Nr. 75,6f.).

[117] Ich zitiere diese Vorrede nach dem Wortlaut der Abschrift Michael Stiefels von Luthers *Asterisci* (ThULB Jena, Ms. Bos. q. 25a, Bl. 22v), die Luthers Originalfassung am nächsten steht: „Martinus Lutherus Vinceslao Lincko [Ecclesiasti Nurnberg: Ecclesiae, vere Theologe, suo in domino fratri] ▨ Quos [vero] ad me dedisti obeliscos Eccii nostri, aduersus meas disputationes fabrefactos, visum est singulatim percurrere, et meis disputationibus vel obscuriusculis asteriscos addere. Quibus tum clare lucentibus, tuum est si voles eum participem facere, etiam ipse facile intelliget quam temerarium sit, aliena, praesertim non intellecta, damnare, tum longe insidiosissimum iniquissimumque felle tanto amaricare, amici non praemoniti, omniaque meliora praesumentis de amico, placita, imo quae(sita). Sed vera est scriptum Omnis homo mendax, Homines sumus, homines manemus." In eckige Klammer habe ich gesetzt, was

einer diplomatischen Verschleierung, indem er diesem versicherte, er habe die *Asterisci* nur an Linck zwecks Weiterleitung an Eck geschickt,[118] während er die folgenreiche Weitergabe an Linck auf dem Heidelberger Konvent verschwieg.

Eine bislang weder paläographisch noch inhaltlich genau erforschte handschriftliche Überlieferung der *Asterisci* lässt erkennen, wie Luther die Verbreitung der *Asterisci* weiter verfolgte. Der Reformationshistoriker Otto Clemen (1871–1946) beschrieb 1905 einen Sammelband Wittenberger Provenienz in der damaligen Stadtbibliothek Kamenz[119] – heute im Stadtarchiv Kamenz.[120] Der Band enthält 23 Druckschriften aus den Jahren 1518–1520 (vor allem Luther, seine frühen Gegner Tetzel und Prierias und weitere die Luthersache betreffende Schriften) sowie einige handschriftliche Texte,[121] unter denen sich auch eine Überlieferung der *Asterisci* befindet.[122] Clemen hat zwar mitgeteilt, dass in dieser Überlieferung der Text der *Asterisci* gekürzt sei, hat aber nicht untersucht, ob diese Kürzungen eine bestimmte Zielsetzung der Bearbeitung erkennen lassen.

Georg Rörer in der Handschrift bei Vorbereitung von Band 1 der lateinischen *Opera* Luthers seinerseits hinzugefügt hat. In spitzer Klammer steht eine von Rörer vorgenommene Korrektur eines offenkundigen Fehlers in Stiefels Abschrift. Rörers Bearbeitung (!) dieser Vorrede wurde in WA 1, 281,6–16 sowie in WA.B 1, 175–177 (Nr. 76) ediert. Da Clemen die Rörersche Fassung für den Originalwortlaut Luthers hielt, konstruierte er folgende Hypothese: Nach der Adresse an Linck beginnt der Text der Vorrede mit „Quos vero". Zu dem Wort „vero" fehle ein Rückbezug, also sei die Vorrede „nur ein Fragment [eines Begleitschreibens], Anfang und Ende fehlen" (WA.B 1, 177). Clemen ging so weit, dass er der Edition dieser Vorrede am Anfang und Ende (WA.B 1, 177,3 und 11) jeweils Auslassungszeichen („...") hinzufügte. Dagegen spricht: Erstens belegt die Jenaer Handschrift, dass „vero" nicht von Luther stammt, sondern von Rörer. Zweitens kann im damaligen Briefstil ein Brief (gegebenenfalls nach der Grußformel) mit der Konjunktion „vero" beginnen. Beispiel: Scheurl an Eck, 14. Mai 1518, beginnt: „S[alutem]. Ego vero [...]" (zu diesem Brief s. Anm. 109). Es handelt sich bei dem zitierten Text Luthers nicht eigentlich um einen Brief, sondern um eine diplomatisch formulierte Vorrede, deren heimlicher Adressat Eck ist. So erklären sich auch die von Clemen in WA.B 2, 175 zusammengestellten Parallelen zwischen der Vorrede an Linck und Luthers Brief an Eck vom 19. Mai 1518 (WA.B 2, 177–179 [Nr. 77]).

[118] „Sed ne multis agam tecum, quia totus es in me furibundus, ecce misi ad te asteriscos contra tuos obeliscos, ut videas et cognoscas inscitiam et temeritatem tuam, in quibus sane ita parco honori tua, quad nolui illos edere, sed privatim ad te dirigere, ne redderem tibi malum, quod mihi fecisti. Solum illi [scil. Linck] eos scripsi, per quem tuos obeliscos accepi, ut per illum tu asteriscos accipias." WA.B 1, 178 (Nr. 77,17–23).

[119] CLEMEN, OTTO, Beiträge zur Lutherforschung, in: ZKG 26 (1905), 243–249.394–402 und 27 (1906), 100–111 = DERS., Kleine Schriften zur Reformationsgeschichte, Bd. 2, hg. v. Ernst Koch, Leipzig 1983, 167–195. Ich zitiere im Folgenden nach der Seitenzählung in Kleine Schriften 2.

[120] StA Kamenz: Sammelband 6463. Vgl. die Bandbeschreibung von CHRISTIAN SPEER sowie das Digitalisat des Bandes unter archive.thulb.uni-jena.de/hisbest/receive/HisBest_cbu_00010399 (Abruf 28.07.2018).

[121] CLEMEN, Kleine Schriften 2 (wie Anm. 119), 169 bietet eine Übersicht über den Inhalt des Bandes.

[122] StA Kamenz: Slbd. 6463 angeb. 5, nach der von Georg Rörer eingetragenen Foliierung des Bandes (dazu s. SPEER [wie Anm. 120]) Bl. 33r–48r (Bl. 48v leer). CLEMEN, Kleine Schriften 2 (wie Anm. 119), 168f. schrieb die Foliierung irrtümlich einer späteren Hand nach Rörer zu.

Ansonsten sprach Clemen unscharf von einer „Abschrift"[123], was wohl weiteres Interesse an dieser Handschrift gebremst hat. Ferner wurde irrtümlich vermutet, der Band stamme aus der Bibliothek Georg Rörers[124] (1492–1557), der den Band nach Ausweis seiner im Band befindlichen Notizen für die Vorbereitung des ersten Bandes der lateinischen Werke Luthers, erschienen in Wittenberg 1545,[125] verwendet hatte. Der Band bietet jedoch keinen Hinweis darauf, dass er einst im Eigentum Rörers war. Rörer hatte ihn eher für seine Editionsarbeit entliehen, weshalb der Band sich auch nicht in dessen Bücher-Nachlass befindet, vielmehr nach der Benutzung durch Rörer zunächst in Wittenberg blieb. Nach meinen Feststellungen stammte der Band ursprünglich vermutlich aus dem Wittenberger Augustinerkloster.[126] Ein Druck enthält eine Adresse: „Venerabili P.[atri] Priori"[127] („Dem ehrwürdigen Pater Prior"). Auch der Inhalt der Handschriften spricht für das Augustinerkloster als Erst-Provenienz.

Die in dem Band befindliche Handschrift der *Asterisci* erwies sich bei näherer Analyse nicht als eine Abschrift mit einigen Kürzungen, sondern als eine Umarbeitung von Luthers Originalfassung, die ihrerseits heute nur in einer Abschrift von der Hand des einstigen Augustinermönchs Michael Stiefel überliefert ist.[128] Die „Kamenzer" Fassung der *Asterisci* wurde von zwei noch nicht identifizierten Schreibern geschrieben, die ich mit A und B bezeichne. Der Schreiber A[129]

---

[123] Übernommen von JUNGHANS, HELMAR, Die probationes zu den philosophischen Thesen der Heidelberger Disputation Luthers im Jahr 1518, in: LuJ 46 (1979), 10–59, hier 13.

[124] SPEER (wie Anm. 120). Im Anschluss an CLEMEN, Kleine Schriften 2 (wie Anm. 119), 244, begründet Speer dies damit, dass das am Anfang des Bandes handschriftlich eingetragene Inhaltsverzeichnis von Rörer geschrieben sei. Jedoch ist dieses von einem unbekannten Schreiber angelegt worden, der auch in der *Asterisci*-Handschrift begegnet, hier von mir als Schreiber „A" bezeichnet (s. Anm. 129). Rörer hat lediglich einige der von A verwendeten Kurztitel erweitert sowie zu jedem Titel die Fundstelle im Band nach der von ihm vorgenommenen Foliierung eingetragen.

[125] LUTHER, MARTIN, TOMVS PRIMVS OMNIVM OPERVM […], Wittenberg: Hans Lufft 1545, VD16 L 3413; die *Asterisci* hier Bl. 145^v–158^v.

[126] Im StA Kamenz befinden sich Bände mit dem Besitzvermerk des aus Wittenberg stammenden Andreas Balduin (gest. 1616). Der Rückschluss, der Slbd. 6463, der keinen Besitzvermerk trägt, stamme aus derselben Provenienz (CLEMEN, Kleine Schriften, Bd. 2 [wie Anm. 119], 244), hat eine gewisse Plausibilität; s. dazu detaillierter JUNGHANS, Die probationes (wie Anm. 123), 11 f. Doch die Annahme von Clemen (a. a. O.), Andreas Balduin sei der „erste Besitzer" des Sammelbandes gewesen, ist unzutreffend. Andreas Balduin wurde in Wittenberg im Oktober 1542 immatrikuliert (Album [wie Anm. 10], 198b) und war dort von 1558 bis 1567 Schulrektor. Über ihn s. JUNGHANS, Die probationes (wie Anm. 123), 11.

[127] StA Kamenz: Slbd. 6463 angeb. 22, Bl. 381^r, auf dem Titelblatt von Martin Luther, CONTRA MALIGNVM IOHANNIS ECCII IVDICIVM […] DEFENSIO, [Leipzig: Melchior Lotter d. Ä., 1519]. Benzing/Claus 1, Nr. 431; VD16 L 4252. Diese Schrift war am 3. September 1519 im Druck (WA.B 1, 506 [Nr. 196,16–20]). – Der in der Adresse gemeinte Prior dürfte demnach Konrad Helt (gest. 1545) sein, der von 30. Mai 1519 bis Februar 1522 als Prior des Wittenberger Augustinerklosters belegt ist (BÜNGER/WENTZ, Bistum Brandenburg [wie Anm. 5], 460 und 487).

[128] Siehe Anm. 117.

[129] Der Schreiber A hat auch das Inhaltsverzeichnis am Anfang des Bandes angelegt sowie

hat eine neue kurze Einleitung zu den *Asterisci* geschrieben und mit dieser Luthers ursprüngliche, an Prior Linck in Nürnberg gerichtete Vorrede ersetzt:

> „Du, O Leser, begegnest hier zwei Theologen, die über die Materie der von dem ehrwürdigen Vater Martin Luther über die Ablässe herausgegebenen Thesen disputieren und verhandeln, wobei der eine die Partei Martins, der andere die Partei seiner Gegner unterstützt [...]".[130]

Der Schreiber B,[131] der den Text der Debatte zwischen Eck und Luther bietet, bezeichnet die beiden Disputanten, ohne jemals Eck zu nennen, als „Adversarius" („Gegner") und als „Martinus". Mit den Kürzungen verfolgt die bearbeitete Fassung das Ziel, die Polemik Luthers gegen Eck zu eliminieren oder wenigstens abzuschwächen. Mit diesen Techniken werden die *Asterisci* der Form einer höflichen Disputation angenähert, wenngleich einzelne spitze Bemerkungen Luthers noch stehen geblieben sind. Durch diese Bearbeitung versuchte man formal, der Anforderung gerecht zu werden, den Gegner Eck nicht persönlich zu diffamieren. Wer jedoch schon etwas vom Konflikt zwischen Eck und Luther gehört hatte, konnte unschwer Eck als den gemeinten „Adversarius" erkennen.

Die bearbeitete Fassung ist am Schluss von der Hand des Schreibers B datiert: „Finis impositus. Festo die Sacrosancti athletae, ac Martyris christi ihesu, Laurentii archidyaconi Ecclesiae Lateranensis rho[manae]. Anno salutis 1518. Vuitt.[enbergae]. Laus Christo Jhesu."[132] („Zu Ende gebracht am Festtag des Laurentius, des hochheiligen Kämpfers und Märtyrers Christi Jesu, Archidiakons der Laterankirche in Rom, im Jahr des Heils 1518 zu Wittenberg. Lob sei Christus Jesus.") Diese Schlussformel bedeutet, dass die Bearbeitung des Textes am 10. August 1518 in Wittenberg abgeschlossen wurde.[133]

---

in einigen Drucken wenige Notizen und Druckfehlerkorrekturen geschrieben. Seine Handschrift ist nicht die des Priors Konrad Helt.

[130] „Disputantes ac disceptantes hic, o lector, in materia conclusionum a | r[everendo] p[atre] Martino Luther de indulgentiis editarum, theologos | duos, vnum faventem partes Martini, alterum partes adversariorum | offendis, tuum erit fore candidum lectorem, ac judicem | non secundum affectionem obcecantem, Sed magis illustrantem id est diuinam | Christianam." StA Kamenz: Slbd. 6463 angeb. 5, Bl. 33ʳ.

[131] Der Schreiber B hat auch die in dem Band befindliche spezifische Fassung der *Probationes* zu Luthers Thesen für die Heidelberger Disputation geschrieben (StA Kamenz: Slbd. 6463 angeb. 7). Diese Fassung wurde von JUNGHANS, Die probationes (wie Anm. 123), 34–59, ediert und übersetzt, anschließend auch in WA 59, 405–426.

[132] StA Kamenz: Slbd. 6463 angeb. 5, Bl. 48ʳ.

[133] Die Deutung von CLEMEN, Kleine Schriften 2 (wie Anm. 119), 104, es handele sich hier um das Impressum eines verlorenen Druckes der *Asterisci* und die Kamenzer Handschrift stelle eine Abschrift dieses Druckes dar, ist nicht haltbar. Helmar Junghans bot in WA 59, 406 die Deutung, dass der Schreiber mit seiner Schlussformel „also am 10. August 1518 erleichtert aufatmete", weil er die Mühe des Abschreibens bewältigt hatte. Davon steht im Text nichts. *Laus Christo Ihesu* ist eine konventionelle Invokationsformel am Schluss einer Handschrift. Analog steht am Anfang der vorliegenden Handschrift die Invocatio *In nomine Ihesu Christi* (Bl. 33ʳ, Z. 1), ebenfalls von Schreiber B geschrieben, worauf in Z. 2 die von Schreiber A geschriebene Vorrede beginnt.

Wessen Werk ist diese Umarbeitung der *Asterisci*? Hat Luther diese etwa in Auftrag gegeben? Nachdem der Sammelband gebunden worden war, trug der Schreiber A vorne im Band auf einem Vorsatzblatt ein Inhaltsverzeichnis für den ganzen Band ein und gab hier der Bearbeitung der *Asterisci* den Titel: „Martinus Et Ekius disputantes" („Martin und Eck disputierend"). Hat der Schreiber A hier zwar wieder Ecks Namen für seine internen Zwecke genannt, so war doch die Unterdrückung von Ecks Namen in Luthers *Asterisci* ein diplomatisch gewichtiger Punkt. Luther hatte selbst nach Erhalt der *Obelisci* am 24. März 1518 gegenüber Egranus über diese geklagt: „[...] kurz gesagt, nichts anderes als schlimmste Schmähungen mit ausdrücklicher Nennung meines Namens und Bezeichnung meiner Thesen".[134] Luther war erregt und zahlte mit gleicher Münze zurück. Doch im August 1518 scheint es einen Grund gegeben zu haben, moderater aufzutreten.

Zur Klärung einer etwaigen Beteiligung Luthers an der Bearbeitung hilft eine genaue paläographische Analyse weiter. A war bei der Bearbeitung der *Asterisci* offensichtlich federführend, obwohl er selbst zunächst nur einen sehr kleinen Anteil, die Einleitung, mit eigener Hand geschrieben hatte sowie anschließend die Benennung des ersten Disputationsredners mit den Worten „adversariorum partes fauens" („Der Unterstützer der Partei der Gegner"). Zusätzlich hat er auch den von B geschriebenen Hauptteil des Textes durchkorrigiert. Aber letztendlich hat Luther das fertige Produkt geprüft, woraus sich ergibt, dass die Bearbeitung in Absprache mit ihm erfolgte. Denn an einer Stelle hat Luther eigenhändig eine kurze Korrekturanweisung gegeben (Abb. 4): „Emenda in quaterna" („Verbessere in der Quatern"). Zusätzlich hat er am Rand den Absatz, auf den sich dieser Korrekturwunsch bezieht, teilweise angestrichen.[135] Aber was auf welche Weise zu korrigieren ist, sagt er in seiner Notiz nicht näher. Luther muss also mit den Beteiligten darüber gesprochen haben. Ein Vergleich mit den anderen Überlieferungen der Asterisci – Abschrift Michael Stiefels und Erstdruck in Luthers lateinischen Opera von 1545 – zeigt, was an der von Luther angestrichenen Passage korrekturbedürftig ist. Der angestrichene Asteriscus Luthers – samt dem davorstehenden zugehörigen Obeliscus Ecks – ist in dieser Handschrift nicht an der richtigen Stelle eingeordnet. Eck hatte in dreißig Obelisci zu ausgewählten Thesen Luthers Stellung genommen und hielt sich bei der Kommentierung an die Reihenfolge von Luthers 95 Thesen. Als er mit dem Durchgang durch Luthers Thesenreihe fertig war, trug er am Schluss seines Manuskripts noch einen Obeliscus zu Luthers 30. und 31. These nach, weshalb er auf insgesamt 31 Obelisci kam, die er allerdings seinerseits nicht fortlaufend

---

[134]   „[...] breviter nihil aliud nisi teterrimas contumelias, expresso nomine meo et signatis Positionibus meis [...]." WA.B 1, 158 (Nr. 65,21 f.).

[135]   Korrekturanweisung am unteren Rand von Bl. 41ʳ, dazu Anstreichung am rechten Rand. Luther hat nur seinen Asteriscus angestrichen, nicht den davorstehenden zugehörigen Obeliscus Ecks.

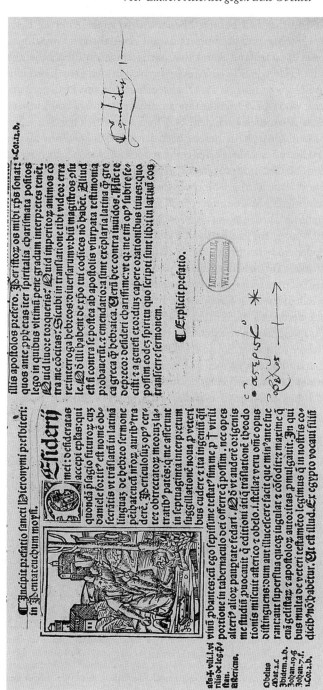

Abb. 5: Heinrich Stackmann hebt die von Hieronymus in der Praefatio in Pentateuchum verwendeten Begriffe *astericus* und *obelus* am Rand in griechischer Sprache und graphisch als Sternchen und Pfeil heraus: ὁ ἀστερίσκος [Sternchen] ὀβελός [Pfeil]. Biblia, Lyon 1513, Bl. bb6r (Reformationsgeschichtliche Forschungsbibliothek Wittenberg – Evangelisches Predigerseminar: 2 ETH 28).

durchgezählt hatte.[136] Luther ließ bei der Niederschrift seiner *Asterisci* Ecks Nachtrag als Nachtrag stehen und antwortete darauf ebenfalls erst am Schluss des Textes.[137] In dieser Gestalt fand Rörer den nachgetragenen Obeliscus mit Luthers Asteriscus am Ende von Stiefels Abschrift vor. Für den Druck ordnete Rörer den Nachtrag Ecks, von ihm als 15. Obeliscus gezählt, mit Luthers Antwort an der Stelle ein, wo er bei Orientierung an der Reihenfolge von Luthers Ablassthesen hingehörte, nämlich nach dem 14. Obeliscus. Auch der Schreiber B in der Kamenzer Handschrift hatte bereits beabsichtigt, den Nachtrag an die inhaltlich korrekte Stelle zu verschieben, fügte ihn jedoch an einer falschen Stelle ein, nämlich nach dem 17. Obeliscus (nach der späteren Zählung Rörers).

Dieses Versehen sollte laut Luthers Notiz in der Quatern korrigiert, der gekennzeichnete Abschnitt also an eine andere Stelle platziert werden. „Quatern", mittellateinisch „quaterna", bedeutet im engeren Sinn eine Papierlage aus 4 Bögen bzw. 8 Blättern[138] in einem geschriebenen oder gedruckten Buch. Daraus entwickelte sich die weitere Bedeutung „Heft", „Büchlein", auch im Sinne einer handschriftlichen Vorlage für den Buchdruck.[139] Letzteres scheint Luther gemeint zu haben. Jedenfalls setzt seine Anweisung die Absicht voraus, dass der – in der Kamenzer Handschrift in einer korrigierten Erstfassung vorliegende – Text erneut abgeschrieben werden sollte. Nimmt man noch dazu, dass in der vorangestellten Einleitung zweimal explizit der *lector* („Leser") angesprochen wird, der ein ehrlicher Richter sein solle, so ist die Absicht weiterer Verbreitung des Textes erkennbar. Luther hatte, wie oben zitiert, am 19. Mai an Eck aus Anlass der Übersendung seiner handschriftlichen Fassung der Asterisci geschrieben, er habe diese außer an Linck an sonst niemanden weitergegeben. Dieser Aussage hatte er hinzugefügt: „Sonst hätte ich sorgfältiger und gemäßigter oder auch be-

---

[136] Eck gliederte seine *Obelisci* in vier Teile, innerhalb derer er die einzelnen Obelisci jeweils gesondert durchzählte. Diese Gliederung ist in der Kamenzer Handschrift wie auch in der Abschrift Stiefels noch beibehalten. Rörer hat in Stiefels Handschrift die ursprünglichen Gliederungselemente durchgestrichen und Obelisci/Asterisci fortlaufend durchgezählt. Stiefel hat in seiner Abschrift am Rand jeweils auch die Thesen Luthers (mit Ziffern) benannt, auf die sich Ecks *Obelisci* beziehen.

[137] Vgl. WA 9, 771.

[138] Vgl. GRIMM, JACOB/GRIMM, WILHELM, Deutsches Wörterbuch, Bd. 13, bearbeitet von Matthias von Lexer, München 1984, Sp. 2332.

[139] EMSER, HIERONYMUS, Auß was gründ vnnd vrsach Luthers dolmatschung/vber das nawe testament/dem gemeine[n] man billich vorbotten worden sey. Leipzig: Wolfgang Stöckel [1523], VD16 E 1089, Bl. 148ᵛ: „Zum beschluß. nach dem mich der drucker zuweylen vbereylet [= überfallen, heimgesucht] hat/das ich meynem gnedigen herrn dem Ordinario (der drey meyl wegs von mir wonend/vnd ouch nit alwegen anheym gewest) nit alle quatern zuuor hab mögen zuschicken […]. Auf dem Titelblatt sagte Emser: Von dem Ordinario Loci/Meynem gnedigen Herrn/Herrn Adolpho Bischouen tzu Merßeburg vnd Fursten zu Anhalt etc. vbersichtiget/vnd zugelassen." Das Exemplar der Württembergischen Landesbibliothek Stuttgart: Theol.qt.2093 ist von Emser handschriftlich korrigiert und am Schluss mit Unterschrift beglaubigt: „Hieronymus Emßer manu propria subscripsit." Bl. [49]ʳ.

stimmter gegen dich geschrieben, wenn ich (sie) hätte veröffentlichen wollen."[140] Mit der durch die Kamenzer Handschrift belegten Umarbeitung der *Asterisci* wurde im August 1518 genau das, was Luther nach der zitierten Äußerung gegenüber Eck zuvor unterlassen hatte, ausgeführt, nämlich eine „gemäßigtere" Fassung hergestellt. Die spricht zusätzlich dafür, dass Luther im August 1518 die Drucklegung der *Asterisci* beabsichtigte.

Der Zeitpunkt der Anfertigung einer den Konflikt mit Eck auf der persönlichen Ebene entschärfenden Fassung der *Asterisci* – Abschluss am 12. August 1518 – gibt einen Hinweis, unter welchen historischen Rahmenbedingungen Luther sich zu einem solchen Schritt entschloss. Georg Spalatin befand sich nachweislich vom 8. August bis mindestens 11. September 1518[141] mit Kurfürst Friedrich auf dem Augsburger Reichstag. Eck, Domprediger in Augsburg, suchte sechsmal um eine Audienz beim Kurfürsten nach, sicher um Luthers Landesherrn den Schlagabtausch mit Luther aus seiner Sicht darzustellen, vermutlich mit dem Ziel, eine Publikation der *Asterisci* zu verhindern. Die Audienz wurde Eck zwar abgeschlagen, aber ihm war es möglich, gegebenenfalls seine Sicht in Augsburg zu verbreiten, wo sich auch Kardinal Thomas Cajetan (1469–1534) als päpstlicher Legat aufhielt. Unter diesen Umständen war es opportun, gegebenenfalls eine Fassung der *Asterisci* zu haben, in der Eck wenigstens nicht persönlich diffamiert wurde. Dass Spalatin in diese Problematik eingebunden war, ergibt sich daraus, dass ihm am 20. August eine Handschrift der *Asterisci* vorlag, die er an diesem Tag dem Humanisten Veit Bild (1481–1529), Mönch des Benediktinerklosters St. Ulrich in Augsburg,[142] zuschickte, verbunden mit der dringenden Bitte, den Text ohne Weitergabe an Dritte wieder zurückzugeben: „So wie sie Dir zugeschickt werden, schicke sie, sobald du sie durchgelesen hast, versiegelt an mich zurück, sowohl aus anderen (Gründen), als auch, damit wir die Schärfe des Momus vermeiden".[143] Die Schlussworte zeigen, dass auch Spalatin an der Entschärfung des Konflikts gelegen war.

---

[140] „Alioquin diligentius et temperatius, aut etiam firmius contra te scripsissem, si edere in publicum voluissem." WA.B 1, 178 (Nr. 77,23 f.).

[141] CLEMEN, Kleine Schriften 2 (wie Anm. 119), 187, nennt den 5. September, doch erwartete Spalatin am 11. September, dass der Kurfürst in Kürze abreisen werde (Brief Spalatins an Bild); VEITH, FRANZ ANTON, Bibliotheca Augustana, complectens notitias varias de vita et scriptis eruditorum, quos Augusta Vindelica orbi literato vel dedit vel aluit, Alphabetum XII, Augsburg 1796, 131. Der Kurfürst verließ Augsburg erst am 22. September (MWA 7, 1, 39 Anm. 1), vermutlich zusammen mit Spalatin.

[142] Vgl. BIGELMAIR, ANDREAS, Art. Bild, Veit, in: NDB 2 (1955), 235. Die erhaltenen 13 Stücke aus dem Augsburger Briefwechsel zwischen Spalatin und Bild sind verzeichnet bei WEIDE, CHRISTINE, Georg Spalatins Briefwechsel. Studien zu Überlieferung und Bestand (1505–1525), Leipzig 2014 (Leucorea-Studien zur Geschichte der Reformation und der Lutherischen Orthodoxie 23); 121–124, Nr. 155–158, 161 f., 165, 169, 171 f., 174 und 177 f.

[143] Spalatin an Bild, 20. August 1518: „Mitto tibi etiam D. Martini Asteriscos, ita ut nemini demonstres mortalium. Sicut tibi mittuntur, ubi perlegeris, signatos mihi remittas, cum ob alia tum ut Momi vitemus acrimoniam." Zitiert nach VEITH, Bibliotheca Augustana XII

Ob Spalatin am 20. August bereits die am 10. August in Wittenberg vollendete Neufassung vorlag, ist offen. Am 27. August musste Spalatin bei Bild die Rückgabe des Manuskripts anmahnen,[144] am 28. August hatte er es zurückerhalten.[145] Bild nahm den Vorgang zum Anlass, am 21. September 1518 Luther in einem Brief mitzuteilen,[146] dass er dessen *defensiones* – gemeint sind die *Asterisci* – in den zurückliegenden Tagen erhalten[147] und sich daraus ein vollständigeres Bild von Luther gemacht habe, was Luther nicht wissen könne. Spalatin, mit dem er ein langes Gespräch über Luther geführt habe,[148] könne diesem deutlicher darlegen, was er über seine Thesen und deren *defensio* gegenüber Eck denke.[149]

Als Luther im Oktober 1518 zum Verhör durch Kardinal Cajetan (12.–14. Oktober) in Augsburg war, trafen sich Eck und Luther und vereinbarten die Beendigung des Streits zwischen Eck und den Wittenbergern durch eine Disputation zwischen Eck und Karlstadt in Leipzig oder Erfurt.[150] Von einer Veröffentlichung der *Obelisci* und der *Asterisci* war von da an nicht mehr die Rede. Als diese schließlich 1545 im ersten Band der Wittenberger Gesamtausgabe von Luthers lateinischen Werken in einer Bearbeitung Georg Rörers gedruckt wurden,[151] hatte Luther kein Interesse mehr an diplomatischer Rücksichtnahme

---

(wie Anm. 141), 129 und SCHRÖDER, ALFRED, Der Humanist Veit Bild, Mönch bei St. Ulrich. Sein Leben und sein Briefwechsel, in: Zeitschrift des Historischen Vereins für Schwaben und Neuburg 20 (1893), 173–227; hier 203, Nr. 125. Vgl. CLEMEN, Kleine Schriften 2 (wie Anm. 119), 187 Anm. 1.

[144] „Quod reliquum est, te rogo, ut mihi remittas Asteriscos Martini nostri [...]" Zitiert nach VEITH, Bibliotheca Augustana XII (wie Anm. 141), 129, und SCHRÖDER, Veit Bild (wie Anm. 143), 203, Nr. 126. Vgl. CLEMEN, Kleine Schriften 2 (wie Anm. 119), 187 Anm. 1.

[145] „Asteriscos gaudeo tibi placuisse." Spalatin an Bild, 28. August 1518; zitiert nach SCHRÖDER, Veit Bild (wie Anm. 143), 203, Nr. 127.

[146] „Post nonnullas superioribus diebus acceptas nomineque tuo insignitas positiones (defensiones) in auctoris pleniorem agnitionem aut certificationem me venire potuisse scias minime." WA.B 1, 206 (Nr. 95,4–7). Der Vorschlag Otto Clemens (ebd., 207 Anm. 2), „positiones (defensiones) in positionum defensiones" zu verbessern, ist erwägenswert.

[147] Zur Bezeichnung der *Asterisci* als *defensiones* bzw. *defensio* durch Scheurl s. Anm. 109, 110 und 113. Clemens Vermutung, Bild könnte Luthers *Resolutiones disputationum de indulgentiarum virtute* gemeint haben (WA.B 1, 207 Anm. 2), ist angesichts der von Bild verwendeten Begrifflichkeit nicht plausibel, zumal Spalatin Bild am 28. August 1518 geschrieben hatte, er könne ihm kein Exemplar von „Martini probationes disputationum suarum de indulgentiis" schicken (SCHRÖDER, Veit Bild [wie Anm. 143], 203, Nr. 127).

[148] WA.B 1, 206 (Nr. 95,7–16).

[149] „Quid enim de tuae R[everendae] p[aternitatis] conclusionibus, doctrina instructioneque ac defensione sentiam teneamque, praedictus communis amicus noster M. G. Spalatinus clarius enodabit." Ebd., 206,21–24.

[150] Luther an Eck, Wittenberg, 15. November 1518: „Placet, mi Iohannes Ecci, Domino Andreae id, quod pacti sumus Augustae, ut vel Lipsiae vel Erfordiae conveniatis et pro veritatis inventione honeste disceptetis, ut fiat finis contentionis et librorum scribendorum." WA.B 1, 231 (Nr. 109,4–7).

[151] Rörer verwendete als Vorlage Michael Stiefels Abschrift von Luthers *Asterisci* (ThULB Iena: Ms. Bos. q. 25a, Bl. 22^v–47^r), die er allerdings bearbeitet und abgeändert hat. In WA 1, 281–314 ist die Fassung Rörers nach dem Wittenberger Druck von 1545 abgedruckt. In WA 9, 770–779 sind Varianten aus Stiefels Abschrift nachgetragen. KÖHLER, WALTHER, Luthers

gegenüber dem mittlerweile (1543) verstorbenen Eck. Rörer hat allerdings aus der Kamenzer Handschrift der *Asterisci*, die ihm vorlag,[152] das Schlussdatum vom 10. August in die Abschrift Michael Stiefels übertragen[153] und deshalb auch in seine Edition der Asterisci im ersten Band der lateinischen *Opera* Luthers übernommen.[154] Vom tatsächlichen Zeitpunkt der Entstehung der Urfassung der *Asterisci* hatte Rörer offensichtlich keine Kenntnis.

VIII. Ein romkritisches Wittenberger Flugblatt in Augsburg während des Reichstags 1518

Bei der Herstellung der entschärften Fassung der *Asterisci* und dem schließlichen Verzicht Luthers auf deren Drucklegung dürfte auch die Diplomatie Spalatins bzw. des kurfürstlichen Hofes eine Rolle gespielt haben. Mahnungen zur Zurückhaltung begegnen in Spalatins Briefwechsel mit Luther und Karlstadt in jener Zeit wiederholt. Aus Augsburg schrieb Spalatin am 5. September 1518 an Luther: „Du jedoch hüte Dich aufs Sorgfältigste, beim Predigen, Disputieren oder Lehren die Hornissen heftiger zu reizen."[155]

Spalatin rügte, dass Thesen Luthers über die Exkommunikation von Wittenberg nach Augsburg geschickt worden seien, die Luther schaden würden, und zwar desto mehr, als diesen Thesen „ein Epigramm voller Bitterkeit auf die römische Geldgier" angehängt gewesen sei, wie er selbst gesehen habe. Diese Texte seien auch in die Hände der zwei päpstlichen Legaten – die Kardinäle Cajetan und Matthäus Lang (1468–1540) – gelangt und könnten auch nach Rom geschickt worden sein.[156] Luther hatte schon am 1. September an Johann von

---

95 Thesen samt seinen Resolutionen sowie den Gegenschriften von Wimpina-Tetzel, Eck und Prierias und den Antworten Luthers darauf, Leipzig 1903, edierte auszugsweise die *Asterisci* nach der Abschrift Stiefels. In Dokumente zur Causa Lutheri (wie Anm. 97), 401–447 sind die *Asterisci* nach dem Druck von 1545 ediert, ohne Berücksichtigung von Luthers in der Abschrift Stiefels erhaltenen Version, obwohl für die Causa Lutheri von 1517–1521 nur letztere von Relevanz ist, während die Version Rörers ein Gegenstand der späteren Rezeption von Luthers Text ist. Eine vollständige Edition der auf Luthers Fassung zurückgehenden Abschrift Stiefels, die die Veränderungen Rörers absondert, ist eine künftige Aufgabe der Luther-Forschung. Einer solchen Edition sollte man vergleichend den Text der in der Kamenzer Handschrift überlieferten Bearbeitung zur Seite stellen.

[152] Rörer hat andere Texte, die sich in dem Sammelband 6463 des StA Kamenz befinden, eigenhändig bearbeitet.

[153] JUNGHANS, Die probationes (wie Anm. 123), 13.

[154] Mit dieser Feststellung ist das Rätsel um die Bedeutung dieses Datums im Textus receptus der *Asterisci* (vgl. WA 1, 278 f.) geklärt.

[155] „Tu tamen cave diligentissime, ne vel in concionando vel disputando vel profitendo crabrones acrius irrites." WA.B 1, 201 (Nr. 92,39–41).

[156] „Dicere autem non possum, quantum tibi mali, quantum invidiae conflasse videantur positiones de excommunicatione. Isthinc huc quidem satis mirari nequeo missas, eoque magis, quod subiunctum habebant (expertus enim scribo) epigramma amarulentissimum in

Staupitz (1465–1524) geschrieben, seine Thesen würden in Augsburg bei den großen Herren (*magnates*) zirkulieren.[157] Nach Luthers Selbstdarstellung gegenüber Staupitz seien jene Thesen über die Exkommunikation nicht von ihm geschrieben; aus einer von ihm gehaltenen Predigt über dieses Thema seien von ihm übelwollenden Spionen diese Sätze herausgezogen und verbreitet worden.[158] Das romkritische Epigramm, das den Thesen in der nach Augsburg geschickten Fassung angehängt war, lässt zweifeln, dass an der Verbreitung jener Thesen nur Gegner Luthers beteiligt waren. Als Luther im August 1518 Inhalte seiner Predigt lateinisch im *Sermo de virtute excommunicationis* („Predigt über die Kraft der Exkommunikation")[159] veröffentlicht hatte,[160] bot er im Vorwort eine etwas andere Version des Vorgangs. Er erwähnte zwar auch Gegner, die ihm seine Predigt missgünstig ausgelegt hätten,[161] sprach aber auch von der Aktivität seiner Freunde in dieser Sache: „Was aber meine Freunde durch ihre Paraphrase [Wiedergabe des Inhalts], eher Pseudophrase, getan haben oder tun, da gebe der Herr, dass sie es einmal selbst erkennen."[162]

Das bisher nicht nachgewiesene Epigramm auf die römische Geldgier, das nach Spalatin den in Augsburg kursierenden Thesen über den Bann angehängt war, dürfte identisch sein mit einem lateinischen Gedicht, das Otto Beckmann in seinen eingangs vorgestellten Sammelband geschrieben hat, und zwar auf die letzte, nicht bedruckte Seite von Luthers *Resolutiones disputationum de indulgentiarum virtute*.[163] Ins Deutsche übersetzt, lautet die Überschrift: „Zehnzeiler auf das Geld und das ungeheuerliche Rom, von einem nicht genannten Verfasser". Der lateinische Text sei hier vollständig wiedergegeben:[164]

Decastichon in nummum et prodigiosam Romam. auctore incerto
Si tibi sit nummus animas revocabis ab orcho

Romanum avaritiam. Haec enim huc missa, in manus utriusque Legati Apostolici delata, timeo Romam transmissa, tibi insigniter nocuisse." Ebd., 201, 33–39. Die Übersendung der Thesen und des Spottgedichts nach Rom wurde von Spalatin befürchtet. Dass sie tatsächlich erfolgte (so BRECHT, Luther [wie Anm. 100], 238), ist nicht belegt.

[157] WA.B 1, Nr. 89, 194,35 f.

[158] Ebd., Nr. 89, 194,29–35.

[159] WA 1, 638–643.

[160] Vgl. BRECHT, Luther (wie Anm. 100), 233.

[161] WA 1, 638,17 f.

[162] „[…] quid autem amici mei paraphrasi aut pseudophrasi sua fecerint aut faciant, det dominus ut aliquando videant et ipsi, Amen." WA 1, 638,21–23.

[163] LUTHER, Resolutiones disputationum, (wie Anm. 1), Bl. P 4ᵛ, im Exemplar der EAB Paderborn: Th.6116 (3). HONSELMANN, Beckmann (wie Anm. 2), 260 bemerkte zu der Handschrift: „von unbekannter Hand". Der Vergleich mit zahlreichen Beckmann-Autographen erweist Beckmann als Schreiber des Epigramms. Zu Beckmanns Notiz auf dem Titelblatt desselben Druckes s. o. bei Anm. 1.

[164] HONSELMANN, Beckmann (wie Anm. 2), 268, druckte dieses Gedicht bereits ab. Im Blick auf die Verbesserung der Entzifferung und die hier vorgenommene Erschließung des historischen Kontextes biete ich es nochmal. Die Interpunktion Beckmanns habe ich beibehalten.

Et patris et matris coniugis et socii
Omnia nummus habet: celum venale, quid ultra
   Invertit leges. Pluto sepulte tuas.
O qualis facies: et que mutatio Rome
   Vendidit hec quondam corpora nunc animas
Quicquid in extremis habuit Germania terris
   Et mediis quicquid continet illa plagis
Exhaustum est totum: et Latium migravit ad arces
   Expleat ut luxus. impia Roma tuos

Auf den Verkauf von Ablässen für Verstorbene anspielend, wird in dem Gedicht behauptet, dass in Rom alles, selbst der Himmel, käuflich sei. Das gottlose Rom hätte Deutschland (*Germania*) vollständig ausgeplündert, und das Geld sei zu den Burgen nach *Latium*, womit hier Rom und eventuell der Kirchenstaat gemeint sind, gewandert.[165]

Die Identifikation des von Spalatin am 5. September 1518 erwähnten Epigramms über die römische Geldgier mit dem von Beckmann notierten anonymen Zehnzeiler stützt sich auf folgende Argumente: Nach Spalatin wurde das Gedicht von Wittenberg nach Augsburg geschickt, angehängt an Thesen über die Exkommunikation, die aus einer Predigt Luthers extrahiert worden waren, von der bekannt ist, dass Luther sie am Sonntag Exaudi (16. Mai 1518) gehalten hatte.[166] Beckmann schrieb „sein" Gedicht auf die letzte Seite des Wittenberger Druckes von Luthers *Resolutiones disputationum de indulgentiarum virtute*. Luther konnte den fertiggestellten Wittenberger Druck dieser Schrift am 28. August 1518 an Spalatin nach Augsburg versenden.[167] Dass Beckmann auf eben diesen Druck das antirömische Spottgedicht schrieb und Spalatin am 5. September in Augsburg ein aus Wittenberg zugeschicktes Gedicht gesehen hatte, das dasselbe Thema – römische Geldgier – thematisierte wie Beckmanns Gedicht, spricht ebenfalls dafür, dass das von Beckmann notierte Gedicht mit dem von Spalatin erwähnten Epigramm identisch gewesen sein dürfte.

Die Suche nach dem Verfasser des von Beckmann überlieferten Gedichtes hat ergeben, dass die 10 Gedichtzeilen – ohne die Überschrift – aus den *Quattuor libri amorum* des Humanisten Konrad Celtis (1459–1508) exzerpiert sind, deren Drucklegung im Rahmen einer Teilausgabe von Celtis' Schriften 1502 in Nürnberg erfolgte, verlegt von der *Sodalitas Celtica*.[168] Der Bearbeiter des von Beckmann überlieferten Textes hat aus einem Gedicht des Celtis im Umfang von 22 Doppelzeilen[169] fünf Doppelzeilen herausgezogen und diese sprachlich leicht

---

[165] Luther erhebt 1520 in der Adelsschrift einen entsprechenden Vorwurf: WA 1, 427,5–12. Vgl. dazu KAUFMANN, An den christlichen Adel (wie Anm. 17), 206–208.

[166] WA.B 1, Nr. 83, 185,39–41; BRECHT, Luther (wie Anm. 100), 233.

[167] WA.B 1, Nr. 87, 190,31 f.

[168] CELTIS, KONRAD: QVATVOR LIBRI AMORVM SECVNDVM QVATVOR LATERA GERMANIE […], Nürnberg: Sodalitas Celtica (V) 1502, VD16 C 1911.

[169] Ebd., Bl. 48ᵛ–49ʳ. Die Überschrift lautet bei Celtis: „*Ad Alborum sacerdotem vestalium sectatorem*" (Bl. 48ᵛ). Ich zitiere aus dem Text des Celtis den Wortlaut der Zeilen, die der

geändert. Während sich bei Celtis die Ablasskritik auf den Ablass zugunsten des nie zustande gekommenen Türkenkreuzzuges bezog,[170] hat der mutmaßliche Wittenberger Bearbeiter durch Kürzungen, Umstellung von Zeilen sowie Hinzufügung seiner eigenen Überschrift den Text so gestaltet, dass der Leser sofort die im Jahr 1518 aktuelle Wittenberger Ablasskritik zu dem Epigramm assoziieren konnte.

Dass der Text des Celtis tatsächlich in Wittenberg rezipiert wurde, belegt ein Exemplar des Celtis-Druckes, das aus der ehemaligen kurfürstlichen Bibliothek in Wittenberg stammt.[171] In diesem Band finden sich wenige handschriftliche Notizen, in denen neben einigen von Celtis gebotenen geographischen Orts- und Landschaftsnamen Stellen annotiert sind, an denen Celtis Kritik an der Unkeuschheit der Priester[172] sowie am Priesterzölibat[173] übte. Der Schreiber dieser Notizen hat ferner die erste Zeile der Textpassage unterstrichen, die in dem von Beckmann überlieferten Gedicht in Wittenberg verwendet wurde,[174] und am Rand das Stichwort „Rhoma" herausgehoben.[175] Bei dem Schreiber dieser Notizen, der seinen Namen nicht nannte, handelt es sich nach Ausweis der individuellen Merkmale der hier begegnenden humanistischen Handschrift um Johann Schwertfeger[176] (gest. 1524). Johann Schwertfeger stammte aus Meißen,

---

mutmaßliche Wittenberger Bearbeiter verwendet hat (Bl. 49^r): „[… (bei Celtis gehen 22 Zeilen voraus)] | Omnia nummus habet: coelum venale: quid vltra? | Inuertit leges Pluto sepulte tuas | Si tibi sit nummus animas reuocabis ab orco | Et patris: et matris: coniugis: et socii | [… (8 Zeilen vom Bearbeiter nicht übernommen)] | O qualis facies et quae mutatio Rhomae | Vendidit haec quondam corpora: nunc animas | Quicquid in extremis habuit germania terris | Et mediis quicquid continet illa plagis | Exhaustum est: et totum latias migrauit in arces | Expleat vt luxus impia Rhoma tuos | [… (bei Celtis folgen noch 4 Zeilen)]." Vgl. die Edition: Conradus Celtis Protucius, Quattuor libri amorum secundum quattuor latera Germaniae […], hg. v. Felicitas Pindter, Leipzig 1934, lib. 3, elegia 8; 63,23–26.35–40.

[170] Celtis, Quatvor libri amorvm (wie Anm. 168), Bl. 49^r: „Si dederis nummos: nostris quis Turcus ab oris | pellatur: […]." Vgl. Celtis, Quattuor libri amorum, 1934 (wie Anm. 169), 63,29f.

[171] Jetzt ThULB Jena: 4 Art.lib.IX,7.

[172] Celtis, Quatvor libri amorvm (wie Anm. 168), Bl. 33^v und 33^r.

[173] Ebd., Bl. 31^r.

[174] Unterstrichen ist: „Omnia nummus habet: coelum venale: quid vltra?"

[175] Die Heraushebung „Rhoma" steht neben folgender Zeile: „O qualis facies et quae mutatio Rhomae." Mit der Notiz „Rhoma" enden die Annotationen in dem Band. Der umfangreichere Folgeteil des Druckes enthält keine Benutzerspuren.

[176] Schwertfegers Handschrift findet sich in einem Band der HAB Wolfenbüttel: A: 62.58 Jur. 2°. Der Band enthält den Sachsenspiegel […], Augsburg: Silvan Otmar (D); Iohann Rynmann (V), 1517 (VD16 D 742). Auf der Rückseite des Titelblatts hat Schwertfeger im Februar 1518 eingetragen: „Emptus Wittenberge per me Iohannem Schwertfeger Misnensem Anno Domini MDXVIII° pro xxiij grossis de mense februario anno studii 4°" [= quarto]. Dieser Kaufvermerk Schwertfegers ist kalligraphisch in einer konsequent humanistischen Kursive geschrieben. Beigebunden ist ein Manuskript, in dem Schwertfeger in alphabetischer Reihenfolge zu ausgewählten juristischen Stichworten (z.B. *dos*) Loci aus Rechtsquellen und juristischer Literatur zusammengetragen hat. Hier schrieb Schwertfeger schneller und hat bei überwiegend humanistischer Schreibweise auch Buchstaben in gotische Kursive einfließen lassen.

studierte ab Sommersemester 1506 in Leipzig,[177] wurde im Sommersemester 1507 in Wittenberg[178] und am 18. November 1508 in Ingolstadt immatriku-liert.[179] Ab 1514 oder 1515 studierte er in Wittenberg die Rechte,[180] betrieb aber auch humanistische Studien, bevor er im Sommersemester 1521 Doktor beider Rechte wurde, um Anfang 1522 eine Professur im römischen Recht übernehmen zu können.[181] Mit Melanchthon stand Schwertfeger nachweislich ab September 1518 in freundschaftlicher.[182] In Luthers Freundeskreis begegnet Schwertfeger ab 1517/1518. Luther schenkte ihm ein Exemplar der lateinischen Fassung von Staupitz' Nürnberger Predigt über die Prädestination, *Libellus de executione aeternae praedestinationis* („Büchlein vom Vollzug der ewigen Prädestination"), die am 6. Februar 1517 erschienen war.[183] Am 22. November 1518 bat Luther Melanchthon, Schwertfeger zu einem von ihm gegebenen Abendessen mit-

---

Beide Schreibweisen Schwertfegers begegnen auch in seinen Notizen zu Celtis' *Quattuor libri amorum*.

[177] Die Matrikel der Universität Leipzig, hg. v. Georg Erler, Leipzig 1895, Bd. 1, 473, M 7.

[178] Album Academiae Vitebergensis (wie Anm. 10), 22a. Im selben Semester wurde Otto Beckmann immatrikuliert (ebd., 23b).

[179] Die Matrikel der Universität Ingolstadt 1472–1550, 1. Hälfte, bearb. v. Georg Wolff, München 1906, 328. Wie lange Schwertfeger in Ingolstadt studierte, ist offen.

[180] Das ergibt sich aus dem in Anm. 176 zitierten Kaufvermerk vom Februar 1518, wo Schwertfeger sagte, dass er sich damals im vierten Jahr seines Studiums befand. Da er dabei offensichtlich seine frühen Studien in Leipzig, Wittenberg und Ingolstadt nicht mitgezählt hat, muss sich Schwertfeger mit dem „vierten Jahr" auf seine zweite Studienzeit in Wittenberg in den Jahren vor Februar 1518 beziehen. Dies wird bestätigt durch ein Schreiben Schwert-fegers an Kurfürst Friedrich III. von Sachsen vom 18. Februar 1519 (Landesarchiv Thürin-gen – Hauptstaatsarchiv Weimar: Ernestinisches Gesamtarchiv Reg. O 472, Bl. 1). Darin sagt Schwertfeger: „[...] fast ganczer funff Jar/bin ich hir zcw Wittenbergk geweßen/vnd [...] in geystlichen vnnd weltlichen rechten/sam allen andern kunsten [...] vnterwießen/". FRIE-DENSBURG, WALTER, Geschichte der Universität Wittenberg, Halle a.S. 1917, 141 f. bezieht sich darauf, deutet die fünf Jahre jedoch irrtümlich auf einen fünfjährigen Studienaufenthalt Schwertfegers in Wittenberg von 1507 bis 1512. In Ermangelung von Belegen für die Anwe-senheit Schwertfegers in Wittenberg nach 1507 und vor 1521 konstruierte Friedensburg die falsche Annahme, Schwertfeger habe von 1512 bis 1521 kontinuierlich in seiner Heimatstadt Meißen eine „Rechtspraxis" ausgeübt. Daran anknüpfend, vermutete Hans Volz, der Belege für Anwesenheit Schwertfegers in Wittenberg 1518/19 fand, Schwertfeger sei „wohl öfter" in Wittenberg gewesen (MWA 7, 1, 40 Anm. 6; den Hinweis auf Volz' Nachweise für Schwertfeger in Wittenberg verdanke ich Dr. Heinz Scheible, Heidelberg).

[181] Vgl. FRIEDENSBURG, Universität Wittenberg (wie Anm. 180), 142. Schwertfeger hatte über die Pandekten zu lesen (ebd., 164).

[182] Melanchthon richtete mehrfach Grüße Schwertfegers an Spalatin aus: MBWT 1, 72, Nr. 22, 8 f. (14.9.1518); 76, Nr. 24, 11 f. (24.9.1518); 88, Nr. 31, 30 (16.10.1518). Melanchthon hat seine Dialektik im März 1520 Schwertfeger gewidmet (MBW.T 1, 181, Nr. 78).

[183] VON STAUPITZ, JOHANN, Libellus de Executione eterne predestinationis. [...], Nürn-berg: Friedrich Peypus 1517, VD16 S 8702. Auf dem Titelblatt des Exemplars des Deutschen Historischen Museums Berlin, Bibliothek: Inventarnr. R 55/ 91 1.1 hat Schwertfeger, der seinen Namen nicht nannte, notiert: *Reuerendus pater Martinus luther donauit*. Der Druck befindet sich in einem Sammelband (Inventarnr. R 55/911) aus dem Besitz Schwertfegers, der ansonsten noch 7 Lutherdrucke und 1 Karlstadtdruck aus dem Jahr 1518 enthält. Zu Schwert-fegers Handschrift s. Anm. 176.

zubringen.[184] Nachdem Schwertfeger schon im November 1519 Disputationsthesen verbreitet hatte, in denen er sich mit kirchlichen Missständen auseinander
setzte, verfasste er im Frühjahr 1521 zusammen mit Melanchthon die mit Holzschnitten von Lukas Cranach d. Ä. (gest. 1553) ausgestattete Bildsatire *Antithesis
figurata vitae Christi et Antichristi*, in der deutschen Version als *Passional Christi und Antichristi*[185] betitelt erschienen Ende Mai 1521. Darin wird polemisch
das Leben und Verhalten Christi dem Verhalten des Papstes und des Klerus und
das biblische Recht dem päpstlichen Recht gegenübergestellt.[186] Im Lichte dieser
Aktivitäten Schwertfegers könnte er auch also als Kompilator des von Beckmann notierten Zehnzeilers in Frage kommen. Von Schwertfeger zu Beckmann
war kein weiter Weg, denn auch Beckmann war Juraprofessor, und beide gehörten zum Wittenberger Humanistenkreis und zu den Freunden Luthers.

Die Verbreitung jenes Textes von Wittenberg nach Augsburg zur Zeit des
Reichstags, an dem Kaiser Maximilian I. (reg. 1493–1519) teilnahm, hatte diplomatische Implikationen. In Augsburg dürfte es Humanisten gegeben haben, die
bemerken konnten, dass der Wittenberger Text auf Konrad Celtis zurückgeht. In
Augsburg hatte Celtis die Sodalitas Augustana mit dem Augsburger Ratsherrn
und kaiserlichen Rat Konrad Peutinger (1465–1547) an der Spitze begründet.[187]
Luther speiste am 9. Oktober 1518 bei Peutinger und zählte im Folgetag im Brief
an Spalatin Peutinger sowie weitere Ratsherren zu seinen Unterstützern.[188] Kaiser Maximilian, der Celtis 1497 an die Universität Wien berufen hatte, war der
wichtigste Mäzen des zeitweilig in Wien lehrenden Celtis gewesen. Luther sah
sich in Augsburg auch von „Kaiserlichen" („Caesariani") unterstützt und führte dies auf den Einfluss seines Kurfürsten zurück.[189] Auch Celtis hatte sich von
Kurfürst Friedrich gefördert gesehen.[190] In der an Kaiser Maximilian gerichteten Vorrede zu seinen *Libri quattuor amorum* ehrte Celtis den Kurfürsten als
„sehr großen Freund unserer Musen und Studien".[191]

---

[184] WA.B 1, 252 (Nr. 111,10–12); MBWT 1, 90, Nr.33,10–12.

[185] Vgl. WA 1, 677–715 mit Beilagen Nr. 1–11a.

[186] Für Details zu *Antithesis* und *Passional* sowie zur Verfasserschaft Melanchthons und
Schwertfegers s. Bubenheimer, Ulrich, Content – Sources – Author – Reception, in: Edmund Wareham u. a. (Hg.), Passional Christi und Antichristi, Antithesis figurata vitae Christi
et Antichristi, Passional of Christ and Antichrist, Antithesis of the Life of Christ and Antichrist in Pictures, Oxford 2021 (Treasures of the Taylorian, Series One: Reformations Pamphlets 4), xxi–lv; ⟨°1⟩.

[187] Wuttke, Dieter, Art. Celtis, Conrad(us), in: Killy Literaturlexikon. Autoren und
Werke des deutschsprachigen Kulturraumes, hg. v. Wilhelm Kuhlmann, Bd. 2, Berlin 2008,
396.

[188] „Coenavi heri apud Conradum Peutinger Doctorem, et Civem et virum, qualem melius
nosti, qui unus omnium est in mea re studiosissimus, nec segnius Senatores alii […]." WA.B
1, 209 (Nr. 97,21–23).

[189] Ebd., 209,11f.

[190] Vgl. Wuttke, Celtis (wie Anm. 187), 396.

[191] „Eiusque [scil. Germaniae] interiora ad inclitum Albim fluvium, cuius utrasque ripas
regiis palutiis et in alveum eius ingentibus iactis molibus Fridericus Saxoniae dux, imperii

Für die Wittenberger war der Rückgriff auf Celtis ein Element ihrer damaligen Strategie, ihre Theologie- und Kirchenkritik mit der Autorität angesehener Humanisten – zum Beispiel mit Giovanni Pico della Mirandola, Celtis, Erasmus[192] und anderen – zu verbinden. So gesehen, war jene von Wittenberg ausgehende mediale Aktion Teil des Bemühens, im politischen Milieu – bei Amtsträgern in der Reichsstadt Augsburg, am kaiserlichen Hof und bei Reichstagsteilnehmern – um Sympathien für Luthers Ablass- und Romkritik zu werben. Die Gelegenheit hierfür war insofern günstig, als das Bemühen des Kaisers, die Reichsstände für eine Steuer zugunsten eines Feldzuges gegen die Türken zu gewinnen, erfolglos blieb. Vielmehr kam in diesen Verhandlungen eine romfeindliche Stimmung auf.[193] Zustimmend griff Luther auf, was er in einer damals zirkulierenden, an die Fürsten adressierten anonymen Schrift gegen die Türkensteuer[194] las: „Es ist nämlich gewiss, dass die Kardinäle die Legaten [...] der Geldgier sind, wenn das wahr ist, was er [der Autor] schreibt."[195]

IX. Schluss: Experimentelle Theologie

Das von Otto Beckmann angesprochene Phänomen, dass sich in Luthers Aussagen Widersprüche finden würden, ist von Zeitgenossen Luthers wiederholt angesprochen worden, und dies nicht nur von seinen Gegnern. Untersucht man Luthers schriftlich hinterlassenes Werk wie auch sein Verhalten über einen längeren Zeitraum, lässt sich ein Teil solcher Widersprüche und Spannungen mit dem Paradigma der „Entwicklung" Luthers im Lebenslauf erklären. Für Karlstadt gilt natürlich Entsprechendes. In vorliegender Studie, die sich auf einen relativ begrenzten Zeitraum beschränkt, habe ich das Paradigma „Diplomatie" verwendet, um Äußerungen Karlstadts und Luthers, die widersprüchlich oder auch überraschend erscheinen, im Kontext wechselnder situativer Umstände, wechselnder Adressaten, Netzwerke usw. zu erklären. Die jeweiligen insti-

---

Romani elector Musarum nostrarum et studiorum maximus amicus, longe lateque possidet [...]." CELTIS, Quattuor libri amorum, 1934 (wie Anm. 169), 1 f.

[192] Karlstadt übte in seinem Kommentar zu Augustins De spiritu et littera Kritik an gewissen Formen der Heiligenverehrung, indem er Erasmus mit der Bemerkung „Cum omnium doctissimo nostro Erasmo" zitierte (KGK 1.2, 694,21–30). Karlstadts Erasmusrezeption lässt sich jetzt differenzierter erforschen auf der Basis eines von Propst i. R. Helmut Liersch, Goslar, und Ulrich Bubenheimer identifizierten Sammelbandes aus Karlstadts Bibliothek, der Erasmusschriften enthält, von denen einige von Karlstadt (sowie einer zweiten Schreiberhand) annotiert sind: Gleim-Haus Museum der deutschen Aufklärung, Bibliothek, Halberstadt: C9243. Karlstadt notierte auf dem vorderen Vorsatzblatt, den Preis, den er am 22. November 1517 dem Buchbinder bezahlt hatte.

[193] BRECHT, Luther (wie Anm. 100), 238.

[194] Zu dieser Schrift s. WA.B 1, 197 Anm. 8.

[195] Luther an Spalatin, Wittenberg, 2. September 1518: „Cardinales enim legatos esse (forte ignoras) Avaritiae certum est, si illa vera sunt, quae scribit." WA.B 1, 196 (Nr. 90,38 f.).

tutionellen und persönlichen Netzwerke haben Einfluss auf ihr verbales und nonverbales Verhalten. Mit den vertrauten Ordensbrüdern in Nürnberg kann Luther in Sachen *Asterisci* offener umgehen als mit Eck, dem er aus diplomatischen Erwägungen deren Weitergabe verheimlicht. Der gezielte Aufbau solcher Netzwerke gehörte auch zur Reformationsdiplomatie. Johannes Lang in Erfurt, Wenzeslaus Linck in Nürnberg und Johannes von Staupitz halfen mit, Luthers Basis im Orden auszubauen. An der Universität arbeitete Luther ausdauernd am Aufbau eines Kollegenkreises, den die Forschung heute „Diskussionsgemeinschaft" nennt. Diese war nicht nur auf Kollegen in der theologischen Fakultät begrenzt, sondern bezog auch Juristen sowie Dozenten in der Artistenfakultät mit ein.

Öffentliche Disputationen sollten – nach Karlstadts und Luthers Wünschen – seit 1517 ein Mittel sein, um Reformen in Theologie und Kirche über Wittenberg hinaus anzustoßen. Die Ziele einer solchen Reformation waren aber erst partiell geklärt. Sie entwickelten sich im Prozess der Debatten und Auseinandersetzungen weiter. In diesem waren die Disputationen auch ein Instrument experimenteller Theologie.[196] In den Disputationen konnten die Theologen auch „gewagte" Positionen vertreten, die sie gegebenenfalls auch wieder zurücknahmen, wobei die Reaktionen der Mitdisputanten, der Hörerschaft oder eines über die Inhalte einer Disputation informierten Publikums eine Rolle spielten. Insgesamt jedoch scheinen in den Anfangsjahren der Reformation die Ziele Luthers und Karlstadts bereits weiter greifend gewesen zu sein, als die beiden es in ihren veröffentlichten Schriften explizit zum Ausdruck brachten.

---

[196] Dazu vgl. auch SALVADORI, STEFANIA, Der Augustinkommentar des Andreas Bodenstein von Karlstadt zwischen der Stilisierung einer Bekehrungsgeschichte und der (Wieder-) Entdeckung der biblisch-patristischen Quellen, in: Ebernburg-Hefte 52 (2018), 7–30 = Blätter für pfälzische Kirchengeschichte und religiöse Volkskunde 85 (2018), 239–264.

3. Thomas Müntzer und Wittenberg*

Müntzers Beziehungen nach Wittenberg, sein Austausch und seine Auseinandersetzung mit den Wittenberger Theologen reichen nach den erhaltenen Quellen vom Wintersemester 1517/18 bis ins Jahr 1525, von Studien in Wittenberg bis zum Bauernkrieg. Insofern könnte man mit dem Thema „Müntzer und Wittenberg" eine umfangreiche Biografie füllen. Das Ziel dieser Studie ist begrenzter. Den Schwerpunkt bildet die Untersuchung der beiden Phasen im Leben Müntzers, in denen er sich persönlich in Wittenberg aufhielt. Im Rahmen des herrschenden lutherzentrierten Zugangs zur Wittenberger Frühreformation dominiert das Bild, Müntzer sei in Wittenberg in erster Linie von Luther geprägt worden und *cum grano salis* sein Schüler gewesen, bevor er sich von ihm – aus welchen Gründen auch immer – wieder entfernt habe. In diesem Sinn wurde im Umfeld des – was die Datierung betrifft – künstlich angesetzten Jubiläums von Müntzers angeblichem 500. Geburtstag im Jahr 1989 das Bild von Müntzer als einem „Wittenberger Theologen" entwickelt. Ein alternatives Modell, Müntzer könnte schon mit eigenständigen religiösen und theologischen Standpunkten nach Wittenberg gekommen sein und die Fähigkeit besessen haben, aus in Wittenberg – im Übrigen nicht nur von Luther – angebotenen theologischen Konzepten nach kritischer Prüfung aufzunehmen, was seinen Bedürfnissen und Zielen angemessen war, will nicht so recht in solche bisher entwickelten Entwürfe von einem vermeintlich „jungen", nach Wittenberg ziehenden Müntzer passen. Freilich folgen nicht alle Jubiläumspublikationen diesem Deutungsmodell. Als Forschungsparadigma könnte dieses Modell zumindest dazu verhelfen, neue Fragestellungen zu entwickeln und die bisherige Rekonstruktion von Müntzers angesichts dürftiger Quellenlage notwendigerweise lückenhafter Biografie zu hinterfragen. Die in diesem Modell implizierte Sichtweise hat sich allerdings erst im Lauf der Arbeit an vorliegender Studie zunehmend herauskristallisiert. Die Folge davon ist, dass ich mich in manchem den bisherigen Hypothesen, auf die die Rekonstruktion von Müntzers früher Biografie aufgebaut ist, angeschlossen habe, ohne in jeder Hinsicht alle Quellen nochmal erneut auf den Prüfstand stel-

---

* Vorwort der ursprünglichen Version: „Die vorliegende Studie ist die erweiterte Fassung eines Vortrags, den ich anlässlich der Jahresversammlung der Thomas-Müntzer-Gesellschaft in Mühlhausen am 10. Mai 2014 gehalten habe. Ich danke dem Vorsitzenden der Thomas-Müntzer-Gesellschaft, Herrn Professor Dr. Hans-Jürgen Goertz, der mich durch sein Engagement zu dieser Publikation motiviert sowie die Endgestalt dieses Textes durch seine kritischen Rückfragen und das aufmerksame Lektorat mitgeformt hat. […]".

len zu können und – was mir notwendig und nicht aussichtslos zu sein scheint – zu versuchen, neue Quellen zu erschließen.

Unter der dargelegten Perspektive erschien es mir notwendig zu sein, in einem ersten Teil, soweit es die Quellen erlauben, abzuklären, was Müntzer an religiösen und theologischen Voraussetzungen mitbrachte, als er nach Wittenberg ging. Ich stelle daher ein erstes Kapitel über Müntzers Wirken in Braunschweig und Frose (1514 bis 1517) und die religiösen Kontexte, in denen er sich dort bewegte, voraus.[1] In den Teilen, die sich in engerem Sinn auf Wittenberg beziehen, stelle ich zunächst zusammenfassend die „Wittenberger Phase" Müntzers zwischen 1517/18 und 1519 dar, wie ich sie in meinen früheren Studien zu *Thomas Müntzer. Herkunft und Bildung* (1989) aus den vorhandenen Quellen zu rekonstruieren versuchte. Ich fasse deren Ergebnisse zusammen und ergänze sie durch einige neue Erkenntnisse, die von anderen Forschern mittlerweile eingebracht wurden oder die sich durch meine erneute Befragung der Quellen ergeben haben. Detaillierter diskutiere ich den seinerzeit von mir nicht dargestellten Aufenthalt Müntzers in Wittenberg im Jahre 1522, aus dem mit seinem Brief an Melanchthon vom 29. März 1522 seine erste grundsätzliche und ausführlichere Stellungnahme zu Grundpositionen der Wittenberger Theologen und zu Problemen der Wittenberger Stadtreformation 1522 hervorgeht. Die Verbindungen zwischen Thomas Müntzer und Andreas Bodenstein von Karlstadt werden in dieser Studie besonders herausgestellt. Das liegt zum einen daran, dass Karlstadt der Wittenberger Lehrer und Kollege war, mit dem Müntzer am längsten eine von wechselseitiger Wertschätzung geprägte Verbindung aufrechterhalten konnte, zum anderen aber auch daran, dass ich die in meiner langjährigen Beschäftigung mit Karlstadt gewonnenen Kenntnisse auch für die Müntzer-Forschung fruchtbar machen möchte.

I. Müntzers Aufenthalte in Wittenberg zwischen 1517/18 und 1519

Müntzers Weg von Braunschweig nach Wittenberg war für einen Braunschweiger Kleriker kein auffallender Schritt. Waren im Spätmittelalter Erfurt und Leipzig die bevorzugten Studienorte Braunschweiger Studenten, so zogen ein Jahr nach Gründung der Universität Wittenberg (1502) im Wintersemester 1503/04 die ersten drei Braunschweiger Studenten nach Wittenberg,[2] ein Se-

---

[1] Der ursprüngliche *Teil I. Braunschweig und Frose 1514 bis 1517. Mystische Frömmigkeit und vorlutherischer Ablasszeit* (7–21) wurde in diesem Festschrift-Sammelband, wegen der Fokussierung auf die *Wittenberger Stadtreformation*, ausgelassen. Im Folgenden sind (Teil) II (jetzt I.)., III. (jetzt II.) und IV. (jetzt III.) wiedergegeben.

[2] Johannes Brandes, Frater Conradus Dinger OSB, Frater Albertus Budeman OSB. Album 1, 10a; 12b.

mester später mit einem Johannes Horneborch[3] ein Mitglied einer Familien-
sippe, aus der der Brauer Hans Horneborch kam, der mit Müntzer bekannt war[4]
und später eine der radikalen Gestalten der frühreformatorischen Bewegung in
Braunschweig wurde.[5] Ludolf Wittehovet, der wie Müntzer an der Michaelskirche in Braunschweig ein Lehen hatte und sich dort, wie 1515 belegt, Wohnrechte
mit Müntzer teilte, wurde am 24. April 1511 in Wittenberg immatrikuliert und
brachte es dort am 28. März 1514 zum *baccalaureus artium*[6]. Nachdem Müntzer
sein Lehen am Marienaltar im Mai 1514 antrat, wird er von Wittehovet auch
Informationen über die Wittenberger Studienverhältnisse bekommen haben.
Näher liegt noch das Vorbild Johann Agricolas (alias Schneider) aus Eisleben[7]
der wie Wittehovet Kontakt mit Müntzers Braunschweiger Freund und Interes-
senvertreter Hans Pelt hatte.[8] Er unterrichtete in Braunschweig als Privatlehrer
einige Bürgersöhne, wie das ebenso für Müntzer während seiner Zeit in Frose
belegt ist. Agricola wurde zusammen mit vier seiner Braunschweiger Schüler
im Wintersemester 1515/16 in Wittenberg immatrikuliert.[9] Die aus den Jahren
1520 und 1521 erhaltene Korrespondenz zwischen Agricola und Müntzer belegt
die zeitweilige Freundschaft dieser beiden Männer als auch deren zunehmende
Entfremdung.

Müntzer kam etwa zwei Jahre nach Agricola nach Wittenberg, wo er im Wintersemester 1517/18 erstmals belegt ist. Magister Müntzer verzichtete auf die Immatrikulation und damit auch auf das Anrecht, weitere akademische Grade zu
erwerben. Für eine Tätigkeit als Privatlehrer bzw. Mentor von Studierenden war
für die Lehrperson eine Immatrikulation nicht erforderlich. Da Müntzer sowohl
vor seinem Wittenbergaufenthalt in Frose als auch danach in Zwickau Schüler
bei sich hatte, ist zu vermuten, dass er sein kärgliches Einkommen aus der Braunschweiger Pfründe in Wittenberg durch Unterrichtstätigkeit aufbesserte.

Ein Blick in die Matrikel der Universität Wittenberg gibt eine Reihe von Hinweisen auf Personen, mit denen Müntzer in Wittenberg in näheren Kontakt getreten sein dürfte. Wir wissen nicht genau, wann Müntzer zum ersten Mal nach
Wittenberg kam. In Braunschweig ist er zuletzt im Juni 1517 belegt. Am 28. Sep-

---

[3] Album 1, 13b. Die genealogische Zuordnung ist nicht gesichert, da es in Braunschweig
mehrere Träger dieses Namens gab. VON KNOD, GUSTAV C., Deutsche Studenten in Bologna
(1289–1562). Biographischer Index zu den Acta nationis Germanicae universitatis Bononiensis, [Berlin] 1899, Nr. 1531 wird er mit dem Dr. iur. utr. Hans Horneborch identifiziert, der der
letzte Bischof von Lebus Wurde. Vgl. BUBENHEIMER, ULRICH, Thomas Müntzer. Herkunft
und Bildung, Leiden u. a. 1989 (SMRT 46), 117, Anm. 292; ThMA 2, 111, Anm. 83.
[4] ThMA 2, 109,4–110,1.
[5] Vgl. BUBENHEIMER, Thomas Müntzer (wie Anm. 3), 117f.
[6] Vgl. ebd., 81.
[7] Zu Agricola und Müntzer vgl. BUBENHEIMER, ULRICH, Thomas Müntzer in Braunschweig. Teil 1, in: Braunschweigisches Jahrbuch 65 (1984), 37–78, hier 39 und BUBENHEIMER,
Thomas Müntzer (wie Anm. 3), 110–113.
[8] ThMA 106,6–107,1.
[9] Album 1, 61a. Dazu BUBENHEIMER, Thomas Müntzer (wie Anm. 3), 111, Anm. 255.

tember 1517 wurde Georg Albrecht (Alberti) aus Rothenburg ob der Tauber in Wittenberg immatrikuliert.[10] Dieser war vermutlich einer der Schüler Müntzers, denn Müntzer ist nach Rothenburg gereist, wo er mit einer Verwandten Georg Albrechts, Dorothea Albrechtin, über eine Angelegenheit des Studenten sprach, von dem er sagt, dass er „für die Erforschung der Wissenschaft arm"[11] sei. Dorothea gab Müntzer einen Brief an Georg mit, in dem sie mitteilt, dass der Vater im Sterben liege. Müntzer schrieb die Adresse und notierte ein Trostwort auf den Brief. Die Reise Müntzers nach Franken, die in Wintermonaten stattfand, ist in seinem Itinerar besser im Januar/Februar 1518 als um dieselbe Jahreszeit im Jahr 1519 unterzubringen.[12] Am 3. Juni 1518 kam auch Müntzers Braunschweiger Korrespondent Heinrich Hanner an die Universität Wittenberg,[13] der sich in seinem Ablassprobleme betreffenden Brief an Müntzer als „Schüler" Müntzers bezeichnet hatte.

In Wittenberg begegnete Müntzer auch einigen Personen, die später in seiner Biografie von Bedeutung sind. Am 5. Oktober 1517, einige Tage nach der Immatrikulation Georg Albrechts, wurde Christoph Law aus Eisleben in Wittenberg eingeschrieben,[14] der an der Niederschrift von Müntzers Abschiedsbrief an Rat und Gemeinde in Mühlhausen vom 17. Mai 1525 beteiligt war.[15] Am 26. Mai 1518 war Markus Thomas (auch Thomae und Stübner) aus Elsterberg immatrikuliert worden,[16] der 1521 mit Müntzer nach Prag zog und ab Ende 1521 in Wittenberg als einer der sogenannten „Zwickauer Propheten" auftrat.[17] Am 31. Mai 1519 ließen sich Philipp Römer aus Wertheim und sein Verwandter Georg Römer aus Mansfeld in die Matrikel eintragen.[18] Müntzer muss in näheren Kontakt mit Philipp Römer gekommen sein, denn am 17. Januar 1521 setzte er sich in einem in Zwickau geschriebenen Brief an den Rat von Neustadt an der Orla[19]

---

[10] Album 1, 67b.

[11] ThMA 2, 22,1 f.

[12] Vgl. BUBENHEIMER, Thomas Müntzer (wie Anm. 3), 170–173.

[13] Album 1, 73a.

[14] Album 1, 68a.

[15] ThMA 2, 500,6: „Mit dysser handtschrifft durch Christoff Lawen […]." Zur kontroversen Interpretation dieser Formulierung vgl. BUBENHEIMER, ULRICH, Thomas Müntzer. Prediger – Prophet – Heerführer, in: Günter Scholz (Hg.), Thomas Müntzer (vor 1491–1525). Prediger – Prophet – Bauernkriegsführer, Böblingen 1990, 19–48; hier 47 und 49 mit ThMA 2, 500, Anm. 11.

[16] Album 1, 73b.

[17] Vgl. ThMA 2, 85, Anm. 2.

[18] Album 1, 82 b. Zur Verwandtschaft der beiden s. den Brief Georg Römers, Nürnberg, 5. Oktober 1525 an Philipp Römer in Wertheim (Staatsarchiv Wertheim), in dem er Philipp Römer zu seiner Hochzeit am 23. Oktober 1525 einlädt. Die Familie Römer war in der Thüringer Montanwirtschaft engagiert, was die Ansässigkeit von Familienmitgliedern sowohl in Nürnberg (mit einem Familienzweig in Wertheim) als auch in Mansfeld erklärt.

[19] Müntzers Brief ist zwar in Zwickau geschrieben, er hat aber keinen erkennbaren Zusammenhang zu Müntzers personellem Zwickauer Umfeld. Es dürfte sich um einen Freundschaftsdienst für Philipp Römer gehandelt haben. Müntzer beruft sich allgemein auf seine

in einer strittigen Eheangelegenheit zugunsten der Interessen von Georg Römer ein.[20]

Diese Hinweise zeigen, dass Müntzers Zeit in Wittenberg nicht nur aufgrund seiner Kontakte mit berühmten Wittenberger Professoren wie Luther, Karlstadt oder Melanchthon von nachhaltiger Bedeutung war, sondern dass auch die dort geknüpften Beziehungen zu Kommilitonen seinen weiteren Weg mitgestalteten. Die „Wittenberger Phase" Müntzers muss aus relativ wenigen Quellen rekonstruiert werden.[21] Der erste Beleg für seine Anwesenheit in Wittenberg ist eine fragmentarische Nachschrift in seiner Handschrift[22] aus einer Vorlesung des Humanisten Johannes Rhagius Aesticampianus (1457/58–1520) über den in jener Zeit wohl bekanntesten Brief des Kirchenvaters Hieronymus, die *Epistola ad Paulinum presbyterum* (Epist. 53), die allen bis dahin gedruckten Ausgaben wie zuvor schon den mittelalterlichen Handschriften der lateinischen *Biblia vulgata* vorangestellt war und dort die Funktion einer Einleitung in die Heilige Schrift hatte. Insofern stellte nach damaligem Verständnis Rhagius' Vorlesung über diesen Brief einen humanistischen, überwiegend philologisch und realienkundlich orientierten Beitrag[23] zu den der Bibelauslegung gewidmeten Vorlesungen an der Universität Wittenberg dar. Ich werte dieses Dokument als Indiz, dass Müntzer in Wittenberg humanistische[24] und theologische Studien[25] betrieb.

Andreas Karlstadt stellte in seinem 1517 begonnenen Kommentar zu Augustins *De spiritu et littera* in einer Vorrede „Ad Studiosos" die theologischen Hauptvorlesungen seiner Kollegen zusammen.[26] Während Luther den Hebräerbrief auslegte, kommentierte Petrus Lupinus (alias Wolf) einen nicht genannten Am-

---

Sendung durch Christus, um seine Einschaltung in eine Neustädter Angelegenheit zu begründen (ThMA 2, 69,3–11). Nach einem Zwickauer Spottgedicht der Anhänger des Johannes Sylvius Egranus hat sich Müntzer auch in Zwickau in Ehesachen eingeschaltet (ThMA 3, 83,10f.; 84,11–14; vgl. ThMA 2, 71, Anm. 20).

[20] Philipp Römer hatte sich mit Dorothea Nürnbergerin, Bürgerstochter in Neustadt, verlobt. Laut Müntzer habe sich Dorothea aber danach mit einem anderen Mann verlobt. Die Angelegenheit sei lange vor dem geistlichen Gericht verschleppt worden. Nach göttlichem Gesetz stehe die Frau Philipp Römer zu. Müntzer bittet den Neustädter Rat um Verhör der Beteiligten. ThMA 2, 70,2–71,7. Zum Familiennamen Nürnberger in Neustadt s. die Belege ebd., 70, Anm. 13.

[21] Siehe dazu ausführlich BUBENHEIMER, ULRICH, Thomas Müntzers Wittenberger Studienzeit, in: ZKG 99 (1988), 168–213. – Ders.: Thomas Müntzers Nachschrift einer Wittenberger Hieronymusvorlesung, in: ZKG 99 (1988), 214–237. – BUBENHEIMER, Thomas Müntzer (wie Anm. 3), 145–193.

[22] Edition in BUBENHEIMER, Thomas Müntzer (wie Anm. 3), 276–297.

[23] Zum Charakter der Vorlesung des Rhagius vgl. BUBENHEIMER, ULRICH, Thomas Müntzer und der Humanismus in: Siegfried Bräuer/Helmar Junghans (Hg.), Der Theologe Thomas Müntzer. Untersuchungen zu seiner Entwicklung und Lehre, Berlin 1989, 283–301.

[24] Vgl. ebd., 307–312.

[25] Vgl. JUNGHANS, HELMAR, Thomas Müntzer als Wittenberger Theologe, in: Siegfried Bräuer/Helmar Junghans (Hg.), Der Theologe Thomas Müntzer. Untersuchungen zu seiner Entwicklung und Lehre, Berlin 1989, 258–282.

[26] KGK I.2, 568f. bzw. Karlstadt und Augustin. Eine Einführung in den Kommentar des

brosiustext, Rhagius Hieronymusbriefe, Karlstadt selbst den genannten Augus-
tintext. Dabei ordnete Karlstadt im Sinne des sogenannten „Bibelhumanismus"
jener Zeit[27] auch die Kirchenvätervorlesungen den biblischen Vorlesungen zu: In
Wittenberg werde die „echte Bibel aus den Kirchenvätern" gelehrt, ja „auch aus
der Quelle selbst",[28] Wobei sich die letzteren Worte wohl auf Luthers Vorlesung
beziehen, der unmittelbar einen biblischen Text kommentierte. Die von Rhagius
erhaltenen Impulse zum Studium des Hieronymus, des von vielen Humanisten
bevorzugten Kirchenvaters,[29] wirkten bei Müntzer über seine Wittenberger Zeit
hinaus fort. Am 3. Januar 1520, während seines Wirkens als Beichtvater im Zis-
terzienserinnenkloster Beuditz bei Weißenfels, erkundigte sich Müntzer nach
dem Preis der *Omnia opera* des Hieronymus bei dem Buchführer Achatius Glor
in Leipzig,[30] der ihm daraufhin die Erasmische Ausgabe von 1516 anbot.[31] Es ist
wahrscheinlich, dass Müntzer auch die Augustinvorlesung Karlstadts über *De
spiritu et litera*, die von Ende 1517 bis Anfang 1519 lief, ausschnittweise besucht
hat. Er las wohl in diesem Zusammenhang in einem ersten Durchgang in der
1505/06 erschienenen elfbändigen Basler Augustinausgabe, denn am 1. Januar
1520 schrieb er an seinen Wittenberger Studienkollegen Franz Günther, dass er
Augustins Schriften bis zum 6. Band erneut gelesen habe.[32] Die in jener Ausgabe
nicht enthaltenen Briefe und Predigten Augustins plante Müntzer am 3. Januar
in der Fastenzeit in Leipzig zu erwerben.[33] Mit Blick auf die Ambrosius-Vor-
lesung des Petrus Lupinus sei vermerkt, dass Ambrosius-Rezeption bei Müntzer bislang nicht nachgewiesen wurde. Aber auch für einen Besuch von Luthers
gleichzeitiger Hebräerbrief-Vorlesung durch Müntzer fehlt noch ein stringenter
Beleg, wenngleich die Vermutung plausibel ist, Müntzer habe auch in Luthers
Vorlesung zumindest hineingehört.

Durchgehend jedenfalls konnte Müntzer die genannten Vorlesungen nicht
besuchen. Denn sein Aufenthalt in Wittenberg zog sich zwar bis zu einem unbe-

---

Andreas Bodenstein von Karlstadt zu Augustins Schrift De spiritu et litera, hg. v. Ernst Kähler, Halle 1952, 10, 5–15.

[27] Vgl. Junghans, Thomas Müntzer (wie Anm. 25), 268.

[28] KGK I.2, 569 – „gaudete et plaudite/quod licet uobis (utinam lubeat) sinceram Bibliam
ex ecclesiasticis, sed et ex ipso fonte/non ex scholasticis/non ex uanitatibus audire/intel-
ligere/et addiscere." Zitiert nach dem Wittenberger Druck von Karlstadts Kommentar: Pro
Diuinae graciae defensione. SANCTISSIMI AVGVSTINI DE SPIRITV .ET .LITERA LIBER
CVM ExplicaTIONIBUS siue lecturis. D: Andreae Boden: Carolstatini […], Wittenberg: Johann Grunenberg, [1517]1519, VD16 A 4237, Bl. A iv^v A v^r (UB Heidelberg: Sal. 78, 2). Vgl. den
an dieser Stelle fehlerhaften Text in Karlstadt und Augustin (wie Anm. 25), 10,3–5.

[29] Vgl. Hasse, Hans-Peter, Ambrosius Blarer liest Hieronymus. Blarers handschriftliche Eintragungen in seinem Exemplar der Hieronymusausgabe des Erasmus von Rotterdam
(Basel 1516), in: Leif Grane u. a. (Hg.), Auctoritas Patrum. Zur Rezeption der Kirchenväter im
15. und 16. Jahrhundert, Mainz 1993 (VIEG 39), 33–53, hier 33f.

[30] ThMA 2, 33,3–34,1.

[31] ThMA 2, 36,7–9.

[32] ThMA 2, 30,2.

[33] ThMA 2, 34,1f.

kannten Zeitpunkt des Jahres 1519 hin, möglicherweise bis zum Herbst, war jedoch durch mehrere Reisen unterbrochen. Von Wittenberg aus unternahm Müntzer die erwähnte Reise nach Rothenburg ob der Tauber, wobei er als Vermittler in der Angelegenheit des Studenten Georg Albrecht begegnet. Weitere Motive und Stationen dieser Reise (Januar/Februar 1518?) sind unbekannt. Am 11. Januar 1519 ist Müntzer um die Zeit der Neujahrsmesse in Leipzig belegt, in der er bei dem Buchführer Christian Breithut[34] wohnte. Unter dem genannten Datum teilte der Wittenberger Goldschmied Christian Döring Müntzer brieflich mit, dass er seinetwegen mit Magister Bartholomäus Bernhardi, Propst in Kemberg bei Wittenberg, geredet und diesen bewogen habe, ihm eine Anstellung als Kaplan ab Ostern 1519 (24. April 1519) anzubieten.[35] Da Döring selbst auch im Buchhandel engagiert war[36] könnte er auf der jeweils am Jahresanfang abgehaltenen Buchmesse in Leipzig gewesen sein, in diesem Zusammenhang mit Müntzer gesprochen und nach Rückkehr aus Leipzig mit Bernhardi wegen Müntzer verhandelt und anschließend seinen Brief an den noch in Leipzig weilenden Müntzer geschrieben haben. Auffallenderweise waren in jener Zeit auch Luther und Melanchthon in Leipzig.[37] Der Umstand, dass Döring Müntzer brieflich über das Ergebnis seines Gesprächs mit Bernhardi informierte, zeigt, dass er nicht erwartete, dass Müntzer bald nach Wittenberg kommen werde. Die nächste belegte Station Müntzers ist Orlamünde. Dort dürfte er einige Zeit, längstens bis April 1519, bei dem dortigen Pfarrvikar Konrad Glitsch, einem Landsmann Müntzers aus Günthersberge bei Stolberg[38] gewesen sein, vielleicht als dessen Kaplan.[39] Da der Pfarrherr von Orlamünde Karlstadt war, liegt die Annahme nahe, dass Karlstadt Müntzers Weg nach Orlamünde gefördert hat.

---

[34] ThMA 2, 20f., Anm. 3.

[35] ThMA 2,19,1–20,4.

[36] Vgl. GRIMM, HEINRICH, Die Buchführer des deutschen Kulturbereichs und ihre Niederlassungsorte in der Zeitspanne 1490 bis um 1550, in: AGB 7 (1967), 1153–1772, hier 1609–1612.

[37] ThMA 2, 19, Anm. 1.

[38] Glitsch wurde im WS 1502/03 zusammen mit Martin Malhub (Melhube) aus Stolberg immatrikuliert (Album 1, 3b). Der Zuzug dieser Personen nach Wittenberg könnte damit zusammenhängen, dass in diesem Semester der humanistische Lehrer Hermann Keiser (Caesar, gest. 1507) aus Stolberg, ein Leipziger Magister und Bakkalar der Theologie, als Propst der Stiftskirche nach Wittenberg und an die Universität kam (Album 1, 1a–b). Von Simon Funck aus Wittenberg (Album 1, 3b) und Markus Leymbach aus Leipzig (Album 1, 4b), die im selben Semester immatrikuliert wurden, ist belegt, dass sie zu den Schülern Keisers gehörten. Keiser hatte Wittenberg bereits im WS 1503/04 verlassen (Nachfolger im Propstamt war Friedrich von Kitscher: Album 1, 10f.). Keiser kehrte im Sommersemester 1506, nun bereits Doktor der Theologie, nach Leipzig zurück. In demselben Semester wurde Müntzer, aus Quedlinburg kommend, in Leipzig immatrikuliert. Ich halte diese Zusammenhänge fest im Blick auf mögliche Verbindungen Müntzers zu Keiser und seinen Schülern, insbesondere zu Konrad Glitsch bereits vor seinem Aufenthalt in Orlamünde. Vgl. BUBENHEIMER, Thomas Müntzer (wie Anm. 3), 45–51.

[39] Ausführlicher zu Müntzers Aufenthalt in Orlamünde siehe BUBENHEIMER, Thomas

Müntzer hat an Ostern 1519 nicht in Kemberg bei Bernhardi gewirkt, vielmehr hat er stattdessen Franz Günther, den er von dessen theologischen Studien in Wittenberg gekannt haben wird, als Prediger in Jüterbog vertreten. Diese Stellenangebote lassen vermuten, dass Müntzers einschlägige Fähigkeiten in Wittenberg bekannt waren. Tatsächlich erwähnte Nikolaus Hausmann (ca. 1479 –1538) im Jahr 1521 eine Predigt Müntzers in Wittenberg. Hausmann[40] stammte aus Freiberg, studierte ab Sommersemester 1498 in Leipzig und wurde dort am 28. Dezember 1503 *Magister artium*.[41] Er hatte Anfang 1515 an der Berufung des Humanisten Johannes Rhagius Aesticampianus in seine Heimatstadt Freiberg mitgewirkt, der dort als öffentlich besoldeter Lehrer eine *schola latina et christiana* einrichtete, an der auch Hausmann tätig wurde. In der Zeit, als Rhagius zu Beginn des Wintersemesters 1517/18 einen Ruf an die Universität Wittenberg erhielt und mit einer größeren Schulschar von Freiberg nach Wittenberg wechselte, kam auch Hausmann nach Wittenberg, ohne in der Matrikel verzeichnet zu sein. Hausmann wurde im Mai 1521 Pfarrer an der Marienkirche in Zwickau und sah sich dort dem Vorwurf ausgesetzt, er sei in die Fußstapfen des entlassenen Müntzers getreten. Dieser gegen Hausmann erhobene Verdacht kann auch damit zusammenhängen, dass Müntzer und Hausmann in ihrer gemeinsamen Wittenberger Zeit offenbar in einer guten persönlichen Beziehung zueinander standen. Das lässt Müntzer in einem Brief an Hausmann vom 15. Juni 1521, in dem er diesen wegen seiner milden, aus Müntzers Sicht obrigkeitshörigen Strategie reformatorischen Redens und Handelns hart kritisiert, noch mit den Anreden „Liebster", „würdigster Bruder" und „süßester Bruder" erkennen. Auch Hausmann distanzierte sich in Zwickau seinerseits klar von Müntzer. Angesichts des gegen ihn erhobenen Vorwurfs, er wirke im Sinne Müntzers, schrieb er am 7. September 1521 an Kurfürst Friedrich den Weisen und Herzog Johann von Sachsen über seine Bekanntschaft mit Müntzer Folgendes:

> „Czeigen ferner an [nämlich Statthalter und Räte des Bischofs von Naumburg-Zeitz], wie ich auch solt gleich mir zur schmacheit in magistri Thome fußtapfen getreten sein. Daruf gebürt auch ein kurtz underricht. [...] Thomas ist mir erstlich (do der edele her doctor Martinus Luther begundt an tag zu kümen, welchs gerücht und lere mich gegen Wittenbergk vor vier jaren gezogen hat) bekanth worden. Und mein tag nie von im wan ein predig zu Wittenburg gehort habe."[42]

Müntzer (wie Anm. 3), und HELD, WIELAND, Thomas Müntzer in Orlamünde, in: ZfG 39 (1991), 1224–1230, hier 1225 f.

[40] Zu den genannten biografischen Daten s. Näheres in BUBENHEIMER, Thomas Müntzer (wie Anm. 3), 147.

[41] Bacc. art. im Sommersemester 1499; mag. art. im WS 1503 (nach 28.12.1503). Matrikel Leipzig 2, 366, 12; 399, 13.

[42] ThMA 3, 100,4–101,1. Zitiert bei BUBENHEIMER, Thomas Müntzer (wie Anm. 3), 147 (nach KIRN, PAUL, Friedrich der Weise und die Kirche. Seine Kirchenpolitik vor und nach Luthers hervortreten im Jahre 1517, dargestellt nach den Akten im Thüringischen Staatsarchiv zu Weimar, Leipzig 1926 [Beiträge zur Kulturgeschichte des Mittelalters und der Renaissance

Aufgrund eines sprachlichen Missverständnisses ist der letzte Satz in der jüngeren Müntzer-Forschung dahingehend fehlgedeutet worden, Hausmann habe nie eine Predigt Müntzers gehört.[43] Korrekt ins Neuhochdeutsche übertragen bedeutet dieser Satz jedoch: „Und meine Tage habe ich nie von ihm [scil. Müntzer] eine Predigt gehört außer[44] einer zu Wittenberg." Hausmann möchte mit dieser Bemerkung im Kontext seines Schreibens unterstreichen, dass er keine Zwickauer Predigt Müntzers gehört habe, räumt jedoch ein, in Wittenberg eine Predigt Müntzers gehört zu haben. Der Historiker Manfred Bensing hatte in seiner Müntzerbiografie zu Recht auf diesen Beleg für eine Wittenberger Predigt Müntzers hingewiesen.[45] Vorsichtig kann man der Quelle entnehmen, dass Müntzer während seiner Aufenthalte in Wittenberg mindestens eine Predigt hielt. Eine nähere Datierung dieser Predigt Müntzers ergibt sich aus dieser Quelle allerdings nicht.[46] Vermutlich hat jedoch Franz Günther zu seiner Vertretung an Ostern 1519 Müntzer nach Jüterbog geholt, weil Müntzers Fähigkeiten als Prediger in Wittenberg bereits bekannt waren. Das Predigtwesen in Wittenberg war vor der Wittenberger Stadtreformation von 1521/22 so geordnet, dass es vier Predigerstellen gab:[47] Der Prediger in der Stiftskirche war der Archidiakon, in der hier fraglichen Zeit Karlstadt; Prediger an der Stadtkirche war Luther; ferner wurde in den Kirchen des Augustinerklosters und des Franziskanerklosters gepredigt. Mitunter erforderliche Vertreter konnten die Klöster aus dem eigenen Personal stellen. Demnach dürfte Müntzer entweder in Vertretung Karlstadts in der Stiftskirche oder Luthers in der Stadtkirche gepredigt haben. In dem Zeitraum zwischen Herbst 1517 und Ostern 1519 waren beide Prediger vorübergehend abwesend. Luther war vom 9. April bis 15. Mai 1518 auf der Reise nach Heidelberg und zurück (Heidelberger Disputation), am 25. Juli in Dresden, vom 26. September bis 31. Oktober 1518 auf der Reise nach Augsburg und zurück (Verhör durch Cajetan).[48] Karlstadt war im April 1518

30], 185) ohne Erörterung einer Predigttätigkeit Müntzers in Wittenberg. In BUBENHEIMER, ULRICH, Art. Müntzer, Thomas, EncR 3 (1996), 99–102, hier 99, Hinweis auf eine Wittenberger Predigt Müntzers.

[43] Vgl. ThMA 3, 101, Anm. 6: „Hausmann beteuerte entgegen der Ansicht Manfred Bensings damals und auch später keine Predigt Müntzers gehört zu haben". Dieses Missverständnis zuvor schon JUNGHANS, Thomas Müntzer (wie Anm. 25), 270.

[44] ‚wan‘ hat, insbesondere nach negativen Sätzen, die Bedeutung von ‚ausgenommen‘, ‚außer‘. Vgl. DWb 27, 1859 ff. s. v. wann, Nr. I.

[45] BENSING, MANFRED, Thomas Müntzer. Leipzig ⁴1989, 26: „Der Zwickauer Nikolaus Hausmann stellte später fest, er habe Müntzer 1518 in Wittenberg predigen hören."

[46] BENSING, Thomas Müntzer (wie Anm. 45) hat „1518" in die Quelle eingetragen.

[47] Vgl. Barge, 528 f. – BUBENHEIMER, ULRICH, Martin Luthers Invocavitpredigten und die Entstehung religiöser Devianz im Luthertum. Die Prediger der Wittenberger Bewegung 1521/1522 und Karlstadts Entwicklung zum Kryptoradikalen, in: Günther Mühlpfordt/ Ulman Weiß (Hg.), Kryptoradikalität in der Frühneuzeit, Stuttgart 2009 (Friedenstein-Forschungen 5), 17–37, hier 18 f. (°1).

[48] BUCHWALD, GEORG, Luther-Kalendarium, Leipzig 1929, 68.

erkrankt;[49] am 18. Oktober 1518 nahm er in Meißen an der Konsekration des Bischofs Johann VII. von Schleinitz teil;[50] außerdem ist von Karlstadt überliefert, dass er zeitweise nicht selbst gepredigt habe.[51] Es gab also genügend Anlässe, bei denen Müntzer als Vertreter hätte eingesprungen sein können.

Von Ostersonntag bis Dienstag nach Ostern 1519 (24. bis 26. April) trat Müntzer in Vertretung Franz Günthers in drei Predigten mit provozierender Kanzelpolemik gegen die kirchliche Hierarchie und die Franziskaner in Jüterbog hervor. Der Franziskaner Bernhard Dappen erstattete Anzeige beim Vikar des Bischofs von Brandenburg, Jakob Gropper, sowie bei Bischof Hieronymus Scultetus selbst und berichtete in seinen Schreiben an die beiden Amtsträger über von Günther und Müntzer verbreitete anstößige Positionen.[52] Müntzer machte in diesen Predigten einerseits antiklerikale und antischolastische Äußerungen, die ihm teils mit Humanisten, teils mit Positionen der Wittenberger Theologen gemeinsam waren. Müntzers Kritik an der falschen Amtsführung von Papst und Bischöfen, die mit jurisdiktionellen Machtmitteln statt seelsorgerlich-pädagogisch mit den Priestern umgehen, wurde von Luther in einem Brief an den Franziskanerkonvent zu Jüterbog vom 15. Mai 1519 beschönigend mit dem Argument gedeckt, Müntzer habe keine Einzelperson genannt, sondern Päpste und Bischöfe „in generali" kritisiert.[53] Im Vergleich damit, wie sich die Wittenberger Universitätstheologie in ihren unterschiedlichen Facetten bis Ostern 1519 dargestellt hatte, fallen bei Müntzer auch eigenständige Akzente auf. Zunächst ist es seine ausgesprochen offensive und polemische Art, mit der er, zusammen mit Franz Günther, in Jüterbog einen Kanzelkrieg auslöste – ein auch in Zukunft wiederkehrendes Verhaltensmuster Müntzers. Und auch die für ihn typische theologische Legitimation dieses Verhaltens hat Müntzer schon entwickelt: Christusnachfolge ist nicht nur eine abgemilderte, gewissermaßen nur mentale Identifikation mit dem Leiden und dem Kreuzestod Christi, sondern schließt die real gemeinte Bereitschaft zum Märtyrertod ein.[54] Ferner hat Müntzer bereits eine auffallend geschlossene Konzeption zur Kirchenverfassung entwickelt.[55] Er verwirft die Institutionen der kirchlichen Hierarchie Papstamt, Konzil, Bischofsamt nicht grundsätzlich. Jedoch muss die Hierarchie von unten her aufgebaut werden. Der Papst müsse von den Bischöfen gewählt und kann auf

---

[49] Karlstadt an Spalatin, 15. April 1518; Scrinium Antiquarium, Idiocheira Antiquitatis Fragmenta, hg. v. Johann Gottfried Olearius, Halle 1671, 19, Nr. 12 (= KGK I.2 Nr. 77, 761).

[50] Karlstadt an Spalatin, 20. Oktober 1518; Scrinium Antiquarium (wie Anm. 49), 35, Nr. 22 (= KGK I,2 Nr. 96, 1009–1012).

[51] Vgl. MÜLLER, NIKOLAUS, Die Wittenberger Bewegung 1521 und 1522. Die Vorgänge in und um Wittenberg Während Luthers Wartburgaufenthalt, Leipzig ²1911, 153.

[52] Ediert in ThMA 3, 39–53.

[53] WA.B 1, 392,106–113; ThMA 3, 54 (Nr. 6).

[54] Vgl. ThMA 3, 46,32; 50,20 f.

[55] Eine andere Beurteilung bei LOHSE, BERNHARD, Zu Thomas Müntzers früher Kirchenkritik, in: Mennonitische Geschichtsblätter 46 (1989), 23–30, hier 27 f.

dem Bischofskonzil abgesetzt werden; analog sind die Bischöfe von den Priestern zu wählen. Dieses ansatzweise demokratische Verfassungskonzept erweiterte Müntzer später auf die Wahl der Priester bzw. Pfarrer durch die Gemeinde und übertrug es schließlich 1524/25 auch auf politische Institutionen.[56]

Wo Müntzer nach Jüterbog war, ist in den Quellen nicht belegt. Er könnte nach Wittenberg zurückgekehrt oder nach Kemberg bei Wittenberg gegangen sein, um die ihm dort von Propst Bernhardi angebotene Tätigkeit eines Kaplans mit Verspätung doch noch anzutreten. Müntzer war während der Leipziger Disputation (27. Juni bis 15. Juli 1519) in Leipzig,[57] da er am 3. Januar 1520 aus Beuditz an den Leipziger Buchführer Achatius Glor schreibt, dass er von ihm „zur Zeit der Disputation" die Chronik Eusebs erhalten habe.[58] Während Müntzer in Jüterbog einen von Luther vertretenen Topos, der Verfall der Kirche sei in den letzten 400 Jahren erfolgt, aufgriff, erweiterte er seine historischen Studien nach der Leipziger Disputation durch Lektüre der Kirchengeschichte Eusebs auf die Alte Kirche einschließlich der Urkirche. Interesse an der Geschichte der Urkirche spiegelt sich auch im Kauf des Pseudo-Hegesipp wider, einer Darstellung der jüdischen Geschichte bis zum Jahre 70 n. Chr.[59] Durch die Leipziger Disputation, auf der Luther behauptete, das Konstanzer Konzil habe bei der Verurteilung des Johannes Hus geirrt, könnte auch Müntzers Bestellung der Akten der Konzile von Konstanz und Basel in dem genannten Brief[60] angeregt sein. Die in Wittenberg begonnene Lektüre der Werke des Hieronymus plante Müntzer fortzusetzen,[61] und die Lektüre Augustins wiederholte und erweiterte er.[62] Insgesamt zeigen die in Beuditz belegten literarischen Interessen Müntzers den Niederschlag der damals noch pluralen, nicht auf Luthers Positionen allein festgelegten Wittenberger Universitätstheologie. Müntzer liest gleichermaßen Hieronymus, den patristischen Favoriten der Humanisten, wie Augustin, den Favoriten Luthers.

Das letzte Datum, das sich mit Müntzers frühen Aufenthalten in Wittenberg in Verbindung bringen lässt,[63] ist Melanchthons Disputation für den Erwerb des Grades eines *baccalaureus biblicus* am 9. September 1519 unter dem Vorsitz des Dekans Petrus Fontinus,[64] Theologieprofessor aus dem Witten-

---

[56] Zur näheren Interpretation von Dappens Bericht im Blick auf Müntzers Positionen s. BUBENHEIMER, Thomas Müntzer (wie Anm. 3), 186–192.

[57] Näheres zu den Quellen s. BUBENHEIMER, Thomas Müntzer (wie Anm. 3), 149f. Meine damals geäußerten Zweifel, ob Müntzer wirklich bei der Leipziger Disputation war, scheinen mir nach nochmaliger Prüfung der Quellen nicht erforderlich zu sein. Vgl. GOERTZ, HANS-JÜRGEN, Thomas Müntzer. Mystiker – Apokalyptiker – Revolutionär, München 1989, 52.

[58] ThMA 2, 32,5 f.

[59] ThMA 2, 32,5 f. mit Anm. 10.

[60] ThMA 2, 34,2–4.

[61] ThMA 2, 33,3–34, 1.

[62] ThMA 2, 30,2; 33,3–34, 1.

[63] Vgl. BUBENHEIMER, Thomas Müntzer (wie Anm. 3), 150f.

[64] Liber Decanorum. Das Dekanatsbuch der theologischen Fakultät zu Wittenberg in Lichtdruck nachgebildet, mit einem Vorwort von Johannes Ficker, Halle a. S. 1923, Bl. 29ᵛ.

berger Franziskanerkloster. Die dieser Disputation zugrunde gelegten Thesen[65]
schickte Müntzer im Sommer 1521, als er sich kurz vor Prag befand, in die Stadt
voraus, offensichtlich als Disputationsangebot unter der Überschrift: „Questio
M. Tome Munczer disputanda."[66] In der 18. These wurde in Wittenberg erstmalig die Transsubstantiationslehre bestritten.[67] Eine Erklärung dafür, dass
Müntzer gerade über diese Thesen in Prag disputieren wollte, scheint mir zu
sein, dass er 1519 an der Wittenberger Disputation teilgenommen hatte und sich
von daher gut vorbereitet sah.

II. Müntzers Aufenthalt in Wittenberg im Kontext
der ersten Wittenberger Stadtreformation (um März 1522)

In der Endphase der sogenannten Wittenberger Bewegung, eindeutig belegt im
März 1522, weilte Müntzer erneut in der Elbestadt. Anhand der – in der For-
schung bekannten Quellen – versuche ich zunächst abzugrenzen, in welchem
Zeitraum Müntzer in Wittenberg belegt ist.

1. Johann Agricola trug auf den letzten 13 Seiten der mehrbändigen hebräischen *Biblia Rabbinica Bombergiana*[68], die er von dem im Wittenberger Augustinerkloster weilenden Heinrich von Zütphen[69] 1522 erworben hatte,[70] eine
auf seine Beziehung zu Luther fokussierte Autobiografie ein. Mit deren Niederschrift kann er nach meinen Feststellungen frühestens 1528 begonnen haben.[71]

> „Fiebat hic cursus vitae meae, sub Comitijs Wormatiensib[us] et in anno illo pro-
> ducente tot prophetas, *Storcium, Marcum, Martinum Cellarium, Gabrielem, Mo-
> netarium et Carolostadium*, quoniam absente Luthero et in sua Pathmo concluso
> se Wittembergam contulerant. Hi omnes, quia magnas turbas dabant, effecerunt, vt

---

[65] MWA 1, 23–25.

[66] Thomas Müntzers Briefwechsel, hg. v. Heinrich Böhmer und Paul Kirn, Leipzig 1931,
138 f.

[67] MWA, 1, 25,3 f.

[68] Venedig: Daniel Bomberg, 1518. 4 Bände. Agricolas Exemplar, früher zur Fürstlich Stol-
bergischen Bibliothek in Wernigerode gehörig, befindet sich heute in der Bibliothek des Lu-
therhauses Wittenberg: SS 3391–3394.

[69] Heinrich war von 1520 bis Juni 1522 in Wittenberg. Vgl. IKEN, JOHANN FRIEDRICH,
Heinrich von Zütphen, Halle 1886, 12–25. – BUBENHEIMER, ULRICH, Scandalum et ius divinum. Theologische und rechtstheologische Probleme der ersten reformatorischen Innovationen in Wittenberg 1521/22, in: ZSRG.K 59 (1973), 263–342, hier 339–342. (°2).

[70] „Haec Bibliae emptae sunt per me Iohannem Agricolam A viro Dei Hinrico Zutpha-
niensi, anno .M.D.XXIJ. Qui postea apud Ditmarienses a […?] accersitus, vi sathanae et mo-
nachorum martyrio coronatus est Anno M.D.XXVJ." Erster Eintrag auf der letzten Seite von
Band 4: LH Wittenberg: SS 3394.

[71] Nach dem in Anm. 70 zitierten Kaufvermerk folgt, ebenfalls von Agricolas Hand, ein
Urteil Luthers über Agricola aus dem Jahr 1528. Erst danach begann auf derselben Seite der
Text der Autobiografie, dessen Anfang (vermutlich mehrere Zeilen) getilgt ist.

posthabita sacra studia, multo magis fastidirem. Redit Lutherus. Et ecce, pelluntur per eum spiritus phanatici, sicut per solem tenebricosae nubes."[72]

[„Dies war der Lauf meines Lebens nach dem Wormser Reichstag und in jenem Jahr, das so viele Propheten hervorbrachte: Storch, Markus, Martin Cellarius, Gabriel, Müntzer und Karlstadt; denn während Luther abwesend und in seinem Patmos eingesperrt war, hatten sie sich nach Wittenberg begeben. Da diese alle große Verwirrung stifteten, bewirkten sie, dass ich die heiligen Studien hintansetzte, ja sogar einen Widerwillen gegen sie empfand. Luther kehrte zurück. Und da von ihm werden die Schwarmgeister vertrieben wie von der Sonne die düsteren Wolken."]

Agricola nennt in seiner Aufzählung der vor Luthers Rückkehr von der Wartburg in Wittenberg anwesenden Schwärmer mit Nikolaus Storch und Markus Thomae alias Stübner zunächst zwei der sogenannten Zwickauer Propheten,[73] sodann den ihnen in Wittenberg beigetretenen Martin Cellarius alias Borrhaus aus Stuttgart,[74] schließlich den als radikaler Prediger in Wittenberg hervorgetretenen einstigen Augustinermönch Gabriel Zwilling und zuletzt Müntzer und Karlstadt. Im Hinblick auf Karlstadt ist Agricolas Darstellung unpräzis, denn Karlstadt hat sich nicht „nach Wittenberg begeben", sondern er war schon dort. Karlstadt steht wohl am Schluss der Aufzählung, um die Liste der „Schwarmgeister" der Wittenberger Bewegung zu komplettieren. Müntzer wird von Agricola auch zu der Personengruppe gerechnet, unter deren Einfluss er geriet, bevor Luther zurückkehrte. Das setzt voraus, dass Müntzer und Agricola 1522 wieder Kontakt hatten, nachdem sich Agricola 1520 und 1521 in zwei Briefen an den in Zwickau wirkenden Müntzer kritisch zu dessen polemischem, sowohl den Humanisten Egranus als auch die altgläubige Opposition provozierendem Auftreten in Zwickau geäußert hatte.[75]

---

[72] Textwiedergabe nach dem Original, LH Wittenberg: SS 3394, zweitletzte und drittletzte Seite. Die Autobiografie wurde von Agricola gegen den Druckverlauf des hebräischen Textes von hinten nach vorne auf die letzte unbedruckte Seite sowie auf die Ränder der 12 vorhergehenden bedruckten Seiten geschrieben. Die im Zitat von mir zwischen Sternchen gesetzte Passage wurde von Agricola nachträglich mittels Korrekturzeichen an diese Stelle platziert. Zuerst ediert von THIELE, ERNST, Denkwürdigkeiten aus dem Leben des Johann Agricola von Eisleben, in: THSTKr 80 (1907), 246–270, hier 247. Danach gekürzt in ThMA 3, 100, Anm. 3. Thiele meinte, der hier zitierte Text sei von Agricola im Jahr 1523 geschrieben worden, weil sich auf der drittletzten Seite des Drucks in der untersten Zeile von Agricolas Text die Jahreszahl 1523 findet. Dieses Datum ist jedoch Teil des Textes und sagt nichts darüber aus, wann der Text abgefasst oder in die Bibel geschrieben wurde. Die Autobiografie reicht bis in die 1540er Jahre. Die Annahme von Thiele, 252, „daß die Aufzeichnungen absatzweise nach den Ereignissen gemacht wurden", lässt sich meines Erachtens paläografisch nicht begründen. Gerade unser Text kann frühestens 1528 in die Bibel geschrieben worden sein (s. Anm. 71).

[73] Diese Bezeichnung wurde schon von Luther im Brief an Nikolaus von Amsdorf, 13. Januar 1522, gebraucht: „Prophetae Cignaei". WA.B 2, 423,61.

[74] BACKUS, IRENA, Bibliotheca dissidentium, Répertoire des non-conformistes religieux des seizième et dix-septième siècles, T. 2 Martin Borrhaus (Cellarius), Baden-Baden 1981 (BBAur 88).

[75] Am 2. November 1520 und Ende Januar/Anfang Februar 1521: ThMA 2, 57,5 f. in Form einer besorgten Warnung und 73,2–74,25 in Form heftiger Vorwürfe. Auch im letzten Brief

2. Müntzers Anwesenheit in Wittenberg im Jahr 1522 bezeugt auch Jörg Schechner (um 1500–1572),[76] ein gebildeter Wollweber aus München, der von 1527 bis 1528 als Täufer in München, Augsburg und Rothenburg ob der Tauber hervortrat, sich dann aber von den Täufern trennte. Bei einem Aufenthalt in Straßburg begegnete er Kaspar von Schwenckfeld, dem er lebenslang treu blieb.[77] 1530 erwarb er das Bürgerrecht in Nürnberg und wurde 1531 in die Meisterrolle der Färber und Tuchmacher eingetragen.[78] Im Rahmen wiederholter Bemühungen des Nürnberger Rats, Schechner zum Luthertum zu bekehren, registrierte der Rat 1566 dessen scharfe Argumentationsfähigkeit, „sonderlich auch, des er der lateinischen vnd krigischen sprach erfarn".[79] Schechner schrieb 1559 oder 1560 an einen unbekannten, mit ihm verschwägerten Täufer in Mähren:

> „Was aber die ersten Teuffer für leute sein geweßt, weiß Ich besser dann Ir, dann Ich den Müntzer Zu W(i)ttenberg[80] A° etc. 1522 gesehen vnnd inn einen Colloquio so er mit Philippo vnnd Pomerano gehalten hab gehort Item Hans Hutt, Ludwig Hetz, Balthasar Hubner, Augustein bader, vnd Andere mehr, […] was Ich auch fur greußliche Irthumb von Inen gehört, weil Ich vnder Inen gewesst wolt Ich euch lieber Muntlich berichten, dann schriftlich, wiewol es am tag ist warumb Muntzer gericht worden In Türingen, Nemblich vmb der auffrur Imm Paurenkrieg, […] Diß sind nu lieber schwager die ersten Teuffer geweßt, die sich deß hochen Apostel Ampts vnderstanden haben […]."[81]

Die Forschung geht allgemein davon aus, dass Schechners Begegnung mit Müntzer in Wittenberg im Rahmen von Müntzers Itinerar ins Frühjahr des Jahres 1522 gehört. Schechner wohnte einem „Kolloquium" Müntzers mit Melanchthon und Johannes Bugenhagen bei. Dabei ist nicht an eine öffentliche Disputation, sondern an eine private Unterredung der Theologen zu denken, bei der mindestens noch eine weitere Person anwesend war, nämlich Schechner. Neben Melanchthon war Bugenhagen einer der Gesprächspartner Müntzers, obwohl Bugenhagen bis dahin noch keine führende Rolle in Wittenberg gespielt hatte. Da Bugenhagen damals bei Melanchthon wohnte,[82] findet seine Anwesenheit eine naheliegende Erklärung. Für die nähere Datierung des Gesprächs wurden

---

zeigt Agricola, dass er den Kontakt mit Müntzer fortsetzen möchte, indem er ihn um Antwort bittet: ebd., 74,25.

[76] Biografie bei STAHL, IRENE, Jörg Schechner. Täufer Meistersinger Schwärmer. Ein Handwerkerleben im Jahrhundert der Reformation, Würzburg 1991 (Würzburger Beiträge zur deutschen Philologie 5), 13–65.

[77] Ebd., 13–16.

[78] Ebd., 20.

[79] Ebd., 51.

[80] Konjektur statt des fehlerhaften „Württemberg".

[81] CSch 17, 238, 5–27. Vgl. STAHL, Jörg Schechner (wie Anm. 76), 14; ThMA 3, 100, Anm. 3.

[82] LEDER, HANS-GÜNTER, Leben und Werk des Reformators Johannes Bugenhagen, in: Ders./Norbert Buke (Hg.), Reform und Ordnung aus dem Wort. Johannes Bugenhagen und die Reformation im Herzogtum Pommern, Berlin 1985, 9–45, hier 19. HOLFELDER, HANS HERMANN, Art. Bugenhagen, Johannes, in: TRE 7 (1981), 354–363, hier 356.

Vorschläge zwischen Februar[83] und April[84] 1522 gemacht. Mit der Datierung hängt die Frage zusammen, ob das Gespräch vor oder nach Luthers Rückkehr von der Wartburg stattfand.

3. Gesichtspunkte für die Datierung des Kolloquiums lassen sich gewinnen aus dem langen Brief, den Müntzer am 29. März [1522] an Melanchthon schrieb.[85] Hier trug Müntzer Kritik an mehreren Punkten der jüngsten Entwicklung in Wittenberg vor. Dabei hatte er Vorgänge sowohl vor als auch nach Luthers Rückkehr von der Wartburg im Auge. Er zeigt sich gut informiert und kennt auch interne Wittenberger Diskussionen jener Zeit, die noch nicht über die zahlreichen Wittenberger Druckschriften an die breite Öffentlichkeit gelangt waren. Die Gestaltung der Formalien des Briefes verdient Aufmerksamkeit: Die Adresse nennt Melanchthon als Adressaten, jedoch fehlt die zu erwartende Ortsangabe „Wittenberg".[86] Ebenso fehlt bei der Datierung der Abfassungsort. Diese Beobachtungen ermöglichen die Annahme, dass der Brief in Wittenberg oder Umgebung[87] verfasst und durch einen ortskundigen Boten möglicherweise sogar durch Müntzer selbst übermittelt worden sein könnte. Dann erübrigten sich die Ortsangabe in Adresse und das Datum, weil sie für Absender, Briefüberbringer und Empfänger selbstverständlich waren.

Für diese Hypothese spricht auch Müntzers Vorschlag am Schluss seines Briefes: „Wenn ihr wollt, werde ich alle meine (Ausführungen) aus der Schrift,

---

[83] ELLIGER, WALTER, Thomas Müntzer. Leben und Werk, Göttingen ³1975, 228f. – WOLGAST, EIKE, Thomas Müntzer. Ein Verstörer der Ungläubigen, Göttingen 1981 (PerGe 111/112), 33 setzt das Gespräch „vor Luthers Rückkehr von der Wartburg im März 1522" an.

[84] BENSING, Thomas Müntzer (wie Anm. 45), 45.

[85] ThMA 2, 127–139, Nr. 47; MBW.T 1, 462–466, Nr. 222. Das Original ist verloren. Im Druck 1525 von Johann Agricola: Auslegung des XIX Psalm. Coeli enarra(n)t / durch Thomas Muntzer an seyner besten iunger einen / auff new prophetisch / [...] Auslegung des selben Psalms / wie yhn S. Pauel auslegt [...] Wittenberg: [Nickel Schirlentz] 1525, VD16 A 649, Bl. E 1ʳ–3ᵛ mit einem Kommentar Agricolas E 3ᵛ–4ʳ (HAB Wolfenbüttel: 1163.6 Theol. 8° (7); Claus Nr. 168). Die ganze Druckschrift Agricolas ist ediert bei Die lutherischen Pamphlete gegen Thomas Müntzer, hg. v. Ludwig Fischer, Tübingen 1976, 43–78, hier 78. Agricolas Kommentar zu Müntzers Brief. In der StadtB Nürnberg: 744 befindet sich ein Fragment einer zeitgenössischen, von Agricolas Ausgabe unabhängigen Abschrift des Briefes, das zusätzlich den von Agricola gestrichenen Schluss des Briefes, ein Postskript Müntzers (= ThMA 2, 137,6f.), enthält. Mehr zur Überlieferung s. ThMA 2, 128. Das genannte Wolfenbütteler Exemplar der „Auslegung des XIX Psalm" enthält handschriftliche, müntzerkritische Glossen eines unbekannten Schreibers aus dem Umfeld Müntzers. Dieser hatte die zwei Männer, die Müntzer bei sich hatte, um deren Träume zu erfahren und auszulegen, persönlich gesehen: „Senem et iuvenem quos in eos usus secum habere dicebatur ego vidi[.] appellabatur autem senex gentilicio nomine Heroldt." Auslegung, Bl. 5ᵛ. Zitiert von FAUTH, DIETER, Träume bei religiösen Dissidenten in der frühen Reformation, in: Dieter Fauth / Daniela Müller (Hg.), Religiöse Devianz in christlich geprägten Gesellschaften. Vom hohen Mittelalter bis zur Frühaufklärung, Würzburg 1999, 71–105, hier 74, Anm. 10; ThMA 2, 327, Anm. 2.

[86] „Christiano homini Philippo Melanchthoni sanctarum scripturarum professori." ThMA 2, 130,1.

[87] So MBW.T 1, 462.

aus der Ordnung, aus der Erfahrung und aus dem unverschlossenen Wort Gottes bekräftigen.[88] Diese Aussage verstehe ich als Angebot eines mündlichen Gesprächs, in dem Müntzer seine im Brief vorgelegte Kritik an den Wittenberger Theologen ausführlich begründen wollte. Ein solches Angebot hätte Müntzer in absehbarer Zeit einlösen können, wenn er sich in der Nähe befunden haben sollte.[89] Vor diesem Hintergrund erblicke ich in dem von Schechner erwähnten Kolloquium ein unmittelbares Echo auf Müntzers Gesprächsangebot. Das Kolloquium zwischen Müntzer, Melanchthon und Bugenhagen datiere ich dementsprechend auf Ende März oder Anfang April.[90]

Als vorläufiges Ergebnis der Quellenanalyse halte ich fest: Müntzer war bereits vor Luthers Rückkehr (6. März) in Wittenberg. Nach seinem in Wittenberg oder Umgebung am 29. März verfassten Brief an Melanchthon führte er ein Gespräch mit Melanchthon und Bugenhagen. Dieses Gespräch hatte Müntzer in seinem Brief angeregt. Der nächstliegenden Annahme, dass sich Müntzer während des zwischen den genannten Daten liegenden Zeitraums kontinuierlich in Wittenberg oder Umgebung aufgehalten hat, steht nichts im Wege. Danach war Müntzer im Frühjahr 1522 mindestens etwa einen Monat im Wittenberger Raum und hat dort das Ende der Wittenberger Bewegung im Zusammenhang mit der Rückkehr und den Invocavit-Predigten Luthers (9. bis 16. März) miterlebt.

4. Um den Zeitpunkt, zu dem Müntzer frühestens nach Wittenberg (oder Umgebung) gekommen sein kann, näher zu bestimmen, ziehe ich einen Brief Franz Günthers vom 25. Januar 1522 heran. Franz Günther, der an Ostern 1519 von Müntzer als Prediger vertreten worden war, schrieb aus Lochau, wo er seit August 1520 Pfarrer war,[91] etwa 35 Kilometer von Wittenberg entfernt. Günther hatte von anderen gehört, Müntzer würde sich in Thüringen aufhalten;[92] er lud Müntzer zu einem Besuch nach Lochau ein.[93] Günther, der in engem Kontakt mit den Wittenberger Freunden stand, hatte also am 25. Januar noch keine Nachricht, dass Müntzer in Wittenberg aufgetaucht sei. Die im Kontext von Günther angesprochenen Gerüchte über Müntzer, insbesondere über dessen Berufung auf den ihm verliehenen „Geist"[94], dürfte Günther ebenfalls aus Witten-

---

[88] „Si volueritis, omnia mea scripturis, ordine, experientia, apertoque verbo Dei roborabo." ThMA 2, 137,1f.

[89] Entsprechend ThMA 2, 127, Anm. 2: „Hinweis auf einen Aufenthalt in der Nähe Melanchthons".

[90] ELLIGER, Thomas Müntzer (wie Anm. 83), 228f. erwägt die Möglichkeit, dass Müntzers Brief eine Folge eines vorausgegangenen Kolloquiums mit Melanchthon gewesen sein könnte. Dagegen sprechen meines Erachtens Inhalt und Stil des Briefes. Es fehlt jeder Hinweis darauf, dass bereits eine Gesprächsrunde vorausgegangen wäre.

[91] ThMA 2, 28, Anm. 2.

[92] „[...] feruntque te in Turingijs uitam degere." ThMA 2, 125,12–126,1.

[93] ThMA 2, 126,1f.

[94] ThMA 2, 126,2–5.

berg bezogen haben. Daraus lässt sich erschließen, dass Günthers Wittenberger Freunde mindestens bis Mitte Januar noch nichts von Müntzers Anwesenheit wussten. In Verbindung mit den vorgenannten drei Quellen zu Müntzers Wittenberger Aufenthalt kann man schließen, dass Müntzers Ankunft im Wittenberger Raum zu einem unbekannten Zeitpunkt zwischen Mitte Januar und Anfang März 1522 erfolgt sein dürfte.

Beachtenswert ist noch die von Günther wiedergegebene Information, Müntzer halte sich in Thüringen auf. Möglicherweise war Müntzer zwischen seiner Rückkehr aus Prag, die mit Ende November[95] oder Anfang Dezember[96] angesetzt wird, und der Reise nach Wittenberg kurze Zeit als Lehrer im Benediktinerkloster St. Peter in Erfurt,[97] doch ist das nicht gesichert.[98] Ferner ist für diese Zeit ein Besuch in Jena anzusetzen. Müntzer hatte in Jena mit dem aus Leipzig stammenden Bürger Michael Gansau[99] eine Vertrauensperson, der er vor seinem Aufbruch nach Böhmen am 15. Juni 1521 einen Brief schrieb: Er hatte Gansau seine *res chartacea* – „Papiersachen"– anvertraut, womit sowohl Briefschaften als auch Bücher bezeichnet werden können; er wollte Gansau im Todesfall sein eigenhändiges Testament zustellen lassen und kündigte seinen Besuch für den kommenden Winter an, also für die Zeit nach der Rückkehr aus Böhmen. Auch den Ratsherren von Jena lässt sich Müntzer empfehlen: „Grüße

---

[95] BENSING, Thomas Müntzer (wie Anm. 45), 95.

[96] VOGLER, GÜNTER, Thomas Müntzer, Berlin 1989, 110.

[97] ThMA 2, 116–120 (Nr. 45): Ein lediglich in Erfurt „1521" datierter Brief (ebd., 120,4 f.) der Mönche Martin Gentzel und Veit Goldschmidt aus dem Benediktinerkloster St. Peter an Müntzer enthält – in Beantwortung eines verlorenen Briefes Müntzers, die Müntzer bereits angemahnt hatte (ebd., 117,3–118,1) – das Angebot, für eine Besoldung von 30 Gulden als Lehrer im Kloster zu wirken (ebd., 118, 6–119, 4). Die hypothetische Datierung des Briefes der Mönche „um Mitte Dezember" (ebd., 116) ist nicht gesichert. Falls sie zutrifft, hat Müntzer die Stelle entweder nicht angetreten oder seine Tätigkeit im Kloster muss sehr schnell ein Ende gefunden haben. Die alternative Annahme, der Brief sei bereits früher geschrieben worden, nachdem Müntzer in Zwickau entlassen worden war (letzte Gehaltsquittung vom 16. April 1521: ThMA 3, 95, Nr. 50), ist nicht von der Hand zu weisen. Eine meines Erachtens plausible Annahme wäre, Müntzer habe ungefähr gleichzeitig mit seinem Brief vom 15. Juni 1521 an Michael Gansau in Jena, in dem er bereits für den kommenden Winter vorausplante, seinen (verlorenen ersten) Brief an die Erfurter Mönche geschrieben, nach Ausbleiben einer Reaktion die Antwort in einem weiteren (verlorenen zweiten) Brief angemahnt, worauf die Mönche ihren Antwortbrief geschrieben haben. Die darin enthaltene Bemerkung, Müntzer könne im Erfurter Kloster „geschützter und sicherer" (ThMA 2, 119,4) leben, ließe sich durch die Vorgänge in Zwickau (oder durch Vorgänge in Böhmen?) erklären. Ich würde den Brief der Mönche (hypothetisch!) in die Zeit von Müntzers zweiter Böhmenreise datieren. Dann könnte Müntzer bereits im Anschluss an die Rückkehr aus Prag in das Erfurter Kloster gegangen sein. Von hier aus war es nach Jena nicht weit. – Die Äußerung des Justus Jonas vom 8. Januar 1522, „ein gewisser Theologe" habe seine kürzlich in Erfurt gehaltene Predigt verhöhnt (ThMA 3, 109, Nr. 64), bietet keinen Beleg für eine Anwesenheit Müntzers in Erfurt zu jener Zeit (Vgl. ThMA 3, 109, Anm. 4).

[98] Die Frage eines Aufenthaltes Müntzers in Erfurt bedarf, unter Berücksichtigung weiterer Quellen, erneuter Erforschung.

[99] Über Gansau s. ThMA 2, 87, Anm. 2.

die Ratsherren, damit sie mir aufrichtig ihre Zuneigung schenken mögen."[100]
Diese Inhalte des Briefes belegen, dass Müntzer schon vorher Verbindungen
nach Jena gehabt haben muss. Da Müntzer nach der Rückkehr aus Prag seine in
Jena deponierten persönlichen Sachen wieder benötigte, darf man annehmen,
dass er den angekündigten Besuch bei Gansau in Jena tatsächlich gemacht hat,[101]
vielleicht auf dem Weg nach Erfurt oder von Erfurt aus.

Im Hinblick auf Jena ist darauf hinzuweisen, dass am 27. März 1522 – zwei
Tage vor Müntzers Brief an Melanchthon – der einstige Karmelitermönch Simon
Haferitz (Hafernitz) aus Jena in Wittenberg immatrikuliert wurde,[102] gleichzeitig mit zwei weiteren thüringischen Studenten: Petrus Scroter aus Frankenhausen und Jakobus Jota aus Nordhausen.[103] Haferitz, der später in Allstedt auf
der Seite Müntzers stand, war Anfang 1523 bereits Pfarrer an der Wigbertikir-
che der Altstadt in Allstedt[104] bevor Müntzer nach Allstedt kam. Müntzer und
Haferitz dürften in Wittenberg Kontakt gehabt haben – falls sie sich nicht schon
vorher aus Jena kannten – und Haferitz könnte mitgeholfen haben, Müntzer im
Frühjahr 1523 den Weg auf die Pfarrei der Johanniskirche in der Neustadt, der
Hauptkirche Allstedts, zu ebnen.[105]

Im Blick auf Müntzers Bemühungen, nach seiner Rückkehr aus Prag, wo er sich
von Juli bis Ende November 1521 aufgehalten hatte, Einfluss auf die Entwicklung in Wittenberg zu nehmen, sei noch eine bisher unbeachtete Quelle vorgestellt.[106] Das *Prager Sendschreiben* Müntzers, in der älteren Forschung *Prager
Manifest* genannt, ist in vier sich unterscheidenden Fassungen überliefert, einer
lateinischen, datiert 1521 (Fassung D), einer kürzeren deutschen Fassung, datiert
1.11.1521 (A), und einer längeren deutschen Version, datiert 25.11.1521 (B), sowie
einer nur fragmentarisch überlieferten tschechischen Version (C).[107] Das einzige
erhaltene Exemplar der lateinischen Version[108], von Müntzers Hand auf einem
Blatt in Plakatgröße (51,5 × 35 cm)[109] geschrieben, ist von Müntzer nur mit dem

---

[100] ThMA 2, 88,8–9.

[101] So BENSING, Thomas Müntzer (wie Anm. 45), 44.

[102] Hinweis darauf in ThMA 3, 126, Anm. 1 und ThMA 2, 239, Anm. 21.

[103] Album 1, 110a.

[104] ThMA 2, 239, Anm. 21.

[105] Für Müntzers Annahme durch den Allstedter Rat wird hypothetisch der Einfluss der
Felicitas von Selmenitz, der Müntzer an Weihnachten 1522 in Glaucha bei Halle das Abendmahl unter beiden Gestalten gereicht hatte, vermutet, da deren verstorbener Mann bis vor
dem 1. März 1513 Amtmann in Allstedt war (z. B. VOGLER, Thomas Müntzer [wie Anm. 96],
125. – SEEBASS, GOTTFRIED, Art. Müntzer, Thomas, in: TRE 23 [1994], 414–436, hier 417,3 f.).
Ich halte diese Annahme für unwahrscheinlich, zumal ein Beleg für einschlägige Beziehungen
der Felicitas von Selmenitz nach Allstedt noch im Jahr 1523 fehlt.

[106] Der folgende Abschnitt wurde im März 2022 für den vorliegenden Band hinzugefügt.

[107] Edition in ThMA 3, Leipzig 2017, 411–440.

[108] ThMA 3, 436–440.

[109] Maße nach ThMA 3, 414.

Jahr „1521" datiert. Dieses Autograph befindet sich seit 1718 in der Herzoglichen Bibliothek zu Gotha, heute Forschungsbibliothek Gotha, gegenwärtig als Einzelblatt in einer Mappe gebunden (Chart. A 379a). Nachdem das Blatt früher durch verschiedene Sammelbände gewandert war,[110] ist es heute in einem stark geflickten bzw. restaurierten Zustand. Auf die Vorderseite hat Müntzer seinen langen Text teils sehr engzeilig geschrieben in dem erkennbaren Bemühen, den Text auf dieser Seite unterzubringen (siehe Abb. 2).[111]

Die in den Editionen bislang nicht beschriebene Rückseite weist am unteren Ende eine dreizeilige Notiz von einer zweiten anonymen Schreiberhand des 16. Jahrhunderts auf (siehe Abb. 1): „Intimatio Thomae Muntzeri, manu propria | scripta et Pragae affixa 1521 | Contra Papistas." („Kundgebung Thomas Müntzers, mit eigener Hand geschrieben und 1521 in Prag angeschlagen. Gegen die Papisten.")

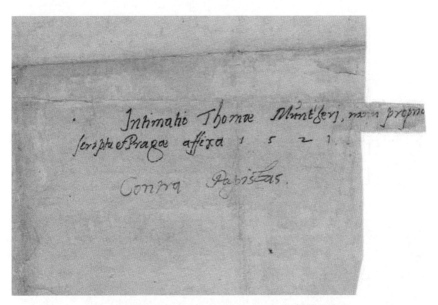

Abb. 1: Notiz auf der Rückseite der lateinischen Version des *Prager Sendschreibens.* Forschungsbibliothek Gotha: Chart. 379a, Rückseite.

---

[110] Zur Geschichte der Handschrift s. RUNSCHKE, WOLFGANG, Das Prager Manifest, in: Daniel Gehrt/Sascha Salatowsky (Hg.), Aus erster Hand. 95 Porträts zur Reformationsgeschichte. Aus den Sammlungen der Forschungsbibliothek Gotha. Katalog zur Ausstellung der Universitäts- und Forschungsbibliothek Erfurt/Gotha vom 6. April bis 25. Mai 2014, Gotha 2014, 137.

[111] Vor- und Rückseite als Farbdigitalisat: https://dhb.thulb.uni-jena.de/receive/ufb_cbu_00003891.

Abb. 2: Thomas Müntzer, *Prager Sendschreiben,* lateinische Version, datiert 1521, Autograph. Forschungsbibliothek Gotha: Chart. A 379a, Vorderseite.

Die Erstedition dieses Müntzertextes erfolgte 1702 durch Johann Friedrich Corvinus (1648–1721), der ohne Erläuterung den zitierten Dorsalvermerk als Überschrift über dem Müntzertext bot.[112] In Literatur und Editionen wurde diese Notiz wiederholt nach Corvinus zitiert.[113] Das hat zu der Auffassung geführt, der Wortlaut stamme von Corvinus.[114] Möglicherweise war jedoch die ältere Forschung durch den Inhalt dieser Notiz veranlasst, davon auszugehen, dass Müntzer diesen Text in Prag öffentlich angeschlagen habe. In der jüngsten Forschung ist man von dieser Annahme abgerückt und hat statt von „Anschlag" oder „Prager Manifest" die Bezeichnung „Prager Sendschreiben" eingeführt.[115]

Eine genaue paläographische Analyse der Notiz führt allerdings zu dem Ergebnis, dass hier eine humanistische Kursive des 16. Jahrhunderts vorliegt, wie man sie in ähnlichem Stil bei einigen humanistisch gebildeten Schreibern jener Zeit finden kann.[116] Im Blick auf die individuellen Züge der Handschrift fällt allerdings auf, dass der Schreiber eine überdurchschnittlich gepflegte Schrift bietet, die auch für einen heutigen lateinkundigen Leser relativ leicht zu entziffern ist. Zugleich besitzt die Handschrift, so kurz der Text auch ist, einige Eigenheiten des Schreibers, die es ermöglichen, durch Handschriftenvergleich den Wittenberger Humanisten und Juristen Johannes Schwertfeger aus Meißen (gest. 1524)[117] als Schreiber der Notiz zu identifizieren.[118]

Demnach gelangte das Müntzer-Autograph von Müntzer an Schwertfeger in Wittenberg. Schwertfegers Bemerkung, Müntzer habe seine „Intimatio" 1521 in Prag angeschlagen, bedeutet nicht, dass Müntzer das vorliegende Exemplar der

---

[112] CORVINUS, JOHANN FRIEDRICH, Anabaptisticum Et Enthusiasticum Pantheon [...], [Köthen] 1701–1702, Bd. 2, 346–351.

[113] Das ist erkennbar an der Übernahme der von Corvinus verwendeten Orthographie, die vom Original abweicht.

[114] So z. B. in THMA 1, 414.

[115] Vgl. DAMMASCHKE, MARION/VOGLER, GÜNTER, Thomas Müntzer Bibliographie (1519–2012), Baden-Baden 2013, 63: „Ein öffentlicher Anschlag des Textes in Prag ist nicht belegt." – BRÄUER, SIEGFRIED/VOGLER, GÜNTER, Thomas Müntzer. Neu Ordnung machen in der Welt. Eine Biographie, Gütersloh 2016, 144: Offener Brief oder Sendbrief, Verbreitung durch Abschriften.

[116] Stilistisch ähnlich ist z. B. die lateinische Schrift des Leipziger Gräzisten Petrus Mosellanus (1493–1524). Handschriftenprobe: Petrus Mosellanus an Erasmus Stella, Meißen, 19. November 1524 (Forschungsbibliothek Gotha: Chart. A 123, Bl. 2).

[117] Daten zu Schwertfeger und zu seiner Beteiligung an den frühreformatorischen Bestrebungen in Wittenberg siehe im vorliegenden Band die Beiträge ⟨3°⟩ und ⟨4°⟩.

[118] Es liegen mir mehrere von Schwertfeger geschriebene lateinische Handschriften vor. Für den Vergleich der hier diskutierten Notiz mit Handschriften Schwertfegers eignen sich insbesondere folgende: Kaufvermerk Schwertfegers vom Februar 1518 auf der Rückseite des Titelblatts von: Sachsenspiegel [...], Augsburg: Silvan Otmar 1517 (HAB Wolfenbüttel: A: 62.58 Jur. 2°); Entwurf Johannes Schwertfegers für einen Brief Karlstadts, Johann Agricolas und Melanchthons an Johann von Schleinitz, Bischof von Meißen, Wittenberg, 18. Juli 1521, mit Korrekturen von der Hand Georg Spalatins (Landesarchiv Thüringen, Hauptstaatsarchiv Weimar: Ernestinisches Gesamtarchiv, Reg. O 159a, Bl. 406ᵛ–408ᵛ). Den Hinweis auf letztere Handschrift verdanke ich Dr. Stefania Salvadori, Karlstadt-Edition bei der Akademie der Wissenschaften zu Göttingen.

„Intimatio" angeschlagen habe, sondern dass der Text der „Intimatio" in Prag ausgehängt worden sei. Da kein Grund ersichtlich ist, dass Schwertfeger diese Information selbst erfunden haben sollte, erscheint es plausibel, diese Information auf Müntzer zurückzuführen. Die Überlieferung von einer in Prag ausgehängten Proklamation Müntzers ist also sehr alt und angesichts von Schwertfegers Tod am 10. Mai 1524 nicht lange nach Müntzers Rückkehr aus Prag vorhanden gewesen. Es besteht daher hinreichend Grund, davon auszugehen, dass tatsächlich zumindest die lateinische Version des *Prager Sendschreibens* in Prag ausgehängt worden war. Zugleich war der Text auch als Sendschreiben gedacht, denn Müntzers Missionsprojekt hatte eine universale Ausrichtung: „Ich reise in der ganzen Welt umher um des Wortes willen [...]", schrieb er am 15. Juni 1521.[119] Entsprechend war das schreiben nicht nur zur Verbreitung in Prag gedacht. Die lateinische Version war ausdrücklich zugedacht „der ganzen Welt, wo der vorliegende Brief gezeigt werden kann."[120] Müntzer rechnete auch Wittenberg zu seinem Missionsfeld.

Schwertfeger machte noch eine auffallende Notiz zum Inhalt des Sendschreibens: „Contra papistas."- „Gegen die Papisten." Dass Müntzer in diesem Text gegen die päpstliche Kirche und ihre Vertreter polemisierte, lag auf der Hand. Schwertfeger hat in dieser Hinsicht in Müntzers Proklamation ein eigenes Anliegen wiedergefunden, denn im Frühjahr 1521 hatten Melanchthon und er im *Passional Christi und Antichristi* den Papst als Antichristen vorgeführt. Er hatte beim Schreiben seiner Notiz aber entweder nicht wahrgenommen oder auch bewusst dissimuliert, dass in Müntzers Sendschreiben auch eine Spitze gegen Luthers und Melanchthons Theologie enthalten war, die am Ende des Sendschreibens durch Zentrierung des Textes sogar graphisch hervorgehoben war (s. Abb. 1): „Ich Thomas Müntzer mahne an, dass die Kirche keinen stummen Gott anbeten möge, sondern einen lebendigen und redenden [...]"[121] In seinem Brief an Melanchthon vom 29. März 1522 wurde Müntzer konkreter: Die Wittenberger Theologen würden den stummen Mund Gottes anbeten – hier zitiert er sinngemäß aus seinem Sendschreiben; sie sollten das Wort Gottes nicht in Büchern suchen, sondern lebendigen Gesprächen mit Gott Raum geben.[122] In diesem Licht wird sichtbar, dass Müntzer 1522 sehr bewusst den Versuch gemacht hat, die Wittenberger Reformation im Sinne seines Sendschreibens umzugestalten.

---

[119] Müntzer an Michael Gansau in Jena. ThMA 2, 88, 9.

[120] „Ego Tomas munczer adhortor: ne ecclesia adoret deum mutum, sed viuum et loquentem, [...]" ThMA 3, 436,4f. (Zentrierung des vierzeiligen Schlussabsatzes hier nicht wiedergegeben).

[121] ThMA 1, 440,22f.

[122] ThMA 2, 130,4–131,1; 131,1–132,6; 132,9–11; 134,7–135,2.

III. Aspekte von Müntzers Brief an Melanchthon vom 29. März 1522

Das ergiebigste Dokument für Müntzers Aufenthalt in Wittenberg 1522 ist sein Brief an Melanchthon vom 29. März 1522.[123] Aus diesem Brief erfahren wir, welche Eindrücke Müntzer in Wittenberg gewonnen hatte, wie er die aktuelle theologische Debatte und den Stand der Reformation dort beurteilte. Sein Brief dokumentiert die Umbruchssituation, in der sich Wittenberg einschließlich der Wittenberger Reformatoren nach Luthers Rückkehr von der Wartburg befand. Karlstadt urteilte über Luther in einem Brief an Propst Hektor Pömer in Nürnberg vom 27. März 1522[124] zwei Tage vor Müntzers Brief an Melanchthon, dass Luther durch sein Handeln eigene frühere Positionen widerrufen habe.[125] Damit spielt Karlstadt auf den Sachverhalt an, dass Luther, im Anschluss an vorausgehende entsprechende Maßnahmen der kurfürstlichen Räte, die im Verlauf der ersten Wittenberger Stadtreformation erzielten und zum Teil in der Ordnung der Stadt Wittenberg vom 24. Januar 1522 regulierten Reformmaßnahmen zum größeren Teil rückgängig machte. Müntzer nimmt sowohl zu einzelnen Punkten des Wittenberger Reformprogramms als auch zu Luthers Haltung dazu Stellung. Er identifiziert sich mit keiner der damaligen Wittenberger Parteien, für die Luther und Karlstadt stehen, sondern vertritt eine selbstständige dritte Position.

Die Wittenberger Theologen nimmt Müntzer als leidensscheu wahr. „Yhr zarten schrifftgelerten"[126] tituliert er sie. Weil die Wittenberger Zärtlinge dem Kreuz entfliehen und das bei Verkündigung des Evangeliums unausweichliche Martyrium nicht riskieren wollen, vermeiden sie die Konfrontation mit der Obrigkeit. „Schmeichelt nicht euren Fürsten [...]!"[127], mahnt Müntzer. Nach seiner Meinung schmeichelte Luther mit der seit den Invocavit-Predigten eingenommenen Haltung konkret den sächsischen Fürsten und den damals in Nürnberg versammelten Reichsständen, auf die seinerseits Kurfürst Friedrich in seinen religionspolitischen Maßnahmen Rücksicht nahm.

Aus dem Reformprogramm der Wittenberger Bewegung spricht Müntzer die Priesterehe[128] und die Messreform[129] an. Beide Punkte waren in Disputationen

---

123 ThMA 2,127–139 (Nr.47).

124 Edition und Übersetzung in: BUBENHEIMER, ULRICH, Andreas Bodenstein von Karlstadt und seine fränkische Heimat. Mit einem Brief Bodensteins an Hektor Pömer in Nürnberg vom 27. März 1522, in: Ders./Stefan Oehmig (Hg.), Querdenker der Reformation. Andreas Bodenstein von Karlstadt und seine frühe Wirkung, Würzburg 2001, 15–48, hier 44–48.

125 Ebd., 46: „Martinus hic facto sua incipit recantare non sine gravissimo vicinorum dolore, qui se appellari volunt evangelicos. [...] et ea revocat et statuit, imo vult permitti et re celebrari, quae ipse persaepe probavit esse impia et blasphema."

126 ThMA 2, 137,2.

127 ThMA 2, 137,2.

128 ThMA 2,130,3–133,4.

129 ThMA 2, 134,1–135,2.

und Flugschriften vor einer breiten Öffentlichkeit verhandelt worden. Ferner hat Müntzer Kenntnis von den damals noch ungedruckten Invocavit-Predigten Luthers.[130] Es liegt nahe, anzunehmen, dass Müntzer, wenn er in der Nähe war, die Predigten mindestens teilweise gehört hat, denn der erste öffentliche Auftritt Luthers in Wittenberg nach seinem Verschwinden auf der Wartburg war ein Ereignis, das sogar Hörer von auswärts herbeieilen ließ. So kam zum Beispiel Wolfgang Capito aus Halle herüber.[131] Müntzer griff ein aktuell heißes Eisen auf, nämlich Luthers Forderung der „Schonung der Schwachen", die dieser auch publizistisch verbreitet,[132] jedoch in den Invocavit-Predigten mit Angriffen auf die Wittenberger Reformer, teilweise unter Namensnennung, verbunden hatte. Weiter bezieht sich Müntzer auf Fragen der internen Wittenberger theologischen Diskussion jener Zeit: Zweifel am Fegefeuer[133] und apokalyptische Berechnungen.[134]

In Müntzers Brief gibt es zunächst eine Ebene des Einverständnisses mit den Wittenberger Theologen: Müntzer sieht sich mit ihnen in die antipäpstliche Front gestellt. Er billigt die Priesterehen, soweit dadurch die römischen Fesseln abgestreift werden.[135] Er teilt den Kampf gegen den Greuel des papistischen Messopfers.[136] Der Bestreitung des Fegefeuers kann er sich nur anschließen, insoweit das papistische Fantasiegebilde verworfen wird.[137]

Einig ist man sich überwiegend in der Verwerfung des Alten, umstritten ist die Gestaltung des Neuen: Was ist eine christliche Ehe, eine christliche Messe, ein „christliches" Fegefeuer? Eine „christliche" Kirche bedeutet für Müntzer soviel wie eine „apostolische" Kirche. Daher müsste bei der Neugestaltung der Messe „der apostolische Ritus genau nachgeahmt" werden.[138] In der Sehnsucht nach der Gestaltung einer in diesem Sinn christlichen Kirche, ja, eines christlichen Gemeinwesens ist sich Müntzer mit Karlstadt einig, der mit seinem Programm einer „christlichen Stadt Wittenberg"[139] nicht nur Kollegen und Studenten, sondern auch einen Großteil der Wittenberger Laien hatte mobilisieren können. Gerade Karlstadt wollte die Abendmahlsfeier möglichst genau nach den biblischen Berichten gestalten. Er hatte bereits einen diesbezüglichen Traktat

---

[130] ThMA 2, 135,3–5.

[131] Albert Burer an Beatus Rhenanus, Wittenberg, 27. März 1522: MÜLLER, Die Wittenberger Bewegung (wie Anm. 51), 213.

[132] Vgl. ThMA 2, 135,46.

[133] ThMA 2,136,3–137,1.

[134] ThMA 2, 133,4–6.

[135] ThMA 2, 130,3f.

[136] ThMA 2, 134,2f.

[137] ThMA 2, 136,4f.

[138] ThMA 2, 134,3f.

[139] Vgl. OEHMIG, STEFAN, „Christliche Bürger" – „christliche Stadt"? Zu Andreas Bodensteins von Karlstadt Vorstellungen von einem christlichen Gemeinwesen und den Tugenden seiner Bürger, in: Ulrich Bubenheimer/ders., Querdenker (wie Anm. 124), 151–185, bes. 164–171.

„Vom herrlichen Abendessen", d. h. vom Abendessen des Herrn, in Arbeit[140] der im April der Zensur zum Opfer fallen sollte.[141] Indem Müntzer an diesem Punkt Karlstadt unterstützte, zeigte er sich damals als Anhänger eines Schriftprinzips, nach dem die Schrift die Norm für die Gottesdienstgestaltung ist.

Im Folgenden sollen zwei der in diesem Brief an Melanchthon angesprochenen Themen näher beleuchtet werden, um den Standort Müntzers gegenüber den Wittenberger Theologen und insbesondere sein Verhältnis zu Karlstadt näher zu bestimmen.

1. Priesterehe: Die Zeugung auserwählter Nachkommenschaft

Neben der Reform des Gottesdienstes war die Heiligung des Lebens das zweite Anliegen der Wittenberger Bewegung. Die Heiligung des Lebens kann als ein populäres Anliegen jener Zeit gelten und stieß auch in der Wittenberger Stadtgemeinde auf Resonanz. In diese Rubrik gehörten u. a. das Verbot des Bettelns, der Bordelle und die Einrichtung einer Armenpflege in der Wittenberger Stadtordnung. Müntzer formulierte: „Kein Gebot schnürt, wenn ich das so sagen darf, den Christen enger als unsere Heiligung".[142] Dieser Satz fällt im Rahmen von Ausführungen über die Praxis der Priesterehe und die Eheführung, also im Rahmen sexualethischer Fragen. Da Müntzer Kenntnis von den Invocavit-Predigten hatte, dürfte er auch gewusst haben, wie Luther am Anfang einer der Predigten – heute nur bekannt aus handschriftlicher Überlieferung– jenes Heiligungsstreben zur uneinlösbaren Utopie erklärt hatte:

> „Lieben Brüders vnnd szwesters⟨,⟩ [...] Ich byn nicht szo hyllich das ych an szunde szey, der teuffel fecht mych auch an, szo myth esszen, szo mit trynncken, szo mythe weybern vnnde ander dyngen, das myr auch meyne vj szynne tzu starck szeyn vndertzeythen, Darumme bekenth yw auch gebrechlich vnnd erren kunten, das menschklich yst [...] Wyr können yo neyne engell szeyn."[143]

Der von Müntzer beeinflusste Valentin Ickelsamer hörte damals Luthers Predigt. Wie er sie aufnahm, schrieb er drei Jahre später, an Luther gewandt, als Rothenburger Schulmeister:

> „[...] das gefiel mir zů der selben zeit vbel/daß du das gotloß vnd toll Wittenbergisch leben also entschuldigest/vnd sagest/wir können ja nit engell sein [...]."[144]

---

[140] KARLSTADT, ANDREAS, Von abtuhung der bilder und das keyn bedtler vnther den christen seyn sollen [...] 1522, hg. von Hans Lietzmann, Bonn 1911, 4,10f.

[141] Barge 2, 562–565.

[142] ThMA 2, 132,11f.

[143] HAB Wolfenbüttel: Yv 1648 Helmst. 8°, Bl. 1r; vgl. BEI DER WIEDEN, SUSANNE, Luthers Predigten des Jahres 1522. Untersuchungen zu ihrer Überlieferung, Köln u. a. 1999 (AWA 7), 454.

[144] ENDERS, LUDWIG (Hg.), Aus dem Kampf der Schwärmer gegen Luther. Drei Flugschriften (1524. 1525), Halle 1893, 48.

Ickelsamer übernahm Müntzers Ehelehre, wie sie in Müntzers Brief an Melanchthon zum Ausdruck kommt. Ickelsamer brachte Müntzers Anliegen dras-
tisch auf den Begriff:

> „Hie muß ich mit herein nehmen, daß etlich vermeynte christliche prediger grosse
> ergerniß des volcks, auß jrem hürischen leben anrichten vermeren, wollen on alles
> gezeügniß mit jren köchin, oder andern so yn gefallen, eyn eelich leben vorn leütten
> gesehen haben [...] ja wann das nit die ergsten vnd bo(e)sten hůrer, vnd bůben sein, so
> freß mich der butz."[145]

Auch Priesterehen sind für Ickelsamer Hurerei, weil die Priester ihre bisherigen
Köchinnen oder andere Frauen ihres Gefallens wählen „on alles gezeügniß".
Nach Müntzer[146] ist die Ehefrau aufgrund eines Zeugnisses der lebendigen
Stimme Gottes zu wählen, die sich nach Müntzer insbesondere im Traum zu
Wort meldet. Daher muss er kritisieren, dass die Wittenberger Theologen die
Priester zur Wahl einer Ehefrau drängen, bevor sie ein „Zeugnis" Gottes im
Hinblick auf die Partnerwahl erhalten haben. Damit würden die Priester ins
Bordell des Teufels gedrängt.[147] Von dieser Kritik ist nun insbesondere Karl-
stadt betroffen, der erklärt hatte, nach seiner am 19. Januar 1522 erfolgten Hei-
rat andere Priester zur Ehe drängen zu wollen,[148] und der mit seinem Vorbild
eine Heiratswelle unter den Priestern in Wittenberg und Umgebung auslöste.
Sein Argument, die Ehe sei eine Einrichtung zur Verhütung von Hurerei gemäß
dem Bibelwort „Heiraten ist besser als Brennen"[149] wird von Müntzer nicht akzeptiert. Nach dieser Auffassung diene die Ehe der Befriedigung körperlicher
Lust und verhindere die Heiligung.[150] Letztes Ziel von Müntzers Eheauffassung
ist die Zeugung von Nachkommen, die Gott auserwählt hat. Der Zeitpunkt des
Beischlafs ist ebenfalls einer aktuellen göttlichen Weisung, den „oracula sancta"[151], zu entnehmen[152] da nur so die Eheleute Gewissheit erlangen können, ob
sie auserwählte oder verdammte Kinder zeugen werden. Diese Form asketischer
Ehegestaltung sieht Müntzer als einen Beitrag zum Aufbau der künftigen Kirche der Auserwählten.[153]

---

[145] Ebd., 47.
[146] Zu Müntzers Vorstellung von der Zeugung auserwählter Nachkommenschaft vgl.
FAUTH, DIETER, Thomas Müntzer in bildungsgeschichtlicher Sicht, Köln u. a. 1993 (Studien
und Dokumentationen zur deutschen Bildungsgeschichte 43), 219–226.
[147] ThMA 2, 130,4–133,4.
[148] MÜLLER, Die Wittenberger Bewegung (wie Anm. 51), 159.
[149] 66 Thesen De coelibatu presbyterorum, These 4. Barge 1, 477.
[150] ThMA 2, 132,6–9.
[151] ThMA 2, 132,1.
[152] ThMA 2, 133,1–4.
[153] ThMA 2, 131,1–3.

2. Diskussion über das Fegefeuer

Die Einordnung von Müntzers Stellungnahme zur Diskussion über das Fegefeuer erbringt neue Aspekte sowohl zu den damaligen Wittenberger Vorgängen als auch zum Verhältnis zwischen Müntzer und Karlstadt. Müntzer schreibt an Melanchthon:

> „Si negaveritis purgatorium christianum, ostenditis vos ignorantes in scripturis et studiis spiritus; sed quod papisticum respuitis phantasma, commendo. Nullus potest ingredi requiem, nisi adaperiantur septem gradus rationis septem spiritibus. Abominabilis est error de purgatorio negando, cauete!"[154]

Müntzers Grundpositionen zum Fegefeuer sind nach dieser Aussage: Er lehnt die „papistische", d. h. altgläubige Fegefeuerlehre ab, widerspricht aber zugleich der gänzlichen Leugnung des Fegefeuers, wie sie ihm in Wittenberg begegnet ist, und plädiert für ein „christliches Fegefeuer". Als Autoritäten für seine Position nennt Müntzer erstens die Heilige Schrift und zweitens die „Studien des Geistes", womit er das Hören auf das lebendige Wort meint, das Gott in die Seele spricht, in vorliegendem Brief auch als das „unverschlossene Wort" bezeichnet.

Was die Begründung eines christlichen Fegefeuers aus den unmittelbaren Geistoffenbarungen betrifft, denen in Müntzers Sinn das „Gezeugnis" der Schrift als Bestätigung nachfolgen muss, so haben wir eine einschlägige Überlieferung von einer Traumoffenbarung, die seinem Gefährten Markus Stübner im Februar 1522 in Wittenberg zu Teil wurde. Der Zeitzeuge Joachim Camerarius[155] (15001574) berichtet in seiner 1566 veröffentlichten *Vita Melanchtonis*, Stübner sei in Gegenwart Melanchthons eingenickt. Als er erwachte, habe er von einem Traum berichtet, in dem er den Kirchenvater Chrysostomos im Fegefeuer gesehen habe.[156] Müntzer dürfte von diesem Traum erfahren haben, denn er war interessiert, die Träume seiner Anhänger auszulegen unter Heranziehung von Schriftzeugnissen zur Beurteilung des Traums.

Schriftzeugnisse spielten – zunächst neben Kirchenväterzeugnissen – in der bereits jahrelangen Wittenberger Debatte über das Fegefeuer, die in Luthers Angriff auf den Ablass notwendigerweise impliziert war, die zentrale Rolle. Zweifel an der Existenz eines Fegefeuers als jenseitigem Aufenthaltsort verstorbener Seelen neben Hölle und Himmel sind vor 1522 in Wittenberg wiederholt aufgetaucht, explizit zuerst bei Karlstadt in der 274. der *CCCLXX et Apologeticae*

---

[154] ThMA 2, 136,3–137,1. „Wenn ihr das christliche Fegefeuer leugnet, zeigt Ihr Euch unwissend in den Schriften und den Studien des Geistes; aber dass ihr das päpstliche Gespenst verwerft, heiße ich gut. Keiner kann in die Ruhe eingehen, wenn nicht die sieben Grade der Vernunft durch die sieben Geister eröffnet werden. Die Leugnung des Fegefeuers ist ein abscheulicher Irrtum. Hütet Euch!"

[155] Immatrikuliert in Wittenberg am 14. September 1521 als Erfurter Magister (Album 1, 107b). Camerarius stand in enger Freundschaft mit Melanchthon. Vgl. MBW.P 11, 253 f.

[156] CAMERARIUS, JOACHIM, De vita Philippi Melanchthonis Narratio [zuerst 1566]. Recensuit G[eorgius] Th[eodorus] Strobelius, Halle 1777, 50.

conclusiones, die im Mai/Juni 1518 verfasst wurde.[157] Im Kontext einer Erörterung des jenseitigen Schicksals der ungetauft verstorbenen Kinder schreibt Karlstadt unter Zitierung eines pseudo-augustinischen Textes:

> „274. Also kennen wir, wenn wir die Heilige Schrift ehren, keinen Mittelort zwischen denen, die das ewige Feuer quälen wird, und denen, in denen Gott alles in allem sein wird, und zwar mit Augustin, Hypognosticon, Buch 5. Besser sollte man aus gutem Grund sagen: Einen dritten Ort kennen wir nicht."[158]

Auf der Leipziger Disputation 1519 debattierten Johannes Eck und Luther ausführlich über das Fegefeuer.[159] Luther bestritt zwar gegenüber Eck, dass es einen beweiskräftigen Schriftbeleg für das Fegefeuer gebe. Dennoch hielt er mit Nachdruck den Glauben an die Existenz eines von ihm allerdings zunehmend neu gedeuteten Fegefeuers fest.[160] Eine grundsätzliche öffentliche Diskussion über die Frage der Existenz eines Fegefeuers scheint dann innerhalb Wittenbergs bis Ende 1521 nicht stattgefunden zu haben. Ab Anfang Januar 1522 kam diese Debatte intensiv in Fahrt. Nikolaus von Amsdorf hatte Luther in einem verlorenen Brief offenbar seine Positionen zum Schicksal der Verstorbenen, und zwar der Gerechten und der Verdammten, vorgelegt[161] und seinerseits das Fegefeuer bestritten.[162] Luther bestärkte Amsdorf, dass er mit einer Leugnung des Fegefeuers kein Häretiker sei, denn er bestreite ja nur, dass es für das Erleiden der Strafe des Fegefeuers einen „fest bestimmten Ort" (*destinatus locus*) gebe, während er nicht leugne, dass die Strafe des Fegefeuers, die Luther als „Vorgeschmack der Hölle" (*gustus inferni*) definierte,[163] sowohl in diesem Leben als auch nach dem Tod außerhalb des Körpers gefühlt werden könne.[164] Dieser Bestreitung eines lokal definierten Fegefeuerortes schließt sich Luther in seinem Brief an.[165]

In den folgenden Monaten taucht die Fegefeuerfrage in Wittenberg immer wieder auf. Ein entscheidender Impuls ging meines Erachtens von den mis-

---

[157] Auf diese These hat mich freundlicherweise Dr. Alejandro Zorzin aufmerksam gemacht.

[158] „cclxxiiii Proinde sanctam honorantes scripturam: medium inter eos: quos ignis cruciabit aeternus/et eos in quibus erit deus omnia in omnibus/cum Augustino: ignoramus. hyp[omnesticon] li[bro] V. melius tamen ex causa dicenda. tercium locum nescimus." Bo-denstein von Karlstadt, Andreas, [...] CCCLXX: ET APOLOGEtic(a)e Co(n)clusio(n)es [...], Wittenberg: Johann Grunenberg 1518, VD16 B 6203, Bl. D 1ᵛ–2ʳ (LH Wittenberg: Ag 4° 234g. – Freys/Barge Nr. 3; vgl. KGK I.2, Nr. 85, 840,17–19). Karlstadt lehnt sich an Ps.-Augustinus an: Hypomnesticon V, 5, 10 6, 11; PL 45, 16531655.

[159] WA 59, 525, 2866–553,3790.

[160] „Ego, qui credo fortiter, immo ausim dicere: scio purgatorium esse [...] Sed hoc volo, quod in universa scriptura non habeatur memoria purgatorii quae posset stare in contentione et convincere." WA 59, 527, 2931–528, 2938.

[161] Vgl. WA.B 2, 422,4–423,44.

[162] WA.B 2, 423,38.

[163] WA.B 2, 423,32.

[164] WA.B 2, 423,38–40.

[165] WAB 2, 423,40f.

sionarischen Aktivitäten des sogenannten Hinne Rhode[166] aus, der jedenfalls schon einige Zeit vor März 1522 in Wittenberg eingetroffen war, zusammen mit einer Sammlung von Schriften Johann Wessels von Gansfort, deren Drucklegung eines der Anliegen Hinnes war.[167] Ein Teil dieser Schriften erschien einige Wochen vor dem 21. März 1522 bei Melchior Lotter d. J. in Wittenberg in einem relativ umfangreichen Druck unter dem Titel *Farrgo rerum theologicarum uberrima*.[168] Das genannte Erscheinungsdatum ergibt sich aus dem Briefwechsel des Vorredners und Korrektors der Wessel-Ausgabe, Johannes Arnold aus Bergel in Oberfranken[169] mit seinem einstigen Leipziger Studienfreund Andreas Althamer[170] in Halle[171], dem Arnold die Ausgabe gewidmet hat.[172] Hinne blieb bei diesem Unternehmen ungenannt im Hintergrund. Arnold, der Korrektor in der Druckerei Melchior Lotters d. Ä. in Leipzig war, scheint sich zur Zeit der Drucklegung der Wesselschen Schriften vorübergehend in Wittenberg aufgehalten zu haben. Die Wittenberger Wesselausgabe enthält als sechsten Teil mehrere Texte Wessels über das Fegefeuer.[173] Wessel lehnt die Fegefeuervorstellung nicht rundweg ab. Aber er weist erstens die päpstlichen Ansprüche, über Ablässe und Seelmessen Fegefeuerstrafen erlassen zu können, zurück

---

[166] Er könnte mit dem am 21. März 1522 in Wittenberg immatrikulierten „Henricus Hennen Rudenus Dioc. Colonien." (Album 1, 110a) identisch sein. Dann wäre Hennen (Hinne) der Nachname und Rüthen in der Kölner Diözese der Herkunftsort. Natürlich kann er schon einige Zeit in Wittenberg gewesen sein, bevor er sich immatrikulieren ließ.

[167] Vgl. CLEMEN, OTTO, Hinne Rode in Wittenberg, Basel, Zürich und die frühesten Ausgaben Wesselscher Schriften, in: ZKG 18 (1897), 346–372.

[168] WESSEL, JOHANNES, FARRAGO RERVM THEOLOGICARVM VBERRIMA, Wittenberg: [Melchior Lotter d. J., 1522], VD16 J 600 (HAB: S: Alv. El 233 (12); mit Randbemerkungen von dem oben in Anm. 85 genannten Schreiber aus Müntzers Umfeld). Die Widmungsvorrede ist mit [15]22 datiert.

[169] Immatrikuliert in Leipzig im Sommersemester 1515; bacc.art. Sommersemester 1517 (Matrikel Leipzig 1, 542 B 113; 2, 520).

[170] Aus Brenz bei Gundelfingen; immatrikuliert in Leipzig im Sommersemester 1516 (Matrikel Leipzig 1, 549 B 87); bacc. art. in Tübingen im September 1518 (Die Matrikeln der Universität Tübingen, Bd. 1, hg. von Heinrich Hermelink, Stuttgart 1906, Nr. 72, 1). Nach kurzer Lehrtätigkeit in Reutlingen kehrte er nach Leipzig zurück. Mindestens von Mai 1521 bis März 1522 lehrte er in Halle Griechisch und Latein und pflegte Kontakte nach Wittenberg, u. a. mit Melanchthon. Vgl. EHMER, HERMANN, Andreas Althammer und die gescheiterte Reformation in Schwäbisch Gmünd, in: BWKG 78 (1978), 46–72.

[171] Ein Briefbuch Althamers, das Briefwechsel u. a. aus dessen Hallenser Zeit abschriftlich enthält, findet sich in HAB Wolfenbüttel: Cod. 17.32 Aug. 4°. Hier Bl. 73^{r-v} ein Brief Arnolds an Althamer, undatiert [bald vor dem 21. März 1522], Ortsangabe: „ex aedibus Lottherianis etc.": Arnold hat schon länger nichts mehr von Althamer gehört und befürchtet den Verlust des durch Boten übersandten opusculum (Wessels Farrago). Althamer antwortete am 21. März 1522 aus Halle „Suo Amicissimo Joanni Arnoldo Lipsiae apud Lotherum literarii preli presidi [...]" (ebd., Bl. 66^{v}). Er bestätigt den Erhalt der Farrago, hatte von Wessel noch nichts gehört und würde gerne wissen, wie Arnold an diesen Text gekommen ist (ebd., 66^{r-v}).

[172] Widmungsvorrede Arnolds an Andreas Palaeosphyra (= Althamer) in WESSEL, Farrago (wie Anm. 151), Bl. A 1^{v}.

[173] Ebd., Bl. 66^{v}–84^{v}.

und lehnt einen strafenden, poenalen Charakter des Fegefeuers ab.[174] Vielmehr nennt er als Ort des Fegefeuers das „Paradies" („paradysus purgatorius")[175], das er vom eigentlichen Ort der ewigen Gottesschau unterscheidet. Das die Seelen reinigende Feuer sei kein materielles Feuer,[176] sondern die brennende Sehnsucht nach vollkommener Gottesschau[177] und der Schmerz der noch bestehenden Gottesferne.[178]

Karlstadt trug im Herbst 1522 in einer Joachimsthaler Predigt seine Fege-feuerlehre vor, die unter dem Titel *Ein Sermon vorn Stand der christgläubigen Seelen, von Abrahams Schoß und Fegefeuer der abgeschiedenen Seelen* nicht, wie früher vorausgesetzt wurde, von Philipp Uhlhart d. Ä. in Augsburg[179] son-dern zuerst in Nürnberg gedruckt[180] wurde, vermutlich noch im Jahr 1522.[181] Die Grundstruktur seiner Fegefeuerkonzeption hat Karlstadt nicht aus den Predigten Johannes Taulers entnommen, wie in einem Teil der jüngeren Lite-ratur angenommen wird, während Hans-Peter Hasse zurückhaltender urteilt: „Allerdings lassen die darin entwickelten Vorstellungen trotz der Aufnahme mystischer Begrifflichkeit auch Unterschiede zu Tauler erkennen."[182] Die Fege-feuerkonzeption des Sermons baut auf den Schriften Wessels auf, wie umfang-

---

[174] Ebd., Bl. 68^{r–v}. Bl. 71^{r}.

[175] Ebd., Bl. 71^{r} (These 46). Bl. 83^{r} (Randnote: „Paradysus locus purgatorius"). Bl. 84^{v}.

[176] Ebd., Bl. 71^{r}–72^{v} mit der Einräumung: „[...] licet ignis materialis per accidens purga-torius posset esse." (Bl. 72^{v}).

[177] Ebd., Bl. 74^{r–v}. und Bl. 81^{r}.

[178] Ebd., Bl. 68^{v} (These 28). Bl. 73^{v} (zusammenfassende Randnote: „Desyderium anima-rum est ignis purgatorius").

[179] Ein Uhlhartscher Druck wurde von Freys/Barge Nr. 95 an die erste Stelle der sieben Ausgaben dieser Schrift gestellt. Die vollständige Kollation aller Ausgaben erwies den Druck Freys/Barge Nr. 101 als Erstausgabe.

[180] BODENSTEIN VON KARLSTADT, ANDREAS, Ein Sermon Vom Stand der Christglaubigen seelen von Abrahams schosz vnd fegfeur, [Nürnberg: Johann Stuchs, 1522 oder 1523], VD16 B 6201, Freys/Barge Nr. 101; Freys/Barge hatten den Druck dem Nürnberger Drucker Jobst Gutknecht zugeschrieben.

[181] Die Predigt hielt Karlstadt in St. Joachimsthal. Dem *Sermon* ist eine Vorrede von Wolf-gang Kuch vorangestellt, der 1520 als Prediger in St. Joachimsthal belegt ist. Die ursprüng-liche Predigtsituation ist noch auf Bl. a 3^{r} erkennbar: „[...] urteyl oder Sententz Pauli in der hewtigen Episteln". Der Episteltext 1 Thess 4,13–18 wird vor Beginn des Sermons zitiert, wo-rauf Karlstadt sagt: „Das ist die epistel / welche die vormeynte Christliche kirche den Selen zu hilff vnnd trost / gestatt zulesen vnd zusingen." (Bl. a 2^{r}.) Da 1 Thess 4,13–18 die Epistel für Allerseelen (2. November) war, hat ZORZIN, ALEJANDRO, Karlstadt als Flugschriftenautor, Göttingen 1990 (GTA 48), 238, die Predigt auf den 2. November 1522 datiert. Demnach könnte der Erstdruck (Freys/Barge Nr. 101) schon 1522 erschienen sein. Der Erstdruck enthält kein Datum. Erst vier Nachdrucke geben auf dem Titelblatt die Jahreszahl 1523 an: zuerst Freys/ Barge Nr. 97 ([Augsburg: Philipp Uhlhart d. Ä.] 1523); entsprechend die von Nr. 97 abhängi-gen Drucke Nr. 95, 98 und 99. Diese Hinzufügung dient dem buchhändlerischen Interesse, den Text als Neuheit auszugeben. Das spricht dafür, dass die Schrift ursprünglich schon 1522 erschienen sein dürfte.

[182] HASSE, HANS-PETER, Tauler und Augustin als Quelle Karlstadts am Beispiel von Karl-stadts Marginalien zu Taulers Predigt zum Johannistag über Lk 1,5–23, in: Sigrid Looß/Mar-kus Matthias (Hg.), Andreas Bodenstein von Karlstadt (1486–1541). Ein Theologe der frühen

reiche sinngemäße Übernahmen – ohne Nennung von Gansforts Namen – belegen. Diesen Sachverhalt hatte bereits John Walter Kleiner 1966, eine Anregung von George Hunston Williams[183] aufgreifend, in einer Master-Arbeit an der Harvard University überzeugend nachgewiesen.[184] Abgesehen von einer bibliografischen Referenz Alejandro Zorzins auf die These Kleiners[185] wurde dessen Arbeit in der Karlstadt-Forschung nicht rezipiert. Kleiner hat allerdings neben dem Aufweis der Übernahmen Karlstadts aus Wessel die Veränderung der übernommenen Theoreme durch Karlstadt nicht dargestellt. Der mystische Einfluss, der bereits bei Wessel spürbar ist, verstärkte sich bei Karlstadt erstens durch die Übertragung der lateinischen Begrifflichkeit Wessels in die Nomenklatur der deutschen Mystik sowie zweitens über eine Veränderung und Weiterentwicklung von Wessels Modell, z. B. durch Einführung des Konzepts des „Studierens" der Seelen in einer sowohl diesseitigen als auch jenseitigen Schule Gottes mit dem Ziel der Vervollkommnung der „Kunst Gottes" (*scientia dei*)[186], weshalb er dieses „geistliche Fegefeuer" auch ein „vernünftiges Fegefeuer" nennen kann.[187] Er ersetzte Wessels „Paradies" durch die Metapher vom „Schoß Abrahams"[188] die nicht in räumlichen Kategorien beschrieben wird. Vielmehr spricht er von „drei Graden" der Gotteserkenntnis: in diesem Leben, im Schoß Abrahams und im ewigen Leben.[189]

Zusammenhänge zwischen Karlstadts *Sermon* und der Fegefeuerauffassung, wie Müntzer diese in einem Brief an Christoph Meinhardi in Eisleben am 14. Dezember 1523 vortrug[190] zeigt der Vergleich dieses Briefes mit Karlstadts *Sermon*. Gemeinsam ist Müntzer mit Karlstadt[191] die Ablehnung von Gebeten für die Toten[192] und das Konzept der „Studierung" der Verstorbenen zur Vervollkommnung der Gotteserkenntnis.[193] Beide betonen, dass sie mit ihrer Lehre

---

Reformation. Beiträge eines Arbeitsgesprächs vom 24.–25. November 1995 in Wittenberg, Lutherstadt Wittenberg 1998, 247–282, hier 251.

[183] WILLIAMS, GEORGE HUNSTON, The Radical Reformation, Philadelphia 1963, 104.

[184] KLEINER, JOHN WALTER, Andreas Bodenstein von Karlstadt's Eschatology as Illustrated by Two Major Writings of 1523 and 1539. (Thesis for the degree of Master of Theology.) Cambridge, Mass.: Harvard University, September 1966 (Typoskript), 131.

[185] ZORZIN, Karlstadt (wie Anm. 164), 239 spricht im Blick auf Karlstadts Sermon von dessen „mögliche[r] Beschäftigung mit Johann Wessels ‚Farrago'". Dabei verweist Zorzin auf Kleiners einleitende These (KLEINER, Eschatology [wie Anm. 167], 2), nicht auf Kleiners ausführlichen literarischen Vergleich von Karlstadts Sermon mit den Fegefeuerschriften Gansforts (ebd., 4–31), die die These bestätigt.

[186] KARLSTADT, Ein Sermon (wie Anm. 163), Bl. c 2^v–3^v.

[187] Ebd., Bl. c 2^v.

[188] Ebd., Bl. b 3^v–4^v.

[189] Ebd., Bl. a 4^v.

[190] ThMA 2, 221,6–222,2.

[191] KARLSTADT, Ein Sermon (wie Anm. 163), Bl. a 4^{r-v}.

[192] ThMA 2, 221,6; 221,17–222,1.

[193] ThMA 2, 221,10f.

nicht den papistischen Vorstellungen vom Fegefeuer nachgegeben haben[194], die Müntzer ein „getychtes fegfewr" nennt.[195]

Nachdem Müntzer in seinem Brief an Melanchthon den Wittenbergern vorwarf, sie würden das Fegefeuer leugnen, liegt die Annahme nahe, dass sich Müntzer und Karlstadt über dieses Thema ausgetauscht haben.[196] Über die auch in Karlstadts Sermon zur Sprache gebrachte „Kunst Gottes" wurde Müntzer im Dezember 1522 von dem Weimarer Hofprediger Wolfgang Stein befragt, wovon ein Protokoll Georg Spalatins existiert.[197] Auf einem Exemplar des ungefähr um jene Zeit erschienenen Sermons Karlstadts vermerkte Stein, dass es ihm der „frater in Christo" Andreas Karlstadt geschenkt habe.[198]

IV. Apokalyptik und neue Prophetie.
Müntzer, Karlstadt und die Zwickauer Propheten

Zum Abfassungsort des Briefes Müntzers an Melanchthon möchte ich, um weitere Forschungen anzuregen, folgende Hypothese bilden: Müntzer könnte sich zum Zeitpunkt der Abfassung seines Briefes im Hause Karlstadts aufgehalten haben, denn im Dezember 1522 zeigt sich, dass Müntzer damit rechnen konnte, bei Karlstadt als Gast willkommen zu sein. Er hatte Karlstadt offenbar mitgeteilt, in der Nähe zu sein. Karlstadt lädt ihn daraufhin brieflich am 21. Dezember 1522 ein[199] „Ich werde Dich in meine neue Wohnung mitnehmen, die ich auf dem Land gekauft habe. Ich glaube und hoffe, dass Du die Mühe nicht bereuen wirst."[200] Karlstadt hatte um die Jahreswende 1521/22 vorübergehend auch die drei aus Zwickau nach Wittenberg gekommenen „Propheten" bei sich aufgenommen, wie Felix Ulscenius, ein Informant Wolfgang Capitos in Wittenberg und Schüler Melanchthons, am 1. Januar 1522 an Capito meldete.[201]

Nach der Quellenlage wurden die sogenannten „Zwickauer Propheten" in Wittenberg erstmals explizit in einem Brief Melanchthons an den Kurfürsten

---

[194]　KARLSTADT, Ein Sermon, Bl. a^{r-v}. ThMA 2, 221,8–10.

[195]　ThMA 2, 221,10.

[196]　ZORZIN, Karlstadt (wie Anm. 164), 239 spricht im Blick auf Karlstadts *Sermon* von einer „Annäherung an Thomas Müntzer".

[197]　ThMA 3, 113 f.

[198]　HAAB Weimar: 7/cl/29 mit Geschenkvermerk auf dem Titelblatt, vermutlich von der Hand Steins: „frater in Christo Andreas Bodenstein von Karlstadth Wolff Steyn ⟨dono d⟩edit." An der in Klammern gesetzten Stelle findet sich im Original eine Rasur.

[199]　ThMA 2, 152,14–153,4. Zu diesem Brief vgl. BRÄUER, SIEGFRIED, Der Briefwechsel zwischen Andreas Bodenstein von Karlstadt und Thomas Müntzer, in: Bubenheimer/Oehmig (Hg.): Querdenker (wie Anm. 124), 188–209, hier 188–193.

[200]　ThMA 2, 153,3–5.

[201]　„Vir, de quo heri scripseram, apud Karolostadium conuersatur, qui adhuc alios duos habet familiares nunc absentes." MÜLLER, Die Wittenberger Bewegung (wie Anm. 51), 136.

vom 27. Dezember 1521 aktenkundig.[202] Doch schon am 13. Dezember 1521 berichtete der Theologieprofessor Johann Dölsch in einem Schreiben an den Kurfürsten ohne Namensnennung über Feinde der Geistlichkeit Folgendes:

„Dan sie lassen sich bereit hören, man sye fursten vnd hern nit schuldig, jhres willen gestatenn. Dan christen menschen sollen geleich sein, vnd alle ding gemein."[203]

Aufgrund anderer Quellen können wir diese Anschauungen den Zwickauer Propheten und/oder Müntzer zuordnen. Nach Melanchthons Brief an den Kurfürsten hielten sich diese Zwickauer für „prophetische und apostolische Männer", die Zukünftiges vorhersehen könnten. Sie seien durch eine „klare Stimme Gottes" gesandt, um zu lehren. Das deutet darauf hin, dass sie auch versuchten, ihre Botschaft in öffentlicher Predigt zu verbreiten. So wird verständlich, dass Luther in seinem Brief an Melanchthon empfiehlt, sich von jenen Männern fernzuhalten und sie nicht öffentlich lehren zu lassen; denn für die Ausübung einer solchen „öffentlichen Funktion" müsse eine Berufung durch Menschen – gemeint sind Amtsträger – hinzukommen.[204]

Nach der Quellenlage dürften die drei Boten aus Zwickau im Dezember 1521 nach Wittenberg gekommen sein. Es dürfte kein Zufall sein, dass in demselben Monat in Wittenberg eine Verteidigungsschrift für den 1498 in Florenz hingerichteten und von seinen Anhängern alsbald als Propheten und Märtyrer verehrten Girolamo Savonarola erschien, verfasst von Savonarolas Zeitgenossen Giovanni Francesco Pico della Mirandola. Mit dieser Schrift wird zugleich das Weiterleben der Prophetie gleich auf dem Titelblatt unterstrichen: *Opusculum de sententia excomunicationis iniusta, pro Hieronymi Savanorolae viri prophetae innocentia*.[205] Der Herausgeber der von Melchior Lother d.J. gedruckten

---

[202] Unter Hinweis auf die vorangegangenen Unruhen in Zwickau schreibt Melanchthon: „Ex horum motuum auctoribus huc advolarunt tres viri, duo lanifices literarum rudes, literatus tertius est. Audivi eos; mira sunt, quae de sese praedicant: missos se clara voce dei ad docendum, esse sibi cum deo familiaria colloquia, videre futura, breuiter, viros esse propheticos et apostolicos." MBWT 1, 417,10–14.

[203] Müller, Die Wittenberger Bewegung (wie Anm. 51), 102.

[204] WA.B 2, 424,16–425,21; MBWT 1,17–22.

[205] Pico della Mirandola Giovanni Francesco, JOHANNIS FRANCISci Pici Mirandulae Opusculum de sententia excom(m)unicationis iniusta, pro Hieronymo Sauanorolae viri prophetae innoce(n)tia, Wittenberg: Melchior Lotther d.J. 1521, VD 16 P 2656. – HAB Wolfenbüttel: H 66 Helmst. 4° mit einem lateinischen handschriftlichen Text Bl. F 3r–v, in dem die Verurteilung Savonarolas kritisch erörtert wird; entweder vom Schreiber oder nach dem Vortrag von einer anderen Person verfasst, da in „Ich"-Form geschrieben.) Vgl. in der Widmungsvorrede Picos an Hercules Aestensis, Bl. A 1v: „in Hieronimi prophetae nostri defensionem". In Buch I dieser Schrift wird kirchenrechtlich begründet, dass die Kirche und auch der Papst bei einer Exkommunikationssentenz irren können und dass eine ungerechte Exkommunikation nicht zu fürchten ist. In Buch II wird diese These auf die Verurteilung Savonarolas angewandt und seine Unschuld verteidigt: „Unde cerni nisi exoculatis, datum est hunc dei ministrum rerum futurarum praeconem, christianae fidei et promulgatorem et propagatorem, eorumque omnium qui ad supernam Hierusalem suspirant peritissimum ducem." (Lib. 2, c. 8; Bl. F 2r).

Ausgabe dieser Schrift gibt sich nicht zu erkennen, und dies deutet darauf hin, dass er wusste, wie „heiß" und potenziell subversiv dieser Stoff in der damaligen Wittenberger Situation war. Karlstadt hat die Erfahrung mit den neuen Propheten – ohne expliziten Hinweis auf diese Personen – in seiner *Predig oder Homilien uber den propheten Malachiam gnant* reflektiert, der ersten seiner neu begonnenen Wochenpredigten, der er für den Druck am 18. Februar 1522 eine Widmungsvorrede an Bartholomäus Bach, Stadtschreiber in St. Joachimstal, voranstellte. Müntzer scheint durch diese Predigt zur Wahl der auffallenden Titel angeregt worden zu sein, die er in seinem Brief Melanchthon und sich selbst beilegte. Er redet Melanchthon mit „organum Christi" („Instrument Christi") an.[206] Ein *organum* ist insbesondere ein Musikinstrument. Karlstadt schreibt:

> „Drumb geht gots Wort auß menschlichem munde gleich alß der gesanck durch orgeln[207]/ one tzuthun der natur. [...] Damit leret/vns die schrifft/wie got seyne wort/one des mundes tzuthun/außredet/Vnd Das der mund alleyn eyn instrument ist/ [...].“[208]

Müntzer unterzeichnete seinen Brief mit „Thomas Muntzer, nuntius Christi."[209] Karlstadt übersetzte in der Predigt den hebräischen Namen „Malachi" als „Meyn bott" und schreibt: „In der summ. Ein yeder dero gots wort verkundiget/vnd von dem geist gotis getriben wirt tzu verkundigung gotliche [sic!] wort, der mocht Malach genennt werden."[210] Ebenso hat auch Christus „seinen tzwolff boten seynen beuelh geben/alß er sie tzu boten macht/nemlich/das sie das reich gotis. vnd penitentz. solten predigen. [...]."[211] In diesem Licht stellt sich Müntzer mit dem Titel „nuntius Christi" in eine Reihe mit den Aposteln und kennzeichnet so seine missionarische Aufgabe, die er mit seinen zwei Missionsreisen nach Böhmen und Prag schon in Angriff genommen hatte.[212]

Es sei noch darauf aufmerksam gemacht, dass sich Müntzer nach seinem Gespräch mit Melanchthon und Bugenhagen im nahegelegenen Kemberg bei Propst Bernhardi, der Müntzer 1519 als Kaplan hatte anstellen wollen, aufgehalten ha-

---

[206] ThMA 2, 130,2. Ebd., Anm. 4, wird darauf hingewiesen, dass Luther in der Adresse seines Briefes an Melanchthon vom 9. September 1521 die Formulierung „Christi discipulo et organo" verwendet hatte (WAB 2, 382,1; MBWT 1, 340,1). Diesen Brief kann Müntzer kaum gekannt haben.

[207] Lateinisch: ‚organa'.

[208] BODENSTEIN VON KARLSTADT, ANDREAS, Predig oder homilien vber den prophete(n). Malachiam gnant. [...], Wittenberg: Nickel Schirlentz 1522, VD16 B 6181, Bl. B 2ʳ (Freys/Barge Nr. 93; Turmbibl. St. Andreas Eisleben: 385q mit Notizen Kaspar Güttels).

[209] ThMA 2, 137,5.

[210] KARLSTADT, Predig (wie Anm. 191), Bl. A 2ᵛ.

[211] Ebd., A3ʳ.

[212] Die Erklärung in ThMA 2, 137,61, es handle sich um eine „Selbstbezeichnung Müntzers in Zeiten ohne feste Anstellung" macht keine Aussage über den Sinn dieses Titels. Daran anknüpfend könnte man sagen, Müntzer betont mit dem Titel, dass ihn Christus in seinen Dienst gerufen hat, und zwar in den Dienst eines Apostels für die endzeitliche Mission. Diese Mission betreibt er auch unabhängig davon, ob er eine „feste Anstellung" hat.

ben könnte.[213] Nach der späteren Rückerinnerung des Joachim Camerarius sollen Markus [Stübner] und Martin Cellarius nach einem erfolglosen Gespräch mit Luther, das vor dem 12. April 1522 stattfand[214] von Wittenberg nach Kemberg gegangen sein.[215] Möglicherweise wählten sie das Ziel Kemberg, weil sie dort mit Müntzer zusammentreffen konnten.[216]

Karlstadt äußerte sich am 27. März in seinem Brief an Propst Pömer in Nürnberg zu Luthers Forderung der Schonung der Schwachen, die dieser in seinen Invocavit-Predigten namentlich gegen Karlstadt und Gabriel Zwilling gerichtet hatte. Dieser Brief Karlstadts[217] ist bislang nicht für die Rekonstruktion der damaligen Vorgänge in Wittenberg ausgewertet worden. An zwei Stellen bezieht sich Karlstadt auf namentlich nicht genannte Personen:

1. Zur Frage der Schonung der Schwachen beklagt Karlstadt: „Der gute Vater [näml. Luther] rückt die Schonung aus Liebe [nämlich gegenüber den Schwachen] in den Vordergrund. Und während er die Liebe reich macht, bleibt für die durch den Glauben lebendig Gemachten (*fide vivificatos*) bei den Starken kein sicherer Ort (*locus securitatis*) und auch nicht eine Umarmung der Liebe.[218] Mit den im Glauben Erweckten, denen von den Starken in Wittenberg – Luther und seinen Anhängern – kein sicherer Aufenthaltsort gewährt werde, dürfte Karlstadt neben dem in Ungnade gefallenen Schulmeister Georg Mohr, den er mit seinem Brief zu Hektor Pömer mit Bitte um Unterstützung schickte[219] auch Müntzer und seine Freunde gemeint haben. Auffallend ist, dass Karlstadt für die Charakterisierung dieser Personen die Formulierung „fide vivificat(i)" wählt: Leute, die durch den Glauben lebendig gemacht wurden. Diese Anspielung an die neutestamentliche Rede vom Geist, der lebendig macht,[220] erinnert, im damaligen Kontext gesehen, zugleich an Formulierungen Müntzers, z. B. in den mindestens größtenteils 1521/22 geschriebenen Randbemerkungen zu Tertullian: „Wenn sich die lebendige Theologie (*viva theologia*) wirklich ereignet, wird die wahre Kirche wachsen",[221] oder an Müntzers Rede vom „lebendigen

---

[213] Vgl. Bräuer, Briefwechsel (wie Anm. 182), 191 f.

[214] Luther berichtet hierüber in zwei Briefen vom 12. April 1522 an Georg Spalatin bzw. an Johann Lang: WA.B 2, 493,17–30 und 495,41–45. Luther rechnet Cellarius 495, 41 f. zu den „Cygneis prophetis"! Siehe dazu die Quellenkritik von Kaufmann, Thomas, Thomas Müntzer, „Zwickauer Propheten" und sächsische radikale. Eine quellen und traditionskritische Untersuchung zu einer komplexen Konstellation, Mühlhausen 2010 (Veröffentlichungen der Thomas-Müntzer-Gesellschaft 12), 77–80, Anm. 254 f.

[215] Camerarius, De vita Philippi Melanchthonis (wie Anm. 139), 53.

[216] Vgl. auch Siegfried Bräuer in ThMA 2, 151, Anm. 1.

[217] Bubenheimer, fränkische Heimat (wie Anm. 107), 44–48.

[218] Ebd., 46.

[219] Ebd., 46 f. Zu Mohr vgl. ebd., 26 f.; Kaufmann, Thomas Müntzer (wie Anm. 197), 58 f.

[220] 1 Kor. 15,45; 2 Kor 3,6; Joh. 6,64; 1 Petr. 3,18.

[221] Randnotiz Müntzers in: Quintus Septimius Florens Tertullianus, Opera [...], Basel: Johann Froben 1521, VD16 T 559. (Mscr. Dresd. App. 747 (2)), Bl. a 4ʳ: „dum viua theologia vsueuenerit: crescet vera ecclesia" in der Widmungsvorrede des Herausgebers Beatus

Wort (*vivum verbum*)"[222] im Unterschied zu dem in der Bibel geschriebenen Wort.

2. Angesichts des Wankelmuts Luthers, der von ihm früher selbst geforderte Reformen nach seiner Rückkehr widerrufen habe, befürchtet Karlstadt „den Zorn Gottes, für den gewisse Beweise und Vorzeichen am Himmel einigen Leuten aufgefallen sind"[223]. Obwohl Wunderzeichendeutung in jener Zeit verbreitet und nicht auf bestimmte religiöse Gruppen beschränkt war,[224] ergibt sich aus dem Kontext von Karlstadts Bemerkung, dass er sich auf Prognostiker des göttlichen Zorns bezieht, die Luthers Verhalten nach der Rückkehr von der Wartburg kritisch beurteilten. Zu den Leuten, die Himmelserscheinungen als göttliche Zeichen verstanden, gehörte nachweislich auch Müntzer, der vor der Schlacht von Frankenhausen eine Himmelserscheinung als Zeichen des göttlichen Beistands interpretierte.[225] Sicher rechnete er auch die Himmelserscheinungen zu den Werken Gottes, in denen sich Gott offenbart. „Die Werke der Hände Gottes bezeugen viel über Gott", schrieb Müntzer in seinen Tertullianband[226] ebenso wie: „Dass die Kreatur nichts bezeichne (designare), zeugt von größter Unkenntnis."[227] So könnten die namenlosen Himmelsdeuter, auf die Karlstadt sich bezieht, im Kreis um Müntzer zu suchen sein. Zwischen Luther und Karlstadt war im März 1522 der zentrale Konfliktpunkt Luthers Aufruf, die Reformen vorerst aufzuschieben, um dem noch schwachen, am alten Kult hängenden Gewissen kein Ärgernis zu geben. In der Frage der „Schonung

---

Rhenanus, kritisch gerichtet gegen die Aussage des Rhenanus: „[...] nunc ueteres autores incipiunt euoluere. quae res quantum emolumenti sit allatura toti mundo, breui apparebit." (Unterstreichungen von Müntzer.) – Da die von Müntzer verwendete Tertullian-Ausgabe im Juli 1521 erschien und von Müntzer nach Ausweis des Prager Bucheinbandes in Prag erworben wurde (zwischen Juli und November 1521), kann Müntzer mit der Lektüre und Glossierung während seiner Prager Zeit begonnen und sie anschließend fortgesetzt haben. Fast alle der in Müntzers Brief an Melanchthon angesprochenen Themen kommen in den Randbemerkungen vor, sodass diese sich für die Kommentierung des Briefes eignen. Zu dem Prager Bucheinband s. BUBENHEIMER, Prediger (wie Anm. 15), 34–38 mit Abb. 12–17. Ähnlich, jedoch eher ins Jahr 1521, datiert die Randbemerkungen Müntzers MATHESON, PETER, Thomas Müntzer's Marginal Comments on Tertullian, in: JThS 41 (1990), 76–90, hier 78, der auf die zahlreichen Parallelen zu der lateinischen Fassung des Prager Manifests hinweist.

[222] Randnotiz Müntzers ebd., Bl. b 3ʳ „vide stultitiam conciliorum⟨.⟩ de viuo verbo nihil loquuti sunt" zu einem in der *Admonitio ad lectorem de quibusdam Tertulliani dogmatis* des Beatus Rhenanus angeführten „*Decretum Vuormaciensis concilij*".

[223] BUBENHEIMER, fränkische Heimat (wie Anm. 107), 46.

[224] Vgl. KÜHNE, HARTMUT, Prophetie und Wunderzeichendeutung in der Reformation und im frühneuzeitlichen Luthertum. Beobachtungen zu wenig beachteten Zusammenhängen, in: James M. Stayer/ders., Endzeiterwartung bei Thomas Müntzer und im frühen Luthertum. Zwei Beiträge. Mühlhausen 2011 (Veröffentlichungen der Thomas Müntzer Gesellschaft 16), 26–53, bes. 31–36.

[225] Vgl. ebd., 26.

[226] Randnotiz Müntzers in: TERTULLIANUS, Opera (wie Anm. 204), 36: „Opera manuum dei multa testantur de deo".

[227] Randnotiz Müntzers ebd., 43: „Maxima ignorantia creaturam nihil designare".

der Schwachen" stellte sich Müntzer damals in der Sache auf Karlstadts Seite.[228] Weitere Zurückhaltung sei völlig fehl am Platz, denn die Endzeit habe bereits begonnen, das Gericht, in dem Auserwählte und Verdammte geschieden werden, stehe vor der Tür.[229] Müntzer betont, dass er wisse, an welchem Punkt der apokalyptischen Ereignisse man jetzt stehe: Die dritte Schale des göttlichen Zorns sei ausgegossen,[230] von der in Apk 16,4–7 mit folgenden Worten die Rede ist:

> „Und der dritte Engel goss aus seine Schale in die Wasserströme und in die Wasserbrunnen; und es ward Blut. Und ich hörte den Engel der Wasser sagen: Gerecht bist du, der du bist und der du warst, du Heiliger, dass du solches Urteil gesprochen hast; denn sie haben das Blut der Heiligen und der Propheten vergossen, und Blut hast du ihnen zu trinken gegeben; sie sinds wert. Und ich hörte den Altar sagen: Ja, Herr, allmächtiger Gott, deine Gerichte sind wahrhaftig und gerecht."

Müntzer will mit Hinweis auf diese Bibelstelle sagen: Jetzt ist die Zeit des Martyriums der Gerechten und der Propheten, aber die Strafe für deren Verfolger, der blutige Kampf der Endzeit, ist eingeleitet. Nach der Eroberung Belgrads durch die Türken im Jahr 1521 erwartete Müntzer, wie das Prager Manifest am 1. November 1521 belegt, eine alsbaldige Türkenschlacht als Teil der Endereignisse bereits für das Jahr 1522.[231]

Mit solchen apokalyptischen Spekulationen stand Müntzer in Wittenberg damals nicht allein. Dort herrschte vor Luthers Rückkehr von der Wartburg apokalyptische Hochspannung. Im Herbst hatte hier eine Seuche gewütet, die man als Zuchtrute Gottes gedeutet hatte. Unter diesem Vorzeichen wurde der reformatorische Prozess beschleunigt. Mit der Errichtung der „christlichen Stadt Wittenberg" waren Endzeiterwartungen verknüpft. Noch nach den Invocavit-Predigten fand im März 1522 in Abwesenheit Luthers und Melanchthons eine Disputation über den Papst als Antichristen unter dem Vorsitz Amsdorfs statt,[232] bei der apokalyptische Berechnungen eine Rolle spielten. Wir erfahren, dass man damals in Wittenberg den Beginn der Herrschaft des Antichristen, die nach Dan 7,24 und Apk 14,5 dreieinhalb Jahre währen würde, mit der Ver-

---

[228] ThMA 2, 135,3f.

[229] ThMA 2, 135,4–136,1.

[230] ThMA 2, 133,4f.

[231] „Darumb ruff ich eynen itlichen menschen an, das er do czu helffe, das Gots Wort mag vortediget werden. [...] Wirsthu das nicht tun, so wirt dich Got lassen dorch ten Turken ym czukunfftigem iar erslagen. Ich weysz vorwar, was ich rede, das es also ist." MSB 494, 18–23. Vgl. Fauth, Dieter, Das Türkenbild bei Thomas Müntzer, in: BThZ 11 (1994), 1–12, hier 10.

[232] Ein Bericht des Felix Ulscenius über diese Disputation bei Hartfelder, Karl, Melanchthoniana paedagogica. Eine Ergänzung zu den Werken Melanchthons im Corpus Reformatorum, Leipzig 1892, 122f. Die Thesen nach gedruckter Überlieferung (Wittenberg 1538) ohne Angabe des Disputationsanlasses, lediglich mit „1522" datiert, bei Köpf, Ulrich, Nikolaus von Amsdorf an der Universität Wittenberg (mit Abdruck von Disputationsthesen Amsdorfs), in: Irene Dingel (Hg.), Nikolaus von Amsdorf (1483–1565) zwischen Reformation und Politik, Leipzig 2008 (Leucorea-Studien zur Geschichte der Reformation und der Lutherischen Orthodoxie 9), 35–55, hier 54f., vgl. ebd., 51.

öffentlichung der Bannandrohung des Papstes gegen Luther im September 1520 identifizieren wollte. Nun, im März 1522, seien bereits eineinhalb Jahre vergangen, sodass noch zwei Jahre übrigblieben, d. h. bis zum Ende der Herrschaft des Antichrists und bis zum Beginn des Gerichts (Dan 7,26). Diese Deutung[233] vertrat ein namentlich nicht bekannter Augustinermönch, dem sich Johannes Bugenhagen anschloss, wobei er allerdings wohl mit Seitenblick auf die neuen Propheten den Vorbehalt machte, dass er kein Prophet sei.[234]

In diese aktuelle Debatte schaltete sich Müntzer mit seiner apokalyptischen Konkretion ein. Seine Berufung auf die dritte Zornesschale (Apk 16,4–6) bedeutet im Kontext der Apokalypse gesehen, dass für Müntzer der apokalyptische Prozess schon weiter fortgeschritten war als für die vorgenannten Wittenberger Theologen. Denn jene Zornesschale ist bereits ein Teil des Gerichts über den Antichristen. Hinsichtlich der apokalyptischen Berechnungen formulierte Müntzer in seinen Notizen zu Tertullian ausdrücklich einen Widerspruch gegen Luther: „Er [näml. Tertullian] verbindet die Ankunft des Antichristen mit dem Tag des Gerichts wie der Mönch Martin Luther. Ich aber widerspreche." Müntzer setzt diesen Widerspruch mit der These in Verbindung: „Das Gericht Christi wird lange Zeit währen. Viele Auserwählte werden einen Gottlosen verurteilen."[235] Hier spielt Müntzer auf Apk 20,4 an, wonach die Auserwählten im Tausendjährigen Reich zu Gericht sitzen werden vor dem letzten Gericht Christi. Zu Müntzers Vorstellungen gehörte in jener Zeit Aufenthalt in Prag und die Monate danach demnach auch die Erwartung eines Tausendjährigen Reiches,[236] wobei noch zu klären ist, wie Müntzer diese Erwartung historisch konkretisierte und ob er diese Erwartung später wieder fallen ließ.

Die apokalyptische Endzeiterwartung hat Müntzer mit seiner stark aus mystischen neben biblischen und patristischen Quellen gespeisten Offenbarungslehre verbunden, wie er sie auch im Rahmen seiner Kritik an der Wittenberger Praxis der Priesterehen vortrug. Indem die Wittenberger Theologen die göttliche Offenbarung auf das Buch der Bibel beschränken, beten sie einen stummen Gott

---

[233] Diese apokalyptische Konkretion findet sich nicht in Amsdorfs Thesen selbst, in denen kein näheres Datum für den Beginn der Herrschaft des Antichristen angegeben wird; diese habe sich eingeschlichen, nachdem nach dem Untergang des römischen Reiches das Papsttum weltliche Herrschaft in Italien übernommen habe (KÖPF, Nikolaus von Amsdorf [wie Anm. 215]), 54, These 46.

[234] HARTFELDER, Melanchthoniana paedagogica (wie Anm. 215), 122 f.

[235] Randnotiz Müntzers in Tertullianus, Opera (wie Anm. 204), 64: „Adiungit [scil. Tertullianus] aduentum Antichristi cum die iuditii Sicut Monachus Martinus luther⟨.⟩ ego autem contrarior". Von dieser am linken Rand eingetragenen Notiz zog Müntzer einen Strich zu einer am unteren Rand befindlichen ergänzenden Notiz: „Ad longum tempus durabit iuditium CHRISTI⟨.⟩ Multi electi damnabunt impium vnum".

[236] Auch SCHWARZ, REINHARD, Die apokalyptische Theologie Thomas Müntzers und der Taboriten, Tübingen 1977 (BHTh 55), 84 f. nimmt chiliastische Vorstellungen bei Müntzer an, verbindet diese jedoch mit anderen Inhalten, als es in den von Schwarz nicht herangezogenen Notizen zu Tertullian der Fall ist.

an.[237] Das in der Gegenwart aktuell wahre göttliche Wort wird dem Auserwählten nicht aus Büchern, sondern aus dem heute redenden Mund Gottes zuteil.[238] Die Offenbarung, die Gott in das Herz des Gläubigen einspricht, ist allerdings mit den Zeugnissen der Bibel zu vergleichen[239] denn auch diese wurden ihren Schreibern einst vom Geist eingegeben. Durch Schriftzeugnisse wird die Wahrheit des inneren Wortes bewährt oder die vermeintliche Offenbarung als Trug entlarvt. Der Glaube kann jedoch nur von jenem lebendigen Wort in der Seele des Menschen geschaffen werden, nicht vom erkalteten Buchstaben der Schrift. In diesem Rahmen fordert Müntzer die Kollegen auf: „O Allerliebste, bemüht Euch mit Eifer darum, prophetisch reden zu können! Sonst wird eure Theologie keinen Heller wert sein."[240] Und unter Rückgriff auf den Mystiker Johannes Tauler sagt Müntzer: „Glaubt mir, Gott ist bereiter, zu euch zu reden, als ihr bereit seid, ihn zu empfangen."[241]

V. Theologischer Pluralismus in Wittenberg und Luthers Deutungshoheit

„Hochgelehrter und Verfolger der Ungerechtigkeit" – mit diesen ehrenden Titeln redet Klaus Winkeler aus Braunschweig Thomas Müntzer in seinem Brief vom 25. Juli 1515 an.[242] Winkeler schreibt Müntzer zweifache Autorität zu, hinsichtlich seiner Bildung und – hier auffallend über die Formeln des Briefstils hinausgehend – hinsichtlich einer eher moralischen Haltung, nämlich gegen Ungerechtigkeit einzutreten. Wir wissen mangels Quellen, vielleicht auch mangels einschlägiger Forschung, bislang nicht, aus welchem Anlass Winkeler Müntzer letzteren Titel beigelegt hat. Der Begriff „Ungerechtigkeit" ist vieldeutig und darf nicht vorschnell aus der Perspektive des Bauernkriegs politisch interpretiert werden. Deutlich ist, dass Müntzer für Winkeler kein Anfänger war, weder hinsichtlich seiner Gelehrsamkeit noch hinsichtlich seines moralischen Anspruchs.

Müntzer hatte, bevor er mit den Wittenberger Theologen in Kontakt trat, schon eine prägende Etappe seiner Entwicklung und Laufbahn hinter sich. Er brachte theologische Standpunkte mit und dürfte schon ein eigenständiges Urteil gehabt haben, das ihm eine eigenständige Rezeption und Verarbeitung des in Wittenberg Gehörten ermöglichte. Nachdem er schon in Braunschweig mit den strittigen Ablassfragen befasst war, dürfte die Nachricht von Luthers An-

---

[237] ThMA 2, 131,1.

[238] ThMA 2, 131,5f.

[239] ThMA 2, 131,6–132,2.

[240] ThMA 2, 132,2f.

[241] ThMA 2, 132,4f. Zum Taulerschen Hintergrund dieser Aussage s. FAUTH, Thomas Müntzer (wie Anm. 129), 153f.

[242] „Hochgelarde vnd vorfolger der vnrechtverdicheyt, werdiger, leybber her!" ThMA 2, 9,3f.

griff auf den Ablass bei ihm die Erwartung erzeugt haben, in Wittenberg sowohl Bundesgenossen und Gesprächspartner zu finden als auch neue theologische Informationen und Anregungen zu bekommen.

Einseitig wäre es allerdings, Müntzer nur von seiner intellektuellen Seite, als gebildeten und eigenständigen Theologen wahrzunehmen. Er entwickelte auch Formen praktizierter Frömmigkeit, die je länger, desto mehr dazu beitrugen, ihn in Distanz zu dem akademischen Milieu der Universität Wittenberg zu bringen. Das Mitleiden mit Christus kannte er aus den mystischen Texten, aus Seuse und Tauler. Bereits in dem, was von seinen Jüterboger Predigten überliefert ist, wird deutlich, welche Konsequenz er aus der Gleichförmigkeit mit Jesus Christus (*conformitas Christi*) zog, nämlich nicht nur die Leiden des Tages in Geduld und Demut als göttliche Strafe und Schule anzunehmen, sondern in der Nachfolge Christi dem Märtyrertod entgegengehen zu müssen. „Der Jünger ist nicht über seinem Meister" (Mt 10,24 f.) war eine von Müntzers biblischen Losungen; diese bedeutete für ihn: Unbedingte Nachfolge führt in den Tod. Diese Märtyrerbereitschaft wurde zu einem Lebensskript Müntzers, nach dem er in den folgenden Etappen seines Lebens agierte. Müntzer bringt sie in seinen künftigen Schriften und Briefen unaufhörlich zur Sprache. Mystische Frömmigkeit und apokalyptische Erwartung waren zwei Quellen, aus der sich eine solche Martyriumsbereitschaft nähren konnte. Gab es Einflüsse aus Wittenberg, die Müntzers Weg in diese Richtung gefördert und mitgestaltet haben? Wir stoßen hier auf eine Forschungslücke: Martyriumsfrömmigkeit, Märtyrererziehung und die Inszenierung des Märtyrers in der frühen Reformation sollten erforscht werden. Man sollte untersuchen, wie Martyriumsbereitschaft in der frühreformatorischen Bewegung als ein Mittel der religiösen Auseinandersetzung entwickelt und gefördert wurde und wie sie den reformatorischen Prozess beeinflusste.

Müntzer wurde während seiner ersten Wittenberger Phase dort akzeptiert und gefördert. Antischolastizismus, Antiklerikalismus und der Kampf gegen die römische Kirche schweißte vorübergehend Personen mit unterschiedlicher theologischer Herkunft und in Teilen differierenden Konzepten zusammen. Müntzer konnte in Wittenberg mindestens eine Predigt halten, der Luther und Karlstadtschüler Franz Günther holte Müntzer als seinen Vertreter im Predigtamt nach Jüterbog, Propst Bernhardi wollte Müntzer in Kemberg als Kaplan anstellen. In Wittenberg wurde damals noch eine Bandbreite verschiedener theologischer Optionen toleriert oder auch dissimuliert.

Trotz der unverkennbaren Rezeption auch lutherischer Theoreme im Sinne eines Auswahlprozesses war Müntzer nie ein „Lutheraner", auch wenn er sich selbst gelegentlich, wie zum Beispiel in Prag, verbal so einführte und ihn seine Umwelt, für die zunächst der ihm mit Luther gemeinsame Kampf gegen das alte Kirchenwesen vorrangig von Interesse war, anfänglich so wahrnahm. Auch die im Kontext des Müntzerjubiläums 1989 favorisierte Bezeichnung Müntzers als eines „Wittenberger Theologen"[243] ist teilweise fragwürdig, da der Begriff de facto die Funktion hatte, Müntzer möglichst nahe an Luther heranzurücken. Würde der frühreformatorische Wittenberger Pluralismus[244] konsequent in der Müntzer-Forschung berücksichtigt, könnte der Begriff „Wittenberger Theologe" eine differenziertere historische Basis bekommen. Obwohl die Quellen zum Beispiel zeigen, dass einerseits Müntzer mindestens auf der persönlichen Ebene ein näheres Verhältnis zu Karlstadt als zu Luther entwickelt hatte und andererseits auch Luther Müntzer und Karlstadt eng beisammen sah, hat die Forschung die Beziehung zwischen Müntzer und Karlstadt nur rudimentär untersucht und stattdessen den großen Aufwand betrieben, die Beziehung Luther/Müntzer zu klären. Das liegt natürlich nicht nur am Lutherozentrismus reformations-geschichtlicher Forschung, sondern auch daran, dass die Luthertexte bequem zugänglich sind, während eine Gesamtausgabe der Schriften und Briefe Karlstadts fehlt. Es kann erwartet werden, dass die unter der Leitung von Thomas Kaufmann begonnene Karlstadt-Edition[245] auch der Müntzerforschung neue Impulse geben wird. Daneben ist auch die Bedeutung der humanistischen Lehrer in Wittenberg und der Theologen neben Karlstadt und Luther, insbesondere Melanchthon, für Müntzer weiter zu erforschen.

Bei Luther ist die Tendenz, die theologische Vielfalt wenigstens in der eigenen Fakultät zu begrenzen, zumindest ab 1519 schon erkennbar. Der Althumanist Ästicampian, der 1517 mit Unterstützung des Humanisten Georg Spalatin Mitglied der theologischen Fakultät geworden war[246] vertrat in der Kommentierung der Kirchenväter nicht Luthers Rechtfertigungstheologie. Im Mai 1519 war es Luther ein Dorn im Auge, dass Ästicampian es vorzog, in der theologischen Fakultät über *Adversus Iouinianum* des Hieronymus als in der Artistenfakultät über Plinius zu lesen. Er bat Spalatin eine Änderung zu veranlassen.[247] Im Sommersemester 1520 versuchte Luther, Studenten vom Besuch der Jakobusbriefvorlesung Karlstadts abzuhalten, und Karlstadt reagierte mit unverhohlener Polemik.[248] Theologische Differenzen zwischen den beiden wurden jetzt bereits auf dem Katheder ausgetragen. Nach der Rückkehr von der Wartburg beanspruchte

---

[243] Vgl. zum Beispiel JUNGHANS, Thomas Müntzer (wie Anm. 25).

[244] Vgl. den ähnlichen Ansatz von VOGLER, GÜNTER, Thomas Müntzer – Irrweg oder Alternative? Plädoyer für eine andere Sicht, in: ARG 103 (2012), 11–40, hier 12–16: „Vielfalt im reformatorischen Prozess" (12).

[245] KGK.

[246] BUBENHEIMER, Thomas Müntzer (wie Anm. 3), 161.

[247] Luther an Spalatin, 24. Mai 1519: „Miror, quod d. Iohannes Aesticampianus Iovinianum Hieronymi pre plinio malit profiteri. Siquid in hoc effecisti etiam, scire cupimus." WA.B 1, 407,79. Ästicampian war es bei seiner Berufung durch den Kurfürsten freigestellt worden, in der theologischen oder in der artistischen Fakultät (in letzterer über klassische Texte) oder in beiden Fakultäten zu lesen. Er las 1517/18 zunächst über die Briefe des Hieronymus, dann auf Bitten des Rektors zusätzlich über Plinius (vgl. BUBENHEIMER, Thomas Müntzer (wie Anm. 3), 161 f.). Luther wollte ihn offensichtlich dazu bringen, nur über Plinius zu lesen.

[248] Vgl. BRECHT, MARTIN, Andreas Bodenstein von Karlstadt, Martin Luther und der Ka-

Luther in den Invocavit-Predigten in seinem apostolischen Sendungsbewusstsein als erstberufener Reformator die theologische Deutungshoheit[249] für sich und griff Abweichler offen und namentlich an.[250] Schon in der Wartburgzeit hatte er briefliche Kontakte mit Karlstadt gemieden.[251] Mit Müntzer führte er im März 1522 kein Gespräch. Markus Thomae und Martin Cellarius ließ er im Gespräch abblitzen, indem er die Rolle dessen einnahm, der allein „die Geister" beurteilen kann, also auch in dieser Hinsicht Deutungshoheit beanspruchte. Die Folge dieser Entwicklung war letztlich, dass sich Karlstadt und Müntzer Entfaltungsmöglichkeiten fern von Luther – in Orlamünde bzw. Allstedt – aufbauten, offenbar nicht darauf gefasst, dass sich Luthers theologische Deutungshoheit innerhalb von zwei weiteren Jahren als landesherrlich gestützter Maßstab für das gesamte Ernestinische Sachsen durchsetzen würde.

---

non der Heiligen Schrift, Bubenheimer/Oehmig (Hg.), Querdenker (wie Anm. 124), 188–209, 135–150, hier 140–145.

[249] Vgl. KRENTZ, NATALIE, Ritualwandel und Deutungshoheit. Die frühe Reformation in der Residenzstadt Wittenberg (1500–1533), Tübingen 2014 (SMHR 74), 231–234.

[250] Vgl. BUBENHEIMER, Invocavitpredigten (wie Anm. 47), bes. 30–37.

[251] Allerdings lobte Luther am 14. Januar 1522 gegenüber Amsdorf Karlstadts Heirat und wollte an Ostern 1522 ein Hochzeitsgeschenk mitbringen. WA.B 2, 423,45–47. Aber gerade an diesem Vorgang ist auffallend, dass er dies über Amsdorf mitteilt, statt direkt an Karlstadt zu schreiben.

4. Luthers Stellung zum Aufruhr in Wittenberg 1520–1522 und die frühreformatorischen Wurzeln des landesherrlichen Kirchenregiments

Für Martin Luthers Werk und Wirkung gewann das Thema „Aufruhr" im deutschen Bauernkrieg schicksalhafte Bedeutung. Luthers Haltung gegenüber Thomas Müntzer und den revolutionären Bauern ist allgemein bekannt und viel diskutiert. Weit verbreitet ist die Sichtweise, der Bauernkrieg sei der entscheidende historische Wendepunkt gewesen, von dem aus das in Entwicklung begriffene evangelische Kirchenwesen den Weg hin zur Obrigkeitskirche und zum landesherrlichen Kirchenregiment genommen habe, und dies im Gegensatz zu Luthers Vorstellungen von einer auf die christliche Freiheit gebauten und allein durchs Wort gestalteten Gemeinde.[1] Aufgrund der durch den Bauernaufstand auf Seiten der Reformatoren ausgelösten Sorgen um den Fortbestand ihres Werkes erschiene diese Entwicklung plausibel genug: Besser eine landesherrlich geordnete Reformation als ein Untergang der evangelischen Bewegung in der Unordnung des Aufruhrs.

Wir werfen hierzu einige bislang an den Quellen wenig untersuchte Fragen auf: Wenn Luther entgegen einem breiten Strom seines theologischen Denkens im Verlauf der auf den Bauernkrieg folgenden Visitationen letztendlich die Anfänge des sich nun unübersehbar etablierenden landesherrlichen Kirchenregiments toleriert hat – war dies ein Akt der Akzeptanz des kleineren Übels, die Hoffnung auf eine vorübergehende Notlösung, oder gibt es in der Entwicklungsgeschichte von Luthers eigener Theologie Ansätze, die in diese Richtung führen konnten? Um dies zu klären, müssen wir die weitere Frage aufwerfen, wie sich denn Luther hinsichtlich der Stellung der Obrigkeit in den dem Bauernkrieg bereits voraufgehenden Krisensituationen verhalten und geäußert hat, die durch Aktivitäten aus den Reihen der eigenen Anhängerschaft ausgelöst wurden und durch die der Reformator sein Werk und damit das neuentdeckte Evangelium bedroht sah. Eine solche Krisensituation war die Wittenberger Bewegung 1521/22. Als Leitfaden für die Untersuchung der Quellen der Wittenberger Bewegung wählen wir den Begriff und das Phänomen des „Aufruhrs"[2]. Zum einen durch-

---

[1] HOLL, KARL, Luther und das landesherrliche Kirchenregiment (1911), in: ders., Gesammelte Aufsätze zur Kirchengeschichte, Bd. 1, Tübingen ⁷1948, 326–380. Eine Variante dieser Auffassung bei BRENDLER, GERHARD, Martin Luther. Ein politisches Portrait aus marxistischer Sicht, in: Blätter für deutsche und internationale Politik 28 (1983), 1348–1362, hier 1360f.

[2] Vgl. BAEUMER, MAX L., Sozialkritische und revolutionäre Literatur der Reformationszeit, in: IAL 5 (1980) 169–233, hier 221–227.

zieht dieser Begriff die einschlägigen politischen und theologischen Quellen der Jahre 1521/22 wie ein roter Faden. Zum anderen lassen sich am Phänomen des „Aufruhrs" gleichzeitig sowohl die jeweiligen politischen Beziehungen zwischen den Wittenberger Theologen, der Wittenberger Gemeinde und der kurfürstlichen Landesobrigkeit als auch die darauf jeweils reagierende theologische Auseinandersetzung mit den Problemfeldern Obrigkeit und Gemeinde, Gehorsam und Widerstand, Ordnung und Freiheit studieren. Dass beides – politische Situation und theologische Diskussion – hier eng aufeinander bezogen werden soll, entspricht den neueren methodischen Tendenzen in der Erforschung von Luthers Verhältnis zur Obrigkeit, in denen die systematisierende Darstellung des Problemfeldes als Obrigkeitslehre[3] zurücktritt hinter einer entwicklungsgeschichtlichen Erforschung von Luthers Verhältnis zur Obrigkeit, indem die jeweiligen Schriften und Äußerungen Luthers stärker als zuvor als Reaktion auf eine spezifische politische oder biographische Erfahrung verständlich gemacht werden sollen.[4]

Die vorliegende Untersuchung wird beschränkt auf die Aufruhrproblematik in Wittenberg von 1520 bis 1522. Dabei muss es vorrangig um die Auseinandersetzung Luthers mit den vorrevolutionären Tendenzen in der Wittenberger Bewegung 1521/22 während seines Wartburgaufenthalts gehen.[5] Unter dem Aspekt des „Aufruhrs" beziehen wir hier die wenig zur Kenntnis genommenen Wittenberger Unruhen des Jahres 1520 ein. Luther hat bereits zu diesen Vorgängen in spezifischer Weise Stellung genommen, so dass wir seine Haltung zu einem „Aufruhr" kennenlernen können, der im Gegensatz zu den späteren Wittenberger Unruhen offenbar nicht religiösen Motiven entsprang.

Für Luthers Reaktion auf die Wittenberger Unruhen des Jahres 1521/22 sind neben seinen Briefen die Hauptquellen die nach der Rückkehr von der Wartburg gehaltenen berühmten Invocavitpredigten, und davor – bereits weniger bekannt – seine erste direkt der Aufruhrthematik gewidmete Veröffentlichung: „Eine treue Vermahnung an alle Christen sich zu hüten vor Aufruhr und Em-

---

[3] Die klassische Arbeit des systematisierenden Zugangs ist HECKEL, JOHANNES, Lex charitatis. Eine juristische Untersuchung über das Recht in der Theologie Martin Luthers, hg. v. M. Heckel, Köln [2]1973.

[4] Vgl. den Bericht von BRADY, THOMAS A. JR., Luther and society. Two Kingdoms or Three Estates? Tradition and experience in Luther's social teaching, Vortrag vor dem Sechsten Internationalen Kongreß für Lutherforschung in Erfurt 1983, LuJ 52 (1985), 197–212.

[5] Damit werden gleichzeitig meine Studien zur Wittenberger Bewegung fortgeführt: BUBENHEIMER, ULRICH, Scandalum et ius divinum. Theologische und rechtstheologische Probleme der ersten Innovationen in Wittenberg 1521/22, in: ZSRG.K 59 (1973), 263–342 (Beitrag [5] im Sammelband). Seither sind mir an Spezialuntersuchungen zur Wittenberger Bewegung bekannt geworden: PREUS, JAMES SAMUEL, Carlstadt's *ordinaciones* and Luther's liberty. A study of the Wittenberg Movement 1521–22, Cambridge/Mass. 1974 (HThS 27); BRECHT, MARTIN, Luther und die Wittenberger Reformation während der Wartburgzeit, in: Günther Vogler (Hg.), Martin Luther. Leben. Werk. Wirkung, Berlin 1983, 73–90; zum Aufruhrproblem ebd., 79–82.

pörung", unmittelbar nach der Rückkehr von einem heimlichen Aufenthalt in Wittenberg im Dezember 1521 verfasst. Allerdings ist es seit der Edition dieser Schrift im achten Band der Weimarer Ausgabe im Jahre 1889[6] in der Lutherforschung nahezu communis opinio, dass sich die Veranlassung dieser Schrift nicht mehr erschließen lasse. Insbesondere wird seither in allen Ausgaben abgewiesen, dass die damaligen Wittenberger Ereignisse Luther zur Abfassung dieser Schrift veranlasst hätten, oder dass er mit der „Treuen Vermahnung" direkt in die durch jene Ereignisse ausgelösten Auseinandersetzungen eingreife.[7] Diese Auffassung soll hier widerlegt und Luthers „Vermahnung" historisch in den Kontext der Wittenberger Bewegung und ihrer Vorgeschichte eingeordnet werden.

I. „Aufruhr" in Wittenberg 1520

1. Der Verlauf der Studentenunruhen im Jahr 1520

Den Anlass zum Rückgriff von der Wittenberger Bewegung 1521/22 zu den Unruhen des Jahres 1520 gibt Luther selbst im Schlusssatz der „Treuen Vermahnung": „Das seyn ditzmal gnug / zur *newen* vormanung für auffruhr vnd ergernusz tzu behutten / auff das nitt durch vnsz selbs / das heylige gottis wortt vor vnheyligt werde"[8]. Die Formulierung „zur newen vormanung" hat die Editoren mangels Deutungsmöglichkeit irritiert und zu der Konjektur „zur trewen vormanung" verleitet, wobei man voraussetzte, Luther habe am Schluss noch einmal die Formulierung der Überschrift aufnehmen wollen.[9] Hier ist zuerst die philologische Fragwürdigkeit dieser textkritischen Operation anzumerken. Die äußeren Kriterien sprechen gegen sie. Der Wittenberger Erstdruck ist in Eile gedruckt worden und enthält insgesamt 29 Druckfehler.[10] Eine gründliche Korrektur wurde offenbar erst nach dem Ausdruck der ersten Auflage gelesen. Denn in der zweiten Wittenberger Auflage[11] sind alle Druckfehler der ersten Auflage verbes-

---

[6] WA 8, 676–687 mit der Einleitung von G. Kawerau, 670–675; neuste Edition in LStA 3, 15–26 von S. Mühlmann (1983).

[7] WA 8, 670f.; BoA 2, 299 (1930); MüA[4] 4, 322 (1964). In LStA 3, 12f. (1983) behauptet S. Mühlmann einerseits weiterhin, dass „konkrete Einzelheiten zur Veranlassung [...] nicht mehr feststellbar" seien, und stellt fest, dass „nicht die Tumulte in Wittenberg am 3. und 4. Dezember 1521 [...] der Grund für Luthers Unruhe gewesen sein" könnten. Andererseits wird diese Sicht abgeschwächt durch die Einräumung, es sei „doch nicht zu übersehen, daß Erfahrungen aus jüngst Erlebtem Niederschlag in unserer Schrift finden."

[8] LStA 3, 26,35–37 = WA 8, 687,24–26.

[9] WA 8, 687,25 Anm.; BoA 2, 310,23 Anm.; LStA 3, 26 Anm. 202.

[10] Eyn trew vormanung Mar=‖ tini Luther tzu allen Chri= [‖ sten. Sich tzu vorhuten ‖ für auffrühr vnnd ‖ Empörung. ‖ Vuittemberg, [Wittenberg: Melchior Lotter d. J. 1522], VD16 L 6776. (J. Benzing, Lutherbibliographie, Baden-Baden 1966, Nr. 1046; Exemplar der UB Münster: Coll. Erh. 169.) Zählung der Druckfehler nach den textkritischen Anmerkungen der LStA. Weiteres zur Druckgeschichte s. u. S. 138f.

[11] Eyn trew vormanung Mar= ‖ tini Luther tzu allen Chris= ‖ ten. Sich tzu vorhuten ‖ für

sert.[12] Hier wie in allen weiteren Ausgaben der Jahre 1522/23[13] ist aber „zur newen vormanung" stehen geblieben.

Das sachliche Problem dieser Formulierung liegt darin, dass man sie so gelesen hat, als würde bei Richtigkeit des Originalwortlauts auf eine frühere Publikation zum Thema Aufruhr zurückverwiesen, so dass unsere Schrift als „neue Vermahnung vor Aufruhr und Ärgernis" eine zweite diesem Thema gewidmete Publikation wäre. Eine frühere Schrift Luthers zu diesem Thema ist aber tatsächlich nicht überliefert. Bei näherem Zusehen lässt sich dem Schlusssatz aber nur soviel entnehmen, dass Luther den Adressaten schon zu einem früheren Zeitpunkt eine „Vermahnung vor Aufruhr und Ärgernis" zuteil werden ließ, nicht aber, dass diese gedruckt worden sei. Die Annahme einer Schrift Luthers wird auch dann hinfällig, wenn wir – wie später gezeigt werden wird – in den Adressaten die Wittenberger Gemeinde sehen können, der Luther ja nicht nur geschrieben, sondern als Prediger der Stadtkirche viel mehr gepredigt hat. Wenn aber die Schrift vorrangig an die Wittenberger Gemeinde gerichtet ist, dann erfährt auch die Schlussformulierung „auf daß nicht durch uns selbst das heilige Gotteswort verunheiligt werde" eine prägnante und im übrigen auch die nächstliegende Deutung auf die Wittenberger Gemeinde.

Mit unserer Frage, ob Luthers „Treuer Vermahnung" im Verlauf der Wittenberger Reformationsgeschichte schon etwas thematisch Ähnliches voraufgegangen ist, werden wir im Jahr 1520 einschlägig fündig. In diesem Jahr kam es in Wittenberg zweimal zu Unruhen, die aus der Sicht des kurfürstlichen Hofes und Luthers als Aufruhr (*seditio*) betrachtet und behandelt wurden. Diese sogenannten Wittenberger Studentenunruhen des Jahres 1520 müssen wir etwas ausführlicher darstellen, da sie in der reformationsgeschichtlichen Literatur bislang nur ausschnittweise behandelt wurden und dabei manches Ungenaue und Unrichtige tradiert wurde.[14]

Im Februar 1520 kam es zu ersten Zusammenstößen zwischen Studenten und Bürgern. Auf Bürgerseite werden immer wieder der Maler Lukas Cranach d. Ä. sowie Mitarbeiter in dessen Werkstatt als Hauptangriffsziel der Studenten

---

auffruhr vnnd || Empörung. || Vuittemberg, [Wittenberg: Melchior Lotter d. J. 1522], VD16 L 6777. (Benzing Nr. 1047; HAB Wolfenbüttel: Yv 1648. Helmst. 8°.)

[12] Aus diesem Grund liegt den Editionen zu Recht die Zweitausgabe zugrunde. LStA vermerkt keine Druckfehler in der Zweitausgabe.

[13] Benzing Nr. 1048–1055.

[14] FÖRSTEMANN, KARL EDUARD, Der Studenten-Auflauf zu Wittenberg im J. 1520, Neue Mittheilungen aus dem Gebiet historisch-antiquarischer Forschungen 8 (1850), H. 2, 51–71 bietet Auszüge und Regesten aus einem Aktenfaszikel des Staatsarchivs Weimar (Reg. 0 Nr. 460) mit der Aufschrift „Der Studenten Ufflauf wieder Lucas Cranach den Mahler etc. Ao. 1520". Weitere Auszüge daraus in UBUW Nr. 84–91, 101–106. Vgl. FRIEDENSBURG, WALTER, Geschichte der Universität Wittenberg, Halle a. S. 1917, 150 f.; BRECHT, MARTIN, Martin Luther. Sein Weg zur Reformation 1483–1521, Stuttgart 1981, 282–284. Weitere Literatur s. bei Lukas Cranach. Gemälde, Zeichnungen, Druckgraphik, hg. v. Dieter Koepplin/Tilmann Falk, Basel 1974–1976, 1, 22 mit 2, 750 Anm. 56.

genannt,[15] doch betrafen die Auseinandersetzungen mindestens im Juli einen größeren Bürgerkreis. Den ursprünglichen konkreten Anlass für die Auseinandersetzungen kennen wir nicht. Religiöse Motive werden in den Quellen nicht genannt. Es scheint sich um ein Glied in den auch schon in früheren Jahren immer wieder belegten sozialen Spannungen zwischen Studenten und Bürgerschaft[16] zu handeln, in deren Verlauf 1511/12 auch einige Bürger zu Tode gekommen waren.[17] Die tätlichen Auseinandersetzungen im Februar, bei denen Studenten und Bürger bewaffnet waren, führten zum Erlass einer Ordnung durch die kurfürstlichen Beamten,[18] in denen Studenten und Bürgern gleichermaßen das Waffen tragen strengstens verboten wurde.[19] Von da an rückte der Streit um das Waffen tragen in den Mittelpunkt der Auseinandersetzungen.

Der erste Versuch des Kurfürsten zur Befriedung der Wittenberger Szene ist missglückt. Im Juli 1520 eskalierten die Auseinandersetzungen, in die nun auch Stadtrat und Bürgerschaft stärker verwickelt waren. Es zeigte sich, dass unter den Studenten insbesondere die Adligen und unter den Bürgern insbesondere die Oberschicht, für die der Cranach-Kreis steht, das Waffenverbot wiederholt missachteten. Die zuständigen Organe der Stadt – der Stadtrichter Kaspar Teuschel und die Stadtknechte – griffen offenbar hart durch, wenn sie einen Studenten mit Waffen antrafen, und verhielten sich gegenüber den Bürgern anscheinend zurückhaltender. Dieser Umstand führte schließlich im Juli zu einem Aufruhr der Studenten gegen die Bürger. Stadtknechte und Stadtrichter hatten in mehreren Fällen bereits Studenten unter Gewaltanwendung entwaffnet und

---

[15] In der Literatur wird ungenau von „Malergesellen" oder „Malschülern" Cranachs als den Betroffenen gesprochen. Doch wird in den Quellen Cranach selbst immer wieder als Betroffener genannt. Von mehreren Malern ist die Rede im Brief Luthers an Spalatin, 1520 Febr. 24; WAB 2, 49,3 und in einem Anschlagzettel der Studenten (FÖRSTEMANN, Studenten-Auflauf [wie Anm. 14], 61 Anm. 1). Die Rede von „Malergesellen" geht zurück auf einen Beschwerdebrief von „Adel gesellen [!] Studenten zw Wittenbergk" an Kurfürst Friedrich, Wittenberg, 1520 Juli 14: „[...] etliche von Bürgern [...] furderliche Lucas Moler mit etlichen seynen gesellen" (ebd., 52). Wie der Gebrauch des Worts „geselle" schon in der Formulierung des Absenders zeigt, können mit „gesellen" auch einfach „Freunde, Parteigänger" gemeint sein, also andere Bürger (vgl. ebd., 53: „Lucas Moler und andern Burgern"). Nichtsdestoweniger dürften die neben Cranach beteiligten Maler der Werkstatt Cranachs angehören. Von „Malschülern" (WAB 2, 51 Anm. 16) ist aber in den Quellen nicht die Rede. Die von den Studenten angegriffene Gruppe besteht also aus Bürgern, zu denen u. a. Lukas Cranach d. A. und einige seiner Mitarbeiter gehören.

[16] UBUW Nr. 29, 61 (1509); Nr. 33, 62 (1511); Nr. 41, 65 f. (1512); Nr. 49 f., 71 f. (1513); Nr. 76, 93 f. (1519).

[17] UBUW Nr. 34,63. Am 14. Febr. 1520 verweist der Kurfürst im Zusammenhang mit den neuen Unruhen auf jene Ereignisse zurück (Nr. 78, 94 f.). Die hier erwähnte Ermordung des Universitätsrektors im Oktober 1512 (s. Nr. 42, 67 Anm. 1) stand allerdings im Zusammenhang mit Kämpfen zwischen sächsischer und fränkischer Nation (Nr. 40–44, 65–67).

[18] Wolfgang Reißenbusch, Präzeptor von Lichtenberg und Kanzler der Universität, sowie Christoph Groß, Amtmann zu Belzig. UBUW Nr. 79, 95 f.

[19] Ebd., Nr. 80, 96–99. Die Ratsherren waren allerdings vom Verbot des Waffentragens ausgenommen (ebd., 96), so dass die Studenten Cranach selbst, der Ratsherr war, zu Unrecht beschuldigen (s. u. bei Anm. 23).

bestraft.[20] Zuletzt kam es am Donnerstagabend, den 12. Juli zu Schlägereien zwischen einigen Studenten und Stadtknechten, als diese den heimkehrenden adligen Studenten Alexander von Stotternheim[21] entwaffnen wollten. Dieser und ein Stadtknecht wurden verletzt.[22]

Am folgenden Tag kam es zu einer Gegenreaktion der Studenten gegen Stadtrichter und Stadtknechte als auch gegen Lukas Cranach d. Ä., die Maler und weitere Bürger, die nach Meinung der Studenten provokativ Waffen tragen würden.[23] In einem Anschlag wurden die Studenten aufgefordert, ihre Beschwerden vorzubringen.[24] Auf dem Kirchhof des Franziskanerklosters, wo sich um 800 Studenten versammelten,[25] wurde vom Predigtstuhl aus zu einem Verbündnis gegen die Bürger aufgefordert, dem sich nach der Wahl von Hauptleuten ein Teil der Studenten anschloss. Von den Rädelsführern und Hauptleuten sind namentlich bekannt der schlesische Adlige Balthasar von Brumnitz[26], der den Anschlag gemacht haben soll, ein weiterer Edelmann namens Pausc[27] sowie die Magister und Medizinstudenten Stephan Wild[28] und Augustin Schürf[29], die beide im nächsten Jahr Medizinprofessoren werden sollten. Wurden die Hauptleute offenbar zur Anführung der geplanten tätlichen Aktionen vorgesehen, so wurde gleichzeitig für die amtlichen Verhandlungen ein zwölfköpfiger Ausschuss gewählt,[30] der die Forderungen der Studenten bei Universität und Rat durchsetzen sollte. Die Versammlung wurde in das (alte) Kollegium[31] verlegt und

---

[20] Im Beschwerdebrief der Studenten an den Kurfürsten vom 14. Juli 1520 wird bereits ein Fall vom 17. Febr. 1520 (unmittelbar nach oder am Tag der Verkündung der vom Kurfürst erlassenen Ordnung) genannt, später war ein „Edelmann aus Franken" und dann am 9. Juli Nikolaus von Tannenberg betroffen. FÖRSTEMANN, Studenten-Auflauf (wie Anm. 14), 52 f.

[21] Alexander von Stutternheim, aus Niederlausitzer Adel in Golssen, Diözese Meißen, stammend; immatrikuliert am 2. Jan. 1515: Album Academiae Vitebergensis. Ältere Reihe. 1502–1602, hg. v. K. E. Förstemann u. a., Leipzig 1841, Bd. 1, 54.

[22] FÖRSTEMANN, Studenten-Auflauf (wie Anm. 14), 53.

[23] Ebd., 52.

[24] Ebd., 61 Anm. 1.

[25] Diese Zahl nennt Spalatin: KLEEBERG, ALFRED, Georg Spalatins Chronik für die Jahre 1513 bis 1520 (Diss. Jena), Borna/Leipzig 1919, 32 f., zit. WAB 2, 143 Anm. 3. In der Zeugenaussage eines Bürgers ist von 1000 aufrührerischen Studenten die Rede (FÖRSTEMANN, Studenten-Auflauf [wie Anm. 14], 64).

[26] FÖRSTEMANN, Studenten-Auflauf (wie Anm. 14), 53.63.66.68.

[27] Ebd., 64.69.

[28] Ebd., 68.70. Über ihn s. WB, 353–358. Am 28. Jan. 1521 promovierte er zum Doktor der Medizin.

[29] FÖRSTEMANN, Studenten-Auflauf (wie Anm. 14), 65: Er hat zum Einschreiben in eine Namensliste (wahrscheinlich eine Bundesliste) aufgefordert. Über ihn s. WB 320–334. Sein berühmter Bruder Hieronymus Schürf, Professor der Jurisprudenz und kurfürstlicher Rat, war zum Zeitpunkt der Unruhen in Berlin (FÖRSTEMANN, Studenten-Auflauf [wie Anm. 14], 60; UBUW Nr. 86, 102).

[30] UBUW Nr. 88, 104.

[31] „in collegio" (Spalatin an der in Anm. 25 genannten Stelle). Collegium ist das Hauptgebäude der Universität auf dem Elsterende (WB 20 Anm. 2).

eine Audienz beim Rektor erzwungen.[32] Der Ausschuss forderte als erstes beim Rektor die Aufhebung des im Februar erlassenen Verbotes des Waffentragens. Die Angelegenheit wurde in einer Senatssitzung verhandelt, von der Luther empört an Spalatin berichtet.[33] Nach Luthers Darstellung stand der damalige Rektor, der Medizinprofessor Peter Burkhard aus Ingolstadt[34], auf Seiten der Studenten. Ihm wirft Luther vor, er habe die Universität fast in Mord und Totschlag verwickelt, indem er den Studentenpöbel weiter gegen Stadtrat und Bürgerschaft aufgewiegelt habe, statt den Aufruhr zu stillen.[35] In der Senatssitzung hat Petrus Lupinus (Wolf, gest. 1521), Theologieprofessor und Schatzmeister der Universität[36], nach Luther „aufs beste gegen den Aufruhr gesprochen"[37]. Dieses Votum gegen die Studenten wurde aber von dem damals schon etwa 75-jährigen Thomas Eschaus, ebenfalls Doktor der Medizin[38], in einer solchen Weise zurückgewiesen, dass Luther aus Protest aufstand und den Saal verließ – „in der Erkenntnis, daß der Satan den Vorsitz dieser Versammlung führt"[39]. Die Senatsmehrheit beschloss schließlich „gegen das Mandat des Kurfürsten", wie Luther betont, dass den Studenten das Waffentragen künftig erlaubt sein solle.[40] Während sich somit die Theologen Luther und Lupinus gegen die aufrührerischen Studenten stellten, nennt Luther ausdrücklich noch den Kollegen Nikolaus von Amsdorf als Parteigänger der Studenten.[41] Waren die Theologen gespalten, so fällt gleichzeitig ein besonderes Engagement von Medizinern für die Sache der Studenten auf, zu denen auch die oben genannten Stephan Wild und Augustin Schürf gehörten.

Trotz der Verhandlungen an der Universität gingen parallel die gewalttätigen Aktionen der Studenten weiter. Hatten sie zunächst die Häuser der Stadtknechte gestürmt und das des Stadtrichters bedroht, so versammelten sich von etwa 13 bis 16 Uhr über 200 Studenten vor dem Schloss und der Propstei.[42] Der Wit-

---

[32] Förstemann, Studenten-Auflauf (wie Anm. 14), 69; UBUW Nr. 91, 105.

[33] 1520 Juli 14; WAB 2, 142,1–143,24.

[34] WB, 322–325.

[35] WAB 2, 142,8–10.

[36] Ihm und Andreas Bodenstein von Karlstadt hat Luther 1519 seinen Galaterkommentar gewidmet. Barge 1, 166; WB 241; Hammer, Gerhard, Militia Franciscana seu militia Christi. Das neugefundene Protokoll einer Disputation der sächsischen Franziskaner mit Vertretern der Wittenberger theologischen Fakultät am 3. und 4. Oktober 1519. II. Teil, in: ARG 70 (1979), 59–104, hier 88 Anm. 120.

[37] WAB 2, 143,13 f. Ein Missverständnis bei Brecht, Luther (wie Anm. 14), 283, der Lupinus zu den Parteigängern der Studenten zählt.

[38] WB, 276–279. Der Ratsherr Otto Zulsdorf hatte laut seiner Zeugenaussage über den Doktor der Medizin Martin Berger (WB 237 f.) von konspirativen Vorgängen im Hause Eschaus erfahren.

[39] WAB 2, 143,14–16.

[40] Ebd., Z. 16 f.

[41] WAB 2, 163,5 f.

[42] Förstemann, Studenten-Auflauf (wie Anm. 14), 57 f. Die Studenten versuchten nicht,

tenberger Schoßer Gregor Burger begab sich darauf zu der außerhalb der Tore gelegenen Bastei, um dort Waffen für die geplante Abwehraktion zu besorgen, was die Studenten zu einem erfolglosen Sturm auf die Bastei veranlasste. In der Nacht von Freitag auf Samstag beorderte der Schoßer die Leute der Vororte (Neustadt und Pratau) aufs Schloss und bewaffnete sie. Zusätzlich wurde die halbe Wittenberger Bürgerschaft in Alarmbereitschaft versetzt; die ganze Nacht über ließ der Rat Wachen in der Stadt aufstellen. Der Grund für diese Vorsorgemaßnahmen waren insbesondere Pläne von Studentenseite, in der Stadt Feuer zu legen, um dann in der erhofften Verwirrung die Bürger anzugreifen.[43] Am Freitagabend war es auch bereits zu Schießereien gekommen, wobei die Studenten aus beiden Kollegien geschossen hatten.[44]

Am Samstag scheint eine gewisse Beruhigung eingetreten zu sein. Die Universität schickte einen der Anführer, Balthasar von Brumnitz, zusammen mit Magister Johann Heß mit den studentischen Beschwerden an den kurfürstlichen Hof.[45] Dort war man allerdings nach Eingang der am selben Tag erstatteten ersten Berichte sofort zu einer demonstrativen Strafaktion entschlossen. Für alle überraschend besetzte am Montagmorgen ab 2 Uhr früh unter der Führung des Marschalls Hans von Dölzig Fußvolk die Stadt und schloss die Tore, um der Rädelsführer habhaft zu werden. Trotzdem hatten sich schon einige der Anführer wenigstens vorübergehend aus dem Staub gemacht. Die Parteien wurden den ganzen Tag über verhört, insbesondere die Mitglieder des Ausschusses. Lukas Cranach hat dabei insbesondere gegen den Rektor der Universität Klage geführt, mit dem er noch vor Beginn der Verhöre heftig aneinandergeriet.[46] Für die Ausschussmitglieder und die Hauptleute wurde – offenbar befristet – Verweisung von der Universität angeordnet. Die kurfürstlichen Verordnungen vom Februar wurden erneut in Geltung gesetzt.[47] Obwohl die Universität am 27. Juli bat, die weiteren Untersuchungen einzustellen, um den Ruf der Universität nicht noch weiter zu schädigen, beharrte der Kurfürst unnachgiebig auf der Bestrafung der Aufrührer.[48]

2. *Luthers Reaktion auf den Studentenaufruhr*

Regelmäßig, wenn es in Wittenberg Unruhen gab, äußerte sich Luther dazu von der Kanzel. Bereits zu den Februarunruhen hat er in dieser Form Stellung be-

---

das Schloss zu stürmen, wie BRECHT, Luther (wie Anm. 14), 282 schreibt: s. FÖRSTEMANN, Studenten-Auflauf (wie Anm. 14), 58.

[43] FÖRSTEMANN, Studenten-Auflauf (wie Anm. 14), 58 f. 63–66.

[44] Ebd., 67.

[45] Ebd., 53 f.

[46] Ebd., 59–61; UBUW Nr. 86. 88 f. 101–105.

[47] UBUW Nr. 90, 105.

[48] FÖRSTEMANN, Studenten-Auflauf (wie Anm. 14), 54–56.

zogen. Typisch[49] für seine Beurteilung[50] solcher Vorgänge ist, dass er die ersten Anzeichen von Unruhen sofort als ein „Werk des Teufels" klassifiziert. Auf der pragmatischen Ebene urteilte Luther über die Vorgänge im Februar zwar noch, dass sie aufgebauscht würden und dass bei den Befriedungsmaßnahmen – die kurfürstliche Ordnung – die Verhältnismäßigkeit der Mittel nicht gewahrt geblieben sei: Gerade sie seien mit so „großem Tumult und Getöse" durchgeführt worden und könnten daher die gegenteilige Wirkung haben. Aber andererseits ist ihm – vermutlich auf dem Hintergrund seiner mit dem Stichwort *opus diaboli* angedeuteten theologisch-apokalyptischen Sicht – die Angelegenheit wichtig genug, um im Verlauf einer Predigt darauf einzugehen.[51] Eindeutig scheinen seine Ausführungen mindestens für einen Teil seiner Hörerschaft nicht gewesen zu sein, denn hinterher haben ihm beide Parteien Begünstigung der jeweils anderen Seite vorgeworfen.

Ist Luther im Februar auf die Wittenberger Ereignisse in der Predigt wohl noch nebenbei eingegangen, so hielt er am Sonntag, den 15. Juli 1520, einen Tag vor der kurfürstlichen Polizeiaktion, eine Themapredigt gegen den Aufruhr. Luther selbst schätzte die Predigt als gemäßigt ein.[52] Dabei sei er vorsätzlich weder für eine der streitenden Parteien eingetreten noch habe er den aktuellen Vorfall direkt zum Gegenstand seiner Ausführungen gemacht. Er habe vielmehr ausdrücklich die aktuellen Ereignisse als eine kindische Unruhe bezeichnet, weil er zum Zeitpunkt seiner Predigt den Aufruhr bereits für unterdrückt und beendigt hielt. In Spannung zu dieser abwiegelnden Bemerkung stehen aber die weiteren Auslassungen Luthers: Er habe in der Predigt allgemein über das Übel und die Gefahren jedweden Aufruhrs gepredigt, gleichgültig, ob ein solcher durch Bürger oder durch Studenten angezettelt würde. Ziel von Luthers Predigt war, „die Gewalt der Obrigkeiten herauszustellen, die von Gott eingesetzt ist, damit nicht durch Aufruhr alles zerrüttet werde"[53]. In anderen Worten: Bereits in dieser frühen Aufruhrpredigt würdigt Luther die weltliche Obrigkeit als eine von Gott zum Zwecke der Verhütung von politischem Chaos gestiftete Institution, da ständig ein Aufruhr des Pöbels drohe. Gerade weil die Kollegen und Studenten den Pöbel (*vulgus*) erregt hätten, verweigert Luther hier seiner Universität

---

[49] Vgl. OBERMAN, HEIKO AUGUSTINUS, Luther. Mensch zwischen Gott und Teufel, Berlin 1982, 260 ff.

[50] Luther an Spalatin, 1520 Febr. 24; WAB 2, 49,29–40.

[51] „Metuo, ne causa tanta non sit, quantum faciunt Venti quidam, qui eam inflant. Egi in concione pro ea." WAB 2, 49, 30–32. „Pro ea" bezieht sich grammatisch auf „causa" zurück. Unklar ist, „wofür" Luther in der Sache eingetreten ist. Mit BRECHT, Luther (wie Anm. 14), 282 verstehe ich „contio" als Predigt, wie eindeutig WAB 2, 143,19 in Verbindung mit 144,7.

[52] Luther an Spalatin, [Wittenberg], 1520 Juli 17; WAB 2, 144,6–10 und 1520 Juli 22; WAB 2, 147,3–10.

[53] „[...] commendans potestatem magistratuum in hoc a Deo institutam, ne seditionibus omnia vastarentur." WAB 2, 144,9 f.

die Solidarität. Denn diese Erregung des Pöbels ist ein Machwerk des Teufels,[54] der kein anderes Mittel findet, den Weg des neu entdeckten Wortes Gottes zu stören.[55] Unter dieser Perspektive – so urteilt Luther jetzt – ist selbst den kleinen Anfängen kompromisslos zu wehren.[56] Damit stellt Luther seinerseits nun doch eine Verbindung zwischen den Unruhen und seiner Predigt des Evangeliums her. Er bekämpft auch den Aufruhr als gegen seine Predigt des Evangeliums gerichtet, der nicht religiös motiviert ist und sich nicht auf die Bibel beruft.[57]

Die grundsätzliche Bedeutung, die Luther den laufenden Vorgängen beimisst, kann kaum drastischer herausgestrichen werden als durch sein Bild von den Kämpfen der letzten drei Jahre, das er in einem Brief an Spalatin so skizziert: Augsburg 1518 (Kampf gegen Cajetan: der Teufel in Rom[58]) – Leipzig 1519 (Kampf gegen Eck: der Teufel in der Theologie) – Wittenberg 1520 (der Teufel in den eigenen Reihen)[59]. Die apokalyptische Dimension – Luther verbindet Aufruhr regelmäßig mit der Erwartung des Endes dieser Welt – drückt sich darin aus, dass Luther eine Vision oder Himmelserscheinung auf den Wittenberger Studentenaufruhr bezieht.[60] Hier helfen nicht Klugheit oder Waffen, sondern allein das Gebet und ein starker Glaube[61].

Da Luther also am 15. Juli 1520 eine Themapredigt über Aufruhr hielt und seinen Ausführungen einen grundsätzlichen Charakter hatten – er wollte einen Unterricht geben „über jeden künftigen Aufruhr, der sich ereignen könnte"[62] –, konnte er sehr wohl im Dezember 1521 die Wittenberger in der „Treuen Ver-

---

[54] WAB 2, 147,14 f. Entsprechend an Johann Lang, 1520 Juli 29; ebd., 151,15 f.

[55] WAB 2, 144,14–16.

[56] WAB 2, 145,35 f.: „Non sunt contemnenda parva, praesertim quae autore Satana exordium sumunt."

[57] WAB 2,143,20–22: „Scio Satane esse negocium, qui, cum nusquam possit nocere verbo dei apud nos redeunti, hac arte saltem ei infamiam querit." Vgl. 144,12 f.: „[...] prodeunt tandem cogitationes cordium, quibus intelligi possit, qui vere et qui ficte nostram theologiam audierunt."

[58] Vgl. WAB 2, 48,26 ff., wo Luther hintereinander vom Papst als Antichrist und von den Studentenunruhen als opus diaboli schreibt.

[59] WAB 2, 145,29–31: „Singulis annis hoc triennio insigne aliquod periculum passus sum: primo Augustae, secundo Lipsiae, nunc Vittenbergae." Dazu ebd., 144,14–16.

[60] An Spalatin, 1520 Juli 17: „Visionem illam Lyranam, mi Spalatine, nihil aliud arbitramur esse, quam hanc ipsam seditionem. Magnus vir crassum scilicet vulgus significat fere in omnibus prophetis et visionibus." WAB 2, 145 Anm. 1 z. St. wird zu „Lyranam" bemerkt: „Wahrscheinlich ist eine Himmelserscheinung gemeint, die in Lier in Belgien beobachtet worden war." „Magnus vir" im zweiten Satz deutet jedoch darauf hin, dass es sich um eine von Nikolaus von Lyra (um 1270 – um 1349) berichtete oder ausgelegte Vision handeln dürfte, die in dessen Schriften nicht nachzuweisen wäre. Bei DINZELBACHER, PETER, Vision und Visionsliteratur im Mittelalter, Stuttgart 1981, ist Nikolaus von Lyra nicht aufgeführt. – Bereits einen knappen Monat nach den ersten Unruhen im Februar 1520 beschäftigte Luther eine Wiener Himmelserscheinung, die er auf sich bezog, ohne allerdings ausdrücklich die jüngsten Wittenberger Vorgänge zu erwähnen: an Spalatin, 1520 März 19; WAB 2, 72,12–14.

[61] WAB 2, 145,31–35.

[62] WAB 2, 147,3–5.

mahnung" an diese frühere Predigt zurückerinnern. Da diese Predigt in Wittenberg auch noch einigen Wirbel erregte, konnte sie sich der Erinnerung der Augen- und Ohrenzeugen desto besser einprägen.

Mit seiner Predigt über Aufruhr ist Luther bei den Studenten und auch bei einem Teil der Kollegen schlecht angekommen. Man warf ihm vor, die Partei des Stadtrats ergriffen zu haben.[63] Empörte Drohungen wurden gegen Luther ausgestoßen: Falls der Mönch noch eine solche Predigt halten würde, würde ihm einer noch in der Kirche mit einem Stein auf den Kopf schlagen. Ein anderer drohte, ihn umzubringen.[64] Luther fühlte sich daher vorübergehend auch in Wittenberg nicht mehr sicher.[65] Einige Kollegen schrieben Beschwerdebriefe über Luther an Spalatin[66], deren Inhalt wir nicht kennen. Jedenfalls bewirkten diese Berichte, dass auch Spalatin in dieser Sache sehr verärgert über Luther war. Dies hing vielleicht damit zusammen, dass die Universität gerade wegen des Aufruhrs um ihren Ruf fürchtete. Und nun bezichtigte Luther sie – mindestens indirekt – in einer öffentlichen Predigt des Aufruhrs. Dazu würde Luthers wenig universitätsfreundliche Bemerkung passen, ihm sei ein Rückgang der Studentenzahl lieber als solche Aufrührerei.[67] Er wittert auch hinter der Wittenberger Studentenschwemme die teuflische Macht des Pöbels.

Eindeutig ist, dass Luther in dieser Angelegenheit sich mit den Interessen der weltlichen Obrigkeit traf, jedes Anzeichen eines Aufruhrs zu unterbinden. Schon am Samstag, den 14. Juli, hatte er Spalatin aufgefordert, beim Kurfürsten eine deutliche und scharfe Rüge für den Universitätsrektor Peter Burkhard wegen seiner Unterstützung der Studenten zu erwirken.[68] Am 22. Juli 1522, eine Woche nach dem Aufruhr, schreibt er dann auf Anregung Spalatins an den Kurfürsten und an Hans von Dölzig, der den militärischen Einsatz befehligt hatte,[69] wahrscheinlich in der Absicht, seine Position zum Aufruhr schriftlich

---

[63] WAB 2, 144,11.

[64] UBUW Nr. 87, 103.

[65] WAB 2, 145,29.

[66] WAB 2, 147,12f. Erhalten ist nur eine Äußerung Melanchthons, an Spalatin, Wittenberg, o. D.; CR 1, 263: „Res hic tranquillae sunt, multa scio ad te scribi duriora quam pro re. Dominum oremus, qui suas literas fortunet." MBW, Nr. 100 datiert den Brief auf 14. Juli 1520 mit der Begründung: „Nach den Studentenunruhen des 13., vor Hans von Dölzigs Polizeiaktion vom 17. [vielmehr: 16.] 7. 1520 [...]". Der Datierungsspielraum muss aber auf „14. Juli oder später" erweitert werden. Der Brief kann frühestens am 14. Juli geschrieben sein, da erst an diesem Tag die ersten Schreiben an den kurfürstlichen Hof abgingen (WAB 2, 142–144; UBUW Nr. 84f., 101). Unsere Darstellung der Vorgänge zeigt aber, dass die Bemerkung „res hic tranquillae sunt" zwar vielleicht am 14. 7. geschrieben sein könnte, eher aber in den darauffolgenden Tagen. Vgl. die Parallele im Bericht Hans von Dölzigs an den Kurfürsten, Wittenberg, 1520 Juli 16; Förstemann, Studenten-Auflauf (wie Anm. 14), 60 = UBUW Nr. 86, 102: „Die Studenten seint ganz in stil [...]". Der nächste Brief Melanchthons an Spalatin stammt vom 22. Juli [1520]; MBW, Nr. 101.

[67] WAB 2, 143,17f.

[68] WAB 2, 142,6–8.

[69] WAB 2, 147,12.

darzulegen. Gleichzeitig droht er Spalatin aber, falls dieser ihn weiter mit seinen Vorwürfen reizen würde, auch das vor den Kurfürsten zu tragen.[70] Der Kurfürst jedenfalls drückte Ende August sein Wohlwollen gegenüber Luther durch das Geschenk eines Wildbrets aus.[71] Luther drückte in den Tagen des Aufruhrs auch Sympathie für die seiner Meinung nach schuldlose[72] betroffene Bürgerschaft aus in den Worten, die Studenten, die nur auf die eigenen Nachteile starren würden, hätten nie soviel erlitten wie die Bürger.[73]

Noch drei Wochen nach der Predigt, am 5. August, berichtet Luther, dass „alle" – damit sind wohl Studenten und Kollegen gemeint – von seinen „Schmähungen" reden würden. So sieht er, der das Selbstbewusstsein hat, die Wahrheit gepredigt zu haben, sich in der Nachfolge der ungehörten alttestamentlichen Propheten.[74] Die ganze Angelegenheit löste bei Luther eine tiefe Enttäuschung aus: „Ich wollte, wenn es Gott gefällt, des Lehrens und Predigens entbunden werden. Es ergreift mich fast der Überdruß, wenn ich so wenig Frucht und Dankbarkeit gegen Gott wachsen sehe"[75]. Auch diese Äußerung ist noch einmal ein Hinweis darauf, wie sehr Luther mit Ordnung oder Aufruhr seine Sache stehen oder fallen sieht.

II. „Aufruhr" in der Wittenberger Bewegung 1521/22

1. Die Entwicklung bis zu den Dezemberunruhen – Pfaffensturm und Bürgerungehorsam

Als die Universität im Juni 1521 dem Kurfürsten als Nachfolger des nach Ingolstadt zurückgekehrten Medizinprofessors Peter Burkhard den Stephan Wild vorschlug, lehnte dies der Kurfürst zunächst unter Hinweis auf Wilds Beteiligung an den Studentenunruhen des Vorjahres ab. Erst nach einer erneuten Empfehlung seitens der Universität und einem Entschuldigungsschreiben Wilds wurde dieser berufen.[76] Dies ist ein Hinweis, wie ernst der Kurfürst die Vorgänge des Jahres 1520 nahm. Er hatte sie noch nicht ad acta gelegt, als sich bereits neue Unruhen im Lager der Wittenberger Reformbewegung abzuzeichnen begannen.

---

[70] Ebd., 147,15–18.
[71] Luther an Spalatin, 1520 Sept. 1; WAB 2, 180,4f. Vgl. BERBIG, GEORG, Georg Spalatin und sein Verhältnis zu Martin Luther auf Grund ihres Briefwechsels bis zum Jahre 1525, Halle 1906 (QDGR 1), 121. Dafür, dass sich der Kurfürst über Luthers Eingreifen in den Aufruhr missbilligend geäußert habe (ebd., 120), findet sich in den Quellen kein Beleg.
[72] WAB 2, 142,10.
[73] An Spalatin, 1520 August 5; WAB 2, 163,6–8.
[74] Ebd., 163,9–164,11.
[75] Ebd., 164,25–27. Vgl. schon 144,19–145,28.
[76] UBUW Nr. 104–106, 112–115; FÖRSTEMANN, Studenten-Auflauf (wie Anm. 14), 70f.

Während Luthers Wartburgaufenthalt begegnen uns in den Wittenberger Akten zunächst vereinzelte Berichte über Tätlichkeiten, die diesmal ihre Nahrung aus dem religiösen Gärungsprozess bezogen. Schon im Juli 1521 beklagt sich die Universität beim Kurfürsten, dass während einiger Nächte Priesterhäuser gestürmt worden seien. Sie begnügt sich zwar mit der Klassifizierung der Vorgänge als „Unfug", erbittet aber doch unterstützende Maßnahmen des Kurfürsten.[77] Am 8. Oktober berichtete der Kanzler Gregor Brück an den Kurfürsten von einer neuen Aktion: Danach haben am 5. und 6. Oktober Studenten den zum Terminieren umreitenden Antoniusboten mit Kot und Steinen beworfen, ihn durch Störungen zur Kürzung seiner Predigt gezwungen, den zur Weihe bereitstehenden Weihwasserkessel umgestoßen und schließlich ein Spottgedicht an der Kirche angeklebt.[78] In beiden Fällen scheint der Kurfürst nicht aktiv geworden zu sein, was sich vielleicht daraus erklärt, dass die Begrenztheit der Aktionen jeweils deutlich genug war.

Auf diesem Hintergrund nimmt es aber nicht wunder, dass das Stichwort „Aufruhr" sehr schnell und zuerst von kurfürstlicher Seite in die Debatte geworfen wird, als es im Oktober 1521 zu der ersten nicht obrigkeitlich abgesegneten Reformaktion kommt, die für die weitere Entwicklung ein grundsätzliches Gewicht hatte. Im Augustinerkloster war seit dem 6. Oktober eine Reform der Messe[79] vorgenommen worden. Der Kurfürst, bereits unzufrieden über die unterbliebene Berichterstattung seitens der Universität und des Stiftskapitels, beauftragte am 10. Oktober seinen Kanzler Brück, mit Universität und Stiftskapitel darüber Verhandlungen zu führen. In der Instruktion für Brück heißt es: „Vnd wellest sie in deinen reden, wie du weist, bewegen, so vil möglich, die ding wol zubedenncken, vf das die Sachen vf gute wege gericht, Domit *zcwispaldigkait, aufrur vnd ander beswerung* verhut werden"[80]. Die Forderung, „Aufruhr und Beschwerung" zu vermeiden, durchzieht in dieser oder in ähnlichen Formulierungen nun mehrere Monate die kurfürstliche Korrespondenz mit den Wittenbergern.[81] Dabei sind „Zwiespalt" und „Aufruhr" deswegen von vornherein miteinander verbunden, weil „Zwiespalt" zwischen verfeindeten Parteien, wie es der Fürst aufgrund der Ereignisse des Jahres 1520 sehen konnte, den Keim des Aufruhrs in sich trug. Es war zunächst Karlstadt, der geschulte Jurist, der dieses Anliegen umgehend aufgriff. In der großen Disputation über die Messe vom 17. Oktober 1521[82] sprach er sich in der Sache zwar für die Meßreform aus,

---

[77] UBUW Nr. 107, 116.

[78] WB Nr. 5, 19f.

[79] Näheres s. BUBENHEIMER, Scandalum et ius divinum (wie Anm. 5), 295ff.

[80] WB Nr. 8, 27.

[81] Beispiele: 1520 Okt. 25 Instruktion für Christian Beyer für Verhandlungen mit dem in der Meßfrage eingesetzten Universitätsausschuß (WB Nr. 20, 52.54); 1521 Nov. 3 Kurfürst Friedrich an den Prior des Augustinerklosters Konrad Helt (WB Nr. 24, 57); 1521 Nov. 5 an die der Reform sich widersetzenden Stiftsherren (WB Nr. 25, 66) usw.

[82] Siehe BUBENHEIMER, Scandalum et ius divinum (wie Anm. 5), 303–311.

jedoch müßte diese „ohne Tumult, und ohne daß den Gegnern ein Anlaß für Verleumdungen geliefert wird", geschehen.[83]

Ab Anfang November beginnen die Berichte der noch altgläubigen Stiftsherren und Reformgegner an den kurfürstlichen Hof, in denen die Gefahr eines Aufruhrs immer dringlicher angemahnt wird. In diesem Zusammenhang werden immer wieder die Predigten des Augustiners Gabriel Zwilling als besonders brisant erwähnt. Am 4. November 1521 berichten sieben den jüngsten Reformen abgeneigte Stiftsherren[84] an den Kurfürsten:

> „Es ßal auch offt genanter bruder Gabriel jüngst mit vnhofflichen Worten seinen eigen vnd andere geistliche ordenn mit entdeckung irer gebrechen vnd sunden öffentlich vorleumet vnd gesmehet haben auff dem Predigstul, graußem vnd schendlich von der Messe vnd den Priesteren geredt [...] Aldo alle pfaffen vnd Monich dem volck ane maß vornichtigt, Sagend, were einen pfaffen oder monnich sehe, der sold das Creutz für sich slagen"[85].

Die Stiftsherren drücken die Befürchtung aus, dass das zu einem allgemeinen Pfaffensturm führen werde.[86] Der Kurfürst antwortete auf dieses Schreiben zunächst zurückhaltend, da er erst die angeforderte endgültige Stellungnahme des im Oktober eingesetzten Universitätsausschusses über die Messreform abwarten wollte,[87] die sich jedoch dann bis zum Dezember verzögern sollte, da die vom Kurfürsten verlangte Einigung des Ausschusses mit Universität und Stiftskapitel nicht zustande kam.

Ein noch düstereres Bild vom Weg in den Aufruhr zeichnete in einem Schreiben an den Kurfürsten am 12. November der Augustinerprior Konrad Helt, der zu den Reformen seiner Mönche seine Zustimmung nicht gegeben hatte. Er vor allem betont, dass die Entwicklung zu einem Aufruhr des Volkes führen könnte. Besonders in der Augustinerkirche seien wilde Predigten gehalten worden, die „zu merklicher Schmähung der geistlichen Orden, Entsetzung, Ärgernis und Aufruhr des gemeinen Volkes" führen könnten. Es sei von der Kanzel dazu aufgefordert worden, die Mönche notfalls mit Gewalt aus den Klöstern zu treiben und die Klostergebäude zu zerstören. „In solchem predigen, welches vil mehr zu auffruhr des Volkes vnd schedigung des nechsten dan zu pesserung reichen, hat der gemein man mer gefallens dan mitleidens." Infolge dieser Predigten seien bereits 13 Brüder unter Verstoß gegen den Ordensgehorsam ohne Erlaubnis ihrer Vorgesetzten aus dem Kloster ausgetreten. Jetzt würden sie – teils als Studenten, teils als Bürger lebend – „böse Buben" gegen den Prior und die noch im Kloster

---

[83] Felix Ulscenius an Wolfgang Capito, Wittenberg, 1521 Okt. 23; WB Nr. 18, 48.

[84] Lorenz Schlamau, Ulrich von Dinstedt, Matthäus Beskau, Otto Beckmann, Sebastian Küchenmeister, Georg Elner, Johann Volmar.

[85] WB Nr. 25, 60.

[86] Ebd.

[87] Kurfürst Friedrich an die in Anm. 84 genannten Stiftsherren, Lochau, 1521 Nov. 5; WB Nr. 26, 66f.

verbliebenen Mönche aufhetzen, „also das wir vns alle stundt verlikeit vnser vnnd des closters zubesorgen haben." Der Prior bittet daher den Kurfürsten förmlich um Schutz für das Kloster. Die abschließende Bitte des Priors, seine Klage „grosser verlikeyt" wegen nicht an die Universität weiterzumelden,[88] deutet darauf hin, dass die Vorgänge bislang von der Universität geduldet und dort die Reformkräfte bereits die Oberhand hatten.

Dass die Befürchtungen des Priors nicht aus der Luft gegriffen, wenngleich vielleicht aus taktischen Erwägungen dramatisiert waren, zeigten die Studenten- und Bürgerunruhen, die am 3. Dezember begannen. Dass die Ereignisse der folgenden Tage auch außerhalb der offiziellen Korrespondenz von Ratsseite als „Aufruhr" bewertet wurden, zeigt die Kämmereirechnung der Stadt, bei der taktische Formulierungskünste unnötig waren: Dort sind verschiedene „des Aufruhrs halben" entstandene Ausgaben vermerkt[89].

In der Reformbewegung ist jetzt insofern eine neue Stufe erreicht, als nach Ausweis der erhaltenen Quellen zum erstenmal Studenten und Bürger gemeinsame Aktionen durchführen. Wie 1520 scheint die Bewaffnung ein Indiz für die rasche Bewertung der Aktion als „Aufruhr" gewesen zu sein. Der Rat, mittlerweile offenbar sehr sensibel für die Brisanz solcher Vorfälle geworden, informierte den Kurfürsten schriftlich umgehend nach dem Beginn der Studenten- und Bürgeraktion.[90]

Am Dienstagmorgen, den 3. Dezember, hatte eine Gruppe von Studenten und Bürgern schon früh die Priester, die das Marienoffizium in der Pfarrkirche zu singen hatten, mit Steinwürfen am Abhalten der Messe gehindert. Danach hielt die Gruppe die Priester gewaltsam von der Frühmesse ab, indem sie die Messbücher wegtrugen und die Priester von den Altären trieben. Insbesondere die Studenten, so behauptet der Rat, hätten unter ihren Röcken bloße Messer getragen, was einen erneuten Verstoß gegen das erst in den Unruhen von 1520 eingeschärfte Verbot des Waffentragens bedeutete. Der Rat beeilt sich, Bestrafung der beteiligten Bürger zu versichern. Auch der Rektor der Universität – im Wintersemester 1521/22 Johann Eisermann, Dozent der Artistenfakultät[91] – habe in Aussicht gestellt, „fordern auffror vorzuseyn". Kaum war der Ratsbrief geschrieben, da erhielt der Rat neue Informationen, wonach viele Mitbürger sich mit der genannten Gruppe solidarisieren und einen Aufruhr machen wollten. In einem Nachtrag zu seinem Schreiben an den Kurfürsten kündigt der Rat an, dass er alsbald weiter ermitteln und von neuen Erkenntnissen Meldung machen werde.[92]

---

[88] WB Nr. 28, 67–69.
[89] WB, 81 Anm. 3; Anm. 5.
[90] Ebd., Nr. 32, 73 f.
[91] Über ihn ebd., 268–272.
[92] Ebd., Nr. 32, 74.

Am folgenden Tag, den 4. Dezember, mehrten sich die Anzeichen für einen bevorstehenden Klostersturm. Studenten schlugen zunächst einen verlorenen Text an die Kirchtür des Barfüßerklosters an, worauf sich vierzehn Studenten dort versammelten, die Klosterbrüder mit Verbalinjurien angriffen und sie – ähnlich wie zuvor in der Stadtkirche – am Abhalten von mehr als einer Messe hinderten. Hier finden wir auch den ersten eindeutigen Beleg für Bilderstürmerei in Wittenberg: Ein geschnitzter Altar wurde fast eingerissen.[93] Anscheinend wurde damals einem Franziskusbild der Kopf abgeschlagen.[94] Den Klosterbrüdern wurde die Warnung vor einem für die folgende Nacht geplanten Klostersturm der Studenten zugetragen, worauf der Rat das Kloster die Nacht über bewachen ließ. Jedoch drängt er am 5. Dezember den Kurfürsten einzugreifen, „hirmit wir vor weytherm auffroer zu sambt der Cleriseyn beyn vns vorhutten vnd vorsehen"[95].

Mittlerweile hatte der Kurfürst auf den ersten Bericht des Rats vom 3. Dezember in zwei Schreiben reagiert. In ruhigem Ton bestärkte er den Rat in seinem Vorhaben, die Unruhestifter zu bestrafen.[96] Seinen Zorn richtete er jetzt in einer überdurchschnittlich scharfen Instruktion für seinen Rat Dr. Christian Beyer gegen die Universität, der Beyer klar machen soll, dass dem Fürsten „solch tetlich furnemen gantz vnleidlich" sei.[97] Beyer gewann bei seinen Verhandlungen mit der Universität nicht die besten Eindrücke, denn er resümiert, dass es besser wäre, wenn die Universität, die bisher eine eigene Gerichtsbarkeit hatte, „der weltlichen Hand", d. h. der städtischen Gerichtsbarkeit, unterstellt würde. Die Universität schob die Hauptschuld am Aufruhr auf „etlich studentenn von Erffurth, dye an yen selbst entporisch seyn"[98], unter Anspielung auf das Erfurter Pfaffenstürmen im Mai/Juni 1521.[99] Dieselbe Taktik, den Schwarzen Peter weiterzugeben, hatte schon der Rat verfolgt, indem er die Schuld der Studenten an der Aktion des 3. Dezember als größer dargestellt hatte als die der beteiligten

---

[93] Anonyme Zeitung aus Wittenberg, [1522 bald nach 6. Jan.]; WB Nr. 68, 152 f.

[94] Herzog Georg von Sachsen berichtet über die Wittenberger Vorgänge an die Herzöge Johann d. J. und Friedrich d. J., Coburg, 1521 Dez. 25: „[...] als nemlich, das man das heilige sacrament under beider gestalt gebraucht, etliche prister, die das amt der heiligen messe haben halden wollen, mit gewaldiger hant dovon vorstort, St. Franciscus bilde gnomen und enthaubet, des heiligen geists botschaft mit stein geworfen." Akten und Briefe zur Kirchenpolitik Herzog Georgs von Sachsen, hg.v. Felician Gess, Bd. 1, Leipzig 1905, 237,1–5. Herzog Georg nennt keinen Ortsnamen für diese Ereignisse, jedoch zeigt die Zusammenstellung der Vorwürfe, dass Wittenberg gemeint ist. Zur weiteren Entwicklung der Bilderfrage in Wittenberg s. BUBENHEIMER, Scandalum et ius divinum (wie Anm. 5), 265–272.

[95] Der Rat der Stadt Wittenberg an Kurfürst Friedrich, 1521 Dez. 5; WB Nr. 36, 77 f.

[96] WB Nr. 33, 74 f.

[97] WB Nr. 34, 76.

[98] Christian Beyer an Kurfürst Friedrich; 1521 Dez. 6; WB Nr. 37, 79.

[99] KLEINEIDAM, ERICH, Universitas Studii Erffordensis, Bd. 2, Leipzig 1969 (EThSt 22), 260–266. – Luthers Mißbilligung s. WAB 2, 331,1–332,10 ([Wartburg, um 1521 Mai 8]); 367,15–18 (an Spalatin, [Wartburg, 1521 bald nach 15. Juli]).

Bürger.[100] Als später die Rädelsführer namentlich dingfest gemacht wurden, war dann auch nicht mehr von Erfurter Studenten, sondern „von jungen, mutwilligen vnd vnuorstendigen martinianern" die Rede.[101]

In der Sache erwirkte Beyer bei der Universität, dass sie die arrestierten Teilnehmer der Aktion vom 3. Dezember bestrafen wollte. Der Kurfürst ordnete dann sofort eine Erweiterung der Untersuchung auf die Vorfälle vom 4. Dezember an und beauftragte tatsächlich – unter teilweiser Aufnahme von Beyers Vorschlag – den Rat mit direkten Untersuchungen beim Rektor der Universität wegen des an der Franziskanerkirche angeschlagenen Zettels. Mit Beyer sollen sie Sorge tragen, dass „weiter aufruhr vnd beschwerung verhutt werden" (7. Dezember).[102]

Zu einer noch umfassenderen Konspiration von Bürgern, die der Rat schon am 4. Dezember befürchtete, kam es noch vor dem 12. Dezember in Zusammenhang mit der beabsichtigten Bestrafung der an den Unruhen Beteiligten.[103] Nach Ratsdarstellung hatten „etliche leichtfertige Bürger" eine Aktion unternommen, „Dor durch, wu es got dem almechtigen nicht uß sondern gnaden vorhut weiter ein merglicher vfrur vnd enporunge hette begeben mögen"[104]. Aus den Quellen ergibt sich folgendes Bild: Eine bedeutende Anzahl von Mitbürgern, darunter auch einige Viertelsmeister, waren „mit vngestumkeit" vor den Rat gedrungen und hatte ihm einige Artikel, die Niederschrift ihrer Forderungen, übergeben. Im letzten der – nicht erhaltenen – Artikel war Straffreiheit für die Täter vom 3. Dezember gefordert worden.[105] In dieser Situation ist der Rat hilflos und lehnt sich nun ganz an den Kurfürsten an. Da er weitere Auflehnung befürchtet, bittet der Rat den Kurfürsten um polizeiliche Intervention. Er solle seine Amtleute von Belzig und Gräfenhainichen – Christoph Groß und Fabian von Bresen – schicken, die die nötigen Verhöre und Strafmaßnahmen durchführen sollen.[106] Der Kurfürst beauftragt tatsächlich am 15. Dezember die beiden vom Stadtrat vorgeschlagenen Amtleute sowie den Wittenberger Schoßer Gregor Burger mit der Verfolgung der Angelegenheit. Von diesen hat-

---

[100] Der Rat der Stadt Wittenberg an Kurfürst Friedrich, 1521 Dez. 3; WB Nr. 32, 73: „Besondern die der vniuersitet vorwant […]".

[101] Christoph Groß u. a. an Kurfürst Friedrich, Belzig, 1521 Dez. 18; WB Nr. 54, 120.

[102] Kurfürst Friedrich an den Rat der Stadt Wittenberg, Lochau, 1521 Dez. 7; WB Nr. 38, 80; derselbe an Christian Beyer, [1521 Dez. 7 oder gleich danach]; WB Nr. 39, 80.

[103] Das Datum ergibt sich aus dem Schreiben des Rates der Stadt Wittenberg an Kurfürst Friedrich, 1521 Dez. 12; WB Nr. 46, 96 f., wo diese Angelegenheit in den erhaltenen Quellen zum ersten Mal belegt ist. Der Rat verweist dabei schon auf einen davorliegenden, nicht erhaltenen Bericht an den Kurfürsten.

[104] Der Rat der Stadt Wittenberg an Kurfürst Friedrich, 1521 Dez. 12; WB Nr. 47, 96.

[105] Friedrich der Weise, Instruktion für Christoph Groß u. a., Lochau, 1521 Dez. 15; WB Nr. 53, 115 und Christoph Groß u. a. an Kurfürst Friedrich, Belzig, 1521 Dez. 18; WB Nr. 54, 120.

[106] Der Rat der Stadt Wittenberg an Kurfürst Friedrich, Wittenberg, 1521 Dez. 12; WB Nr. 46, 97.

ten Christoph Groß und Gregor Burger schon einschlägige Erfahrung aus der Beilegung der Studentenunruhen des Jahres 1520.[107] Jetzt griff der Kurfürst zu einer außergewöhnlichen Maßnahme: Er ordnete eine Versammlung des Rates und der ganzen Gemeinde auf dem Schloss an zur weiteren Untersuchung der Angelegenheit und zur Entgegennahme des kurfürstlichen Willens.[108] Die Zwangsversammlung hat zwischen dem 15. und 18. Dezember stattgefunden. Der Gemeinde wurde vorgeworfen, dass sie durch ihre „gespreche [Absprachen], conspiracion vnd gemeine handlung" die dem Landesherrn geleisteten Eide gebrochen habe. Wenn sie Beschwerden gegen den Rat gehabt habe, hätte sie sich an den Landesherrn wenden müssen. „Darumb solten sie sich hinfurder als gehorsame Burger halten vnd erzaigen vnd nit verursachen ain Verhandlung vnd vngehorsam neben der andern zustraffen"[109]. Unter Androhung schwerer Strafe wurde den Bürgern weiterer „vnfug mit der pfaffheit" verboten.[110] Nach diesen Rechtsbelehrungen übergab der Rat den kurfürstlichen Amtleuten ein Verzeichnis der am Aufruhr in der Pfarrkirche beteiligten Bürger sowie der Viertelsmeister und Bürger, die mit ihren Artikeln vor den Rat gedrungen waren. Darauf wurde die Gemeinde entlassen mit Ausnahme der in der Namensliste Verzeichneten. Zunächst wurde die erste Gruppe, bestehend aus etwa 15 in der Pfarrkirche am 3. Dezember beteiligten Bürgern, einige Stunden lang verhört und dem Rat erneut deren Bestrafung übertragen.[111] Ein Teil erhielt eine Gefängnisstrafe, jedoch sind alsbald einige der Bestraften aus dem Gefängnis entwichen.[112] Das Verhör der zweiten, mit den Artikeln befassten Personengruppe wurde verschoben.[113] Quellen über den weiteren Verlauf der Polizeiaktion fehlen, und die Tatsache, dass die Wittenberger Szene „ein wilts ding"[114] blieb, lässt an einer nachhaltigen Durchsetzung der Strafmaßnahmen zweifeln. Die Gemeinde ihrerseits hat unter Anknüpfung an die bei der Gemeindeversammlung gemachten Ausführungen Beschwerdebriefe direkt an den Kurfürsten gerichtet.[115] Der Kurfürst blieb als Autoritätsperson vorläufig insofern respektiert, als Studenten und Bürger vorläufig nicht wagten, gegen das Allerheiligenstift, dessen Stiftungsherr der Kurfürst war, wie gegen Pfarrkirche und

---

[107] UBUW Nr. 78 f., 94–96; Nr. 85, 101; Förstemann, Studenten-Auflauf (wie Anm. 14), 61.

[108] Kurfürst Friedrich, Instruktion für Christoph Groß, Fabian von Bresen und Gregor Burger, Lochau, 1521 Dez. 15; WB Nr. 53, 117–119. – Zum selten gebrauchten Institut der Gemeindeversammlung in Wittenberg s. Preus, Carlstadt's *ordinaciones* (wie Anm. 5), 8.

[109] WB Nr. 53, 118 f.

[110] Zeitung aus Wittenberg, [1522 bald nach dem 6. Jan.]; WB Nr. 68, 153.

[111] Christoph Groß, Fabian von Bresen und Gregor Burger an Kurfürst Friedrich, Belzig, 1521 Dez. 18; WB Nr. 54, 119 f. und Zeitung aus Wittenberg, WB Nr. 68, 153.

[112] Zeitung aus Wittenberg, WB Nr. 68, 53.

[113] WB Nr. 54, 120.

[114] Zeitung aus Wittenberg, WB Nr. 68, 153.

[115] Ebd.

Klöster vorzugehen. Aber immerhin wurden einigen Stiftsherren ebenso wie anderen Pfaffen die Fensterscheiben eingeworfen.[116] Die Stellung des Rats blieb schwach, zumal die Beteiligung von Viertelsmeistern an den jüngsten Unruhen darauf hindeutet, dass die Reformbewegung auch auf die Vertreter der städtischen Ämter überzugreifen begann. In den folgenden Wochen bis Anfang Februar 1522 jagte eine Aktion die andere, so dass Rat und Kurfürst in ihrer Korrespondenz nicht mehr wie bisher jeden einzelnen Vorgang gesondert behandeln konnten. Das führte dazu, dass kleinere Aktionen nicht mehr polizeilich geahndet werden konnten. Die Pfaffenfeindschaft griff weiter um sich. Schon am 13. Dezember hatte der Stiftsherr Johann Dölsch dem Kurfürst in Angst vor einem Pfaffensturm geschrieben, dass es um die Geistlichkeit bald geschehen sei, wenn der Kurfürst nicht eingreife.[117] In der Christnacht kam es zu neuen Zwischenfällen in den Kirchen: In der Pfarrkirche wurden die Lampen zerhauen, und die zur Rede gestellten Täter drohten an, alles in der Kirche zu zerschlagen. Ein Priester wurde mit Bleikugeln am Altar bedroht; mit Absingen von Gassenliedern in der Kirche und mit Geheule auf dem Kirchhof wurde der Gottesdienst gestört. Danach zogen die Randalierer sogar in die Stiftskirche und wünschten während der Christmesse von der Empore herab „allen pfäffen die pestilentz vnd hellisch flamme"[118].

2. Die Ereignisse um die neue „Ordnung der Stadt Wittenberg" – Infragestellung der landesherrlichen Autorität:

Die gesamten bislang geschilderten Vorgänge im Rahmen der Wittenberger Bewegung des Jahres 1521 hatten ihre Stoßrichtung gegen die Geistlichkeit und das geistliche Regiment, und darin dürfte der Grund gelegen haben, dass der Kurfürst hinsichtlich der Angriffe auf die Geistlichkeit immer wieder auch durch die Finger sah. Am empfindlichsten reagierte er im Dezember 1521 gegen die Infragestellung der weltlichen Obrigkeit, als sich ein gewichtiger Teil der Bürgerschaft gegen den Rat auflehnte. Es muss hier vermerkt werden, dass bereits seit dem Dezember 1521 auch vereinzelt radikalere, die weltliche Ordnung in Frage stellende Töne laut wurden, die sich innerhalb der Wittenberger Bewegung nicht entfalten konnten, aber in der Linie der Entwicklung hin zum Bauernkrieg stehen. In diesem Zusammenhang müsste auch noch geklärt werden, ob die lokale Bauernerhebung in der Umgebung von Wittenberg im Herbst 1521[119] eine von den Ereignissen in der Stadt ganz isolierte Erscheinung war. Immerhin berichtet Johann Dölsch am 13. Dezember über die Wittenberger

---

[116] Ebd.

[117] Johann Dölsch an Kurfürst Friedrich, 1521 Dez. 13; WB Nr. 48, 101.

[118] Lorenz Schlamau, Johann Dölsch, Matthäus Beskau und andere Stiftskanoniker an Kurfürst Friedrich, 1521 Dez. 29; WB Nr. 61, 133 f.

[119] JUNGHANS, HELMAR, Wittenberg als Lutherstadt, Göttingen 1979, 77.

Aufrührer auch: „Dan sie lassen sich bereit hören, man sye fursten vnd hern nit schuldig, jhres willen gestatenn. Dan christen menschen sollen geleich sein, vnd alle ding gemein"[120]. Diese hier angedeutete Stimmung wurde angeheizt durch das Eintreffen der dem Umkreis Thomas Müntzers zugehörigen Zwickauer Propheten kurz nach Weihnachten 1521. Im Bewusstsein, jetzt am Ende der Welt und vor dem hereinbrechenden Gottesgericht zu stehen,[121] soll einer von ihnen geäußert haben, er werde binnen kurzem mit dem Schwert kämpfen.[122] Melanchthon wollte darüber nicht urteilen und wies unter Anspielung auf Elia darauf hin, dass einst ein Prophet auch mit dem Schwert getötet habe.[123] In einem anderen Bericht wird jene Aussage näher konkretisiert: Markus Thomae (Stübner), der im Sommer 1521 mit Müntzer in Prag war, habe prophezeit, dass alle Pfaffen erschlagen würden, auch wenn sie schon heiraten würden.[124] Da sich Melanchthon und Nikolaus von Amsdorf wegen der Zwickauer Propheten an den Kurfürsten und an Spalatin gewandt hatten, wurden sie auf den Neujahrstag 1522 zur Berichterstattung vor den Rat Hugold von Einsiedel und vor Georg Spalatin geladen. Der am Hof in erster Linie interessierende Kern ist wieder die Aufruhrfrage. Amsdorf gibt ähnlich wie Melanchthon an, dass Aufruhrbefürchtungen die Schreiben an den Kurfürsten veranlasst hätten. Er weist darauf hin, dass jene Männer in Zwickau bereits einen Aufruhr gemacht haben sollen. „Deß halben ich für gut angesehen, solchs meinem Gnedigsten Hern antzuzeigen, Auf das auch bey vns nicht ein aufrur vnd entborung wurd [...]"[125]. Der Kurfürst lässt auch seinerseits mitteilen, dass ihm sein Vetter, Herzog Georg, bereits „von der enporung vnd aufrur zu Ztwickau" geschrieben, und er verweist sehr deutlich auf die möglichen rechtlichen Konsequenzen hin, falls diese von anderen Herren wegen Aufruhr gesuchten Männer weiter in Wittenberg bleiben sollten. Der Kurfürst möchte nicht in die Angelegenheit verwickelt werden, da andere Obrigkeiten die Auslieferung dieser Männer begehren könnten, „nach dem wider aufrurische leut vnd erreger der enporung in geistlichen vnd weltlichen rechten gesetz aufgericht"[126]. Er legt den Wittenbergern nahe, den Umgang mit diesen Leuten zu meiden,[127] offenbar in der Hoffnung, dass diese dann von selbst abziehen würden.

Der Kurfürst wollte sich nicht auch noch mit den Zwickauer Propheten herumschlagen müssen, denn er und seine Räte waren in jener Zeit genügend beschäftigt mit dem weiter zunehmenden Drängen der Wittenberger Studenten- und Bürgerbewegung nach einer neuen Gottesdienst- und Stadtordnung. Die

---

[120] An Kurfürst Friedrich; WB Nr. 48, 102.
[121] Amsdorf an Spalatin, 1521 Dez. 27; WB Nr. 64, 138.
[122] Felix Ulscenius an Wolfgang Capito, Wittenberg, 1522 Jan. 1; WB Nr. 63, 136.
[123] Ebd.
[124] Zeitung aus Wittenberg; WB Nr. 68, 160.
[125] WB Nr. 64, 140 f.
[126] WB, 143.
[127] WB, 144.

Intervention des Kurfürsten auf die Ereignisse Anfang Dezember 1521 hatte auch das Ergebnis gezeitigt, dass sich der Universitätsausschuss nun endlich zur Fertigstellung des vom Kurfürsten mehrfach angeforderten zweiten Gutachtens über die Messfrage aufraffte. Das am 12. Dezember abgeschickte Gutachten[128] beruhte allerdings nicht auf einer Einigung mit Universität und Kapitel, sondern stellte lediglich ein Mehrheitsgutachten des Ausschusses dar, dem ein Minderheitsvotum und in den folgenden Tagen weitere abweichende Sondervoten der übrigen Stiftsherren beigefügt wurden. Der Kurfürst untersagte daraufhin Neuerungen in der Messe und stellte weiteres „disputiren, schreyben, leßen vnd predigen" anheim.[129] Allerdings ließen sich jetzt weder die Bürgerschaft noch die Reformer der Universität aufhalten. Karlstadt hielt entgegen kurfürstlichem Verbot[130] am Christtag (25. Dezember) in der Stiftskirche[131] eine öffentliche evangelische Messe, an der fast die gesamte Bürgerschaft[132] unter beiden Gestalten kommunizierte.[133] Wir können jetzt schon von einer breiten reformatorischen Volksbewegung in Wittenberg reden.

---

[128] WB Nr. 43, 84–90. Das zweite Gutachten lag schon spätestens am 7. Dezember vor (WB Nr. 50, 107); der 12. Dezember ist das Absendedatum. Das erste Ausschussgutachten vom 20. Oktober 1521 s. WB Nr. 16, 35–41.

[129] Instruktion für Christian Beyer, Lochau, 1521 Dez. 19; WB Nr. 124, 125.

[130] Zeitung aus Wittenberg; WB Nr. 68, 153.

[131] Über den Ort dieser Weihnachtsmesse gibt es widersprüchliche Angaben. Karlstadt kündigte am 22. Dezember in einer in der Stiftskirche gehaltenen Predigt an, am 1. Januar 1522 eine öffentliche evangelische Messe in der Stiftskirche halten zu wollen (WB Nr. 57, 125; Nr. 68, 153). Karlstadt hielt aber dann schon am 25. Dezember eine solche Messe ab, nach Angaben der Stiftsherren (Nr. 61, 132) und des Felix Ulscenius (Nr. 62, 135) in der Stiftskirche. Beides sind Berichte von Augenzeugen. Daneben haben wir zwei abweichende Berichte von Nicht-Augenzeugen: Thomas von der Heyde, Neue Zeitung, [Dresden, zwischen 1. und 19. Jan.] (Nr. 73, 170) nennt als Ort die Pfarrkirche, jedoch finden sich im Kontext noch weitere falsche Angaben über die Wittenberger Vorgänge, für die sich der Berichterstatter auf die Aussagen anderer Personen bezieht. Schließlich schreibt Spalatin in seiner Chronik unter Bezugnahme auf einen Brief Christian Dörings aus Wittenberg, Karlstadt habe am Christtag sowohl in der Stiftskirche als auch in der Pfarrkirche eine Messe gehalten (Nr. 58, 126f.). Die Angaben der Nicht-Augenzeugen erklären sich als eine irrtümliche Vermischung mit der von Karlstadt am 1. Januar in der Pfarrkirche gehaltenen Messe. Eindeutig sind die zwei Briefe des Felix Ulscenius an Wolfgang Capito, beide vom 1. Jan. 1522: Im ersten berichtet er von der Messe in der Stiftskirche am Christtag, im zweiten von der Messe in der Pfarrkirche am Neujahrstag (Nr. 62, 135f.).

[132] Der Stiftspropst Justus Jonas an Johann Lang, [Wittenberg], 1522 Jan. 8; WB Nr. 69, 165: „Die natalis [25.12.] et die Epiphaniae [6.1.] et Circumcisionis [1. 1.] hic pene urbs et cuncta Ciuitas communicauit sub vtraque specie" Nach Thomas von der Heyde (s. Anm. 131) haben am Christtag 2000 Personen kommuniziert (Nr. 73, 170), nach der „Zeitung aus Wittenberg" an Neujahr und am darauffolgenden Sonntag (5. 1.) jeweils 1000 Personen.

[133] Am Tag von Karlstadts erster evangelischer Messe, also am 24. Dezember, ist nach Spalatins Angabe (WB Nr. 58, 128) eine einschlägige Schrift Karlstadts im Druck erschienen: Von beiden gestaldten der heylige Messze ..., Wittenberg: Nikolaus Schirlentz 1521 (Freys/ Barge Nr. 71; UB Würzburg: Th. dp. q. 448). Die Widmungsvorrede an Georg Reich in Leipzig ist datiert vom 11. November 1521. Im Impressum auf dem Titelblatt (!) wird als Datum der 30. Nov. 1521 angegeben, im Impressum am Schluss steht nur die Jahreszahl 1521. Daraus

Bereits im unmittelbaren Anschluss an die Dezemberunruhen hatte die Bürgerschaft dem Rat Sechs Artikel[134] vorgelegt, auf die sie geschworen hatten, „dapey zu pleiben, jrr hab vnd gut, leib vnd leben dorüber zu lassen etc." In den Artikeln wird gefordert:

1. Ein jeder soll Gottes Wort frei predigen dürfen
2. Abschaffung der Privatmessen
3. Abschaffung der Gedächtnismessen
4. Freigabe der Kommunion unter beiden Gestalten
5. Verbot von Bier– und Wirtshäusern, „da man vngepürlich sauffen helt"
6. Verbot der Bordelle[135]

Der Rat sandte die Artikel an den Kurfürsten, der deren Ausführung untersagte, bis er selbst eine Ordnung vorschlagen werde.[136]

Die Stimmung dieser Tage wird treffend wiedergegeben in den Worten eines Augenzeugen: „Der Fürst kanß nit lenger halten, ander Fürsten thun dazu, was sy wollen, sy Werdens nit dempffen, noch vnterdrücken [...]"[137]. Der Rat gab im Januar dem Druck der Reformbewegung und der führenden Theologen der Universität nach. Die Sechs Artikel wurden zum Ausgangspunkt intensiver Verhandlungen über eine neue Gottesdienst- und Gemeindeordnung[138] zwischen

---

ergibt sich: Die Drucklegung wurde mit dem Satz des Titelblatts am 30. November begonnen und war am 24. Dezember abgeschlossen. Entsprechend sind die Angaben bei Freys/Barge Nr. 71 und WB, 128 Anm. 1 zu berichtigen. Das große Interesse an der umfangreichen Schrift in Wittenberg zeigt die Tatsache, dass 1522 (näher muss das vor Luthers Rückkehr im März erfolgt sein) Johann Grunenberg in Wittenberg einen Nachdruck herausbrachte (Freys/Barge Nr. 72; weitere Drucke s. Nr. 73 f.).

[134] Zur Datierung der Sechs Artikel: Sie sind nicht identisch mit den Artikeln, die vor dem 12. Dezember in gewaltsamem Vorgehen vor den Rat gebracht wurden (s. o. S. 119 (°2)). Das ergibt sich insbesondere daraus, dass die Sechs Artikel (WB Nr. 68, 161–163) nicht die an jenen Artikeln so sehr inkriminierte Forderung der Amnestie für die Täter des 3. Dezember (WTB Nr. 54, 120) enthalten (mit WB, 120 Anm. 1; gegen Preus, Carlstadt's *ordinaciones* [wie Anm. 5], 23 Anm. 41). Es lässt sich nun wahrscheinlich machen, dass die Sechs Artikel, deren terminus ante quem die „Neue Zeitung" ist (bald nach 6. Jan. verfasst), unmittelbar auf die Gemeindeversammlung hin verfasst wurden. Die „Neue Zeitung" berichtet, dass der Rat die Sechs Artikel dem Kurfürst zugeschickt habe (WB Nr. 68, 163), aber auch, dass die Gemeinde „etlich auß jn an Churfürsten mit klag briffen verordenth" habe (ebd., 153). Dazu passt, dass bereits am 19. Dezember (also kurz nach der zwischen 15. und 18. stattgehabten Gemeindeversammlung) wieder Ratsboten „mit dem Briue an die Rethe zcur Lochowe, ßo anher geordent" unterwegs waren (WB 123 Anm. 1; der hier genannte Brief des Rats ist nicht erhalten). Ich folgere, dass die von der Gemeinde an den Kurfürsten übersandten „Klagbriefe" die Sechs Artikel enthielten und dass in dieser Angelegenheit der Ratsbote am 19. Dezember unterwegs war. Trotz der hier vorgenommenen datenmäßigen Unterscheidung der die Amnestieforderung enthaltenden früheren Artikel von den späteren Sechs Artikeln ist anzunehmen, dass ihr Inhalt sich weithin deckte.

[135] WB Nr. 68, 161–163.

[136] WB, 163.

[137] Ebd.

[138] Felix Ulscenius an Wolfgang Capito, Wittenberg, 1522 Jan. 24; WB Nr. 74, 173.

einem fünfköpfigen Universitätsausschuss, bestehend aus dem Propst Justus Jonas, Karlstadt, Melanchthon, Nikolaus von Amsdorf und dem Rektor Johann Eisermann, einerseits[139] und dem Rat der Stadt andererseits[140]. Bei den Verhandlungen hat der Jurist Christian Beyer[141], der ab 9. Februar 1522 turnusmäßig regierender Bürgermeister werden sollte, nach eigener Aussage Bedenken vorgebracht, und zwar gegen die von den Theologen im Rahmen der Bilderfrage geforderte Beseitigung der Kruzifixe.[142] Am 24. Januar 1522 wurde die neue „Ordnung der Stadt Wittenberg"[143] einstimmig beschlossen.[144] Diese Stadtordnung enthielt sowohl eine neue Messordnung, Bestimmungen über die Bilderbeseitigung und die Klöster als auch eine ausführliche Ordnung der städtischen Sozialfürsorge.

Dass die Zustimmung zu dieser neuen Gottesdienst- und Gemeindeordnung nicht bei allen Ratsherren aus voller Überzeugung, sondern unter dem Druck der Bürgerbewegung und des Universitätsausschusses erfolgte,[145] zeigt Karlstadts alsbald geäußerter Zweifel, dass der Rat wirklich willens sei, alle beschlossenen Artikel auch auszuführen. Diese Zweifel bezogen sich insbesondere auf die Durchführung der in Artikel 13 der Ordnung[146] beschlossenen Bilderbeseitigung.[147] Karlstadt versuchte, über eine Predigt am folgenden Sonntag, den 26. Januar, und seine vom 27. Januar datierte Bilderschrift,[148] den Druck auf den Rat zu verstärken, da er für eine obrigkeitlich geordnete Bilderbeseitigung durch den Rat eintrat.[149] Obwohl er sich verschiedentlich gegen „Aufruhr" ausgesprochen hatte, war die Folge ein begrenzter, von Bürgern durchgeführter Bildersturm in der Stadtkirche (zwischen 27. Januar und 5. Februar), der vom

---

[139] WB Nr. 93/1, 194 in Verbindung mit Nr. 97, 204; vgl. Nr. 91, 188f. und 199 Anm. 4.

[140] Näheres über die Zusammensetzung des in dieser Sache beschließenden Ratsgremiums s. u. S. 126f.

[141] WB, 246–253.

[142] Christian Beyer an Hugold von Einsiedel, 1522 Jan. 25; WB Nr. 75, 174.

[143] LStA 2, 525–529.

[144] Ebd., 525, 2: „einhelliglich beschlossen". Vgl. Bodenstein von Karlstadt, Andreas, Von abtuhung der bilder und das keyn bedtler unther den Christen seyn sollen 1522, hg. v. Hans Lietzmann, Bonn 1911 (Kleine Texte 74), 3f.

[145] Noch am Tag der Beschlußfassung waren die „herren von der universitäth vnnd Capittel" auf dem Rathaus „der Bilder vnnd orem Enth halben" und wurden dort mit Wein bewirtet. Förstemann, Karl Eduard, Mittheilungen aus den Wittenberger Kämmerei-Rechnungen in der ersten Hälfte des sechzehnten Jahrhunderts, Neue Mittheilungen aus dem Gebiet historisch-antiquarischer Forschungen 3 (1836) H. 2, 103–119, hier 111.

[146] LStA 2, 527,20f.

[147] Karlstadt, abtuhung (wie Anm. 144), 20,21ff. (Zweifel an der Bilderbeseitigung); 28,34–29,25 (Zweifel an der Ausführung der den Armenkasten betreffenden Bestimmungen).

[148] Freys/Barge Nr. 87 und 88 gehören als „Zwitterdruck" zusammen: Von Bogen A und C sind je drei, von Bogen D zwei Satz Varianten, von Bogen B und E nur ein Drucksatz nachgewiesen. Diese also teils nur einmal, teils zweimal bzw. dreimal gesetzten Bögen sind in verschiedenen Mischungen gebunden worden. Sechs verschiedene Zusammenstellungen der Bögen sind mir bekannt. Die Bibliographie muss von der Beschreibung der Bögen ausgehen.

[149] Näheres Bubenheimer, Scandalum et ius divinum (wie Anm. 5), 269ff.

Rat mitten in der Aktion unterbunden wurde. Die vom Rat schon festgesetzte amtliche Bilderbeseitigung unterblieb daraufhin.

Die Anfang Februar in zunehmender Schärfe und nun mit größerer Entschlossenheit zur Unterdrückung der Bewegung einsetzende Gegenreaktion des Kurfürsten steht im Kontext zweier politischer Faktoren. Der erste Faktor war das von Herzog Georg durchgedrückte Mandat des Reichsregiments vom 20. Januar 1522[150], das – unter eindeutiger Anspielung auf die Wittenberger Ereignisse[151] – bis auf Weiteres alle kirchlichen Neuerungen verbot und die Bestrafung zuwiderhandelnder Personen verlangte.

Zweitens müssen die Vorgänge um die Stadtordnung gesehen werden im Rahmen von sozialen Spannungen und Interessengegensätzen innerhalb des Rats[152] sowie im Rahmen des Verhältnisses des Rats zum Kurfürsten. In diesem Rahmen ist die in eigener Vollmacht des Rates beschlossene neue „Ordnung der Stadt Wittenberg", die gleichzeitig eine neue Gottesdienst und Sozialordnung enthielt, auch als ein Akt im Kampf des Rates um Wahrung oder Erweiterung seiner Freiheiten gegenüber dem Landesherrn[153] zu werten. Der Gesamtrat der Stadt Wittenberg bestand damals aus 24 Ratsmannen, die in drei Ratskollegien, „die drei Räte"[154], zu je acht Ratsmannen aufgeteilt waren. Ihnen war je ein Bürgermeister zugeordnet, so dass es auch drei Bürgermeister gab. Jeweils eines dieser drei Ratskollegien regierte zusammen mit dem ihm zugeordneten Bürgermeister ein Jahr lang und wurde dann vom nächsten Ratskollegium abgelöst, so dass es jeweils einen „alten" oder „ausgehenden" Rat für die zurückliegende Amtsperiode, einen „sitzenden" oder „regierenden" Rat für die laufende Amtsperiode und einen „neuen" Rat für die künftige Amtsperiode gab.[155] Die Amtsübergabe von Bürgermeister und Ratskollegium an ihre Nachfolger erfolgte jeweils am Sonntag nach Maria Reinigung (2. Februar).[156] Obwohl also jeweils nur ein Kollegium von acht Ratsmannen und ein Bürgermeister die laufenden Geschäfte führte, gab es einige wichtige Angelegenheiten, in denen der Gesamtrat zusammentrat, so bei der Wahl eines neuen Bürgermeisters.[157] Dieses Gesamtgremium

---

[150]   Akten (wie Anm. 94) 1, 250–253.

[151]   Insbesondere 251,15–17.

[152]   Vgl. JUNGHANS, Wittenberg (wie Anm. 119), 18.

[153]   Zu diesem im Spätmittelalter verstärkten Streben des Wittenberger Rats, „systematisch das Eingreifen des Landesherrn zurückzudrängen und seine eigenen Befugnisse zu erweitern", s. JUNGHANS, Wittenberg (wie Anm. 119), 17f.

[154]   Zu diesem Ausdruck als terminus technicus für den Gesamtrat (24 Ratsmannen) s. z. B. die auf die Februarunruhen 1520 hin erlassenen „Artikel der ordenung zu underhaltung fridsamer wesenhait in unser stat Witenberg"; UBUW Nr. 80 S. 96f.: „die personen der dreier reth der stat Witenberg"; „diejhenigen so zu den dreien rethen gehörig".

[155]   JUNGHANS, Wittenberg (wie Anm. 119), 16.

[156]   WB S. 172 Anm. 4. PREUS, Carlstadt's *ordinaciones* (wie Anm. 5), 7f. Anm. 10 nennt irrtümlich den ersten Sonntag im Februar als Datum der Amtsübergabe.

[157]   Das ergibt sich aus dem gleich zu besprechenden Vorgang um die Nachwahl eines Bürgermeisters Anfang 1521.

der „drei Räte" und nicht nur der regierende Rat des Jahres 1521/22[158] beschloss auch die in ihrer Bedeutung weittragende neue „Ordnung der Stadt Wittenberg" vom 24. Januar 1522.[159]

Ein Ereignis des Vorjahres wirft ein Licht auf die Interessengegensätze innerhalb des Rats. Im Januar 1521 hatte die Mehrheit des Gesamtrats unter Führung des Bürgermeisters Johann Hohndorf[160] einen Bürger namens „Golowach"[161] zum Nachfolger des kranken Bürgermeisters Tilo Dhene gewählt.[162] Eine Ratsminderheit bevorzugte den ehemaligen kurfürstlichen Schoßer Anton Niemeck.[163] Zu dieser bei der Wahl unterlegenen Minderheit gehörten Lukas Cranach d. Ä. und der Goldschmied Christian Döring. Da eine Bürgermeisterwahl vom Kurfürsten bestätigt werden musste,[164] intervenierten Cranach und Döring in einem Privatschreiben am kurfürstlichen Hof[165] und erreichten die Einsetzung Niemecks.[166] Als Begründung für ihre Ablehnung des von der Ratsmehrheit gewählten Mannes gaben Cranach und Döring an: Aus der Wahl der Ratsmehrheit werde folgen, „das sie [die Ratsherren] auf iren alten her kumen ruhen werden"[167]. Die Berufung auf das „alte Herkommen" macht hellhörig, weil das eine Formulierung ist, mit der auf den landstädtischen Rahmen

---

[158] Die Mitglieder des regierenden Rats 1521/22 (Bürgermeister Anton Niemeck) s. WB S. 29 Anm. 4; die Mitglieder des „neuen" Rats für 1522/23 mit Amtsantritt am 9. Februar 1522 (Bürgermeister Christian Beyer) s. WB 173f. Anm. 4. Eine Liste für den zuletzt 1520/21 amtierenden „alten" Rat (Bürgermeister Johann Hohndorf) liegt mir nicht vor.

[159] Das ergibt sich aus Karlstadts Aussage in seinem Gespräch mit Luther im Schwarzen Bären zu Jena am 22. August 1524; WA 15, 337, 16–18: „Das [die neue Ordnung] hab ich nicht allein für genommen, sondern *die drey rethe* unnd ewer gesellen etliche, die beschlossen es, darnach zugen sy die köpf uß der schlingen und lyssen mich allein steen." Zu dem Ausdruck „die drey rethe" s. Anm. 154. Mit „ewer gesellen etlich" sind die übrigen vier Mitglieder der mit dem Rat verhandelnden Universitätskommission gemeint (s. o. bei Anm. 139). Diese konnten im juristischen Sinn im Rat nur beratend mitwirken, bei der endgültigen Beschlußfassung aber nicht mit abstimmen.

[160] Er war 1517 bis 1534 einer der drei Bürgermeister, regierend zuletzt 1520/21. WB S. 29 Anm. 6; Koepplin/Falk (Anm. 14) 2, 732.

[161] Ist dieser noch nicht identifizierte Bürger identisch mit dem Ratsherrn Matthes Globig (WB S. 172 Anm. 4)?

[162] Die Neuwahl betraf den Bürgermeister des „neuen" Rats, der 1521/22 regieren sollte. Die Beteiligung Cranachs und Dörings an der Wahl, die weder 1520/21 noch 1521/22 dem regierenden Rat angehörten, zeigt, dass mit der Bürgermeisterwahl der Gesamtrat der 24 Ratsmannen befaßt war.

[163] Niemeck war bis 1520 langjähriger Schößer der Ämter Wittenberg und Zahna. WB S. 116 Anm. 3; S. 356.

[164] Vgl. WB S. 172f. Anm. 4; Junghans, Wittenberg (wie Anm. 119), 16f.

[165] Lukas Cranach d. Ä. und Christian Döring an einen Empfänger am Hof; [Wittenberg], 1521 Jan. 13; ediert bei Koepplin/Falk 2, 732 mit Faksimile ebd., 2, 729. Diesem bislang unausgewerteten Brief sind die oben gemachten Angaben über die Bürgermeisterwahl im Januar 1521 entnommen.

[166] Das ergibt sich daraus, dass 1521/22 tatsächlich Niemeck Bürgermeister ist (WB S. 29 Anm. 6).

[167] Koepplin/Falk 2, 732.

bezogen Stadtbürger ihre Unabhängigkeit gegenüber dem Landesherrn zu verteidigen suchten.

Wir lernen hier Cranach und Döring als Exponenten einer Partei kennen, die im Wittenberger Rat die landesherrlichen Interessen unterstützte. Dazu passt, dass der Künstler Cranach als Hofbeamter nach Wittenberg kam[168] und dass jene Partei die Einsetzung eines ehemaligen kurfürstlichen Beamten mit Hilfe des Hofes gegen die Mehrheit des Gesamtrates durchsetzt. Die Folge war, dass neben dem hoftreuen Christian Beyer und dem neugewählten Anton Niemeck Hohndorf als einziger unter den drei Bürgermeistern übrigblieb, der eindeutig die Interessen nach größtmöglicher Unabhängigkeit vom Kurfürsten zu vertreten versprach. Cranach und Döring gehören zu den reichsten Familien Wittenbergs. Sie vertraten ein oberes, insbesondere durch Fernhandel reich gewordenes Besitzbürgertum, das ökonomisch und infolge davon auch politisch mit dem kurfürstlichen Hof zusammenarbeitete. Demgegenüber vertritt Hohndorf und die Mehrheit des Gesamtrats das in ökonomischer Hinsicht mittlere Zunftbürgertum der Stadt,[169] das das „alte Herkommen" und damit die Freiheit der Stadt gegenüber dem Landesherrn zu wahren und nach Möglichkeit zu erweitern trachtet.

Auf diesem Hintergrund muss der Wechsel in der Wittenberger Stadtregierung Anfang Februar 1522 für die Ereignisse um die Stadt Ordnung mit bedacht werden, zumal er zusammenfällt mit den kurfürstlichen Gegenreaktionen. Der neue Bürgermeister Christian Beyer, der bei den Verhandlungen über die Stadtordnung Bedenken angemeldet haben will, galt als loyaler kurfürstlicher Beamter. Im neuen Rat saßen ferner Cranach und Döring, die politisch auf derselben Linie lagen. Hatten im Gesamtrat die die Freiheiten der Stadt betreibenden Ratsherren die Mehrheit, so konnte sich in dem ab 9. Februar 1522 regierenden Rat offenbar der Einfluss Beyers, Cranachs und Dörings durchsetzen. Dieser Rat hat sich nach Ausweis der Akten nicht für die vom Gesamtrat beschlossene Ordnung stark gemacht. Für die weitere Entwicklung dürfte auch von Bedeutung gewesen sein, dass Cranach[170] und Döring[171] mit Luther befreundet waren und dass diese drei wiederholt in Interessengemeinschaft begegnen.[172]

---

[168] JUNGHANS, Wittenberg (wie Anm. 119), 59.

[169] Zu den ökonomischen und sozialen Schichtungen im Wittenberger Ratsbürgertum vgl. PREUS, Carlstadt's *ordinaciones* (wie Anm. 5), 5 f.; JUNGHANS, Wittenberg (wie Anm. 119), 18–20.

[170] KÜHNE, HEINRICH, Lucas Cranach d. Ä. als Bürger Wittenbergs, Wittenberg ²1973, 18–20. Man beachte, dass Luther im Studentenaufruhr 1520 durch sein Eintreten gegen die Studenten faktisch auch die Interessen Cranachs stützte, der Luther im selben Jahr zum ersten Mal portraitierte (dazu Koepplin/Falk 1, 91–94).

[171] Über ihn s. WB, 126–128 Anm. Er informierte Spalatin als erster über Karlstadts evangelische Abendmahlsfeier am Christtag: WB Nr. 58, 126–128. Zu geschäftlichen Verbindungen Luthers mit Döring s. WB a. a. O.

[172] Vgl. Luther an Spalatin, Wartburg, 1521 Sept. 9; WAB 2, 389,3 f.: Cranach und Döring

Auch der Kurfürst konnte sich von dem ab 9. Februar 1522 regierenden Rat mindestens mehr Loyalität versprechen als vom Gesamtrat, und über Beyer, Cranach und Döring Einfluss auf den regierenden Rat nehmen. Dementsprechend hat er im Vergleich zu den Dezemberunruhen im Februar seine Taktik in der Behandlung der Angelegenheit geändert. Hatte er sich mit seiner Polizeiaktion im Dezember zur Unterdrückung von Aufruhr vorwiegend an die Bürgerschaft gehalten, so schob die kurfürstliche Seite bei jetzt offensichtlicher Schonung des Rats nun den Predigern die alleinige Schuld für die Vorgänge zu.[173] Namentlich werden dabei immer wieder Karlstadt und Zwilling wegen ihrer „ungestümen Predigten" als Hauptschuldige bezichtigt.[174] Da Zwilling mittlerweile Wittenberg verlassen hatte,[175] blieb Karlstadt in der Folgezeit als Hauptsündenbock für die Unruhen in Wittenberg übrig. Melanchthon und Amsdorf passten sich schon im Februar den kurfürstlichen Vorstellungen an: Melanchthon wird schon in der ersten Februarhälfte von den kurfürstlichen Räten als zuverlässiger Theologe hervorgehoben,[176] Amsdorf wird am 14. Februar von Hugold von Einsiedel als neuer Prediger der Stadtkirche genannt, der das Volk unterweisen solle.[177]

Das Verfahren gegen die nun dem Vorwurf der Volksverhetzung und der Stiftung von Aufruhr ausgesetzten Theologen[178] war bezeichnenderweise, bevor es in Gang gesetzt wurde, zwischen dem kurfürstlichen Rat Hugold von Einsiedel und dem künftigen Bürgermeister Christian Beyer abgesprochen worden.[179] Es verlief in mehreren Stufen:

In der ersten Stufe schrieb Hugold von Einsiedel an Karlstadt und Melanchthon, an letzteren in der Annahme, dass Zwilling sich noch bei ihm aufhalte. Karlstadt wird vorgeworfen, dass er „Sachen furnemen solt, dadurch der gemein, vnuerstendig mann geergert vnnd nicht gebessert, vnd das derwegen auffrur vnnd entberung [Empörung] zubesorgenn"[180].

---

sollen im Rat betreiben, dass Melanchthon an Luthers Stelle zum Prediger bestellt werde. Weiteres s. u. S. 148f.

[173] WB Nr. 92, 191; Nr. 94, 197; Nr. 98, 207.

[174] WB Nr. 80, 177 (3. Febr.); Nr. 97, 205 (14. Febr.); Nr. 99, 207 (17. Febr.).

[175] Vgl. schon Christian Beyer an Hugold von Einsiedel, 1522 Jan. 25; WB Nr. 75, 174: „Mit Gabriel ist dye sach gantz gestilt."

[176] Instruktion für die Verhandlungen Hugold von Einsiedels, Christian Beyers und der anderen Räte mit den Vertretern der Universität und des Stiftskapitels, [1522 spätestens Febr. 13]; WB Nr. 92, 192.

[177] Hugold von Einsiedel an Kurfürst Friedrich, Eilenburg, 1522 Febr. 14.

[178] Besonders eindeutig in der Niederschrift der Verhandlung Hugold von Einsiedels und Christian Beyers in Eilenburg am 8. Februar; WB Nr. 89, 186: „Dieweyll sich doctor karlstat vnnd Magister Gabriel zu predigen vnerfordert eyndrynngen Vnnd zu weyllen den gemeyn Man durch jr laerr zu yrer selbst herschung bewegen, Inn dem das sye sagenn, das dye gemein voll macht habe, in Nachlessigkeyt der oberkeyt auß einem mitleyden vnd liebe jchtes furzunemen [...]".

[179] WB Nr. 76 f. 79 f., 175–177.

[180] Hugold von Einsiedel an Karlstadt, Eilenburg, 1522 Febr. 3; WB Nr. 8, 178.

Gabriel Zwilling werden direkt „aufrührerische Worte"[181] vorgeworfen. Deutlich ist der Versuch, den beiden Predigern einen objektiven Rechtsbruch nachweisen zu können als Grundlage für ein weiteres Vorgehen gegen sie. Diesen benennt Einsiedel nun darin, dass Karlstadt und Zwilling Predigtämter ohne amtliche Berufung wahrgenommen hätten.[182] Dieser Vorwurf der Amtsanmaßung beruht auf Predigten Karlstadts in der Pfarrkirche und Predigten Zwillings außerhalb des Augustinerklosters.[183] Dieser Rechtsvorwurf hat insofern einen gewissen konstruierten Charakter, als durch ihn ein Vorgang nun als Rechtsbruch klassifiziert wird, der wochenlang von kurfürstlicher Seite unbeanstandet geblieben war. Sein Hauptzweck ist, die unliebsam gewordenen Prediger nach Möglichkeit mit Predigtverbot belegen zu können. Bei Karlstadt stößt aber dieser Plan auf Schwierigkeiten, weil er in seiner Antwort darauf verweisen kann, dass er immerhin als Archidiakon in der Stiftskirche ein Predigtamt habe. Seine Folgerung, er sei „alßo gnugsam daczu beruffen"[184], ist zwar ihrerseits im Blick auf die in der Stadtkirche gehaltenen Predigten rechtlich fragwürdig, aber es blieb den kurfürstlichen Räten nichts anderes übrig, als den Versuch zu machen, Karlstadt zum freiwilligen Verzicht auf sein Predigtamt in der Stiftskirche zu bewegen.[185]

Karlstadts Rechtfertigungsschreiben konnte den kurfürstlichen Wünschen nicht genügen. Einerseits weist er den Schuldvorwurf und die Aufruhrbezichtigung kategorisch zurück: „Daß wil ich mich auch berumen, daß ich auffrur hasß vnd flih. Got geb, daß meine angeber nit mit der czeit eynen auffrur werden erwecken, der nit gut wirt. Ich verbit auffrur." Andererseits gibt er zu erkennen, daß er selbst ohne äußere Berufung predigen würde und macht eine innere Berufung geltend: „Gestrenger her, mir ist daß wort vast in gosser swindikeit eingefallen. We mir, wen ich nit predigen!"[186]. Im Bewußtsein, auf dem Boden der Schrift zu stehen, zeigt sich Karlstadt unnachgiebig: „Mich sol auch, gotwil, kein tod vom grund der schriffte abfhuren"[187]. Ja, selbst den Gegenangriff verkneift sich Karlstadt nicht: „So vber treugen etliche den armen mann alßo, daß ich gern welt, sie handelten christlicher"[188].

In der zweiten Stufe verbot der Kurfürst die Ausführung der neuen Stadtordnung und beauftragte den Rat, in entsprechendem Sinn beim Stiftskapitel vorstellig zu werden.[189] Der Rat hat es allerdings in der Unterredung mit dem

---

[181] WB Nr. 82, 179.

[182] WB Nr. 81 f., 178 f.

[183] Damit ist implizit auch der Artikel der Bürgerschaft vom Dezember 1521 zurückgewiesen, der allgemeine Freigabe des Predigtrechts forderte.

[184] Karlstadt an Hugold von Einsiedel, 1522 Febr. 4; WB Nr. 83, 180 f.

[185] WB Nr. 92, 193.

[186] WB Nr. 83, 181 (vgl. 1. Kor 9,16).

[187] WB, 180.

[188] WB, 181.

[189] WB Nr. 86, 184; Nr. 97, 203.

Stiftskapitel nach Meinung Christian Beyers an der nötigen Entschiedenheit fehlen lassen und sich auf das allgemeine Verlangen beschränkt, so zu verfahren, dass „der gemein pofell nit erregt vnd vffrur vormieden pliebe". Bei diesen Verhandlungen kam es unter den Stiftsherren zu einem fast in Schlägerei ausartenden Streit.[190]

Die dritte Stufe der Maßnahmen war ein Verhör der fünf Universitätsmitglieder, die mit dem Rat die neue Ordnung ausgehandelt hatten, durch die kurfürstlichen Räte.[191] Mittlerweile lagen gegen jene Klagebriefe der altgläubigen Stiftsherren und des Johann Dölsch vor.[192] Das Verhör vor den Räten, unter denen sich jetzt auch der mit der Polizeiaktion gegen die Studenten im Juli 1520 befasste Hans von Dölzig befand,[193] fand am 13. Februar 1522 in Eilenburg statt.[194] Neue Erkenntnisse wurden dabei nicht gewonnen. Hans von Dolzig resümierte erneut, „das Alle vnschigligkeitt erstlich durch jr predigen, Auch mit Erfolg der thatt, vnd sonnderlich Doctor Karlstats begynnen mit der Appostolischen meß erregett wurden were"[195]. Ein Predigtverzicht Karlstadts konnte allerdings nicht durchgesetzt werden. Beim Abschied konnten die Universitätsmitglieder von den Reformen noch eine zuvor mit dem Rat abgesprochene reduzierte und auf die Stadtkirche beschränkte Messreform retten, die ihnen die Räte zugestanden.[196] Der Kurfürst distanzierte sich zwar sofort auch von diesem Zugeständnis, ohne es jedoch ausdrücklich zurückzunehmen.[197] Dies war der Stand der Dinge vor Luthers Rückkehr von der Wartburg.

III. Theologische Stellungnahmen zur Aufruhrfrage im Dezember 1521

Vom Dezember 1521 liegen mehrere theologische Stellungnahmen aus Wittenberg zur Aufruhrfrage vor, die thematisch und zeitlich mit Luthers „Treuer Vermahnung" parallel gehen, wenngleich sie – als Teile verschiedener zur Messreform erstellter Gutachten und Bedenken – wesentlich kürzer sind als Luthers ausführliche Schrift. Diese Ausführungen über Aufruhr und Gehorsam finden sich in folgenden Stücken:

---

[190] Hugold von Einsiedel an Kurfürst Friedrich, Eilenburg, 1522 Febr. 14; WB Nr. 97, 203 f. Die Verhandlungen des Rats mit dem Kapitel wurden am 6. Februar angeordnet.

[191] WB Nr. 92, 190–193.

[192] WB Nr. 92, 190; Nr. 93/1, 194.

[193] WB Nr. 91, 188 f.

[194] WB Nr. 94, 197–200.

[195] WB, 197.

[196] WB Nr 95, 201; Nr. 97, 205. Die neugefasste Ordnung der Messe findet sich ebd., Nr. 96, 202. Ein Vergleich mit Artikel 14 der Ordnung vom 24. Januar (LStA 2, 527,22–528,5) ergibt folgende Änderungen: Wiederherstellung der römischen Messliturgie, wobei aber der Kanon wegbleibt und die Einsetzungsworte deutsch gesprochen werden; Wiedereinführung der Elevation; Laien erhalten die Elemente nicht in die Hand.

[197] Kurfürst Friedrich an Hugold von Einsiedel, Lochau, 1522 Febr. 17; WB Nr. 99, 208.

1. Im zweiten Gutachten des in Sachen Meßreform eingesetzten Universitäts-ausschusses,[198] das am 7. Dezember 1521 fertig vorlag.[199] Hier äußern sich die Vorkämpfer der Reformen.
2. In Otto Beckmanns zwischen 7. und 12. Dezember 1521 verfasster separater Stellungnahme zu diesem Ausschussgutachten.[200] Beckmann steht zwischen den Anhängern der Reform im Ausschuss und den altgläubigen Stiftsherren.
3. Im Bedenken der altgläubigen, sich der Reform widersetzenden Stiftsherren zu derselben Angelegenheit vom 14. Dezember.[201]

Den Anlass, in diese Stellungnahmen zur Frage einer etwaigen Messreform auch das Problem des Aufruhrs einzubeziehen, hatte der Kurfürst gegeben. Mit dem ersten Ausschussgutachten vom 20. Oktober 1521[202] war er nicht zu-frieden, insbesondere weil hinter dem Ausschuss nicht geschlossen Universität und Stiftskapitel standen. Der Kurfürst arbeitete von Oktober bis Dezember auf eine „einhellige" Antwort seiner Professoren und Stiftsherren hin wegen der aus seiner Sicht engen Verbindung zwischen Zwiespalt und Aufruhr. In der Instruktion für die Verhandlungen Christian Beyers mit dem Ausschuss vom 25. Oktober heißt es: „[…] So jst ßeiner Churfurstl. gnaden Begere, das jr sampt den andern glidern der vniversitet vnnd capittel Alßo jn die Sache sehet, das nichts furgenomen noch vnderstanden werde, daraus zwispeldigkait Auf-frur vnd beschwerung erfolgen mocht […]"[203]. Die vom Kurfürst gewünschte einhellige Antwort kam jedoch nicht zustande,[204] so dass der Ausschuss nach mehrmaligem Drängen von fürstlicher Seite[205] am 7. Dezember sein zweites Gutachten[206] den übrigen Stiftsherren zur Stellungnahme aushändigte und am 12. Dezember an den Kurfürsten weiterleitete unter Beifügung dreier abwei-chender Stellungnahmen.[207]

---

[198] Näheres s. BUBENHEIMER, Scandalum et ius divinum (wie Anm. 5), 311–313.

[199] WB Nr. 43, 88–90.

[200] Am 6. Dezember berichtet Christian Beyer an den Kurfürsten, dass der Ausschuss die Hoffnung auf eine „einträchtige Antwort" aufgegeben habe. WB Nr. 37, 79.

[201] WB Nr. 51 an mehreren Stellen: 108.110.111 f. Otto Beckmann hat auch dieses Beden-ken unterzeichnet.

[202] WB Nr. 16, 35–40.

[203] WB Nr. 20, 52.

[204] Am 6. Dezember berichtet Christian Beyer an den Kurfürsten, dass der Ausschuss die Hoffnung auf eine „einträchtige Antwort" aufgegeben habe. WB Nr. 37, 79.

[205] WB Nr. 30, 71 (1521 Nov. 27); Nr. 34, 76 (1521 Dez. 4).

[206] WB Nr. 43, 84–90. Unterzeichner: Johann Eisermann (Rektor), Andreas Bodenstein von Karlstadt, Hieronymus Schürf, Stephan Wild, Augustin Schürf, Philipp Melanchthon, Nikolaus von Amsdorf, Johann Reuber von Bockenheim.

[207] Beigefügte, an den Ausschuß gerichtete Stellungnahmen: 1. Von Johann Dölsch, WB Nr. 17, 42–46 (zur Datierung s. BUBENHEIMER, Scandalum et ius divinum, Theologische und rechtstheologische Probleme der ersten reformatorischen Innovationen in Wittenberg 1521/22, 5. Beitrag in diesem Band, S. 197–199, Anm. 191. Dölsch war Ausschussmitglied und hatte das erste vom Ausschuss einstimmig verabschiedete Gutachten noch unterzeichnet (WB Nr. 16, 40), während durch das Sondervotum Dölschs nun auch die Eintracht im Ausschuss

1. Das zweite Gutachten des Universitätsausschusses

Auf dem geschilderten Hintergrund sah sich der Ausschuss veranlasst, die Unterstellung des Kurfürsten, Gefahr von „zcwispaldikeit vnd aufruhr" sei im Verzüge, aufzugreifen.[208] In seinem Gutachten, das auch im Druck verbreitet wurde,[209] wird der Aufruhrvorwurf an die Gegenpartei zurückgegeben: Nicht die Prediger der „warheit gotlichs worts" stiften Aufruhr, sondern diejenigen, die das Wort behindern und unterdrücken. Würden die Gegner der Reformen nur mit der Schrift den Gegenbeweis anzutreten versuchen und auf Gewalt verzichten, entstünde keine Zwietracht und kein Aufruhr. In der Praxis wird der Aufruhr aus der Sicht des Ausschusses nicht in Widerstandsaktionen der Reformer bestehen, sondern darin, dass die Prediger des Gottesworts und ihre Anhänger verfolgt und getötet werden. In diesem Sinn soll man Unruhen nicht fürchten: „Dan, wo Christus solche beswerung, zcwitracht, auffruhr, krige vnd ander todslege Vnd durch sein ewangelium Veränderung der gantzen welt het sollen ansehen vnd furchten, Szo hette er sein predigen nachlassen müssen [...]".

Auch die Apostel hätten durch ihre Predigt „tumult, auffruhr vnd sedicion" bei den Juden in Jerusalem des Gesetzes wegen ausgelöst. Wie Luther sieht der Ausschuss solchen „Aufruhr" als ein Werk des Teufels an zur Behinderung des Gottesworts. Aber im Unterschied zu Luther ermutigt der Ausschuss, dass man den Teufel hier nicht zu sehr fürchten und die Sache Gott anheimstellen solle. Nach der Schrift (Mt 24,21) müsse „ein solche grose Verfolgung vbir die Christenheit kummen [...], der gleichen nie gewest ist von anbegin der welt"[210]. Abschließend werden weitere Schriftbeweise vorgelegt,[211] die gerade die notwendige Störung von Frieden und Eintracht durch die Predigt des Evangeliums belegen sollen. So das Wort Christi (Mt 10,34ff.), wonach er nicht gekommen sei, Frieden zu bringen, und wonach man um des Wortes willen auch die Entzweiung zwischen Eltern und Kindern usw. in Kauf nehmen müsse. Christus sei

---

zerbrochen war. – 2. Von Otto Beckmann, WB Nr. 44, 91–96. – 3. Von Thomas Eschaus, WB Nr. 45, 96. – Außerdem wurden Separatvoten direkt an den Kurfürsten gerichtet: 1. Von Johann Dölsch, [1521 Dez. 13]; WB Nr. 49, 102–107; inhaltlich weitgehend parallel mit seiner vorgenannten, an den Ausschuss gerichteten Stellungnahme. – 2. Von den altgläubigen Stiftsherren Lorenz Schlamau, Matthäus Beskau, Otto Beckmann (!), Sebastian Kuchenmeister, Georg Elner, Johann Rachals, Johann Volmar, [1521 Dez. 14]; WB Nr. 51, 107–115.

[208] WB Nr. 43, 85 als letzter von fünf Punkten, in die der Ausschuss den Inhalt der Werbung Beyers (WB Nr. 20, 51 f.) zusammenfasst und auf die er der Reihe nach eingeht.

[209] Zu den Drucken s. WB, 41 f. Anm. und: Bibliographie der deutschen und lateinischen Flugschriften des frühen 16. Jahrhunderts. Probedruck zur Erläuterung der Konzeption eines laufenden Forschungsprojekts, hg. v. Hans-Joachim Köhler u. a., Tübingen 1978, 96 f. Nr. 1519 (= VD 16 ZV 2021). Die Drucke enthalten das erste Ausschussgutachten vom 20. Oktober (WB Nr. 16, 35–40), die Instruktion Kurfürst Friedrichs für Christian Beyer vom 25. Oktober (WB Nr. 20, 50–52) und das zweite Ausschussgutachten (WB Nr. 43, 84–90). Es gibt auch Drucke, die nur das erste Ausschussgutachten enthalten, s. Bibliographie (s. o.) 48 f. Nr. 965.

[210] WB Nr. 43, 89.

[211] Ebd., 89 f.

ein Ärgernis für viele und ein Zeichen des Widerspruchs (Lk 2, 34)[212]. Durch das Ärgernis, das die „Pharisäer" – das sind die Priester, die die Reformen hindern wollen – nehmen, darf man die Reform nicht aufhalten lassen.[213]

In die Praxis übersetzt heißt das: Die angestrebte Reformation kann ohne Störung der Ordnung gar nicht abgehen. Auch unter Inkaufnahme drohender Verfolgung und Bestrafung sollen die aus der Schrift als notwendig erkannten Reformen durchgeführt werden. Von einem Recht oder Willen zu aktivem, Gewaltanwendung einschließenden Widerstand ist keine Rede, vielmehr wird hier das Konzept eines sogenannten „passiven" – genauer eigentlich: aktiven, aber gewaltfreien[214] –, drohende Bestrafung in Rechnung setzenden Widerstands vorgelegt, der bis zur Hinnahme von Leibesstrafe geführt werden soll. Hier finden wir bereits den Kern der Vorstellungen von leidendem und gewaltfreiem Widerstand, die Karlstadt[215] und seine Orlamünder Gemeinde im Juli 1524 in einem offenen Brief an Müntzer zur Abgrenzung von dessen revolutionären Bestrebungen niedergelegt haben.[216] Dass auch ein solches Konzept, das Auseinandersetzungen, Spaltungen und ein gewisses Maß an Unruhe in Kauf nimmt, den fürstlichen Anforderungen an Ruhe und Ordnung nicht gerecht werden konnte, liegt auf der Hand.

Eine Ergänzung zu den Ausführungen des Ausschusses ist ein gleichzeitig veröffentlichter Sendbrief Karlstadts, in dem er das Thema „Zwietracht" gesondert behandelt im Rahmen einer Auslegung des Pauluswortes (1 Kor 1,10): „Ich bitt euch brüder das yhr alle sampt ein meinung reden weit"[217]. Hier führt Karlstadt ebenfalls die Uneinigkeit der Wittenberger darauf zurück, dass nicht

---

[212] Ferner werden angeführt Joh 3,16–18 und Luk 20,17f. Ein Hinweis auf die öffentliche Diskussion dieser Schriftworte und ihre Wirkung ist die Zeitung aus Wittenberg, [1522 bald nach Jan. 6], die mit zwei einschlägigen Schriftzitaten abschließt (WB Nr. 68, 164).

[213] Zur Unterscheidung von *scandalum pharisaeorum* und *scandalum pusillorum* s. BUBENHEIMER, Scandalum et ius divinum (Beitrag 5, S. 189).

[214] Vgl. HECKEL, JOHANNES, Widerstand gegen die Obrigkeit? Pflicht und Recht zum Widerstand bei Martin Luther (1954), in: Gunther Wolf (Hg.), Luther und die Obrigkeit, Darmstadt 1972, 114–134.

[215] Karlstadt beschäftigte sich mit dieser Problematik schon im Juli 1521 in seiner Schrift: Berichtung dyesser red. Das reich gotis/leydet gewaldt/vnd die gewaldtige nhemen oder rauben das selbig ... Matthei. XI, Wittenberg: [Nikolaus Schirlentz] 1521, VD16 B 6117 (Freys/Barge Nr. 63; Familienbibl. Scheurl Nürnberg: Neue Nr. 349 c, mit handschriftlichem Geschenkvermerk Otto Beckmanns an Christoph Scheurl: „Suo Amicissimo D. Christofero Schewrlo Normbergensi Otto Beckman"). Zu dieser Schrift s. PREUS, Carlstadt's *ordinaciones* (wie Anm. 5), 14–17.

[216] Der von Orlemund schrift an die zu Alstedt, wie man christlich fechten soll, in MSB, 571–573.

[217] Sendbryff Andres Boden, von Carolstatt. Erklerung Pauli. Ich bitt euch brüder das yhr alle sampt ein meinung reden weit. i. Co. i., Wittenberg: [Nikolaus Schirlentz] 1521, VD16 B 6188 (Freys/Barge Nr. 75; LB Stuttgart: Theol. 898. 4°). Die Widmungsvorrede an Antonius Beuther von Römhild, Stadtschreiber in Annaberg, datiert 1521 Dez. 10, ist abgedruckt bei Akten (wie Anm. 94), 267 Anm. 3. Beuther bekam wegen dieser Widmung Schwierigkeiten mit Herzog Georg (ebd., 267, 12–15). – Vgl. PREUS, Carlstadt's *ordinaciones* (wie Anm. 5), 32f.

alle auf dem Boden der Schrift stehen[218]: „Einigkeit Christliches volcks/steht in einigkeit gottliches worts"[219]. Dass in der Frage der Messreform nicht allein das Evangelium gehandelt werde, liege daran, dass bei den Priestern finanzielle Interessen mitspielen. Karlstadt macht sich zum Anwalt des „gemeinen Mannes" in Wittenberg, der sich nicht an den Pfaffen bereichern wolle: „Für den gemeynen mann sag ich/das ich keinen verhört/der heller oder pfennig von den pfaffen begeret. Allein bitten sye/das ein Christliche Meß vnd andere tzimliche vnd Ewangelische dinst gehalten werden"[220].

2. Die Stellungnahme Otto Beckmanns

Der Stiftsherr Otto Beckmann ist damals in der Sache Reformen nicht ganz abgeneigt, doch werde in Wittenberg eine Angelegenheit, die die ganze Christenheit angeht, viel zu schnell mit „grosße enporunge vnd varlickheyd der vnschuldigenn" ins Werk gesetzt.[221] Für ihn ist Evangelium mit Friede verbunden, „den vnß Christus hat czuder lesßt gelasßenn"[222]. Von den Reformern werde die christliche Freiheit missbraucht.[223] Dass wir hier auf lutherische Formeln stoßen, wird alsbald bestätigt durch die Gegenüberstellung von Tat und Wort: Nicht „mit der tadt vnde gewalt" soll gehandelt werden, sondern „myd chrafft des gotlichen wortes" soll das Evangelium gepredigt werden.[224] Vor Einführung einer neuen Ordnung sollen erst andere Universitäten in den sächsischen Fürstentümern mit der Angelegenheit befasst werden,[225] wobei Beckmann auf Leipzig anspielt, von wo allerdings zum damaligen Zeitpunkt keinesfalls Schützenhilfe für die Reformer zu erwarten war.

3. Die Stellungnahme der altgläubigen Stiftsherren

In der Stellungnahme der altgläubigen Stiftsherren, der sich Otto Beckmann ebenfalls anschließt, werden die Grundsätze eines von der Obrigkeit geleiteten Kirchenwesens vertreten. Entsprechend wird die Angelegenheit im Licht von Röm 13,1 f. gesehen: „Wehr der oberkeit widderstrebet, der widderstrebet gotlicher Ordnung. Dan alle gewalt ist von got"[226]. Wenn daraus gefolgert wird, das nichts „ane radt vnd erkentnus der Obersten" verändert werden soll,[227] so

---

[218] Sendbryff, Bl. A 2ʳ.
[219] Ebd., Bl. A 2ᵛ.
[220] Ebd., Bl. A 3ʳ.
[221] WB Nr. 44, 91.
[222] WB, 95.
[223] WB, 91.
[224] WB, 95.
[225] WB, 95 f.
[226] WB Nr. 51, 108.
[227] WB, 108.

ist im Rahmen der vorliegenden Angelegenheit von den Klerikern praktisch zunächst an die kirchliche Obrigkeit, konkret an ein in dem Schreiben mehrfach angesprochenes Konzil gedacht.[228] Dennoch ist in dieser Ordnungstheologie, wie am Rande angedeutet wird, die weltliche Obrigkeit eingeschlossen: Kein Stift könne ohne Gehorsam und Ordnung erhalten werden. Aber das gelte von jedem Gemeinwesen, in dem bestimmte Personen zur Erhaltung der von Gott gestifteten Ordnung eingesetzt sind.[229] Als oberste Tugenden zur Erhaltung dieser göttlichen Ordnung werden Gehorsam und Geduld herausgestellt.[230] Als praktische Schlussfolgerung ergibt sich der Vorschlag, dass gepredigt werden soll, ohne die Messe anzutasten. In dieser Angelegenheit „ßal man nicht alles alzo bald abethun"[231].

IV. Luthers „Treue Vermahnung an alle Christen sich zu hüten vor Aufruhr und Empörung" (Dezember 1521)

1. Historischer Hintergrund und Adressaten

Unmittelbar nach dem 3. Dezember, dem Tag des Beginns der Dezemberunruhen, war Luther drei Tage heimlich in Wittenberg, ungefähr vom 4. bis zum 6. Dezember.[232] Dass Luther, obwohl er in diesen Tagen in Wittenberg nicht an

---

[228] WB, 108 f. 114.

[229] WB, 110.

[230] WB, 111 f.

[231] WB, 113.

[232] Den ausführlichsten Bericht über Luthers Besuch in Wittenberg bringt die anonyme Zeitung aus Wittenberg, die bald nach dem 6. Januar verfasst wurde: WB Nr. 68, 159 f. Danach war Luther „im Aduent letzt drey Tag" in Wittenberg und reiste wieder ab, als sein Aufenthalt dort ruchbar wurde. Der Beginn von Luthers Aufenthalt lässt sich einigermaßen genau datieren durch die Angaben des im Februar verhörten Leipziger Wirts Johannes Wagner, wonach Luther am 3. Dezember bei ihm zum Mittagessen eingekehrt sein soll: Bericht des Rats zu Leipzig an die Herzöge Johann d. J. und Friedrich d. J. 1522 Febr. 16; Akten (wie Anm. 94), 273,23–33. Luthers Rückreise ist weniger exakt festzumachen. Dazu sagt der genannte Wirt, dass der für Luther gehaltene Ritter „ungeferlich [!] über acht tage" erneut bei ihm zu Mittag gegessen habe (ebd., 273,33–35). Die Spanne von acht Tagen hat viele Biographen veranlasst, Luthers Aufenthalt in Wittenberg vom 4. bis zum 9. Dezember auszudehnen (z. B. Bornkamm, Heinrich, Martin Luther in der Mitte seines Lebens. Das Jahrzehnt zwischen dem Wormser und dem Augsburger Reichstag, Göttingen 1979, 46: „nach etwa sechstägigem Aufenthalt"). Gegen diese Annahme spricht erstens, dass der Wirt zu diesem Punkt mehr als zwei Monate später nur eine „ungefähre" Erinnerung hat; zweitens die genauere Angabe von drei Tagen durch den in Wittenberg anwesenden Verfasser der Zeitung aus Wittenberg. Man hat implizit angenommen, Luther habe bei seiner Reise von der Wartburg über Leipzig nach Wittenberg und zurück außer in Wittenberg – abgesehen von den erforderlichen Übernachtungen – nirgendwo anders Station gemacht. Das ist aber durchaus offen. So ist Herzog Georg zu Ohren gekommen, dass Luther in Leipzig „sein underslaif oft haben sol" (Herzog Georg an die Herzöge Johann d. J. und Friedrich d. J., Nürnberg, 1522 Febr. 5; Akten [wie Anm. 94], 266,7–12). Da alle in diesem Zusammenhang angestellten Untersuchungen davon ausgehen,

die Öffentlichkeit gehen konnte, über die gleichzeitigen Ereignisse informiert wurde, kann angenommen werden angesichts seiner Kontakte mit Kollegen und Bürgern Melanchthon und Amsdorf[233], Lukas Cranach und Christian Döring[234] werden in den Quellen namentlich genannt.[235] Zumal Melanchthon und Amsdorf, die Mitglieder des Universitätsausschusses waren, der bis zum 7. Dezember sein zweites Gutachten vorlegte, werden mit Luther über den Stand der Dinge gesprochen haben. Auch Dörings Anteilnahme an den Vorgängen ist belegt.[236]

Luther nennt in den erhaltenen Briefen nur einen Grund, weshalb er nach Wittenberg gekommen sei. Am 17. Januar schreibt er an Spalatin: „Zuerst wurde ich durch Gerüchte (rumoribus) bewegt, selbst nach Wittenberg zu kommen und selbst zu sehen. Aber jetzt höre ich täglich von noch größeren Dingen“[237]. Schon aus Wittenberg hatte Luther an Spalatin geschrieben: „Schon unterwegs habe ich – gequält durch verschiedene Gerüchte über die Unschicklichkeit einiger der Unsrigen – beschlossen, eine öffentliche Ermahnung herauszugeben, sobald ich in meine Wüste zurückgekehrt sein werde“[238]. Bereits einige Tage, nachdem Luther auf die Wartburg zurückgekehrt ist, schickt er – ungefähr um den 12. De-

---

Luther habe in Leipzig genächtigt (Akten, 266,7ff.; 273,8f.17ff.; 274,19ff.30ff.), muss mit der Möglichkeit gerechnet werden, dass Luther in Leipzig nicht nur zu Mittag speiste.

[233] Luther an Spalatin, Wittenberg, [um 5. Dezember 1521]; WAB 2, 410,24f.: Luther hielt sich bei Melanchthon im Haus Amsdorfs auf. Ebd., 410, 15f. wird der Umgang mit den „Freunden“ erwähnt.

[234] Neue Zeitung, WB Nr. 68, 159.

[235] Der in der Literatur begegnende Zweifel, ob Luther von den Unruhen Kenntnis erhielt (vgl. Bornkamm, Martin Luther [wie Anm. 232], 46), ist meines Erachtens unbegründet. Welchen Grund sollten Luthers Gesprächspartner gehabt haben, das, was sie damals alle beschäftigte, Luther gegenüber zu verschweigen?

[236] Siehe oben Anm. 171.

[237] „prius quidem mouebar rumoribus, vt ipse Vittembergam irem ac viderem. Sed nunc maiora quottidie audio.“ (WAB 2, 444,2f.) Alle anderen Spekulationen über den Grund von Luthers Reise nach Wittenberg, z. B. dass ihm auf der Wartburg die Arbeit ausgegangen sei (vgl. Bornkamm, Martin Luther [wie Anm. 232], 43) oder die anstehende Übersetzung des Neuen Testaments (Preus, Carlstadt's *ordinaciones* [wie Anm. 5], 56), haben keinen Anhalt in den Quellen.

[238] Ich zitiere den noch zu diskutierenden Kontext: „Omnia vehementer placent, que video et audio. dominus confortet spiritum eorum, qui bene volunt, quamquam per viam vexatus rumore vario de nostrorum quorundam importunitate praestituerim publicam exhortationem edere, quam prius reuersus fuero ad Eremum meam.“ (Luther an Spalatin, Wittenberg, 1521 [um 5. Dezember]; WAB 2, 410,18–22. Aufgrund ungenauer Übersetzung wird in der Literatur die Angabe tradiert, Luther habe unterwegs – von unbekannten Gesprächspartnern – Gerüchte „gehört“ (WAB 2, 409: „beunruhigt durch ein unterwegs gehörtes Gerücht“). Im Text steht nur, dass ihn die Gerüchte unterwegs quälten (*„vexatus“*). Die in Anm. 237 zitierte Stelle vom 17. Januar belegt, dass Luther schon einschlägige Gerüchte kannte, als er seine Reise nach Wittenberg antrat. Dass Luther unterwegs Weiteres erfahren hat, ist zwar möglich, aber nicht mit der obigen Stelle zu belegen. Das Missverständnis unserer Stelle ist deshalb von Bedeutung, weil man aus der Annahme, Luther habe unterwegs Gerüchte gehört, die ihn zur Abfassung seiner „Treuen Vermahnung“ bestimmten, weiter gefolgert hat, dass es sich um Vorgänge handeln müsse, die sich außerhalb Wittenbergs ereignet hätten (H. Junghans in LStA 2, 521). Dagegen spricht auch „quorundam nostrorum“ denn bei *nostri* sind zunächst

zember herum – die fertige „Treue Vermahnung" an Spalatin. Sie soll so schnell wie möglich gedruckt werden, „um jenen rohen und geistlosen Menschen, die sich unseres Namens rühmen, zu begegnen"[239].

Die Drucklegung wurde tatsächlich rasch ins Werk gesetzt. Es gab keinen Anlass, diese Schrift, die in ihrer Zielsetzung wesentlichen Interessen des kurfürstlichen Hofes entsprach, zurückzuhalten, wie es Spalatin kurz davor mit anderen Lutherschriften getan hatte. Ein äußeres Indiz für die rasche Drucklegung bei Melchior Lotter d. J. in Wittenberg sind die zahlreichen Druckfehler, die in der zweiten Auflage desselben Druckers alle getilgt wurden.[240] Die Jenaer Ausgabe (1555) hat unserer Schrift das Datum „19. Januar 1522" nach einer heute unbekannten Quelle beigefügt.[241] Dies kann entweder als das Erscheinungsdatum selbst oder als Hinweis gedeutet werden, dass die Schrift zu dem genannten Zeitpunkt bereits erschienen war.[242] Man hat dieses Datum aber teilweise nicht ernst genommen,[243] weil die erste eindeutige zeitgenössische Erwähnung des Drucks sich erst am 27. März 1522 in einem Brief Albert Burers aus Wittenberg an Beatus Rhenanus findet.[244] Die Angabe der Jenaer Ausgabe wird jedoch ge-

---

konkret die Wittenberger gemeint. Auch im Kontext redet Luther von nichts anderem als von den Wittenberger Vorgängen.

[239] „Mitto et exhortationem vernaculam, quam velim quantocius edi, in occursum rudium illorum et insulsorum nostri nominis iactatorum." (WAB 2, 412, 1 f.) Der Brief ist undatiert; WA datiert „ca. 12. Dezember", doch könnte der Brief auch einige Tage später verfasst sein. Der erste datierte Brief von der Wartburg nach Luthers Rückkehr ist vom 18. Dezember (WAB 2, 413 f.; an Johann Lang). Diese Datierungsunsicherheit für den Brief an Spalatin verbietet es, aus unserer Stelle zu folgern, Luther habe seine Vermahnung „in etwa zwei Tagen" abgefasst (BORNKAMM, Martin Luther [wie Anm. 232], 46). Vgl. noch die dem obigen Zitat teilweise parallele Formulierung im Text der „Vermahnung": LStA 3, 20,20 = WA 8, 681,21.

[240] Siehe oben S. 105 f.

[241] Der Ander Teil aller Bucher vnd Schrifften … Doct. Mart. Lutheri … zum andern mal Gedruckt, Jena: Christian Rödingers Erben 1558, VD16 L 3335. Bl. 70ᵛ Z. 32 am Schluss der Schrift unmittelbar vor der letzten Zeile des Texts: „XIX. Ianuarij Anno XXII." Die Jenaer Ausgabe versucht, die Texte chronologisch zu ordnen. Vor der „Vermahnung" steht ein Mandat Herzog Heinrichs d. J. von Braunschweig-Wolfenbüttel vom 12. Jan. 1522 (Bl. 65ʳ), danach ein Schreiben Hartmut von Cronbergs vom 24. Jan. 1522 (Bl. 70ᵛ–72ʳ). Mögliche Quellen der Notiz könnten die bei der Ausgabe benutzten Bibliotheken Spalatins oder Kaspar Guttels sein, die ehemalige Schloss- und Universitätsbibliothek Wittenberg oder der Privatbesitz der Mitarbeiter der Ausgabe (Georg Rörer, Johann Stolz, Johann Aurifaber u. a.). Vgl. WOLGAST, EIKE/VOLZ, HANS, Geschichte der Luther-Ausgaben vom 16. bis zum 19. Jahrhundert (1980), in: WA 60, 506 f.514–516.520 f.

[242] Im ersten Fall (Erscheinungsdatum) müssten die Herausgeber der Jenaer Ausgabe heute verlorene Informationen über das Erscheinen der Schrift gehabt haben. Zu Spalatins (s. Anm. 241) Kenntnis von Erscheinungsdaten Wittenberger Drucke jener Zeit s. o. Anm. 133. Im zweiten Fall (Schrift ist vor 19. 1. 1522 erschienen) könnte das Datum auf ein Exemplar zurückgehen, in dem der erste Besitzer entweder das Kaufdatum oder den Tag der Lektüre vermerkt hat. Solche handschriftlichen Einträge von Vorbesitzern finden sich in den Flugschriften jener Zeit öfters.

[243] So WA 8, 673; dagegen als „vielleicht ganz richtig" bezeichnet in BoA 2, 299 Anm. 1.

[244] WB Nr. 102, 213 f. Aus dem Kontext geht hervor, dass Burer die Schrift nicht mehr zu den Novitäten rechnet.

stützt durch den neuen Nachweis, dass zum Zeitpunkt von Luthers Invocavit-predigten bereits die zweite, verbesserte Auflage vorlag.[245]

Die bisherigen Ausführungen ergeben bereits hinreichend Evidenz dafür, dass Luthers „Treue Vermahnung" durch die Wittenberger Ereignisse veranlasst ist: 1. Die Erwähnung einer früheren Ermahnung am Schluss der Schrift, die auf Luthers Predigt des Jahres 1520 gedeutet werden konnte. – 2. Der hohe Stellenwert, den das Thema „Aufruhr" in den die Wittenberger Bewegung betreffenden Akten seit Oktober 1521 einnimmt. – 3. Die gleichzeitige Stellungnahme Wittenberger Kollegen Luthers zu diesem Thema. – 4. Luthers eigene briefliche Äußerung über den Grund seiner Reise nach Wittenberg und über den Plan, eine solche Schrift zu schreiben.

Bevor wir auf den Inhalt der Schrift eingehen, müssen zuvor noch die wichtigsten Argumente widerlegt werden, mit denen bislang eine Einbettung unserer Schrift in die Wittenberger Situation abgewiesen wurde.

1. In der Forschung herrscht die Sicht vor, Luther sei mit den Wittenberger Vorgängen bis einschließlich Dezember 1521 soweit einverstanden gewesen, dass er keinen Anlass gehabt habe, den Wittenbergern die vorliegende Ermahnung zukommen zu lassen. Diese Annahme stützt sich auf eine Äußerung Luthers in seinem aus Wittenberg um den 5. Dezember geschriebenen Brief an Spalatin: „Omnia vehementer placent, que video et audio"[246]. Als uneingeschränkte Zustimmung Luthers zu den Wittenberger Vorgängen erscheint diese Aussage nur, wenn sie aus dem Kontext gerissen wird. Diese Aussage schließt den ersten, längeren Teil von Luthers Brief ab, in dem er Spalatin heftige Vorwürfe macht, weil dieser drei ihm von Luther zur Drucklegung übersandte Manuskripte bisher bei sich zurückgehalten hat.[247] Auf diesem Hintergrund ist unser Satz eine Provokation und Spitze gegen die höfische Duckmäuserei Spalatins. Die Aussage wird alsdann durch den schon zitierten Folgesatz[248] relativiert, in dem Luther die alsbaldige Abfassung seiner „Treuen Vermahnung" ankündigt. Diese Schrift aber hätte sich erledigt gehabt, wenn Luther alles, was damals in Wittenberg vor sich ging, gutgeheißen hätte. Und so finden wir denn auch in zwei am 18. Dezember geschriebenen Briefen Luthers an seine Ordensbrüder Johann Lang in Erfurt und Wenzeslaus Link in Nürnberg die Mitteilung, dass ihm der „aufrührerische" (*tumultuosus*) statt friedfertige Klosteraustritt eines Teils der Wittenberger Brüder[249]

---

[245] Siehe unten S. 149. Von unserer Schrift sind insgesamt 10 Ausgaben aus den Jahren 1522–23 nachgewiesen: drei in Wittenberg 1522–23, dazu eine niederdeutsche Ausgabe in Wittenberg 1523, je eine Ausgabe in Basel, Erfurt, Augsburg, Straßburg, Wien und Speyer (in zwei Varianten). Siehe Benzing Nr. 1046–1055 und CLAUS, HELMUT/PEGG, MICHAEL A., Ergänzungen zur Bibliographie der zeitgenössischen Lutherdrucke, Gotha 1982, 65.

[246] WAB 2, 410,18.

[247] Ebd., 409,3–410,18.

[248] Siehe oben Anm. 238.

[249] Bis Ende November sind 15 Mönche aus dem Augustinerkloster ausgetreten: WB

missfalle,[250] obwohl er gleichzeitig für die sachliche Berechtigung der Aufhebung der Klostergelübde eintritt.[251] Luthers jeweils verschieden akzentuierte Aussagen stehen schon im Dezember 1521 in der Spannung, die er in den Invocavitpredigten so formuliert: „Die Sache ist wohl gut, aber das Eilen ist zu schnell"[252].

2. Gegen eine direkte Verbindung der „Treuen Vermahnung" mit den Wittenberger Ereignissen wird eingewandt, dass sich im Text der Schrift nirgends eine konkrete Bezugnahme auf Wittenberg finde. Vielmehr werden im Titel allgemein „alle Christen" angeredet. Nun haben wir schon bei Luthers Predigt gegen den Aufruhr im August 1520 gesehen, dass er dort konkrete Anspielungen möglichst vermieden und nach eigener Aussage stattdessen generaliter über den Aufruhr gepredigt hat. Außerdem erforderte die politische Situation im Dezember 1521 ein solches Vorgehen aus taktischen Erwägungen. Einerseits wollte Luther aus Anlass der Wittenberger Vorgänge erneut zur Frage des „Aufruhrs" Stellung nehmen, andererseits musste gerade nach außen hin dissimuliert werden, dass es in Wittenberg bereits zu „Aufruhr" gekommen sei. Die Kunde über die Wittenberger Vorgänge hatte bewirkt, dass Studenten von der Universität Wittenberg abberufen wurden.[253] Außerdem war bekannt, dass Herzog Georg damals schon dabei war, ein Dossier über die Wittenberger Vorgänge anzulegen,[254] um – wie es dann im Mandat des Reichsregiments vom 20. Januar 1522 tatsächlich geschah – mit Hilfe einschlägiger Erkenntnisse gegen die Wittenberger Reformation und damit auch gegen den die Vorgänge anscheinend duldenden Kurfürsten vorzugehen. So erklärt sich auch der äußere Widerspruch, dass Luther einerseits eine Schrift gegen Aufruhr schreibt, andererseits aber in der Schrift äußert, dass er nicht mit einem Aufruhr rechne.[255] Luther hatte zwei Frontstellungen: Einerseits musste es sein Interesse sein, gegenüber der politischen Öffentlichkeit den gegen seine Lehre und sein Wirken schon mehrfach erhobenen Aufruhrvorwurf zu widerlegen, und in diesem Zusammenhang wäre

---

Nr. 31, 71. Luthers Beurteilung der Art und Weise des Auslaufens entspricht der Darstellung des Priors Konrad Helt vom 12. November: WB Nr. 28, 68.

[250] An Johann Lang, WAB 2,413,3 f.: „Non probo egressum istum tumul tuosum, cum potuissent et pacifice et amice ab invicem separari." An Wenzeslaus Link, WAB 2, 415,16–18: „Displicet sane mihi egressus iste cum tumultu, quem audivi. Oportuit enim mutuo consensu et pace ab invicem dimitti [...]".

[251] WAB 2, 414,4 ff.; 415,19 ff.

[252] LStA 2, 532,13 f. = WA 10/3, 7,6.

[253] Zuerst berichtet davon Otto Beckmann an den Universitätsausschuss zwischen 7. und 12. Dezember; WB Nr. 44, 95.

[254] Der einschlägige Briefwechsel beginnt mit dem Schreiben Herzog Georgs an Kurfürst Friedrich vom 13. Nov. 1521; Akten (wie Anm. 94), 206–208. Nachdrücklicher dann das Schreiben an Herzog Johann vom 21. Nov. 1521; Akten (wie Anm. 94), 208–211.

[255] LStA 3, 15,19 ff.; 18,27 f. = WA 8, 676,22 ff.; 679,35–680,1. – In früheren Briefen rechnet Luther gelegentlich ausdrücklich mit Aufruhr: An Spalatin, 1521 Febr. 27 (WAB 2, 271,30 ff.); an Melanchthon, 1521 Mai 26 (WAB 2, 348,60 f.).

es unklug gewesen, öffentlich von Aufruhr in Wittenberg zu reden. Andererseits wollte er angesichts der aktuellen Vorgänge seine sich auf ihn berufenden Anhänger in Wittenberg erneut vor „Aufruhr" warnen.

Zu Beginn der Schrift berichtet Luther von der Sorge der Geistlichen vor einem Pfaffensturm.[256] Man hat dies auf angebliche, jedoch nicht belegte Gerüchte über eine mindestens in Thüringen sich bereits zusammenbrauende große „Pfaffenschlacht" bezogen, die Luther auf seinem Ritt nach Wittenberg zu Ohren gekommen sein sollen.[257] Nun brauchen wir so weit nicht zu suchen, denn in den Akten der Wittenberger Bewegung spielen gerade Befürchtungen vor einem Pfaffensturm in Wittenberg eine wichtige Rolle, z. B. in den Schreiben des Priors Konrad Helt und der altgläubigen Stiftsherren.[258] Außerdem sind in Wittenberg verschiedene gewaltsame Aktionen gegen Priester sowie die Ankündigung eines Klostersturms Anfang Dezember belegt. Wenn Luther schließlich eine konkrete Anspielung auf den Pfaffensturm in Erfurt (Mai/Juni 1521) macht,[259] so ist daraus nicht zu folgern, die Erfurter Vorgänge seien ein wesentlicher Anlass für Luthers Schrift gewesen. Vielmehr kann an die Stelle in den Wittenberger Akten erinnert werden, wo ebenfalls auf die aufrührerischen Erfurter Studenten verwiesen wird, und zwar um von der eigenen Beteiligung an den Dezemberunruhen abzulenken.[260]

Wir können nunmehr den Schluss ziehen: Luthers „Treue Vermahnung" gehört in die Reihe der Schriften, mit denen Luther von der Wartburg aus die Leitung der Wittenberger Gemeinde in Händen zu halten versuchte: „Der sechs und dreyssigst psalm david", als Trostbrief „Dem armen heufflin tzu Wittenbergk" gesandt (erschienen 12. August 1521);[261] die „Themata de votis", mit den Luther sich an den Diskussionen „der Bischöfe und Diakone der Kirche zu Wittenberg" beteiligt (Sept. 1521);[262] die Schrift „De abroganda missa privata" bzw. deren deutsche Fassung „Vom Mißbrauch der Messe" an die Ordensbrüder zu Wittenberg, die eben die Messe eingestellt hatten (Nov. 1521).[263] In der Auslegung des 36. Psalms, Luthers erstem offenem Brief an die Wittenberger Gemeinde von der Wartburg aus, nennt Luther ein seinen Sendschreiben gemeinsames Motiv im Anschluss an das Vorbild des Apostels Paulus:

> „Dem selben Exempel [des Paulus] nach, Sintemal keyn zweyffel bey uns ist, das wir von gottis gnaden das recht, lautter Euangelium gehöret unnd erkennet haben, wuchs got gefellig geweßen, eynß teylß durch mich, armen mensch, euch zu eroffnen, soll

---

[256] LStA 3, 7ff.16f. = WA 8, 676,10ff.19f.

[257] BoA 2, 299.

[258] Siehe oben S. 116.

[259] LStA 3, 20,15f. = WA 8, 681,16f.

[260] Siehe oben S. 118.

[261] WA 8, 210ff.

[262] WA 8, 323ff.

[263] WA 8, 411ff. bzw. 482ff.

und kan ich auch nit on sorge seyn, das nit wolffe nach mir kummen yn den schaf-
stall"[264].

2. „Aufruhr" und „Ärgernis" in Luthers „Treuer Vermahnung"

Entsprechend Luthers zusammenfassender Schlussformel, wonach er eine
„neue Vermahnung vor Aufruhr und Ärgernis (sich) zu behüten"[265] eschrieben
habe,[266] ist je ein Hauptteil der Schrift den Themen „Aufruhr" und „Ärgernis"
gewidmet.[267]

Im ersten Hauptteil formuliert Luther seine grundsätzliche und apodiktische
Abwehrhaltung gegen jeden Aufruhr: „Denn auffrühr hat keyn vornunfft/vnd
gehet gemeynicklich mehr vbir die vnschuldigen denn vbir die schuldigen. Darumb ist auch keyn auffrühr recht/wie rechte sach er ymer haben mag"[268]. Recht
oder Unrecht zweier streitenden Parteien interessieren Luther nicht mehr, sobald sich eine Seite durch Aufruhr gegen die Obrigkeit auflehnt: „Ich halt vnd
wills alltzeyt halten mit dem teyl/das auffrühr leydet/wie vnrechte sach es
ymer hab/vnd wydder seyn dem teyll/das auffrühr macht wie rechte sach es
ymmer habe [...]"[269].

Als Hauptbeweise aus der Schrift dienen die berühmten Aussagen über die
Obrigkeit in Röm 13,1–4 und 1. Petr. 2,13 f., aus denen Luther folgert, dass das
Amt der Obrigkeit wesentlich darin bestehe, Aufruhr zu unterbinden.[270] Die
hierzu notwendige Unterscheidungsfähigkeit zwischen „Bösen" und „Frommen" habe der gemeine Mann, der „Herr Omnes" nicht: „Aber wenn Er omnes
auffstehet/der vormag solch vnterscheydenn der boszenn vnd frumen wydder

---

[264] WA 8, 210,10–15.

[265] LStA 3, 26,36 = WA 8, 687,25.

[266] Zum Inhalt der Schrift vgl. KÖSTLIN, JULIUS/KAWERAU, GUSTAV, Martin Luther. Sein
Leben und seine Schriften, Bd. 1, Berlin ⁵1903, 478–480; BORNKAMM, Martin Luther (wie
Anm. 232), 46–48; LStA 3, 12 f.; MÜLLER, GERHARD, „Niemand soll sein eigener Richter sein."
Luthers Gedanken zu Aufruhr, Krieg und Frieden, in: LM 22 (1983), 512–517, hier 513 f.

[267] Die relativ straff – teilweise durch eigene Nummerierungen Luthers – durchgegliederte
Schrift weist folgenden Aufbau auf: *1. Einleitung*: Diskussion der Frage, ob ein allgemeiner
Aufruhr zu erwarten sei (LStA 3, 15,2–18,13). – *2. Erster Hauptteil*: Aufruhr (18,14–23,34). 2.1
Gründe gegen ein Recht zum Aufruhr, als Belehrung des „gemeinen Mannes" (18,23–21,14).
2.1.1 Gott ist selbst der Rächer (18,27–19,12). 2.1.2 Grundsätzliche Ablehnung jeden Aufruhrs
(19,13–32). 2.1.3 Bibelworte und Rechtssprichwörter gegen Aufruhr (19,33–20,4). 2.1.4 Aufruhr ein Werk des Teufels (20,5–21,14). 2.2 Was sollen wir tun? (21,15–22,20). 2.2.1 Sünde
erkennen (21,17–26). 2.2.2 Beten (21,26–32). 2.2.3 Nur mit dem Mund, nicht mit der Hand
wirken (21,33–22,20). 2.3 Geistlicher Aufruhr – leiblicher Aufruhr, in Fortführung von 2.2.3
(22,21–23,34). – *3. Zweiter Hauptteil*: Ärgernis (24,1–26,33). 3.1 Luther wehrt die Verwendung
seines Namens ab (24,13–25). 3.2 Zweierlei Personen (24,26–26,33): 3.2.1 Die Pharisäer, auf
die keine Rücksicht zu nehmen ist (24,26–25,9). 3.2.2 Die Schwachen, die zu schonen sind
(25,9–26,15). – 4. Schluss (26,33–37).

[268] LStA 3, 19,15–18 = WA 8, 680,18–21.

[269] LStA 3, 19,29–31 = WA 8, 680,32–35.

[270] LStA 3, 19,19–21 = WA 8, 680,22–25.

treffen noch halten / schleget yn den hauffen / wie es trifft / vnd kan nit on grosz greulich vnrecht tzu gehen"[271]. Eine ganz andere Beurteilung erfährt dagegen die weltliche Obrigkeit und ihr Handeln; sie ist die „ordentliche Gewalt": „Den was durch ordenliche gewalt geschieht / ist nit für auffrühr zu halten"[272]. Dabei ist von der städtischen Obrigkeit in der ganzen Schrift nirgends die Rede, und mehrere Formulierungen zeigen, dass Luther bei seinen Ausführungen konkret in erster Linie die adeligen Landesherrn im Auge hat.[273]

Von diesem Ausgangspunkt her äußert Luther bereits in unserer Schrift wesentliche theoretische Grundgedanken des späteren landesherrlichen Kirchenregiments. Die Fürsten sollen „mit dem schwerd / das sie tragen" dem Regiment des Papsttums und des geistlichen Standes nach Vermögen wehren.[274] Sie haben kraft ihrer „ordentlichen Gewalt" die Verpflichtung, die Durchführung der evangeliumsgemäßen Reformen zu unterstützen: „Ein iglicher Fürst vnd herr ynn seynem land"[275]. Gott fordert von den Herren Rechenschaft dafür, ob sie ihre Gewalt „tzu rettung oder vorderben yhrer vnterthan an leyb / gut vnd seel braucht haben"[276].

Da das Handeln der von Gott gesetzten Obrigkeit so per definitionem nicht unter dem Vorzeichen des Aufruhrs gesehen werden kann, ist Luther bei den Fürsten und Herren in der Frage der Gewaltanwendung auch nicht so kompromisslos und eindeutig wie beim gemeinen Mann. Einerseits rückt er den Fürsten und Herren alttestamentliche Vorbilder vor Augen, die die Anwendung leiblicher Gewalt in den Religionsangelegenheiten suggerieren könnten: Mose, der dreitausend vom Volk habe erschlagen lassen, um Gottes Zorn abzuwenden (Ex 32,28); Elia, der die Baalspriester tötete (1 Kön 18,40)[277]. Andererseits sei Leibesstrafe gegen die Pfaffen faktisch nicht notwendig, denn die Fürsten können ihnen „mit wortten vnd brieffen mehr den gnug thun"[278]. Luther stellt damit den Obrigkeiten die Anwendung amtlich-bürokratischer Zwangsmittel gegen den altgläubigen Klerus anheim.

Geht Luther hier einerseits sehr weit in der Ausweitung der obrigkeitlichen Gewalt in das Kirchenregiment hinein, so bleibt für den gemeinen Mann in diesen Dingen fast keine Möglichkeit mehr zu selbständigem Handeln übrig: „Darumb hab acht auff die vbirkeyt / so lange die nit tzu greyfft vnd befilhet / szo haldt du stille mit hand / mund vnnd hertz vnd nym dich nichts an / kanstu aber

---

[271] LStA 3, 19,22–24 = WA 8, 680,25–27.
[272] LStA 3, 18,18 f. = WA 8, 679,26 f.
[273] LStA 3, 18,16 („die weltlich vbirkeyt vnd adel"); 19,4 = WA 8, 679,24; 680,6.
[274] LStA 3, 19,3–7 = WA 8, 680,6–9.
[275] LStA 3, 18,16–18 = WA 8, 679,24–26.
[276] LStA 3, 18,20–22 = WA 8, 679,29–31.
[277] LStA 3, 19,7–9 = WA 8, 680,9–11.
[278] LStA 3, 19,9–12 = WA 8, 680,11–15.

die vberkeyt bewegen / das sie angreyffe vnd befelhe / szo magistu es thuen / will sie nicht szo soltu auch nit wollen [...]"[279].

Den Autoritätsbeweis für diese obrigkeitstreue Position führt Luther, wie wir gesehen haben, aus der Schrift.[280] Luthers Motive scheinen jedoch noch aus anderen Quellen gespeist zu werden. Möglicherweise könnte die Aufklärung der Traditionsgeschichte der in diesem Zusammenhang von Luther mit den Schriftworten zitierten Rechtssprichwörter[281] Hinweise darauf geben, in welcher politischen Sozialisation Luther hier steht. Der ganze Komplex ist schließlich auch hier wieder eng mit Luthers Teufelsglauben verknüpft. Dem Teufel, der das wiederentdeckte Evangelium über den Aufruhr des Pöbels in Misskredit bringen will,[282] setzt Luther Gott in Gestalt der von ihm zur Verhütung von Aufruhr eingesetzten weltlichen Obrigkeit entgegen.

Wenn die Obrigkeit nun nicht reformationswillig ist, so bleibt der einzelne Gläubige zunächst auf den Bereich seines geistlichen Innenlebens verwiesen: Erstens soll er seine Sünden bekennen und das antichristliche Regiment als Strafe Gottes für die eigene Sünde erkennen.[283] Zweitens soll er gegen das Papsttum beten.[284] Die dritte Möglichkeit, für das Evangelium zu wirken, ist die des Predigers und Lehrers, nämlich mit Reden und Schreiben den Betrug der Papisten aufzudecken.[285]

Der letzte Punkt wird mit Hilfe einer neuen Terminologie, nämlich der Gegenüberstellung von „geistlichem Aufruhr" und „leiblichem Aufruhr", breit ausgeführt. Die für die weitere Entwicklung folgenreiche Abgrenzung zwischen „Wort" und „Tat" bzw. „Gewalt"[286] wird hier im Gegensatzpaar Hand-Mund dargestellt: Der Teufel „musz on hand / vnd alleyn mit dem mund vorstoret werden [...]"[287]. Diese Symbolik entstammt zwei mehrfach zitierten Schriftstellen.[288] Aus Daniel 8,25 entnimmt Luther die Überzeugung: Der Papst „soll onn hand tzurknursset werden / das ist / nit mit dem schwerd vnd leyplicher gewalt"[289]. Und in 2 Thess 2,8 sieht Luther seinen enthusiastischen Glauben an die

---

[279] LStA 3, 19,24–28 = WA 8, 680,27–32.

[280] LStA 3, 18,23f. = WA 8, 679,31–33.

[281] „Wer wydderschlegt der ist vnrecht. Item niemant kan seyn eygen richter seyn." LStA 3, 20,lf. = WA 8, 681,lf. Dazu die in LStA 2, 20 Anm. 94f. gegebenen Nachweise bei WANDER, KARL FRIEDRICH WILHELM (Hg.), Deutsches Sprichwörter-Lexikon, Leipzig 1867–1880, 5, 226 Wiederschlagen Nr. 2 bzw. 3, 1675 Nr. 80. Vgl. noch LStA 3, 19,19 = WA 8, 680,22.

[282] LStA 3, 20,5–29 = WA 8, 681,6–30.

[283] LStA 3, 21,17–26 = WA 8, 682,15–23.

[284] LStA 3, 21,26–32 = WA 8, 682,23–30.

[285] LStA 3, 21,33–22, 4 = WA 8, 682,31–36.

[286] LStA 3, 22,4–10 = WA 8, 682,36–683,6.

[287] LStA 3, 23,2 = WA 8, 683,32f.

[288] LStA 3, 16,24–29; 21,33–22, 1; 22,15–17; 23,30–32 = WA 8, 677,20–25; 682,31–33; 683,12f.; 684,25f.

[289] LStA 3, 16,25–27 = WA 8, 677,22f.

Gewalt des Worts bestätigt: „Vnszer herr Jhesus wirt yhn todten mit dem geyst seynes mundes [...]"[290].

Der leibliche Aufruhr ist das Werk des Teufels; der geistliche Aufruhr, der die Lügen des Papsttums mit der Kraft des Worts aufdeckt und den päpstlichen Kult dadurch obsolet werden lässt, ist das Werk des Mundes Christi.[291] Ihre Stoßkraft erhalten diese Anschauungen dadurch, dass Luther in seinem prophetischen Selbstbewusstsein seinen Mund mit dem Mund Christi identifiziert: „Ich bynn yhe gewisz / das meyn wort nitt meyn sondernn Christus wort sey / szo mus meyn mund auch des seyn / des wort er redet"[292]. Aus diesem Selbstbewusstsein heraus hat Luther auch schon einen klaren Zeitplan für das Reformwerk entwickelt, den er in der Folgezeit mit unbeirrter Autorität durchsetzt sowohl gegen die altgläubigen Gegner, die ihn verzögern wollen, als auch gegen die Gegner in den eigenen Reihen, die ihn beschleunigen wollen. Luther rechnet im Dezember 1521 damit, dass noch zwei Jahre das Wort zu treiben sei, bis die „Menschengesetze" aus den Herzen genommen seien.[293] Diese konkrete Vorstellung steht bei Luther auch hinter der – ihm nicht spezifischen – Formulierung, dass man mit den Schwachen „eyn tzeyt lang" Geduld haben solle.[294] Nach diesem Zeitplan begann Luther tatsächlich 1523, die reformatorische Lehre nun seinerseits zielstrebig in die Tat umzusetzen. Fast genau zwei Jahre nach der „Treuen Vermahnung", im Dezember 1523, erschien Luthers erste evangelische Gottesdienstordnung, die „Formula missae et communionis pro ecclesia"[295] mit der Bemerkung: „Nachdem nun das Evangelium bei uns volle zwei Jahre getrieben ist, ist auch der Schwachheit genug zugestanden und nachgelassen. Nun ist es am Handeln [...]"[296].

In den Ausführungen zum Thema Ärgernis im zweiten Hauptteil der „Treuen Vermahnung" legt Luther die schon aus der Scholastik geläufige Distinktion zwischen *scandalum pharisaeorum* und *scandalum pusillorum* zugrunde[297]. Die verstockten Pharisäer – „Bapst / Eck / Emser / ettliche vnszere Bischoff / Pfaffenn vnnd Münch" – sind „mit hartten scharffen worten" anzugreifen,[298] da hier ein Gesinnungswandel nicht mehr zu erhoffen sei. Die „schwachenn im glawben" dagegen soll man nach Paulus[299] nicht überfahren, sondern mit ihnen eine Zeit

[290] LStA 3, 16,27f. = WA 8, 677,24.
[291] LStA 3, 22,21–3,34 = WA 8, 683,13–684,29.
[292] LStA 3, 22,19f. = WA 8, 683,15–17.
[293] LStA 3, 23,8–19 = WA 8, 684,2–13.
[294] LStA 3, 25,13f. = WA 8, 686,2f.
[295] LStA 1, 369ff. = WA 12, 205ff. Siehe dazu die Einleitung in LStA 1, 365–368 von S. Mühlmann.
[296] LStA 1, 383,1f. = WA 12, 217, 6f. Dazu s. LStA 1, 383 Anm. 141.
[297] LStA 3, 24,26–26,33 = WA 8, 685,34–687,21.
[298] LStA 3, 24,27–25,8; 26,16f. = WA 8, 685,19–33; 687,5f.
[299] Zitiert werden Röm 14,1.15; 15,1; dazu noch 1 Petr 3,15f.

lang Geduld haben und sie in dieser Zeit „freundlich vnnd senfft vnter weysen“, dass allein der Glaube selig mache[300].

3. Vergleich mit der Position des Universitätsausschusses und der Stiftsherren

Die für den Verlauf der Wittenberger Reformation wichtige Forderung, „das man die swachen bruder im glauben ein zceit lang dulde vnd leide, bis sie besser im wort gots vnderweist werden“, ist in der Wittenberger Bewegung ursprünglich im ersten Gutachten des Universitätsausschusses vom 20. Oktober 1521 gegen den Reformeifer der Augustiner in der Messangelegenheit erhoben worden[301]. Der Ausschuss, in dem u. a. Karlstadt, Melanchthon und Amsdorf saßen, hat diese Position bis zu seinem zweiten, am 7. Dezember vorliegenden Gutachten verlassen, offenbar unter dem Eindruck der sich entfaltenden Wittenberger Laienbewegung, so dass die Laien als potentiell Schwache mehr und mehr wegfielen. Jetzt vertritt der Ausschuss, dass in zwei Punkten – Einstellung der gestifteten Messen und *communio sub utraque* – der Gesichtspunkt des Ärgernisses keine Rolle spielen darf, da hier klare Schriftzeugnisse vorliegen.[302] Im Unterschied von Luthers Geringschätzung des „gemeinen Mannes“[303] bzw. des „Herrn Omnes“ als eines möglichen Trägers der reformatorischen Bewegung beruft sich der Ausschuss gerade auf die geistliche Einsicht der „geringen, einfaltigen vnd armen, welche mit dem geist gots erleucht waren“. Gerade diese Laien leisten, wie die Bibel zeige, den verstockten Pharisäern Widerstand.[304] Die erhebliche Differenz zu Luther zeigt auch die Tatsache, dass in der konkreten Situation der Unruhen im Blick auf den der Obrigkeit geschuldeten Gehorsam Römer 13 vom Ausschuss nicht erwähnt, vielmehr mit Apg 5, 29 der – Luther sonst ja auch bekannte – locus classicus des Widerstandsrechts in den Mittelpunkt gerückt wird: „Man ßal yhe got mehr gehorßam sein dan den mentzschen“[305]. Dieser Satz wird später konkret in Anspruch genommen zur Rechtfertigung der gegen das kurfürstliche Verbot von Karlstadt an Weihnachten 1521 abgehaltenen evangelischen Messe.[306] Ist die Bibelstelle im Ausschussgutachten explizit zunächst gegen die geistliche Obrigkeit gerichtet, so zeigt doch die zur Aufruhrproblematik entwickelte Position, dass sinngemäß die weltliche Obrigkeit eingeschlossen ist. Die vom Ausschuss vertretene Lehre eines passiven Widerstandes im Sinne eines auch das Martyrium in Kauf nehmenden leidenden Ungehorsams wird wiederum von Luther an keiner Stelle

---

[300] LStA 3, 25,9–26,33 = WA 8, 685,34–687,21.
[301] WB Nr. 16, 38.
[302] WB Nr. 43, 85.
[303] LStA 3, 18,23 f. = WA 8, 679,31–33. Die ganze Schrift ist eine Unterweisung des gemeinen Mannes.
[304] WB Nr. 43, 85 f.
[305] WB, 85.
[306] Vgl. WB Nr. 62, 135.

seiner Schrift berührt. Will Luther durch Vermeidung von Aufruhr dem Teufel keinen Anlass geben, das Evangelium in Misskredit zu bringen, so lehrt der Ausschuss, dass der Teufel in dieser Sache nicht zu sehr zu fürchten sei, koste es auch die „Veränderung der gantzen weit"[307]. Betont Luther, dass mit Rücksicht auf die Schwachen „mit sanffmutickeyt"[308] gepredigt werden soll, so legt der Ausschuss den Ton darauf, dass Christus nicht als Stifter äußeren Friedens gekommen und die „grose Verfolgung vbir die Christenheit" ohnehin nicht zu vermeiden sei[309]. Diese Differenzen zwischen Luthers Schrift und dem Ausschussgutachten zeigen, dass die Wittenberger Reformation ohne Luther eine deutlich andere Richtung einzuschlagen begonnen hatte als mit Luther.

Der Vergleich von Luthers Position mit den Stellungnahmen Otto Beckmanns und der altgläubigen Stiftsherren erbringt das überraschende Ergebnis, dass Luther diesen in seiner Haltung in Sachen Ärgernis, Aufruhr und Obrigkeit weit näher steht als seinen Kollegen und Freunden im Ausschuss, ja dass es auffallende wesentliche Übereinstimmungen zwischen den Stiftsherren und Luther in den genannten Punkten gibt.

Otto Beckmann, zwischen Ausschuss und dem altgläubigen Teil des Stiftskapitels stehend, vertritt in Luthers Sinn die Unterscheidung zwischen Wort und Tat bzw. Gewalt als Mittel zur Unterbindung der Aktionen der Laien. Entsprechend fordert auch der die reformatorische Theologie teilende, aber den praktischen Reformen zögernd gegenüberstehende Johann Dölsch, dass man „mit eyner solchen wichtigen Sachen nit eylte", sondern dass vorerst Luther und andere weiter darüber schreiben und disputieren sollten, was für „den hauffen [...] nit auffrorig" wäre[310]. Gegen die Position des Ausschusses bringt Beckmann die „grosse verorgunge aller einfeltigenn" vor,[311] wobei das mögliche Missverständnis, als „Einfältige" seien nur oder in erster Linie Laien gemeint, dadurch widerlegt wird, dass sich dieser Ausdruck auch in den Äußerungen der Stiftsherren als Bezeichnung der eigenen Stellung findet.[312] Beckmann und die übrigen Stiftsherren reden konkret von dem Ärgernis, das sie selbst an den Wittenberger Vorgängen nehmen. Wir erhalten von hier aus auch einen Hinweis, wen Luther in seinen Invocavitpredigten im März 1522 konkret mit den zu schonenden Schwachen im Auge gehabt haben dürfte: Nicht die die neue Ordnung tragenden Bürger, sondern die die Reformen ablehnenden Stiftsherren, insbesondere die in ihrer Stellung noch schwankenden Gestalten wie Johann Dölsch und Otto Beckmann.

---

[307] WB Nr. 43, 89.
[308] LStA 3, 25,22.32 = WA 8, 686,11.21.
[309] WB Nr. 43, 89.
[310] WB Nr. 48, 100 f.
[311] WB Nr. 44, 95.
[312] WB Nr. 44, 96 (Beckmann); WB Nr. 48, 100 und Nr. 49, 103 (Dölsch). Bei Beckmann daneben auch auf die Laien angewandt: WB Nr. 44, 91.

Die altgläubigen Stiftsherren haben sich die Position zu eigen gemacht, dass die Reform nicht „alzo bald" durchgeführt werden solle.[313] Gehorsam und Geduld sind wie in Luthers Schrift zentrale Werte. Zum Thema „Gehorsam gegen die Obrigkeit" finden wir dieselben Hauptargumente wie bei Luther: Römer 13, göttliche Einsetzung der Obrigkeit zur Erhaltung der Ordnung, keine Veränderungen „ane radt vnd erkentnus der Obersten"[314]. Es gibt jedoch eine politisch wesentliche Differenz zu Luther: Die Stiftsherren machten diese Ausführungen in erster Linie im Blick auf die geistliche Obrigkeit, ohne die keine kirchliche Reformen durchgeführt werden dürften. Luther bedient sich zwar derselben inhaltlichen Argumente zur theologischen Begründung der Autorität der Obrigkeit, aber er hat diese Autorität gewissermaßen säkularisiert, indem er den von Mönch und Kleriker einst der geistlichen Obrigkeit geschuldeten Gehorsam auf die weltliche Obrigkeit transferiert. Diese Verschiebung der Autorität, die als gottgewollt verstanden wird, von der kirchlichen zur weltlichen Obrigkeit spiegelt adäquat einen Aspekt der Entstehung des landesherrlichen Kirchenregiments wider.

V. Luthers Invocavitpredigten (März 1522)

1. Äußere Umstände und Überlieferung

Um den 24. Februar kündigte Luther in einem Schreiben an den Kurfürst an, dass er bald nach Wittenberg zurückkehren werde.[315] Der Kurfürst äußert zwar umgehend erhebliche Bedenken, ohne jedoch Luther sein Vorhaben direkt zu verbieten.[316] Da Friedrich der Weise aber Luther gleichzeitig seine eigene Ratlosigkeit über die weitere Behandlung der Wittenberger Angelegenheit mitteilen lässt,[317] konnte sich Luther letztlich in seinem Plan bestärkt fühlen. Dazu kam, dass der neue Wittenberger Rat Luther schriftlich nach Wittenberg gerufen hat.[318] Im Einklang damit behandelt der Rat Luther nach seiner Ankunft demonstrativ als seinen Ratsprediger. In den Wochen nach seiner Rückkehr erhält Luther vom Rat verschiedentlich Verehrungen von Wein und Bier.[319] Jetzt

---

[313] WB Nr. 51, 113.

[314] WB Nr. 51, 108.110.

[315] WAB 2, 449,23 f.

[316] Instruktion Kurfürst Friedrichs für Johann Oßwald, [Lochau, um 26. Febr. 1522]; WAB 2, 450,58–84; 452,103–105.

[317] Ebd., 2, 450,26; 451,93–95.

[318] Luther an Kurfürst Friedrich, Wittenberg, 1522 März 7 (8?); WAB 2, 460,22–26 in Verbindung mit Invocavitpredigten, LStA 2, 533,21 f. = WA 10/3, 10,12 f. H. Junghans in LStA 2, 523 verweist noch auf den Brief Melanchthons an Spalatin, 1522 März 12; CR 1, 566, wonach auch Mitglieder der Universität Luther gerufen hätten: „Lutherum revocavimus ex heremo sua magnis de causis." Offen bleibt aber hier, welche Personen Luther zurückgerufen haben.

[319] FÖRSTEMANN, Mittheilungen (wie Anm. 145), 111.

erst – nach einem Jahr! – bezahlte der neue Rat, in dem jetzt Lukas Cranach das Amt des Stadtkämmerers innehatte,[320] Christian Döring das von ihm gestellte Fuhrwerk für Luthers Reise nach Worms.[321] Wesentlicher aber ist, dass der Rat Luther auf seine Kosten eine Mönchskutte anfertigen lässt.[322] Diese Kutte, mit der Luther demonstriert, dass er in seinem alten Stand bleiben will, wurde zu einem nonverbalen Symbol seiner Predigten. Luther erläutert das seinen Wittenberger Predigthörern: „Also kan jch meynen feinden (wenn ir bekerung zu hoffen ist) und den schwachen diese kappen wol zu gut tragen und soll mich nit beschweren"[323]. Diese Umstände zeigen, dass der predigende Mönch rechtlich gesehen als Repräsentant des – in der neuen Besetzung eng mit dem Kurfürsten zusammenarbeitenden – Stadtrates auftrat.

Über die unmittelbare Reaktion der Wittenberger Predigthörer wissen wir wenig. Hieronymus Schürf, Jurist und einst Ausschussmitglied, schrieb am 15. März an den Kurfürst, „das sich große fröde und frohlocken unter gelarten und ungelarten by uns aus Doctoris Martini Zukunft und predigten erhaben und erwachsen [...]"[324]. Bei den in ihrem Reformeifer gestoppten Laien gab es allerdings auch Unmutsäußerungen, wie eine Notiz unter den Bußgeldern des Jahres 1522 zeigt: „Valten Bader hat Doctor Martinus vnd Christian Baier Doctor. Burgermeister an ir ere gescholden, vnd weren wort, das man sie auß der stat Jagen sollte"[325]. Diese Notiz deutet darauf hin, dass Luthers Predigten bei einem Teil der Laien keineswegs ohne Widerspruch oder mit innerer Zustimmung hingenommen wurden,[326] sondern ähnliche Proteste bei den Betroffenen auslösten wie im Jahr 1520 Luthers Predigt gegen den Aufruhr. Der bestrafte Valentin Bader sah Luther und den hoftreuen Bürgermeister Christian Beyer in einer Interessenfront gegen die Wittenberger Reformbewegung stehen.

Zum Zeitpunkt von Luthers Predigten war auch die zweite, korrigierte Auflage seiner thematisch nun wieder hochaktuellen „Treuen Vermahnung" erschienen. Ein namentlich unbekannter Predigthörer hatte ein Exemplar jener zweiten Ausgabe während der Predigt in Händen und notierte seine Predigtmitschrift – in Ermangelung anderen Papiers – auf die leeren Seiten und Ränder dieses Exemplars.[327]

---

[320] Kühne, Lucas Cranach (wie Anm. 170), 19.

[321] Förstemann, Mittheilungen (wie Anm. 145), 111 f.

[322] Ebd., 111.

[323] WA 10/3, LXIII.

[324] Ebd., LI.

[325] Förstemann, Mittheilungen (wie Anm. 145), 111.

[326] Vgl. Karlstadts Äußerung gegenüber Luther in Jena am 22. Aug. 1524; WA 15, 337,20 f.: „Ir habts auch nicht so gar gut [scil, mit denen zu Wittenberg], als ihr meinet [...]".

[327] HAB Wolfenbüttel: Yv 1648. Helmst. 8°. Eine gesonderte Untersuchung über diese bislang unbekannte, in den Druck (= Benzing Nr. 1047) eingetragene Handschrift behalte ich mir vor. Die Handschrift hat sich als Mitschrift aus mindestens einer der Predigten erwiesen. Ein vorläufiger Vergleich mit dem bisher bekannten, auf der Drucküberlieferung (1522/23) beruhenden Text (LStA 2, 530–558 = WA 10/3, 1–64 oberer Text) hat ergeben, dass zwischen der Handschrift und dem Erstdruck der Predigten große Unterschiede in der Textgestaltung

Da die Invocavitpredigten mit einer Ausnahme[328] erst 1523 außerhalb Wittenbergs im Druck erschienen sind[329] und dieser Druck von der Mitschrift des Anonymus erheblich abweicht, müssen wir bis zur weiteren Aufhellung der Überlieferungsgeschichte der Invocavitpredigten[330] hier aus der Drucküberlieferung mit dem ausdrücklichen Vorbehalt zitieren, dass diese offenbar bearbeiteten Texte größtenteils erst 1523 belegt sind.

2. „Aufruhr" und „Ordnung" in den Invocavitpredigten

Auf den Inhalt der Invocavitpredigten[331] gehe ich hier nur soweit ein, wie es Luthers Stellungnahme zu den mit den Stichworten „Aufruhr" und „Ordnung" begrenzten Problemen der Wittenberger Bewegung betrifft.[332] Auf die politischen Begleitumstände spielt Luther in den Predigten an zwei Stellen an: Er erwähnt den Widerstand Herzog Georgs gegen die Wittenberger Vorgänge[333] und befürchtet Schwierigkeiten, die in Wittenberg vorgenommenen Reformen gegenüber dem Reichsregiment vertreten zu können.[334] Wir müssen also auch hier wieder in Rechnung setzen, dass Luther in seinen Invocavitpredigten von po-

---

bestehen, so dass vor der Drucklegung eine entsprechend umfangreiche Bearbeitung der Predigten stattgefunden haben muss. Vorbehaltlich einer detaillierten Neuuntersuchung der Gesamtüberlieferung der Invocavitpredigten nehme ich bereits an, dass das in WA 10/3, LVII–LXIII abgedruckte Fragment nicht, wie bislang angenommen, ein Entwurf für die Predigt(en) ist (P. Pietsch in WA 10, 3, LXX; ähnlich H. Junghans in LStA 2, 524: „vermutlich […] Vorarbeiten"), sondern ebenfalls auf eine unmittelbare Predigtmitschrift eines Hörers zurückgeht. Dieses Fragment und die obengenannte Handschrift überschneiden sich nicht, sondern geben unterschiedliche Stücke aus den Predigten wieder (bei Richtigkeit unserer Annahme gibt das Fragment der WA den Text der ersten Predigt wieder). Das Verhältnis des bekannten Fragments und der neuentdeckten Handschrift zu den Frühdrucken ist in wichtigen Punkten ähnlich.

[328] Sermon von den Bildnissen, Benzing Nr. 1320–1326, 1522 zuerst in Augsburg bei Melchior Ramminger erschienen (Nr. 1320). Ein Faksimile der Ausgabe Benzing Nr. 1325 (Augsburg: Jörg Nadler 1522) findet sich in: Ohn' Ablass von Rom kann man wohl selig werden. Streitschriften und Flugblätter der frühen Reformationszeit. Hg.v. Germanischen Nationalmuseum Nürnberg. Mit einer Einführung von K. Hoffmann, Nördlingen 1983, Nr. 10. Diese Predigt (LStA 2, 543–547 = WA 10/3, 30–40) ist in den Einzelausgaben des Jahres 1522 nicht datiert, in den Ausgaben aller Predigten (1523) ist die Predigt als Mittwochpredigt (12. März) ausgewiesen.

[329] Benzing Nr. 49–54.

[330] Vgl. WA 10/3, LIV–LXXXII.

[331] Dazu zuletzt mit praktisch-theologischem Interesse GOTTSCHICK, KONRAD, Zu Luthers Invocavitpredigten, in: Reformation und praktische Theologie. Festschrift für Werner Jetter zum 70. Geburtstag, hg. v. H. M. Müller u. D. Rössler, Göttingen 1983, 82–110.

[332] Zu in der Sache parallelen Aussagen in Luthers Schrift „Von beider Gestalt des Sakraments zu nehmen" (März 1522; WA 10/2, 11–41) s. PREUS, Carlstadt's ordinaciones (wie Anm. 5), 68 f.

[333] WA 10/3, LIX, 46 f.

[334] HAB Wolfenbüttel: Yv 1648. Helmst. 8°, Bl. [B 6]ᵛ: „Was wylthu szagen wen du tzu Nurmberg ku[mst] offt an eynen andern orth vor de fürsten, szie w[erden] iwe dinck gar scharf szuchen vnnd examinieren, [szie] werden der argument szo vell vff bringen […]".

litischen Einflüssen und diplomatischen Rücksichtnahmen mitbestimmt ist.[335]
Daher sind die in der Predigt vertretenen Gedanken im Rahmen der aktuellen
Wittenberger Situation und nicht als ein systematisch-theologischer Entwurf
zu verstehen.

Lob und Tadel für die an der Reform beteiligten Kollegen verteilt Luther
in derselben Weise wie es im Februar schon in der höfischen Korrespondenz
der Fall war: Melanchthon und Amsdorf werden von der Kanzel namentlich als
Freunde erwähnt,[336] Karlstadt und Gabriel Zwilling öffentlich als die haupt-
schuldigen Prediger benannt.[337]

Ebenfalls die obrigkeitliche Perspektive vertritt Luther hinsichtlich der Anwendung der Kategorie „Aufruhr" auf die jüngsten Ereignisse. Er kommt auf
das Aufruhrthema explizit nur gelegentlich zu sprechen, und zwar in Verbindung mit dem Bildersturm, der den Tatbestand des Aufruhrs erfülle.[338] Eindeutig distanziert sich Luther von jedem aktiven, zu „Aufruhr" führenden Handeln: „Neyn, Neyn, Ich wyll godt n[ach] szeynem worte rathen vnnd reggeren
lasszen, der wa[rts] woll machen, Ich wyll keyn auffrhür machen [...]".[339] Die
Kategorie vom geistlichen Aufruhr – im Sinn von Luthers 1520 in der Freiheits-
schrift vorgetragener Unterscheidung von innerlicher und äußerlicher Freiheit –
ist noch mehr als im Dezember zu einer symbolischen Redefigur geworden,
und zwar zur Kennzeichnung eines überzeugenden geistlichen Christenlebens:

> „Wer eyn guth Christh ysth, der muesz stürmen, myth szeynem bethe ym geysthe
> vnnde warheyth ym glauben vnnd myth der bruderlykenn liebe, vnnd guthen wyr-
> cken, Szo kan er yn Christo geysthlych sthormen vnnd puchen slotzer szie szien szo
> vasthe all sze wyllen offt szein moghen etc. Im geysth tzw vorstheynde"[340].

Wenn der „geistliche Aufruhr" nun auch nicht einmal mehr mit dem Kampf des
Wortes gegen das alte Kirchenwesen in Verbindung gebracht wird, so spiegelt

---

[335] Vgl. JUNGHANS, HELMAR, Freiheit und Ordnung bei Luther während der Wittenberger
Bewegung und der Visitationen, in: ThLZ 97 (1972), 95–104, hier 98.

[336] HAB Wolfenbüttel: Yv 1648. Helmst. 8°, Bl. [B 6]ᵛ: „Nemeth von mich eyn exempell
meyn liebes volck, Ich habe als yr woll wysth kegen den Bapsth, Byschüpffhe vnnde de gantzen
hauffen [...] myth gottes Worth szo weith ghebracht, das ny konnüghe von franckrich nicht
gedan hetten, offt gantze Deudsche landt, vnnd hebbe ghedan dan eck habe geschreben
gotts worth ans licht ghebracht vnder die leuthe [...] vnnd habe eyn trunck wyttenbergesck
beer ghetrunken, myth meynem Philippo vnnd Amsdorff, vnnde andern guten frunden, vnnd
habe vndertzeiten geslafen vff meynem bette, vnnd habe das worth gots lasszen wyrcken
[...]". Vgl. LStA 2, 537,5–12 = WA 10/3, 18,12–19,3.

[337] WA 10/3, LVII, 37; LIX, 53 f. – Ferner vgl. HAB Wolfenbüttel: Yv 1648. Helmst. 8°, Bl.
[A 1]ᵛ: „Du darpfsth vnnd muesth nicht szagen, Gabriel hate gesagt offt Carlstadt offt Martinus, wyr kunnen nicht bey dyr szein, yn dottes notthen, dar musthw szuluesth sthaen vnnd
streythen, antworten dem Teufell vnnd deyner eygen conscientzien [...]" In der Druckaus-
gabe von 1523 (LStA 2, 539,7–11 = WA 10/3, 22,8–11) wird an dieser Stelle noch „der Probst"
(Justus Jonas) genannt.

[338] LStA 2, 537,16f.; 543,4f.; 544,18f. = WA 10/3, 19,7f.; 29,6f.; 32,12–33,1.

[339] HAB Wolfenbüttel: Yv 1648. Heimst, 8°, Bl. [B 6]ʳ.

[340] Ebd., Bl. [B 6]ᵛ.

das die neue Situation wider, dass seit Ende Januar gerade die scharfen Predigten Zwillings und Karlstadts als Anstiftung zum Aufruhr gewertet wurden.

Nichtsdestoweniger ist die Unterscheidung von Wort und Tat ein die Predigten durchziehender roter Faden. Sie wird durch die Gegenüberstellung von „ius verbi", das den Predigern zusteht, und „(ius) executionis", das geistlich Gott und leiblich der Obrigkeit zukommt,[341] in Ansätzen auch kirchenrechtlich formuliert.

Das Ereignis, das Luther in den Invocavitpredigten als Person und als Theologe am meisten in Atem hält, ist nicht der Bildersturm und das Aufruhrthema, sondern die neue Wittenberger Stadtordnung vom 24. Januar. Luther setzt alles daran, die Wittenberger Bürger zum Verzicht auf diese Ordnung zu bewegen, was wiederum zeigt, dass auch die kurfürstlichen Interventionen das Eintreten für diese Ordnung in der Bürgerschaft noch nicht zum Schweigen bringen konnten. Luther verleiht seiner Forderung nach Verzicht auf diese Ordnung Nachdruck, indem er den Wittenbergern mehrfach Konsequenzen androht bis hin zu seinem Abzug aus Wittenberg und zum Widerruf seiner reformatorischen Schriften, falls die Wittenberger nicht von der beschlossenen Ordnung Abstand nehmen sollten.[342]

Aus Anlass der neuen „Ordnung der Stadt Wittenberg", die für Luther ein Gesetz ist, das Zwang auch auf die Schwachen ausübt, wird das Hauptthema der Predigten die Spannung von Gesetz und Freiheit,[343] die hier von dem die Predigten durchziehenden Begriff der „Ordnung" her in den Blick genommen werden soll.

„Ordnung" ist für Luther 1522 sowohl ein negativ als auch positiv gefüllter Begriff und taucht in drei Bedeutungen auf: Das Wort bezeichnet 1. die „Ordnung" der Stadt Wittenberg vom 24. Januar, die Luther ablehnt; 2. die nur durch die Landesobrigkeit garantierte „Ordnung" des Gemeinwesens; 3. die allein gültige „göttliche Ordnung".

1. Otto Beckmann hatte bereits in seiner Stellungnahme zum zweiten Ausschussgutachten im Dezember 1521 den Missbrauch der christlichen Freiheit beklagt und sich damit – als einer der konservativen Stiftsherren – auf das Hauptanliegen Luthers, die Freiheit des Christenmenschen, berufen. Indem Luther ihm in den Invocavitpredigten an diesem Punkt zustimmt, erhalten wir erneut einen Hinweis auf die „schwachen" Personen, die Luther konkret im Auge hat.

---

[341] LStA 2, 535,22f. = WA 10/3, 15,10: „[…]wir haben wol jus verbi aber nicht executionem." – LStA 2, 543,17f. = WA 10/3, 30, 4f.: „Darum berümen sich die Aposteln jres diensts ministeri / vnd nit der volge. Executionis […]" – HAB Wolfenbüttel: Yv 1648. Helmst. 8°, Bl. [B 6]ᵛ: „[…] vnns ysth allene befolen das worth tzu sprekhen, verbi ministerium, non executio, nicht die vulfurungen."
[342] LStA 2, 536,20–25; 548,24–549,1; 530,30–551,2.13–15 = WA 10/3, 17,4–9; 42,9–14; 46,15–47,2.14–16.
[343] Mehr dazu s. BUBENHEIMER, Scandalum et ius divinum (5. Beitrag wie Anm. 5), 326–331.

Auf die Stiftsherren passt Luthers Formulierung, dass wir „vnser brüder die jetzt nit vnser freund sein mit pringen" sollen.[344] Die Wittenberger aber praktizieren eine „lieblose Freiheit"[345], indem sie schwache Personen zu etwas zwingen wollen, was diese nicht aus innerster Überzeugung teilen können. So übe die „gemeyne Ordnung" einen Gewissenszwang aus,[346] der Luther sein theologisches Programm von der Freiheit eines Christenmenschen[347] entgegensetzt:

> „[...] mann muoß der leüte hertz zum ersten fahen / das geschieht aber wenn ich gottes wort alleyne treybe / predige das Euangelium / vnd sage lieben herrn oder pfäffen tret ab von der Messe / es ist nit recht / jr sündiget daran / das wil ich euch gesagt haben. Aber wolt jn keyn Satzungen machen auch auff keyn gemeyne Ordnung dringen [...]"[348].

Im Anschluss an den Wunsch des Kurfürsten nach Einhelligkeit geht auch Luther in diesen Predigten bis zu der Forderung, die alte Ordnung der Messe erst dann abzuschaffen, wenn sich zuvor in der Gemeinde alle einig geworden sind.[349]

2. Den in den Invocavitpredigten mehrfach geäußerten Optimismus, dass aufgrund der evangelischen Predigt der alte Kult schließlich „von selbst"[350] fallen werde, hat Luther ab 1523 revidieren müssen. Die Folgen davon waren schließlich vom Landesfürsten erlassene, im Zuge der Visitationen dann auch allgemein verbindlich gemachte Kirchenordnungen[351]. Der Grund für diese Entwicklung war, wie wir gesehen haben, in der „Treuen Vermahnung" bereits gelegt. Auch in den Invocavitpredigten baut Luther an jenen Ansätzen weiter, obwohl das zu einem praktischen Widerspruch zu seiner Ablehnung der vom Rat der Stadt Wittenberg erlassenen allgemein verbindlichen Ordnung führt. Der politische Grund für diese Spannung liegt darin, dass für Luther nicht die Wittenberger Räte, sondern die Landesfürsten die von Gott legitimierten „Obersten" repräsentieren, was sich mit dem Selbstanspruch der landesfürstlichen Obrigkeit deckte. Auf dieser Argumentationsebene wirft Luther den Wittenbergern vor, dass die in der Sache zwar richtige Beseitigung der Messe als ein Werk des Teufels[352] „nicht ordentlich" vor sich gegangen sei. Trotz der neuen Wittenberger „Ordnung" kann Luther im Blick auf die fehlende landesherrliche Autorisierung fragen: „wo bleybt die ordenung?" Man sollte zuvor mit Ernst gebetet „vnd die oebersten darzuo genommen haben / so wüste mann daß es auß gott geschehen

---

[344] LStA 2, 532,9f. = WA 10/3, 7,1f.
[345] LStA 2, 534,2 = WA 10/3, 11,11.
[346] Siehe BUBENHEIMER, Scandalum et ius divinum (wie Anm. 5), 329 mit den ebd., Anm. 274 genannten Stellen.
[347] LStA 2, 547,21–25 = WA 10/3, 40,4–7.
[348] LStA 2, 536,6–10 = WA 10/3, 16,3–7.
[349] LStA 2, 536,17–19 = WA 10/3, 16,14–17,2.
[350] LStA 2, 536,16 = WA 10/3, 16,18 u. ö.
[351] Vgl. JUNGHANS, Freiheit und Ordnung (wie Anm. 335), 100–104.
[352] LStA 2, 532,33–533,3; WA 10/3, 9,1–7.

were"[353]. In dieser Formulierung ist Luthers bereits in der „Treuen Vermahnung" ausgesprochene geistliche Qualifizierung der weltlichen Obrigkeit weiter zugespitzt. Eine von der gottgesetzten landesfürstlichen Obrigkeit eingeführte Ordnung wäre als „auß gott geschehen" legitimiert[354].

3. Der in der Praxis bestehende Widerspruch, dass auch einer mit der landesherrlichen Autorität gestützten Kirchenreform derselbe gesetzliche Zwangscharakter zuzuschreiben wäre wie einer städtischen Ordnung, ist theologisch durch die Kategorie der „Ordnung Gottes" ausgeglichen. Der Begriff „gottes Ordnung" wird – nach der Drucküberlieferung von 1523 – in der dem Zölibat und den Mönchsgelübden gewidmeten Dienstagspredigt von Luther verwendet.[355] Im theologischen Rahmen ist für Luther die „Ordnung Gottes" die einzige allgemeinverbindliche und unumstößliche Ordnung, deren Einhaltung auch nicht in den Ermessensspielraum des Menschen gestellt ist: „[...] dann alle werck vnd ding müssen seyn/ welche von gott geboten seyn/ oder verbotten/ vnd die hohe maiestat also verordnet hat"[356]. Da zu dieser Ordnung Gottes nach Römer 13 auch die Einsetzung der weltlichen Obrigkeit gehört und diese die Aufgabe hat, durch Unterdrückung des Bösen – von Zwietracht, Unruhe und Aufruhr – die Ordnung der Welt zu erhalten, kann in einer Richtung lutherischen Denkens aus Anlass einer konkreten Notsituation wie der Wittenberger Reformkrise schließlich auch einer von der landesfürstlichen Obrigkeit verfügten Kirchenordnung der Charakter der Gottgewolltheit zugeschrieben werden. Diese in der „Treuen Vermahnung" und in den „Invocavitpredigten" noch undifferenzierte geistliche Qualifizierung der weltlichen Obrigkeit konnte erwachsen in einer konkreten Situation, in der zwischen Luther und seinem ihn deckenden Kurfürsten Einvernehmen und Zusammenarbeit bestand. Von hier aus konnte die Entwicklung hin zum landesherrlichen Kirchenregiment gehen. Die theologische Differenzierung und Beschränkung der Gewalt der Obrigkeit, wie sie in der – möglicherweise schon in der „Treuen Vermahnung" ins Auge gefassten[357] – Obrigkeitsschrift von 1523 vorliegt, steht dann bezeichnenderweise in einem historischen Kontext, in dem Luther auch die Unterdrückung der evangelischen Bewegung durch eine grundsätzlich reformationsfeindliche weltliche Obrigkeit mitbedenken musste.

Diese hier angedeuteten Zusammenhänge zwischen Luthers Vorstellungen von Gottes Ordnung und von obrigkeitlicher Ordnung sind in den Invocavit-

---

[353] LStA 2, 533,6–10 = WA 10/3, 9,10–13.

[354] Zu dieser Stelle vgl. LOHSE, BERNHARD, Luther und der Radikalismus, in: LuJ 44 (1977), 7–27, hier 12 Anm. 9, der hier auch eine neue Stufe in Luthers Aussagen zur Obrigkeit erreicht sieht, gleichzeitig aber auf Vorformen dieses Gedankens aufmerksam macht.

[355] LStA 2, 538,26–539,1; 541,10.19 = WA 10/3, 21,13–22,1; 25,7; 26,1.

[356] LStA 2, 538,18–20 = WA 10/3, 21,5–7.

[357] Vgl. LStA 3, 18,15–25 = WA 8, 679,24–32: Luther will die weltliche Obrigkeit „für das erste" jetzt anstehen lassen und sich in der vorliegenden Schrift an den gemeinen Mann wenden.

predigten nicht systematisch entfaltet, vielmehr implizit enthalten. Jener ersten Entfaltungsmöglichkeit von Luthers Gedanken hin zu einem landesherrlichen Kirchenregiment steht gleichzeitig in den Invocavitpredigten eine Entfaltung von „gottes Ordnung" gegenüber, die den Weg zu mehr Mündigkeit des einzelnen Christen und der Gemeinde hätte öffnen können. Denn als Hauptinhalt von Gottes Ordnung nennt Luther nicht einzelne Gebote, sondern paradoxerweise die „Freiheit", wie er es ähnlich schon in den „Themata de votis" (September 1521) formuliert hatte: „Evangelica libertas divini est et iuris et doni"[358]. Dies zeigt Luther in den Invocavitpredigten am Beispiel von Ehe und Ehelosigkeit. Gottes Ordnung hat Freiheit zu beidem gegeben. Daher sind sowohl die Zölibatsgelübde als auch die Ansätze, die Heirat der Priester und das Verlassen der Klöster zur Pflicht zu machen, ein Verstoß gegen „gottes ordnunge vnd freyheit"[359].

Spiegelt die erste Gedankenrichtung Luthers mehr wider, mit welcher politischen, nämlich von ständigem Aufruhrvorwurf gekennzeichneten, Situation Luther sich nach seiner Rückkehr von der Wartburg arrangieren musste, so zeigt die zweite Richtung, mit welchem theologischem Problem Luther in den Invocavitpredigten fertig werden musste, nämlich sowohl die von ihm in der Sache geteilte Forderung nach einem schriftgemäßen Gottesdienst als auch gleichzeitig die Gewissensfreiheit aller, einschließlich der Altgläubigen und in diesem Sinne Ordnung und Freiheit unter einen Hut zu bringen. Luther fand eine Lösung des ihm durch die Wittenberger Bewegung gestellten theologischen Problems im Rahmen seiner Freiheitslehre. In der Praxis haben sich dagegen schließlich die schon bei Luther 1521/22 in einer Krisensituation erwachsenen Ansätze zur Begründung eines landesherrlichen Kirchenregiments entfalten können.

VI. Ergebnisse und Aufgaben

Ein Hauptergebnis der vorliegenden Studie ist der Nachweis, dass die Entstehung des landesherrlichen Kirchenregiments nicht erst nach oder abseits von Luthers reformatorischem Wirken und theologischem Denken erfolgt ist, sondern dass das landesherrliche Kirchenregiment auch als Phänomen der Lutherrezeption selbst begriffen werden kann.[360] Hier liegt insofern auf den ersten Blick eine Paradoxie vor, als auch der Widerspruch gegen das landesherrliche Kirchenregiment in Luthers Theologie begründet ist. Die Paradoxie verschärft sich dadurch, dass auch ein Teil des radikalen Flügels der Reformation, insbe-

---

[358] WA 8, 330,3. Dazu BUBENHEIMER, Scandalum et ius divinum (Beitrag 5), S. 211.

[359] 3, 541,19 = WA 10/3, 26,1 f.

[360] Ähnlich OBERMAN, HEIKO AUGUSTINUS, Martin Luther Vorläufer der Reformation, in: Eberhard Jüngel u. a. (Hg.): Verifikationen. Festschrift für Gerhard Ebeling zum 70. Geburtstag, Tübingen 1982, 91–119, hier 114.

sondere die zum Bauernkrieg führende Bewegung, teilweise als Auswirkung der Lutherrezeption beschrieben werden muss. Hat Luther jedoch die letztgenannte Rezeptionsrichtung eindeutig als Missverständnis seines reformatorischen Wollens bekämpft, so ist desto mehr die Frage zu klären, aus welchen Gründen und aus welcher historischen Entwicklung heraus Luther die politisch gegenteilige, auf das landesherrliche Kirchenregiment zuführende Auswirkung seines Auftretens nicht in derselben eindeutigen Weise zurückweisen musste, sondern sie – wenn auch unter Bedenken im Blick auf seine theologische Freiheitslehre – letztlich akzeptieren konnte.

Es ließ sich zeigen, dass die Entstehung des landesherrlichen Kirchenregiments nicht eine durch den Schock des Bauernkriegs ausgelöste Fehlgeburt der Wittenberger Reformation war. Bei den in den Jahren nach dem Bauernkrieg in den kursächsischen Gebieten begonnenen systematischen Visitationen, die in rechtlicher Hinsicht von der Landesobrigkeit geleitet und kontrolliert waren, konnten sich Ansätze auswirken, die sich bereits im Rahmen der Wittenberger Bewegung 1521/22 zeigen. Diese Ansätze konnten erstens aufgezeigt werden in den realen, im Raum zwischen Landesherr und Stadtgemeinde angesiedelten politischen Machtverhältnissen und Interessenkämpfen jener Jahre. Zweitens zeigten sich jene Ansätze bei Luther selbst nicht nur in seinem faktischen Verhalten in jenem politischen Raum, sondern auch in Elementen seiner damals in Schrift und Predigt vermittelten theologischen Stellungnahmen. Und drittens war zu zeigen, wie sich diese die landesfürstliche Autorität stärkenden theologischen Elemente, aus denen sich ein landesherrliches Kirchenregiment theoretisch begründen konnte – nicht musste –, in Korrelation zu den jeweiligen (kirchen-) politischen Ereignissen in Wittenberg entwickeln.

Der prinzipielle Anspruch der Landesobrigkeit nicht auf die theologische, sondern auf die praktische und damit die rechtliche Seite der Reformation als einer der landesherrlichen Gewalt zustehenden Sache war von kurfürstlicher Seite von dem Moment an eindeutig formuliert, als der Kurfürst im Dezember 1521 die Unterlassung aller Reformen verlangte, bis er selbst eine entsprechende Ordnung vorlegen würde. Dieser Anspruch wurde in die Tat umgesetzt dadurch, dass einmal Zuwiderhandlungen als Auflehnung gegen die landesherrliche Obrigkeit behandelt wurden und zum andern die aus einer breiten Bürgerbewegung erwachsene, von den maßgeblichen in Wittenberg anwesenden Theologen unterstützte und vom Rat unter dem Druck jener Bewegung beschlossene Ordnung bereits vor Luthers Rückkehr von der Wartburg faktisch kassiert wurde.

Aus Luthers Perspektive war die Wittenberger Bewegung 1521/22 tatsächlich in bestimmter Hinsicht der durch den Bauernkrieg entstandenen Situation vergleichbar. Einmal teilte er die obrigkeitliche Beurteilung mancher Vorgänge der Jahre 1521/22 als „Aufruhr". Dabei zeigte sich obendrein, dass Luthers Abwehrhaltung dem Aufruhr gegenüber nicht erst eine Reaktion auf eine religiöse Motivierung und biblisch-theologische Begründung des Volkswiderstandes gegen die Obrigkeit war, sondern dass er diese Haltung politisch und theologisch schon im Jahr 1520 kompromisslos einnimmt in seiner Stellung zu den Studentenunruhen,[361] die ihn zu einer Predigt über den Aufruhr veranlassten, um „die Gewalt der Obrigkeiten herauszustellen, die von Gott eingesetzt ist, damit nicht durch Aufruhr die Welt zerrüttet werde"[362]. Diese Zurückweisung jeden Aufruhrs ist in Luthers politischer Haltung verknüpft mit einer grundsätzlich negativen Einschätzung der politischen Urteilsfähigkeit und Handlungskompetenz des gemeinen Mannes. Theologisch steht diese prinzipielle Frontstellung gegen jeden Aufruhr in der apokalyptischen Dimension des Kampfes Gottes mit dem Teufel, und insofern sieht Luther schon die nicht religiös motivierten Studentenunruhen des Jahres 1520 als ein Werk des Teufels gegen das von ihm wiederentdeckte Evangelium.

Die Zeit des Aufruhrs ist – wobei es sich bei „Aufruhr" in der Regel um Aktionen handelt, die politisch von unten ausgehen und sich gegen eine Obrigkeit richten – für die Obrigkeit aus politischen und für Luther aus theologischen Gründen Notsituation. Es hat sich auch in vorliegender Untersuchung bestätigt: Das evangelische landesherrliche Kirchenregiment ist aus Notsituationen heraus geboren, allerdings nicht erst aus der durch den Bauernkrieg geschaffenen Unsicherheit heraus, sondern bereits aus der Krise der Wittenberger Reformation 1521/22. In einer solchen „aufrührerischen" Zeit wendet sich Luther – in seiner „Treuen Vermahnung" und in den Invocavitpredigten – an den gemeinen Mann, um ihm die Autorität der von Gott gesetzten landesfürstlichen Obrigkeit groß zu machen. Die für Luther als Theologen in der Sache – von seiner Freiheitslehre her – notwendigen Beschränkungen auch der landesfürstlichen Gewalt entwickelt Luther nicht, wenn er den aus seiner Sicht zum Aufruhr neigenden gemeinen Mann als Adressaten vor Augen hat. Der gemeine Mann in Wittenberg 1521/22 wird vielmehr implizit auf ein landesherrliches Kirchenregiment eingestimmt. Die theologischen Differenzierungen im Rahmen der Unterscheidung von weltlichem und geistlichem Regiment hat Luther in seiner schon im Titel die veränderte Perspektive ausdrückenden Schrift „Von weltlicher Obrigkeit, wie weit man ihr Gehorsam schuldig sei" (1523) in erster Linie an die Obrigkeiten selbst adressiert, wofür die Widmungsvorrede an Herzog Johann von Sachsen steht.[363] So hängen die zwei Tendenzen in Luthers Lehre über Obrigkeit und Kirchenregiment auch zusammen mit dem jeweiligen, vorrangig angesprochenen Adressatenkreis: der gemeine Mann einerseits oder die – zunächst im Wittenberger Rahmen landesfürstlich gedachte – Obrigkeit andererseits.

---

[361] Siehe oben S. 110–112. Vgl. BRECHT, Luther (wie Anm. 14), 284, der eine Parallele zieht zwischen Luthers Haltung gegenüber den Studenten 1520 und seiner Haltung gegenüber den Bauern 1525.

[362] Siehe oben S. 111.

[363] LStA 3, 31–33 = WA 11, 245–246.

Eine künftige Aufgabe wird es sein, die unter Luthers geistlicher Leitung 1523/24 in Wittenberg im zweiten Anlauf vorgenommene Kirchenreformation unter den in dieser Studie aufgeworfenen Fragen erneut nachzuzeichnen und sie mit der Wittenberger Reformbewegung der Jahre 1521/22 zu vergleichen, um zu klären, wieweit Luther seine 1521/22 entwickelte theologische Linie durchhält, in welcher Richtung er sie weiterentwickelt und wie er sie gegebenenfalls unter veränderten politischen Bedingungen modifiziert.

Die Beschäftigung mit einer anderen Aufgabe steckt noch ganz in den Anfängen: Die Untersuchung der Ausstrahlung und Fortwirkung der Wittenberger Bewegung und der in diesem Zusammenhang entwickelten theologischen Entwürfe, die von Luther deutlich abweichen, wie wir es insbesondere an der Stellungnahme des Universitätsausschusses zur Frage des Aufruhrs und des Widerstandes beobachten konnten: Gleichzeitig – und das scheint mir eine historisch zwangsläufige Entwicklung zu sein – wurde mit dem landesherrlichen Kirchenregiment der protestantische Dissidentismus geboren, für den in Wittenberg vor allem die Figur Karlstadts steht. Wir finden im Blick auf die Aufruhrfrage in Wittenberg erstens Luthers der Landesobrigkeit gegenüber grundsätzlich loyale Position, die das spätere Luthertum prägen sollte; zweitens das Konzept eines gewaltfreien, leidenden Widerstandes, wie wir es später in Karlstadts Orlamünder Gemeinde und in einem breiten Strom des Täufertums wiederfinden;[364] und drittens – nicht beschränkt auf, aber verbunden mit den in Wittenberg auftauchenden Zwickauer Propheten – Ansätze zu einem die Gewalt einschließenden revolutionären Widerstand, der zum Bauernkrieg führt.

Untersucht werden muss neben der Wirkung der 1521/22 publizierten Flugschriften der an der Wittenberger Bewegung beteiligten Theologen auch die Wirkung der in der kurzen Zeit der „Wittenberger Reformation" 1521/22 im Druck verbreiteten offiziellen Dokumente und der über die Wittenberger Vorgänge berichtenden „Zeitungen". Die Klärung der Frage, ob z. B. die publizierten Ausschussgutachten und die Publikation der neuen „Ordnung der Stadt Wittenberg" in anderen Städten Einfluss ausgeübt haben, könnte zeigen, ob die Wittenberger Bewegung in ihrem direkten kirchenpolitischen Einfluss mehr als eine Episode der Reformationsgeschichte blieb.

Im Blick jedoch auf die Reaktion der Obrigkeit und der dadurch ausgelösten kirchenpolitischen Entwicklungen als auch im Blick auf Luthers theologische Antworten – die den Kampf für geistliche Freiheit gegen Gesetzlichkeit und Ansätze zu einer Theorie des landesherrlichen Kirchenregiments gleichzeitig einschlössen – scheint die Wittenberger Reformbewegung 1521/22 für Entwicklung und Gestaltung des evangelisch-lutherischen Kirchenwesens von kaum geringerer Bedeutung gewesen zu sein als der Bauernkrieg.

---

[364] Vgl. PATER, CALVIN A., Karlstadt as the father of the baptist movements. The emergence of lay protestantism, Toronto 1984.

5. Scandalum et ius divinum

Theologische und rechtstheologische Probleme der ersten reformatorischen Innovationen in Wittenberg 1521/22

In einer Zeit, in der in Staat und Gesellschaft ebenso wie in den Kirchen der Ruf nach Veränderungen und die zuweilen hektische Suche nach geeigneten Innovationsstrategien[1] im Vordergrund des aktuellen Geschehens zu stehen scheinen, wird sich der Historiker, der den Modellcharakter geschichtlicher Ereignisse ernst nimmt, mit Vorliebe solchen geschichtlichen Situationen zuwenden, in denen Reformforderungen eruptiv an die Oberfläche drängten. Dass die Reformationsgeschichte insgesamt bei einer solchen Interessenlage von Relevanz sein kann, ist selbstverständlich. Von besonderem Interesse aber dürfte die Situation sein, in der zum ersten Mal der Versuch gemacht wurde, in größerem Umfang die reformatorische Theorie in die Praxis umzusetzen: die Wittenberger Bewegung – auch unter dem Stichwort „Wittenberger Wirren" bekannt – während Luthers Wartburgaufenthalt 1521/22.

Erstaunlicherweise haben wir über dieses brisante Kapitel der Reformationsgeschichte keine neuere und zulängliche Gesamtdarstellung. Die Polemik der über dieses Thema zu Anfang unseres Jahrhunderts zwischen Hermann Barge und Karl Müller geführten Auseinandersetzung[1a] war der historischen Wahrheitsfindung auf beiden Seiten abträglich. Nach der Quellenpublikation von Nikolaus Müller[2] war zwar eine solidere Quellenbasis geschaffen,[3] aber eine auf dieser Edition aufbauende interpretierende Gesamtdarstellung ist bisher nicht gegeben worden. Teilkomplexe sind neuerdings unabhängig voneinander in zwei Monographien behandelt worden, wobei eine Reihe weiterführender Einsichten

---

[1] Der Begriff „innovationes" gehört durchaus zum reformatorischen Sprachgebrauch. Vgl. Melanchthon, Febr. 1522: „Meam de innovationibus nostrorum sententiam ex his aphorismis intelliges." MWA 7/1, 167, 21 f. (s. u. Anm. 103).

[1a] BARGE, HERMANN, Andreas Bodenstein von Karlstadt, Leipzig 1905, 2 Bde. MÜLLER, KARL, Luther und Karlstadt, Tübingen 1907. BARGE, HERMANN, Frühprotestantisches Gemeindechristentum in Wittenberg und Orlamünde, Leipzig 1909. Daneben einige kleinere Veröffentlichungen derselben Verfasser.

[2] MÜLLER, NIKOLAUS, Die Wittenberger Bewegung 1521 und 1522. Die Vorgänge in und um Wittenberg während Luthers Wartburgaufenthalt, Leipzig² 1911. Es erscheint notwendig, festzustellen, dass Müller zwar das meiste einschlägige Material zusammengetragen hat, das Werk aber nicht bzw. nicht mehr vollständig ist.

[3] Dass auch heute hinsichtlich der historischen Einordnung der Quellen, der Datierung und Verfasserbestimmung noch manches ungeklärt ist, mögen die Anmerkungen und der Anhang vorliegender Studie zeigen.

gewonnen wurden. Wilhelm Maurer hat die Ereignisse im Blick auf Melanchthons Rolle in der Reformbewegung behandelt.[4] Wilhelm H. Neuser gibt die vorläufig detaillierteste Darstellung der Ereignisse ab Herbst 1521, zwar konzentriert, aber keineswegs beschränkt auf die Auseinandersetzungen um die Reform der Messe.[5] Durch diese wertvollen Untersuchungen ist allerdings eine Darstellung der Wittenberger Bewegung, die nicht auf einzelne Gestalten konzentriert ist, sondern die Ereignisse und Verhältnisse in voller Breite aufarbeitet, nicht überflüssig geworden.

Vorliegende Untersuchung versteht sich als eine – vielfach noch ergänzungsbedürftige – Vorstudie, die einen Aspekt herausgreift und ihn im Querschnitt vom Beginn der praktischen Reformaktivitäten im Herbst 1521 bis zu Luthers Rückkehr verfolgt. Herausgearbeitet soll werden, welche theologischen Motive und Probleme hinter den zu beobachtenden Reformstrategien standen. Die Begriffe des Ärgernisses und des göttlichen Rechts erweisen sich dabei als Kristallisationspunkte. Auf Luthers genügend bekannte Reaktion wird nur am Schluss eingegangen, um die unseres Erachtens wesentliche Differenz zwischen ihm und den Auffassungen der anderen Wittenberger Reformer herauszustellen. Von der Quellenlage her ergibt sich notwendigerweise eine Konzentration auf Karlstadt und Melanchthon. Dass wir nicht chronologisch vorgehen, sondern mit dem Streit um das Abtun der Bilder einsetzen, liegt daran, dass wir uns von einer gesicherten Quellenbasis aus nach rückwärts vortasten wollten, da wir die für unser Thema wichtige, bisher Karlstadt zugeschriebene Thesenreihe *De scandalo et missa* Melanchthon zuweisen [vgl. hierzu meinen *Nachtrag* im Anhang, S. 226]. Wir rücken dementsprechend den früher einsetzenden Streit um die Messe in der Darstellung an die zweite Stelle. Außerdem ist Karlstadts Bilderschrift als Einstieg besonders geeignet, da hier unser Problem besonders klar zutage tritt. Wichtig war uns, die historische Situation, aus der die einzelnen Aussagen erwachsen sind, immer mit im Blickfeld zu behalten. Für die Messreform kann für die Einzelheiten auf die Arbeit Neusers verwiesen werden; für die Bilderfrage war eine neue Darstellung der äußeren Vorgänge notwendig.

---

[4] MAURER, WILHELM, Der junge Melanchthon zwischen Humanismus und Reformation. Bd. 2. Der Theologe, Göttingen 1969, 152–229.

[5] NEUSER, WILHELM H., Die Abendmahlslehre Melanchthons in ihrer geschichtlichen Entwicklung (1519–1530), Neukirchen-Vluyn 1968. Einige Korrekturen in der Besprechung von H. Scheible in ZKG 82 (1971), 126–128. JUNGHANS, HELMAR, Freiheit und Ordnung bei Luther während der Wittenberger Bewegung und der Visitationen, in: ThLZ 97 (1972), 95–104, stellt kurz die Entwicklung der Kirchenordnungsvorstellungen Luthers 1521–1526 dar.

I. Die Bedeutung des Biblizismus für Karlstadts Reformverhalten

1. Der Kampf um die Bilder in Wittenberg

Freitag, den 10. Januar 1522, wurden in der Klosterkirche der Wittenberger Augustiner unter Führung Gabriel Zwillings, der sich schon seit Herbst 1521 als der hitzigste Reformer in Wittenberg hervorgetan hatte, die Bilder abgenommen und verbrannt und verschiedene Kultgegenstände beseitigt. Es scheint dies eine hausinterne, nur von Klosterinsassen durchgeführte Aktion gewesen zu sein. Von einem „Bildersturm" unter Beteiligung der Wittenberger Bevölkerung ist im Unterschied zu den späteren Vorgängen in der Pfarrkirche in den erhaltenen Quellen nirgends die Rede, was deshalb bemerkenswert ist, weil die spätere aktive Beteiligung des Volkes in der Pfarrkirche einer der Hauptpunkte ist, die im Februar 1522 die kurfürstlichen Maßnahmen gegen „Aufruhr" in der Stadt begründen. Erst am Sonntag nach der Aktion (12. Januar) legte Zwilling die Gründe für das Abtun der Bilder in zwei Predigten dar.[6]

Wir weisen auf die Tatsache, dass der Umwelt die Gründe für die Bilderbeseitigung erst nach vollendeter Tat mitgeteilt wurden, ausdrücklich hin, weil sie sich trifft mit dem in der Forschung nicht registrierten Problem, dass sich das Vorgehen in der Bilderfrage – soweit wir es aus den Quellen rekonstruieren können – auffällig von einigen anderen Reformmaßnahmen unterscheidet.

---

[6] Von der Bilderbeseitigung in der Augustinerkirche berichten folgende Quellen: 1. Johann Pfau an Bürgermeister Hermann Mühlpfort in Zwickau, Wittenberg, ca. 15. Jan. 1522: „[...] hat er [Zwilling] folgends freitags [10. Jan.] mit etzlichen monchen ein fewer ins Augustiner closter hof gemacht, ist in die kirche mit inen gangen, hat die holtzern altaria zu grund abgebrochen, dieselbigen mit iren und sonst allen andern tafeln, gemalten und geschnitzten bildern, Crucifixen, fannen, kerzen, leuchtern etc. allezumal dem fewer zu getragen, dorein geworfen und vorbrandt, der steinen Christi Marie und anderen bilden die haubter helfen abschlagen und all gemel in der kirchen helfen vorwusten, Den sontag dornach [12. Jan.] doselbst zwir gepredigt, Ursachen solcher seiner tat und vorbrentnus angezeigt [...]" FABIAN, ERNST, Zwei gleichzeitige Berichte von Zwickauern über die Wittenberger Unruhen 1521 und 1522, in: Mitteilungen des Altertumsvereins für Zwickau und Umgegend 11 (1914), 25–30, hier 30. – 2. Georg Spalatin in seinen Annalen: „Die postridiano abitionis Augustinianorum ex Synodo Wittenbergensi, Feria, ni fallor, vi. proxima post Festum Epiphaniae [10. Jan.], reliqui Augustinianorum Wittenbergae autore fortassis Gabriele non contenti subvertisse altaria praeter summum, exussisse imagines Divorum et tabulas depictas [...]" WB Nr. 72, 169. – 3. Der Student Felix Ulscenius an Wolfgang Capito, 24. Jan. 1522: „D. Karolstadius [...] dominico die statim futuro [26. Jan., WB falsch 27. Jan.] contra simulachra, idola et excelsa concionaturus est, quae eodem igni tradet. Nam idem magister Gabriel dudum suo in Coenobio fecit." WB Nr. 74, 172. – 4. Der Student Albert Burer an Beatus Rhenanus, 27. März 1522: „Hoc anno 3. Idus Ianuarii [11. Jan.] exusta sunt signa in templo Augustinorum, postridie [Sonntag 12. Jan.], cur factum, reddita ratio. Item altaria funditus subversa sunt soloque aequata omnia." WB Nr. 102, 212. – Ferner s. MÜLLER, Luther und Karlstadt (wie Anm. 1a), 64 Anm. 5. Die Datierung des Ereignisses schwankt zwischen 10. und 11. Jan. Doch ist mit FABIAN, Berichte, 30 Anm. 18 dem 10. Jan. der Vorzug zu geben, da Quelle 1 und 2 darin übereinstimmen (gegen Quelle 4) und Quelle 1 dem Ereignis am nächsten steht. Gegen NEUSER, Abendmahlslehre (wie Anm. 5), 165, der Quelle 1 übersehen hat.

Über die den Zölibat, die Mönchsgelübde und die Messe betreffenden Fragen war – nachdem Luther schon in früheren Schriften Vorarbeit geleistet hatte – seit Sommer 1521 in Wittenberg intensiv disputiert, diskutiert und gepredigt worden, und besonders Karlstadt hatte durch seine deutschen Schriften auch für die nötige Propaganda über Wittenberg hinaus gesorgt. Mit einer deutlichen Verzögerungsphase begann man erst seit Ende September/Anfang Oktober 1521, das Reformprogramm nach und nach in die Tat umzusetzen. Demgegenüber tritt das Problem der Bilderbeseitigung Anfang Januar mit dem Vorgehen der Augustiner relativ plötzlich, und zwar sofort in Form praktischer Maßnahmen, in unser Blickfeld, ohne dass wir Klarheit über die Hintergründe dieser Entwicklung besitzen. Allerdings ist hier eine Einschränkung nötig. Karlstadt hatte bereits im Juni 1521 in seiner Schrift *Von gelubden unterrichtung*, die sich mit Zölibat und Mönchsgelübden auseinandersetzt, im Vorbeigehen das Bilderverbot berührt. Um zu beweisen, dass das einem Heiligen geleistete Gelübde einen Verstoß gegen das erste Gebot darstelle, hatte er eine Auslegung des ersten Gebotes gegeben, in die er auch das Bilderverbot einbezog. Dass äußere Bilder nach dem Wortlaut des Gebots untersagt sind, ist ihm auch hier schon klar. Er zieht daraus jedoch nicht die Konsequenz, die Beseitigung der Bilder zu fordern, sondern folgert, dass man sich kein „Bild im Herzen" machen dürfe – hier Luthers Auslegung sehr nahestehend.[7] Karlstadt hatte sich also mit dem Bilderverbot schon früher befasst,[8] jedoch ist die Forderung des Abtuns der Bilder bei ihm in voller Schärfe erst im Januar 1522 nachzuweisen.[9]

Das Bilderverbot war noch in einem anderen Zusammenhang in den Wittenberger Diskussionen der vergangenen Monate aufgetaucht. Im Oktober 1521 verwarf Zwilling die Anbetung des Altarsakraments u. a. mit dem Argument, es handle sich dabei um Götzendienst bzw. Bilderverehrung.[10] Damit ist zwar be-

---

[7] *Von gelubden unterrichtung*, Wittenberg 1521 (Freys/Barge Nr. 50), Bl. C l^v–2^r: „Alle eusserlich bild/sein von wegen ynnerlicher bildern/vorbotten [...] Nun seind eussere bilde verbotten/das clar ist/volget/dastu yhe kein bild in deinem hertzen solt machen ... Uns müssen von noten/alle bilder/inwendig und außwendig von augen fallen [...]." Die Widmungsvorrede ist datiert vom 24. Juni 1521, der Druck war erst im Okt./Nov. 1521 vollendet.
[8] Ein Hinweis auf die Bilderverehrung der Juden findet sich noch in Karlstadts Thesen für die Promotion Heinrich Aurifabers zum Baccalaureus biblicus am 11. Okt. 1521: Barge 1, 483 (These 5 f.). – Bei Melanchthon deutet sich in seinen *Propositiones de missa* vom Okt. 1521 (s. u. Anm. 77) auch am Rande an, dass man sich über die Bilder damals schon Gedanken machte: MWA 1, 103,15–164,14. Hier schließt sich Melanchthon zwar vorsichtig der Kritik an den Bildern an, doch gleichzeitig zeichnet sich schon ab, dass er ihnen doch „eine gewisse religiöse Bedeutung" zubilligen konnte (so MAURER, Melanchthon [wie Anm. 4], 200).
[9] Für MAURER, Melanchthon (wie Anm. 4), 212 liegt an diesem Punkt kein Problem vor, da er versehentlich Karlstadts vom 27. Jan. 1521 datierte Schrift *Von abtuhung der bilder* (s. u. Anm. 19) in den Spätherbst 1521 datiert und somit annehmen kann, diese Schrift habe „die Fragen in Fluß gebracht". – Obige Ausführungen habe ich nachträglich einzuschränken: Die Forderung nach Bilderbeseitigung ist in einer Disputationsthese vom 22. Juli 1521 am Rande angesprochen, s. Barge 1, 292 f.
[10] WB Nr. 10, 28; Nr. 4, 16 f.

reits formal die Argumentation, die später auch der Bilderbeseitigung zugrunde liegt, ins Blickfeld getreten; wieweit jedoch die beiden Vorgänge zusammenhängen, ist ungewiss, da gerade Karlstadt, der im Januar 1522 so unnachgiebig das Abtun der Bilder forderte, im Herbst 1521 entschieden gegen Zwillings Angriff auf die Anbetung der Abendmahlselemente eingetreten war.[11]

Auch im Bewusstsein der Wittenberger Bürgerschaft scheint das Abtun der Bilder vor Zwillings und der Augustiner Vorgehen zumindest kein vorrangiges Reformanliegen gewesen zu sein. Im Dezember 1521 war dem Rat von Seiten der Bürgerschaft ein Reformprogramm in sechs Artikeln vorgelegt worden,[12] in dem die Forderung nach Beseitigung der Bilder nicht einmal angedeutet ist. Dagegen scheint diese Forderung nach den Ereignissen im Augustinerkloster schnell populär geworden zu sein. In der vom Rat beschlossenen „Ordnung der Stadt Wittenberg" vom 24. Januar 1522 ist in Artikel 13 für die Pfarrkirche bestimmt: „Item die bild und altarien in der kirchen söllen auch abgethon werden, damit abgötterey zu vermeyden, dann drey altaria on bild genug seind"[13]. Diese Ordnung war in intensiven Beratungen von Vertretern der Universität, unter denen Karlstadt und Melanchthon das Wort führten, und Mitgliedern des Rates der Stadt ausgearbeitet worden.[14] Man wird annehmen dürfen, dass Karlstadt in besonderem Maße an der Aufnahme dieses Artikels interessiert war.[15] Jedoch auch andere Mitglieder des Beratungsgremiums unterstützten diesen Artikel.[16] Nur der auch sonst zurückhaltende kurfürstliche Rat Christian Beyer, dessen turnusmäßige Wahl zum Bürgermeister für das am 9. Februar beginnende Amtsjahr kurz bevorstand,[17] disputierte gegen diesen Artikel, offenbar um wenigstens die Beibehaltung der Kruzifixe zu sichern. Die Gegenseite setzte sich jedoch mit der schlichten Berufung auf den Dekalog durch. Doch scheint die Mehrheit – im Unterschied zu Karlstadt – den Artikel nicht als Verpflichtung angesehen zu haben, die Bilder umgehend zu entfernen, sondern es für genügend angesehen zu haben, dies „mit der zeit" zu tun.[18] Dies rief bei Karlstadt die Sor-

---

[11] Siehe unten S. 170 ff.

[12] Vgl. WB Nr. 68, 161–163.

[13] Die Wittenberger und Leisniger Kastenordnung, hg. v. Hans Lietzmann, Bonn 1907 (Kleine Texte 21), 5. Vgl. Barge 1, 378 ff.

[14] WB Nr. 74, 173; Nr. 75, 174.

[15] Mit MÜLLER, Luther und Karlstadt (wie Anm. 1a), 65.

[16] Nach den sogenannten Acta Ienensia (1524), die Luthers Gespräch mit Karlstadt zu Jena am 22. Aug. 1524 wiedergeben (mit parteiischer Tendenz zugunsten Karlstadts), sagte Karlstadt über das Abtun der Bilder: „Das hab ich nicht allein für genommen, sondern die drey rethe unnd ewer gesellen etliche [z. B. Jonas und Melanchthon], die beschlossen es, darnach zugen sy die köpf uß der schlingen und lyssen mich allein steen." WA 15, 337,16–18.

[17] N. Müller hat in WB, 172 Anm. 4 nachgewiesen, dass Beyer seit 1513 jedes 3. Jahr zum Bürgermeister gewählt wurde, seine Wahl für 1522 also schon von vornherein feststand. Daher trifft die Vermutung nicht zu, dass Beyer unter kurfürstlichem Einfluss gewählt wurde, weil er geeignet schien, die antireformerische Reaktion in Wittenberg einzuleiten. Ähnliches scheint auch für die Zusammensetzung des Ratskollegiums zu gelten.

[18] Christian Beyer an den kurfürstlichen Rat Hugold von Einsiedel, 25. Jan. 1522: „Dye

ge hervor, der Rat könnte sich um die Durchsetzung des Beschlusses drücken wollen.[19] In dieser Situation griff er am 27. Januar – drei Tage nach dem Ratsbeschluss – zur Feder, nachdem er tags zuvor über die Bilderfrage gepredigt hatte.[20] Es liegt daher nahe zu vermuten, dass die Schrift eine breitere Ausführung der Gedanken ist, die Karlstadt in der Predigt gegen die Bilder vorgetragen hatte. Dies ist von Interesse, da es offenbar in erster Linie diese Predigt war, die ihm – mit Zwilling – den Vorwurf des „ungestümen" und damit Unruhe stiftenden Predigens eintrug.[21] Der auch in Karlstadts Schrift spürbare kompromisslose Ton entspricht ihrer propagandistischen Abzweckung, die Durchführung der bereits beschlossenen Reformen durchzusetzen.

Karlstadts Propaganda hat ihre Wirkung nicht verfehlt, wenngleich die Folgen nicht ganz seinen Intentionen entsprachen. Vermutlich sah sich der Rat in den folgenden Tagen einem wachsenden Druck der Bevölkerung ausgesetzt, so dass er einen Termin festsetzte, an dem er selbst die geordnete Beseitigung der Bilder in der Pfarrkirche vornehmen wollte. Als taktischer Fehler wird dem Rat später von kurfürstlicher Seite vorgeworfen, dass er diesen Termin öffentlich bekanntmachte. Auch der Kurfürst hätte die Beseitigung der Bilder möglicherweise gerade noch tolerieren können, wenn sie in aller Stille und damit ohne den Geruch des Aufruhrs erfolgt wäre.[22] Doch kam es, gerade nachdem der Rat schon zu eigener Aktion entschlossen war, zu dem Vorgang, der gemeinhin als Wittenberger „Bildersturm" bezeichnet wird, über den wir jedoch nur sehr verschwommene Kenntnis besitzen.[23] Der Vorfall muss sich zwischen 27. Januar und 5. Februar ereignet haben.[24] Es ist aus den Quellen nicht zu entscheiden, ob die in Frage kommenden Bürger sich erst an dem offiziell für die Bilderbe-

---

bylde wollenn sie auch in der pfar nit leidenn unnd mit der zeit abethun, haben starck schrifft dawider gefurth. Ich disputirt allein von crucifix [...] Sye sagenn stracks: non facies tibi sculptil., deuterono. v. et exodi xx. et Baruch ulti." WB Nr. 75, 174.

[19] KARLSTADT, ANDREAS, Von abtuhung der bilder und das keyn bedtler unther den Christen seyn sollen 1522, hg. v. Hans Lietzmann, Bonn 1911 (Kleine Texte 74), 20,21–28.29,20–25 (Widmungsvorrede vom 27. Jan. 1522).

[20] Siehe Anm. 6, Quelle 3.

[21] Siehe WB Nr. 81, 171 f.

[22] Der Kurfürst scheint zu der Bilderbeseitigung im Augustinerkloster, die ohne „Aufruhr" vonstatten gegangen war, keine Stellung genommen zu haben.

[23] In einer Instruktion für die Verhandlungen der kurfürstlichen Räte mit Vertretern der Universität und des Kapitels, die am 13. Febr. in Eilenburg stattfanden, heißt es: „Der bild halben, wu die gleich nit also blutzlich weggebracht, zuhawen unnd verbrannt, Unnd, wu die jhenigen, den es zuthun geburtt, gleich willenns weren gewest, die bild auß einem gutten bedengken abzunemen, dennoch solt man solchs offenlich nit außgeschrien haben, auff welchen tag das wergk hett sollen furgenomen werden. Unnd hat zu nicht annders gedient, dan das man den gemeyn Man zu einer auffrur oder hitzigen gemuth hat wollen Reytzen." WB Nr. 92, 191. Vgl. MÜLLER, Luther und Karlstadt (wie Anm. 1a), 67 ff.

[24] Gegen NEUSER, Abendmahlslehre (wie Anm. 5), 166. Terminus post quem: Karlstadts Widmungsvorrede zu seiner Schrift *Von abtuhung der bilder*, die den genannten Ratsbeschluss noch nicht voraussetzt (KARLSTADT, abtuhung [wie Anm. 19] 3, 16 ff., s. auch die oben Anm. 19 genannten Stellen). Terminus ante quem: Am 6. Febr. war der Kurfürst in Allstedt bereits im

seitigung anberaumten Termin zusammenrotteten, um ungebeten selbst Hand anzulegen,[25] oder ob sie schon davor gewaltsam die Aktion in eigene Regie nahmen.[26] Bei der Aktion sollen Bilder zerhauen und verbrannt worden sein.[27] Aktenkundig belegt ist die Bestrafung eines Weißgerbers, der „auß eigner torst ane bevelh freventlich di bild in der pfarrkirchen auß den taffeln gerißen" habe.[28] Ein gewaltsames Vorgehen der beteiligten Bürger ist demnach gesichert. Jedoch muss es dem Rat gelungen sein, diese Aktion zu stoppen, noch bevor sämtliche Bilder entfernt waren. Auch hat er die von ihm selbst geplante geordnete Bilderbeseitigung nun nicht mehr durchgeführt. Denn von kurfürstlicher Seite wird später angeordnet, dass die – noch verbliebenen – Bilder auf unbestimmte Zeit in der Pfarrkirche bleiben sollen.[29] Bei dem sogenannten „Bildersturm" scheint es sich daher um eine noch im Anfangsstadium zurückgedrängte Aktion gehandelt zu haben. Von ihr erfahren wir andeutungsweise nur aus dem amtlichen Schriftwechsel zwischen dem Kurfürsten einerseits und Stadtrat, Universität und Kapitel andererseits. In Wittenberg anwesenden Beobachtern scheint der „Bildersturm" in der Pfarrkirche nicht besonders aufgefallen zu sein.[30] Während der Rat einen Teil der Bilderstürmer dingfest machen und bestrafen konnte, wurden besonders von kurfürstlicher Seite Zwilling und Karlstadt wegen ihrer Predigten für den Vorgang verantwortlich gemacht.[31] In der Unterredung mit den kurfürstlichen Räten am 13. Februar in Eilenburg soll es Karlstadt nach Darstellung Hugolds von Einsiedel nicht gelungen sein, einen Zusammenhang zwischen seinen Predigten und dem „Aufruhr" in Abrede zu stellen.[32] Karlstadt berief sich auf sein Gewissen, das ihn zu den inkriminierten Predigten gezwungen habe, wenngleich er Aufruhr weitmöglichst vorgebeugt habe.[33] Näheren Aufschluss über Karlstadts Standpunkt in dieser Frage werden wir durch eine Analyse seiner Schrift *Von abtuhung der bilder* gewinnen.

Besitz einer Supplikation der konservativen Mitglieder des Stiftskapitels, in dem diese über den Vorfall Klage führten. WB Nr. 78, 176; Nr. 86, 184; Nr. 92, 190; Nr. 93, 194 f.

[25] So Barge 1, 398.

[26] So MÜLLER, Luther und Karlstadt (wie Anm. 1a), 67.

[27] Siehe Anm. 23.

[28] WB, 195 Anm. 1.

[29] Dass sich weiterhin Bilder in der Kirche befanden, ist in der Anm. 23 genannten Instruktion vorausgesetzt (WB Nr. 92, 192). Ferner WB Nr. 97, 205. Vgl. MÜLLER, Luther und Karlstadt (wie Anm. 1a), 67 f.

[30] So findet sich in dem Brief Albert Burers an Beatus Rhenanus vom 27. März 1522, in dem er über die Bilderbeseitigung in der Augustinerkirche berichtet (s. o. Anm. 6), auffälligerweise nichts über entsprechende Vorgänge in der Pfarrkirche.

[31] Vgl. besonders WB Nr. 92, 191.

[32] WB Nr. 97, 205.

[33] WB Nr. 94, 200.

2. Karlstadts theologische Motive nach seiner Schrift Von abtuhung der Bilder: Biblizismus oder Spiritualismus?

Karlstadts Schrift *Von abtuhung der bilder und das keyn bedtler unther den Christen seyn sollen* besteht, wie der Titel sagt, aus zwei Teilen. Dass zwei so verschiedene Themen – Bilder und Bettelwesen – in einer Schrift zusammengefasst sind, erklärt sich daraus, dass Karlstadt über diejenigen Punkte der kurz zuvor beschlossenen Wittenberger Gemeindeordnung handeln wollte, über die er noch nicht anderweitig geschrieben hatte.[34] Er will also die Bestimmungen der Gemeindeordnung theoretisch begründen und ihre Ausführung propagandistisch vorbereiten.

Wo lag das theologische Zentrum in Karlstadts Polemik gegen die Bilder? War es der „spiritualistische Schwärmer", der aus der Abqualifizierung alles Kreatürlichen, das den Empfang des göttlichen Geistes behindert, konsequent den äußeren Kultus bekämpfen und daher Bilder ebenso verwerfen musste wie

---

[34] KARLSTADT, abtuhung (wie Anm. 19), 4,6–12. Hier heißt es: „Den ersten artickell wie ehr mir gefelt/hab ich/ym *buchlin von dem Herlichen abend essen*/tzum teyll endeckt. Drumb wil ich nicht von der Evangelischen Messe ytzo schreiben." Zu dem Verweis Karlstadts auf sein „buchlin von dem Herlichen abend essen" bemerkt Lietzmann, dass es sich dabei wohl um Karlstadts im Druck veröffentlichte Weihnachtspredigt Von empfahung des hailigen Sacraments (Freys/Barge Nr. 76–79; ich benütze den Druck Nr. 77, o. O. 1522) handeln müsse. Dagegen spricht: 1. In dieser Predigt handelt Karlstadt nicht über die Messreformen, auch nicht über die Kommunion unter beiden Gestalten, sondern über das Thema, dass der Glaube allein die nötige Vorbereitung auf das Sakrament sei. Karlstadt verweist in seinen Traktaten öfter auf andere von ihm veröffentlichte oder geplante Schriften, bezieht sich dann jedoch immer klar auf deren genuinen Titel. Vgl. z.B. Von anbetung und eer erbietung der zaychen des newen Testaments (1521), o. O. u. J. (Freys/Barge Nr. 69), Bl. A 2ᵛ: „in dem büchlin von bayden gestalten". Damit verweist er auf: Von beyden gestalten der heylige Messze (1521), o. O. 1522 (Freys/Barge Nr. 73). Hier wiederum Bl. b 4ʳ ein Verweis auf jene Schrift: „im büchlin von anbettung der zeichen des nuwen testaments" Nähere Überprüfung ergab, dass sich hinter dem Büchlein „Von dem Herlichen abend essen" jene verlorene deutschsprachige Schrift Karlstadts über die Messe verbirgt, die der Senat der Universität Wittenberg laut Schreiben vom 27. April 1522 an den Kurfürst teilweise schon gedruckt, teilweise noch im Manuskript konfiszierte. Ein von einer Kommission angefertigter Auszug, in dem die inkriminierten Stellen zusammengestellt sind, ist erhalten und bei Barge 2, 563–565 veröffentlicht. Der Titel der Schrift ist in dem Auszug nicht enthalten, da der Universität der erste Bogen des Drucks nicht vorlag. In dieser Schrift hatte Karlstadt u. a. den Ausdruck „missa" als unbiblisch verworfen und statt dessen als Bezeichnung des Abendmahls „dominicalis seu dominica cena" vorgeschlagen (im Auszug auch der deutsche Begriff „herlich" = dominicalis; Barge 2, 563). Eine solche Schrift hatte Karlstadt schon im November 1521 geplant laut Von beyden gestalten der heylige Messze, Bl. f 5ᵛ („Item vonn der Evangelische Messe ist auch zu schreiben. Diese büchlein sein allesampt den Christen von nödten [...]"). Sie war also Ende Jan. 1522 schon teilweise geschrieben; andererseits hat Karlstadt noch nach dem 3. April daran gearbeitet, da er sich in dem bei der Konfiskation noch ungedruckten Teil auf eine am 3. April in Herzberg gehaltene Predigt des Hieronymus Dungersheim von Ochsenfart bezieht (BARGE, Frühprotestantisches Gemeindechristentum [wie Anm. 1a], 209 Anm. 1; die Aussage Dungersheims bei PALLAS, KARL, Briefe und Akten zur Visitationsreise des Bischofs Johannes VII. von Meißen im Kurfürstentum Sachsen 1522, in: ARG 5 [1907/08], 217–312, hier 269f.).

an anderer Stelle die Kirchenmusik? Oder bewog eine am Alten Testament orientierte biblizistische Gesetzlichkeit Karlstadt zu seiner Haltung? Wie sind gegebenenfalls beide Elemente verbunden? Tatsächlich finden sich in der Schrift im wesentlichen zwei Hauptargumente gegen die Bilder.

Das erste Argument ist ein biblizistisches: Die Bilder widersprechen der Schrift, d. h. dem ersten Gebot des Dekalogs.[35] Dieses Argument kommt in den drei Thesen, mit denen die Schrift eröffnet wird, klar zum Ausdruck:[36]

1. Das wir bilder in Kirchen und gots hewßern haben/ist *unrecht*/und *wider das erste gebot*: Du solst nicht frombde gotter haben.
2. Das geschnitzte und gemalthe Olgotzen uff den altarien stehnd ist noch schadelicher und Tewffellischer.[37]
3. Drumb ists gut/notlich/loblich/und gottlich/das wir sie abthun/und *ire recht und urteyl der schrifft geben.*

Daneben steht eine zweite Argumentationsreihe, die auf die Dichotomie von Fleisch (Kreatur) und Geist aufbaut. Bilder stellen nur „eytel fleischlich leben und leyden" dar, so dass sie „nit weider furen dan yns fleisch"[38]. Alle Bilder sind nach Joh 6,64 – „das Fleisch ist nichts nütze" – wertlos, während nach derselben Bibelstelle den Gläubigen allein das geistliche Wort Gottes dienlich sei.[39] Dies könnte man, für sich genommen, als deutlich spiritualistische Beweisführung werten wollen.

Die beiden genannten Argumente werden auch unmittelbar nebeneinander gestellt, ohne dass sie ausdrücklich systematisch miteinander verbunden werden.[40] Stellt man die Frage, in welchem der beiden Argumente sich das primäre, Karlstadts Haltung in erster Linie antreibende Moment ausdrückt, so lässt sich ein eindeutiges Übergewicht der nomistischen, auf das göttliche Gebot gegründeten Argumentation beobachten.

a) Nur dieses Anliegen, nicht die „spiritualistische" Argumentation wird in den Ausgangsthesen zum Ausdruck gebracht. Es geht für Karlstadt um eine Angelegenheit des göttlichen Rechts.[41]
b) Bezeichnenderweise werden folgende zwei Gegensatzpaare parallelisiert: „gotlich oder ungotlich, recht oder unrecht"[42].

---

[35] Karlstadt nimmt das Bilderverbot in das erste Gebot mit hinein (vgl. KARLSTADT, abtuhung [wie Anm. 19], 6,26–28 mit 7, 17 ff.; besonders 18, 23 f.). Während in Luthers Katechismen das Bilderverbot wegfällt, zählen es die reformierten Katechismen im Anschluss an Ex 20,4–6 richtig als zweites Gebot. Wir verwenden hier der Einfachheit halber die Zählung Karlstadts.
[36] KARLSTADT, abtuhung (wie Anm. 19) 4,21–26.
[37] Diese These bedeutet, dass Bilder auf den Altären schädlicher sind als an der Wand, da die Altäre der Anrufung Gottes und der Sakramentsspendung dienen sollen. Ebd., 8,11–29.
[38] Ebd., 9,5 f.
[39] Ebd., 9,3–15.
[40] Zum Beispiel ebd., 16,14–18 und 10,10–22.
[41] Dieser Begriff später ebd., 21,2.
[42] „Und man wurt wellen wissen was gotlich oder ungotlich, recht oder unrecht ist." Ebd.,

c) Die Berufung auf das Bilderverbot des Dekalogs durchzieht leidenschaftlich die ganze Schrift.[43]

d) Entscheidend ist schließlich, dass Karlstadt selbst alle weiteren Gesichtspunkte – möge es sich mit diesen verhalten wie es wolle – ausdrücklich dem göttlichen Gebot unterordnet. Selbst wenn an den Bildern etwas Brauchbares sein sollte, dürfen sie nicht geduldet werden, da das Bilderverbot eindeutig sei.[44]

Um den Nachweis, dass Bilder als „fleischlich" nichts nützen könnten, bemüht sich Karlstadt in erster Linie in Auseinandersetzung mit dem berühmten Wort Gregors des Großen, dass Bilder die Bücher der Laien seien.[45] Selbst wenn die Laien – so argumentiert Karlstadt – etwas aus den Bildern lernen könnten, dürfte dem Gebot Gottes nicht zuwider gehandelt werden.[46]

Damit stellen sich die aus dem Gegensatz Fleisch – Geist entwickelten Gedanken als Hilfsargumente heraus, die Karlstadt verwendet, um seinem eigentlichen Anliegen, nämlich dem göttlichen Gesetz zum Durchbruch zu verhelfen, zusätzliche Stützen zu geben. Grundzug seiner Schrift ist dieselbe Apodiktik, wie sie dreißig Jahre später im Züricher Katechismus Leo Juds einen klassischen Niederschlag gefunden hat: „Sol oder mag man ouch bilder haben? Was der bilderen sind die man vereeret, sol man weder machen noch haben. – Warumb? *Darumb das Gott verhütet*"[47]. Eben derselben Haltung sah sich Christian Beyer konfrontiert, als er bei den Beratungen um die Wittenberger Ordnung zugunsten der Beibehaltung der Kruzifixe eintrat. Man blockierte seine diesbezüglichen Versuche, indem man „stracks" auf das erste Gebot verwies.[48] Ähnliche Formulierungen finden sich in Karlstadts Schrift: „Antwort gott kurtzlich und mit lichten worten: Du salst sie nit anbetten. Du salst sie nit eheren. Gloßiers wie du kanst/du salt sie stracks nit anbeten …"[49]. Der Dekalog in seinem ungeschmälerten Wortlaut ist göttliches Recht, das kompromisslos durchgeführt werden muss.[50]

9,22 f. Das Gegensatzpaar „geistlich – fleischlich" wäre an dieser Stelle durchaus auch denkbar, es kommt jedoch nicht ausdrücklich vor.

[43] Zum Beispiel 6,26 ff.; 7,17 ff. 32 f.; 10,21 f.; 11,17 f. 35 f.; 13,8 f.; 14,32 f.; 16,5 f.; 18,23; 19,39; 20,14–16. Vgl. Barge 1, 388.

[44] KARLSTADT, abtuhung (wie Anm. 19), 16,1–6.

[45] Ebd., 10, 8 ff. Die Auseinandersetzung mit dem Ausspruch Gregors zieht sich dann durch bis zum Heidelberger Katechismus (1563). Vgl. Der Heidelberger Katechismus und vier verwandte Katechismen, hg. v. A. Lang, Leipzig 1907 [Nachdruck DarMWAdt 1967], 41 (98. Frag).

[46] KARLSTADT, abtuhung (wie Anm. 19), 11,15–18.

[47] Der Heidelberger Katechismus, ed. Lang (wie Anm. 45), 63.

[48] Siehe oben Anm. 18.

[49] KARLSTADT, abtuhung (wie Anm. 19), 7,31–33. Ähnlich ebd., 15,14 f.

[50] NEUSER, Abendmahlslehre (wie Anm. 5),166 urteilt über Karlstadts Schrift: „Es ist noch nicht der spätere Karlstadt, der hier spricht. Jedenfalls ist der Vorwurf des Spiritualismus

Wir hatten oben die Frage aufgeworfen, wie es im Januar 1522 plötzlich zu einem so heftigen Vorgehen gegen die Bilder kommen konnte, nachdem die Forderung nach Abtun der Bilder in den Quellen vorher nicht begegnet. Wir könnten vermuten, dass dies mit einer Verschärfung des Biblizismus zusammenhängen könnte, wie wir sie gleichzeitig für Karlstadts Haltung gegenüber der Messe aus den Quellen nachweisen können.[51] Da Karlstadts Hauptargument gegen die Bilder das Bilderverbot des Dekalogs in Ex 20 bzw. Dtn 5 ist, könnte man auch fragen, ob sich Karlstadt inzwischen im Rahmen seiner Deuteronomiumvorlesung, die er im Wintersemester 1521/22 hielt, bei der Exegese des Dekalogs intensiver mit dem Bilderverbot befasst hatte und auf diesem Weg zu einer härteren Haltung gegenüber den Bildern gekommen sein könnte.[52] Während man im ersten Teil der Schrift *Von abtuhung der bilder und das keyn bedtler unther den Christen seyn sollen* eine Auslegung des ersten Gebotes sehen kann, besteht der zweite Teil über das Armen- und Bettelwesen zu einem großen Teil aus einer Auslegung der Bestimmungen über das Erlassjahr und die Freilassung der Skla-

---

und der Gesetzlichkeit noch kaum gegen sie zu erheben." Das halte ich nur für den Komplex Spiritualismus für richtig. Ein nomistischer Biblizismus ist der Kern der Schrift.

[51] Siehe unten S. 177.

[52] Da Barge über Karlstadts Vorlesungen 1521–23 unvollständig informiert, sei hier zusammengestellt, was über Karlstadts Vorlesungen nach seiner reformatorischen Wende Anfang 1517 bekannt ist:

Sommersemester 1517 bis Frühjahr 1519: Vorlesung über *Augustin*, Karlstadt und Augustin. Eine Einführung in den Kommentar des Andreas Bodenstein von Karlstadt zu Augustins Schrift De spiritu et litera, hg. v. Ernst Kähler, Halle 1952, 48* bis 53*.

Sommersemester 1520: Vorlesung über den *Jakobusbrief*. Barge 1, 197.

Sommer/Herbst 1521: Vorlesung über die *Genesis*. Beginn wahrscheinlich nach Karlstadts Rückkehr aus Dänemark (20. Juni). Weiteres s. zur nächsten Vorlesung.

Wintersemester 1521/22: Vorlesung über das *Deuteronomium*. Die letzten beiden Vorlesungen zu erschließen aus dem Brief Sebastian Helmanns an Johann Heß, Wittenberg, 8. Okt. 1521: „Audio et 32. capud [sic] Genesis ab Andrea Carolstadio. Brevi incipiet Deuteronomium." WB Nr. 4, 19. Demnach hatte Karlstadt offenbar nicht die Absicht, über die Genesis bis zum Schluss weiterzulesen. Ein Hinweis auf die Deuteronomiumvorlesung auch in Karlstadts vom 18. Febr. 1522 datierter Widmungsvorrede zur Schrift: Predig oder homilien über den propheten Malachiam gnant, Wittenberg 1522, VD16 B 6181 (Freys/Barge Nr. 93), Bl. A 1ᵛ.

1522: Vorlesung über *Jeremia*, wahrscheinlich im Anschluss an die Deuteronomiumvorlesung. Georg Spalatin berichtet in seinen Annalen zum Jahr 1522 in einer Aufzählung der theologischen Vorlesungen: „Hoc anno Andreas Bodensteinius Carolstadius Hieremiam […]." Zit. bei KROPATSCHEK, FRIEDRICH, Johannes Dölsch aus Feldkirch, phil. Diss. Greifswald 1898, 30. Die Genesis-, Deuteronomium- und Jeremiavorlesung sind bei Barge nicht erwähnt.

Frühjahr 1523: Vorlesung über *Sacharja*. Nach einem Gutachten der Universität an Kurfürst Friedrich vom 19. März 1523 las Karlstadt zu diesem Zeitpunkt über Sacharja. Zit. Bei: Der Briefwechsel des Justus Jonas, Bd. 1, hg. v. Gustav Kawerau, Halle 1884, 85 Anm. 1. Eine Nachschrift vom Anfang des Sacharjakollegs ist erhalten; abgedruckt bei Barge 2, 566–568. Hier (s. ebd., 2, 566 Anm. 1) ist auch angedeutet, dass Karlstadt offenbar aus historischen Erwägungen die Sacharjavorlesung an die Jeremiavorlesung anschloß. Karlstadt hat sicher nicht über die Kleinen Propheten insgesamt gelesen, da nach dem genannten Gutachten gleichzeitig Franz Lambert von Avignon eine Vorlesung über „Minores Prophetas" abhielt.

ven in Dtn 15.[53] Da wir auch eine dieser Auslegung parallel gehende Reihe von
Disputationsthesen über das Erlassjahr besitzen,[54] liegt an diesem Punkt eine
Verbindung zu Karlstadts Deuteronomiumvorlesung besonders nahe. Gleichzeitig ist aber mit zu berücksichtigen, dass in der Bilderfrage offenbar Zwilling
das Vorbild gegeben hatte.[55]

3. Der erste Wittenberger Abendmahlsstreit (Herbst 1521)

Die These, dass der sogenannte „Spiritualismus" Karlstadts für seine Stellung
zu den Bildern in jener Zeit keine wesentliche Rolle spielt, kann untermauert
werden, wenn wir einen Blick werfen auf das theologische Problem, das Luther und nach ihm einer langen Tradition als Schibboleth für die Klassifizierung eines Theologen als „Spiritualisten" galt: die Stellung zum Abendmahl. So
sehr die Untersuchung der frühen Wittenberger Wurzeln der reformatorischen
Abendmahlsstreitigkeiten ein dringendes Forschungsdesiderat ist, können wir
hier nur exkursartig einen Blick darauf werfen. Es ist durchaus möglich, dass
in Karlstadts „mystischer" Periode in Orlamünde (1523–1525), als er seine von
Luther abweichende Abendmahlslehre entwickelte, die Gewichte im Verhältnis
zwischen Biblizismus und Spiritualismus – ich gebrauche diese Schlagworte nur
mit Vorbehalt – etwas anders verteilt waren als während der Wittenberger Bewegung. Wir wollen diese Frage hier offenlassen. Hochinteressant ist jedenfalls
die Beobachtung, dass im Verständnis der Abendmahlelemente bei Karlstadt
zwischen Wittenberg und Orlamünde eine radikale Kehrtwendung erfolgte.
Während Karlstadt in der Orlamünder Periode mit Luther wegen seiner figürlichen Deutung der Einsetzungsworte des Abendmahls und damit der Leugnung
der Realpräsenz in Konflikt geriet, hatte Karlstadt im Herbst 1521 gerade diese
Deutung der Abendmahlsworte bekämpft.

Die Forschung hat sich noch nicht näher mit der Frage auseinandergesetzt,
welchen Anlass Karlstadt bereits 1521 hatte, als Abendmahlsstreitigkeiten anscheinend noch nicht in Sicht standen, gegen eine figürliche Abendmahlsauffassung in die Bresche zu springen. Die Quellen zwingen unseres Erachtens zu dem
Schluss, dass im Oktober 1521 im Rahmen der ersten Maßnahmen zur Reform
der Messe in Wittenberg auch ein solches Abendmahlsverständnis plötzlich an
die Oberfläche drängte, aber – wohl angesichts der Gefährlichkeit des Themas
in der damaligen politischen und kirchenpolitischen Situation – zunächst sehr
schnell wieder von der Bildfläche verschwand.

---

[53] Die Auslegung von Dt 15,4–12 in KARLSTADT, abtuhung (wie Anm. 19), 24,15–27,25.

[54] Siehe Anhang unter Nr. I.1, 217.

[55] Es wäre noch näher zu untersuchen, ob in der Bilderfrage Einflüsse der schon im Hussitentum und bei den Böhmischen Brüdern vorhandenen Bilderfeindlichkeit vorliegen könnten.
Diesen erwägenswerten Gedanken äußert FUCHS, GERHARD, Karlstadts radikal-reformatorisches Wirken und seine Stellung zwischen Müntzer und Luther, in: WZ(H).GS 3 (1953/54),
523–552, hier 533.

In der Anfang November abgefassten Schrift *„Von beyden gestalten der hey-lige Messze"* beklagt Karlstadt, dass einige namentlich nicht genannte Leute sich mit neuen Erklärungen der Abendmahlsworte abgeben, weshalb er ausdrück-lich eine „figurliche außlegung" ablehnt. Dass es sich um Vorgänge handelt, die auch Wittenberg betreffen, ist angedeutet in der Bemerkung, dass man genug Arbeit mit der Bibel habe, als dass man hier seine Zeit „mit frembden expositio-nen" verschwenden sollte.[56]

Wie geriet dieses Problem im Herbst 1521 in die Wittenberger Diskussion? In den Quellen jener Zeit taucht es fast durchweg in Verbindung mit der Frage auf, ob die Anbetung der Abendmahlselemente erlaubt sei. In dieser Frage waren die Wittenberger gespalten. Als Gabriel Zwilling, der in jenen Monaten als der radikalste Reformer in Wittenberg erscheint, seit Oktober 1521 die ersten Refor-men der Messe im Augustinerkloster initiierte, verwarf er auch die bisher geübte Anbetung des Altarsakraments. Er bezeichnete dies als Götzendienst[57] und hat dies offenbar damit begründet, dass man es bei Brot und Wein im strengen Sinn „nur" mit Zeichen, nicht mit dem real gegenwärtigen Fleisch und Blut Christi zu tun habe. Ob Zwilling diesen Gedanken in voller Schärfe äußerte oder ihn mehr versteckt andeutete, deutlich wird aus den Quellen, dass solche Gedanken in seinem Kreise diskutiert wurden. Der Student Sebastian Helmann berichtet aus einer Predigt Zwillings vom 6. Oktober, dass nach diesem die Zeichen des Altarsakraments keinen Vorzug vor den Zeichen des Alten Testaments wie z. B. der Arche, dem Regenbogen oder der Beschneidung hätten.[58] Karlstadt, der sich entschieden für die Zulässigkeit der Anbetung des Sakraments einsetzte, wenngleich er damit verbundene Missbräuche verurteilte, bestätigt, dass man zwischen der Verwerfung einer figürlichen Abendmahlsauffassung und der Ver-werfung der Anbetung einen konsequenten Zusammenhang gesehen hat:

> „Wann ich aber/das brott von dem leyb Christi taylen/Unnd nycht glaubenn wolt, Oder kan (Davor mich gott bewar) Das brot/der leyb, Und wein das blut ist chris-ti/Wie das Christus mit hellen wortten gesagt hatt/So solt ich in im kaine hylff

---

[56] „Alhie will ich nit schweigen/das ettliche die zeichen heyliger schrifft trutzlich auß-legen/unnd sind nicht gnugtig an außlag der schrifft/sonder machen new erklerung. Ich will aber mein gewissen bewaren/Dan ich weiß das mir nit czimmet ettwas zu der schrifft zu-setzen/So ist auch solche kecke außlegung/nitt fast loblich/gibt ursach der leychtfertigkeit [...] So schleüsset auch käyn figurliche außlegung/sie wer dan in der Biblien begriffen [...] Wir solten auch solche arbeit besser anlegen/dann wir haben on das/sonst mit der Biblien gnug zu thun/und ist unnötlich/das wir uns mit *frembden expositionen* bekumern/und die zeit ver-lieren/sonderlich weil uns nit erlaubt ist/etwas zu göttlichen Worten anzusetzen/aber davon zunemen." Von beyden gestalten der heylige Messze (wie Anm. 35), Bl. d 2ᵛ. Widmungsvorrede vom 11. Nov. 1521.

[57] Siehe oben S. 163 mit Anm. 10.

[58] Sebastian Helmann an Johann Heß, 8. Okt. 1521: „Demum sacramentum seu signum, quod nobis datum esset ad confirmandum fidem, adoraremus atque faceremus nobis idolum. Nichil enim preatare hoc signum signis in vetere testamento. Non enim licuisse ludeis Adorare Arcam. Nec Arcum, non item prepucium [...]" WB Nr. 4, 16 f.

suchen/Mochts auch nitt anbetten Unnd eeren/Dann ich stellet mir alßo aine creatur zu ainem Abtgot. Darumb wöll sich yeder besynnen/Ob er Christo glaub oder nit."[59]

Karlstadt gibt unseres Erachtens hier einen aus dem Kreis um Zwilling stammenden Gedankengang richtig wieder, den er selbst aber weit von sich weist. Zwilling hat bereits vierzehn Tage nach seiner aufsehenerregenden Predigt vom 6. Oktober bestritten, dass er die Anbetung verworfen habe. Der vom Kurfürsten zur Überprüfung der Vorgänge im Augustinerkloster und zur Erarbeitung einer Stellungnahme über die Messfragen eingesetzte Universitätsausschuss, deren ausschlaggebende Mitglieder Karlstadt und Melanchthon waren, beeilt sich, dem Kurfürsten zu versichern, Zwilling – inzwischen „vonn vorstendigen vleissig vorhort"! – habe nichts anderes gelehrt, „dan das Christus, unter dem sacrament gegenwertig, anzubeten und zueren sei"[60]. Die Bemerkung, dass man Zwilling fleißig verhört habe, zeigt die Richtung, in der diese Aussage zu interpretieren ist. Man hat Zwilling dazu gedrängt, die ihm vorgeworfenen Äußerungen zu widerrufen bzw. sogar zu bestreiten, dass er sie überhaupt getan habe. Zwilling verhält sich hier schon ähnlich wie nach Luthers Rückkehr: Nachdem Luther im März 1522 gegen den radikalen Reformeifer seiner bisherigen Freunde Stellung bezogen hatte, schwenkte Zwilling – ganz im Gegensatz zu Karlstadt – wieder auf Luthers Linie ein. Im Oktober 1521 war die Lage so, dass Melanchthon und Karlstadt durchaus interessiert waren, Zwilling dem Kurfürsten gegenüber zu decken, da sie in den wichtigsten Reformfragen in der Sache mit ihm an einem Strang zogen. Man musste Zwilling zum Widerruf drängen, um ihn daraufhin offiziell decken zu können, wollte man nicht die ganze Wittenberger Reformbewegung durch eine solche, als gefährliche „hussitische" Ketzerei geltende Anschauung in Misskredit bringen. Sieht man von der schon auffälligen Bemerkung ab, mit der ausdrücklich Christus als „unter dem sacrament gegenwertig" bezeichnet wird, so ist unbestreitbar, dass im Augustinerkloster, in dem Zwilling die praktische Führung hatte, zeitweise die Anbetung des Sakraments verworfen wurde.[61] Wie sonst könnte man sich erklären, dass Karlstadt für die

---

[59] Von anbetung (wie Anm. 34), Bl. B l^v. Widmungsvorrede vom 1. Nov. 1521.

[60] WB Nr. 16, 40.

[61] Auch NEUSER, Abendmahlslehre (wie Anm. 5), 122 hält die zitierte Äußerung des Ausschusses insofern für falsch, als Zwilling tatsächlich die Adoration verworfen habe. „Ermahnt, ist Zwilling dann gleich bereit, seinen Einwand gegen die Adoration fallenzulassen." Dann ist Neuser aber inkonsequent, wenn er verneint, dass Zwilling die Realpräsenz bestritten habe. Als Argument führt Neuser an: „denn er [Zwilling] gebraucht die Worte carnem et sanguinem sumere". Welche Worte Zwilling im einzelnen gebraucht hat, wissen wir nicht. Die zitierten Worte entstammen dem sekundären Bericht Sebastian Helmanns (8. Okt.) von Zwillings Predigt: „Ita hoc signum Novi testamenti, Ubi panem et vinum, carnem et sanguinem Christi sumimus [...]" (WB Nr. 4, 17). Die Worte „carnem et sanguinem" könnten bereits Interpretation Helmanns sein. Aber selbst der Gebrauch dieser Worte allein wäre kein Beweis, da er sich – nach Joh 6,57! – im Sinne geistlicher Nießung auch mit der Verwerfung der Realpräsenz vertrug (Belege: Zwingli in CR 91 = Zwingli 4, 519,21 f.; Hoens Abendmahlsbrief, ebd., 512, 21–23; 513, 16–18; zum Problem der Begrifflichkeit vgl. OBERMAN, HEIKO AUGUSTINUS, Die

große Disputation über die Messe am 17. Oktober 1521 unter anderem eine Reihe von Thesen „De adoratione panis" aufstellte, in denen die Frontstellung gegen eine Nivellierung des Unterschieds zwischen alt- und neutestamentlichen Zeichen eindeutig ist.[62] Der theologisch auf der Seite der Reformation stehende, aber hinsichtlich praktischer Reformen eher konservative Stiftsherr Johannes Dölsch hat im Dezember in einem separaten Bedenken über die Messe festgehalten, dass Gabriel Zwilling mehr als einmal öffentlich die Anbetung des Sakraments verworfen habe. Noch bedeutsamer ist für unsere Frage an Dölschs Aussage, dass er die Augustiner in einem Atemzug mit der Bestreitung der Realpräsenz nennt – das kann kein Zufall sein. Vorsichtig vermeidet er aber eine direkte Identifikation Zwillings oder der Augustiner mit dieser neuen Lehre,[63] was nach Zwillings verschleiertem Widerruf auch nicht mehr ohne weiteres möglich war. Die ganze Frage hatte aber offenbar schon über Wittenberg hinaus Wellen geschlagen und Karlstadt sah sich veranlasst, hierüber eigens eine Schrift *Von anbetung und eer erbietung der zaychen des newen Testaments* ausgehen zu lassen. Auch hier setzt er sich ebenso sehr für die Verehrung des Altarsakraments wie für die reale Gegenwart Christi in Brot und Wein ein. Die Realpräsenz wird als Begründung der Erlaubtheit der Adoration herausgearbeitet.[64] Aus der Widmungsvorrede an Albrecht Dürer vom 1. November 1521 wird die taktische Abzweckung der Schrift klar: Karlstadt will den Verdacht, dass man sich in Wittenberg mit einer so schweren Häresie wie der Leugnung der leiblichen Gegenwart Christi im Sakrament belastet habe, als Verleumdung zurückweisen.[65]

Können wir etwas über die geistigen Hintergründe der so plötzlich in Wittenberg virulent gewordenen figürlichen Abendmahlsauffassung ausmachen? Einen Fingerzeig in die Richtung, in der hier zu suchen wäre, könnte ein Bericht des weniger reformfreundlichen Priors des Augustinerklosters, Konrad Helt, an den Kurfürsten vom 30. Oktober 1521 geben. Danach habe die aktivistische Anhängerschaft Zwillings zu einem größeren Teil aus Niederländern bestanden, die

---

„Extra"-Dimension in der Theologie Calvins, in: Heinz Liebig/Klaus Scholder [Hg.], Geist und Geschichte der Reformation. Festgabe Hanns Rückert zum 65. Geburtstag dargebracht von Freunden, Kollegen und Schülern, Berlin 1966 [AKG 38], 323–356, hier 336). Neuser hat die einschlägigen Schriften Karlstadts nicht benützt, wo eindeutig ist, dass Ablehnung der Adoration und der Realpräsenz Hand in Hand gingen.

[62] Die Thesen bei Barge 1, 486 f.; s. bes. These 49.

[63] Dölsch, Bedenken von der Messe, WB Nr. 17, 42 f. (zur Datierung und historischen Einordnung dieses Stücks s. u. Anm. 191). Ähnlich Dölsch WB Nr. 49, 105.

[64] „sich das ist die ursach/daz wir dem sacrament eere thun sollen [...] das brot/der leib Christi/und der wein/daz blut Christi/ist. welcher nun sagen darf/daz wir brot und wein nit eeren so der leib und blut Christi geworden seind/der spricht das wir dem leyb/Und dem blut Christi kayn eere sollen thun/das sagt niemant/dann ain feynd Pauli [...]" Von anbetung (wie Anm. 34), Bl. A 4ʳ.

[65] „[...] und etliche dreümen sucher von uns sagen/als solten wir alhie predigen und disputiern/das dem hochwirdigen sacrament kain eer/lob/und fürzug [vgl. das Zitat Anm. 58] geben sein." Von anbetung (wie Anm. 34), Bl. A 1ᵛ.

sich zu Studienzwecken gastweise im Wittenberger Kloster aufhielten.[66] Dies legt die Frage nahe, ob hier etwa Zusammenhänge mit der figürlichen Abendmahlslehre des Niederländers Cornelisz Hendrixz Hoen († 1524) vorliegen. Dieser hatte in Aufnahme und Abwandlung der Abendmahlslehre Wessel Gansforts († 1489) die Abendmahlsworte in seinem berühmten Abendmahlsbrief figürlich gedeutet. 1521 war der Rektor des Fraterhauses in Utrecht, Hinne Rode, mit diesem Brief auf Reisen gegangen und hatte ihn – nach dem gegenwärtigen Stand der Forschung müssen wir sagen: möglicherweise – nach Wittenberg gebracht.[67] Ob Rode in Wittenberg war oder nicht, so würde auf jeden Fall keine Schwierigkeit für die Annahme bestehen, dass Rodes niederländischen Landsleuten in Wittenberg die in dem Brief enthaltene Lehre im Herbst 1521 bereits bekannt geworden war. Somit wäre Hoens Abendmahlslehre im Wittenberger Augustinerkloster nicht auf ganz unfruchtbaren Boden gefallen, und auch Zwillings diesbezügliche Äußerungen wären von dieser Scite her beeinflusst worden. Dafür könnte noch eine auffallende inhaltliche Übereinstimmung zwischen Zwillings Äußerungen und Hoens Brief sprechen. Die typische Verbindung von Verwerfung der Realpräsenz und Ablehnung der Adoration findet sich auch in Hoens Brief. Denn schon hier wird aus der Verwerfung der Realpräsenz gefolgert, dass die Anbetung des Sakraments Götzendienst sei.[68] Wir sehen dadurch indirekt auch unsere Rekonstruktion der Anschauungen Zwillings bestätigt, die voraussetzt, dass beide Punkte bei ihm verbunden waren.

Dass Zwilling auf Drängen des Universitätsausschusses die von ihm in jenen Tagen gemachten Äußerungen dissimulieren konnte, als habe man ihn falsch verstanden, wurde dadurch erleichtert, dass das Hauptinteresse auch bei Karl-

---

[66] WB Nr. 23, 56. Das geistige Haupt dieser niederländischen Gruppe war Heinrich von Zutphen. Er war an den Reformen im Kloster aktiv beteiligt. Siehe u. S. 187 ff.* und Anhang unter Nr. II.

[67] Die ältere Auffassung, dass Rode den Abendmahlsbrief Hoens nach Wittenberg brachte (so auch Barge 2, 150 f.), wurde von KÖHLER, WALTHER, Zwingli und Luther, Bd. 1, Leipzig 1924, 154 f. bestritten, ohne dass aber seine Argumentation zwingend war. In der Edition des Abendmahlsbriefs in CR 91 = Zwingli 4 (1927), 505–519 hat Köhler seine Auffassung dahingehend abgeschwächt, dass er den Besuch Rodes in Wittenberg als Möglichkeit nicht ganz ausschloß (ebd., 507: „ganz unsicher"). Köhlers Auffassung hat sich nicht durchgesetzt. OBERMAN, HEIKO AUGUSTUS, Forerunners of the Reformation, New York 1966, 253 hält die Überbringung des Briefs nach Wittenberg für „sehr wahrscheinlich". Als gesichert ist sie vorausgesetzt z. B. von LAU, FRANZ, Reformationsgeschichte bis 1532, Göttingen 1964 (Die Kirche in ihrer Geschichte 3, Lieferung K), 54 und von BAKHUIZEN VAN DEN BRINK, JAN NICOLAAS, Art. Hoen, RGG³ 3 (1959), 411 und DERS., Art. Rode, RGG³ 5 (1961), 1135. Karlstadts pointierte Rede von „frembden expositionen" (s. o. Anm. 56) bringt ein neues Indiz zugunsten dieser Auffassung. Im Lichte von Karlstadts Polemik, die in der bisherigen Debatte um den Abendmahlsbrief unberücksichtigt blieb, wäre die Frage der Verbreitung von Hoens Brief nochmal zu untersuchen. Vgl. auch WA 15, 394, 17–20!

[68] CR 91 = Zwingli 4, Ö12, 30–34; 518, 4–10. Aber auch an diesem Punkt wäre die Möglichkeit evtl. gleichzeitigen hussitisch-böhmischen Einflusses zu diskutieren (s. o. Anm. 55). Vgl. PESCHKE, ERHARD, Die Theologie der böhmischen Brüder in ihrer Frühzeit Bd. 1/1. Das Abendmahl, Stuttgart 1935 (FKGG 5), 358–362.

stadt und Melanchthon damals – wie bis dahin auch in Luthers Schriften – an
der Zeichenfunktion der Abendmahlselemente als Unterpfand der göttlichen
Verheißung lag. So hat auch Karlstadt schon im Sommer 1521 in seiner ersten
Abendmahlsschrift Brot und Wein mit dem Regenbogen als Zeichen göttlicher
Verheißung (Gen 9) verglichen, jedoch nicht ohne auch sein Festhalten an der
Realpräsenz zum Ausdruck zu bringen, wenn auch zunächst am Rande.[69] Melanchthon hat in seinen *Propositiones de missa* (Oktober 1521)[70] die Paralleli-
sierung zwischen alt- und neutestamentlichen Zeichen sehr weitgehend durchgeführt, wobei er als Vergleich die nach Ri 6 Gideon zum Zeichen göttlichen
Beistands im Kampf gegen die Midianiter gewährten Orakelzeichen heranzog,
so dass er die neutestamentlichen Zeichen mit der „Schafwolle Gideons" (s. Ri 6,
36 ff.) vergleichen konnte, während er die in der Realpräsenz begründete Besonderheit der Zeichen des Altarsakraments gegenüber den Zeichen des Alten
Testaments nicht erwähnt.[71]

W. Neuser[72] hat die Frage aufgeworfen, wie es zu erklären sei, dass Melanchthon noch in seiner Vorlesung über 1 Kor 11 (September 1521) bei der Exegese
der Abendmahlsworte die Realpräsenz betont hervorhebt,[73] während er diese
in den *Propositiones de missa* nicht einmal erwähnt und in dem etwa gleichzeitig mit den Thesen entstandenen Abschnitt „De participatione mensae domini"
der *Loci communes* allenfalls am Rande streift.[74] Beachtet man, dass zwischen
den Ausführungen in der Korinthervorlesung und Melanchthons Thesen bzw.
den Ausführungen in den Loci die Problematisierung der Realpräsenz durch
Zwilling fällt, so finden wir eine plausible Antwort auf Neusers Frage. In Melanchthons Zurückhaltung hinsichtlich der Realpräsenz im Oktober 1521 wird
man dann nicht mehr „unbetonte Selbstverständlichkeit" sehen können[75] – die
Lehre von der Realpräsenz war in jenen Tagen in Wittenberg nicht mehr selbstverständlich –, sondern eher den Ausdruck einer durch Zwilling hervorgerufe-
nen Verunsicherung Melanchthons, wie wir sie in anderen Fragen während der
Wittenberger Bewegung bei Melanchthon ja auch beobachten. Diese Verunsicherung führte zwar nicht soweit, dass Melanchthon damals die Realpräsenz

---

[69] „Ausz diessem langen umbganck/haben wir/das zeychen diszes fridsames sacra-
ment/nemlich brot und tranck genossen/szo fleisch und bluet ist Christi." Von den Empfahern, zeychen, und zusag des heyligenn Sacraments fleysch und bluts Christi, Wittenberg
o. J. (Freys/Barge Nr. 54), Bl. c 1ʳ. Widmungsvorrede der Schrift vom 24. Juni 1521. Barge 1,
284 Anm. 103.

[70] MWA 1, 163–167. Zur Datierung s. u. Anm. 77.

[71] Vgl. Th. 18 f. und besonders die Parallelität jeweils von Th. 26/27, 29/30, 32/33, 34/35;
MWA 1, 164, 25–31; 165, 9–25. Anders beurteilt Maurer, Melanchthon (wie Anm. 4), 199 die
Thesen.

[72] Neuser, Abendmahlslehre (wie Anm. 5), 91–93.

[73] MWA 4, 59, 18 ff.

[74] MWA 2/1, 156, 3–5. Im Lichte des oben Anm. 61 Gesagten ist auch diese Stelle nicht so
eindeutig, wie Neuser, Abendmahlslehre (wie Anm. 5), 86 und 93 meint.

[75] So Maurer, Melanchthon (wie Anm. 4), 199, vgl. auch 409 über die Loci.

aufgegeben hätte,[76], aber er hat doch diese schwierige Frage zunächst weitgehend ausgeklammert, was desto beachtenswerter ist, da Karlstadt gleichzeitig Anlass genug sah, in diesen Wochen entschieden gegen die Bestreitung der Realpräsenz einzutreten. Melanchthon hat ihm hier keine Schützenhilfe geleistet. Der Abstand zwischen Karlstadt und Zwilling war damals jedenfalls größer als der zwischen Melanchthon und Zwilling. Obwohl auch Karlstadt den Vergleich der neutestamentlichen Zeichen mit denen des Alten Bundes beibehält, legt er im Unterschied zu Melanchthon nach den Erfahrungen mit Zwilling besonderen Wert darauf, die Besonderheit der Zeichen des Abendmahls hervorzuheben.[77]

Wir sind auf diesen „kleinen Wittenberger Abendmahlsstreit", der sich ausnimmt wie ein Wetterleuchten, in dem die künftigen Differenzen schemenhaft zu erkennen sind, eingegangen, um zu zeigen, dass Karlstadt im Herbst 1521 in der Abendmahlsfrage gerade die Anschauungen ablehnt, die seinem sogenannten „Spiritualismus", hätte dieser bei ihm damals eine wesentliche Rolle gespielt, am meisten entgegengekommen wären. Wie in der Bilderfrage sind auch in den umstrittenen Abendmahlsfragen seine Anschauungen nicht von einer Geisttheologie, sondern von einem konsequenten Biblizismus bestimmt. Da er damals meint, dass die Abendmahlsworte im Sinne der Realpräsenz verstanden werden müssten, tritt er auch mit Entschiedenheit dafür ein. Er fordert seine Leser regelmäßig dazu auf, seine Ausführungen selbst genau an der Schrift zu überprüfen[78].

---

[76] In der Disputation vom 17. Okt. 1521 schloss er sich Karlstadts Auffassung von der Anbetung des Altarsakraments an: WB Nr. 18, 47.

[77] Siehe die in Anm. 62 genannte Stelle. Ferner Von beyden gestalten (wie Anm. 35), Bl. d 3^v ff. Über Melanchthons Vergleich mit der „Schäferwolle Gideons" äußert sich Karlstadt zurückhaltend. Vgl. Von anbetung (wie Anm. 34), Bl. B 2^r: „Brot unnd wein seind nit allain [!] zaychen/Wie der Regenbog war, und das vich Abrahe Gene. xv. Aber der schepper wollen Gedeonis/sonder sy seind zaichen/und das ding worden/das für uns gelidten unnd vergossen ist/das ist: Brot und wein seind der leib christi/und das blut christi worden/Die wir anbetten sollen [...]" Karlstadt könnte das Zeichen Gideons durchaus auch als Zeichen göttlicher Zusage positiv aufnehmen. Vgl. Von beyden gestalten (wie Anm. 35), Bl. b 4^r, besonders aber Bl. d 1^v: „Ich solt auch das zeichen Gedeonis/für ein exempel her legen/das ein schöpffer wollen was/ [...] und erkleren/das sölchs zeichen/ein zeichen göttlicher zusag oder des Evangelii gewest/so hab ich vill von dem regenbogen geredt/und ist gedachts exempel gemein worden/der wegen laß ichs faren." An beiden Stellen, insbesondere aber in den letzten Worten („ist gedachts exempel gemein worden") sehe ich eine Bezugnahme auf Melanchthons Propositiones de missa, wo, soweit ich sehe, Gideons Wolle in die Diskussion eingebracht wurde. Ich datiere daher in Anlehnung an CR 1, 477 Melanchthons Thesenreihe in die zweite Oktoberhälfte (etwa gleichzeitig oder bald nach Karlstadts Disputationsthesen für den 17. Okt. 1521). Die Widmungsvorrede von Karlstadts Schrift Von anbetung ist datiert am 1. 11. 1521, in Von beyden gestalten stammt sie vom 11. Nov. 1521. In der ersten Schrift ist aber schon auf die letztere verwiesen (Bl. A 2^v. 4^v; s. o. Anm. 34). Sie waren also beide Anfang November schon in Arbeit. Mit anderen Argumenten kam NEUSER, Abendmahlslehre (wie Anm. 5), 92 und 116 zu derselben Datierung von Melanchthons Thesen, gegen Melanchthons Briefwechsel, hg. v. Otto Clemen, Leipzig 1926 (Supplementa Melanchthoniana 6/1), 169 Nr. 196, dessen Datierung der Thesen in die 1. Novemberhälfte nicht stichhaltig ist.

[78] Von anbetung (wie Anm. 34), Bl. B 3^r. Von beyden gestalten (wie Anm. 35), Bl. d 3^r u. ö.

Karlstadt hat diesem Biblizismus in den Thesen für die große Disputation über die Messe beredten Ausdruck gegeben:

(40) Debemus in verbis scripturae immoti consistere, nequaquam de veritate dubitare, licet necdum penetremus sensum et res oculos effugiant.

(41) Quia nihil possumus illi adiicere sicut nec apiculum demere.

(42) Sicut ne quidem apex aut iota legis deperit, ita nihil illi extrinsecus allatum consarcinari potest, quia verbum dei est ignis consumens.[79]

Weil die Bibel das Buch des göttlichen Gesetzes ist, muss man ihr unbedingt Folge leisten, auch wo man sie – etwa hinsichtlich der Realpräsenz – noch nicht verstehen sollte. Ebenso ist die Einsetzung des Abendmahls göttliches Recht, so dass Karlstadt zu seiner scharfen, von Luther bestrittenen These kommt, dass derjenige, der nur eine Gestalt empfängt, sündige.[80] Bis zur letzten Konsequenz zugespitzt wird dieser Biblizismus erst Anfang 1522, wenn Karlstadt in der im April konfiszierten Schrift dafür eintritt, das Abendmahl möglichst weitgehend entsprechend dem letzten Abendmahl Christi zu gestalten: Das Wort „Messe" wird als unbiblisch verworfen, das Abendmahl solle bevorzugt am Abend genommen werden. Und wenngleich dies äußerliche Dinge seien, so könne man doch in äußerlichen Dingen sündigen.[81] Soweit es Zeremonien gibt, müssen sie entsprechend dem in der Schrift festgelegten göttlichen Willen gestaltet werden.[82] Eine Verschärfung von Karlstadts Biblizismus gegenüber dem Herbst 1521 scheint hier offenkundig zu sein. Denn im Oktober 1521 hatte Karlstadt im Blick auf eine schriftgemäße Gestaltung des Abendmahls noch explizit Wert darauf gelegt, zwischen *narratio historiae* und *constitutio*, d. h. zwischen *factum* und *lex* in den Einsetzungsberichten klar zu unterscheiden.[83] Eine ähnliche Entwicklung wird sich uns in Karlstadts Verhältnis zum Ärgernisgeben zeigen.

II. Ärgernis – göttliches Recht – Schonung der Schwachen

1. Das Problem in Karlstadts Bilderschrift

Einer der Vorwürfe, die Luther nach seiner Rückkehr von der Wartburg gegen Karlstadt erhob,[84] war bekanntlich der, dass man durch die Eile, die man bei den jüngsten reformatorischen Innovationen an den Tag gelegt habe, die im evan-

---

[79] Barge 1, 486.

[80] Ebd., 1, 487 (These 69–71). So schon in den 24 Thesen vom 19. Juli 1521, These 10 (allerdings vorsichtig: „mea sententia"); bei GERDES, DANIEL, Scrinium antiquarium sive Miscellanea Groningana nova, Bd. 1, Groningen 1749, 41. Luthers Einspruch s. WA Br 2, 371, 51 ff.

[81] Barge 2, 563.563 f.565.

[82] Siehe unten Anm. 90.

[83] Thesen vom 17. Okt. 1521, These 102–104; Barge 1, 489. Diese Unterscheidung ist eingegangen in das Gutachten des Universitätsausschusses vom 20. Okt. 1521, WB Nr. 16, 38. Ebenso Dölsch WB Nr. 17, 43; Nr. 49, 102.

[84] Vgl. unten S. 210 ff.

gelischen Glauben noch Schwachen nicht geschont, sondern ihnen ein Ärgernis gegeben, d. h. ihren Glauben, der die Reformen noch nicht in voller Freiheit bejahen konnte, durch eine neue Gesetzlichkeit gefährdet habe.

Das Thema Ärgernis und Schonung der Schwachen taucht jedoch nicht erst mit Luthers Invocavitpredigten auf. Die Wittenberger Reformer einschließlich Karlstadt hatten dieses Problem weder übersehen noch ignoriert, im Gegenteil zieht es sich seit Herbst 1521 wie ein roter Faden durch die Quellen hindurch und erweist sich bei näherem Zusehen als ein zentrales theologisches, genauer: rechtstheologisches Problem der Wittenberger Reformbewegung – ein Problem weniger des Inhalts der Reformen als der Reformstrategien. Karlstadt setzt sich bereits in seiner Bilderschrift mit einigen Argumenten auseinander, die Luther später gegen ihn vorbringen sollte.

Nach Karlstadt sollen gerade wegen des Glaubensärgernisses die Bilder beseitigt werden,[85] während Luther aus demselben Grund die – zunächst vorläufige – Beibehaltung der Bilder fordert. Worin ist diese gegensätzliche Beurteilung des Problems begründet? Von Karlstadts Aussagen in der Bilderschrift her lässt sich die Differenz folgendermaßen zusammenfassen: Für Karlstadt liegt ein „Ärgernis im Glauben" vor, wenn etwas objektiv im Widerspruch zum göttlichen Gesetz steht.[86] Ein solcher Tatbestand „ärgert", d. h. hindert am richtigen Glauben, ohne dass es dem verführten Gläubigen bewusst ist.[87] Daher ist das Beibehalten der Bilder Ärgernis. Für Luther liegt ein Ärgernis vor, wenn jemand subjektiv an etwas Anstoß nimmt, das er im Glauben nicht bejahen kann und das ihm daher Anstoß sein könnte, gegen das Gewissen zu handeln. Der Tatbestand, der Anstoß erregt, kann dabei objektiv gut sein, aber der Glaube ist schwach. Daher erregt das Abtun der Bilder Ärgernis.

Während aus Luthers Position folgt, dass man allgemeinverbindliche, mit dem Zwangscharakter des Gesetzes ausgestattete Ordnungen in den umstrittenen kirchlichen Reformfragen nicht aufstellen dürfe, ist es für Karlstadt die Pflicht der weltlichen Obrigkeit, das göttliche Recht nötigenfalls auch mit Zwang – Karlstadt hat zunächst Zwang gegen den reformfeindlichen Klerus im Auge – durchzusetzen und so das Ärgernis, das die Christen in Widerstreit mit dem göttlichen Gesetz bringt, zu beseitigen.[88]

---

[85] „Du solst von der ergernis wegen / im glauben / rathen / das alle bilder tzu dem Teuffell geschlept weren." KARLSTADT, abtuhung (wie Anm. 19), 14,3 f.

[86] Vgl. Anm. 88.

[87] „Noch dorffen wir die olgotzen und bilder verteydigen / yn den kirchen behalten / und die arme einfeltige schefflin gotis lassen verderben, in solichem greulichem myßbrauch." KARLSTADT, abtuhung (wie Anm. 19), 12,1–3.

[88] „Welte got / das unßer hern weren / wie die weltliche frumen Konig und hern gewest sein / in der Judenschafft die der h. geist lobet. Sie haben ye in heiliger schrifft macht, yn kirchen tzehandeln / und abtzethun / das gleubige ergeret und verhindert. Sie mogen auch die pfaffen / in gotliche rechte / dringen und treiben / betrugliche und schedliche ding auß tzefuhren [...] Darauß sol yderman mercken / wie die pfaffen / den konigen untherdenig sollen

Karlstadt kennt auch schon das später von Luther im Blick auf die Bilderfrage vorgebrachte Argument, dass Bilder äußerliche Dinge seien, die dem Glauben keinen Schaden zufügen könnten.[89] Für Karlstadt sind aber auch äußere Gottesdienstordnungen, deren Notwendigkeit bei ihm nicht bezweifelt wird, eine Angelegenheit des göttlichen Rechts. Dann aber müssen sie auch mit dem göttlichen Gesetz übereinstimmen.[90]

Ein dritter Differenzpunkt der späteren Auseinandersetzung mit Luther, den Karlstadt in seiner Bilderschrift schon vorwegnimmt, ist die Frage der Weitergeltung des mosaischen Gesetzes. In den Invocavitpredigten hat Luther diese Frage merkwürdigerweise nicht berührt. Erst in seiner großen Streitschrift *Wider die himmlischen Propheten, von den Bildern und Sakrament* (1525) stellt Luther gegen Karlstadt seine Auffassung zu dieser Frage heraus. Danach ist das ganze mosaische Gesetz einschließlich des Dekalogs für den Christen abgetan. Die Inhalte des Dekalogs behalten daher nur soweit Gültigkeit, als sie mit dem natürlichen Gesetz übereinstimmen, denn nicht der Dekalog, sondern die auch den Heiden – wenn auch gebrochen – zugängliche *lex naturalis* ist das überdauernde von Gott gesetzte Recht. Der Dekalog ist eine positive Ausprägung der *lex naturalis*. Darunter fallen aber nicht Bilder- und Sabbatgebot, die als Zeremonialgebote zeitlich und ethnisch begrenzte Gültigkeit haben. Denn das mosaische Gesetz ist der Juden Sachsenspiegel.[91]

---

sein/auß gotlichem rechten. Derwegen solten unßere Magistraten nit erwarten/biß die pfaffen Baal/ire geveß Klotzer/und verhindernis anfahen außtzuführen. Dan sie werden niemer mher anfahen. Die obirste weltliche hand soll gebieten und schaffen." KARLSTADT, abtuhung (wie Anm. 19), 20,33–21,5. – Wir klammern hier die notwendige nähere Untersuchung von Karlstadts Verhältnis zur Obrigkeit aus. Der Vorwurf des Aufruhrs trifft ihn insofern zu Unrecht, als er in jener Zeit nirgends das Volk zur Selbsthilfe auffordert (etwas anders 1524, s. u. Anm. 252). Er will vielmehr die Reformen mit Hilfe der Obrigkeit durchführen. Politisch brisant war hingegen sein dezidierter Versuch, in den anstehenden kirchlichen Angelegenheiten nicht den Kurfürst, sondern den städtischen Magistrat als „obirste weltliche hand" herauszustellen. Vgl., was der Kurfürst über die vom Magistrat beschlossene „Ordnung der Stadt Wittenberg" sagt: „Das sie sich aber understanden, ein ordnung zu machen, wie die meß sol gehalten werden, achten wir bey uns, das sich in dem von inen zu vil understanden, das wir auch mit beswertem gemuet gehort [...]" Kurfürst Friedrich an Hugold von Einsiedel, Lochau, 17. Febr. 1522; WB Nr. 99, 207.

[89] Invocavitpredigten, WA 10/3, 29,14 f. = BoA 7, 374,11 f.

[90] „Drumb sollen Christen sie abthun/nach inhalt der schrifften. Ungeacht das eusserliche ding seind. Dan wan du got eusserlich wilt eheren/oder yn Ceremonien ansuchen/solstu seine ceremonien und seinem gesetz nach volgen." KARLSTADT, abtuhung (wie Anm. 19), 20,16–19. Vgl. oben S. 168.

[91] WA 18, 75,11–82,6. Die pädagogische Vorrangstellung des Dekalogs wird dadurch nicht in Frage gestellt. Neben dem Dekalog enthält das mosaische Recht noch andere gute Bestimmungen, die unter materiellrechtlichem Gesichtspunkt der Übernahme wert wären: WA 18, 81,18–26. Vgl. GERDES, HAYO, Luthers Streit mit den Schwärmern um das rechte Verständnis des Gesetzes Mose, Göttingen 1955; HECKEL, JOHANNES, Lex charitatis. Eine juristische Untersuchung über das Recht in der Theologie Martin Luthers, München 1953 (ABAW.PH 36), 78–80; ALTHAUS, PAUL, Die Ethik Martin Luthers, Gütersloh 1965, 32–42.

Karlstadt polemisiert bereits in seiner Bilderschrift überraschend scharf gegen den „ketzerischen sermon" nicht näher benannter „gesetz feinde", die sich in der Bilderfrage auf die Ungültigkeit des alten, d. h. des mosaischen Gesetzes berufen. Aber Christus hat das Gesetz Moses nicht aufgehoben. „Christus ist im willen und inhalt altes gesetzes bestanden." Ebenso wie Christus stimmt Paulus mit Moses überein, auch in der Bilderfrage. Zwischen Bilderverbot und den übrigen Bestimmungen des Dekalogs gibt es hinsichtlich der Geltung keine Differenz, im Gegenteil, das Bilderverbot ist durch seine Stellung am Anfang des Dekalogs den anderen Geboten noch vorgeordnet. Karlstadts zentrale Aussage zum Gesetzesproblem lautet im Anschluss an Röm 3,31: „Fide legem antiquamus. Fide vel gratia legem stabilimus." In der richtigen Auslegung dieses Missverständnissen leicht ausgesetzten Satzes liege das ganze Gesetzesproblem.[92]

Leider gibt Karlstadt in der Bilderschrift keine Auslegung dieses Satzes. Trotzdem ist klar, dass die Wittenberger Reformer in der Auslegung der ersten Hälfte übereinstimmen. Das Gesetz als Weg der Selbstrechtfertigung und daher auch seine Anklagefunktion sind durch die Glaubensgerechtigkeit abgetan.[93] Die Differenzen in der Gesetzesproblematik beziehen sich auf die zweite Hälfte, nämlich auf die Frage, in welchem Sinne das Gesetz für den Gläubigen Gültigkeit behält. Bei Karlstadt wird ein *tertius usus legis* stark hervorgehoben, der sich aber vom *tertius usus legis* Melanchthons dadurch unterscheidet, dass er nicht

---

[92] „Etliche bildekusser sprechen. Das alhte gesetz verbeut bilder / und das neuwe nit. Aber wir volgen dem neuwen / nit dem alten gesetz. Liebe brüder behut euch got / vor diesem ketzerischen sermon und wort. und das ihr ye nit sprecht. Wir volgen dem alten gesetze nit, ader nhemen eß nit ahn / dan das gehört den unchristen tzu. und bricht und verkleindt die laher Christi. Dan Christus beweyßet seyne laher aus Moise / und Propheten. Und spricht das ehr nicht komen sey / das gesetz tzu brechen / sonder tzu erfüllen [Mt 5,17]. [...] Christus hat ouch nicht den aller kleynsten buchstaben / ym Moyse verbrochen. Ehr hat auch keynen tzusatz / und keynen abbruch dem gesetz Moysi gethan. Kürtzlich Christus hat nichts nyder gelegt / das gott ym alten gesetz behagt hat. Christus ist im willen und inhalt altes gesetzes bestanden. Wer disse tzwen sprüch tzesamen fügen kann, Nemlich: Fide legem antiquamus. Fide vel gratia legem stabilimus [vgl. Röm 3,31]. Der versteht Moysen Propheten / Christum / und Paulum [...] Itzo ists tzuvil / das tzu erkleren so weyß ich auch das mich die gesetz feinde nit versten wurden. [...] Und verbott der bylder statt oben ahn / alß das meynste und groste. Verbott der unkeuscheyt / und dyeberey etc. steht unthen ahn / alß das mynder unnd kleynste. [...] Ich sage dir das got bilder nit weniger / noch mit kleynerem fleyß verbotten hat / dan todschlahen / stelen / rauben / ehebrechen / und der gleichen. Endlich du must tzugeben / das Paulus / ein reicher prediger ist / des Evangelien und newen gesetzs. Der die tiffe Moysi erreicht / und tzu lichte gebracht hat. Der Christliche verheischung uber die massen trostlich verkundiget. Du must auch volgende sagen: wan Paulus bilder verbeut ßo wil ich sie fliehen [...] [folgt Röm 1,23 als Beleg für die Aufnahme des Bilderverbots durch Paulus]. Alßo stümet Moises mit Paulo." KARLSTADT, abtuhung (wie Anm. 19) 21,15–22,23. Vgl. GERDES, Streit (wie Anm. 91), 27 f.

[93] Vgl. Melanchthon, *Rerum theologicarum capita* (1520), CR 21, 30 mit Karlstadt, *De legis litera sive carne et spiritu* (Sept. 1521), Wittenberg 1521 (Freys/Barge Nr. 65), Bl. B 2ʳ („Redempti per Christum non sunt sub legis tyrannide, neque pondere eius premuntur."). Melanchthon, Loci (1521), MWA 2/1, 126,21 ff.

nur sittliche Gebote, sondern auch Zeremonialgebote für die Gestaltung des kirchlichen Lebens enthält.[94] Dabei sind Altes und Neues Testament prinzipiell gleichgestellt.[95]

Wen Karlstadt Ende Januar mit seiner Polemik gegen die „gesetz feinde" im Auge hat, lässt sich aus den Quellen nicht eindeutig entnehmen. Seine Schrift als ganze ist ja in der Polemik zunächst gegen diejenigen in Wittenberg gerichtet, die sich der Beseitigung der Bilder widersetzen, an deren Spitze die altgläubigen Reformgegner des Stiftskapitels stehen. An sie wäre zunächst zu denken, wenn Karlstadt das Argument, dass das Bilderverbot als dem alten Gesetz zugehörig nicht mehr gültig sei, „etlichen Bilderküssern" in den Mund legt. Es ist sehr wohl möglich, dass auch diese Gruppe das genannte Argument vorbrachte. Aber daneben bleibt doch der Eindruck, hier könne schon in Ansätzen „innerreformatorische" Polemik vorliegen, wenngleich zu jenem Zeitpunkt eine so klare Lehre über die Ungültigkeit des Gesetzes Moses, wie sie Luther in *Wider die himmlischen Propheten* entwickelte, nicht vorlag. Bei Luther gab es zwar Ansätze in dieser Richtung[96] trotzdem hatte Luther unseres Wissens bis Ende Januar 1522 Karlstadt noch keinen direkten Anlass für jene Polemik gegeben.[97] Dass trotzdem einer der Wittenberger Kollegen aus der eigenen reformatorischen Partei mit angesprochen ist, möchte ich daraus entnehmen, dass Karlstadt am Schluss der zitierten Ausführungen den Kontrahenten bei seinem Paulusverständnis behaftet. Wenn er lehre, dass Paulus die „Christliche verheischung uber die massen trostlich" verkündige, dann müsse er doch auch Paulus in der Bilderfrage folgen. Dieser aber stimme laut Röm 1,23 mit dem mosaischen Bilderverbot überein.[98]

Könnte Karlstadt hier etwa Melanchthon im Auge haben? Differenzen zwischen Melanchthon und Karlstadt sind uns auch anderweitig seit den Ereignis-

---

[94] Auf das Problem des *tertius usus legis* bei Karlstadt im engeren, ethischen Sinn gehen wir hier nicht näher ein. Vgl. Thompson, Alden Lorne, Tertius usus legis in the Theology of Andreas Bodenstein von Karlstadt, phil. Diss. Los Angeles, University of Southern California 1969; Kriechbaum, Friedel, Grundzüge der Theologie Karlstadts, Hamburg-Bergstedt 1967 (Theologische Forschung 43), 77f.117ff.

[95] Vgl. Kriechbaum, Theologie (wie Anm. 94), 18 Anm. 41 und 25.

[96] An den christlichen Adel (1520), WA 6, 446,22 = BoA 1, 401,37. Heckel, Lex charitatis (wie Anm. 91), 117 Anm. 930.

[97] Mit Sicherheit möchte ich freilich nicht ausschließen, dass Karlstadt auch an Luther gedacht hat, wenngleich es mir unwahrscheinlich erscheint. Karlstadt beruft sich in den Schriften jener Wochen noch mehrfach positiv auf Luther. Andererseits muss man auch an die sachlichen Differenzen denken, die es bereits im Sommer 1521 zwischen Karlstadt und Luther in der Frage des Zölibats und der Mönchsgelübde gegeben hat: WA.B 2, 370,1ff.; 373,5ff.; 377,3ff.; 380,20ff.; 390,13–15 = BoA 6, 53,7ff.; 56,13ff.; 60,7ff.; 61,27ff.; 72,7–9. Luther hat allerdings in dieser Frage nicht Karlstadts Berufung auf das Alte Testament als solche zurückgewiesen, sondern die Schriftbeweise Karlstadts im einzelnen schienen ihm fraglich zu sein. Vgl. Mülhaupt, Erwin, Luthers Testament. Zum 450. Jubiläum des Septembertestaments 1522, Witten 1972, 22.26f.

[98] Siehe Anm. 92.

sen um die Bilderfrage greifbar.[99] In diesem Rahmen fände auch die Tatsache
eine Erklärung, dass Melanchthon im Februar mit einer „Epistola de usu veteris
testamenti" beschäftigt ist, die aber nie vollendet wurde.[100] Wenn die Epistola
durch Karlstadts Haltung in dieser Frage veranlasst sein sollte,[101] dann war ihre
Vollendung nach Luthers Rückkehr nicht mehr vordringlich. Nun hat sich zwar
auch Melanchthon damals gegen die Beibehaltung der Bilder ausgesprochen,
doch war seine Haltung in dieser Reformfrage schon nicht mehr eindeutig.[102]

Wir gewinnen einen Einblick in Melanchthons Haltung zur Bilderfrage in
einer zwischen 13. und 25. Februar für Spalatin verfassten knappen Stellungnahme, deren Datierung bisher umstritten war und die in der Literatur irrtümlich als Thesenreihe behandelt wurde.[103] In diesen Sätzen beurteilt auch Me-

---

[99] Vgl. Melanchthon an Einsiedel, 3. Febr. 1522; MWA 7/1, 164,5–10 = WB Nr. 84, 181. Vgl.
MAURER, Melanchthon (wie Anm. 4), 203 ff.

[100] Melanchthon an Spalatin (Febr. 1522, zur Datierung s. Anm. 103): „Ego nunc adorno
epistolam de usu veteris testamenti, qui me labor praeter alia sic occupat, ut Anselmo [der
Drucker Thomas Anshelm in Hagenau] nondum satisfecerim, certe paraturus illi μέθοδον
[eine geplante Neuauflage der Loci], ubi primum licuerit." MWA 7/1, 165,5–8.

[101] Diesen Zusammenhang könnte auch die Beobachtung nahelegen, dass Melanchthon im
Anschluss an den in Anm. 100 zitierten Satz kritisch auf die „nostrorum turbae" zu sprechen
kommt (MWA 7/1, 167,8 ff.; zit. Anm. 103).

[102] Vgl. MAURER, Melanchthon (wie Anm. 4), 212.

[103] Es handelt sich um die von N. Müller in WB Nr. 85, 183 abgedruckte Reihe kurzer
Sätze Melanchthons *De Missa et de utraque specie* und *De statuis*. Dass das Stück keine Thesenreihe (so noch MAURER, Melanchthon [wie Anm. 4], 212.222; NEUSER, Abendmahlslehre
[wie Anm. 5], 215.224) darstellt, sondern eine an einen bestimmten Adressaten gerichtete mehr
persönliche Stellungnahme, zeigen schon Bemerkungen wie „Et ego iudico", „Haec scribo",
besonders aber: „ut scis". N. Müller hat die Sätze datiert: „Ende Januar oder Anfang Februar";
CLEMEN, Melanchthons Briefwechsel (wie Anm. 77), 179 Nr. 229: „Ende Januar"; MAURER,
Melanchthon (wie Anm. 4), 212: „um den 1. Februar herum". Zu dieser Datierung kam man
von der Beobachtung her, dass Melanchthon zu den wichtigsten Reformfragen, wie sie in der
„Ordnung der Stadt Wittenberg" vom 24. Jan. ihren Niederschlag gefunden haben, Stellung
nimmt. Anders datierte NEUSER, Abendmahlslehre (wie Anm. 5), 215 die Sätze erst in den
März 1522: „sie müssen aus der Zeit nach Luthers Rückkehr stammen". Seine Argumente:
Die von Melanchthon gegebene Begründung für seine Forderung nach gemäßigtem Vorgehen („quia vulgus ignorat vim christianae libertatis") tauche erst nach Luthers Rückkehr auf;
ferner seien die von Melanchthon geäußerten Ziele, nämlich in der Bilderfrage gemäßigter
(„modestius") vorzugehen und von dem Abendmahl unter beiden Gestalten „in casu necessitatis, ut scandali" auch dispensieren zu können, erst von Luther aufgezeigt worden. Diese
Argumentation ist unhaltbar. Sie hängt damit zusammen, dass Neuser die bei Melanchthon
in jener Zeit zu beobachtende theologische Wandlung zu sehr als unter dem direkten Einfluss
Luthers zustande gekommen betrachtet. Die Datierungsproblematik wird gelöst durch den
erstmalig von H. Volz 1971 edierten Melanchthonbrief MWA 7/1, 165–167 (Nr. 68). In diesem
undatierten Brief verweist Melanchthon auf eine bislang nicht identifizierte Beilage: „Meam
de innovationibus nostrorum sententiam ex his aphorismis intelliges." (MWA 7/1, 167,21 f.)
Diese Bemerkung entspricht genau dem Charakter und der Thematik der Sätze Melanchthons
über Messe, Sakramentsempfang und Bilder, so dass man diese nunmehr mit den von Melanchthon an Spalatin geschickten „Aphorismen" identifizieren kann. Der Brief ist zwischen
13. und 25. Febr. geschrieben. Zum *terminus ante quem* s. ebd., 165 Anm. 4. Der *terminus post
quem* ergibt sich aus folgender Stellungnahme Melanchthons zu den Wittenberger Ereignissen

lanchthon die Bilder als Götzen. Da jedoch nach Paulus 1 Kor 8,4 die Götzen „nichts" seien, könnten die Christen auch in einem Haus mit Götzenbildern zusammenkommen, während den Juden dies verboten war. Sie unterlagen der „iustitia legis [...] alligata locis et temporibus", d. h. für sie galten Zeremonialgesetze. Das gilt jedoch nicht für die „iustitia spiritus".[104] Mit dieser Beweisführung ist implizit die Weitergeltung des Bilderverbots, da es den Zeremonialgesetzen zugeordnet wird, in Frage gestellt, ohne dass Melanchthon direkt das schwierige Problem des Dekalogs zur Sprache brachte. Nach Melanchthons Loci stehen die Zeremonien dem geistlichen Urteil des Christen frei.[105] Rechnet er das Bilderverbot auch dazu? Der Dekalog wird von Melanchthon in den Loci grundsätzlich mit dem göttlichen Recht identifiziert.[106] Aber bei der Auslegung des ersten Gebotes fällt auf, dass das Bilderverbot überhaupt nicht erwähnt wird.[107]

In Melanchthons Bezugnahme auf 1 Kor 8,4 liegt eine greifbare Differenz zu Karlstadt vor. Während Karlstadt aus Röm 1,23 die Bestätigung des Bilderverbots durch Paulus herauslas, benützte Melanchthon 1 Kor 8,4, um die Möglichkeit der Beibehaltung der Bilder zu begründen. Die Berufung auf diese Korintherstelle aber hatte Karlstadt in seiner Bilderschrift ausdrücklich zurückgewiesen.[108] Auf Grund solcher Differenzen im grundsätzlichen und einzelnen erscheint es möglich, dass Karlstadt mit den in der Bilderschrift angegriffenen Gesetzesfeinden auch schon Melanchthon mit im Auge hat. Ob diese Hypothese zutrifft, lässt sich mit letzter Sicherheit vorläufig nicht sagen, zumal Melanchthons Sätze, in denen die Differenzen deutlich zutage treten, etwa drei Wochen nach Karlstadts Bilderschrift liegen. Zwar ist deutlich, dass Melanchthon sich seinerseits in diesen Sätzen von Karlstadt abgrenzt,[109] ohne dass wir aber sicher

---

(Fortsetzung des in Anm. 100 zitierten Satzes): „Multum mihi negotii nostrorum turbae fecerunt, quas spero iam aliqua ex parte consiluisse. Ego neque possum omnia, quae vellem, neque sine summo scandalo video moveri aliquid posse." (Ebd., 167,8–166,12.) Diese Beurteilung der Wittenberger Bewegung spiegelt einen Stand der Ereignisse wieder, wie er durch das Verhör der Wittenberger vor den kurfürstlichen Räten am 13. Febr. 1521 in Eilenburg erreicht war (s. NEUSER, Abendmahlslehre [wie Anm. 5], 177 ff., besonders 187 Anm. 395).

[104] WB Nr. 85, 183.

[105] MWA 2/1, 137,10–12. Vgl. NEUSER, Abendmahlslehre (wie Anm. 5), 216, wo darauf hingewiesen ist, dass Melanchthon daneben doch wieder den mosaischen Zeremonien einen gewissen Wert beimißt (vgl. MWA 2/1, 132,19–24; 134,22).

[106] MWA 2/1, 46,1ff. MAURER, Melanchthon (wie Anm. 4), 297.

[107] MWA 2/1, 46,21–47,18.

[108] „Ja sagen sie: Paulus spricht / das bilder nicht seind. i. Co. viii. Wir wissen auch wol das sie keine gotter seind / und das nur ein got ist. Antwort: Wolt got / das / das yene hertzlich wisten / die bilder für bucher gebrauchen / das ich nit glauben kan. Horestu aber ouch nit / das Paulus spricht das wir flihen sollen / vor eher erbitung der bilder?" KARLSTADT, abtuhung (wie Anm. 19), 9,37–10,2. Dazu noch ebd., 10,3 ff. und 22,22–26.

[109] Schon KÖHLER, WALTHER, Rezension von H. Barge, Karlstadt, in: GGA 174 (1912), 505–550, hier 526, erblickte in den Sätzen eine unmittelbare Abgrenzung gegenüber Karlstadts Gesetzlichkeit. Ähnlich MAURER, Melanchthon (wie Anm. 4), 212–214.

wissen, ob dies eine Reaktion auf eine beabsichtigte vorhergehende Polemik Karlstadts in umgekehrter Richtung ist.

Wie verwickelt die beiderseitigen Verhältnisse sind, zeigt schließlich die Tatsache, dass Melanchthon sein in den Sätzen für Spalatin abgegebenes theologisches Urteil zum Bilderproblem in den selben Sätzen wieder abschwächt, indem er hinsichtlich der praktischen Seite der Bilderbeseitigung zwar ein gemäßigtes Vorgehen fordert, aber sich trotzdem für die Beseitigung der Bilder ausspricht. Das kann er nun nicht mit dem Bilderverbot als solchem begründen, sondern – und in dieser Beurteilung ist er sich mit Karlstadt einig – weil die Bilder vom Pöbel (*vulgus*) faktisch verehrt würden. Das aber sei ein „casus scandali"[110]. In dieser Herausstellung der Beibehaltung der Bilder als Anlass zum Glaubensärgernis stimmt Melanchthon formal mit Karlstadt überein und unterscheidet sich von der späteren Haltung Luthers, der gerade das Ärgernis betont, das durch die Beseitigung der Bilder denen, die noch daran hängen, gegeben werde. Um die Bedeutung dieser Unterschiede in der Verwendung des Ärgernisgedankens schärfer erfassen zu können, soll nun der Frage nachgegangen werden, welche Rolle dieser Komplex in den Diskussionen um die Wittenberger Reformen seit Herbst 1521 spielte.[111]

2. Ärgernis und göttliches Recht im Streit um die Reform der Messe

a) Melanchthons Brief an Wenzeslaus Linck vom 9. Oktober 1521

Das erste Dokument, in dem die Frage des Ärgernisses eine zentrale Rolle spielt, ist ein Brief Melanchthons vom 9. Oktober 1521 an Wenzeslaus Linck in Nürnberg, den Generalvikar der deutschen Augustinerkongregation.[112] Das Schreiben dient dem Zweck, den Generalvikar als den zuständigen Ordensoberen zu bewegen, die seit dem 9. Oktober im Anschluss an die Predigten Zwillings im Augustinerkloster vorgenommene Reform der Messe (Einstellung der Privatmesse, statt dessen nur noch Gemeindemessen, Sakramentsempfang unter beiden Gestalten) zu billigen oder wenigstens zu tolerieren.[113] Melanchthon will

---

[110] WB Nr. 85, 138.

[111] Wir beschränken uns in der Darstellung des Problems auf die Zeit der Wittenberger Reformbewegung. Frühere Ansätze, insbesondere bei Luther – so sehr diese für die Untersuchung von Kontinuität und Diskontinuität in der Haltung Luthers wichtig sind – bleiben hier außer Betracht. In erster Linie käme hier der Exkurs über die Zeremonienfrage in den *Operationes in Psalmos* zu Ps 13 (14),1 (WA 6, 401,5–408,13) in Frage (etwa Febr./März 1520). Dazu vgl. MAURER, WILHELM, Von der Freiheit eines Christenmenschen. Zwei Untersuchungen zu Luthers Reformationsschriften 1520/21, Göttingen 1949, 12–14. Auch auf die Differenz zwischen Luther und Karlstadt hinsichtlich Zölibat und Gelübde (s. o. Anm. 97), in deren Verlauf Luther schon den Verdacht geäußert hatte, Karlstadts Haltung könne zu einem „scandalum infirmorum" führen (WA.B 2, 390,13–15 = BoA 6, 72,7–9), gehen wir hier nicht näher ein.

[112] MWA 7/1, 141–143 = WB Nr. 6, 21–23. Vgl. NEUSER, Abendmahlslehre (wie Anm. 5), 130–132.

[113] MWA 7/1, 143,47 ff. Die Notwendigkeit einer raschen Einflussnahme auf Linck wird

Linck davon überzeugen, dass die Reformen ohne Ärgerniserregung durchgeführt werden könnten, wobei er den Begriff des „öffentlichen" Ärgernisses in den Vordergrund rückt. In seinen Ausführungen klammert Melanchthon zunächst das Problem des Kelchempfangs aus und spricht – unter ausdrücklichem Hinweis auf entsprechende Äußerungen Luthers über die Messe – zunächst von der Restituierung der „pristina consuetudo", die durch die Einrichtung einer Abendmahlsfeier mit Predigt und Gemeindebeteiligung unter gleichzeitiger Einstellung der Privatmesse erfolgt sei.[114] Diese Reformen seien unproblematisch, da sie kein öffentliches Ärgernis erregten. Unter Öffentlichkeit ist dabei an die Stadt Wittenberg gedacht, während etwaige weitere, z. B. reichspolitische Konsequenzen der Wittenberger Ereignisse nicht im Blickfeld stehen. Entweder hat der Wittenberger Theologe solche Konsequenzen noch nicht gesehen, oder er hat sie aus taktischen Gründen ignoriert. Reichspolitik und Reichsrecht aber waren der Bezugsrahmen, in dem sich später die kurfürstlichen Maßnahmen bewegen mussten. Melanchthon ist sich der Zustimmung der Stadt sicher, da ihr schon viele Jahre das Evangelium gepredigt worden sei. Zu diesem Zeitpunkt ist er davon überzeugt, dass die seelsorgerliche Vorbereitung der Bevölkerung auf die Reformen im erforderlichen Umfang geschehen sei. Allerdings wird auch der nächste Schritt der Argumentation, der in den Thesen „De scandalo et missa" getan werden wird,[115] schon angedeutet für den Fall, dass sich entgegen dem von Melanchthon gegenüber Linck zur Schau getragenen Optimismus doch Widerstände einstellen sollten: In „göttlichen Dingen" (res divinae) darf auf das Skandalum keine Rücksicht genommen werden.[116] Dabei lässt der unscharfe Begriff „res divinae" noch offen, ob und wieweit es sich bei der anstehenden Reform des Messgottesdienstes um eine Angelegenheit göttlichen Rechtes handelt.

Dass Melanchthon erst in einem zweiten Teil auf die *communio sub utraque* zu sprechen kommt, liegt nach seiner Angabe daran, dass der Prior Konrad Helt in dieser Frage anderer Auffassung sei als seine Konventualen, während in den übrigen Punkten hinreichende Übereinstimmung bestehe.[117] Auch in dieser u. a.

---

bestätigt durch den Bericht, den Gregor Brück über die Vorgänge am 11. Okt. aus Wittenberg erstattet. Danach hat er dem zur Untersuchung der Angelegenheit gebildeten Universitätsausschuss aufgetragen, darauf hinzuwirken, dass Neuerungen im Kloster unterbleiben bis entweder ein Bescheid des Generalvikars vorliegt oder die Angelegenheiten „in der universitet baß disputirt und beradtslagt werden". WB Nr. 10, 29. Am 30. Okt. 1521 teilt der Prior des Augustinerklosters, Konrad Helt, mit, dass er einen Boten an den Generalvikar geschickt habe. WB Nr. 23, 56.

[114] MWA 7/1, 141,5 ff.

[115] Siehe unten S. 197 ff.

[116] „Fieri hoc facile potest nullo scandalo publico, imo applaudente hac urbe, quae iam tot annis audit Evangelium, Quanquam ne scandali quidem in rebus divinis habenda sit ratio […] Sine scandalo res mutari potest. Cur non mutetur igitur?" MWA 7/1, 142, 12–15.26 f. Vgl. NEUSER, Abendmahlslehre (wie Anm. 5), 130.

[117] MWA 7/1, 142,27–30. Dass der Prior abgesehen vom Kelchempfang mit den übrigen Reformpunkten einverstanden gewesen sei, muss man auf Grund seines Briefes an den Kur-

wegen der Gefahr einer Identifizierung mit dem Hussitentum heiklen Frage drohe kein Ärgernis, da auch außerhalb des Klosters schon solche Abendmahlsfeiern stattfänden, ohne dass jemand Widerstand leiste.[118] (Melanchthon hatte bereits am 29. September mit einem Schülerkreis in der Pfarrkirche das Abendmahl unter beiden Gestalten entgegengenommen.[119] Dies ist die erste evangelische Abendmahlsfeier in Wittenberg, von der wir sichere Kenntnis haben.) So sei – angesichts der von Melanchthon vorausgesetzten oder doch wenigstens behaupteten Einigkeit – auch in dieser Frage kein öffentliches Ärgernis zu erwarten. Ein in strengem Sinn „öffentliches" Ärgernis mit politischen Implikationen wäre die Identifizierung der Wittenberger mit den Hussiten bzw. Böhmischen Brüdern gewesen. Hier weiß Melanchthon nur zu raten, dass Linck sich nicht darum kümmern solle.[120] Ein Verbot der Neuerungen würde jedenfalls mehr Ärgernis erregen als ihre Duldung. Immerhin ist damit angedeutet, dass die Möglichkeit des Ärgernisnehmens immer nach zwei Seiten hin abzuwägen sein wird: sowohl im Blick auf die Reformgegner, die sich an den Reformen stoßen, als auch im Blick auf die Reformfreunde, die sich an der Verhinderung der Reformen stoßen könnten. Melanchthon gibt Linck schließlich den Rat, er solle die Angelegenheit dissimulieren, d. h. stillschweigend dulden, wenn er seine direkte Zustimmung nicht geben wolle.[121] Damit empfiehlt Melanchthon einen diplomatischen Trick,[122] wie ihn z. B. auch Luther kurz zuvor als Weg zur Beseitigung des kanonischen Rechts vorgeschlagen hatte.[123] Im übrigen war ja überhaupt die ganze Lutherschutzpolitik Friedrichs des Weisen[124] von der Diplomatie der Dissimulation geprägt, letztlich auch während der Wittenberger Bewegung.[125] wo das Hauptinteresse des Kurfürsten weniger bei der inhaltlichen Seite der Reformen lag als bei der Verhinderung von „Aufruhr und Beschwerung", wie es stereotyp die kurfürstliche Korrespondenz jener Zeit durchzieht.[126]

Zusammenfassend ergibt sich aus Melanchthons Brief folgendes Bild: Dass er vom Begriff des „öffentlichen Ärgernisses" ausgeht, deutet schon an, dass die

---

fürst vom 30. Okt. (WB Nr. 23, 55–57) bezweifeln. Melanchthon scheint die Angelegenheit gegenüber dem Generalvikar herunterzuspielen.

[118] MWA 7/1, 142, 30–34.

[119] WB Nr. 4, 17.

[120] MWA 7/1, 142,34–143,2. Mit dem Vorwurf hussitischer Ketzerei hatte sich Karlstadt bereits in Thesen vom 19. Juli 1521 auseinandergesetzt: „9. Non sunt Bohemi, sed veri Christiani panem et poculum sumentes." GERDES, Scrinium antiquarium (wie Anm. 80), 41. Vgl. Barge 1, 479 Nr. 12.

[121] MWA 7/1, 143, 38–50.

[122] Vgl. NEUSER, Abendmahlslehre (wie Anm. 5), 132. Zum Zusammenhang von *scandalum* und *dissimulatio* im kanonischen Recht vgl. z. B. Hostiensis in X 9, 10 § 6.

[123] Luther an Spalatin, 31. Juli 1521; WA.B 2, 368,15–22 = BoA 6, 52,16–23.

[124] Vgl. BORTH, WILHELM, Die Luthersache (Causa Lutheri) 1517–1524. Die Anfänge der Reformation als Frage von Politik und Recht, Lübeck 1970, 88 ff.

[125] Vgl. z. B. WB Nr. 99, 207.

[126] WB Nr. 8, 27; Nr. 20, 52 usw.

ganze Problematik des Ärgernisses einen politischen Hintergrund hat. Die im engeren Sinn theologischen Implikationen des Problems treten noch zurück. Mit dem Vorwurf des Ärgerniserregens müssen die Reformer rechnen. Um Linck trotzdem zu bewegen, seine Zustimmung zu den Reformen zu geben, streicht Melanchthon den Grad der Übereinstimmung, der in Wittenberg in dieser Frage herrsche, in einem der Wirklichkeit nicht entsprechenden Maße heraus.[127] Von einem Verbot der Reformen wäre das größere Ärgernis zu erwarten. Andeutungsweise zeigt sich aber schon, dass diese formale Argumentation erst im Vorfeld der Sache steht. Denn im Lichte einer inhaltlichen Abwägung möchte Melanchthon die zur Debatte stehenden Fragen als „res divinae" sehen, die vom Vorwurf des Ärgernisgebens letztlich nicht betroffen werden können. Melanchthon identifiziert sich ganz mit den von ihm genannten Reformen der Augustiner (die Frage der Anbetung des Sakraments erwähnt er nicht). Er steht in jenen Tagen in der vordersten Reihe der Reformer. Ein Zeitgenosse berichtet denn auch, dass Melanchthon keine Predigt Zwillings versäume.[128]

b) Die von Heinrich von Zutphen verfasste Stellungnahme der Augustiner

Melanchthon schrieb seinen Brief an Linck, nachdem bereits am Vortage (8.Oktober) ein vierköpfiges Gremium, bestehend aus dem Stiftspropst Justus Jonas, Karlstadt, Johannes Dölsch und Melanchthon, die Augustiner zu einem ersten Meinungsaustausch aufgesucht hatte.[129]

Diese Aktion entsprang offenbar dem eigenen Entschluss der Universität noch bevor auf kurfürstliche Veranlassung der Universitätsausschuss gebildet wurde, der die Augustiner am 12. Oktober erneut verhörte. Das Ergebnis jener ersten Untersuchung soll nach Angaben Gregor Brucks ein Beschluss von Universität und Kapitel gewesen sein, in dem sie ihr Missfallen am Vorgehen der Augustiner zum Ausdruck brachten. Diesem Beschluss hätten sich „fast alle" angeschlossen.[130] Dass Melanchthon anders dachte, können wir seinem Schreiben an Linck entnehmen. Man kann vermuten, dass er seine Intervention beim Generalvikar zugunsten der Augustiner mit diesen abgesprochen hatte. Außerdem wird man von seinem Schreiben an Linck zurückschließen dürfen, dass das Problem des Ärgerniserregens in den Gesprächen mit den Augustinern am Vortag bereits eine wichtige Rolle gespielt hat. Dass Karlstadt dieses Problem damals anders beurteilte als Melanchthon, werden wir noch sehen.

Die Nähe Melanchthons zu den Augustinern wird noch deutlicher, wenn wir die schriftliche Stellungnahme der Augustiner untersuchen, die unmittelbar nach den Verhandlungen mit dem Universitätsausschuss (12. Oktober) zwischen

---

[127] Vgl. NEUSER, Abendmahlslehre (wie Anm. 5), 132.
[128] Sebastian Helmann an Johann Heß, Wittenberg, 8. Okt. 1521; WB Nr. 4, 16.
[129] WB Nr. 10, 28.
[130] Ebd., 28 f.

12. und 14. Oktober von dem niederländischen Ordensbruder Heinrich von Zutphen verfasst wurde.[131] Während Gabriel Zwilling erneut am Sonntag den 13. Oktober zwei aufsehenerregende Predigten hielt, in denen er „de Christiana fide" und „de abusu missarum" handelte,[132] leistete der am 11. Oktober zum Baccalaureus formatus promovierte Heinrich von Zutphen unterdessen die wissenschaftliche theologische Arbeit. Auch in den Sätzen Heinrichs sind die Themen *abusus missarum* und *fides Christiana* verknüpft, so dass man einen sachlichen Zusammenhang mit den Predigten Zwillings vermuten kann. Hauptthema ist der Missbrauch der Messe, als deren schlimmster Auswuchs die Privatmesse angegriffen wird. Da Heinrich aber von der These ausgeht, dass die Messfeiern Glaube und Liebe ausgelöscht hätten,[133] spielt in den Sätzen auch der allein ans Wort gebundene Glaube eine wichtige Rolle.[134] Da der Glaube allein am Wort hängt, kann auf das Sakrament notfalls verzichtet werden.[135] Der konkrete Hintergrund dieser Aussage – zu der sich im übrigen sachliche Parallelen bei Luther, Melanchthon und Karlstadt finden – ist die Absicht der Augustiner, eher auf jegliche Abendmahlsfeier überhaupt zu verzichten als weiterhin die Messe zu lesen. Am 23. Oktober wurde diese Absicht angesichts des Widerstandes des Priors durch gänzliche Einstellung jeglicher Mess- und Abendmahlsgottesdienste in die Tat umgesetzt.[136] Über Luther hinaus dürfte jedoch die – wenn auch mit Vorsicht gezogene – Schlussfolgerung gehen, dass das Abendmahl mehr im Blick auf die Liebesgemeinschaft mit dem Nächsten als im Blick auf die Glaubensgemeinschaft mit Christus eingesetzt sei.[137]

Eine längere Erörterung erfährt in Heinrichs Sätzen die Skandalumfrage.[138] Wir werden darin wenigstens teilweise das wiederfinden, was von Seiten der

---

[131] Zur Entstehung und chronologischen Einordnung dieser Stellungnahme s. Anhang unter Nr. 2. Über den Ausschuss s. Anh. Anm. 50.

[132] WB Nr. 15, 33.

[133] „[1] Celebratio missarum caput est et radix simul extincte fidei et totius charitatis." KAPP, JOHANN ERHARD, Kleine Nachlese Einiger, größten Theils noch ungedruckter, Und sonderlich zur Erläuterung der Reformations-Geschichte nützlicher Urkunden Bd. 2, Leipzig 1727, 487. Zur Zählung der Sätze s. Anhang Anm. 54.

[134] „[7] Et fides solo verbo (atque hoc quotidiano) subsistens iamiam coacta est exulare. [8] Quod b. Augustinus Epistola ad Ianuarium iam olim suis temporibus factum deplorat. [9] Inductis simplicitati fidei ceremoniarum plusquam iudaicarum fucis, ut genuina facies ecclesie non agnosceretur. [10] Fide iam cecati et verbo privati: vide in quantum ydololatrie abominationem simus precipitati." Ebd., 488.

[135] „[64] Imo, si ministerium sacramenti desit, sola fide sine ministerio signi creditur quisque purificari." Ebd., 493.

[136] WB Nr. 18, 47. NEUSER, Abendmahlslehre (wie Anm. 5), 130.

[137] „[36] Sie quippe ad fidei et charitatis communionem est dominica cena instituta, [37] Ut nemo suam presumat cenam manducare ecclesiam Dei, que maxime pauperis est conditionis. [38] Neque enim tarn ut tu communices Christo per fidem solum, quam ut per charitatem communices proximo, videtur hec communicatio instituta. [39] Verbo fidei tu satis communicaveris Deo, sed nisi fratribus tua dividas, non communicabis illi." KAPP, Urkunden (wie Anm. 133), 490. Vgl. IKEN, JOHANN FRIEDRICH, Heinrich von Zütphen, Halle 1886, 22.

[138] Satz 44–60. KAPP, Urkunden (wie Anm. 133), 491 f.

Augustiner in den Verhandlungen mit dem Universitätsausschuss am 12. Oktober zu diesem Problem vorgebracht wurde. Denn Heinrichs Gutachten dient ja dem Zweck, im Anschluss an die Verhandlungen die Stellung der Augustiner schriftlich niederzulegen. Entsprechend dem Tenor des Melanchthonbriefes an Linck ist das Interesse Heinrichs ganz darauf gerichtet, die Beibehaltung der bisherigen Messordnung als das große Ärgernis herauszustellen. Polemisch zugespitzt wird die überkommene Messordnung als das größte aller Ärgernisse bezeichnet.[139] Wer noch öffentlich eine Messe abhält, leistet diesem Ärgernis Vorschub, da er durch sein Verhalten die Richtigkeit der hergebrachten Messe zu bestätigen scheint.[140] Daraufhin wird das bekannte Jesuswort über das *scandalum pusillorum* (Mt 18,4) herangezogen,[141] wobei unter den „Kleinen" bzw. „Schwachen" hier diejenigen gemeint sind, deren Glaube durch die Perpetuierung der Messe weiterhin gefährdet wird, indem sie veranlasst werden, an der als Opfer verstandenen Messe festzuhalten. Damit wird auf die traditionelle, der Scholastik geläufige Distinktion zwischen *scandalum pusillorum* (nach Mt 18,4) und *scandalum pharisaeorum* (nach Mt 15,12–14)[142] zurückgegriffen. Die Augustiner mussten mit dem Einwand rechnen, dass ihr Vorgehen ein Ärgernis für diejenigen Kleriker sei, die sich an die alte Privatmesse gebunden fühlten. Die Forderung einer Rücksichtnahme auf diese Reformgegner wird abgewiesen, indem das Ärgernis, das sie nehmen, als *scandalum pharisaeorum*, d. h. als Ärgernis der Verstockten, rubriziert wird, auf das nach Mt 15,13 f. keine Rücksicht genommen zu werden brauche.[143]

In einem weiteren Gedankengang wird das Problem der Dissimulation aufgegriffen. Da die Augustiner die bisherige Messe als eine Verhinderung, ja Zer-

---

[139] „[44] Omnium ergo scandalorum maximum est huius cene dominice inordinata usurpatio, [45] Qua stante, manet privati sacerdotii, celebrationis sacrificii et omnium papisticarum imposturarum opinio." Ebd., 2, 491. Vgl. Melanchthon an Linck, MWA 7/1, 142,16.

[140] „[46] Quam confirmat, ac proinde pessimi scandali fimbrias prorogat, quisquis in manifesto cenam dominicam sibi parat. [47] Confirmat enim consuetudinem illorum, qui ad missas sive celebrandas, sive audiendas summam christianismi detorserunt." KAPP, Urkunden (wie Anm. 133), 491 f.

[141] „[48] Tantam habuit Christus scandali rationem, ut tolerabilius esse dixerit, mola asinaria suffocatum demergi in mare, quam vel uni ex minimis offendiculum prestare. [49] Quodve illi in universa ecclesia tantum offendiculum fovet, alit, sustentat?" KAPP, Urkunden (wie Anm. 133), 491 f.

[142] Vgl. Thomas von Aquin, *Summa theologica* II–II q. 43 a. 7 c; ALTENSTAIG, JOHANN, Vocabularius Theologiae [...], Hagenau: Heinrich Gran (D); Iohann Rynman von Öhringen (V) 1517, VD16 A 1992, Bl. 228ra.

[143] „[59] Nec quemquam morari debet, saltem Christianum, scandalum sacrificiariorum. [60] Constat enim illorum plantationem non esse a patre, adeoque eradicandum: Ceci enim sunt et duces cecorum (Mt 15,13s.)." KAPP, Urkunden (wie Anm. 133), 492. Vgl. ALTENSTAIG, Vocabularius Theologiae (wie Anm. 142), Bl. 228ra: „[...] postquam autem ostensum est proximo quod ex tali opere scandalizari non debet, et debito modo suasum ut non scandalizetur, non tenetur homo opus illud omittere propter proximi scandalum vitandum, quia si post talem instructionem et suasionem scandalizatur, tunc illud scandalum non proveniret tarn ex infirmitate vel ignorantia quam ex malicia quod est scandalum phariseorum [...]"

störung des Glaubens und der Liebe auffassen, urteilen sie in diesem Punkt wesentlich schärfer als Melanchthon. Für sie ist, da es um den Glauben geht, der *status confessionis* gegeben. Daher kommt Dissimulation in den Angelegenheiten der Messreform nicht in Frage.[144]

Der Universitätsausschuss stimmte in seinem Bericht an den Kurfürsten vom 20. Oktober den Argumenten der Augustiner gegen die Privatmesse nur teilweise zu. Dass niemand allein kommunizieren dürfe, sei nicht genügend begründet. Außerdem bleibe der paulinische Einwand bestehen, „das man die swachen bruder im glauben ein zceit lang dulde und leide, bis sie besser im wort gots underweist werden, Als Paulus uns gelernet" (vgl. Röm 14,1ff.; 15,1; 1 Kor 8, 9ff.).[145] Der Hinweis auf die Schwachen, die zuerst noch besser zu unterweisen seien, entspricht nicht der damaligen kompromisslosen Haltung Melanchthons in der Messfrage. Wir werden sehen, dass Karlstadt diesen Gesichtspunkt in der Disputation vom 17. Oktober berücksichtigt haben wollte.[146]

Das Bedenken gegen die völlige Einstellung der Privatmessen im Augustinerkloster, wie es im Ausschussgutachten zum Ausdruck kommt, dürfte schon in der mündlichen Verhandlung am 12. Oktober vorgebracht worden sein. Die Haltung des Paulus, auf die der Ausschuss hinweist, wertet Heinrich von Zutphen in konträrem Sinn aus. Grundsätzlich sei das Essen des Götzenopferfleisches erlaubt gewesen, wegen des Skandalums habe Paulus darauf verzichtet. Ebenso sei auf die Privatmesse – selbst wenn sie in anderen Situationen erlaubt sein sollte – angesichts des bestehenden Skandalums zu verzichten.[147] Dass sich der Ausschuss einer solchen Exegese nicht anschließen konnte, ist allzu offenkundig.

Das juristische Element tritt in den Ausführungen Heinrichs von Zutphen über das Ärgernis zurück. Im Vordergrund steht der Schriftbeweis, wobei er teilweise auf das schon von der Scholastik bereitgestellte Material zurückgreifen kann. Schwierigkeiten ergeben sich bei dem Versuch, Paulus dem rigoristischen Reformeifer der Augustiner dienstbar zu machen. In der grundsätzlichen Ein-

---

[144] „[50] Qui cadens apertos habet oculos, videns periculum propter mercedem iniquitatis, currit in illud, [51] Videns fidem et omnem charitatem periclitantem dissimulatione sua. [52] Paulus in faciem restitit Petro in periculum fidei non ambulanti iuxta veritatem Evangelii, et nos in illam simulationem intrabimus missarum, ubi naufragium perpessa est fides similiter tota? [53] Aut qui poterit abusus missarum corrigi, si ii, qui reduces esse deberent, adhuc a vestigiis non declinantur errorum?" KAPP, Urkunden (wie Anm. 133), 491 f.

[145] WB Nr. 16, 38.

[146] Siehe WB Nr. 18, 47 und unten S. 193.

[147] „[54] Sive ergo quis potuerit licite privatim celebrationes sibi parare, sive non, constat, quod non liceat publicis ritibus speciose ypocriseos sese assimulare. [...] [57] Paulus ne vel unum fratrem offenderet, voluit non manducare carnem in eternum, dicens charitatem in eo non esse, qui a re, alioquin manifesto licita, respectu scandali, non abstinuisset (cf. I Kor 8,1.13). [58] Quis iam excusabit, si hanc privatarum eenarum tenebrosam viam (qua constat ecclesiam errasse) fuerimus ingressi, relicta interim clara semita evangelii Apostolorum pedibus trita? ‚Qui enim periculum amat, peribit in illo' (Sir 3,27)." KAPP, Urkunden (wie Anm. 133), 492.

stellung gegenüber der Messreform besteht zwischen Melanchthon und den Augustinern große Übereinstimmung. In zwei Punkten geht Heinrich jedoch über Melanchthons Äußerungen im Brief an Linck hinaus: 1. Die Möglichkeit der Dissimulation wird abgelehnt. Hier wird die Radikalität der Reformbewegung im Augustinerkloster sichtbar. 2. Dies hängt damit zusammen, dass die ganze Angelegenheit als eine *causa fidei* angesehen wird, in der es keine Kompromisse geben darf. Melanchthon hatte eine solche Haltung zwar schon am Rande angedeutet mit der Bemerkung, dass *res divinae* keine Rücksichtnahme auf das Skandalum erlauben. Die vollen Konsequenzen aus diesem Satz hat er jedoch in seinem Brief noch nicht gezogen.

c) Die große Disputation über die Messe am 17. Oktober 1521

Für die Promotion des Gottschalk Grop aus Herford und des Gottschalk Kruse zum biblischen Bakkalaureat am 17. Oktober 1521 stellte Karlstadt eine lange Thesenreihe auf. Während der erste Teil „De promissione et praecepto" (Thesen 1–24) nicht unmittelbar die aktuellen Tagesfragen betraf, sind alle übrigen Thesen (25–138) den mit der Messreform aufgeworfenen Streitfragen gewidmet.[148] Verständlicherweise war die Disputation, von der die Berichte zweier Zuhörer überliefert sind,[149] sachlich ganz vom Thema Messe und personell nicht von den Promovenden, sondern von Karlstadt, Melanchthon und den Augustinern bestimmt.[150]

Dass anstehenden Reformen zuerst ausführliche Disputationen vorausgingen, war ein Teil der reformatorischen Strategie in Wittenberg ebenso wie später an vielen anderen Orten. An diesem Punkt ist die Wittenberger Disputation über die Messe z. B. mit den Zürcher Disputationen, die dort 1523 den reformatorischen Innovationen vorausgingen,[151] vergleichbar. Dies zeigt sich auch daran, dass der Universitätsausschuss auf Veranlassung des kurfürstlichen Kanzlers Brück den Augustinern am 12. Oktober aufzuerlegen hatte, keine Neuerung durchzuführen, bevor entweder ein Bescheid des Generalvikars vorliege oder über die Angelegenheit disputiert worden sei.[152] Ebenso wie der Entscheidung des Ordensoberen war der in der Disputation gewonnenen oder wenigstens

---

[148] Die Thesen bei Barge 1, 484–490.

[149] Albert Burer an Beatus Rhenanus, 19. Okt. 1521; WB Nr. 15, 33 f. und Felix Ulscenius an Wolfgang Capito, 23. Okt. 1521; WB Nr. 18, 48 f.

[150] Über die Disputation Barge 1, 316–324; ders., Frühprotestantisches Gemeindechristentum (wie Anm. 1a), 18–29; Maurer, Melanchthon (wie Anm. 4), 186–191; Neuser, Abendmahlslehre (wie Anm. 5), 132–139.

[151] Vgl. Moeller, Bernd, Zwinglis Disputationen. Studien zur Kirchenbildung und des Synodalwesens im Protestantismus. I. Teil, in: ZSRG.K 56 (1970), 275–324, hier 301 ff., wo auf die Rechtsfunktion der Disputationen hingewiesen wird. Sie war m. E. schon vor Zürich vorhanden.

[152] Siehe oben Anm. 113.

durch sie angestrebten Entscheidung eine rechtliche Funktion zugedacht.[153] Der Kurfürst hat daher auch in den folgenden Monaten immer wieder gründliche Disputationen über die Reformfragen gefordert.[154] Darin ist nicht nur Verzögerungstaktik zu erblicken, wenngleich das Bemühen, die unangenehme Angelegenheit ohne klare Entscheidung vor sich herzuschieben, auf kurfürstlicher Seite zu spüren ist.

Aus dieser politisch-rechtlichen Situation heraus ist die Taktik, die Karlstadt in dieser Disputation einschlug, zu verstehen. Er selbst hat nicht nur die Argumente pro, sondern auch contra in die Diskussion gebracht, so dass er zeitweise auf beiden Seiten – auf Seiten der Reformgegner als auch der Reformfreunde – zu kämpfen schien. Er bemühte sich auf diese Weise, möglichst viele Gesichtspunkte und Meinungen zur Entscheidung der umstrittenen Fragen zu Wort kommen zu lassen.[155] Man kann in diesem Verfahren Karlstadts ein Bewusstsein um die politische Bedeutung der Situation erkennen, die ein umsichtiges Vorgehen, wie es Karlstadt als Praesidens der Disputation an den Tag legte, erforderte. Mit „mystischem Indifferentismus", „innerster Uninteressiertheit an diesen Fragen einer äußerlichen Gottesdienstreform" oder der eitlen Zurschaustellung einer „fast spielerischen Gewandheit"[156] hat das nichts zu tun. Eher wird man der Vermutung Neusers zustimmen können, dass „der geschulte Jurist" Karlstadt[157] gegenüber einem durch Abschaffung der Privatmesse herbeigeführten institutionellen Umbruch im Messwesen zurückhaltend war, da er klarer die rechtlichen und finanziellen Konsequenzen eines solchen Vorgehens sehen konnte als Melanchthon.[158]

Bei der Interpretation von Karlstadts Thesen muss beachtet werden, auf welchen Punkt der Messreform sie sich beziehen, da er gegen die Augustiner eine Möglichkeit zur vorläufigen Beibehaltung der Privatmesse aufzeigen möchte,

---

[153] Die Teilnahme der Augustiner an der Disputation ist belegt WB Nr. 18, 47; ebd., 48 ist die gastweise Teilnahme des Erfurter Theologen Johann Femel bezeugt.

[154] Deutlich ist hier der erneute Disputationsforderung in einem Entwurf für die kurfürstliche Instruktion an Christian Beyer vom 25. Okt. 1521 (WB Nr. 20, 50–52), der von Spalatin herrührt: „Und wellen euch nit verhalten, das wir nachmals bedencken, weil dise sach ein grosso Newerung belangt und ir der ding selbs nit eynig gewest seyt und villeicht noch nit schlussig seyt, was in dem allenthalben das beste sein solt, es welle von noten seyn, das ir euch in keyn weg ubereylt, Sondern die Sachen mit guter musse baß ztimlicher und unbeschwerlicher weise disputirt, ermesseth, bedencketh und handelt […]" WB Nr. 20, 53. Die direkte Disputationsforderung wurde in die endgültige Fassung der Instruktion nicht aufgenommen (s. ebd., 52).

[155] WB Nr. 15, 33 f.; Nr 18, 47.

[156] So MAURER, Melanchthon (wie Anm. 4), 190 f.

[157] Vgl. dazu meine Dissertation: Consonantia Theologiae et Iurisprudentiae. Andreas Bodenstein von Karlstadt als Theologe und Jurist auf dem Weg zwischen Scholastik und Reformation, [theol. Diss. Tübingen (Masch.) 1971] Tübingen 1977.

[158] NEUSER, Abendmahlslehre (wie Anm. 5), 138. Erstaunlicherweise werden die evtl. weiteren Rechtsfolgen einer solchen Veränderung ausdrücklich erst in der Instruktion des Kurfürsten für Christian Beyer am 25. Okt. in die Debatte gebracht: WB Nr. 20, 52. Vgl. schon Gregor Brück an den Kurfürsten am 11. Okt., WB Nr. 10, 29.

aber mit ihnen für die Kommunion unter beiden Gestalten eintritt. Der Diskussion dieser zwei Fragen schickt er einige grundsätzliche Sätze (These 59–63) voraus, die die Messe insgesamt betreffen. Als wünschenswert bezeichnet er zunächst zweierlei: Erstens, dass die Missbräuche mit dem Wort, d.h. durch überzeugende Predigt beseitigt werden könnten. Noch ist Karlstadt in diesem Punkt ein treuer Schüler Luthers. Zweitens wäre es wünschenswert, die Messe in möglichster Angleichung an den Bericht vom letzten Mahl Jesu zu feiern.[159] Auf das Ärgernis, das diejenigen Priester, die an der traditionellen Messe unverändert festhalten wollen, durch Reformen nehmen könnten, ist auch nach Karlstadt keine Rücksicht zu nehmen, da dies unter die Kategorie des *scandalum pharisaeorum* fällt. Bei dieser relativ schärfsten Aussage in den Thesen hat er in erster Linie die mangelnde Wortverkündigung in der Messfeier und den Opfercharakter der Messe im Auge.[160] Daraus folgerte Karlstadt jedoch nicht die Erlaubnis zur Abschaffung der Privatmesse. Zwar wünscht auch er, dass sie so schnell wie möglich beseitigt würde.[161] In der Disputation verlangte er aber auch, dass man den richtigen Zeitpunkt für solche Reformen abwarten müsse.[162] Karlstadt hatte sich eine Reformstrategie zurechtgelegt, in der man teilweise den Luther der Invocavitpredigten zu hören meint.[163] Dass dem Volk ein Ärgernis gegeben würde – das würde dem *scandalum pusillorum* entsprechen – möchte Karlstadt unbedingt vermeiden.[164] Er entwickelt daher in der Disputation seine Vorstellungen von einem geordneten Vorgehen.

Dabei fällt auf, dass Karlstadt nicht an ein partikuläres Vorgehen allein im Augustinerkloster denkt, sondern die Sache zu einer Reformangelegenheit der ganzen Stadt macht. Diese ist für ihn das politischkirchliche Gemeinwesen, das die Reform als ganzes betrifft. Melanchthon, der in der Disputation die Partei der Augustiner ergreift, hält Karlstadts Gemeindeauffassung entgegen, dass die Augustiner eine eigene Gemeinde (*ecclesia*) darstellten, die in der Abschaffung der Privatmesse eigenständig vorgehen könne.[165] Karlstadt dagegen verlangt, dass gegen den Messmißbrauch zuerst noch gepredigt werden solle, wobei er

---

[159] These 59 und 111 (Barge 1, 487.489). Entsprechend in der Disputation nach dem Bericht Albert Burers: WB Nr. 15, 34. Auch im Ausschussgutachten vom 20. Okt. wird der Anschluss an das Abendmahl Jesu als der sicherste Weg bezeichnet, obwohl man andererseits ablehnt, dass die Privatmesse von der Schrift her zu verwerfen sei: WB Nr. 16, 39.

[160] „(61) Sacerdotes autem brutissimi et instituto Christi alieni verbum abscondunt laicis, et panem poculumque veluti sacrificium in altum levant. (62) Omnes uno pectore plenum spiritum contra pharisaeos effundere debemus, neque scandali curam habere. (63) Sunt sane offendendi sacerdotes et sacrilegia dicenda, quae malo sacramenti abusu admittunt." Barge 1,487.

[161] Ebd., These 64.

[162] WB Nr. 18, 47.

[163] So NEUSER, Abendmahlslehre (wie Anm. 5), 133f.

[164] Felix Ulscenius: „Adhortabatur item, ut, si omnino missam sublatam vellent, facerent id cum consensu magistratus Wittenbergensis, ne quid offendiculi inde nasceretur in vulgo." WB Nr. 15, 34.

[165] WB Nr. 18, 47.

wohl an Predigten in der Stadtkirche und im Allerheiligenstift denkt, da in der Augustinerkirche schon mehrmals über diese Angelegenheit gepredigt wurde. Schließlich solle die gesamte Wittenberger Stadtgemeinde versammelt werden, damit man ihre Zustimmung zur Messreform einhole.[166] Dass dieser Vorgang die Zustimmung des Magistrats mit einschließt, ist für Karlstadt selbstverständlich, nachdem er in der Disputation die Zustimmung des Rates selbst für die Reform im Augustinerkloster für notwendig hielt.[167] Auffallend ist das Schweigen über eventuelle Rechte des Kurfürsten bei der ganzen Angelegenheit. Sicher dürfte sein, dass man damals nicht bewusst ein Vorgehen gegen den Kurfürsten ansteuerte, zumal der Universitätsausschuss im Auftrag des Kurfürsten handelte und ihm einen Bericht zu erstatten hatte. In diesem Bericht wird der Kurfürst aufgefordert, den Missbrauch der Messe in seinen „landen und furstenthumen" zu beseitigen[168]. Dabei spürt man weniger die Intention, sich der Erlaubnis des Kurfürsten für die Wittenberger Reformen zu versichern, als den – zu jenem Zeitpunkt unrealistischen – Wunsch, mit Hilfe des weltlichen Armes die Reform über Wittenberg hinaus auf das ganze kursächsische Gebiet auszudehnen. Wenn man noch dazu nimmt, dass der Kurfürst seiner Verwunderung darüber Ausdruck gibt, dass weder Universität noch Kapitel ihn über die Reformabsichten der Augustiner informiert hätten,[169] so wird man in Karlstadts Äußerungen doch schon einen Ausdruck der „stadtkirchlichen" Einstellung erblicken, die schließlich im Januar 1522 über den Kurfürsten hinweg zur Wittenberger Gemeindeordnung geführt hat.[170]

Schwer zu beurteilen ist auch Karlstadts Vorschlag, in einer Versammlung die Zustimmung der ganzen Bürgerschaft zur Messreform einzuholen. Man kann hierin schon einen Hinweis auf bestimmte Vorstellungen kirchlicher Gemeindeautonomie sehen, wie sie später (1523 bis 1525) in Karlstadts Orlamünder Ge-

---

[166] „Voluit enim Karolstadius contra missarum abusum prius praedicandum esse, Deinde toto wittenbergensi populo in unum congregato illorum consensu abrogandum; nam ibi periculum charitatis agi." Ebd.

[167] Siehe Anm. 164. Vgl. NEUSER, Abendmahlslehre (wie Anm. 5), 133. Der Rat befasste sich tatsächlich schon im Anfangsstadium mit den Vorgängen im Augustinerkloster, wie einem Schreiben Gregor Brucks an den Kurfürst vom 11. Okt. 1521 zu entnehmen ist: „[...] ßo ist der radt alhie auch vleisig in der sachen." WB Nr. 10, 29. Vgl. dazu BARGE, Frühprotestantisches Gemeindechristentum (wie Anm. 1a), 56 Anm. 2. Auch Melanchthon fordert in seinen bald nach der Disputation entstandenen Propositiones de missa: „48. Abusus missae per magistratus tolli debet." MWA 1, 166,9. Ob Melanchthon dabei an den Kurfürst oder den „Rat der Stadt" (so NEUSER, Abendmahlslehre [wie Anm. 5], 134) denkt, läßt sich aus der These nicht entnehmen, da „magistratus" bei ihm allgemein „Obrigkeit" bedeutet. Vgl. Loci, MWA 2/1, 158,34 ff.

[168] WB Nr. 16, 39.

[169] Kurfürst Friedrich, Instruktion für Gregor Brück, Lochau, 10. Okt. 1521; WB Nr. 8, 26. Am 8. Okt. hatte Brück den Kurfürst informiert, setzte aber voraus, dass dieser schon etwas über die Vorgänge erfahren habe (WB Nr. 5, 19).

[170] Vgl. oben Anm. 88.

meinde ansatzweise praktiziert wurden.[171] Man sollte aber jenen Vorschlag Karlstadts auch nicht überbewerten, wie es leicht der Fall wäre, wenn man in dieser zu
jenem Zeitpunkt bei Karlstadt singulären Aussage den Ausdruck einer „demo-
kratischen" Reformstrategie finden wollte.[172] Wenn wir bedenken, dass durch
die intendierte Messreform, die auch die gestifteten Messen wie Seelmessen usw.
beseitigen und die Messstipendien dem Stiftungszweck entfremden sollte,[173] ein
großer Teil der Wittenberger Bürger in ihren Interessen direkt betroffen war, so
wird Karlstadts Vorschlag verständlich. Er entspricht einer Rechtsauffassung,
wie man sie in der Regel „Quod omnes tangit debet ab omnibus approbari"[174]
ausgedrückt glaubte. Dieser Grundsatz spielte in den Wittenberger Diskussionen um die Messreform tatsächlich eine Rolle, wenngleich er in den Quellen
nur in der reformhemmenden Anwendung belegt ist, dass man auch auswärtige
Stellungnahmen abwarten müsse, weil die Angelegenheit die ganze Christenheit
betreffe.[175] Karlstadt, dem die Implikationen der Messreform klar waren, wollte jenen Grundsatz innerhalb der Stadtgemeinde praktiziert sehen, während für
ihn das Abwarten auf die Haltung anderer Universitäten, Obrigkeiten und Gemeinden, ja der ganzen Christenheit schon aus taktischen Gründen nach den Erfahrungen, die man im Anschluss an die Leipziger Disputation gesammelt hatte,

---

[171] Vgl. BARGE, Frühprotestantisches Gemeindechristentum (wie Anm. 1a), 244 f. 250–253.

[172] FUCHS, Karlstadts radikal-reformatorisches Wirken (wie Anm. 55), 523.533 f. spricht
im Blick auf die Wittenberger Bewegung vom „kleinbürgerlich-demokratischen Charakter
der Reform Karlstadts", bezieht sich allerdings nicht auf die in Anm. 166 zitierte Stelle.

[173] Vgl. dazu auch VON TILING, MAGDALENE, Der Kampf gegen die missa privata in Wittenberg im Herbst 1521, in: NKZ 20 (1909), 85–130. Zum theologie- und frömmigkeits-
geschichtlichen Hintergrund dieser Problematik vgl. WERBECK, WILFRID, Valor et applicatio
missae. Wert und Zuwendung der Messe im Anschluss an Johannes Duns Scotus, in: ZThK
69 (1972), 163–184.

[174] Corpus Iuris Canonici, Sextus, De reg. iur. 29 nach Corpus Iuris Civilis, Cod. V 59,5.
Zum Bedeutungswandel vgl. KRAUSE, H. Art. Gesetzgebung, HDRG 1 (1971), 1606–1620,
hier 1615: „Von Justinian [...] lediglich für die Notwendigkeit gemeinsamer Genehmigung bei
einer Mehrheit von Vormündern geprägt, wendet ihn das spätere MA. (Gerson, Cusanus) auf
die Gesetzgebung an, aber unter den omnes versteht man nicht jedermann, sondern bevor-
rechtigte Schichten, Reichsstände, Landstände usw."

[175] Der Mediziner Thomas Eschaus in seinem Votum über die Messreform am 7. Dez.
1521: „Vyl schriben, wil by wittemberg allein nicht blieben. Quod omnes tangit etc." WB
Nr. 45, 96. In der kurfürstlichen Instruktion für Christian Beyer, 25. Okt. 1521, wird dieser
Gesichtspunkt breiter ausgeführt: „Sein Churf. g. Bedengken aber uff ewer schreyben, das nit
ungut ßein solt, weil das ein große sache ist und das gantz commun gemeiner Christenhait
betrifft, das ir euch in dem nit ubereylet; dan seiner Curf. g. bedengkens mocht solchs durch
euch, als einen kleynen tail, schwerlich erhaben werden. Wu auch solchs im hailigen Ewangelio
gegrundt, So werden ungezweyvelt mehr Leuthe das auch daraus vermergken und dem an-
hengig werden; unnd, wan das beschee, So mocht die Veränderung mit dem gemeynen hauffen
Bestendiglich unnd sonder beschwerung furgenomen werden." WB Nr. 20, 52. Dem sucht der
Ausschuß in seinem zweiten Gutachten vom 12. Dez. 1521 mit dem Gedanken der *sanior pars*
zu begegnen (WB Nr. 43, 85), während der Kurfürst schließlich befiehlt, „das sie [...] es bey
dem alten gebrauch wolten bleiben lassen, biß das es von andern auch bewogen werdt [...]"
(WB Nr. 56, 124).

ausschied. Von hier aus konnte sich dann auch im Eventualfall die Notwendigkeit ergeben, stärker auf die Autonomie der Einzelgemeinde abzuheben.[176]

Karlstadt begründete seine Forderung nach Zustimmung der Gemeinde vor Durchführung der Reform damit, dass andernfalls ein „periculum charitatis" bestehe.[177] Auch hier haben wir wieder ein Argument vor uns, das Luther später in den Invocavitpredigten genauso gegen Karlstadt kehren wird.[178] Die anwesenden Augustiner bestanden dagegen darauf, dass hier ein „periculum fidei" vorliege, da durch den Missbrauch der Messe der Glaube ausgelöscht worden sei.[179] Damit wiederholen sie, was wir bereits aus der Stellungnahme Heinrichs von Zutphen kennen.[180] Liegt für Karlstadt bei der Privatmesse keine Glaubensfrage vor? Wir haben gesehen, dass Karlstadt den Glauben hier insofern betroffen sieht, als es um den Opfercharakter der Messe geht. Er kann sich offenbar eine Privatmesse vorstellen, die nicht mit der Intention, ein Opfer darzubringen, gefeiert wird. Gegen die Augustiner hebt Karlstadt in seinen Thesen hervor, dass man „Christi facta" nicht immer nachahmen müsse, sondern sorgfältig zu prüfen habe, welchen man Gesetzescharakter zusprechen müsse.[181]

Melanchthon schien sich demgegenüber wie die Augustiner in einem gesetzlichen Sinn auf das *factum Christi* berufen zu haben. Am überraschendsten ist aber seine Haltung gegenüber Karlstadts Forderung, dass über die Angelegenheit noch weiter gepredigt werden müsse. Melanchthon beurteilt die Situation anders. Er meint, es sei genug gepredigt, die Pharisäer ließen sich nicht überzeugen. Man müsse nun endlich mit Taten beginnen, sonst würde nie etwas geschehen.[182] Melanchthons brennender Reformeifer ist in diesen Sätzen zusammengefasst. Karlstadt gesteht allerdings zu, dass auch er die Messreform wünsche, jedoch „ohne Tumult".[183] Damit erweist sich Karlstadt im Oktober 1521 einmal mehr als Verteidiger der Ordnung und des bedächtigen Vorgehens in Abgrenzung von Melanchthon und den Augustinern.[184]

---

[176] Mit der Forderung, die Reformen bis zur Zustimmung einer überörtlichen Mehrheit zu sistieren, setzt sich Karlstadt noch in seiner 1524 erschienenen Schrift „Ob man gemach faren [...] soll/in Sachen so gottis willen angehn" auseinander: s. Hertzsch 1, 74,20ff.; 86,26ff.; 87,18ff. In diesen Ausführungen zeigt sich nun auch deutlicher die Tendenz zur autonomen Gemeindegestaltung: ebd., 81,19–22.

[177] Siehe Anm. 166.

[178] WA 10/3, 3,5ff. = BoA 7, 364,3ff.

[179] Felix Ulscenius (Fortsetzung des Zitats von Anm. 166): „Monachi contra magis aiebant inspiciendum fidei periculum. Hac enim una re fidem extinctam esse." WB Nr. 18, 47.

[180] Siehe oben Anm. 133f.

[181] These 101ff.; Barge I, 489. Vgl. oben S. 177.

[182] WB Nr. 18, 48f. Karlstadt scheint darauf anzuspielen in Von beyden gestalten (wie Anm. 35), Bl. b 4ʳ (Anfang Nov. 1521): „[...] hab ich etlichen krancken wöllen wilfaren/und mein nit vorschont/das ich hören muß: Ich hab zuvill wort vergossen."

[183] WB Nr. 18, 48.

[184] NEUSER, Abendmahlslehre (wie Anm. 5), 138 zutreffend: „Man kann den späteren Karlstadt noch kaum oder gar nicht erkennen."

Das Ergebnis der Disputation war verhältnismäßig mager, da man sich über die Privatmesse nicht einigen konnte. Einig war man sich in der Forderung, dass die Kommunion unter beiden Gestalten eingeführt werden müsse.[185] Es kam auch in nächster Zeit sowohl in der Stadtkirche als auch in der Stiftskirche zu weiteren derartigen Abendmahlsfeiern.[186] Hier war auch Karlstadt zu keinem Kompromiss bereit, da der Kelchempfang auf einen direkten Befehl Christi zurückgehe.[187] Allerdings musste für ihn auch in dieser Frage kein absoluter Zwang zur unmittelbaren Tat bestehen, da er den Rat gab, sich des Sakraments zu enthalten, solange man am Kelchempfang gehindert werde. Auf das Sakrament könnten die Gläubigen in dieser Lage ohne Gefahr verzichten.[188] In der Frage weiteren Predigens setzte sich Karlstadts Forderung durch. Der Propst, Justus Jonas übernahm im Anschluss an die Disputation die Aufgabe, in der Stiftskirche über die Messe zu predigen.[189]

d) Melanchthons [*s. unten den Nachtrag] Thesen „De scandalo et missa"
und der Schlussabschnitt der Loci communes

Dass die Frage des Ärgernisses in der Disputation am 17. Oktober selbst zwischen den Reformern kontrovers geblieben war, schlägt sich auch im ersten Ausschussgutachten vom 20. Oktober[190] nieder. Es stellt einen Kompromiss zwischen den Auffassungen der Ausschussmitglieder dar, nimmt jedoch insgesamt eine gemäßigte, Karlstadt nahestehende Haltung ein. Dass das Gutachten als gemäßigt aufgefasst werden kann, wird auch dadurch bestätigt, dass es selbst von dem konservativeren Ausschussmitglied Johannes Dölsch mitunterzeichnet wurde, der damals – das muss gegen die bisherige Forschung festgehalten werden – kein Separatvotum parallel zum ersten Ausschussgutachten abgab.[191]

---

[185] WB Nr. 33, 34.

[186] Siehe NEUSER, Abendmahlslehre (wie Anm. 5), 143.

[187] Thesen 67 ff.: Barge 1, 487.

[188] Thesen 88 ff.; Barge 1, 488 f. Näheres über die Stellung Karlstadts zur *communio sub utraque specie* s. bei NEUSER, Abendmahlslehre (wie Anm. 5), 135 ff.

[189] WB Nr. 18, 48; Nr. 25, 59.

[190] WB Nr. 16, 35–40.

[191] Ein von N. Müller an diesem Punkt in die Forschung eingebrachter Irrtum muss berichtigt werden. N. Müller druckt WB Nr. 17, 42–46 ein undatiertes Bedenken Dölschs über die Messe ab (aus Staatsarchiv Weimar, Reg. O Nr. 225 Bl. 81–86). Es trägt von Spalatins Hand das Rubrum „Doctor Johannes Dolsch Feltkirchen bedencken von der Mesß 1521" (WB 46). Das ganze Stück ist von Spalatin niedergeschrieben und stellt, wie N. Müller an Hand der Verbesserungen Spalatins im Text bemerkt hat, eine Übersetzung Spalatins aus einem verlorenen lateinischen Original dar (s. WB 42 Anm. 1). N. Müller betrachtet das Bedenken als ein Separatvotum Dölschs zum ersten Ausschussgutachten vom 20. Okt. und datiert es daher ebenfalls auf 20. Okt. 1521 „oder gleich danach". Dabei ergab sich allerdings die unerklärbare Schwierigkeit, dass Dölsch Mitunterzeichner des ersten Ausschussgutachtens ist (WB Nr. 16, 40) und gleichzeitig ein Separatvotum dagegen gerichtet haben soll. Die Forschung

In den wenigen Aussagen über das Ärgernisgeben, die das Gutachten enthält, zeigt sich sowohl der Einfluss Karlstadts wie derjenige Melanchthons. Einerseits wird im Blick auf den Opfercharakter der Messe, der in den gestifteten Messen und Seelmessen seinen schlimmsten Ausdruck finde, erklärt, dass diese Mess-

---

versuchte denn auch, dieses Problem zu ignorieren (vgl. z. B. N. Müller in WA 8, 405; NEUSER, Abendmahlslehre [wie Anm. 5], 140). Die Schwierigkeit behebt sich dadurch, dass eindeutig nachweisbar ist, dass sich das vorliegende Bedenken Dölschs auf das zweite Ausschussgutachten vom Dez. 1521 (fertiggestellt spätestens am 7. Dez., am 12. Dez. an den Kurfürst geschickt; WB Nr. 43, 84–90) bezieht, das Dölsch im Unterschied zum ersten Gutachten nicht mehr unterzeichnet hatte (s. WB, 90). Beweise: 1. In Dölschs Bedenken heißt es (WB Nr. 17, 43): „Aus dem folgeth, das die Augustiner unrecht haben, so sie den iren weren wellen, das sie nicht sollen privatim oder allein meß halten, wie dan *der gantz [!] außschuss in iren ersten briefen* unterricht gethan hat." Hier ist vorausgesetzt, dass inzwischen ein zweiter Bericht des Ausschusses vorliegt, hinter dem aber nicht mehr der Ausschuss als ganzer steht. – 2. Dölsch schreibt: „Ich höre auch, das die eldisten Stifft jerlich begeen und mit vleis gedencken irer stiffter mit vil solenniteten, als zu Bamberg [...] Zu Halberstadt und Maydburg [...]" WB Nr. 17, 46. Für diese Bemerkung gibt es nur im zweiten Ausschussgutachten einen Anlass: „Und wirdt solcher Anniversarien und begegnußen in alten fundationibus mit keynem wort gedacht." WB Nr. 43, 87. – 3. Schlagend ist folgende Stelle in Dölschs Bedenken: „Das Mayland ein andern Canon soll haben dan Rom und andere kirchen, zweifel ich ser." WB Nr. 17, 46. Das ist ein Einwand auf die gegenteilige Behauptung über den mailändischen Meßkanon im zweiten Ausschussgutachten (s. WB Nr. 43, 88). – Ist somit klar, dass sich Dölschs Bedenken auf das zweite Ausschussgutachten bezieht, so ist nun die scheinbare Schwierigkeit zu beheben, dass WB Nr. 49, 102–106 bereits ein gegen das zweite Ausschussgutachten gerichtetes Separatbedenken Dölschs vorliegt (aus Staatsarchiv Weimar Reg. O Nr. 225 Bl. 71–74). Dieses Stück ist ursprünglich deutsch abgefasst und liegt im Original vor (s. WB 106). Es ist von Dölsch mit einem Begleitschreiben vom 13. Dez. 1521 (WB Nr. 48, 100–102) direkt an den Kurfürst gerichtet worden. Ein näherer Vergleich der beiden Bedenken Dölschs beweist aber nur desto mehr ihre enge Zusammengehörigkeit und etwa gleichzeitige Entstehung. Von abweichenden Formulierungen, unbedeutenden Erweiterungen oder Kürzungen und kleinen Umstellungen in der Reihenfolge der Argumente abgesehen, sind die beiden Gutachten inhaltlich deckungsgleich (WB Nr. 17, 43,7–46 stimmt überein mit WB Nr. 49, 102–106; WB Nr. 17, 42–43,6 enthält zusätzlich nur eine eigene *narratio facti*). Sie entstammen derselben Situation (beide gegen das zweite Ausschussgutachten gerichtet). Wie ist zu erklären, dass Dölsch etwa gleichzeitig zwei inhaltlich weitgehend übereinstimmende, aber doch nicht identische Separatbedenken abgegeben hat? Ein Vergleich mit den übrigen erhaltenen Akten, die mit dem zweiten Ausschussgutachten zusammenhängen, löst das Problem. Dieses Gutachten wurde nach Fertigstellung in einer gemeinsamen Versammlung des Kapitels und der Universität verlesen und am 7. Dez. den einzelnen Mitgliedern dieser Versammlung zur Stellungnahme ausgehändigt (WB Nr. 50, 106 f.). Zwei schriftliche Stellungnahmen zum zweiten Ausschussgutachten sind erhalten (von Otto Beckmann und Thomas Eschaus: WB Nr. 44 f., 91–96). Ihr Adressat ist natürlicherweise nicht der Kurfürst, sondern der Ausschuss. Denselben Charakter hat das von N. Müller in den Oktober versetzte Bedenken Dölschs (WB Nr. 17; dass der Kurfürst nicht der Adressat ist, zeigt der Anfang des Bedenkens: ebd., 42). Diese Voten sind aber trotzdem an den Hof gelangt, wahrscheinlich mit der Übersendung des Ausschussgutachtens an den Kurfürsten (am 12. Dez. 1521, s. WB Nr. 42, 82–84). Da das für den Ausschuss bestimmte Votum Dölschs lateinisch abgefaßt war, hat Spalatin, wie er es auch sonst tat, das Bedenken umgehend für den Kurfürsten übersetzt. Erst nach Absendung des Ausschussgutachtens hat sich dann Dölsch am 13. Dez. 1521 mit einem Schreiben, in dem er ein schwarzes Bild bevorstehenden Aufruhrs in der Universitätsstadt zeichnet, direkt an den Kurfürst gewandt (WB Nr. 48, 100–102), dem er nun ein ebenfalls direkt für den Kurfürst bestimmtes (s. den Schluss

feiern schwere Sünden seien und daher auf keinen Fall zu dulden wären, „wen sich auch die gantz weit daran ergerte"[192]. Karlstadt hatte nur gesagt, man solle auf das Ärgernis der „Pharisäer" keine Rücksicht nehmen. Den Augustinern wird auch noch zugestanden, dass durch die Perpetuierung der Privatmesse den „einfeldigen priestern", die dadurch in ihrem Irrtum bestärkt würden, ein Ärgernis gegeben würde. Andererseits – und hier kommt Karlstadt zu Wort – wird gefordert, die schwachen Brüder noch eine gewisse Zeit zu schonen, bis sie besser im Wort Gottes unterrichtet seien.[193] Diese Unausgeglichenheit forderte weitere Klärung. Auch war nicht zu erwarten – und die weiteren Vorkommnisse bestätigten dies –, dass die Augustiner sich mit der zurückhaltenden Auskunft des Ausschusses zufrieden geben würden. Die „wilde" Reform eskalierte in den nächsten Wochen.[194] Auch die reformfeindliche Gegenseite, für die in diesen Wochen die Berufung auf das „Ärgernis des gemeinen Volkes" zu einem Gemeinplatz wird,[195] forderte weitere apologetische Beschäftigung mit diesem Komplex heraus. Die längeren und nunmehr eindeutigen Ausführungen zu diesem Problem im zweiten Ausschussgutachten von Anfang Dezember 1521,[196] weisen darauf hin, dass die Reformer das Problem seit dem ersten Gutachten weiter diskutiert hatten. Es finden sich nun sowohl Anklänge an den Schlussabschnitt „De scandalo" der *Loci communes* Melanchthons als auch an die Thesenreihe „De scandalo et missa", die von Barge Karlstadt zugeschrieben wurde.[197] Im Anhang werden wir die literarkritischen Argumente zusammenstellen, die dafür sprechen, dass es sich hier um eine Thesenreihe Melanchthons handelt. Dabei ist das Auffallendste die enge Verwandtschaft der Thesen über das Ärgernis mit dem genannten Schlussabschnitt der Loci.[198] Nachdem wir die

---

106) Separatbedenken beilegt, bei dem es sich inhaltlich aber nur um eine umgearbeitete Fassung des dem Ausschuss zugeleiteten Bedenkens handelt (selbstverständlich sind nun Brief und Bedenken deutsch abgefasst). Analog handelt Beckmann (Votum für den Ausschuss: WB Nr. 44, 91–96; Separatbedenken für den Kurfürst, zusammen mit den übrigen konservativen Stiftsherren: WB Nr. 60 f., 106–115). Damit ist die Entstehung der beiden Bedenken Dölschs (WB Nr. 17 und Nr. 49) geklärt: WB Nr. 17 ist auf 7. Dez. oder bald danach zu datieren und zu WB Nr. 43 f. zu stellen.

[192] WB Nr. 16, 38.

[193] Ebd.

[194] Siehe NEUSER, Abendmahlslehre (wie Anm. 5), 142 f.

[195] Der Prior des Augustinerklosters, Konrad Helt, am 30. Okt. an den Kurfürst (WB Nr. 23, 56): Das Vorgehen seiner reformgesinnten Brüder gereiche „zu mercklicher ergernus des volks"; zwei Formen des Messgottesdienstes nebeneinander bringe „ergernus des gemeinen Volckes" mit sich, weshalb er die Messe vorläufig ganz einstellen ließ. – Die konservativen Stiftsherren schrieben am 4. Nov., die Predigten Zwillings, der die Mönche zum Auslaufen aus den Klöstern auffordere, geschehe „nicht ane kleine ergerung des gemeynen volcks"; man solle die Reform „nicht ßo plutzlich mit ungehewer darein zufallen" durchführen (WB Nr. 25, 59 f.). Helt behauptet am 12. Nov., dass „das ergernus unter dem volk grosser erwachsen" sei (WB Nr. 28, 67).

[196] WB Nr. 43, 84–90 (Näheres s. Anm. 191).

[197] Barge 1, 490 f.

[198] Siehe Anhang unter Nr. I. 3.

Stellung, die Karlstadt und Melanchthon im Oktober 1521 zu diesem Problem eingenommen haben, genauer nachgezeichnet haben, können wir nun auch sehen, dass in den Thesen ein Standpunkt vertreten wird, der besser zu dem passt, was wir bisher über Melanchthons Haltung im Herbst 1521 ausgeführt haben, als zu der vorläufig zurückhaltenden Taktik Karlstadts.

In diesen Thesen wird die Spannung von ius divinum und scandalum scharf zugespitzt:

1. In iis, quae sunt iuris divini, nullo scandali respectu, lex divina et docenda et facienda est.
2. Non est igitur quod caussentur hostes Evangelii scandalum adversus eos, qui Evangelium docent.
3. Nam et Christus dicebat: ‚Sinite eos, caeci sunt et duces caecorum' [Mt 15,14].
4. Et super tecta veritatem praedicari iussit [Mt 10,27].
5. Nec scandali respectus est habendus in dispensandis humanis traditionibus, si cum iure divino observari non possint.
6. Non igitur metuant scandali crimen qui contra Pontificias leges abusum missarum, ut nunc sunt, tollunt e medio.[199]

Die Verbindung dieser grundsätzlichen Thesen über die Frage des Ärgernisses mit dem Thema Messe weist auf die historische Situation hin, in der diese Thesen entstanden sind. These 2 bezieht sich auf den Vorwurf der Ärgeniserregung, den die Reformgegner erheben; wir haben gesehen, dass dies seit Ende Oktober 1521 in verstärktem Maße der Fall ist. Der Schlussabschnitt der Loci[200] handelt zwar, wie es von dem systematischen Charakter des Werkes auch nicht anders zu erwarten ist, nur *De scandalo*, doch ist eindeutig, dass der Inhalt des Abschnittes stark von den gleichzeitigen Wittenberger Ereignissen her mitbestimmt ist.[201] Dieses Schlusskapitel ist – wie auch die vorhergehenden Abschnitte – nicht lange vor Beendigung der Drucklegung (Anfang Dezember) entstanden, wahrscheinlich erst Ende Oktober oder im November.[202] Die Thesenreihe dürfte der Vorbereitung der entsprechenden Ausführungen in den Loci gedient haben, zumal diese Ausführungen ausgewogener und differenzierter sind als die Thesen.[203]

---

[199] Barge 1, 491. These 7–13 sind der Messe gewidmet.

[200] MWA 2/1, 161,15–163,10.

[201] Vgl. MAURER, Melanchthon (wie Anm. 4), 307: „Der Anhang der Loci ist also zeitgeschichtlich bedingt [...]" Das ist etwas überspitzt, da Melanchthon Ausführungen „de scandalo" schon in dem etwa im Juli verfassten Abschnitt „De humanis legibus" vorangekündigt hatte (MWA 2/1, 62,36). Also nicht die Behandlung des Themas als solches, sondern der Inhalt des Abschnitts ist von den gleichzeitigen Ereignissen bestimmt.

[202] So NEUSER, Abendmahlslehre (wie Anm. 5), 116.

[203] Eine begrenzte Vorarbeit findet sich in den Rerum theologicarum Capita (1520) in dem Abschnitt „De legibus pontificiis" (unter *Quintum*), CR 21, 34. Doch zeigt gerade der Vergleich, wie sehr sich die Problematik seit Niederschrift der Capita verschärft hatte.

W. Maurer bemerkte, dass der Anhang der Loci sachlich zur Lehre vom göttlichen Recht gehöre.[204] Die scharfe Entgegensetzung von göttlichem Recht und Rücksichtnahme auf das Ärgernis, die für den Konfliktfall in These 1 formuliert ist, wird plerophorisch in den Loci wiederholt:

> In iis, quae exiguntur iure divino, nullo respectu scandali iure [sic] divino obtemperandum est, faciendum et docendum, quod exigitur iure divino.[205]

Mit der betonten Aufnahme des Begriffes „ius divinum" hat Melanchthon präzisiert, was er im Brief an Linck weniger scharf als „res divinae" bezeichnet hatte.[206] Wo es um das göttliche Recht geht, endet ohne Einschränkung die Rücksichtnahme auf das Ärgernis. Der kompromisslose Charakter dieser Aussage wird dadurch unterstrichen, dass sowohl in den Thesen wie in den Loci zwischen Lehren (*docere*) und Handeln (*facere*) kein Unterschied gemacht wird. Von einer Aufteilung der Reformstrategie in eine Phase voraufgehender Unterweisung und nachfolgende Durchführung ist nichts zu spüren. Der Schriftbeweis für obige Aussage ist die berühmte Stelle Apg 5,29, wonach Gott mehr zu gehorchen sei als den Menschen,[207] und – was noch eine zusätzliche Verschärfung hereinbringt – Mt 10,34: „Non veni pacem mittere, sed gladium"[208]. Beide Stellen sind in das zweite Ausschussgutachten aufgenommen.[209]

These 5 zieht die Konsequenzen, die sich von der absoluten Dominanz des göttlichen Rechts im Blick auf das menschliche Recht ergeben können.[210] Menschliche Rechtssetzungen sind ohne Rücksicht auf das Ärgernis aufzuheben, wenn durch ihre Einhaltung gleichzeitig dem göttlichen Recht Abbruch getan wird. Dieses Problem der Dispensation vom menschlichen Recht wird in den Loci breit erörtert.[211] Insofern gehört das Thema *de scandalo* ebenso zur Lehre vom menschlichen wie zur Lehre vom göttlichen Recht.[212] Melanchthon unterscheidet drei Fälle, in denen es erlaubt ist, gegen das menschliche Recht zu verstoßen: 1. „in casu necessitatis"; 2. „coram pharisaeis"; 3. „docendae libertatis gratia".

---

[204] MAURER, Melanchthon (wie Anm. 4), 307.
[205] MWA 2/1, 161,32–34. Mit CR 21, 226 ist wohl besser zu lesen: „[…] iuri divino obtemperandum […]"
[206] Siehe oben S. 186.
[207] MWA 2/1, 161,35–37. Ähnlich schon 56,10–14.
[208] Ebd., 161,37f.
[209] WB Nr. 43, 85 und 89f. Dabei fällt auf, dass in dem Gutachten für den Kurfürst das Wort „gladius" (Mt 10,34), das leicht den Gedanken an Aufruhr hätte suggerieren können, abschwächend durch „unenikeit" ersetzt ist (ebd., 89).
[210] In den Loci wird wie in These 5 meistens der Begriff „traditiones humanae" gebraucht, daneben synonym der Begriff „ius humanum" (MWA 2/1, 162,5). Vgl. MAURER, Melanchthon (wie Anm. 4), 308ff.
[211] MWA 2/1, 162,5–163,10.
[212] Man beachte hier, dass Melanchthon einen Abschnitt „de scandalo" in den früheren Ausführungen „De humanis legibus" angekündigt hatte (s. o. Anm. 201).

1. Als *casus necessitatis* hat Melanchthon – neben der *necessitas vitae* – hier in erster Linie die Gefährdung des Gewissens im Auge, die durch die Befolgung menschlicher Gebote entstehen könnte. Als Beispiel werden Zölibat und Fastengebot genannt, die Melanchthon an sich zu den „media" rechnet, d. h. zu den Dingen, deren Befolgung dem einzelnen freisteht. Wo sie jedoch zu bindenden Gesetzen gemacht werden, kann der *casus necessitatis* für diejenigen eintreten, die sich in ihrem Gewissen an diese Gebote gebunden fühlen, aber nicht in der Lage sind, sie zu erfüllen.[213]

2. Mit dem zweiten Punkt kommt Melanchthon zu dem uns schon geläufigen Problem des *scandalum pharisaeorum*. Neues ist hier nicht zu erwarten. Im Blick auf die „Pharisäer", die die Einhaltung ihrer Traditionen verlangen als seien diese heilsnotwendig, gibt es keine Rücksicht auf das Ärgernis. Das trifft für die „päpstlichen Traditionen" zu. Wie in These 3 wird als *dictum probans* wieder Mt 15,14 angeführt.[214]

3. Ein neuer Gesichtspunkt kommt in die Debatte mit der Aussage, dass man menschliche Traditionen auch verletzen dürfe, um den „imperiti" ein Beispiel evangelischer Freiheit zu geben, d. h. um ihnen zu zeigen, dass man durch Verstoß gegen diese Gesetze nicht sündige.[215] Der Abstand zu dem von der Wartburg zurückgekehrten Luther ist hier besonders deutlich, da Luther meinte, dass man die christliche Freiheit nicht durch Verstoß gegen menschliche Gesetze bewähre, sondern durch die freie Übernahme dieser Gesetze zugunsten der Schonung der Schwachen.[216] Dass Melanchthon sich hier Luther angleichen wird, werden wir sehen.

Der Gesichtspunkt der Schonung der Schwachen fehlt nun nicht ganz in den Loci. Im Blick auf die Schwachen und diejenigen, denen das Evangelium noch nicht gepredigt worden sei, solle man sich aus Nächstenliebe den menschlichen Traditionen unterordnen. Doch liegt Melanchthons eigentliches Interesse nicht

---

[213] „In iis, quae sunt iuris humani et media, ut coelibatus, abstinere a carnibus, non obligat traditio humana in casu necessitatis. Nam et Christus de divina lege in casu necessitatis dispensat Matth. XI. discipulis spicas vellentibus. Quanto magis licet hominum traditiones, si necessitas vitae postulet, violare? Multo magis violare liceat, si periclitetur anima, ut si uratur sacerdos, ut vocant." MWA 2/1, 162,5–12.

[214] „Coram pharisaeis exigentibus suarum traditionum observationem, quasi necessariae sint ad salutem, nullo respectu scandali violentur. Fecit hoc in iure divino Paulus, cum Titum circumcidere nollet, ad Galat. II. Quanto magis liceat in stultis traditionibus papisticis? Et Christus iubet sinendos esse eos, qui scandalizabantur, quod caeci essent et caecorum duces." Ebd., 162, 16–23. Vgl. Thesen De scandalo et missa, These 3, 5 und 6. Ähnlich das zweite Ausschussgutachten, WB Nr. 43, 85.

[215] „Docendae libertatis gratia violare licet traditiones humanas, ut intelligant imperiti non peccari, etiamsi quid contra traditiones hominum admittant. Plane in tali casu reprehendit Petrum Paulus, quod cesserat imperitis leges stulte observantibus et ignaris libertatis evangelicae." Ebd., 162, 24–29.

[216] Auch Maurer, Melanchthon (wie Anm. 4), 308 urteilt: „Daß die evangelische Freiheit auch den Gehorsam gegen solche Gesetze bejahen könne, kam ihm [Melanchthon] hier nicht in den Sinn. Wir fragen uns, ob Melanchthon die Frage in den Loci überhaupt gestellt hat."

auf diesem Gesichtspunkt, denn gleich wird erneut betont: Dabei darf man nichts gegen das göttliche Recht zulassen.[217] Ebenso wird nochmal unterstrichen, dass man von den kirchlichen Gesetzen, die das Gewissen beschweren, dispensieren solle.[218] Eindeutig ist, dass Melanchthon bei Abfassung dieses Abschnittes in den aktuellen Reformmaßnahmen keine Gefahr für die Schwachen sieht. Der Vorwurf, den Schwachen das Glaubensärgernis zu geben, von dem Mt 18,6 die Rede ist, wird vielmehr auf die Gegner angewendet,[219] wie wir das schon bei den Augustinern beobachtet haben.

Die Tragweite von Melanchthons Ausführungen über *ius divinum* und *scandalum* wird dadurch mitbestimmt, was inhaltlich unter göttlichem Recht verstanden wird. Der Schlussabschnitt der Loci ist in diesem Punkt unklar.[220] Der Begriff wird formal verwendet ohne eindeutige inhaltliche Füllung. Während Melanchthon in den früheren Ausführungen der Loci das göttliche Recht mit dem Dekalog identifiziert hatte,[221] zeigt sich nun wieder die Tendenz, den Begriff auszuweiten. Das göttliche Recht scheint als das verstanden zu sein, was mit der Heiligen Schrift übereinstimmt.[222] Damit hätte sich wieder das Verständnis der Capita (1520) durchgesetzt, wo das göttliche Recht mit dem in der Heiligen Schrift niedergelegten Gottes willen identifiziert ist.[223] Diesem mindestens der Tendenz nach biblizistischen Verständnis des göttlichen Rechts scheint eine unreformatorische Verbindung von *ius divinum*, und *fides* zu korrespondieren,[224] so dass auch hier eine klare Abgrenzung von der schon in der Scholastik vorhandenen Identifizierung von göttlichem Recht mit den Glaubensinhalten[225] nicht sichtbar ist. Der Grund für diese Unklarheiten dürfte darin liegen, dass, wie die juristische Begrifflichkeit zeigt, scholastisch-kanonistische Traditionen eingeflossen sind,[226] die in Melanchthons reformatorische Theologie nicht integriert sind. Von der zeitgeschichtlichen Situation her ist verständlich, dass man offenbar gegenüber den Reformgegnern in eine Lage gedrängt war, die man damals durch eine möglichst rigoristische Berufung auf das göttliche Recht zu meistern

---

[217] „Apud infirmos et qui nondum audierint evangeliurn, faciendum est caritatis officium et serviendum traditionibus humanis, modo contra divinum ius nihil admittamus." MWA 2/1, 162,30–33.

[218] Ebd., 163,3–7.

[219] Ebd., 161,22ff.

[220] Vgl. NEUSER, Abendmahlslehre (wie Anm. 5), 220.

[221] Siehe oben S. 183 bei Anm. 106f.

[222] „[...] si quid a sacris literis doceatur diversum, fides proximi offenditur." MWA 2/1, 161,20f.

[223] „Divinae leges sunt quicquid mandatum est scripturis canonicis." CR 21, 27. Angeführt bei MAURER, Melanchthon (wie Anm. 4), 296 mit Anm. 38.

[224] „In iis, quae exiguntur iure divino, nullo respectu scandali iure divino obtemperandum est, faciendum et docendum, quod exigitur iure divino. Semper enim fides caritati praeferenda est." MWA 2/1, 161,32–35. Vgl. ferner das Zitat Anm. 222.

[225] Siehe MAURER, Melanchthon (wie Anm. 4), 554 Anm. 38.

[226] Vgl. unten S. 208f.

suchte. Eine stärkere Hervorhebung des Aspektes der Schonung der Schwachen von Seiten derjenigen, die möglichst schnell reformieren wollten, war dagegen nicht opportun; das hätte im Gegenteil die Position der Reformgegner gestärkt.

Andererseits gibt es im Schlussabschnitt der Loci doch auch Ansätze, die Melanchthon später den Rückzug aus der vordersten Front der Reformer erlaubten. Dazu gehört einmal die erwähnte beiläufige Aufnahme des Gesichtspunkts der Schwachen; ferner die für Melanchthon typische Bemerkung, dass die Liebe verletzt, wer den öffentlichen Frieden stört.[227] Wenngleich dies im Kontext durch die Unterordnung der Liebe unter den dem *ius divinum* kompromisslos verpflichteten Glauben relativiert ist[228], haben wir hier doch den Punkt vor uns, von dem aus Melanchthon zur Revision seiner Auffassungen über das Ärgernis veranlasst wurde, als im Verlauf der weiteren Reformereignisse der öffentliche Friede jedenfalls aus der Sicht der Obrigkeiten gefährdet erschien.

Wir haben oben schon auf die Sätze Melanchthons *De Missa et de utraque specie* vom Februar 1522 hingewiesen, in denen sich der Wandel in Melanchthons Haltung zur Reformfrage bereits deutlich greifen lässt.[229] Man meint hier zu spüren, dass Melanchthon nach einer neuen theologischen Basis für diese Problematik sucht. Er verwendet hier nicht den Begriff des göttlichen Rechts, sondern geht das Problem von der Unterscheidung zwischen *iustitia legis* und *iustitia spiritus* her an. Die Zeremonien widersprechen der *iustitia spiritus* nicht, sind daher freigestellt[230].

Am deutlichsten zeigt sich der Wandel in Melanchthons Stellung zum Ärgernis in den Änderungen, die er im Frühjahr 1522 für die im Mai erschienene zweite Auflage der Loci vorgenommen hat.[231] Der ganze erste Teil mit den grundsätzlichen Formulierungen über das göttliche Recht ist zwar beibehalten,[232] für einen größeren Umbau war wohl der zeitliche Abstand seit der ersten Niederschrift zu kurz. Somit bleibt trotz des nunmehr mit Luther übereinstimmenden praktischen Zieles vorläufig eine bemerkenswerte Differenz in der theoretischen Argumentation. Die Veränderungen betreffen daher zunächst die Punkte, in denen es direkt um das praktische Verhalten gegenüber den päpstlichen Gesetzen geht. Vom beispielhaften Abschaffen der *humanae traditiones* ist keine Rede mehr. Vielmehr wird erklärt, dass sie – ebenso wie weltliche Gesetze – wegen den in der christlichen Freiheit Unerfahrenen ohne Gefahr für die Seelen beibehalten werden können. Wer sie leichtfertig abschafft, sündigt – damit ist das Urteil über die Reform der vorausgegangenen Monate gefällt. Der neue Vorwurf, dass die

---

[227] Melanchthon unterscheidet zwischen *scandalum fidei* und *scandalum caritatis* (MWA 2/1, 161,19f.). Als Beispiel für die Verletzung der Liebe nennt er: „Caritas laeditur, si quis egentem non adiuvet, interturbet publicam pacem." Ebd., 161,28f.

[228] Siehe Anm. 224.

[229] Siehe oben S. 182–184. Vgl. NEUSER, Abendmahlslehre (wie Anm. 5), 223f.

[230] WB Nr. 85, 183.

[231] Die beiden Fassungen vergleicht NEUSER, Abendmahlslehre (wie Anm. 5), 221–224.

[232] Durch eine Neufassung ersetzt wird das Stück MWA 2/1, 162,16–163,10.

evangelische Freiheit missbraucht werde,[233] musste nun als an Karlstadts Adresse gerichtet verstanden werden.

In seiner Grundstruktur völlig verändert ist der Abschnitt „De scandalo" erst in der *Secunda aetas* der *Loci communes* (zuerst 1535). Der Begriff des göttlichen Rechts fehlt nun völlig. An Stelle des Rigorismus ist die Verbindung des Komplexes mit dem Epieikiegedanken getreten. Im Anschluss an Luther werden die äußerlichen Reformen als Adiaphora erklärt. Der Gebrauch der christlichen Freiheit zur Unzeit ist daher Sünde.[234]

Es wäre eine noch zu untersuchende Frage, ob die Unausgeglichenheit und Unselbständigkeit, die Melanchthon in diesen Fragen während und nach den Wittenberger Bewegung zeigt, nicht erneut unter politischem Druck während des Augsburger Interims, wenn auch mit umgekehrten Vorzeichen, durchbrach. War Melanchthon während der Wittenberger Bewegung zunächst ein rigoristischer Gegner des Kompromisses, so dehnte er nun über Luther hinausgehend den Begriff der „media" so weit aus, dass er selbst den Protest der treueren Lutherschüler erregte und seine Haltung später selbst widerrufen musste.

3. Karlstadts spätere Stellung zur Ärgernisfrage und das Problem des kanonistischen Hintergrundes

W. Maurer folgert aus dem Schlussabschnitt der Loci, dass Melanchthon zur Zeit der Abfassung dieser Stelle noch eine Mittelstellung zwischen Luther und Karlstadt eingenommen habe.[235] Er setzt dabei allerdings voraus, dass Karlstadt bereits im Herbst 1521 im Streit um die Messe die rigoristisch-gesetzliche Haltung eingenommen habe, die wir bei ihm im Januar 1522 in der Bilderschrift feststellen konnten. Damit knüpft Maurer an das traditionelle Bild an, das die Forschung von den „Wittenberger Wirren" hatte, das aber den komplizierten Verschiebungen, die sich im Laufe dieser wenigen Monate in Melanchthons und Karlstadts Haltung vollzogen, nicht gerecht wird. Die Tragik dieser Entwicklung liegt darin, dass Melanchthon und Karlstadt in dieser Zeit ihre Position geradezu vertauscht haben. Die Wende bei Karlstadt ist etwa seit Dez. 1521 greifbar, bei Melanchthon beginnt sie kurz darauf im Zusammenhang mit der durch die Zwickauer Propheten bei ihm verursachten Verunsicherung. W. Neuser hat diese Entwicklung zuerst scharf erkannt: „Beachtet man diesen Einschnitt nicht, bleibt die Haltung der führenden Theologen unverständlich. Es wird nicht klar, dass Melanchthon und Jonas (neben Gabriel Zwilling) die

---

[233] Die Neufassung s. CR 21, 227 f. und bei Die Loci communes Philipp Melanchthons in ihrer Urgestalt, hg. v. Gustav Leopold Plitt u. Theodor Kolde, Leipzig ⁴1925., 248 f.

[234] CR 21, 516–519, bes. 517 f. Theoretisch unverändert bleibt nur die Haltung gegenüber dem *scandalum pharisaeorum*.

[235] MAURER, Melanchthon (wie Anm. 4), 308. Die Thesen De scandalo et missa tauchen in Maurers Darstellung nicht auf.

eifrigsten Förderer der Reformen sind, Karlstadt aber in dieser Zeit Zurückhaltung fordert. Das umgekehrte Bild bietet sich nach den Weihnachtstagen 1521. [...] Nun wird Karlstadt der Führer der immer radikaler werdenden Wittenberger Bewegung".[236]

Wir wollen hier nicht die schwierige Frage diskutieren, was Karlstadts Wandel im Dezember 1521/Januar 1522 verursacht hat. Wahrscheinlich waren es verschiedene Faktoren gleichzeitig. Aus den Quellen ist diese Frage nicht eindeutig beantwortbar, sie wäre eher im Rahmen des Gesamtkomplexes der zahlreichen Wendungen in Karlstadts persönlicher und theologischer Entwicklung zu diskutieren. Deutlich ist, dass sich Karlstadt in seiner Bilderschrift hinsichtlich der Problematik des Ärgernisses auf dem früheren Standpunkt Melanchthons befand, den dieser aufzugeben im Begriffe war. Ja, Karlstadt hat diese Position durch seine Identifizierung des göttlichen Rechts mit der ganzen Schrift – Karlstadt gebrauchte schon seit Sommer 1521 in Ausfüllung des durch die Verwerfung des kanonischen Rechts entstandenen Vakuums den Begriff des „biblischen Rechts" – noch verschärft. Dass Karlstadt in Wittenberg nach Luthers Rückkehr alsbald als der Hauptschuldige für die Ereignisse der voraufgegangenen Monate galt, lag daran, dass er der einzige der führenden Reformer war, der auf seinem bisherigen Standpunkt verharrte und ihn auch künftig nicht aufgab. Im Gegenteil wurde er durch Luthers Polemik seinerseits zu einer weiteren Zuspitzung seiner Auffassungen gedrängt.

Erst in der 1524 erschienenen Schrift „Ob man gemach faren/und des ergernüssen der schwachen verschonen soll/in sachen so gottis willen angehn" hat sich Karlstadt literarisch direkt mit Luthers Auffassungen auseinandergesetzt.[237] Dass Karlstadt das Thema erst jetzt behandelt, hängt damit zusammen, dass er nach Luthers Rückkehr der Universitätszensur unterstand. Vermutlich hatte Karlstadt die Schrift schon länger vor ihrem Erscheinen geplant. Sie gelangte handschriftlich in Zürcher Täuferkreise und wurde von diesen in Basel zum Druck gebracht[238]. Die noch im Jahr 1524 bestehende Aktualität des Themas zeigt sich daran, dass Karlstadt in der Schrift einen – nie erschienenen – weiteren Traktat „Von manigfeltigkeit des ergernüß" ankündigt.[239]

Inhaltlich gehört die Schrift eng mit der Bilderschrift zusammen. Die Grundposition hinsichtlich der Bedeutung des göttlichen Rechts ist dieselbe, jedoch sind die daraus gezogenen Konsequenzen in einigen Punkten verschärft. Die Begrifflichkeit bewegt sich weiterhin stark im juridischen Feld; es geht um Gottes Gebot und seine Rechte. „Es sol ein iglicher recht thun (der recht versteet) one

---

[236] NEUSER, Abendmahlslehre (wie Anm. 5), 114.

[237] Die Schrift bei Hertzsch 1, 73–97. Eine neuhochdeutsche Übertragung in Auszügen bei FAST, HEINOLD (Hg.), Der linke Flügel der Reformation Bremen 1962 (KlProt 4), 251–269. Über die Schrift Barge 1, 178–185; FAST, 249–251.

[238] Siehe FAST, Flügel (wie Anm. 237), 250.

[239] Hertzsch 1, 88,7f.; 97,4f.

schew und one umbsehen"[240]. Sobald die Wahrheit erkannt ist, soll die Tat unverzüglich folgen.[241] Mit der Durchführung der Gebote Gottes darf man nicht auf die Einsicht der Schwachen warten.[242] Vielmehr soll man angesichts der Gefahr, in der sich die Übertreter der Gebote Gottes objektiv befinden, die Uneinsichtigen zu ihrem Glück zwingen und ihnen die schädlichen Dinge unter Zwanganwendung nehmen in der Überzeugung, dass diese Menschen später dafür dankbar sein werden, wenn die Einsicht nachgefolgt sein wird.[243] Die Berufung der Gegner auf das Ärgernis und die Nächstenliebe ist „ein teüfelischer mantell aller boßheyt", „denn sie predigen brüderlichen schaden / und nicht brüderlichen dienst oder lieb […] der armen seien zu verderbnüs"[244]. Luthers Forderung, die Schwachen zu schonen, gilt Karlstadt als Zusatz zu Gottes Wort,[245] auch auf Paulus berufe man sich dafür zu Unrecht.[246] Angesichts der drängenden Wucht der göttlichen Forderung folgert Karlstadt schließlich, dass es unnötig sei, der reformatorischen Tat die Predigt vorhergehen zu lassen.[247] Eine Abstufung hinsichtlich der Rechtsgeltung der göttlichen Gebote schließt Karlstadt ausdrücklich aus, „denn es ist eine ursach und ein grund in allen geboten"[248]. Nur Gott ist an seine eigenen Gesetze nicht gebunden; wer einen untrüglichen Befehl von Gott hätte, müsste auch gegen den Dekalog morden, ehebrechen usw.[249] Diese Aussage ist ein überspitzter Ausdruck der völligen Identifikation von göttlichem Willen und Recht.[250] Man fühlt sich bei der zitierten Aussage an die Vorstellung vom *deus ex lex* im skotistischen Voluntarismus erinnert und könnte geneigt sein, eine gewisse Verbindungslinie zu Karlstadts skotistischer Periode in den Jahren vor seiner reformatorischen Wende zu ziehen.[251]

---

[240] Ebd., 78,13f.

[241] Ebd., 82,30f.

[242] Ebd., 76,22ff.

[243] Ebd., 88,23ff.

[244] Ebd., 88,1–22.

[245] Ebd., 87,32–35.

[246] Ebd., 79,36ff. Die Schonung der Schwachen anerkennt Karlstadt nur für den Fall, dass in der Schrift „figürliche" Rede vorliegt: „so solt man vor predigen / und den verborgen bestendigen willen gots anzeigen" (ebd., 96, 18f.). In diesem Sinn will Karlstadt auch die paulinischen Ausführungen über die Schonung der Schwachen verstehen. Als Beispiel führt Karlstadt das Sabbatgebot an. Ebd., 86,31ff.; 96,17ff.

[247] Ebd., 95,30f.; 96,9f. Durch das Beispiel des Paulus und Barnabas, die „kurtze predig gehabt haben", fühlt sich Karlstadt nicht gebunden, da das Beispiel Christi (Tempelaustreibung) über das Beispiel der Apostel gehe. Ebd., 95,35ff.

[248] Ebd., 77,16f.

[249] Ebd., 86,33–87,14.

[250] Vgl. Karlstadt, De legis litera sive carne et spiritu (1521) (Freys/Barge Nr. 65), Bl. A 3ʳ: „Spiritus legis voluntas est dei." Ebd., Bl. A 4ᵛ: „Quoniam eadem est voluntas legis et dei." Entsprechend auch Melanchthon, Loci 1521, MWA 2/1, 128,28: „Voluntas dei lex est."

[251] Ähnliches wollte man auch bei Luther beobachten: „Im Gegensatz zur mittelalterlich-thomistischen Tradition (lex aeterna-Begriff) hat Luther eine nominalistisch-voluntaristische Gesetzesauffassung gutgeheißen." Hakamies, Ahti, „Eigengesetzlichkeit" der natürlichen Ordnungen als Grundproblem der neueren Lutherdeutung. Studien zu Geschichte und Pro-

Deutlich bewegt sich Karlstadt in den Bahnen mittelalterlicher Rechtsvorstellungen, wenn er verlangt, dass geistliche Vergehen ebenso durch die weltliche Gewalt zu bestrafen und zu beseitigen seien wie andere Verbrechen.[252] Eine Parallele zum kanonistischen Inquisitionsrecht ist deutlich.[253] Während Karlstadt sich mit dieser Anschauung in direktem Widerspruch zu Luthers Zwei-Reiche-Lehre befindet, steht er Vorstellungen von Kirchenordnung und Kirchenzucht, wie sie von den Zürcher Reformatoren vertreten wurden, relativ nahe. Man denke nur an das inquisitorische Vorgehen gegen die Täufer durch Geistlichkeit und Obrigkeit in Zürich. Die Übereinstimmung, besteht hier insbesondere in der Ineinssetzung von kirchlicher und politischer Gemeinde als *civitas Christiana*.[254] Durch die von der Wittenberger Bewegung intendierten kirchlichen und sozialen Reformen sollte nach Karlstadts Vorstellungen die „christliche Stadt Wittenberg" aufgerichtet werden.[255]

Angesichts der juridischen Begrifflichkeit und Gedankengänge in Karlstadts, aber auch schon in Melanchthons Ausführungen über das Skandalumproblem stellt sich die Frage, ob man noch weitere Linien zur mittelalterlichen Kanonistik ziehen kann. Da es keine theologie- oder rechtsgeschichtliche Untersuchung über diesen Komplex gibt, können wir hier vorläufig nur wenige Andeutungen machen.[256] Im letzten Titel der Dekretalen Gregors IX. wird eine Auslegung Bedas zu Mk 9,41 als *regula iuris* angeführt: „Utilius scandalum nasci permittitur, quam veritas relinquatur." Das vorangestellte Summarium gibt diese Aussage noch zugespitzter wieder „Propter scandalum evitandum veritas non est omitenda"[257]. Sicher war Karlstadt, der beschlagene Doktor beider Rechte, mit dieser Stelle vertraut, wahrscheinlich aber auch Melanchthon. Man kann darauf

---

blematik der Zwei-Reiche-Lehre Luthers, Witten 1971 (UKG 7), 137. Die Übereinstimmung, die auf den ersten Blick zwischen Karlstadt, Melanchthon und Luther an diesem Punkt zu bestehen scheint, weist darauf hin, dass solche geistesgeschichtlichen Ableitungen jeweils nur einen Teilaspekt der historischen Zusammenhänge in den Blick bekommen. Solche Ableitungen dürfen daher auf keinen Fall monokausal verstanden werden.

[252] Hertzsch 1, 82,15 ff. Trotz dieser Anrufung des weltlichen Arms findet sich am Schluss der Schrift (ebd., 1, 96,12–17) die m. W. einzige Stelle, an der Karlstadt die christliche Gemeinde zur Selbsthilfe auch unter Übergehung der Obrigkeit auffordert. Trotzdem wird man diese Stelle nicht als Aufforderung zum gewaltsamen Widerstand oder gar zum Aufruhr interpretieren dürfen (gegen Fast, Flügel [wie Anm. 237], 250). In dieser Hinsicht hat sich Karlstadt eindeutig von Müntzer abgegrenzt. Siehe Thomas Müntzer, Schriften und Briefe, hg. v. G. Franz, Gütersloh 1968 (QFRG 33), 387,3 f.; 415,18 ff.; 571,8 ff.; WA 18, 438 ff. = Hertzsch 2, 109 ff. Vgl. oben Anm. 88.

[253] So Fast, Flügel (wie Anm. 237), 250.

[254] Auf die Verwandtschaft zwischen Karlstadt und dem reformierten Protestantismus ist schon verschiedentlich hingewiesen worden. Siehe Kriechbaum, Theologie (wie Anm. 94), 25 Anm. 83. Eine vergleichende Untersuchung über Karlstadt und Zwingli wäre notwendig.

[255] Auf dem Titelblatt der Schrift Von abtuhung der bilder heißt es: „Carolstatt in der Christlichen statt Wittenberg" (Karlstadt, abtuhung [wie Anm. 19], 2; Freys/Barge Nr. 87). Entsprechend in den Drucken Freys/Barge Nr. 71 (Nov. 1521) und Nr. 93 (Febr. 1522).

[256] Siehe auch oben Anm. 122 und 142 f.

[257] Corpus Iuris Canonici, Extra, lb. 5 tit. 41 (*de regulis iuris*) c. 3.

hinweisen, dass zumindest ein Teil der im Corpus Iuris Canonici enthaltenen Rechtsregeln in Wittenberg nachweislich auch bei Nichtjuristen bekannt waren.[258] Die zitierte Regel war zudem schon in der theologischen scholastischen Literatur übernommen worden.[259] Rigoristisch interpretiert würde diese Regel sachlich genau dem Standpunkt Karlstadts entsprechen. Soweit die Kanonistik bei dem Stichwort „veritas" das göttliche Recht im Auge hat,[260] wird durchweg erklärt, dass dieses auch trotz eines Ärgernisses beachtet werden muss, während auf den Gebieten des positiven Rechts die Vermeidung des Ärgernisses einen höheren Wert hat als die strikte Einhaltung der Gesetze.[261]

Im Blick auf das göttliche Recht liegt Karlstadt auf derselben Linie, zumal gerade die für ihn typische Identifizierung des göttlichen Rechts mit den einschlägigen Inhalten des ganzen Alten und Neuen Testaments auch in der Kanonistik vorhanden ist, sofern hier vom göttlichen Recht im strikten Sinn die Rede ist.[262] Er vertritt im Blick auf die Gestaltung des christlich-kirchlichen Lebens eine Gesetzlichkeit nomistischen Charakters, die die kompromisslose Durchführung des göttlichen Rechts fordert, das mit der ganzen Heiligen Schrift – soweit es sich in ihr nicht um Historien handelt – als *vetus* und *nova lex* identisch ist. Dass diese Haltung von Denkstrukturen der juristo-theologischen Vergangenheit Karlstadts mitgeprägt ist, kann man vermuten. Das kanonische Recht ist zwar durch die Bibel als göttliches Gesetzbuch ersetzt worden, die Grundfragestellung bleibt dabei jedoch eine „juristische"[263].

---

[258] Auf die Verwendung der Regel „Quod omnes tangit debet ab omnibus approbari" durch den Mediziner Thomas Eschaus im Dez. 1521 ist oben Anm. 177 hingewiesen. Luther führt zu Beginn seiner Schrift *De abroganda missa privata* (Okt./Nov. 1521), WA 8, 413,21 die Regel an: „Semel malus semper praesumitur malus" (Corp. Iur. Can., Sextus, De reg. iur. 8). Zum Problem der Vulgarisierung von Rechtsregeln vgl. auch FOTH, ALBRECHT, Gelehrtes römisch-kanonisches Recht in deutschen Rechtssprichwörtern, Tübingen 1971 (Juristische Studien 24).

[259] Siehe ALTENSTAIG, Vocabularius Theologiae (wie Anm. 142), Bl. 228ʳᵃ.

[260] Die Gl. ‚veritas' z. St. distinguiert hier folgendermaßen: „Veritas. Que triplex est scilicet bone vite, hec nunquam omittenda est propter scandalum et ad quemlibet pertinet. Alia iusticie, hec ad iudicem pertinet. Alia discipline, hec pertinet ad prelatum. In his duabus quandoque aliqua omittuntur propter scandalum [...]" Wie die Kommentare der Dekretalisten zeigen, denkt man bei „veritas (bonae) vitae" an die Forderungen des göttlichen Gesetzes.

[261] Vgl. schon die in Anm. 260 zitierte Glosse. Besonders deutlich Panormitanus in X 1, 9, 10 §6: „Innocentius dicit quod quedam est veritas iustitie iuris naturalis et evangelice, et hec non est relinquenda propter scandalum vitandum; quedam est veritas iustitie iuris positivi, et hec est relinquenda propter scandalum ex causa iusta temperando, relaxando, etiam in certis casibus contrarium statuendo [...]" Vgl. Innocentius IV. in X 1, 9, 10 §6. Hostiensis ebd.: „[...] non est propter scandalum relinquenda veritas, id est filius dei, qui est via, veritas et vita [...]".

[262] Siehe TIERNEY, BRIAN, „Sola scriptura" and the Canonists, in: Giuseppe Fochielli/ Alfons Maria Stickler (Hg.), Collectanea Stephan Kuttner Bd. 2, Bologna 1967 (StGra 12), 345–366. Zu Panormitanus s. NÖRR, KNUT WOLFGANG, Kirche und Konzil bei Nicolaus de Tudeschis (Panormitanus), Köln 1964 (FKRG 4), 73.

[263] Vgl. dazu meine in Anm. 157 genannte Dissertation. KÄHLER, ERNST, Art. Bodenstein, Andreas, NDB 2 (1955), 365 f., hier 357 nennt Karlstadt „Nomist und Mystiker zugleich". Vgl.

III. Schluss: Luthers Reaktion

Wenn man die vielschichtigen und verwickelten Diskussionen über den Komplex Ärgernis und Schonung der Schwachen über die Zeit der Wittenberger Reformbewegung hinweg verfolgt und gesehen hat, wie sämtliche Parteien, radikale und gemäßigte Reformer, Reformgegner und Obrigkeiten, mit diesen Begriffen operieren und jede Partei den jeweiligen Kontrahenten zum Urheber von Ärgernissen erklären möchte – was man im übrigen ähnlich im ganzen weiteren Verlauf der Reformationsgeschichte nachweisen könnte –, so wird man erheblich daran zweifeln, dass man mit Kategorien aus jenem Komplex der damaligen Wittenberger Situation gerecht werden konnte.

Luthers Invocavitpredigten (9.–16. März 1522) sind nun gerade unter dem Stichwort „Schonung der Schwachen" in die Geschichte eingegangen. Es ist richtig, dass das Thema Ärgernis in den Predigten eine stärkere Rolle spielt,[264] wenngleich man nicht sagen kann, dass es die Predigten beherrscht. Isoliert man einmal dieses Thema aus den Predigten und vergleicht es mit den vorhergegangenen Wittenberger Diskussionen, so stellt sich heraus, dass Luther an diesem Punkt keine neuen Gesichtspunkte in die Diskussion gebracht hat.[265] Wenn Luther gegen die Reformen der vergangenen Monate argumentiert, man habe damit Ärgernis gegeben, so ist das formal derselbe Vorwurf, den sowohl Reformgegner als auch die kurfürstlichen Räte erhoben haben. Von hier aus betrachtet konnte man Luther geradezu als Mandatar des Reichsregiments bezeichnen.[266] Man kann tatsächlich nicht in Abrede stellen, dass Luthers Haltung in diesem Punkt auch von dem die Reformen bedrohenden politischen Druck, der von der Reichs- und Landesgewalt damals ausgeübt wurde, mitbestimmt wurde.

In ein etwas anderes Licht rücken Luthers Aussagen, wenn man sie vom theologischen Zentrum der Invocavitpredigten her sieht. Ärgernis und Schonung der

---

auch ERLER, A., Art. Bibel, HDRG 1 (1971), 411–416, hier 413 über Karlstadt. Die vorgetragene Deutung von Karlstadts Gesetzlichkeit darf wiederum nicht als monokausaler Erklärungsversuch missverstanden werden, zumal wir einen ähnlichen Biblizismus auch bei anderen reformatorischen Gruppen finden. Ein genauer Vergleich erst müsste zeigen, wieweit bei Karlstadt spezifische Züge vorliegen.

[264] Bei NEUSER, Abendmahlslehre (wie Anm. 5), 193 ff. sind die einschlägigen Äußerungen Luthers vor den Invocavitpredigten (ab Herbst 1521) zusammengestellt. Über die Invocavitpredigten ebd., 198 ff.

[265] WA 10/3, 9,11 = BoA 7, 366,4: Die Reformen sind „on alle Ordnung mit ergernyß des nechsten" geschehen (WA 10/3, 22,9 f. = BoA 7, 371,13 werden namentlich Justus Jonas, Karlstadt und Zwilling genannt). WA 10/3, 38,6–10 = BoA 7, 377,11–16 die traditionelle Unterscheidung von Schwachen und Pharisäern. Nach WA 10/3, 18,4–12 = BoA 7, 369,21–29 scheint Luther aber auch gegen die Pharisäer keinen Zwang anwenden zu wollen. WA 10/3, 6,8 ff. = BoA 7, 365,3 ff. fordert Luther, mit den Schwachen „ein zeyt lang" Geduld zu haben; vgl. dazu oben S. 145.

[266] So Barge 1, 438 ff. Zum Mandat des Reichsregiments vom 20. Januar 1522 vgl. BORTH, WILHELM, Die Luthersache (wie Anm. 124), 131–133.

Schwachen liegen systematisch an der Peripherie, das Hauptanliegen Luthers ist das Thema Freiheit und Gesetz. Wo er auf diesen Punkt zu sprechen kommt, urteilt er am schärfsten. Hier hat er Karlstadt und – ohne dass Luther sich dessen bewusst gewesen sein dürfte – auch den Melanchthon des Herbstes 1521 an der richtigen Stelle getroffen. Hier liegt die entscheidende Differenz. Zunächst fällt auf, dass der Komplex des Ärgernisses bei Luther nicht in das juridische Kategorienfeld eingeordnet ist wie bei Melanchthon und Karlstadt. Der Begriff des göttlichen Rechts taucht in den Predigten bezeichnenderweise nicht auf. Die Bipolarität von *scandalum* und *ius divinum* war im Grunde bereits transzendiert, wenn Luther in seinen im September 1521 nach Wittenberg übersandten Thesen über die Mönchsgelübde programmatisch formulierte: „Evangelica libertas divini est et iuris et doni"[267]. Dass die christliche Freiheit göttlichen Rechtes bzw. – wenn man dies zuspitzen will – ein göttliches Gesetz[268] sei, ist eine ähnlich paradoxe Aussage wie der berühmte Satz, dass der Glaube das höchste gute Werk sei.[269] Denn dass die christliche Freiheit in striktem Sinn wieder zum Gesetz werde, hat Luther gerade bekämpft. Der Satz bedeutet nicht, dass sich die christliche Freiheit irgendwie juristisch normieren oder definieren ließe; das wird schon durch den gleichzeitig betonten Geschenkcharakter der Freiheit ausgeschlossen. Es ist vielmehr mit jenem Satz ein Standpunkt gewonnen, von dem aus eine „Rechtsgüterabwägung" möglich wird, die zu einem absoluten Vorrang der christlichen Freiheit als oberster Norm des göttlichen Rechts führen muss, selbst in der Konfrontation mit materialen Forderungen des *ius divinum* im engeren Sinn. „Lex libertatis" wäre eine die Eigenart dieser paradoxen Rechtsidee deckende Kurzformel.[270]

---

[267] Themata de votis, 2. Reihe, These 1; WA 8, 330,3.

[268] Vgl. die 1. These einer Thesenreihe, über die – nach handschriftlicher Überlieferung – der Augustiner Johannes Westermann unter dem Vorsitz Johannes Dölschs (am 3. Jan. 1522) disputiert hat: „1. Christiana hominis unica lex est nullam habere legem." KOLDE, THEODOR, Wittenberger Disputationsthesen aus den Jahren 1516–1522, in: ZKG 11 (1890), 448–471, hier 458. Die Thesenreihe handelt ebenfalls von den Mönchsgelübden. Ich möchte nicht unterdrücken, dass der Inhalt der Reihe Zweifel an der Verfasserschaft Dölschs aufkommen lassen könnte.

[269] Sermon von den guten Werken (1520), WA 6, 204,25f. = BoA 1, 229, 27f.

[270] Vgl. HECKEL, MARTIN, Zur Entwicklung des deutschen Staatskirchenrechts von der Reformation bis zur Schwelle der Weimarer Verfassung, in: ZEvKR 12 (1966), 1–39, hier 5: „Seinem Wesen nach ist das Recht der Kirche als einer Gemeinschaft der Gläubigen ein Recht christlicher Freiheit." M. Heckel (ebd.) bezeichnet schon die Ausgangsthese in Luthers Freiheitstraktat „Eyn Christen mensch ist eyn freyer herr über alle ding und niemandt unterthan" (Von der Freiheit eines Christenmenschen [1520], WA 7, 21,1f. = BoA 2, 11,6f.) als „Rechtsaussage". Das ist sie wohl nicht von der Intention her, die Luther bei der Abfassung der Schrift verfolgte, aber doch in der Konsequenz, wie u. a. die Themata de votis zeigen. Vgl. HECKEL, MARTIN, Summum ius – summa iniuria als Problem reformatorischen Kirchenrechts, in: Summum ius summa iniuria. Individualgerechtigkeit und der Schutz allgemeiner Werte im Rechtsleben. Ringvorlesung gehalten von Mitgliedern der Tübinger Juristenfakultät im Rahmen des Dies academicus, Wintersemester 1962/63, Tübingen 1963 (Tübinger rechtswissenschaftliche

Diese Gedanken hat Luther in den *Themata de votis* durchgeführt. Einerseits gilt ihm hier die Forderung, dass Gelübde nicht gebrochen werden dürfen, als Forderung des göttlichen Rechts.[271] Daraus müsste, in rechtlichen Kategorien gedacht, eine Unauflösbarkeit der Mönchsgelübde folgen. Über den Zwischengedanken, dass die Taufe das „votum libertatis" sei, kann Luther aber folgern, dass die Freiheit über allen anderen Gelübden stehe wie eine vorgeordnete Norm über untergeordneten Gesetzen.[272] Aus der christlichen Freiheit folgt aber ebenso nicht die allgemeinverbindliche Weisung, die Mönchsgelübde abzulegen. Die Freiheit stellt es den Mönchen anheim, die Gelübde beizubehalten bzw. zu erneuern oder abzulegen.[273]

In diesem Freiheitsbegriff liegt die Kontinuität in Luthers Stellung zur reformatorischen Tat, so sehr sich auch seine Beurteilung der konkreten Wittenberger Vorgänge im Laufe der letzten Monate gewandelt hat. Sein Hauptvorwurf gegen die Reformer ist, dass sie eine „gemeyne (d. h. allgemeinverbindliche) Ordnung" aufgerichtet und damit Zwang auf die Gewissen ausgeübt hätten.[274] Karlstadts nomistische Auffassung des göttlichen Rechts forderte die unverzügliche Errichtung einer solchen Gemeindeordnung. Luther sieht darin die Aufrichtung einer neuen Gesetzlichkeit. Dadurch gehe die Scheidung zwischen dem, was sein muss (der Glaube), und dem, was frei ist (die äußeren Ordnungen), verloren.[275] Aus der Freiheit dürfe aber kein Gebot gemacht werden.[276] Diese Konsequenz zieht Luther überraschenderweise selbst da, wo es sich um göttliche Weisungen handelt. Der Gebrauch des Sakraments unter beiden Gestalten gemäß der *institutio Christi* ist zwar „von nöten", aber auch hier darf kein Zwang durch eine verpflichtende Gemeindeordnung ausgeübt werden,[277] weil man niemanden zum Glauben zwingen kann. Entsprechendes gilt für die als Opfer verstandene Privatmesse.[278] Der Nächste kommt bei Luther von der christlichen Freiheit her in den Blick,[279] bei Karlstadt vom göttlichen Gesetz her.

Die Furcht vor neuer Gesetzlichkeit durch Errichtung einer allgemeinverbindlichen Gemeindeordnung ist bei Luther 1522 so groß, dass positive inhalt-

---

Abhandlungen 9), 240–266, hier 260f.; ders., Zum Sinn und Wandel der Freiheitsidee im Kirchenrecht der Neuzeit, in: ZSRG.K 55 (1969), 397–436, hier 404.

[271] WA 8, 333, 9.19f. (2. Reihe, These 85 und 92).

[272] 2. Reihe: „63. Sed ut lex superior immutabile metrum est omnium inferiorum legum: 64. Ita baptismi votum inflexibilis regula est omnium votorum sequentium." WA 8, 332,15f.

[273] WA 8, 325,25f. 29; 326,1–3.26–30 (1. Reihe, Th. 52. 54. 58f. 75–77); 330, 19.30f.; 332,9; 335,18f. (2. Reihe, Th. 14. 32. 58. 141).

[274] Invocavitpredigten, WA 10/3, 15,16–17,8; 22,2f.; 41,1; 45,12f.; 50,13f.= BoA 7, 368,23–369,11; 371,5f.; 378,8; 380,9f.; 382,12f.

[275] WA 10/3, 11,3ff. = BoA 7, 366,24ff.

[276] WA 10/3, 24,9f. = BoA 7, 372,4.

[277] WA 10/3. 45,10ff. = BoA 7, 380,7ff.

[278] WA 10/3, 14,12ff. = BoA 7, 368,3ff.

[279] WA 10/3, 36,11ff. = BoA 7, 376,26ff. Von der Freiheit eines Christenmenschen (1520), WA 7, 21,3f. = BoA 2, 11,8f.

liche Aussagen über eine dem Evangelium gemäße Ordnung des Gottesdienstes und der Gemeinde fast ganz fehlen.[280] Dagegen vertraut er geradezu enthusiastisch auf die Selbstwirksamkeit des gepredigten Worts.[281] Hier war Luther in den folgenden Jahren gezwungen, Abstriche zu machen, als die Notwendigkeit einer äußeren Ordnung evangelischen Kirchenwesens unabweisbar wurde.[282] Luthers Freiheitsgedanke und Worttheologie gerieten in Widerstreit mit den politischen Notwendigkeiten. Dass die theologischen Lehren der Reformatoren „über die Kirche und ihr Recht nur in einer sehr gebrochenen Weise in der rechtlichen Ordnung [...] realisiert worden sind", war nicht nur eine Tragödie,[283] sondern zunächst wohl auch historische Notwendigkeit. Man kann auch fragen, ob es überhaupt jemals möglich ist, die theologische Theorie ungebrochen in die Praxis umzusetzen, da in der Praxis immer Einflüsse vorhanden sein werden, die sich der vorauslaufenden Theoriebildung entziehen. Die Tragik der Entwicklung des protestantischen Kirchenrechts könnte jedoch darin zu suchen sein, dass vorläufige Regelungen, die nach Luthers theologischem Ansatz nicht auf der Ebene göttlichen Rechts lagen, im Nachhinein wieder in diesem Sinn geistlich überhöht und damit die Vorläufigkeit der Intention nach in Endgültigkeit gewandelt wurde.

---

[280] Vgl. NEUSER, Abendmahlslehre (wie Anm. 5), 204. Eine Ausnahme bilden die Gedanken zu einer nach Mt 18,15 ff. zu gestaltenden Gemeindezucht: WA 10/3, 58,15 ff. = BoA 7, 385,3 ff.

[281] WA 10/3, 14,16 ff. = BoA 7, 368,7 ff. („[...] wir haben wol jus verbi aber nicht executionem. Das wort soll wir predigen, aber die volge sol got alleyn in seim gefallen sein.") Am ausgeprägtesten im Brief an Nikolaus Hausmann vom 17. März 1522: WA Br 2, 474,14 ff.

[282] JUNGHANS, Freiheit und Ordnung (wie Anm. 5), Sp. 100: „Ob sich freilich auf die Dauer mit der Lehre von der Alleinwirksamkeit des Wortes und dem Verzicht auf neue allgemeinverbindliche Ordnungen Gemeinde aufbauen und erhalten ließ, das mußte sich erst noch zeigen." Junghans beobachtet an diesem Punkt in den Jahren 1522–26 einen „grundlegenden Wandel" in Luthers Haltung (ebd., Sp. 101). Die Kontinuität im Freiheitsgedanken betont HECKEL, Sinn und Wandel der Freiheitsidee (wie Anm. 270), 399.

[283] So HECKEL, Zur Entwicklung des deutschen Staatskirchenrechts (wie Anm. 270), 100 im Blick auf die Regelung des Verhältnisses von Staat und Kirche.

Anhang

Autorschaft und Datierung
einiger Wittenberger Thesenreihen 1521/22

I. Unbekannte Thesen Melanchthons und Karlstadts
in der Basler Thesensammlung von 1522

Hermann Barge hat im ersten Band seiner Karlstadtbiographie eine Zusammenstellung aller ihm bekannten Thesenreihen Karlstadts bis 1522 gegeben[284] Es lag nahe, für vorliegende Untersuchung zunächst auf die von Barge als karlstadtisch angesehene Thesenreihe *De scandalo et missa*[285] zurückzugreifen, da sie die klarsten Aussagen Karlstadts zum Verhältnis von *scandalum* und *ius divinum* zu enthalten schien. Da jedoch eine nähere Untersuchung zunehmend die Vermutung bestärkte, es müsse sich hier um Thesen Melanchthons handeln [*s. unten *Nachtrag*, S. 226], stellte sich die Aufgabe, der Überlieferung dieser Thesenreihe nachzugehen. Sie steht als letztes Stück in der dritten (Basler) Sammlung Wittenberger Thesen aus dem Jahr 1522.[286] Diese Sammlung ist zuletzt 1768 ausführlich von J. B. Riederer beschrieben worden, der auch einen Teil der Thesen abgedruckt hat.[287] Für einige der Thesenreihen, die schon in der Basler Sammlung anonym abgedruckt sind, konnte auch Riederer keinen Verfasser angeben. Meines Wissens hat sich die Forschung mit dieser Frage seither nicht mehr im Zusammenhang beschäftigt. Barge hat die Sammlung auf solche Thesenreihen durchgesehen, für die Karlstadt als Verfasser schon bekannt war oder für die seiner Meinung nach Karlstadt als Verfasser in Anspruch genommen werden konnte. Leider hat er nicht angegeben, dass auch da-

---

[284] Barge 1, 472–497. Zu ergänzen sind: 1. Die von KÄHLER, ERNST, Nicht Luther, sondern Karlstadt (zu WA 6, 26f.), in: ZKG 82 (1971), 351–360 als karlstadtisch nachgewiesenen 13 Thesen „De Christi incarnatione et humani generis reparatione" vom 26. Aug. 1519. – 2. Die 34 Thesen Karlstadts für die Disputation *pro licentia* des Gottschalk Grop am 28. Nov. 1522; abgedruckt bei KOLDE, THEODOR, Wittenberger Disputationsthesen aus den Jahren 1516–1522, in: ZKG 11 (1890), 448–471, hier 460–462 (Barge 2, 21 ist diese Thesenreihe erwähnt).

[285] Barge 1, 490f. Nr. 19.

[286] Titel der Sammlung: LVTHERI, MELANCH. CAROLOSTADII etc. PROPOSITIONES, VVITTEMBERGAE uiua uoce tractate ..., Basel: [Adam Petri], 1522. BENZING, JOSEF, Lutherbibliographie. Verzeichnis der gedruckten Schriften Martin Luthers bis zu dessen Tod, Baden-Baden 1966, Nr. 59. WA 1, 629 C.

[287] RIEDERER, JOHANN BARTHOLOMÄUS, Nachrichten zur Kirchen-, Gelehrten- und Bücher-Geschichte, Bd. 4, Altdorf 1768, 50ff. 180ff. 400ff.

nach noch einige Thesenreihen übrig blieben, die noch nicht im Blick auf die Verfasserfrage analysiert waren. Da sich die Verfasserfrage für die Thesenreihe *De scandalo et missa* nicht isoliert betrachten ließ, sondern der Blick alsbald auf andere Thesenreihen und den Charakter der Sammlung als ganzer gerichtet wurde, sollen hier im Zusammenhang einige Thesenreihen aufgeführt werden, für die sich die Verfasserfrage m. E. mit einem ausreichenden Maß an Evidenz klären lässt.[288]

Es ist bekannt, dass die Thematik der Wittenberger Thesen der Frühreformation fast ausschließlich im Kontext des aktuellen akademischen Lebens und der die Wittenberger beschäftigenden theologischen und kirchlichen Tagesfragen verwurzelt ist. So ist bei mehreren Thesenreihen nachgewiesen, dass sie in engem Zusammenhang stehen mit gerade stattfindenden Vorlesungen oder mit gleichzeitigen literarischen Arbeiten der Verfasser der Thesenreihen. Für die Bestimmung der Autorschaft und des „Sitzes im Leben" anonymer und undatierter Thesenreihen ist daher die beste methodische Hilfe der literarkritische und inhaltliche Vergleich mit Publikationen und gegebenenfalls Vorlesungen des entsprechenden Zeitabschnittes.[289] Bei Karlstadt hat Barge für die Datierung weiterhin beobachtet, dass die Thesenreihen öfters Schriften ähnlichen Inhalts vorausgehen, also jeweils etwas früher anzusetzen sind als die entsprechenden Schriften.[290] Zu einem generellen Grundsatz – auch im Blick auf andere Verfasser – lässt sich die letzte Beobachtung m. E. jedoch noch nicht verallgemeinern.

Vorweg ist noch der Aufbau der Basler Thesen Sammlung von 1522 zu klären. Sie besteht aus drei Teilen. Zunächst lässt sich hier leicht der II. Teil (Bl. C 8^r–E1^r) aussondern. Es handelt sich um eine direkte Übernahme der zweiten gedruckten Sammlung Wittenberger Thesen (o. O. Sept. 1521).[291] Die Verfasserfragen sind hier klar; die Thesen stammen von Luther, Melanchthon, Amsdorf, Johannes Dölsch und Karlstadt. Der I. Teil (Bl. A 2^r–C7^v) enthält neue, d. h. noch nicht in früheren Sammlungen gedruckte Thesenreihen der Jahre 1521/22. Sie beginnen mit den „Propositiones de missa" Melanchthons vom Okt. 1521 (Bl. A 2^r–A4^v)[292] und Karlstadts langer Thesenreihe über die Messe vom 17. Okt. 1521 (Bl. A 3^r–B4^v)[293]. Beide Reihen waren im Herbst 1521 schon in Separatdrucken erschie-

[288] Wir befassen uns hier nur mit den Thesenreihen, die, weil anonym, von der Forschung seit Riederer ignoriert wurden, oder bei denen mir die Zuweisung Barges nicht zutreffend erscheint.
[289] Auf die Bedeutung dieser Methode weist KÄHLER, Nicht Luther, sondern Karlstadt (wie Anm. 1), 353.359f. hin.
[290] Vgl. Barge 1, 246.
[291] Siehe WA 6, 470. Barge 1, 472.
[292] MWA 1, 163–167. Zur Datierung s. Hauptteil Anm. 77.
[293] Barge 1, 483–490 Nr. 18. Vgl. oben S. 191.

nen.[294] Darauf folgen fünf anonyme Thesenreihen (Bl. B 5^r–C7^v), für die bereits Karlstadt als Verfasser nachgewiesen ist.[295]

Dem III. Teil gilt unser Interesse, da er die hier zu besprechenden Thesenreihen enthält. Er bringt zunächst Luthers „Themata de votis" vom Sept. 1521 (Bl. E l^v–F4^v)[296]. Danach folgen (Bl. F 5^r–7^v) auffälligerweise – alle übrigen Thesen dieses Teils stammen von 1521/22 – Luthers Thesen „Pro veritate inquirenda" von 1518.[297] Daran schließen sich in bunter Reihenfolge noch neun kürzere Thesenreihen, teils mit, teils ohne Angabe der Verfasser (Bl. F 8^r–G8^r):

Bl. F 8^r: 9 Thesen „De lege et promissione". Verfasser unbekannt. Ich wage über den Verfasser noch keine bestimmte Vermutung zu äußern.[298]

Bl. F 8^v: 10 Thesen „De iubileo et anno remissionis". Anonym. Näheres s. u. unter a.

Bl. G 1^r–1^v: 11 Thesen Melanchthons „In locum qui est in actis cap. XV".[299]

Bl. G 1^v–2^v: 11 Thesen Johannes Dölschs vom 24. Sept. 1521.[300]

Bl. G 2^v–3^r: 15 Thesen Karlstadts vom 11. Okt. 1521.[301]

Bl. G 3^r–4^r: 19 Thesen Dölschs vom 11. Okt. 1521.[302]

Bl. G 4^v–5^v: 17 Thesen Dölschs vom 22. Nov. 1521.[303]

Bl. G 5^v–7^v: 26 Thesen „In locum Pauli, ii. Corint. Epistolae cap. iii." Anonym. Näheres s. u. unter b.

Bl. G 7^v–8^r: 13 Thesen „De scandalo et missa". Anonym. Näheres s. u. unter c.

Insgesamt gilt von der Thesensammlung, dass sie weder nach Verfassern noch chronologisch geordnet ist, so dass man aus der Abfolge der einzelnen Thesen-

---

[294] Zu Melanchthons Thesen s. Melanchthons Briefwechsel, hg. v. Otto Clemen, Leipzig 1926 (Supplementa Melanchthoniana 6/1), 169 Nr. 196. Zu Karlstadts Thesen s. Freys/Barge Nr. 67.

[295] Es handelt sich um die bei Barge 1, 472 ff. unter Nr. 15, 20, 22, 11 und 21 aufgeführten Thesenreihen.

[296] WA 8, 323–335.

[297] WA 1, 630–633.

[298] Abgedruckt bei RIEDERER, Nachrichten (wie Anm. 4), 190 f. Zwei inhaltlich auffallende Thesen dieser Reihe seien zitiert, um zu weiterer Nachfrage über die Identität des Verfassers anzuregen: „4. Eoipso quod lex impossibilia exigit, tacite promittit misericordiam. 5. Promissio sabbatismum requirit." Für den Gedanken des sabbatismus als Gegensatz zur Werkgerechtigkeit könnte man sowohl auf Melanchthon (s. MAURER, WILHELM, Der junge Melanchthon zwischen Humanismus und Reformation, Bd. 2, Göttingen 1969, 148) als auch auf Karlstadt verweisen (s. seine Thesen vom 12. Juli 1521, These 7; bei CLEMEN, OTTO, Beiträge zur Reformationsgeschichte aus Büchern und Handschriften der Zwickauer Ratsschulbibliothek, Bd. 1, Berlin 1900, 35).

[299] In unserem Druck ohne Verfasserangabe. Näheres s. u. S. 218. Die Thesen finden sich CR 12, 478 f.

[300] Siehe KROPATSCHEK, FRIEDRICH, Johannes Dölsch aus Feldkirch, phil. Diss. Greifswald 1898, 56.

[301] Bei Barge 1, 483 Nr. 17.

[302] KROPATSCHEK, Johannes Dölsch (wie Anm. 17), 56.

[303] Ebd., 57.

reihen kaum feste Schlüsse ziehen kann.[304] Zur Bestimmung einzelner Thesenreihen sind daher vorwiegend inhaltliche Argumente notwendig.

1. 10 Thesen Karlstadts *De iubileo et anno remissionis*[305]

Obwohl Barge die Thesensammlung auf etwaige Thesen Karlstadts durchgesehen hat, schreibt er über diese Thesenreihe merkwürdigerweise nichts, obwohl ein enger inhaltlicher Bezug zu Karlstadts Schriften vorhanden ist. In den Thesen werden die israelitischen Bestimmungen über das Jubeljahr (Lev 25,8 ff.) und das Erlassjahr (Dt 15) als soziale Gesetze ausgelegt, die, dem Geiste nach befolgt, für den Christen nicht nur zu bestimmten Zeiten, sondern ständig gelten. Thesen 3–10 handeln im Anschluss an Dt 15 (und Lev 25,36 f.) über das Erlassjahr und weisen fast durchgehend (außer These 9) enge Parallelen und sachliche Übereinstimmungen mit dem zweiten Teil von Karlstadts Schrift *Von abtuhung der bilder und daß kein bedtler unther den Christen seyn sollen* auf, in dessen Mittelpunkt eine auf das Armenwesen zielende Auslegung der Erlass Jahrbestimmungen von Dt 15 steht.[306] Da die Übereinstimmungen in Thema und Inhalt so eindeutig sind und Karlstadt außerdem im Wintersemester 1521/22 über das Deuteronomium las,[307] können diese Thesen Karlstadt zugewiesen werden. Der Inhalt gehört in den Zusammenhang der Neuregelung des Armenwesens in Wittenberg im Januar 1521. Der Hinweis auf die Verpflichtung der Obrigkeit, kraft ihres *ius gladii* für eine gerechte Güterverteilung (These 9 f.), d. h. für eine auskömmliche Versorgung der Armen, zu sorgen, entspricht der Regelung des Armenwesens in der „Ordnung der Stadt Wittenberg" vom 24. Jan. 1521. Da schließlich Karlstadts Schrift *Von abtuhung der bilder* vom 27. Jan. 1521 datiert ist, kann auch die Entstehung dieser Thesenreihe ungefähr mit Januar 1522 angegeben werden.[308]

---

[304] Vgl. RIEDERER, Nachrichten (wie Anm. 4), 201.

[305] Thesensammlung Bl, F 8ᵛ. Abgedruckt bei RIEDERER, Nachrichten (wie Anm. 4), 191 f., der den Verfasser als unbekannt bezeichnet.

[306] Siehe oben S. 169 f. Vgl. Barge 1, 394. – Da die hier zu besprechenden Thesen an anderer Stelle ediert werden sollen (KGK V.214, 71–73), beschränke ich mich hier auf die knappe Angabe der Parallelen. Zu Th. 3 vgl. Von abtuhung der bilder und das keyn bedtler unther den Christen seyn sollen 1522, hg. v. Hans Lietzmann Bonn 1911 (Kleine Texte 74), 25,24–28.32–34. – Zu Th. 4 vgl. ebd., 25,29 f. und 2611 f. – Zu Th. 5 vgl. 26,19–25. – Zu Th. 6 vgl. 25,15 f. – Zu Th. 7 vgl. 25,13 f. – Zu Th. 8 vgl. 25,31 f. 35–37 und 27,18–20. – Zu Th. 10 vgl. 24,29–41.

[307] Siehe Hauptteil Anm. 52.

[308] Karlstadt hat dieselbe Deutung des Erlassjahres schon in seiner Schrift „Welche bücher heilig und Biblisch seind" (Nov. 1520), o. O. 1521 (Freys/Barge Nr. 48), Bl. B 4ᵛ–C1ʳ vertreten: „[...] das Deuteronomium im xv. capitel ⟨von⟩ dem sibende iar / und vergeben gelt schulden hat gesagt / das sollen die Christen alle tag halten ... und sollen keinen arm lassen bleiben" – Dass das Thema Anfang 1522 in Wittenberg diskutiert wurde, zeigt auch eine kurze Bemerkung Melanchthons über die Notwendigkeit eines geistlichen Verständnisses des Jubel- und Erlassjahres in seiner Vorlesung zum 2. Korintherbrief, und zwar zu 2 Kor 8,1 (MWA 4, 120,3 f.). Nach MAURER, Melanchthon (wie Anm. 15), 560 Anm. 121 stand Melanchthon in der 1. Hälfte

2. 26 Thesen Melanchthons *In locum Pauli ii. Corint. Epistolae cap. iii.*[309]

Zunächst legen zwei äußere Gründe den Verdacht nahe, es könnte sich bei dieser Thesenreihe zu 2. Kor 3 um Thesen Melanchthons handeln. Erstens hat Melanchthon im Wintersemester 1521/22 (ab November) über den 2. Korintherbrief gelesen. Zweitens ist die Verwendung des „locus"-Begriffs in der Überschrift zumindest auffällig, da eine Überprüfung der Wittenberger Thesen zeigte, dass es zwar auch sonst Disputationen direkt über bestimmte Schriftstellen gibt,[310] sich jedoch für eine analoge Verwendung des „locus"-Begriffs in den Thesenüberschriften nur eine einzige Parallele findet. Dabei handelt es sich um die in der Basler Thesensammlung unter dem Titel „In locum qui est in actis cap. XV." anonym abgedruckte, jedoch anderweitig unter dem Namen Melanchthons überlieferte Thesenreihe, die sich durch literarischen Vergleich näher auf etwa Juni/Juli 1521 datieren lässt.[311] Ob wir in der Verwendung des „locus"-Begriffs

---

Febr. bei 2 Kor 8. Die sich aufdrängende Frage, ob nicht auch Melanchthon der Verfasser unserer Thesenreihe sein könnte, wurde überprüft. Für eine Bejahung dieser Frage ließ sich aus Melanchthons Schriften nicht genügend Evidenz erbringen. Die genannte Bemerkung ist m. E. sachlich von Karlstadt abhängig.

[309] Basler Thesensammlung 1522, Bl. G 5ᵛ–7ᵛ. Abgedruckt bei RIEDERER, Nachrichten (wie Anm. 4), 198–200.

[310] Vgl. z. B. die Thesen des Justus Jonas über Röm 1 von 1522 bei Der Briefwechsel des Justus Jonas, Bd. 1, hg. v. Gustav Kawerau, Halle 1884, 85 Nr. 76; dazu KOLDE, Wittenberger Disputationsthesen (wie Anm. 1), 464.

[311] Nach der Basler Thesensammlung von 1522 ist die Thesenreihe zu Apg 15 erst wieder gedruckt in folgendem Druck: Propositiones theologicae Reverendorum Virorum D. Mart. Luth. Et D. Philippi Melanth. Continentes summam doctrinae christianae, scriptae et disputate Witenbergae, ind usque ab anno 1516 [...], Wittenberg 1558, VD16 L 5748, Bl. Z 8ʳ⁻ᵛ (vgl. RIEDERER, Nachrichten [wie Anm. 4], 55. 191f.). Die Thesenreihe ist hier unter Melanchthons Thesen aufgeführt. Der Abdruck ist offenbar von der Basler Thesensammlung unabhängig. Die Überschrift lautet hier: „Alia disputatio de dicto Petri Acto. 15.: Neque nos neque patres etc."); am Schluss stehe die Datierung „Anno M. D. XXI." So abgedruckt in CR 12, 478f. wo der ältere Basler Druck nicht berücksichtigt ist. Die Angaben des Wittenberger Drucks können nen Glaubwürdigkeit beanspruchen, da ihm ein Brief Melanchthons an Peter Eisenberg vorangestellt ist (CR 9, 673f.). – Die Thesenreihe lässt sich näher chronologisch in die Ereignisse des Jahres 1521 einordnen, da in Th. 9–11 (CR 12, 489) gegen die Verurteilung Luthers durch die Universität Paris (Determinatio theologorum Parisiensium super doctrina Lutheriana vom April 1521) polemisiert wird. Melanchthon hatte die Determinatio Anfang Juni 1521 erhalten und im Juni seine Apologia dagegen geschrieben. Die Thesen enthalten direkte Parallelen zur Apologia. Vergleiche: Th. 9 mit MWA 1, 145,37–146,1; 152,34–153,21; Th. 10 mit MWA 1, 146,3ff. (bes. 156,9f.); Th. 11 mit MWA 1, 145,32–34; 154,9f. Damit dürfte auch die Thesenreihe etwa gleichzeitig mit der Apologia zu datieren sein. Die Auslegung von Apg 15,19ff. in Th. 1–8 hat Parallelen in dem Abschnitt „De discrimine veteris ac novi testamenti. Item de abrogatione legis" der Loci communes von 1521, der auch im Sommer 1521 entstanden sein dürfte. Vgl. bes. Th. 5 („Inde fit, ut non de ceremoniis modo, sed de universa lege intelligi debeat Petri sententia: Nec nos nec patres nostri portare potimus.") mit Loci MWA 2/1, 130,5–7 („Non enim eo loco in Actis de ceremoniis tantum Petrus loquitur, sed de tota lege."). Ferner vgl. Th. 1 mit MWA 2/1, 129,37–130,1 und 130,8–10; Th. 8 mit 130,5f. Vgl. auch ebd., 96,25–97,3. Diese frühe Thesenreihe Melanchthons scheint, da sie an verborgenem Ort in CR 12 erschienen ist, in der Literatur keine Rolle zu spielen. Auf den Abdruck der Thesenreihe in

spezifisch melanchthonische Terminologie vor uns haben, kann man daher mit aller Vorsicht fragen.[312]

Da Melanchthons Vorlesung zum 2. Korintherbrief in einer Fremdedition 1522 gedruckt wurde, ist hier ein direkter Vergleich der Thesenreihe mit Melanchthons Vorlesung möglich. Melanchthon behandelt in der Thesenreihe das Thema: *ministerium legia* und *ministerium evangelii,* wobei er an 2. Kor 3,6ff. und 4,6 anknüpft. In der Vorlesung hatte er schon zu 2. Kor 2,16 bemerkt: „Quartus hic epistulae locus est de ministerio evangelii".[313] Diesen locus behandelt Melanchthon bis 2. Kor 4,6.[314] In diesem ganzen Abschnitt der Vorlesung finden sich – abgesehen von der Gemeinsamkeit des Themas – zahlreiche sachliche Parallelen,[315] deren Übereinstimmung teilweise so schlagend ist, dass man mit gutem Grund in dem Autor der Vorlesung auch denjenigen der Thesenreihe erblicken darf. Die ungefähre chronologische Einordnung ergibt sich dann daraus dass Melanchthon etwa im Dezember 1521 über 2. Kor 3 gelesen hat.[316]

3. 13 Thesen Melanchthons *De scandalo et missa*[317]
[*s. unten meinen *Nachtrag*]

Diese Thesenreihe steht als letztes Stück in der Basler Thesensammlung von 1522 unmittelbar nach der soeben besprochenen, von uns Melanchthon zugewiesenen Reihe. Während Riederer über den Verfasser nichts sagen konnte, hat Barge die Thesenreihe Karlstadt zugeschrieben.[318] Barges Hauptargument: F. Kropatschek teilte 1898 mit – gestützt auf eine persönliche Auskunft Johan-

---

CR 12 hat mich freundlicherweise Herr Dr. Heinz Scheible von der Melanchthonforschungsstelle in Heidelberg aufmerksam gemacht.

[312] Ich möchte auf dieses Argument allerdings kein großes Gewicht legen, da „locus" auch einfach „Stelle" bedeuten könnte, ohne dass der Begriff im technischen Sinn ähnlich wie in den „Loci communes" gebraucht sein müsste. Unseren Thesenüberschriften ähnlich ist der Sprachgebrauch z. B. MWA 7/1, 146,85. Auffallend bleibt trotzdem, dass der Begriff nur in zwei Thesenreihen begegnet, von denen die eine als melanchthonisch überliefert ist.

[313] MWA 4, 99,25.

[314] Ebd., 4, 99,25–111,12. Vgl. den Neuansatz in 4, 111,14f. („De ministerior dixit antea, nunc de personis ministeriorum.")

[315] Vergleiche: Th. 1 mit MWA 4, 99,25; 103,20–25; 104,11f. – Th. 2 mit 102,36–103,1.12f. – Th. 5 mit 105,10. – Th. 6 mit 102,17f. – Th. 11 mit 108,19f. – Th. 15 mit 108,23–25. – Th. 17 mit 108,15. – Th. 19 mit 108,12f.16f.29f. – Th. 20 mit 111,7–12 (zu 2 Kor 4,6). – Th. 21 mit 104,21f.; 108,12f. – Die zentrale Bedeutung von 2 Kor 3 für das Thema *De spiritu et litera* macht es selbstverständlich, dass sich auch Parallelen mit anderen Schriften Melanchthons nachweisen lassen. Direkte Parallelen zu Karlstadts Schrift *De legis litera sive carne et spiritu* (Sept. 1521), Wittenberg 1521 (Freys/Barge Nr. 65) sind nicht vorhanden. Auch dies bestärkt die Zuweisung der Thesenreihe an Melanchthon.

[316] Siehe MAURER, Melanchthon (wie Anm. 15), 570 Anm. 83.

[317] Thesensammlung, Bl. G 7^v–8^r; abgedruckt bei Riederer 4, 200f. und Barge 1, 490f. Nr. 19. Jetzt neue kritische Edition KGK IV (1521) S. 383–390.

[318] NEUSER, WILHELM H., Die Abendmahlslehre Melanchthons in ihrer geschichtlichen Entwicklung (1519–1530), Neukirchen-Vluyn 1968, 139 Anm. 111 bemerkte beiläufig,

nes Haussleiters –, dass sich in einem Exemplar der Basler Thesensammlung, das sich in der Bibliothek des Evang. Predigerseminars in Wittenberg befindet (Signatur: 8 LC 590), bei der Thesenreihe *De scandalo et missa* die Notiz einer „gleichzeitigen" (?) Hand finde: „Carolstadius disp: Ionas respondit pro Li:"[319] Justus Jonas' Lizentiatenpromotion fand am 24. September 1521 unter dem Vorsitz Karlstadts statt. Der angeblich gleichzeitige Eintrag könnte also frühestens etwa ein Jahr nach Jonas' Promotion erfolgt sein (nach Erscheinen der Basler Thesensammlung), falls die Thesenreihe wirklich von diesem Anlass herrühren sollte. Der Wert dieser Notiz ist aber auch aus anderen Gründen sehr zweifelhaft. Schon Barge konnte sie nur zur Hälfte übernehmen. Während er den Hinweis auf Karlstadt übernahm, widerlegte er mit triftigen Argumenten, dass die Thesenreihe nicht schon vom 24. September stammen könne, da sie einen Stand der Diskussion im Kampf um die Abschaffung der Messe widerspiegelt, der zu jenem Zeitpunkt noch nicht erreicht war.[320] These 6 scheint schon konkrete Reformmaßnahmen vorauszusetzen.[321] Die Entwicklung der Wittenberger Diskussionen um das Problem *scandalum* und *ius divinum,* wie wir es oben nachgezeichnet haben, spricht auch für eine spätere Datierung dieser Reihe. Wenn man aber mit Barge die zweite, auf Jonas bezügliche Hälfte der handschriftlichen Notiz für einen Irrtum hält,[322] dann hat auch die erste Hälfte, der Verweis auf Karlstadt, kaum noch einen Wert.

---

dass die Verfasserschaft Karlstadts ungesichert sei. Er hat die Thesenreihe wohl aus diesem Grund in seiner Darstellung ausgeklammert.

[319] Aufgelöst: „Carolstadius disputat, Ionas respondit pro Licentiato." KROPATSCHEK, Johannes Dölsch (wie Anm. 17), 70 Anm. 1; Barge 1, 482. Eigene Einsichtnahme hat die Angaben Kropatscheks bestätigt.

[320] Siehe Barge 1, 482 f. 490 f.

[321] Barge 1, 441. Die These ist zitiert oben S. 200.

[322] Bei Barge hängt die Einordnung der Thesenreihe *De scandalo et missa* noch mit der bei ihm 481–483 unter Nr. 16 besprochenen Thesenreihe zusammen. Während unsere Thesenreihe aus den genannten Gründen nicht auf den 24. September platzieren kann, füllt er diese Lücke mit einer unter dem Namen des Justus Jonas überlieferten Thesenreihe „De spiritu et litera" (Barge a. a. O.) aus, die er Karlstadt zuschreibt und gegen die Überlieferung auf den 24. Sept. 1521 setzt. Es sei hier vermerkt, dass die Beweisführung Barges zu diesen Thesen nicht stichhaltig ist und die Verfasserschaft des Justus Jonas bei diesen Thesen so fest überliefert ist, dass man sie weiterhin als Thesen Jonas', nicht als Thesen Karlstadts führen muss Barge gesteht sich selbst: (1, 482) „Aber ich verhehle mir nicht, daß gewichtige Gründe gegen diese Annahme sprechen." (1, 482) Die Thesen sind abgedruckt bei KAWERAU, Briefwechsel (wie Anm. 27), 84 f. Nr. 75. Nach Kawerau sind sie in zwei Wittenberger Drucken aus dem Jahr 1538 unter dem Namen des Jonas überliefert; Jonas war damals noch in Wittenberg. Außerdem sind die Thesen überliefert in einer von dem Druck unabhängigen (!) Handschrift (beschrieben bei KOLDE, Wittenberger Disputationsthesen [wie Anm. 1], 449 f.) mit der Überschrift: „Nicolaus Coci sub D. Justo Jona P. De spiritu et litera", woraus sich ergibt, dass über die Thesen bei der Promotion des Nicolaus Cocus zum Sententiarius am 18. November 1522 bei der Jonas den Vorsitz führte, disputiert wurde (KOLDE, ebd., 464). Dieses Datum hat Barge 1, 482 allein mit dem Argument verworfen, dass der in den Thesen „zum Ausdruck kommende Spiritualismus […] sicherlich nicht nach Luthers Sinn" gewesen sei. Hier ist schon die Grundvoraussetzung falsch, nach Luthers Rückkehr von der Wartburg hätte man in Wittenberg nur noch über or-

Wie müssen uns also zur näheren Einordnung der Thesenreihe ganz auf inhaltliche Vergleiche stützen. Hier gibt Barge nur die Auskunft: „Ihr Inhalt klingt [!] ganz karlstadtisch [...]".[323] Die Schwäche solcher subjektiver Urteile, die durch keinerlei literarische Belege abgesichert sind, ist deutlich. Der entscheidende Grund, diese Thesen Melanchthon zuzusprechen, ist die außergewöhnlich starke Übereinstimmung der Thesen über das Ärgernis (These 1–6) mit dem letzten Abschnitt der Loci communes („De scandalo") von 1521, die sich teilweise bis in Einzelheiten der Formulierung erstreckt. Die Thesenreihe beginnt:

1. *In iis, quae* sunt *iuris divini, nullo scandali respectu,* lex divina et *docenda et facienda est.*

Entsprechend die Loci:

In iis, quae exiguntur *iure divino, nullo respectu scandali* iure divino obtemperandum est, *faciendum et docendum,* quod exigitur iure divino[324].

Als *dictum probans* wird in These 3 Mt 15,14 angeführt, entsprechend in den Loci.[325] These 5 fordert die Dispensation menschlicher Traditionen, die mit dem göttlichen Recht nicht in Übereinstimmung stehen, auch wenn dadurch Ärgernis gegeben wird. Auch hier besteht sachliche Übereinstimmung mit den Loci.[326] Für eine nähere inhaltliche Analyse der beiden Texte sei auf unsere obigen Ausführungen verwiesen, aus denen sich auch ergibt, dass Thesenreihe und Schlusskapitel der Loci etwa gleichzeitig (Ende Oktober oder November) entstanden sein dürften.[327]

Auch im zweiten Teil der Thesenreihe, die sich mit der Messe befasst (These 6–13)[328], finden sich noch Hinweise, die Melanchthons Verfasserschaft unterstützen. In These 7 werden die Kirchen, in denen die Messfeiern abgehalten werden, nach Jer 7,31 als „excelsa Tophet" – Inbegriff alttestamentlichen Götzendienstes – bezeichnet.[329] Diese polemische Bezeichnung für die Messe lässt sich

---

thodox lutherische Sätze disputiert! Aber in Wahrheit liegt hier kein „Spiritualismus" vor, der weiter ginge als das, was z. B. auch Melanchthon sagen konnte. Wenn im Anschluss an 2 Kor 3 von „spiritus", „spiritus legis" etc. die Rede ist, so ist das noch kein Indiz für „Spiritualismus". Barge wollte wegen des Themas in der Thesenreihe eine Vorarbeit Karlstadts für seine Ende Sept. 1521 verfasste Schrift *De legis litera sive carne et spiritu* (s. o. Anm. 32) sehen. Die von ihm S. 481 angeführten Parallelen zwischen den Thesen und Karlstadts Schrift sind aber gar keine echte Parallelen. Übereinstimmungen in einzelnen Ausdrücken gehen überwiegend auf Schriftzitate zurück. Fazit: Es gibt kein einziges stichhaltiges Argument, die gute Überlieferung der Verfasserschaft Jonas' und die überlieferte Datierung der Thesen in Frage zu stellen.

[323] Barge 1, 490.

[324] MWA 2/1, 161,32–34. These 1–6 der Reihe „De scandalo et missa" sind zitiert oben S. 200.

[325] Ebd., 162, 21–23.

[326] Vgl. ebd., 162, 30ff. (bes. 162, 32f.!); vgl. auch 162, 16–18. Zu These 6 vgl. 162, 16–21.

[327] Siehe oben S. 200–203. Zur Abfassung und Druckgeschichte der Loci s. MAURER, Melanchthon (wie Anm. 298), 139–148.

[328] Die Themen Ärgernis und Messe überschneiden sich in These 6.

[329] „7. Quid enim nunc sunt Ecclesiae propter *abusum missae* nisi *excelsa* Tophet? Barge 1, 491.

bei Karlstadt nicht nachweisen, sie hat aber eine nahe Parallele in Melanchthons im Oktober 1521 verfassten „Propositiones de missa", wo die Missbräuche der Messe mit den Höhenheiligtümern (*excelsa*) verglichen werden.[330] Eine weitere Ähnlichkeit besteht zwischen These 8 unserer Reihe und These 51 der *Propositiones*.[331] Eine sehr schöne Übereinstimmung nach Inhalt und Ausdrucksweise besteht schließlich zwischen unserer Thesenreihe und Melanchthons Vorlesung zu 1. Kor 11,17 (etwa Anfang Sept. 1521) in der Deutung der *commemoratio* in den Einsetzungswerten des Abendmahls.[332]

II. Sätze Heinrichs von Zutphen über die Messe als Rechtfertigungsschrift der Wittenberger Augustiner

Im Anschluss an die Predigt Gabriel Zwillings vom 6. Oktober 1521, die eine vollständige Reorganisation des Messwesens im Augustinerkloster einleiten sollte, war auf kurfürstliche Veranlassung der Universitätsausschuss gebildet worden, der am 12. Oktober die Vorgänge im Augustinerkloster untersuchte.[333] In den Verhandlungen mit den Mönchen erbat sich der Ausschuss eine

---

[330] „48. *Abusus missae* per magistratus tolli debet. 49. Non aliter atque sustulit aeneum serpentem Ezechias, aut *excelsa* demolitus est Josias." MWA 1, 166,9–11. Vgl. 2 Kön 23,8. Der Vergleich mit den Höhen und mit dem Tophet findet sich auch in Luthers Schrift De abroganda missa privata, an der er nachweislich seit 1. Nov. 1521 arbeitete: WA 8, 470,13 ff.; 473,27. Entweder kannte Luther inzwischen die Thesenreihe De scandalo et missa oder jener Vergleich war damals bereits Allgemeingut der Wittenberger Polemik. Umgekehrte Abhängigkeit der Thesenreihe von Luther scheidet aus, da das Manuskript von Luthers Schrift erst im Dezember in Wittenberg eintraf (vgl. WA 8, 407 f.).

[331] De scandalo et missa, Barge 1, 491: „8. *Abominabile est missam pro sacrificio* vendi [...]" (Ähnlich Th. 9) Propositiones, MWA 1, 166,15–17: „51. Sed abusus *abominabilior* est, cum ... *pro sacrificio*, missa hypocritae utuntur."

[332] De scandalo, Barge a. a. O.: „11. Iussit in commemorationem *mortis suae* Christus celebrari missam. 12. Commemoratio *mortis Christi* est commemoratio *beneficii*, quod *per mortem* Christi *partum* est." Vorlesung zu 1 Kor 11,17; MWA 4, 58,11–15: „[...] si addas seguentia verba: ‚facite in commemorationem mei', id est: ad memoriam *mortis meae*, quod necesse est ut sic intelligas: Ecce hoc corpus meum signum est vobis, quod admoneat *mortis meae et beneficii per mortem parti*." Etwas anders Karlstadt in Von beyden gestalten der heylige Messze (nov. 1521) o. O. 1522 (Freys/Barge Nr.73), Bl. d 1ᵛ–2ʳ: Drumb spricht Paulus 1 Cor. xi. vonn Christo das er gesagt hat: Ir solt das dun inn meinem gedechniß. Das ist so offt yr diße zwey zeichen gebraucht wan ir das brot wölt essen / und den wein trincken / sollt yr meiner indechtig sein. Wie kan aber einer Christi seliglicker gedencken / dan wan er der Christlichen zusagungen mit hertzen gedenckt? [...] Nu wil Christus haben / das wier seiner yndechtig sollen sein (wie Paulus leret) der wegen köden [sic] wyr sein brot nitt nützlich essen oder seinen kelch fruchtbarlich drincken / wyr gedencken dan der wort des herrn. Welcher wortt? Beyder zusagungen."

[333] Vgl. oben S. 188. WB Nr. 8, 26 f.; Nr. 10, 29; Nr. 16, 35; Nr. 20, 50 f. Die Zusammensetzung des Ausschusses s. WB Nr. 10, 29 und Nr. 16, 40. Die Mitwirkung des Kurfürsten an der Einsetzung des Ausschusses bestand darin, dass er in einer Instruktion für Gregor Brück vom 10. Okt 1521 diesem eine „Werbung" an Universität und Stiftskapitel auftrug, wonach er be-

binnen zwei Tagen abzuliefernde schriftliche Stellungnahme der Augustiner.[334] Am 20. Oktober erstattete der Ausschuss dem Kurfürsten den ersten Bericht über die Angelegenheit. Der Ausschuss, der nach eigener Aussage die Augustiner inzwischen mündlich und schriftlich gehört hat, fasst die Gründe der Augustiner in drei Punkten zusammen. Dabei bezieht er sich sowohl auf die mündliche Anhörung als auch auf einen dem Bericht beigefügten „Zettel" der Augustiner, der die angeforderte schriftliche Stellungnahme enthielt.[335] Nikolaus Müller bemerkt in seiner Edition der Akten zur Wittenberger Bewegung: „Der Zettel fehlt".[336] Diese Lücke lässt sich schließen.

Im Jahr 1727 hat J. E. Kapp in seiner „Nachlese" zur Reformationsgeschichte eine längere Reihe von Sätzen gegen die Messe veröffentlicht,[337] mit deren historischer Einordnung sich die Forschung noch nicht näher befasst hat.[338] Diese Sätze, die Kapp aus einer von Spalatin angelegten Sammlung veröffentlichte,[339] tragen von der Hand Spalatins die Überschrift: „1521. Contra Missam Privatam Heinric. Zutphanienn."[340] Demnach könnte man die Sätze als eine von dem nie-

---

gehre, „das sie, alß die, so es verstunden [d. h. die Theologen], die einsehung tun wolten, domit ncihts furgenomen, nach understanden wurdt, Darauß beswerung erfolgen mocht." WB Nr. 8, 27. Auf die Werbung Brücks hin wurde dann der Universitätsausschuss gebildet (WB Nr. 20, 50), nachdem bereits am 8. Okt. ein anderes, vierköpfiges Theologengremium bei den Augustinern war (WB Nr. 10, 28). Da also nach WB Nr. 50 der Ausschuss auf die Werbung Brücks hin gebildet wurde („[...] das auff solche werbung unndt universitet unnd capittel ein außschus gemacht [...]"), postuliert N. Müller WB Nr. 14, 32 zu Unrecht ein verschollenes Schreiben des Kurfürsten an die Universität, in dem der Kurfürst die Bildung des Ausschusses angeordnet haben soll. Der Ausschussbericht vom 20. Okt. („[...] auff e. kf. g. beger [...]") bezieht sich nicht auf ein solches angebliches Schreiben des Kurfürsten sondern auf die Werbung Brücks (s. WB Nr. 8, 27 Z. 4–6!). Zu dem von N. Müller ebenfalls als Beweis angeführten, aber falsch datierten Separatbedenken Dölschs (WB Nr. 17, 42–46) s. Hauptteil Anm. 191. Das hypothetisch postulierte Schreiben WB Nr. 14 ist also zu streichen.

[334] Kurfürst Friedrich, Instruktion für Christian Beyer vom 25. Oktober 1521: „Darauf hette Berurter außschus mit den Augustinern gehandelt und entlich den abschied genomen, das die Augustiner ir furhaben, bewegknus unnd grunde den doctoribus inwendig zweien tagen schrifftlich ubergeben solten, So wolten sie sich alßdan darauff bedengken und ferner davon handeln, doch das Mitler zeit die newerung verbleiben ßolte." WB Nr. 20, 51.

[335] Der Ausschuss an Kurfürst Friedrich, 20 Okt. 1521: „[...] wir haben auff e. kf. g. beger die Augustiner muntlich und schrifftlich gehort, befinden, das sie in der summa auß dreien ursachen yr meshalden haben nochgelassen, wie e. kf. g. aus yrer hiringeslossener ir [sic] zcedel vornemen werden." WB Nr. 16, 35.

[336] WB 35 Anm. 5.

[337] KAPP, JOHANN ERHARD, Kleine Nachlese einiger, größten Theils noch ungedruckter, Und sonderlich zur Erläuterung der Reformations-Geschichte nützlicher Urkunden Bd. 2, Leipzig 1727, 484–494. Der Text enthält 72 Sätze und eine Nachbemerkung. Ich zähle im folgenden die bei Kapp unnummerierten Sätze zur besseren Verständigung fortlaufend durch.

[338] Bei MAURER, Melanchthon (wie Anm. 15), 179ff. und NEUSER, Abendmahlslehre (wie Anm. 35)114ff. sind die Sätze bei der Darstellung der Vorgänge im Augustinerkloster nicht berücksichtigt.

[339] Diese Spalatiniana befinden sich jetzt in Weimar, Zentralbibl. d. dt. Klassik, ehem. Thüring. Landesbibl., Signatur: Q 15–17. 4°. Siehe H. Volz und E. Wolgast in WA.B 14, 142f.

[340] KAPP, Urkunden (wie Anm. 54), 484.487.

derländischen Augustiner Heinrich von Zutphen (gest. 1524 als einer der ersten evangelischen Märtyrer) verfasste Reihe akademischer Disputationsthesen ansehen.[341] Dass die Sätze jedoch eine andere Funktion hatten, zeigt die ebenfalls von Spalatin beigefügte Unterschrift: „Der Augustiner zu Wittenberg positiones von der Meß. 1521."[342] Es handelt sich also um eine von Heinrich von Zutphen verfasste Stellungnahme des Wittenberger Augustinerkonvents zu den Fragen der Messreform.[343] Das bestätigt sich bei weiterer Durchsicht der Sätze Heinrichs. An einigen Stellen wird in der 1. Person Plural geredet,[344] so dass man merkt, dass die Sätze die Meinungsäußerung einer Mehrzahl von Personen darstellen sollen. In Satz 71 wird zur Frage der Kommunion unter beiden Gestalten auf einen übereinstimmend *(omnium consensu)* gefassten Beschluss Bezug genommen.[345] Am Schluss wird um Belehrung gebeten, falls jemand eine besser begründete abweichende Auffassung habe.[346] Der wichtigste Satz für unsere Fragestellung ist schließlich die Nachbemerkung, in der die Augustiner darum bitten, auch noch das Votum *(calculus)* Luthers dem Gutachten anzufügen, bevor man eine Entscheidung für oder wider die Augustiner treffe.[347]

Demnach kann man die Vorgänge folgendermaßen rekonstruieren: Auf Verlangen des Universitätsausschusses haben die reformfreudigen Augustiner über die Messfrage beraten und ihren Ordensbruder Heinrich von Zutphen beauftragt, in ihrem Namen die angeforderte schriftliche Stellungnahme abzufassen. Möglicherweise hat man auch über die Angelegenheit abgestimmt. Da man sich mit Luther vorher nicht verständigen konnte, bat man den Ausschuss bzw. den Kurfürst, auch den abwesenden Ordensbruder vor einer Entscheidung anzuhören. Luther ist diesem Wunsch mindestens indirekt mit seiner bald darauf verfassten Schrift *De abroganda missa privata* entgegengekommen.[348]

---

[341] Vgl. IKEN, JOHANN FRIEDRICH, Heinrich von Zütphen, Halle 1886 (SVRG 12), 22f.

[342] KAPP, Urkunden (wie Anm. 337), 484. Während Über- und Unterschrift von Spalatins Hand stammen, sind die Sätze nach Kapp, 486 von einer anderen Hand geschrieben.

[343] Ähnlich schon IKEN, Heinrich von Zütphen (wie Anm. 58), 23.

[344] KAPP, Urkunden (wie Anm. 337), 492 (Satz 55: „videmus"); ebd., 494 (Satz 72 [zit. u. Anm. 63]: „ambulabimus"); s. ferner das Zitat Anm. 64.

[345] Ebd., 493 (Satz 71): „De utriusque speciei communione: quod non liceat ullo modo alterutram pretermittere communicare volenti, iam omnium consensu ex manifestissima Christi institutione conclusum est."

[346] Ebd., 493 f. (Satz 72): „Si itaque manifesta hec Christi institutio; si Apostoli cene private prohibitio, si communionis ratio, si soandali confirmatio, si omnium malorum, C[ue ex hoc abusu promanarunt consideratio, non movent quem-piam, ut relicta tenebrosa hac via evangelicam semitam nobiscum ingrediatur: Det nobis, quisquis is fuerit, rationem fidei sue ex Christiana charitate, et, siquidem probatam viam habuerit, ambulabimus post eum."

[347] Ebd., 494: „Rogamus tarnen, pro amore Christi, ut ad hec F. Martini calculus accedat, priusquam aliquid pro nobis vel contra nos statuatur. Libenter ambulabimus post eum, qui dicit: ‚Qui sequitur me, non ambulat in tenebris, sed habebit lumen vite.'"

[348] Im ersten Satz seiner an die Konventsbrüder gerichteten Vorrede nimmt Luther auf die ihm über die Vorgänge im Kloster zugegangenen Nachrichten Bezug: WA 8, 411,7–10.

Wir können also in den Sätzen Heinrichs das bisher vermisste Bedenken der Augustiner erblicken, das der Universitätsausschuss am 20. Oktober seinem Bericht an den Kurfürst beilegte.[349] Die Abfassung des Bedenkens muss zwischen 12. und 14. Oktober erfolgt sein, da der Ausschuss am 12. Oktober die schriftliche Stellungnahme der Augustiner binnen zwei Tagen verlangt hatte. Vergleicht man die Sätze Heinrichs und den Bericht des Ausschusses, so erkennt man an mehreren Punkten Übereinstimmungen,[350] wenngleich Heinrichs Sätze viel mehr bieten, als im Bericht zu finden ist. Eine direkte Parallelität zwischen den beiden Stücken ist auch nicht zu erwarten, da der Ausschuss sich erstens auch auf die mündlichen Verhandlungen bezieht und zweitens nur eine kurze Zusammenfassung der erhaltenen Informationen in drei Punkten („in der summa auß dreien Ursachen") gibt.[351]

Durch die historische Einordnung der Sätze Heinrichs entscheidet sich nun auch ein Stück weit die bislang offene Streitfrage, welchen Anteil an der Wittenberger Bewegung Heinrich von Zutphen zuzuschreiben sei.[352] Während Zwilling der populäre Prediger war, der es verstand, seine Ordensbrüder und das „Volk" zu mobilisieren, war Heinrich mindestens in jenen Herbstwochen, als die Messfrage im Augustinerkloster virulent war, offenbar der führende Theologe des Klosters. Heinrich von Zutphen war jedoch nicht nur Theoretiker. Sein bewegter und Wechsel voller Lebenslauf[353] scheint darauf hinzudeuten, dass

---

[349] Da offenbar schon Spalatin den „Zettel" der Augustiner aus dem Ausschussbericht entfernt hat (möglicherweise hat er, wie auch sonst in ähnlichen Fällen, das lateinische Stück für den Kurfürsten übersetzt), ist es erklärlich, dass N. Müller im Weimarer Archiv den Ausschussbericht ohne den „Zettel" vorgefunden hat.

[350] Vergleiche die im Bericht WB Nr. 16, 35,4 von unten bis 36, 21 gegebene Zusammenfassung des Standpunkts der Augustiner insbesondere mit den Sätzen 1 f.,15–17,72 (KAPP, Urkunden [wie Anm. 337], 487.488 f.493 f.): „[1] Celebratio misarum caput est et radix simul extincte fidei et totius charitatis. [2] Nam postquam missarum celebratio pro bono opere vel sacrificio (non moror) recepta est, ceperunt huic veluti uni atque eidem sacratissime anchore omnes simul adherere. [...] [15] Iam videat quisque, quot maria errorum ex hac una celebrationis opinione recepta proruperint. [16] Unicus et indivisus mansit errorum sequax, laicorum vulgus. [17] Sed sacrosancti sacerdotes in primariam, secundariam et tertiariam hierarchiam sese dissecuerunt." Satz 72 s. o. Anm. 63.

[351] Man kann aus der oben Anm. 335 zitierten Aussage nicht schließen, bereits der Zettel der Augustiner müsse eine in drei Punkten gegliederte Stellungnahme enthalten haben.

[352] IKEN, Heinrich von Züpthen (wie Anm. 341), 20 urteilt, Heinrich habe sich 1521 zurückgehalten. Schon Barge 1, 339 vermutete in Heinrich den Wortführer der niederländischen Anhänger Zwillings (s. Hauptteil S. 174 bei Anm. 66). Vgl. WA 18, 216.

[353] Eine neue Untersuchung über ihn ist notwendig. Vgl. IKEN, Heinrich von Züpthen (wie Anm. 341); WA 18, 215 ff.; GÜLSOW, HENNECKE, Art. Heinrich von Zütphen, NDB 8 (1969), 431. MÜLHAUPT, ERWIN, Rheinische Kirchengeschichte. Von den Anfängen bis 1945, Düsseldorf 1970 (SVKKG 35), 156 f. mit Anm. 221 weist auf CR 24, 60 hin, wo Melanchthon sagt, dass er mit Heinrich sehr gut bekannt gewesen sei. Diese Aussage wäre auch im Blick auf Melanchthons Verhältnis zu den Augustinern während der Wittenberger Bewegung (s. o. S. 184 ff.) zu bedenken. (Die Mülhaupt gelungene Identifizierung des MWA 6, 386,21 f. und CR 24, 60 neben Heinrich von Zütphen genannten Märtyrers „Iohannes Croesus" bzw. „Cressus" als Dr. Johann Kreß aus Ellwangen, hingerichtet im Bauernkrieg, findet sich schon bei HERMELINK,

er auch eine konsequente Kämpfernatur war, bereit, seine Überzeugungen mit letzter Konsequenz in die Praxis umsetzen.

Nachtrag

Meine Zuweisung (1973) der Thesenreihe „De scandalo et missa" an Philipp Melanchthon ist zu korrigieren. Entscheidend dafür ist mittlerweile die Identifizierung der Handschrift, die in der Basler Thesensammlung *Propositiones* (Basel 1522, auf Bl. 7ᵛ) unter die Überschrift „De scandalo et missa" geschrieben hat: „Carolostadius disp:[utat] Ionas respondit pro Li:[centiato]".

1973 hatte ich zwar bereits eine Kopie dieser (handschriftlichen) Notiz aus Wittenberg bekommen, aber erstens kannte ich nicht das ganze Exemplar und zweitens ist die Handschrift anonym. Dass es sich bei dieser und den weiteren Notizen in dem Druck eindeutig um die Handschrift Johannes Langs[354] handelt, habe ich erst später im Zuge meines Handschriftensammlns erkannt.[355] Jüngstens habe ich dafür ein besonders überzeugendes Beweisstück: Der Schreiber hat das Titelblatt dieses Druckes formal genau so gestaltet wie das Titelblatt von Johannes Langs Exemplar der ersten Sammelausgabe von Luthers lateinischen Werken, Basel 1518[356], befindlich in der Pitts Theology Library, Atlanta[357]. Würde

---

HEINRICH, Die theologische Fakultät in Tübingen vor der Reformation 1477–1534, Tübingen 1906, 203. Kreß zählte zu den Lehrern Melanchthons in Tübingen.).

[354] Der Erfurter Humanist Johannes Lang (ca. 1487–1548), der sich in Erfurt insbesondere als Gräzist einen Namen gemacht hatte, war Besitzer einer großen Bibliothek, die er in das Erfurter Kloster der Augustinereremiten mitbrachte, als er dort bald nach seinem Freund Martin Luther eintrat. Nach Studien und Lehrtätigkeit in Wittenberg (1511–1516) war er ab 1516 Prior des Erfurter Klosters, bis er 1522 das Kloster verließ. Mit Luther stand er in diesen Jahren in regem persönlichem und brieflichem Kontakt. Luther schickte seinem Freund ein Exemplar seiner 95 Thesen über die Kraft der Ablässe. Im April 1518 erlebte Lang Luthers Heidelberger Disputation mit.

[355] Ein kurzer lateinischer Brief Langs aus dem Jahr 1528 ist abgebildet in: GEHRT, DANIEL/SALATOWSKY, SASCHA (Hg.), Aus erster Hand. 95 Porträts zur Reformationsgeschichte. Aus den Sammlungen der Forschungsbibliothek Gotha, Katalog zur Ausstellung der Universitäts- und Forschungsbibliothek Erfurt/Gotha vom 6. April bis 25. Mai 2014, Gotha 2014 (Veröffentlichungen der Forschungsbibliothek Gotha 51), 112, Nr. 56.

[356] VD16 L 3407. BENZING, JOSEF/CLAUS, HELMUT, Lutherbibliographie. Verzeichnis der gedruckten Schriften Martin Luthers bis zu dessen Tod, Band 2, Baden-Baden 1994 (BBAur 143), vol. 1, Nr. 3.

[357] Siehe die Beschreibung des Exemplars in: The Richard C. Kessler Reformation Collection, Vol. 1, Manuscripts and printed works, 1470–1522, compiled by Fred A. Grater, ed. by Wm. Bradford Smith. Atlanta, Georgia 1999 (Emory texts and studies in ecclesial life 3), no. 112. Mit Abbildungen auch im Ausstellungskatalog: A Book More Precious than Gold. Reading the Printed Book Allongside its Previous Owners and Readers. An exhibition at Pitts Theology Library curated by Dr. Armin Siedlecki and Dr. Ulrich Bubenheimer with Dr. Eric Moore (August 19 November 30, 2019) S. 15–17.

man die beiden Titelblätter nebeneinander abbilden, wären Zweifel, ob es die Handschrift Langs ist, ausgeräumt.

Kropatschek kannte den Text dieser Notiz, hatte sie aber nicht selbst gesehen, erkannte auch Langs Handschrift nicht. Dennoch schloss er sich dem Inhalt der Notiz an und wies die Thesenreihe Karlstadt zu.[358] 1973 hatte ich das zurückgewiesen, beeindruckt durch zahlreiche Parallelen in Melanchthons Schriften aus jener Zeit. Es ist mir keine Publikation bekannt, die sich mit meiner Zuweisung der Thesenreihe an Melanchthon auseinandergesetzt hat.

Lang ist meines Erachtens ein glaubwürdiger Zeitzeuge gewesen. Er war mit Justus Jonas und Philipp Melanchthon eng befreundet, pflegte mit Melanchthon in jener Zeit persönliche Kontakte wegen ihres gemeinsamen Interesses am Griechischen, und hatte damals auch eine gute Beziehung zu Karlstadt. Wenn Lang nicht als Gast bei der Lizentiatenpromotion des Jonas dabei war, könnte er die Information von Jonas bekommen haben – natürlich auch von anderen Wittenberger Freunden.

Dass Karlstadt Jonas in die Vorbereitung der Thesen mit einbezogen hat, ist natürlich möglich, sogar wahrscheinlich, aber dazu haben wir keine Quelle.

Karlstadts Thesenreihe „De scandalo et missa" disputiert am 24.9.1521 – verteidigt von Justus Jonas, wurde deshalb nun in die Kritische Gesamtausgabe der Schriften und Briefe Andreas Bodensteins von Karlstadt (Bd. IV, Briefe und Schriften 1521, Nr. 195, 387–390) aufgenommen.

(Ulrich Bubenheimer, 28. April 2020)

---

[358] Vgl. KROPATSCHEK, FRIEDRICH, Johannes Dölsch aus Feldkirch, phil. Diss. Greifswald 1898, S. 70, Anm. 1.

6. Streit um das Bischofsamt
in der Wittenberger Reformation 1521/22

Von der Auseinandersetzung mit den Bischöfen
um Priesterehen und den Ablass in Halle zum
Modell des evangelischen Gemeindebischofs

I. Probleme und Zielsetzung

Zwischen Luthers Auftreten auf dem Reichstag zu Worms im April 1521 und seiner Rückkehr von der Wartburg im März 1522 vollzog sich in Wittenberg ein für den weiteren Verlauf der Reformationsgeschichte schicksalhafter und paradigmatischer Machtkampf. Die erste Stadtreformation[1] konfrontierte die Beteiligten mit einem politischen, rechtlichen und theologischen Problem, für das bislang ein vergleichbarer Vorgang fehlte: Wer wird der bestimmende Träger der angestrebten religiösen Reformation sein? Neue Ordnungen sind zu erlassen und durchzusetzen, Pfarrer bzw. Prediger sind zu berufen, zu versorgen und zu überwachen, das Kirchenvermögen ist neu zu ordnen und zu verwalten, die kirchliche Zucht ist zu handhaben. Letztlich geht es um die Frage: Wer hat die kirchenrechtliche Kompetenz? Mit Fürst, Rat und Gemeinde standen in Wittenberg mögliche Träger der praktischen Reformation zur Verfügung, die Führungsansprüche hätten erheben können. Die besonderen lokalen Verhältnisse der Universitätsstadt boten zudem noch die Universität als eine Institution an, die mindestens Teilfunktionen in der Ordnung und Leitung eines neuen künftigen evangelischen Kirchenwesens hätte übernehmen können, allerdings nur in Verbindung mit einer der politischen Instanzen Fürst, Rat und Gemeinde.[2]

---

[1] Bei der intensiven Erforschung von Stadtreformationen in den letzten Jahrzehnten wurde die erste programmatische Stadtreformation, nämlich die in Wittenberg 1521/22, die in vieler Hinsicht Modell und Vorbild war und sowohl durch positive Aufnahme als auch durch Abgrenzung von ihr eine breite Wirkung zeitigte, auffallenderweise nicht einbezogen, ja die Forschungslücke ist noch nicht einmal registriert worden. Vgl. den jüngsten Forschungsbericht (1976–1983), über den die ältere Literatur zu erschließen ist: VON GREYERZ, KASPAR, Stadt und Reformation. Stand und Aufgaben der Forschung, in: ARG 76 (1985), 6–63.

[2] Die Rolle der Universität im Rahmen der Wittenberger Reformation untersucht ARFFMAN, KAARLO, Yliopistot ja kirkon magisterium reformaation alkuvaiheessa. Bd. 2: Wittenbergin ja Baselin yliopistojen kannanotot 1521–1528 (Zusammenfassung: Die Universitäten und das Magisterium der Kirche im Anfangsstadium der Reformation. 2. Stellungnahmen der Universitäten von Wittenberg und Basel 1521–1528), Helsinki 1985 (Suomen Kirkkohis-

Die Bezeichnung „Wittenberger Wirren" für die Wittenberger Stadtreformation der Jahre 1521 und 1522 ruft bis heute die Assoziation bestimmter enthusiastisch bewegter angeblicher „Wirrköpfe" wie Andreas Bodenstein von Karlstadt und Gabriel Zwilling hervor, die die Drahtzieher und verantwortlichen Funktionare jener „Wirren" gewesen seien. Diese Personalisierung der Machtkämpfe der Wittenberger Stadtreformation geht zurück auf die kurfürstlichen Räte, die in den genannten Theologen Sündenböcke fanden für die aus landesherrlicher Sicht unakzeptable Entwicklung, die der reformatorische Prozess genommen hatte. Diese Sicht wurde über die Invocavitpredigten und weitere Stellungnahmen Luthers zum herrschenden Geschichtsbild,[3] das von der Wittenberger Stadtreformation im Luthertun tradiert wurde.

Nun wäre es verfehlt, den persönlichen Anteil der genannten Personen an der Nährung einer apokalyptischen Stimmung und der Erzeugung einer vorrevolutionären Situation in Wittenberg in Abrede stellen zu wollen. Aber unabhängig von der Beantwortung der Frage nach der sachlichen Richtigkeit der gegen die genannten „Schwärmer" erhobenen Vorwürfe, ist ein zweites Problem: Jene Personalisierung der „Wittenberger Wirren" blendet nämlich den Umstand aus, dass nach Destruktion der hergebrachten geistlichen – päpstlichen und bischöflichen – Autorität und Jurisdiktion in den kirchenpolitischen und kirchenrechtlichen Strukturen „wirre", d. h. offene und unklare Verhältnisse eingetreten waren. Das durch diesen Prozess entstandene Machtvakuum führte naturgemäß zu Instabilität, solange neue kirchenpolitische und kirchenrechtliche Ordnungen noch nicht durchgesetzt waren. In dieser Phase der Instabilität wurden bei jeder interessierten Partei – Fürst, Rat und Gemeinde – schon vorhandene Wünsche und Bedürfnisse nach Ausweitung der eigenen Kompetenzen im Kirchenregiment aktiviert. Jede der beteiligten Instanzen konnte hoffen und versuchen, einen größtmöglichen Anteil bei der Verteilung der Erbmasse aus der zerfallenen geistlichen Autorität an sich zu ziehen. Das musste zu Konflikten führen, in deren Rahmen das Verhalten und die Ziele der einzelnen Theologen als auch der Theologen insgesamt als einer besonderen Interessengruppe einzuzeichnen wäre.

Seit 1517 war die hergebrachte geistliche Autorität Zug um Zug zersetzt worden. Die Autorität des Papstes war für die Wittenberger mit Veröffentlichung der Bannandrohungsbulle *Exurge domine* obsolet.[4] Die nächste Ebene kirch-

---

toriallisen Seuran toimituksia 135), 14–112, wo sich unter der genannten Fragestellung die letzte weiterführende Darstellung der Wittenberger Bewegung findet.

[3] Siehe BUBENHEIMER, ULRICH, Luthers Stellung zum Aufruhr in Wittenberg 1520–1522 und die frühreformatorischen Wurzeln des landesherrlichen Kirchenregiments, in: ZSRG.K 71 (1985[a]), 147–214; Beitrag 4.

[4] In einer Disputation, die unter dem Vorsitz Nikolaus von Amsdorfs Mitte März 1522 in Wittenberg stattfand, wurden Vorschläge diskutiert, die Offenbarung des Antichrists zu datieren. Dabei fand die Konkretion auf die Publikation der Bannandrohungsbulle (September 1520) Zustimmung. Felix Ulscenius an Wolfgang Capito, Wittenberg, 1522 März 17; Melanch-

licher Hierarchie, das Bischofsamt, musste bereits erste Einbußen seiner Autorität und Jurisdiktion hinnehmen durch die von Kurfürst Friedrich von Sachsen und seinen Räten unterstützte Behinderung der Veröffentlichung dieser Bulle.[5] Nach dem Wormser Edikt und der Publizierung der Bannbulle *Decet Romanum Pontificem* stand dann endgültig die Konfrontation mit den Bischöfen an. Wie zu zeigen sein wird, wurde im Folgejahr die Autorität und Jurisdiktion der Bischöfe im kursächsischen Territorium weitgehend destruiert. Bei der Frage, wie die entstandene Lücke in kirchlicher Legislative und Jurisdiktion auszufüllen wäre, konnte der Landesherr an die schon vorhandenen Tendenzen zur Entwicklung eines landesherrlichen Kirchenregiments anknüpfen.[6] Wie durch den Verlauf der Wittenberger Stadtreformation schon 1521/22 letztlich das landesherrliche Kirchenregiment gestärkt und erweitert wurde, habe ich kürzlich gezeigt.[7] Aber das war erst das Ergebnis eines Machtkampfes des Fürsten mit Gemeinde und Rat. Die Wittenberger Reformation 1521/22 führt nicht nur das letztendlich siegreiche Modell der Fürstenreformation vor Augen, sondern ebenso Versuche der Gestaltung des evangelischen Gemeinwesens von der Gemeindebasis her[8] als auch Anfänge einer von der Stadtobrigkeit in die Hand genommenen Ratsreformation.[9] Der darin zum Ausdruck kommende Interessenkonflikt und Machtkampf zwischen Fürst, Rat und Gemeinde wäre in einer künftigen Gesamtdarstellung der Wittenberger Stadtreformation darzustellen. In der vorliegenden Studie soll eine Voraussetzung dieser innerreformatorischen Interessenkonflikte, nämlich der Prozess der Auflösung der bischöflichen Autorität und Jurisdiktion untersucht werden.

Die Konfrontation der Wittenberger mit den Bischöfen, die diesen Auflösungsprozess maßgeblich bestimmt hat, läuft 1521/22 vorwiegend in zwei Kon-

---

thoniana Paedagogica, eine Ergänzung zu den Werken Melanchthons im Corpus Reformatorum, hg. v. Karl Hartfelder, Leipzig 1892, 122f.

[5] BRECHT, MARTIN, Martin Luther. Sein Weg zur Reformation 1483–1521, Stuttgart 1981, 394.408f. Des kursächsischen Rathes Hans von der Planitz Berichte aus dem Reichsregiment in Nürnberg 1521–1523, hg. v. Ernst Wülcker u. Hans Virck, Leipzig 1899, 593–595.

[6] Vgl. BLASCHKE, KARLHEINZ, Sachsen im Zeitalter der Reformation, Gütersloh 1970 (SVRG 185), 106f.; JUNGHANS, HELMAR, Wittenberg als Lutherstadt, Göttingen 1979, 12–15; LUDOLPHY, INGETRAUT, Friedrich der Weise Kurfürst von Sachsen 1463–1525, Göttingen 1984, 373–375.

[7] BUBENHEIMER, Luthers Stellung (wie Anm. 3).

[8] Bei BLICKLE, PETER, Gemeindereformation. Die Menschen des 16. Jahrhunderts auf dem Weg zum Heil, München 1985, ist die Wittenberger Bewegung, abgesehen von einem Hinweis auf den Bildersturm in Wittenberg (95 Anm. 30), ignoriert, in deren Rahmen einer der frühesten sehr deutlichen Versuche einer „Gemeindereformation" von der Basis her gemacht wurde. Eine Berücksichtigung dieser Ursprünge und ihrer Ausstrahlung wird einige Revisionen in der Darstellung und Beurteilung des reformatorischen „Kommunalismus" notwendig machen. Vgl. BARGE, HERMANN, Frühprotestantisches Gemeindechristentum in Wittenberg und Orlamünde, Leipzig 1909, 48–58; BUBENHEIMER, Luthers Stellung (wie Anm. 3), 161–173.

[9] Die Stadtobrigkeit versuchte die Führung in der Hand zu behalten durch den Beschluss der Stadtordnung vom 24. Januar 1522. Vgl. BUBENHEIMER, Luthers Stellung (wie Anm. 3), 173–182.

fliktfeldern ab: im Streit um die Priesterehen und in der Auseinandersetzung um den Ablass in Halle.

Erstens fordern die Priesterehen die bischöfliche geistliche Jurisdiktion heraus und erzwingen eine Klärung der Frage, ob die auf das geltende Recht gestützten bischöflichen Ansprüche noch durchgesetzt werden können oder nicht. In dieser kirchenrechtlichen und kirchenpolitischen Konfrontation ist der Landesherr von vornherein involviert, weil das geistliche Gericht auf dessen Amtshilfe angewiesen ist. Daher sind auch landesherrliche Interessen tangiert. Eine Machtprobe zwischen bischöflichen und landesherrlichen Ansprüchen konnte durch diese Umstände ausgelöst werden.

In der Literatur findet man zu den ersten Priesterehen viele Einzelaspekte unter den verschiedensten Gesichtspunkten dargestellt, jedoch immer nur eklektisch. Dabei dominiert das Interesse an der Individualbiographie des jeweiligen Priesters, der das Zölibat durchbrach. Die protestantische Geschichtsschreibung ist an diesem Punkt die ältere hagiographische Tradition noch nicht ganz losgeworden.

Aber selbst ein auf alle publizierten Akten gestützte vollständige Darstellung eines Einzelfalls fehlt. Zu einen Teil dürfte die Ursache hierfür daran liegen, dass die Prozessakten, soweit sie überhaupt noch erhalten und bekannt sind, weit zerstreut und teils an entlegenen Stellen publiziert sind. Es nimmt daher nicht wunder, dass es eine zusammenfassende und vergleichende Darstellung der frühreformatorischen Fälle von Priesterehen nicht gibt. Hierfür fehlten allerdings auch einschlägige rechts- und institutionengeschichtliche Fragestellungen und Sichtweisen. Für die vorliegende Arbeit habe ich mir das Ziel gesetzt, die prozessualen Abläufe und die Strategien der Beteiligten in den ersten drei ausführlicher dokumentierten Fällen möglichst detailliert nachzuzeichnen und abschließend einer vergleichenden Betrachtung zu unterziehen[10].

Der zweite Konfliktherd – Ablass in Halle – betrifft den aus der Lutherforschung bekannten Streit um den sogenannten „Abgott in Halle"[11]. Der Horizont, in dem dieser Konflikt in der Lutherliteratur behandelt wird, ist der einer Auseinandersetzung zwischen Luther und Kardinal Albrecht von Brandenburg, während die selbständige Beteiligung anderer Wittenberger Theologen, insbesondere Karlstadts, an dieser Kontroverse noch gar nicht gesehen wurde. Außerdem wurde die Fragestellungen bislang vom Interesse an Luther her auf-

---

[10] Das Teilthema „Priesterehen und bischöfliche Jurisdiktion" lege ich in diesem ersten Teil der Studie vor. Die Ausführung der im folgenden skizzierten Themen – Streit mit Albrecht von Mainz um den Ablass in Halle; das Modell des evangelischen Gemeindebischofs – soll im Teil 2 folgen ⟨°2⟩.

[11] Zuletzt KRODEL, GOTTFRIED G., „Wider den Abgott zu Halle". Luthers Auseinandersetzung mit Albrecht von Mainz im Herbst 1521, das Luthermanuskript Add. C. 100, SC. 28660 der Bodleian Library, Oxford, und Luthers Schrift „Wider den falsch genannten geistlichen Stand des Papsts und der Bischöfe" vom Juli 1522. Ein Beitrag zur Lutherbiographie aus der Werkstatt der Amerikanischen Lutherausgabe, in: LuJ 33 (1966), 9–87.

gebaut, was dazu führte, dass die Hallenser Vorgänge nie unter vollständiger Berücksichtigung der zur Verfügung stehenden Quellen rekonstruiert wurden. Aufgrund einer gegenüber der bisherigen Forschung erweiterten Quellenbasis[12] soll hier gezeigt werden, dass der Hallenser Ablass Albrechts nicht eine Episode lutherischer Polemik war, gewissermaßen ein Nachklang des Ablassstreits, sondern dass dieser Vorgang von den Wittenberger Theologen gezielt zum Anlass einer grundsätzlichen Auseinandersetzung mit der geistlichen Autorität des Bischofs genommen wurde. Albrecht, Erzbischof von Magdeburg und Mainz und Administrator von Halberstadt, ist hier paradigmatische Figur des antichristlichen Bischofs. Geht es im Konfliktfeld Priesterehe vorwiegend um die bischöfliche Jurisdiktion, so wird im zweiten Konfliktfeld die hergebrachte bischöfliche Autorität überhaupt im Horizont ihrer in engeren Sinn geistlichen Funktionen in Frage gestellt.

Der Verlaufsdarstellung der genannten aktuellen Konflikte der Wittenberger Reformatoren mit den Bischöfen soll die Interpretation der theologischen Quellen folgen, in denen sich die gleichzeitigen Bemühungen um die Neubegründung eines evangelischen Bischofsamtes niedergeschlagen haben. Die systematische theologische Diskussion um die Konzeption eines evangelischen Bischofs, die die genannten kirchenrechtlichen und polemisch-propagandistischen Kontroversen in Wittenberg begleitet hat, ist in der Literatur bislang nicht dargestellt worden. Dieser dritte Teil soll zeigen, wie in einem gleichzeitig sowohl destruktiven als auch konstruktiven Prozess den Wittenberger Beiträgen zur Zersetzung des alten Amtes des Diözesanbischofs der Aufbau eines neuen Modells eines evangelischen Bischofsamtes zur Seite geht. Das in diesem Rahmen erwachsene frühreformatorische Konzept eines evangelischen Gemeindebischofs, eines Bischofsamtes auf kommunaler Ebene, ist nahezu in Vergessenheit geraten, weil das Luthertum ab 1524 mit den ersten übergeordneten evangelischen Bischöfen wieder stärker als zuvor an Traditionen der herkömmlichen Institution des Diözesanbischofsamtes anknüpfte.[13] Das vorausgehende frühreformatorische Modell des Gemeindebischofs verdient Aufmerksamkeit im Rahmen des in der jüngsten Forschung wieder aufgelebten Interesses am „Kommunalismus" der Frühreformation. Die Vorstellung vom Gemeindebischof muss in die „Gemeindereformation" eingezeichnet werden.[14] Im vorliegenden Rahmen geht es

---

[12] Unter anderem sollen zwei unbekannte Schriften Karlstadts gegen den Ablass in Halle in Teil 2 vorgestellt werden. Die Titel s. unten in Anm. 48 und 177.

[13] An dieser Stelle, bei dem „übergeordneten episkopalen Amt", steigt TRÖGER, GERHARD, Das Bischofsamt in der evangelisch-lutherischen Kirche, München 1966 (JusEcc 2), 24.27f. in die Darstellung des Bischofsamts im Luthertum ein, während er die frühreformatorische Konzeption des Gemeindebischofs weggelassen hat. Entsprechend DERS., Art. Bischof. III. Das evangelische Bischofsamt, TRE 6 (1980), 690–694.

[14] Zum Modell des Kommunalismus s. zusammenfassend Blickle, Gemeindereformation (wie Anm. 8); BRADY, THOMAS A., Turning Swiss. Cities and Empire, 1450–1550, Cambridge 1985, 28–34.151–183; methodisch weiterführend durch eine differenzierte Einbeziehung von

vor allem um die Sicht der Wittenberger von den geistlichen Aufgaben des Bischofs und von den Gemeindepfarrern und Predigern als den legitimen Trägern dieser Aufgaben. Wird im Blick auf die geistlichen Funktionen dieser so verstandenen Bischöfe ein klares Bild entworfen, so sind andererseits die Vorstellungen von den künftigen Erben der bischöflichen Ordnungs- und Jurisdiktionsgewalt theoretisch nur lückenhaft ausgebildet. Der Polemik gegen die traditionelle Handhabung bischöflicher Rechtsgewalt scheint ein fertiges Alternativmodell nicht gegenüber zu stehen. Es wird zu fragen sein, ob sich hier auf der Ebene der theologischen Theoriebildung das eingangs beschriebene Machtvakuum widerspiegelt, das nach der Zersetzung der herkömmlichen Strukturen zunächst da war. Allerdings sind auch die von den Theologen entwickelten Vorstellungen von den geistlichen Aufgaben des Bischofs auf ihre zweifellos vorhandenen kirchenrechtlichen Implikationen und Konsequenzen zu befragen, die 1521/22 nur in rudimentären Ansätzen realisiert werden konnten, aber dennoch in die kirchenrechtliche Entwicklung der folgenden Jahre hineinreichen.

II. Die ersten Priesterehen und die bischöfliche Jurisdiktion

Als Luther am Priesterzölibat zu zweifeln begann, wandte er sich zunächst an einen für diese herkömmlich kanonistische Problematik zuständigen Fachmann, den Wittenberger Juristen Hieronymus Schurf. Luther erhoffte von ihm Aufschlüsse aus dem kanonischen Recht über die Begründung des Zölibats, erhielt jedoch keine ihn befriedigende Antwort. Schurf wehrte Luthers Zweifel mit der Bemerkung ab, dass ja niemand gezwungen werde, Priester zu werden.[15] Vermutlich nicht lange nach diesem Gespräch wurde die Forderung nach Aufhebung des Priesterzölibats durch Luthers Flugschrift *An den christlichen Adel* zu einem populären Programmpunkt reformatorischer Propaganda.[16] In dieser

---

heuristischen Modellen der Kommunikationsforschung RUBLACK, HANS-CHRISTOPH, Martin Luther and the Urban Social Experience, in: SCJ 16 (1985), 15–32.

[15] Tischrede vom Januar 1538: „Lutherus: Initio euangelii dum aliquando viderem impiam tyrannidem coelibatus, non confidens mihi ipsi accessi Doctorem Hieronymum Schurff, ut ipse mihi causam coelibatus ex decretalibus indicaret, cur tanta tyrannis imposita esset sacerdotibus (de monachis nunquam cogitavi, quia sub voto erant, sed tantum de pastoribus, qui non possunt oeconomiam servare sine coniugio). At ille nihil potuit certe asserere, respondebat tarnen papam neminem cogere ad sacerdotium. Et ita nihil potuit ad quaestionem meam respondere." WA.TR 3, 553 (Nr. 3707); vgl. Nr. 3708 f. BRECHT, Luther (wie Anm. 5), 356 datiert den Vorfall auf Sommer 1520.

[16] LStA 2, 135,5–138,20 = WA 6, 440,15–443,24. – Ein Beispiel für die Rezeption dieser Aussage bietet folgende anonyme Flugschrift: Eyn buchleyn wieder den Sermon Augustini Alueldes vom ehlichen stande den er wieder Martinum Lutther gemacht / Darinnen auch angezeygt ab es auß götlicher heyliger schrifft gegründet das Priester möchten ehlich weyber habenn. […], [Erfurt: Matthes Maler 1521?], VD16 N 9125, Bl. A 3ʳ (UB München): „Das aber Alueldt dem Luther zulegt er schreybe alle priester sollen weiber nemen / spricht mein Nar-

im Juni 1520 verfassten und im August erschienenen Schrift erklärt es Luther als schriftgemäße Ordnung der Christenheit,

> „das einn ygliche stat ausz der gemeynn/eynen gelereten frumenn burger erwellet/dem selbenn das pfar ampt befilhe/vnd yhn vonn der gemeyn erneret/yhm frey wilkoer liesz/ehelich zu werdenn odder nit/der nebenn yhm mehr priester odder Dyaconn hette/auch ehlich odder wie sie wolten […]"[17].

Luther rät daher, jedem Priester die Ehe freizustellen. Nach seinem Urteil müsste dadurch aber das ganze kanonische Recht zu Boden gehen.[18] Konsequent empfiehlt Luther hier schon eine Verbrennung des kanonischen Rechts,[19] wie sie dann im Dezember 1520 unter Luthers Beteiligung in Wittenberg durchgeführt wurde.[20] Im Blick auf die praktischen Folgen schlägt Luther zunächst vor, den Zölibatszwang auf einem christlichen Konzil aufzuheben.[21] Entsprechend stellt er den Priestern, die bisher noch ohne Frau zölibatär gelebt haben, anheim, auf „ein gemein Christlich ordnung" zu warten.[22] Konkretere Verhaltensratschläge gibt er den im Konkubinat lebenden Priestern: Wenn ein Priester und seine Konkubine in ihrem Herzen für immer beieinander bleiben wollen, dann führen sie vor Gott eine Ehe. Sie dürfen und sollen daher ihre Gemeinschaft als Ehe betrachten. Damit rät Luther zu einer Art von Lebensgemeinschaft, die von den Partnern subjektiv als Ehe interpretiert, nach außen aber als Ehe dissimuliert werden könne.[23] Mit dieser Lösung vermeidet Luther, Priester zum öffentlichen Vollzug der Eheschließung mit allen ihren möglichen rechtlichen Konsequenzen aufzufordern.[24]

---

re/es wissens alle die anders/die Martinus schrifft vnd sunderlich an adel ym Vierzehenden punct gelesen haben/dyß sein aber da selbst seine word/[…]". – Weitere Aussagen Luthers ab 1520, in denen er das Zölibat verwirft, bei FRANZEN, AUGUST, Zölibat und Priesterehe in der Auseinandersetzung der Reformationszeit und der katholischen Reform des 16. Jahrhunderts, Münster 1969 (KLK 29), 25 f.

[17] LStA 2, 135,21–24 = WA 6, 440,30–34.

[18] LStA 2, 136,7–9 = WA 6, 441,11–13.

[19] „Was sol ich viel sagenn/sein doch in dem gantzen geystlichen Bapsts gesetz/nit zwo zeyllen/die einen frummen Christen mochten vnterweyszen/vnd leyder szouiel yrriger vnd ferlicher gesetz/das nit besser weere man mecht ein Rotten hauffen drausz." LStA 2, 138,9–12 = WA 6, 443,12–15. „Ein Rotten hauffen" (= „einen roten Haufen") ist symbolische Anspielung auf einen Scheiterhaufen. Ein Missverständnis des Ausdrucks in LStA 2, 138 Anm. 343: „Als Rotten bezeichnet Luther alle von seiner Lehre abweichenden Richtungen innerhalb der Christenheit".

[20] BRECHT, Luther (wie Anm. 5), 403–406; GERICKE, WOLFGANG, Luthers Verbrennungstat vom 10. Dezember 1520 und der Bericht Agricolas in seinen verschiedenen Fassungen, in: HerChr 1981/82, 39–46.

[21] LStA 2, 136,2 f. = WA 6, 441,26 f.

[22] LStA 2, 137,3–5 = WA 6, 442,2–5.

[23] LStA 2, 137,10–24 = WA 6, 442,10–24.

[24] Wie sehr Luther direkte Aufforderungen vermeiden will, zeigen schwebende Formulierungen wie die folgenden: „Ich wil nit radten/auch nit weeren […]" oder „Wer den glauben hat

Nach diesem literarischen Auftakt wurden in den folgernden Monaten in Wittenberg verschiedentlich private Gespräche über mögliche erste Schritte zur Durchbrechung des Zölibats geführt. Um Martini 1520 waren der Offizial Johannes Kerkener[25] sowie drei Kanoniker aus Braunschweig[26] zusammen mit Luther und dem Juristen Otto Beckmann bei dem Medizinprofessor Thomas Eschaus zu Gast. Im Gespräch meinte Beckmann, Luther müsste selbst noch freien. Dieses Ansinnen wies der Mönch jedoch weit von sich.[27] In einem Freundeskreis, dem Johann Agricola und Jakob Seideler, der dann im Sommer 1521 heiraten sollte[28], angehörten, wurde über die Priesterehe diskutiert, ohne dass man sich die später dann eingetretenen Folgen – Verhaftung von Priestern und Prozesse gegen sie – klargemacht hatte.[29] Als Luther dann im Mai 1521 auf der Wartburg von den ersten Priesterehen erfuhr, war er dann doch verwundert und besorgt über die weiteren prozessualen und sozialen Folgen.[30] Jetzt begannen die Konflikte, die Luther im Sommer 1520 durch seine Ratschläge zur Dissimulation hatte vermeiden wollen.

Als erste sind nicht die Wittenberger Reformatoren selbst, sondern einige ihrer Schüler zur Tat geschritten. Die Lehrer haben ihre Schüler in ihren Prozessen persönlich bestärkt und sie juristisch und propagandistisch unterstützt. Im Sommer 1521 wurden im sächsischen Raum kurz hintereinander die Eheschließungen von drei Priestern aktenkundig: Jakob Seideler im albertinischen Sachsen, Bartholomäus Bernhardi in Kemberg bei Wittenberg im Kurfürstentum Sachsen und Balthasar Zeiger in Vatterode in der Grafschaft Mansfeld.[31]

---

solchs zuwagenn/der folge mir nur frisch/ich wil yhn nit vorfuren [...]" LStA 2, 137,3.25f. = WA 2, 442,3.25f. Vgl. Franzen, Zölibat (wie Anm. 16), 25: „Die ungeheure Verführungskraft solcher Darlegungen in jener Zeit liegt auf der Hand."

[25] Jacobs, Eduard, Aus dem Rechnungsbuch des Wernigeröder Dechanten und bischöflichen Halberstädtischen und Hildesheimischen Offizials zu Braunschweig Johann Kerkener, in: Zeitschrift des Harzvereins für Geschichte und Altertumskunde 27 (1894), 593–612.

[26] Es handelte sich um folgende Kanoniker des St.-Blasius-Stifts zu Braunschweig: Johann Lamberti, Johann van Damm und Hinrik Reise. Über sie s. Döll, Ernst, Die Kollegiatstifte St. Blasius und St. Cyriacus zu Braunschweig, Braunschweig 1967 (Braunschweiger Werkstücke 36), 314.335. Am Blasiusstift hatte auch Kerkener ein Vikariat: ebd., 335. Hinrik Reise war gleichzeitig herzoglich-braunschweigischer Amtmann zu Wolfenbüttel. Bubenheimer, Ulrich, Thomas Müntzer in Braunschweig. Teil 2, in: Braunschweigisches Jahrbuch 66 (1985[b]), 79–114; hier 96 Anm. 133.

[27] So nach dem Bericht Kerkeners: Jacobs, Rechnungsbuch (wie Anm. 25), 597f.

[28] Siehe unten S. 237ff.

[29] Agricola an Seideler, Wittenberg, 1521 Juli 13; Seidemann, Johann Karl, Erläuterungen zur Reformationsgeschichte durch bisher unbekannte Urkunden, Dresden 1844, 33: „Olim loquebamur de vxore ducenda nihil obscure coniicies que sequutura essent. Fac animo presenti horum memineris." Agricola selbst hatte am 10. September 1520 geheiratet. Er war damals *baccalaureus biblicus* und hatte noch keine Priesterweihe empfangen. Kawerau, Gustav, Johann Agricola von Eisleben, Berlin 1881, 26–32.

[30] Luther an Melanchthon, [Wartburg], 1521 Mai 26; WA.B 2, 347,30–33; 347,85f. Luther ging diese Entwicklung jetzt zu schnell (347,30f.).

[31] Georg Spalatin: Chronicon sive Annales: „Hoc anno [seil. 1521] in Saxonibus milliario

Die Gleichzeitigkeit der drei Fälle legt den Verdacht nahe, dass es angesichts der Beziehungen der drei Kleriker zu Wittenberg eine Absprache gegeben haben könnte.[32] In allen drei Fällen wurden die Wittenberger aktiv.[33]

1. Der Fall Jakob Seideler

Jakob Seideler, seit 1519 Pfarrer zur Glashütte,[34] wurde am 24. Oktober 1520 in Wittenberg immatrikuliert.[35] Bereits am 17. November war er einer der Zeugen bei Luthers zweiter Konzilsappellation.[36]

In den Monaten, als Seideler in Wittenberg weilte, besprach er sich mit Freunden auch über die Frage der Priesterehe.[37] Ungefähr in der ersten Maihälfte 1521 heiratete Seideler seine Köchin namens Magdalena.[38] Es handelte

---

tantum uno a Vuittenberga apud Cemericum Parochus Mag. Bartholomaeus Bernhardus Feltkyrchius, sacerdos alioquin integer, duxit uxorem puellam virginem. Idem fecit in Comitatu Mansfeldensi alius quispiam. Sed et D. Jacobus Seidelerus Plebanus in Officina vitriaria in Mysnia. Quorum posteriores duo, ille ab Episcopo Maguntino Cardinale Alberto Brandenburgio Hallis, hic vero jussu Ducis Georgii Saxonum in arce Stolpensi in carcerem conjecti sunt." Scriptores rerum Germanicarum, praecipue Saxonicarum, Bd. 2, hg. v. Johann Burkhard Mencke, Leipzig 1728, 607 f.; Seidemann, Urkunden (wie Anm. 29), 12. Ob Bernhardi wirklich als erster heiratete, lässt sich aus den erhaltenen Quellen nicht belegen. Ich stelle die drei Fälle in der Reihenfolge dar, in der sie aktenkundig wurden.

[32] Valentin von Tetleben berichtet im Auftrag Kardinal Albrechts von Mainz Papst Leo X. im August/September 1521 über die reformatorische Bewegung, insbesondere in Wittenberg und Sachsen. Im Anschluss an Ausführungen über die Priesterehen fährt er fort: „Caeterum quia eadem creatura vestra [scil. Albertus] certum habet ad schisma et defectionem movendam mandatum esse consensum, partimque fieri conventicula conspirationes, mutuas cohortationes [...]". Monumenta reformationis Lutheranae ex tabulariis secretioribus S. Sedis 1521–1525, hg. v. Pietro Balan, Regensburg 1884, 270. Zur Datierung des Stücks s. u. Anm. 68.

[33] Luther erwähnt am 26. Mai im Brief an Melanchthon noch eine weitere Priesterehe: „Dic Amsdorfio, etiam pastorem Hirsfeldensem, optimum virum, fama volante, duxisse uxorem [...]" WA.B2, 379,49 f. Ebd., 351 Anm. 45 wird der „pastor Hirsfeldensis" mit Heinrich Fuchs, Pfarrer von Hersfeld, identifiziert.

[34] Herzog Georg, der das Patronatsrecht hatte, präsentierte ihn 1519 Oktober 24 als Pfarrer der Wolfgangskirche zu Glashütte. Er war Priester der Meißener Diözese. Gess 1, 172 Anm. 1. – Seideler stammt wahrscheinlich aus Glashütte oder der näheren Umgebung (vgl. Anm. 36). In Glashütte hatte er Verwandte, zu denen u. a. ein Philipp Seidel gehörte. SEIDEMANN, Urkunden (wie Anm. 29), 14 f. – Zu Glashütte s. BLASCHKE, KARLHEINZ, Die Kirchenorganisation in den Bistümern Meißen, Merseburg und Naumburg um 1500, Weimar 1969, 22 und Karte 8.

[35] Album 1, 99a, zusammen mit Wolfgang Kuch und Wolfgang Voit aus St. Joachimsthal. Zu diesen beiden hatte Karlstadt besondere persönliche Beziehungen (Barge 1, 200–202), so dass vermutet werden kann, dass auch Seideler diesem Freundeskreis angehörte.

[36] WA 7, 82,10–18: „Domino Iacobo Seydeller de Neuendorff Diocesis Misnensis". Mit Neuendorff ist vermutlich Naundorf westlich von Glashütte gemeint. Bei der Appellation wirkten zwei weitere Personen mit, die Seideler 1521 im Gefängnis mit Briefen stärkten (s. u. Anm. 46): Valentin Kluchzer aus Geyer als Zeuge und Johann Agricola als beglaubigender Notar. Es wird auch hier ein Wittenberger Freundeskreis sichtbar, dem Seideler angehörte.

[37] Siehe Anm. 29.

[38] Gess 1, 595,21–24.

sich um eine Eheschließung eines zuvor im Konkubinat lebenden Priesters.[39] Indem Seideler diesen Schritt nicht verheimlichte, ging er weiter, als Luther in seiner Adelsschrift geraten hatte. Am Pfingsttag, 19. Mai, ließ Herzog Georg von Sachsen den Priester auf Ansuchen des Bischofs von Meißen, Johann VII. von Schleinitz (1518–1537), verhaften. Auf dem Wege der Amtshilfe wurde er von Georg dem Bischof überstellt und von diesem in Stolpen in leichter Haft gehalten.[40] Georg anerkannte die Zuständigkeit des geistlichen Gerichts in dieser Sache und lehnte daher auch die Bitte von Seidelers Gemeinde ab, zugunsten Seidelers beim Bischof zu intervenieren.[41] Seidelers Onkel Matthias kam in der ersten Junihälfte nach Wittenberg und berichtete dort über das Schicksal seines Neffen. Die Universität gewährte Seideler Unterstützung und gab seinem Onkel eine Supplikation an den Kurfürsten mit.[42] Gegenüber dem Bischof wurde allerdings nicht die Universität aktiv, sondern Karlstadt, Johann Agricola und Melanchthon richteten am 18. Juli 1520 ein privates Mahnschreiben an den Bischof, in den sie auf Seidelers Freilassung drängten.[43] In ihrem die gewohnte

---

[39] Zum Fall Seideler s. SEIDEMANN, Urkunden (wie Anm. 29), 12–35; Gess 1 (s. Register); Barge 1, 286–288.

[40] Johannes Lindner OP (Monachus Pirnensis): Onomasticon, s. v. Glasehutte, in: Scriptores rerum Germanicarum (wie Anm. 31), 2, 1447; Gess 1, 569,1–3. – Ein Anonymus schreibt an Seideler, 1521 Juli 13 (SEIDEMAN, Urkunden, 31; zum Verfasser des Briefs s u. Anm. 46), dass auch der Pfarrer von Würzen lange vom Meißener Bischof im Gefängnis gehalten worden sei. Dieser sei jetzt in Wittenberg, und der Kurfürst habe ihm ein Auskommen verschafft. Über den Fall ist mir sonst nichts bekannt.

[41] Die Herzöge Johann d. J. und Friedrich d. J. an Richter, Geschworene, Knappschaft und Gemeinde zu Glashütte, 1521 Mai 29; Gess 1,172,11–13: „Und so dise sache, dorumb er zu gefengnis bracht, u. fr., dem bischofe, zu rechtfertigen geburet, wissen wir ine dorin nicht zu halden […]". Georg wollte Seideler in eigenem Interesse über weitere Punkte verhören lassen und stellte ein entsprechendes Gesuch am 6. Juni an den Bischof: ebd., 1, 174. Außer der Priesterehe wurde Seideler die Verbreitung lutherischer Lehren vorgeworfen: Karlstadt, Agricola und Melanchthon an Bischof Johann von Meißen, Wittenberg, 1521 Juli 18; CR 1, 420.

[42] Nach dem Brief von N. N. an Seideler, Wittenberg, 1521 Juli 13; SEIDEMAN, Urkunden (wie Anm. 29), 31. Das Schreiben der Universität ist verloren, von der Reaktion des Kurfürsten nichts bekannt. Dieser hielt sich von etwa 24. Juni bis zum 3. Juli in Wittenberg auf: „[…] multa Academiae et reip. Christianae commoda curavit, instauravit, excitavit." Spalatin: Chronicon sive Annales, in: Scriptores rerum Germanicarum (wie Anm. 31), 2, 607.

[43] Der Brief (MBW Nr. 152) an den Bischof in CR 1, 419–421 und bei Seidemann 1844, 28 f. – Vgl. Melanchthon an Spalatin, [Wittenberg, 1521 nach Juli 18]: „Epistolam ad Misnensem episcopum mitto, ea non Academiae, sed privatim Carolostadii, Islebii et meo nomine edita est, ne quid periculi timeas […]" (MWA 7/1, 119,6–120,1; MBW Nr. 153). Demnach scheint der kurfürstliche Hof verhindert zu haben, dass das Schreiben amtlich im Namen der Universität ausging. Arffman, Yliopistot ja kirkon (wie Anm. 2), der die Rolle der Universität als eines Trägers des reformatorischen Prozesses in der Wittenberger Bewegung untersucht hat, erwähnt den Brief der drei Theologen an den Bischof (19), ohne auf die rechtlich relevante Unterscheidung zwischen „amtlich" und „privat" einzugehen. Sie hätte Anlass gegeben, durchgehend präziser festzustellen, wo Angehörige der Universität als Privatpersonen schrieben und handelten, und wo sie oder Institutionen der Universität als Amtsträger aktiv wurden. Diese Unterscheidung ist relevant im Rahmen des Interesses Arffmans an den Amtsträgern

Reverenz durchbrechenden freimütigen Schreiben[44] erklären es die drei Theologen als ihre Christenpflicht, den Bischof zu ermahnen, nach der Heiligen Schrift, nicht nach den kanonischen Becht zu urteilen, den die Christen nicht unterstehen.[45] In einer Reihe gleichzeitiger Briefe Wittenberger Dozenten und Studenten wurde Seideler in der Bereitschaft zum Martyrium bestärkt.[46] Der Bischof versuchte weitere Publizität des Falls dadurch zu verhindern, dass er Seideler untersagte, seine Antwort auf die ihm vorgehaltenen Artikel zu publizieren.[47]

Am 21. September hatte Karlstadt von einer Sinnesänderung des Bischofs gehört.[48] Tatsächlich wurde Seideler am 9. Oktober 1521 auf Bürgschaft von Verwandten aus Glashütte hin vorläufig bis zur Entscheidung in der Hauptsache

---

im reformatorischen Umbruch und seiner speziellen Frage, ob die Wittenberger Universität Versuche machte, Funktionen des obsoleten Bischofsamtes zu übernehmen (9–13.273).

[44] CR 1, 419.421.

[45] Ebd., 420.

[46] Bei SEIDEMANN, Urkunden (wie. Anm. 29), 29–35. Aus Wittenberg haben folgende Personen Briefe an Seideler geschrieben: 1. Johann Agricola am 13. 7. (ebd., 32 f.). Zu Verbindungen der beiden s. Anm. 29 und 36. – 2. Valentin Kluchtzer am 13. 7. (ebd., 33 f.). Er stammt aus Geyer bei Annaberg, immatrikuliert Wittenberg Wintersemester 1506/07, bacc. art. 1508 Juli 3, immatrikuliert Leipzig Sommersemester 1513, Weihe zum Subdiakon Merseburg 1515 Dez. 22: Album 1, 20a; KÖSTLIN, JULIUS, Die Baccalaurei und Magistri der Wittenberger philosophischen Fakultät 1503–1517, Halle 1887, [Bd. 1], 9; Die Matrikel des Hochstifts Merseburg 1469 bis 1558, hg.v. Georg Buchwald, Weimar 1926, 110a, 25; 259b; ClMBW 145, Anm. 1. Er war mit Seideler Zeuge von Luthers Konzilsappellation 1520 Nov. 17 (s. Anm. 36), dabei als öffentlicher Notar bezeichnet (WA 7, 82,12 f.). – 3. Ein Anonymus am 13.7. (SEIDEMANN, Urkunden, 29–32). Der Schreiber war ein aus dem albertinischen Sachsen stammender, Seideler nahestehender Student: ClMBW 144 f. – 4. Matthäus Aurogallus, Hebräischlehrer in Wittenberg, am 15. 7. (SEIDEMANN, Urkunden, 34 f.). – 5. Melanchthons Brief wurde Seideler angekündigt (SEIDEMANN, Urkunden, 31), ist jedoch nicht erhalten. – Der Brief des Anonymus (Nr. 3) fiel in die Hände Herzog Georgs. Dieser schickte den Brief, in dem ihm Tyrannei vorgeworfen wurde, an Kurfürst Friedrich mit der Bitte, in Wittenberg nach dem Schreiber fahnden zu lassen. Friedrich erklärte, dass es unmöglich sei, den Schreiber in Wittenberg zu identifizieren: Friedrich an Georg, Lochau, 1521 Okt. 29; Gess 1, 199 f.

[47] CR 1, 420. Es handelte sich um Artikel, in denen die von Seideler angeblich vertretenen Auffassungen zusammengefasst waren. Sie betrafen die Priesterehe und weitere Lehren Luthers. Die Irrlehren Seidelers stellt der Bischof in seinem Schreiben an Erzherzog Ferdinand und das Reichsregiment, 1523 Dez. 31, kurz zusammen: Gess 1, 595,6–14. Hier erwähnt er auch die ihm vorliegende schriftliche Verteidigung Seidelers: 595, 24 f. Sowohl die Seideler vorgehaltenen Artikel als auch seine schriftliche Verteidigung sind verloren.

[48] BODENSTEIN VON KARLSTADT, ANDREAS, LOCI TRES, AB ANDREA BO. Carolostadio Vuittemberge in arena tractati, Tribulationis, Praedestinationis, & Orationis Theologici. [...], [Wittenberg: Nickel Schirlentz 1521] (Kirchenbibl. Eisleben: 221n, Fragment). In der Widmungsvorrede, datiert 1521 Sept. 21, schreibt Karlstadt, Bl. Al^v: „Hic nihil est novi nisi quod aiunt, Reverendum DD. Episcopum Misnensem suae inclemenciae poenitere, Captivos, quos vinxerat evagari. Ante Episcopatum recta studia exosculabatur [...]“. Näheres zu diesem als verloren geltenden Karlstadtdruck s. Teil 2 〈°3〉. Das Eislebener Fragment hat Herr Oberkirchenrat Dr. Konrad von Rabenau, Berlin, entdeckt, dem ich für die Erlaubnis, den Druck auszuwerten, herzlich danke.

auf freien Fuß gesetzt.[49] Es wurden ihm vier Städte als mögliche künftige Auf-
enthaltsorte zur Wahl gestellt, von denen die Bürgen Döbeln wählten. Diesen
Ort durfte er jedoch laut Bürgschaftsurkunde bis auf weitere Entscheidung in
seiner Sache nicht verlassen. Es war ihm untersagt, seine geehelichte Köchin
nachzuholen.[50] Noch im selben Monat hat Seideler eine Supplikation an den
Bischof gerichtet, in der er darum bat, seine Sache ohne Urteil fallen zu lassen
und ihm einen anderen Aufenthaltsort zu genehmigen. Beides lehnte der Bischof
ab. Allerdings teilte der bischöfliche Kanzler Georg von Rotschitz Seideler am
2. November mit: „Es wirt nach dem willen gottes wol gut werden." Der Bischof
wolle das Verfahren bald zum Abschluß bringen. Der Kanzler rät dem Pfarrer,
sich mittlerweile gehorsam zu verhalten.[51]

Diesem Rat ist Seideler nicht gefolgt. Er holte seine Frau nach Döbeln[52] und
begann obendrein an Martini 1521 in Döbeln auf dem Rathaus mit evangelischer
Predigt.[53] Er war den Bürgern von zwei Wittenberger Studenten empfohlen worden.[54] Ein vom Meißener Bischof an den Propst zu Döbeln gerichtetes Schreiben
in Sachen Seideler soll dieser mit den Worten ignoriert haben: „[...] an den kere
ich mich nichts; dan, so der bischoff meyn ichtwas wil, wirt er an mich wol
schreyben. Doch wil ich das ewangelium umb nymants willen ze predigen und-
erlassen."[55] Am ersten Advent polemisierte er in der Predigt gegen die Bischöfe,
die ihm die Predigt des Wortes Gottes verbieten.[56]

Diese provokative Verhalten führte zu einer zweiten Verhaftung Seidelers.
Jedoch wurde er aus dem bischöflichen Gefängnis befreit. Beim Versuch, nach
Böhmen zu fliehen, wurde er von Georgs Amtleuten erneut verhaftet, an den
Bischof ausgeliefert und nunmehr in strenger Haft gehalten.[57] Diesmal saß er
fast anderthalb Jahre im Gefängnis. Kurz vor Martini 1523 kam er auf erneute
Bürgschaft seiner Verwandten und mit Zustimmung Herzog Georgs frei. Aller-
dings musste er schwören, im Exil in England oder Brebant zu leben und niemals
wieder zu predigen. Gleich anschließend verließ er Sachsen.[58] Noch vor Jahres-

---

[49] Die Bürgschaftsurkunde, Würzen, 1521 Okt. 9 bei SEIDEMANN, Urkunden (wie
Anm. 29), 14–16.
[50] Ebd., 14 f.
[51] Ebd., 16.
[52] Bericht der von Georg nach Döbeln gesandten Bartel Prassler und Thomas von der
Heide, [Döbeln, 1521 Dez. 4]; Gess 1, 217–226; hier 219,16–20.
[53] Ebd., 219,3–7.
[54] Ebd., 223,6–34.
[55] Ebd., 224,28–34. Bei dem Propst handelt es sich um den Propst des Benediktinerinnen-
klosters: Gess 1, 203 Anm. 1. Der Bischof hatte Seideler verboten, in Döbeln ein priesterliches
Amt auszuüben: ebd., 227, 16 f.
[56] Ebd., 220,23–28.
[57] Bischof Johann von Meißen an Erzherzog Ferdinand und das Reichsregiment, 1523 Dez.
31; Gess 1, 596, 20–28.
[58] Ebd., 581,31–582,17.596,28–30. Vermutlich wandte er sich gleich nach Nürnberg, vgl.
ebd., 582,38–583,1.

ende wandte er sich an Erzherzog Ferdinand und das Reichsregiment in Nürnberg mit der Bitte, ihm zur Lösung von jenem Eid zu verhelfen.[59] Doch lehnten sowohl der Bischof als euch der vom Bischof eingeschaltete Herzog Georg eine entsprechende Supplikation des Reichsregiments ab.[60] Am 3. August 1524 hat Seideler, mittlerweile Spitalprediger zu Nürnberg, in Wörth bei Nürnberg eine zweite Ehe geschlossen.[61]

2. Der Fall Bartholomäus Bernhardi

Außergewöhnliche Publizität erlangte mit Hilfe der Wittenberger die Eheschließung des Kemberger Propstes Bartholomäus Bernhardi von Feldkirch.[62] Bernhardi war ein in Wittenberg ausgebildeter Theologe,[63] hatte dort als Dozent in der Artistenfakultät über die Physik und Metaphysik des Aristoteles gelehrt und war im Wintersemester 1518/19 Rektor gewesen. Gegen Ende 1518 hatte ihn die Universität zum Propst der dem Wittenberger Allerheiligenstift inkorporierten Propstei Kemberg nominiert.[64] Seine Heirat ist zum ersten Mal belegt am 26. Mai 1521 in einem Brief Luthers an Melanchthon. Der Reformator äußert sich verwundert über den aus seiner Sicht eiligen Schritt Bernhardis und fürchtet, dieser könnte vertrieben werden.[65] Tatsächlich ging Bernhardi über das, was Luther 1520 empfohlen hatte, hinaus. Denn er war kein im Konkubi-

---

[59] Erzherzog Ferdinand als Statthalter und das Reichsregiment an Bischof Johann von Meißen, Nürnberg, 1523 Dez. 14; Gess 1, 581–583.

[60] Johann von Meißen in dem Anm. 57 genannten Brief; Gess 1, 596,32–38. – Herzog Georg an Erzherzog Ferdinand, Dresden, 1524 Januar 2; ebd., 1, 597–599. Herzog Georg begründet die Bestrafung Seidelers jetzt nicht mehr mit dem Tatbestand des Zölibatsbruchs, ebd., 598,2–4: „[...] das dyse straf ihm vornemlich derenthalben auferlegt, das er sich dyeselbigen sect in unserm furstentum auscupreyten understanden [...]". Georg interessierte sich seinerseits von Anfang an mehr für Seidelers lutherische Predigt als für dessen Eheschließung.

[61] Thomas von der Heide an Herzog Georg, Eßlingen, 1524 August 14; Gess 1, 726,8–12. Seideler war danach Prediger in Wörth (bis 1528), 1530 vertrat er Osiander in seinem Predigeramt. Er starb 1557. B. Schneider in: Andreas Osiander d. Ä.: Gesamtausgabe, Bd. 4, hg. v. Gerhard Müller u. Gottfried Seebaß, Gütersloh 1981, 66 Anm. 40; MWA 7/1, 120 Anm. 2.

[62] Vgl. Burmeister, Karl Heinz, Der Vorarlberger Reformationstheologe Bartholomäus Bernhardi, in: Montfort-Zeitschrift für Geschichte, Heimat- und Volkskunde Vorarlbergs 19 (1967), 218–238 (fehlerhaft in den Daten).

[63] Bacc. bibl 19. 11. 1512; bacc. sent. 25. 9. 1516; bacc. form. 7. 7. 1518. Liber Decanorum. Das Dekanatsbuch der theologischen Fakultät zu Wittenberg in Lichtdruck nachgebildet. Mit einem Vorwort von Johannes Ficker, Halle a. S. 1923, Bl. 23ʳ.26ᵛ.28ᵛ. Bernhardi war nicht *lic. theol.*, wie u. a. bei Burmeister, Bernhardi (wie Anm. 62), 223 und Bautz, Friedrich Wilhelm, Art. Bernhardi, Bartholomäus, BBKL 1 (1990), 539f., hier 539 tradiert wird.

[64] Gleichzeitig gab Bernhardi sein Lehramt auf. Am 6. Dezember 1518 empfahl Karlstadt bereits Nikasius Claii als Nachfolger. WB 360; Album 1, 77.

[65] WA.B 2, 347,30–32.349,79–83. Zu der dunklen zweiten Stelle vgl. die Übersetzung von Martin Luther. Briefe von der Wartburg 1521/22, übers. und eingel. v. Herbert von Hintzenstern, Eisenach 1984 (Schriften der Wartburgstiftung Eisenach 4), 32. Bernhardi hat also zwischen 2. April (Luthers Abreise nach Worms) und 26. Mai geheiratet.

nat lebender Priester,[66] sondern ehelichte eine Jungfrau.[67] Zwei Punkte sind an dieser frühen Priesterheirat besonders auffallend. Erstens, dass der Propst die Ehe in aller Öffentlichkeit schloss;[68] und zweitens, dass er sich für diesen Schritt der Zustimmung seiner Gemeinde versicherte.[69] Damit wurde die Priesterehe aus einem zunächst nur die Person des Priesters betreffenden Vorgang schon in diesen ersten Anfängen zu einer auch die Gemeinde mobilisierende Aktion, zu einem Element der Gemeindereformation.[70] Da die Kemberger Propstei dem

---

[66] So Ulrich Hugwald in der Vorrede zu seiner Ausgabe der von Karlstadt verfassten (s. u. S. 243 ff.) Apologie für Bernhardi: CONTRA PAPISTICAS LEGES SACERDOTIBVS PROHIBENTES MATRIMONIVM, APOLOGIA pastoris Cembergensis, qui nuper, suae Ecclesiae consensu, uxorem duxit, [Basel: Adam Petri 1521/22], VD16 B 6100, Bl. A1^v (SB München: J. can. P. 119P; Baurmeister Druck Nr. 3, s. u. S. 254).

[67] APOLOGIA PASTORIS, CEMBERGENSIS QVI Nvper suae Ecclesiae consensu, uxorem duxit, [Straßburg: Ulrich Morhart 1521/22], VD16 ZV 2153, Bl. A1^v (HAB Wolfenbüttel: 1067 Th. (3); Baurmeister Nr. 2). Ich zitiere aus dem Text der lateinischen Apologie nach diesem Druck, da er die beste Textüberlieferung bietet. In CR 1, 420–440 (unsere Stelle hier 426) ist die Apologie nach dem unten Anm. 132 genannten Erfurter Druck ediert in der unbewiesenen Annahme, dass dieser die Erstausgabe darstelle. – Zu Bernhardis Frau s. auch Spalatin in der Anm. 31 zitierten Aussage.

[68] Bericht Valentin von Tetlebens im Auftrag Albrechts von Mainz an Papst Leo X.: „[…] in facie Ecclesiae matrimonium publice contraxit […]" Monumenta reformationis Lutheranae (s. Anm. 32), 269. Der Bericht Tetlebens (ebd., 267–271) ist von Pietro Balan falsch auf Mitte Juli datiert worden; diese Datierung bereits verbessert auf Mitte August 1521 von Kalkoff, Paul, Capito im Dienste Erzbischof Albrechts von Mainz, Berlin 1907 (Neue Studien zur Geschichte der Theologie und der Kirche 1), 70 Anm. 1. Näherhin liegt die Abfassungszeit zwischen 9. August und 18. September 1521. Monumenta reformationis Lutheranae 270 ist das unten S. 248 genannte Schreiben Kurfürst Friedrichs an Kardinal Albrecht vom 9. August bereits vorausgesetzt. Am 18. September bezieht sich der päpstliche Vizekanzler Julius de Medici in einem Schreiben an Hieronymus Aleander auf den Bericht (ebd., 291). – Ferner vgl. die Colmarer deutsche Fassung der Apologie: An Maidenbergers etrzbischof. herforderung / vber Eelichs stantz handel aines ersamen pristers Bernhardj […](vollständiger Titel s. u. Anm. 136), Bl. a 2^r: „[…] ich nit leygnen kan noch mag / ein jungfreulichen / elichen gmalhel zu straß vnd kylch / noch gemeynem bruch / gfurt."

[69] Siehe die Formulierung „suae Ecclesiae consensu" im Titel der in Anm. 66 f. zitierten Ausgaben der Apologie. Ferner s. Apologia pastoris, Cembergensis (wie Anm. 67), Bl. l^v (CR 1, 426): „Principio negare non possum, uxorem virginem me duxisse. Id enim si negarem, impie fallerem meam ecclesiam. Quae cum hactenus persuasum habeat, legitimas nuptias meas esse, nunc pia ratione offenderetur, si ipse vocarem scortationem vitae meae genus."

[70] Die Priesterehe als ein möglicher Aspekt von Gemeindereformation kommt bei Blickle, Gemeindereformation (wie Anm. 8) nicht vor. Sie ist einerseits eine Möglichkeit zur Einbeziehung der Gemeinde in die Willensbildung wie im vorliegenden Fall, inspiriert vermutlich von der oben S. 235 zitierten Auffassung Luthers. Andererseits ist die Priesterehe ein Aspekt der Verbürgerlichung der Kleriker. Als theologische Implikation dieser Verbürgerlichung führt Blickle, 96 die „Desakralisierung der Priester" an, die er in der Abstellung der Messe als „Beseitigung des sakramentalen Charakters der Kirche" manifestiert sieht. Die eigentliche Desakralisierung des Priesters ist allerdings nach damaliger Auffassung die reformatorische Priesterehe angesichts der mit ihr einhergehenden Verwerfung des sakramentalen ordo sowie des durch die Weihe verliehenen character indelebilis des Priesters. Zum Zusammenhang von Priesterehe und Gemeinde s. auch die Ausführungen über die Colmarer Ausgabe der Apologie unten S. 253–254.

Wittenberger Allerheiligenstift inkorporiert war, waren Stift und Universität in besonderer Weise von Bernhardis Schritt mitbetroffen.

Die Anfänge des Verfahrens gegen Bernhardi müssen aus dem späteren Verlauf des Prozesses erschlossen werden. Zu einem unbekannten Zeitpunkt wurde Albrecht als zuständiger Ordinarius der Erzdiözese Magdeburg gegen Bernhardi aktiv. Jedoch leistete Kurfürst Friedrich dem geistlichen Gericht die geforderte und dem geltenden Recht entsprechende Amtshilfe nicht, anders als Herzog Georg im Fall Seideler und die Mansfelder Grafen in dem unten darzustellenden Fall Zeiger.[71] Das erste erhaltene Dokument aus dem Prozess ist eine programmatische Verteidigungsrede für Bernhardi, die zugleich eine Apologie für die Priesterehe schlechthin ist. In dieser Schrift ist mit dem bisher geltenden Kirchenrecht kompromisslos gebrochen. Das kanonische Recht wird als Rechtsbasis nicht mehr anerkannt, vielmehr ist ihm die Konzeption eines göttlichen, d. h. biblischen Rechts gegenüber gestellt.[72] Unsicherheit herrscht in der Literatur sowohl über den Verfasser als auch über den Adressaten der Verteidigungsschrift.

Zunächst zum Verfasser der Apologie. Sie ist eine dem Angeklagten Bernhardi in den Mund gelegte Verteidigungsrede. Dieser hat sie jedoch nicht selbst verfasst.[73] Bald nach dem 18. Juli 1521 hat Melanchthon nach eigener Aussage die

---

[71] Die offiziellen und offiziösen Quellen zum Fall Bernhardi gehen eindeutig davon aus, dass Bernhardi nicht verhaftet wurde und im Amt blieb: vgl. Anm. 31 und 98 f. Davon weicht nur ein Bericht ab, der auf Information aus zweiter Hand beruht: Eberhard vom Thor, bischöflich-naumburgischer Statthalter in Zeitz, schickte am 12. Januar 1522 eine von ihm verfasste Neue Zeitung über die reformatorischen Vorgänge an Prior und Konvent des Klosters Tegernsee, in der er über Bernhardi schreibt: „Zum andern so hob der von Maidburg den probst oder pfarrer von Remberg in Fäncknuß gehabt von des wegen, das er sich in Eestand begeben hat und so offennlich hochzeit gehalten, aber doch so hob der von Maidburg den benanntten probst wider auf ein aldt ursach außgelassen an alle geltstraff und last in also pey seiner pfarr und weyb on alle beschwur sitzen." SCHOTTENLOHER, KARL, Erfurter und Wittenberger Berichte aus den Frühjahren der Reformation nach Tegernseer Überlieferungen, in: Otto Scheel (Hg.), Festschrift für Hans von Schubert, Leipzig 1929 (ARG Ergänzungsband 5), 71–91; hier 87. Obwohl sich Thor persönlich in Wittenberg und Kemberg erkundigt haben will (ebd.), hat er die Fälle Bernhardi und Zeiger (s. S. 257 ff.) vermischt. Nicht Bernhardi, sondern Balthasar Zeiger war vom Magdeburger Erzbischof wegen des Zölibatsbruchs in Halle gefangen gehalten worden. Die Quelle, die den von Thor wiedergegebenen Irrtum ausgelöst hat, ist höchstwahrscheinlich Karlstadts Schrift: Von anbettung vnd ererbietung der tzeychen des newen Testaments, Wittenberg: [Nickel Schirlentz] 1521, VD16 B 6218 (Freys/Barge Nr. 68; LB Stuttgart: Theol. 4°. 868). Dort schreibt Karlstadt am Schluß Bl. B 4ʳ im Zusammenhang mit Ausführungen über Albrecht: „Der Priester. ßo des eestands halben gefangen gelegen / ist / ledig vnud [sie!] frey geben / vund [sic!] behelt sein pfar / vund [sic!] sein eeweib dartzu [...]". Karlstadt meinte Balthasar Zeiger. Da er aber dessen Namen nicht nannte, konnte seine Aussage von schlecht informierten Lesern auf Bernhardi bezogen werden. KRODEL, Abgott zu Halle (wie Anm. 11), 45 hat den Irrtum Thors erweitert: „Bald nach seiner Verehelichung wurde Bernhardi von einem Offizial des Mainzer Erzbischofs verhaftet [...]".

[72] BUBENHEIMER, ULRICH, Consonantia theologiae et iurisprudentiae. Andreas Bodenstein von Karlstadt als Theologe und Jurist zwischen Scholastik und Reformation, Tübingen 1977 (JusEcc 24), 240–242.

[73] Bernhardi wird in der älteren Literatur gelegentlich irrtümlich als Verfasser genannt,

Apologie in einer lateinischen[74] und einer deutschen Fassung an die Juristen der Universität weitergegeben.[75] Aus diesem Vorgang war die ältere Annahme erwachsen, Melanchthon sei auch der Verfasser der Apologie,[76] obwohl Melanchthon von seiner Rolle nicht mehr sagt, als dass er die Apologie weitergeleitet habe. Hermann Barge hat dann 1903 mit gewichtigen Argumenten Karlstadt als Verfasser der Apologie in Anspruch genommen.[77] Er stützte sich auf den Aufweis vielfacher Parallelen zwischen der lateinischen Apologie und Karlstadts gleichzeitigen Thesen und Schriften gegen das Zölibat. Dass Barge richtig lag, bestätigt ein in der Diskussion der Verfasserfrage übersehenes zeitgenössisches Zeugnis des Justus Jonas: In einem Brief an Wolfgang Capito, der als Rat des Kardinals mindestens seit Ende September Verhandlungen mit den Wittenbergern und dem kursächsischen Hof führte, benennt Jonas am 1. Januar 1522 ausdrücklich Karlstadt als Verfasser der „Apologien"[78], wobei er mit dem Plural „Apologien" ihre zwei Fassungen, nämlich die deutsche und lateinische, meint. Aufgrund dieses aus Wittenberg stammenden Zeugnisses kann die Verfasserfrage als entschieden gelten.[79] Es bot sich ja an, dass ein Mann wie Karlstadt, Doktor der Theologie und der Rechte, der neben der theologischen euch die nötige juristische Sachkenntnis besaß, eine Verteidigungsschrift für Bernhardi abfasste.[80]

---

z. B. WAGENMANN, Art. Bernhardi, Bartholomäus, ADB 2 (1875), 459f. Dagegen sprechen schon die ersten der insgesamt zwölf Ausgaben, die bei Baurmeister 131–133 bibliographiert sind. In der von Johann Lang in Erfurt herausgegebenen lateinischen Ausgabe (Baurmeister Nr. 1; s. u. Anm. 132) lautet der Titel: Apologia *pro* M. Barptolomeo Praeposito […]; in der deutschen Übersetzung dieser Ausgabe (Baurmeister Nr. 6; s. u. Anm. 134): Schutzrede *vor* Magister Bartholomeo […] Noch deutlicher die in Wittenberg 1522 erschienene deutsche Fassung: Das die Priester Ee weyber nemen mögen vnd sollen. *Durch eyn hochberümbten trefflichen man* erst im lateyn gestalt / *vor* beschutz red des wirdigen herren Bartolomei Bernhardi […] (Baurmeister Nr. 7; s. u. Anm. 83). Hervorhebungen von mir.

[74] CR 1, 425–440.

[75] Melanchthon an Spalatin, [Wittenberg, 1521 nach Juli 18]: „Latinam Apologiam pro Kembergio nostro leges fortasse, dedi enim praeter germanicam et latinam doctorib[us] Iuriscons[ultis] nostris." MWA 7/1, 120,12–14; MBW Nr. 153.

[76] Diese traditionelle Zuweisung an Melanchthon (s. VEESENMEYER, G., Bemerkung über des Barthol. Bernhardi Apologie der Klerogamie, in: ThStKr 4 [1831], 124–130) findet sich ohne Hinweis auf die Diskussion seit Barge (s. Anm. 77) noch bei STUPPERICH, ROBERT, Reformatorenlexikon, Gütersloh 1984, 34.

[77] BARGE, HERMANN, Karlstadt, nicht Melanchthon der Verfasser der unter dem Namen des Bartholomäus Bernhardi von Feldkirch gehenden Schrift Apologia pro Bartholomeo Praeposito, in: ZKG 24 (1903), 310–318.

[78] Jonas an Capito, Wittenberg, 1522 Jan. 1; BJJ 1, 82: „Carolostadius iam olim adornavit ut audio bene elaboratas apologias, tandem ei offeratur, qui se veritati scripturae tam aperte matrimonium permitenti opponat."

[79] Ein Teil der Ausgaben der Apologie sind richtig unter Andreas Bodenstein bibliographiert in: Verzeichnis der im deutschen Sprachbereich erschienenen Drucke des XVI. Jahrhunderts – VD 16 –, hg. v. der Bayerischen Staatsbibliothek in München Stuttgart 1983ff., Nr. B 6100–6108.

[80] Hinfällig ist damit auch meine in BUBENHEIMER, Consonantia theologiae (wie Anm. 72), 240f. geäußerte Vermutung, Melanchthon sei irgendwie an der Abfassung – in literarischem

Eine Untersuchung der verschiedenen Druckausgaben ergibt zusätzlich, dass die deutsche Apologie nicht, wie bisher angenommen wurde,[81] verloren ist, sondern dass sie identisch ist mit der 1522 in Wittenberg bei Nickel Schirlentz, Karlstadts Hausdrucker,[82] erschienenen deutschen Fassung der Apologie.[83] Es handelt sich bei ihr nicht um eine bloße Übersetzung des lateinischen Textes,[84] sondern um eine selbständige, erweiterte Fassung der Verteidigungsrede.[85] Sprache und Stil sowie der Inhalt der Erweiterungen erhärten, dass Karlstadt ihr Verfasser ist.[86]

Wer ist der Adressat der Verteidigungsrede für Bernhardi? Sie beginnt mit der Anrede: „Eximii domini Doctores"[87]. Der Umstand, dass Melanchthon die Apologie an die Wittenberger Juristen weiterreichte, hatte die Bearbeiter des 1834 erschienenen ersten Bandes des Corpus Reformatorum veranlasst, der Apologie die Adresse „Doctoribus Iurisconsultis Vitebergensibus" voranzustellen.[88] Die darin ausgedrückte Auffassung, dass die in der Apologie angeredeten „Dokto-

---

Sinn – beteiligt gewesen. Sachliche Nähen zu gleichzeitigen Schriften Melanchthons sind nicht aus Mitwirkung Melanchthons an der Niederschrift zu erklären, sondern sind eine Widerspiegelung des auch sonst in jener Zeit zu beobachtenden geistigen Austauschs zwischen Melanchthon und Karlstadt. Zudem haben beide im vorliegenden Fall praktisch zusammengearbeitet, was Gespräche über die Angelegenheit voraussetzt.

[81] Barge 1, 497; ClMBW 147; MWA 7/1, 120 Anm. 5.

[82] Zu Schirlentz s. ⟨4°⟩ Oehmig, Schirlentz.

[83] Das die Priester Ee weyber nemen mo[e]gen vñ sollen.| Durch eyn hochberu[e]mbten | trefflichen mã erst im lateyn | gestalt/ vor beschutz red des | würdigen herrē Bartolomei | Bernhardi probst tzů Kem=|berg/ ßo von seynē Bischoff | gefordert/ antwurt zů geben/| das er yn priesterlichē stand/| eyn iungkfraw zů der Ee | genomē hatt. […], Wittenberg: [Nickel Schirlentz] 1522, VD16 B 6108. (SB Berlin-West: Cu 541 R). Baurmeister Nr. 7. Abbildung des Titelblatts bei BURMEISTER, Bernhardi (wie Anm. 62) nach 227. Aus dem Titel ergibt sich auch, dass die lateinische Apologie vor der deutschen abgefasst wurde.

[84] Gegen ClMBW 149 Anm. 1.

[85] Clemen ebd., vermutete für die von Melanchthon erwähnte (s. Anm. 75) deutsche Apologie „eine deutsche Verteidigungsschrift selbständigen Charakters", ohne zu merken, dass die Wittenberger Ausgabe dieser Erwartung entspricht. Er hat offensichtlich keine Kollation der lateinischen Fassung mit der deutschen Wittenberger Ausgabe vorgenommen.

[86] Die sprachliche und stilistische Analyse, die sich auf meine Kenntnis sämtlicher Karlstadtschriften stützt, kann ich hier nicht vorführen. Vorzügliches Vergleichsmaterial bietet Karlstadts gleichzeitige Schrift: Von gelubden vnterrichtung […], Wittenberg: [Nickel Schirlentz] 1521, VD16 B 6245 (ÜB Tübingen: Ge 293.4°; Freys/Barge Nr. 50), deren Widmungsvorrede vom 24. Juni datiert ist. Beim Vergleich der lateinischen mit der Wittenberger deutschen Fassung lassen besonders deutlich die Erweiterungen der letzteren das typisch Karlstadtische erkennen, u. a. in einer Verschärfung der Polemik, wie sie Melanchthon damals mied. Einige Zitate aus Karlstadts deutscher Fassung biete ich in BUBENHEIMER, Consonantia theologiae (wie Anm. 72), 241 Anm. 197, einige weitere finden sich in CR 1, 425–440 in den Anmerkungen unter dem Sigel V. Eine synoptische Edition der beiden Fassungen könnte den Sachverhalt präzis und vollständig vor Augen führen.

[87] Apologia pastoris, Cembergensis (wie Anm. 67), Bl. 2ʳ; CR 1, 425. Entsprechend am Schluß Bl. 6ᵛ; CR 1, 439. In Karlstadts deutscher Fassung: „Erwirdigenn gunstigenn hernn bzw. Erwyrdigen herren Doctores." Das die Priester Ee weyber nemen mögen vn sollen (wie Anm. 83), Bl. A 1ᵛ. B 2ᵛ.

[88] CR 1, 421.

ren" mit den Wittenberger Universitätsjuristen identisch seien, wurde zusätzlich von Karl Eduard Förstemann in den Anmerkungen explizit ausgeführt.[89] Des weiteren wurde aus dieser Annahme sogar die weitergehende Behauptung abgeleitet, der Kurfürst habe die Wittenberger Juristenfakultät als weltliches Gericht mit der Entscheidung des Falls Bernhardi beauftragt.[90] Ein solcher Vorgang wäre allerdings ein rechtsgeschichtlich hochbedeutsames Ereignis gewesen. Denn bei Richtigkeit jener Behauptungen hätte Kurfürst Friedrich bereits 1521 das ignorierte geistliche Gericht durch eine weltliche Gerichtsinstanz ersetzt. Die Wittenberger Juristenfakultät wäre ad hoc zu einer das landesherrliche Kirchenregiment vertretenden Rechtsinstanz geworden. Sie hätte eine Funktion der späteren Konsistorien vorweggenommen.

Allerdings erweisen sich die in der Literatur tradierten Hypothesen von einem angeblich in Wittenberg eingesetzten weltlichen Gericht zur Entscheidung des Falls Bernhardi als unhaltbare Spekulation. Die Quellen können eine solche weitreichende Annahme nicht tragen. Auf der unteren kirchlichen Instanz unterstand Bernhardi zunächst der Aufsicht des Wittenberger Allerheiligenstifts. Während die Stelle des Stiftspropsts bis Juni 1521 vakant war, wurde der Archidiakon Karlstadt aktiv. Jedoch statt gegen Bernhardi vorzugehen oder ihn bei seinem Bischof anzuzeigen, verteidigte er ihn, stand er doch in der Sache auf seiner Seite. Möglicherweise hatte der Kurfürst die Stiftsherren oder die Theologen, vielleicht auch die Juristen um eine Stellungnahme gebeten, um Klarheit über das weitere Vorgehen zu gewinnen. Aber schon das wissen wir nicht. Bernhardi könnte sich auch selbst an seine Wittenberger Freunde mit der Bitte um Rechtsbeistand gewandt haben. Nachdem im Fall Seideler darauf geachtet wurde, dass die Universität nicht offiziell an den Bischof von Brandenburg schrieb, sondern die Theologen sich auf ein Privatschreiben beschränkten, ist es ganz unwahrscheinlich, dass Friedrich sich mit der Einsetzung eines weltlichen Gerichts im Fall Bernhardi vor aller Öffentlichkeit hinter die Neuerungen der Wittenberger gestellt hätte. Das hätte seiner damals befolgten Generallinie widersprochen, Luther und seine Wittenberger Freunde zwar inoffiziell zu decken, sich jedoch nicht öffentlich mit ihnen so zu identifizieren, dass man ihn rechtlich für die Entwicklung zu Verantwortung hätte ziehen können.[91]

Schon von daher ist es angebrachter, in den in der Apologie angesprochenen Doktoren die Räte des Erzbischofs in Halle zu sehen, die mit dem Fall Bernhardi

---

[89] Ebd., Sp. 424 f.

[90] ClMBW 147. Burmeister, 127: Kurfürst Friedrich habe dem Erzbischof versprochen, Bernhardi vor ein weltliches Gericht zu zitieren. „Für die Verhandlung vor diesem Gericht, das sich vermutlich aus Doktoren der juristischen Fakultät der Universität Wittenberg zusammensetzte, wurde eine Verteidigungsschrift verfaßt [...]". Belege für diese Behauptungen fehlen. – Auch MAURER, WILHELM, Der junge Melanchthon zwischen Humanismus und Reformation, Bd. 1, Göttingen 1969, 170 spricht von „Bernhardis Verteidigung vor den Wittenberger Universitätsjuristen".

[91] Vgl. LUDOLPHY, Friedrich der Weise (wie Anm. 6), 438–453.

befasst waren und unter denen sich nachweislich Doktoren befanden.[92] Diese Annahme deckt sich mit dem Verständnis der Apologie durch die Zeitgenossen. Karlstadt schreibt auf dem Titelblatt der deutschen Ausgabe, Bernhardi sei „von seynem Bischoff gefordert/antwurt zuo geben"[93]. Diese Antwort stellt eben die Apologie dar. Und in der Straßburger Ausgabe trägt die lateinische Apologie die Überschrift: „Ad requisitionem archiepiscopi Magdenburgensis, super re uxoria, Barpolomei Bernhardi [...] Responsio."[94]

Die Apologie ist also als eine schriftliche Verteidigung Bernhardis vor dem erzbischöflichen geistlichen Gericht in Halle zu verstehen,[95] vor das Bernhardi gefordert war,[96] jedoch persönlich nicht erschien und an das der Kurfürst Bernhardi auch nicht auslieferte. Die Rolle der Wittenberger Juristen kann bei dieser Sicht der Dinge so gedeutet werden, dass sie die Apologie ihrerseits prüfen sollten, bevor sie an den Hof[97] und von dort nach Halle weiterging.

Albrecht hatte mehrfach von Kurfürst Friedrich brieflich die Auslieferung Bernhardis gefordert.[98] Ungefähr Ende Juli/Anfang August hat dann der mag-

---

[92] Am 12. September sind an einschlägigen Verhandlungen in Halle zwischen Hans von der Planitz und dem Erzbischof u. a. beteiligt: Dr. Busse von Alvensleben, Dr. Erhard Milde und der magdeburgische Kanzler Dr. Lorenz Zoch. Hans von der Planitz Berichte (wie Anm. 5), 601,9–14. Zu Milde und Zoch s. KALKOFF, Capito (wie Anm. 68), 68.71.

[93] Siehe Anm. 83.

[94] Apologia pastoris, Cembergensis (wie Anm. 67), Bl. l[v].

[95] Das war auch die herrschende Auffassung in der Literatur, bevor Förstemann seinen Irrtum von den Wittenberger Juristen als Adressaten der Apologie in die Welt setzte. In der UB Leipzig befand sich einst ein heute verlorener Band mit diversen Akten zur Wittenberger Bewegung, darunter eine Abschrift der Apologie, die FELLER, JOACHIM, Catalogus codicum MSSCtorum Bibliothecae Paulinae in Academia Lipsiensi, Leipzig 1686, 213 folgendermaßen beschreibt: „Apologia pro M. Barthol. Bernhardo a Feltkirchen [...] scripta ad Consiliarios Archiepiscopi Magdeburgensis, sed autore Philippo Melanchthone A. 1521." VON SECKENDORF, VEIT LUDWIG, Commentarius historicus et apologeticus de Lutheranismo, Frankfurt 1692, lib. 1, 170a spricht von der „Apologia ad officiales Dioecesanos Magdeburgensis Archiepiscopatus". Vgl. CR 1, 424 Anm.; BARGE, Karlstadt, nicht Melanchthon (wie. Anm. 77), 314f.

[96] Vgl. den Anfang der Apologie (Straßburger Ausgabe, wie Anm. 67, Bl. l[v]; [CR 1, 425]): „Eximii domini Doctores, quia ad vos vocatus sum, ad reddendam facti mei rationem [...]". Karlstadts deutsche Fassung: „[...] Nach dem ich vor euch gefordert/meins fürnehmens vrsach an tzützeygen [...]". Das die Priester Ee weyber nemen mögen (wie Anm. 83), Bl. A l[v].

[97] Melanchthon rechnete an der oben Anm. 75 zitierten Stelle damit, dass Spalatin die lateinische Apologie, die er an die Juristen weitergereicht hatte, lesen werde. Also setzte er voraus, dass die Apologie von den Juristen an den Hof weitergeleitet würde.

[98] SPALATIN, GEORG, Annales Reformationis oder Jahr-Bücher von der Reformation Lutheri, hg. v. E. S. Cyprian, Leipzig 1718, 36f.: „Vnd nachdem Her Bartholomes Feldtkyrchen, Probst vnd Pfarrer zu Kemberg, eine gute meylwegs von Wittemberg, etwo Magdeburgischer geistlicher Jurisdiction, fast der erste priester war, der sich inn den Eestandt begab; Do hub sich Jammer vnd not. Denn der Ertzbischof zcu Meintz vnd Magdeburg Cardinal, Her Albrecht [...] als der ordinari, schriebe etlich maln Hertzog Fridrich zcu Sachssen vnd durfft ihm anmuten, das er ihm solte bemelten Pfarrer zu Kemberg schicken [...] Hertzog Friedrich hielt sich aber aus Gottes gnaden alßo mit Christlichem glimpf, auf das er nye zcu keinem Schurgen an keiner geistlichen person wurd."

deburgische Kanzler, Dr. Lorenz Zoch, gemäß einer ihm vom Erzbischof erteilten Instruktion bei Kurfürst Friedrich das Auslieferungsbegehren mündlich vorgebracht.[99] Friedrich äußerte sich nicht sofort, sondern gab Albrecht am 9. August eine schriftliche Antwort.[100] Diesem Antwortschreiben an den Erzbischof legte Friedrieh Bernhardis Apologie bei.[101] In seinem Schreiben teilte Friedrich mit, dass Bernhardi bereit sei, sich nach der Heiligen Schrift urteilen zu lassen, den Schutz des Kurfürsten erbeten habe und dass im übrigen keine Fluchtgefahr bestehe. Mit dieser Begründung wies Friedrich ein weiteres Vergehen seinerseits gegen Bernhardi zurück.[102]

Albrecht antwortete Friedrich brieflich am 23. August.[103] Der Erzbischof lehnte es ab, sich mit Bernhardi in eine theologische Disputation einzulassen,[104] vermerkte aber dennoch, dass dessen Apologie „mit gutem grunde" widerlegt werden könne,[105] und erklärte sie somit als unzureichend. Er erweiterte nun aber die Dimension des Vorgangs dadurch, dass er betonte, dass Bernhardis Verhalten nicht nur Ungehorsam gegen den Papst, sondern auch gegen den Kaiser bedeute.[106] Wenn der Kurfürst Bernhardis Verteidigung als genugsam ansehe, so habe dieser das zu verantworten und er, Albrecht, wolle damit das Seine getan haben.[107]

In diesen Worten zeigt sich einerseits die Resignation des Erzbischofs angesichts seiner faktischen Ohnmacht gegenüber dem Kurfürsten. Andererseits droht er in seinem Protestbrief an Friedrich nicht nur Bernhardi, sondern implizit auch dem Kurfürsten mit einer möglichen Anzeige beim Kaiser wegen seiner Weigerung, Amtshilfe zu leisten. Die Rechtsbasis für diese Drohung lag darin,

---

[99] Hans von der Planitz Berichte (s. Anm. 5), 595,18f..598,11–13; 603,7–9. In einem Gespräch mit Hans von der Planitz hat Albrecht am 12. September ausdrücklich gesagt, dass er ohne Amtshilfe Friedrichs Bernhardi nicht belangen könne: „Und were woll gneiget gewest, sich darinnen als der geistlich richter zu erzeigen. Weil aber sein cfl. G. [Albrecht] an zuthun E. cfl. G. [Friedrich] nicht hett mögen darzukomen, ßo weren sein cfl. G. vorursacht wurden, E. cfl. G. als einen christlichen fursten [...] darumb freuntlichen zu ersuchen." Ebd., 603, 21–27.

[100] Das Schreiben Friedrichs an Albrecht, 1521 August 9, in ERHARD, HEINRICH AUGUST, Überlieferungen zur vaterländischen Geschichte alter und neuer Zeiten, Heft 3, Magdeburg 1828, 28–31; HOFFMANN, FRIEDICH WILHELM, Geschichte der Stadt Magdeburg. Neu bearb. v. G. Hertel u. F. Hülße, Bd. 1, Magdeburg 1885, 321 Anm. 2. Siehe auch den Rückgriff auf das Schreiben in den Folgeakten: Hans von der Planitz Berichte (wie Anm. 5), 595, 18ff..598,13f..603,31–35.

[101] Nach Hans von der Planitz Berichte (wie Anm. 5), 603,31–35. Vgl. damit die deutsche Fassung der Apologie: Das die Priester Ee weyber (wie Anm. 83), Bl. A l^v. 2^r. 3^r.

[102] Nach Hans von der Planitz Berichte (wie Anm. 5), 25–36. Der Kurfürst scheint sich auf ein nicht erhaltenes schriftliches Erbieten Bernhardis bezogen zu haben.

[103] Der Brief ebd., 595–598.

[104] Albrecht hatte die Apologie persönlich auch nicht gelesen, sondern war nur von seinen Räten über den Sachverhalt informiert worden. Noch am 1. Januar 1522 forderte Jonas Capito auf, die Apologie endlich dem Erzbischof zum Lesen zu geben: zitiert Anm. 78.

[105] Hans von der Planitz Berichte (wie Anm. 5), 596,15–18.

[106] Ebd., 596,20–25, zitiert unten Anm. 116.

[107] Ebd., 596,25–31.

dass die Zölibatsverpflichtung auch im Reichsrecht verankert war und der Zölibatsbruch entsprechend strafrechtlich zu verfolgen war.[108] Eine direkte Anzeige Albrechts beim Kaiser ist zwar nicht belegt, jedoch ließ er an den Papst berichten, dass Friedrich ihm die Strafgewalt über Bernhardi verweigere.[109] Die Kurie reagierte höchst alarmiert auf „die schweren Rechtswidrigkeiten und Ärgernisse, die in den Landen und unter dem Schutz des Herzogs von Sachsen geschehen". Der päpstliche Vizekanzler forderte den Nuntius Hieronymus Aleander auf, in dieser Sache von allerhöchster Wichtigkeit den Kaiser einzuschalten.[110] Ausdrücklich wird von Seiten der Kurie betont, dass diese Vorgänge auf keinen Fall dissimuliert werden dürften.[111] Konsequenterweise wurde später, am 20. Januar 1522, in dem von Herzog Georg von Sachsen im Blick auf die Vorgänge in Kursachsen durchgedrückten Mandat des Nürnberger Reichsregiments auch die Klerikerehe als eine der Neuerungen benannt, gegen die die Obrigkeit – gemeint ist in erster Linie Friedrich der Weise – vorzugehen habe.[112]

Der von Albrecht am 23. August gegen Friedrich erhobene Vorwurf des Ungehorsams gegen Papst und Kaiser veranlasste den Kurfürsten seinerseits wieder, die Sache nicht auf sich beruhen zu lassen Er ließ Bernhardi von dem Inhalt des erzbischöflichen Briefs Kenntnis geben. Der Kemberger Propst verfasste daraufhin eine kürzere Schutzschrift in Form eines Briefs an den Kurfürsten.[113] Darin greift er zunächst die Aussage des Erzbischofs auf, dass seine Apologie unzureichend sei. Nach Bernhardi sind die Argumente der Apologie nicht widerlegt worden.[114] Wir haben gesehen, dass Albrecht tatsächlich eine inhaltliche Aus-

---

[108] FRANZEN, Zölibat (wie Anm. 16), 30.

[109] Bericht Valentin von Tetlebens im Auftrag Albrechts an Papst Leo X. [1521 zwischen 9. August und 18. September]; Monumenta reformationis Lutheranae (wie Anm. 32), 269.

[110] Julius de Medici, Vizekanzler, an Aleander, Florenz, 1521 Sept. 18; ebd., 291 f. Diese Reaktion ist mitbedingt durch Tetlebens Meldungen vom Pfaffenstürmen in Erfurt und Magdeburg.

[111] Julius de Medici an Aleander, Florenz, 1525 Sept. 27; ebd., 293.

[112] Gess 1, 251,23–26; Aktenstücke zur Wittenberger Bewegung Anfang 1522, hg. v. Hermann Barge, Leipzig 1912, 4.

[113] Sie wurde gedruckt in der Straßburger Ausgabe der Apologie: Apologia pastoris, Cembergensis (wie Anm. 67), Bl. 7^r–8^r mit der Überschrift: Alia defensio, ad Fridericum ducem Saxoniae. Der Schluß Wittenbergae in Saxonibus. Anno domini M. D. XXI. ist nicht als Originaldatierung von Bernhardis Schreiben, sondern als eine auf den ganzen Druck zu beziehende Zutat des Herausgebers zu verstehen. Nicht nach diesem Erstdruck, sondern nach der Jenaer Lutherausgabe ist der Text von Bernhardis Schreiben in CR 1, 440–442 ediert. Bernhardis Brief ist zu datieren zwischen dem 23. August (Schreiben des Erzbischofs an Friedrich) und dem 11. September (Reise von Planitz nach Halle zu der Audienz bei Albrecht, die am 12. September stattfand, vgl. Hans von der Planitz Berichte [wie Anm. 5], 600,36–601,1). Es gibt in den Quellen keinen Anhaltspunkt für die Annahme (so ClMBW), dass Bernhardis Brief nicht von ihm selbst, sondern vom Autor der Apologie (Karlstadt) abgefasst worden sei. Die Begründung, dass der Brief zusammen mit der von Karlstadt verfassten Apologie gedruckt worden sei, reicht für eine solche Annahme nicht aus.

[114] „Quod illustriss(imus) ac reverendiss(imus) dominus Cardinalis negat, meam apologiam esse sufficientem, et adhuc meum factum accusatur impietatis, non possum aliter res-

einandersetzung abgelehnt hatte. Unter Wiederholung wesentlicher Argumente der Apologie geht Bernhardi die Anklagepunkte Albrechts durch. Zuerst weist er die Vorwürfe zurück, der Bruch des Zölibatsgelübdes erfülle den Tatbestand des Meineids und verstoße gegen die Ordnung der römischen Kirche.[115] Dann greift er die Behauptung des Ungehorsams gegen Papst und Kaiser auf. Zwar sei solcher Ungehorsam von ihm nicht beabsichtig, jedoch müssten im Konfliktfall die Menschengesetze dem göttlichen Recht weichen.[116] Zwar betont Bernhardi noch höflicherweise, dass er der Autorität des Bischofs keinen Abbruch tun wolle. Andererseits fügt er selbstbewusst eine Ermahnung des Erzbischofs an, der sich hüten möge, sich in Widerspruch zum Apostel Paulus zu setzen, der das Urteil über Angelegenheiten der evangelischen Freiheit menschlicher Jurisdiktion entziehe und allein Gott anheimstelle.[117] Abschließend unterstellt sich Bernhardi erneut dem Schutz des Kurfürsten.[118]

In Reaktion auf das erzbischöfliche Schreiben schickte der Kurfürst nun seinerseits seinen Rat Hans von der Planitz nach Halle mit dem Auftrag, um eine Audienz beim Kardinal nachzusuchen. Nach der kurfürstlichen Instruktion für Planitz[119] sollte dieser insbesondere auf zwei Punkte eingehen: Erstens hebe

---

pondere, siquidem meae defensionis argumenta non sunt refutata." Apologia (wie Anm. 67), Bl. 7ʳ; CR 1, 440.

[115] Albrecht an Friedrich: „[…] ßo dan das offenberlich widder ordenung und gesetz der heiligen Romischen kirchen, auch widder sein eigen gelubde und eide […]". Hans von der Planitz Berichte (s. Anm. 5), 596,2–4. Dagegen Bernhardi an Friedrich: Apologia (wie Anm. 67), Bl. 7ʳ–8ʳ; CR 1, 440 f. Die kirchlichen Ordnungen und Gesetze gelten Bernhardi als nicht verbindliche „humana traditio".

[116] Albrecht an Friedrich: „[…] und das ehr allein macht haben solte, mit seinem anhange ein naue ordenung adder anderung in der heiligen christlichen kirchen widder alte angenommen gesetze und gebrauch zu machen und einzufuren und alßo die bapstliche Ht. und kei. Mt., welche in obgedachter gemeiner ordenung der heiligen kirchen auch begriffen, ires gewalts und obirkeit mit der that und ane erkentniß zu entsetzen." Hans von der Planitz Berichte (wie Anm. 5), 596,20–25. Dagegen Bernhardi an Friedrich: „Quod autem accusor, quod ego unus velim tollere et abiicere, quae a Rhomanis pontificibus, et caesaribus constituta sunt, quis non videt, quam hoc nec possim, nec velim. Non enim tollo legem. Servet qui potest, sed de lege hominum secundum Evangelium dispenso, idque quatenus debeo. Debeo enim maiorem salutis meae rationem habere, quam omnium, quae sunt ab Ulis hominibus posita. Actuum quinto. Coegit me ergo, ut humanas traditiones violarem, necessitas servandi iuris divini. […] Mitto quis sit author coelibatus, caesar, an papa? Apostolum certe Paulum constat spiritus mendaces vocare, qui prohibituri sint nuptias." Apologia (wie Anm. 67), Bl. 7ᵛ–8ʳ; CR 1, 441. Zur Diskussion des Ungehorsams gegenüber der Obrigkeit in der Wittenberger Bewegung s. BUBENHEIMER, Luthers Stellung (s. Anm. 3), ⟨5°⟩.

[117] „Non volo reverendiss(imi) potestati derogari, sed tarnen iubet Paulus ad Rhoma(nos), ne quis in Ulis quae sunt libertatis Evangelicae, alterum iudicet, et eiusmodi caussas censet solius dei iudicio relinquendas, qui cordium censuram gerit. Proinde etiam atque etiam Reverendissimo cavendum est, ne impingat in Apostolum, vetantem iudicare alienam libertatem." Apologia (wie Anm. 67), Bl. 8ʳ; CR 1, 441 f.

[118] Ebd.

[119] Die Instruktion für Planitz bei Hans von der Planitz Berichte (s. Anm. 5), 598–600. Sie ist undatiert, muss jedoch kurz vor Planitz' Abreise, also etwa am 10. September abgefasst worden sein (ebd., 598).

Friedrich mit Übersendung von Bernhardis Apologie kein Urteil über deren Inhalt gefällt. Folglich habe kein Anlass für den Vorwurf bestanden, der Kurfürst gestatte Bernhardi, den Gehorsam gegen Papst und Kaiser aufzulösen. Zweitens soll Planitz den Versuch des Erzbischofs zurückweisen, die Verantwortung dem Kurfürsten aufzuladen. Friedrich will sich nicht weiter wegen dieser Sache mit dem Erzbischof „in disputacion oder weitleuftig Schriften" einlassen.[120] Planitz traf am 11. September in Halle ein, wurde von Albrecht am 12. September in Beisein von vier Räten empfangen und hat dort seinen Auftrag entsprechend seiner Instruktion ausgeführt.[121] Seine Antwort hat der Erzbischof durch seinen Kanzler Lorenz Zoch geben lassen.[122] Albrecht blieb bei seinem bisherigen Standpunkt und wies die Zumutung zurück, sich seinerseits für seine Haltung vor dem Kemberger Propst zu rechtfertigen, was ihm nur als Zeichen eigener Zweifel an der Richtigkeit der kirchlichen Ordnung ausgelegt würde. Erneut appellierte er an die Verantwortung des Kurfürsten als eines „christlichen Fürsten". Auf Planitz' Protest gegen den Vorwurf des Ungehorsams gegenüber Papst und Kaiser ging Albrecht in seiner Antwort nicht ein.[123] Dieser strittige und heiße Punkt wurde um des Friedens zwischen den beiden Kurfürsten willen dissimuliert.[124] Die erneute Feststellung Albrechts, dass er damit das ihm Mög-

---

[120] Ebd., 598,36–599,17.

[121] Brief Hans von der Planitz' an Kurfürst Friedrich, Grimma, 1521 Sept. 15; ebd., 600–602.

[122] Ebd., 601, 14 f. Planitz' Bitte, die erzbischöfliche Antwort schriftlich zu erhalten, wurde abgeschlagen. Planitz hat daraufhin nach der Audienz die Antwort aus dem Gedächtnis niedergeschrieben. Diese Niederschrift hat er dem Rat Dr. Milde und dem Kanzler vorgelegt, die ihre inhaltliche Richtigkeit bestätigt haben (ebd., 601,14–29). Planitz legte die Niederschrift seinem Brief an den Kurfürsten bei: ebd., 603–606.

[123] Ebd., 603,38–604,18; 604,28–35.

[124] In den Verhandlungen und dem Schriftwechsel zwischen Albrecht und Friedrich wird neben dem Fall Bernhardi noch ein zweites Thema behandelt, das ich hier übergangen habe: Albrecht bemüht sich um den Beitritt Friedrichs zu der auf dem Reichstag zu Worms abgesprochenen Verlängerung der Kurfürsteneinigung. Zu deren Inhalt s. Hans von der Planitz Berichte (wie Anm. 5), 596 f. Anm. 1. Die vier rheinischen Kurfürsten, die die Einigung zunächst abgesprochen hatten, hatten dabei auch die Religionsfrage schon im Auge, wenn sie formulierten: „wie seltzam schwerlich und sorgfeltig sich die itzigen leufe dem heil. christlichen glauben, dem heil. Rom. reich und sunderlich Teutscher nation und allen Stenden derselben sich zu abtrennung, abfall und vercleinung scheinbarlich zeigen." Die Kurfürsteneinigung bestimmte u. a., dass sich die Kurfürsten untereinander gegen Friedbrecher schützen sollten (ebd., 597 Anm.). Nun hat Albrecht mit dem Vorwurf, Bernhardi löse den Gehorsam gegen Papst und Kaiser auf, den Versuch gemacht, Bernhardi in die Rubrik der Friedbrecher zu bringen: „[...] das doraus ein ganze zustorung aller christlichen ordenung, friedes und einickeit unzweifelich volgen wurde, und ßovil sonderlicher opinion, gezenk, uffruhr und irthumb erwachssen, als vil pfarrer adder stete weren [...]" (Albrecht an Friedrich, 1521 Aug. 23; ebd., 596,12–14). Nachdem Friedrich diese Beurteilung des Falls Bernhardi, mit der er sich selbst angegriffen fühlte, zurückwies, blieb Albrecht nichts anderes übrig, als diesen Punkt zu dissimulieren, wollte er überhaupt noch Friedrich für den Beitritt zur Kurfürsteneinigung gewinnen. Friedrich sah seinerseits, wie ihn die Kurfürsteneinigung einengen würde, und verfolgte daher in der Frage seines Beitritts eine endlose Verschleppungstaktik.

liche getan habe,[125] scheint das letzte Wort im Prozess Bernhardi gewesen zu sein. Kurfürst Friedrich hatte durch sein passives Verhalten hinsichtlich der geforderten Amtshilfe faktisch die bischöfliche Jurisdiktion in seinem Territorium außer Kraft gesetzt.[126]

Planitz führte sein Gespräch mit dem Kardinal am Tag vor Beginn des Hallenser Reliquien- und Ablassfestes (13. September), das die Wittenberger als des Kardinals „Abgott zu Halle" in den folgenden Monaten aufs Korn nehmen werden. Dadurch schafften sie es, den verunsicherten Kardinal in die Defensive zu drängen. Dass dahinter eine überlegte Taktik der Wittenberger stand, lässt sich vermuten. Denn in ihren Schriften gegen den Ablass in Halle flechten sie auch regelmäßig das Thema Priesterehen mit ein.[127] Die Breitenwirkung des Falls Bernhardi setzte erst nach dem Ende seines Verfahrens ein. Über die Verbreitung durch den Buchdruck wurde Bernhardis Apologie nach einigen Lutherschriften der weitverbreitetste Text aus der Wittenberger Bewegung. Schon bei der Abfassung der Verteidigungsrede hatte Karlstadt ihre Publizierung im Auge.[128] Insgesamt zwölf Ausgaben – fünf lateinische und sieben deutsche – sind bekannt.[129] Zuerst ist die lateinische Fassung in zwei voneinander unabhängigen und daher vermutlich etwa gleichzeitigen Drucken in Erfurt und Straßburg erschienen. In Erfurt – und damit in der Obödienz Albrechts – hat Johann Lang, der damals in engem Kontakt mit Justus Jonas in Wittenberg stand,[130] die Schrift herausgegeben. Lang hat ihr eine vom 13. Dezember 1521 datierte Widmungsvorrede an den jungen Adligen Christoph von Heiden aus Weißensee, einem einstigen Erfurter Studenten,[131] vorangestellt, den er damit warnen wollte, Priester zu werden und das Zölibatsgelübde abzulegen.[132] Noch 1524 erschien in Königsberg ein Nach-

---

[125] Hans von der Planitz Berichte (wie Anm. 5), 604,19f.

[126] Vgl. das Urteil Capitos über die Rolle Friedrichs in seinem Brief an Erasmus, [Halle], 1521 Oktober 14. „Ducunt apud nos vxores presbyteri, annuentibus principibus aut certe dissimulantibus." Opus epistolarum Des. Erasmi Roterodami, Bd. 4, hg. v. Percy Stafford Allen, Oxford 1922, 597,26–28.

[127] Dazu s. (°6).

[128] Karlstadts deutsche Fassung (wie Anm. 83), Bl. B 2ᵛ: „Das ich aber diß vertedigns [sic!] büchlin aus laß gen […]" Vgl. die Straßburger lateinische Ausgabe (wie Anm. 67), Bl. 6ᵛ; CR 1, 439.

[129] Baurmeister 131–133.

[130] Vgl. zwei Briefe von Jonas an Lang: 1521 November 8 und o. D. [1521]; BJJ 75–79 Nr. 69.71.

[131] Immatrikuliert in Erfurt im Wintersemester 1513/14. Acten der Erfurter Universität, bearb. v. Hermann Weissenborn, Halle 1884, Bd. 2, 282b, 20f.

[132] Apologia pro .M. Bartolomeo Praeposito qui vxorem in sacerdotio duxit. [Erfurt: Matthes Maler 1521/22], VD16 B 6101, Bl. A 1ᵛ; CR 1, 421f. Anm. Lang wußte, dass Bernhardi nicht der Verfasser war (s. Titel) und spricht entsprechend in der Widmungsvorrede von einer doctissimi hominis Apologia. ClMBW nennt ein Exemplar dieses Drucks in der Kirchenbibliothek der Friedenskirche zum Schifflein Christi in Glogau mit einer Widmung von unbekannter Hand an Spalatin. Der Verbleib des Exemplars ist unbekannt. In dem von mir benützten Exemplar der Fürstl. Bibl. Burgsteinfurt: 4°. 16. 30 (3) hat ein zeitgenössischer Leser, der die Apologie zustimmend glossiert hat, am Schluss an den Band geschrieben: „Te

druck dieser Ausgabe.[133] In Erfurt selbst wurde 1522 eine wörtliche deutsche Übersetzung der Langschen Edition angefertigt und gedruckt.[134] Die von der Erfurter Ausgabe unabhängige Straßburger enthält neben der Apologie noch die nach dem 23. August entstandene Schutzschrift Bernhardis an Kurfürst Friedrich.[135] Von dieser Ausgabe wurde ebenfalls eine deutsche Fassung gefertigt, von der die Colmarer Erstausgabe[136] und ein Straßburger Nachdruck[137] bekannt sind.[138] Der Herausgeber fügte der Apologie eine Vor-

---

deum laudamus. – Gloria in altissimis deo et in terra pax sacerdotibus bona voluntas [cf. Luc 2,14]." – Der Druck ist beschrieben bei Baurmeister Nr. 1. Die Annahme, dass die Schrift noch 1521 erschienen sei (ebd., 127), ist unsicher; auch Anfang 1522 kommt als Erscheinungstermin in Frage.

[133] Baurmeister Nr. 5: Königsberg: [Hans Weinreich] Juni 1524. Das Exemplar der ehemaligen UB Königsberg ist verschollen, näher beschrieben bei Urkundenbuch zur Reformationsgeschichte des Herzogthums Preußen, Bd. 2, hg. v. Paul Tschackert, Leipzig 1890, 72 Nr. 236; Schwenke, Paul, Hans Weinreich und die Anfänge des Buchdrucks in Königsberg, in: Altpreußische Monatsschrift 33 (1896), 67–109; 94 Nr. 7. Der Herausgeber hat statt der Widmungsvorrede Langs eine Vorrede „Ad pium lectorem" hinzugefügt (Bl. l[v]). Die Abhängigkeit vom Erfurter Druck zeigt die Gestaltung des Titels und die wörtliche Übernahme der Überschrift auf Bl. 2[r].

[134] Schutzrede vor Magister Bartholomeo Probst zu Kemmerig der ein eehweib so er priester ist genümen hat, Erfurt: [Matthes Maler] 1522, VD16 B 6104, Bl. A 2[v]: „Zu Erffordt vorteutzscht." Am Schluß Bl. 4[r] wurde der Apologie ein falsches Datum hinzugefügt: „Gescheen im iar. M.D.XXij." Familienbibl. Scheurl Nürnberg: Neue Nr. 334 (4); Baurmeister Nr. 6.

[135] Titel s. Anm. 67. Baurmeister Nr. 2. Ebd., 127 ist vermerkt, dass dieser Druck auf selbständige handschriftliche Überlieferung zurückgeht. Er enthält Textvarianten und teils bessere Lesarten. Ob die Erfurter oder die Straßburger Ausgabe zuerst erschienen ist, bleibt offen.

[136] An Maidenbergers etrzbischof. herforderung/vber Eelichs stantz handel aines ersamen pristers Bernhardj leyp pfarres Kemberger kirchē enschuldigung vnd antwurt, [Colmar:] Amandus Farckall [1521/22], VD16 ZV 2155 (StUB Bern: AD 259; Baurmeister Nr. 12). Baillet, Lina, Amandus Farckall, le premier imprimeur de Colmar (fin 1522? – 1er semestre 1524), in: Gutenberg-Jahrbuch 43 (1968), 170–182; 172 Nr. 9.

[137] An Maidenbergers etrzbischof herforderung vber Eelichs stantz handel aines ersamenn Priesters Bernhardj leyppfarres Kemberger kirchen enschuldigung vnd antwurt, [Straßburg: Johann Knobloch] 1522, VD 16 B 6107 (SB Berlin-West: Cu 545 R; Baurmeister Nr. 11).

[138] Baurmeister 128 bezeichnet den Colmarer Druck (Nr. 12) als „seitengleichen Nachdruck" des Straßburger Drucks (Nr. 11). Jedoch ist das Verhältnis der beiden Drucke zueinander eindeutig umgekehrt: 1. Der Colmarer Druck hat am Schluss noch die aus der lateinischen Straßburger Ausgabe (s. Anm. 67) übernommene Datierung 1521, während der Straßburger Druck 1521 in 1522 abgeändert hat. Die Annahme einer Abänderung von 1522 in 1521 wäre nicht plausibel. – 2. Beweiskräftig ist der drucktechnische Befund: Die Colmarer Ausgabe (Nr. 12), deren Satzspiegel in der Regel 31 Zeilen aufweist, hat auf Bl. a 2[r] eine Bordüre in Höhe von 5 Zeilen, auf Bl. a 4[v] eine solche von 3 Zeilen, so dass nur noch Raum für 26 (a 2[r]) bzw. 28 (a 4[v]) Textzeilen blieb. Der Setzer des Straßburger Drucks (Nr. 11) bemühte sich, den Satz seiner Vorlage seitengleich und größtenteils auch zeilengleich nachzuahmen. Daher setzte er entsprechend dem Colmarer Druck auf Bl. a 2[r] und a 4[v] ebenfalls nur 26 bzw. 28 Zeilen, obwohl Bordüren fehlen. Statt der Bordüren weist der Straßburger Druck entsprechende Leerräume im Umfang von 5 bzw. 3 Zeilen auf. – Aus diesem Befund ergibt sich, dass Amandus Farckall tatsächlich schon 1522 gedruckt hat (so Baillet, Amandus Farckall [wie Anm. 136], 170), und zwar kaum erst Ende 1522, sondern eher schon etwas früher.

rede und ein Nachwort bei.[139] Tiefgreifender aber sind seine Eingriffe in den Text selbst, durch die er die Verteidigungsrede eines angeklagten Priesters in eine nun vorwiegend an Laien gerichtete Flugschrift umgestaltet hat.[140] Literarisch muss diese Fassung als Erweiterung des karlstadtischen Grundtextes durch einen zweiten, anonymen Verfasser eingeordnet werden.[141] Er ruft die Laien auf, keine weiteren Menschen in ihrem Umkreis zum Zölibat zu verführen und den Pfaffen beizustehen, dieses antichristliche Joch abzuwerfen.[142] Der Anonymus gestaltet den Text volkstümlicher durch Hinzufügung von derben Ausdrücken, Sprichwörtern und bildhaften Vergleichen. Er erklärt dem Laien eine Reihe von Bibelzitaten und vermehrt sie um weitere geläufige Schriftworte. Vor allem aber verschärft er durch umfangreiche Texterweiterungen die antiklerikale Polemik.[143]

Der Text der Straßburger lateinischen Ausgabe wurde von Ulrich Hugwald[144] übernommen, der seiner Basler Ausgabe eine Vorrede an den Leser voranstellte,[145] für die er im übrigen noch Informationen über Bernhardi verwendete, die

---

[139] An Maidenbergers etrzbischof. herforderung (wie Anm. 136), Bl. a lv. c 2ᵛ.

[140] Direkte Anrede des Laien im Text der Apologie: „sie du ley (a 4ᵛ), Nim war frummer lay (b 2ʳ).“

[141] Die Charakterisierung als „eine etwas weitschweifige Übersetzung“ (Baurmeister 128) wird dem Sachverhalt nicht gerecht. – In Bernhardis Brief an den Kurfürsten hat der Anonymus weniger stark als in die Apologie eingegriffen, indem er sich auf kleinere Ergänzungen beschränkte.

[142] Vorrede, Bl. a lᵛ: „Gar ain köschlichs bulchlin/etlicher Christlicher vrsachen [...] begreufft/die von aim iden prister mügen vor ir oberkait dar gthon werden/wie es in nütz vnd hailsam siyhe eelichen stat [sic!] zu halten. Des gelichen den laien gut/wo sie sehen dise ding gschehen/nitt trabergern j bsunder bessern/vnnd beystant zu thone/selchs zuherstatten [...]“ Nachwort, Bl. c 2ᵛ: „Diß büchlein verteuscht/drey vrsachen/thon ain gferlichs leben pristerlichs stambs [sic!], die ander/der laien vnwissenheyt/zu dem dritten beyder straff [...] darumb keyn Crist nit ist/er schuldig wurt [...] so er in selchen schaden der selen/irem nechsten bruder nit zuhilff komen/ja sofer es in [...] doch muglich were besunder ire kinde/vor selchem fal [...] warnenten vnd behienen [...]“. Entsprechend im Text eingefügt Bl. b 3ʳ: „Darum/frumer Christj [sic!] [...] mach kein münch/oder pfäffen/noch nun/wen sye werden alsamen des teuffels [...]“.

[143] Zum Beispiel Bl. a 4ᵛ: „[...] die es gebieten/vnd nit halten/wan man vind/das nitt alleyn prister sunder jre bischoff/noch vul mer die poepst/kinder haben/wo her kumen sti nun? Seyn ste nit vonn Eelichem stand? Ayn schlechter baur sprech/sie müssen von bencken gefallen seyn/ye/wie stat es dan so wol in christem glauben/huren kinder christliche kilch regiren/vud [sic!] lefrentzen furer/bepst vnd bischoff seynd/sie du ley/von selchen wiltü gezwungen seyn/die sollen dich in himel betten/ja wol her kentstu nit/hie dih blind durch blinden furer gleyttet/vnd du alß wol (wie der her sagt in euangelio) jr beit in die gruben vollen/ja in dieffe der hoellen. Noch wiltu dir selbs/so du doch wolmugest/nit zu hilff komen/weystu nit/das nit minder der brennt mitt x. ver gurppt/als wol alß der mitt tansenten [sic!] brent.“

[144] CLEMEN, OTTO, Der Wiedertäufer Ulrich Hugwald, in: Ders., Beiträge zur Reformationsgeschichte aus Büchern und Handschriften der Zwickauer Ratsschulbibliothek, Bd. 2, Berlin 1902, 45–85; Baurmeister 128.

[145] Contra papisticas leges ... (wie Anm. 66), Bl A lᵛ (Baurmeister Nr. 3). In der BM Sélestat befindet sich ein Exemplar dieses Drucks aus dem Besitz des Beatus Rhenanus: BAILLET, Amandus Farckall (wie Anm. 136), 172 Anm. 11.

nicht aus der Apologie stammen.[146] Ein Nachdruck wiederum dieser Basler Ausgabe erschien 1522 in Paris.[147]

Karlstadt gab seine eigene deutsche Fassung der Apologie im Jahre 1522 heraus.[148] Er hatte im Text der Apologie neben den Schriftbeweisen geschichtliche Argumente, sogenannte „Historien", als Belege für eine alte Tradition der Priesterehe und die späte Entstehung des Zölibats aufgeführt.[149] In der Wittenberger Ausgabe vermehrte er diese historischen Argumente im Anschluss an die Apologie[150] durch Auszüge aus Johann Nauklers Chronik, aus dem *Speculum historiale* des Vincent von Beauvais, aus Konrad Peutingers *De mirandis Germaniae antiquitatibus*[151] und aus Erasmus' Annotationes zum Neuen Testament[152].

Von allen genannten Drucken unabhängig ist eine deutsche Überlieferung der Apologie, die mit einem Druck in Speyer beginnt[153] und Nachdrucke in Straßburg[154] und Augsburg[155] gefunden hat. Der Speyrer Herausgeber, der sich des Pseudonym Kelius Johannes Eleutherius zulegte,[156] hat eine eigene Überset-

---

[146] Über Bernhardis Heirat schreibt Hugwald: „[...] saltem tam aperte aliquot enim adhibitis testibus, virginem, opibus quidem ignobilem, at forma et laudatis moribus apprime nobilem duxit." Über sein Lebensalter: „Castissimam enim vitam vixit usque in annum tricesimum primum maluitque uri quam nubere [...]". Danach wäre Bernhardi ca. 1490 geboren, während sonst sein Geburtsjahr gewöhnlich mit 1487 angegeben wird: BURMEISTER, Bernhardi (wie Anm. 62), 218 ohne Angabe der Quelle.

[147] Beschreibung bei Baurmeister Nr. 4; das Titelblatt ist abgebildet ebd., 129. Von diesem Druck ist nur ein Fragment (Bl. 1 und 8) in Pariser Privatbesitz bekannt. Die Vorrede Ulrich Hugwalds ist übernommen; auf dem Titelblatt wurden Jes 8,10 als Zitat sowie der Satz „Tandem sapit Germania" hinzugefügt.

[148] Das die Priester Ee weyber nemen mögen vn sollen, Wittenberg: [Nickel Schirlentz] 1522. Näheres s. Anm. 83. Baurmeister Nr. 6.

[149] Apologia pastoris, Cembergensis (wie Anm. 67), Bl. 3r. 4^{r–v}; CR 1, 430.433 f. Das die Priester Ee weyber, Bl. A 3^r.4^{r–v}.

[150] Das die Priester Ee weyber, Bl. B 2^v, eingeleitet mit den Worten: „Diß nachvolgend hystori/hab ich eylendts auß etlichen geschieht schreibernn getzogenn/ßo woll tzü disser gantz Christlichen sach dienent."

[151] Ebd., Bl. B 2^v–4^v, aufgeführt bei VEESENMEYER, Bemerkung (wie Anm. 76), 127–129; Baurmeister 128.

[152] Ebd., Bl. B 4^v.

[153] DAs die prister ehe weyber nemen mögen vnd sollen Beschutz rede. des würdigen hern. Bartolomei Bernhardi. probsts zu Camberg, so vö bischoff von Meydburg gefordert, antwurt zugeben, das er in pristerlichem stand, ein iunckfraw zur ehe genomen hatt, [Speyer: Johann Eckhardt] 1522, VD16 B 6105. SB Berlin-West: Cu 540 R; Baurmeister Nr. 8.

[154] Das die Priester Eeweyber nemen mögen vnd sollen. Beschutz red/des würdigen herren Bartolomei Bernhardi/[...], [Straßburg: Reinhard Beck] 1522, VD16 B 6106, StB Worms: IV 369; Baurmeister Nr. 9.

[155] Das die Priester Eeweiber nemen mügen vnd sollen. Beschütz red/des würdigen herren Bartholomei Bernhardi [...], [Augsburg: Jörg Nadler] 1522, VD16 B 6103, SB Berlin-West: Cu 542 R; Baurmeister Nr. 10.

[156] Die gelegentlich vorgenommene Identifizierung mit Johann Eberlin von Günzburg (vgl. Johann Eberlin von Günzburg, Sämtliche Schriften, Bd. 3, hg. v. Ludwig Enders, Halle 1902, S. XXXIII; ClMBW 149 Anm. 4) ist nicht stichhaltig. Die hierfür ins Feld geführte Schlussformel „Es wurtt bald ettwas bessers komen" (Das die prister [wie Anm. 153], Bl. B 4^v)

zung der lateinischen Apologie angefertigt[157] und die Historiensammlung Karlstadts, die dieser seiner Wittenberger Ausgabe beigefügt hatte, an seine Übersetzung angehängt, allerdings nicht nach dem Wittenberger Druck, sondern nach einer verlorenen Überlieferung.[158]

Der Überblick über die Druckgeschichte der Apologie, der schon eine handschriftliche Verbreitung vorausgegangen sein muss, dokumentiert ihre weite Verbreitung. Die Druckorte zwischen Paris und Königsberg spiegeln eine geradezu europäische Wirkung der Schrift wider.[159] In Paris wurde am 22. März 1522 die Verbreitung der Apologie ebenso verboten wie Karlstadts Schrift „Super coelibatu"[160]. In Königsberg wurde die Schrift 1524 aus aktuellem Anlass wieder aufgelegt.[161] Diese Vorgänge weisen darauf hin, dass die Apologie eine Gebrauchsschrift war, die von weiteren Priestern, die mit dem Zölibat brachen,

---

stammt gerade nicht vom Speyrer Anonymus, sondern ist von diesem zusammen mit Karlstadts nachgetragener Historiensammlung übernommen, deren Schluß sie bildet in der Fassung: „Es wird baldt etwas mehr komen" (Das die Priester Ee weyber nemen mögen vn sollen [wie Anm. 83], Bl. B 4^v.)

[157] Der Anonymus hat sich in seiner Übersetzung so eng an den lateinischen Stil gehalten, dass ein sehr schwerfälliger, manchmal fast unverständlicher deutscher Text entstanden ist. Seine Varianten, die teils der Erfurter, teils der Straßburger lateinischen Ausgabe entsprechen, teilweise aber auch diesen Ausgaben gegenüber selbständig sind, zeigen, dass er eine dritte, im übrigen dem zu erschließenden Urtyp sehr nahestehende lateinische Vorlage hatte, höchstwahrscheinlich eine Handschrift.

[158] Der Wittenberger Druck des Nickel Schirlentz, Karlstadts Ausgabe seiner deutschen Fassung, enthält in der nachgetragenen Historiensammlung neben kleineren Druckfehlern einige Stellen mit Textverlusten, die teilweise zu Sinnentstellungen geführt haben. Der Speyrer Anonymus benutzte eine Überlieferung, die die Fehler des Schirlentzdruckes nicht enthielt. Diese Überlieferung muss also von Karlstadts Urfassung abgeleitet gewesen sein, nicht von dem Schirlentzdruck. Es ist wahrscheinlicher, dass der Speyrer Anonymus für beide Teile – Apologie und Historiensammlung – Handschriften benutzte, als dass er nicht erhaltene Drucke benutzte. Die Annahme von Baurmeister 128, die Speyrer Ausgabe habe Titel und Historiensammlung aus dem Wittenberger Druck übernommen, hat sich nicht bestätigt. Für die Gestaltung des Titels ist Abhängigkeit von der Wittenberger Ausgabe allerdings nicht völlig auszuschließen. Aber warum hätte der Anonymus eine eigene Übersetzung anfertigen sollen, wenn er Karlstadts deutsche Fassung gehabt hätte? Es ist auch möglich, dass von ihm benutzte Handschriften (lateinische Apologie, deutsche Historiensammlung) Titel aufwiesen, die der Titelei des Schirlentzdruckes nahestanden.

[159] Überblick über die Druckorte: Wittenberg (dt.), Erfurt (lat., dt.), Straßburg (lat., dt.), Colmar (dt.), Speyer (dt.), Augsburg (dt.), Basel (lat.), Paris (lat.), Königsberg (lat.).

[160] Baurmeister 128. Freys/Barge Nr. 59–62.

[161] Urkundenbuch zur Reformationsgeschichte (wie Anm. 133), 2, 72 nimmt an, dass der im Juni 1524 erschienene Druck von Johann Brießmann oder Johannes Amandi veranlasst wurde, „um in Preußen für die Priesterehe Stimmung zu machen". Im selben Jahr wurde die „Defensio Johannis Apelli ad Episcopum Herbipolensem pro suo Coniugio" in Königsberg gedruckt (ebd., 2, 99f. Nr. 297). Schritte zur Durchbrechung des Zölibatszwangs sind hier ab März 1524 belegt. Am 30. März 1524 setzt sich Bischof Georg von Polentz bei Hochmeister Albrecht für einen Deutschordensherren ein, der in die Ehe treten wollte (ebd., 2, 60 Nr. 204). Am 12. September 1524 kursiert in Rom bereits das Gerücht, der Hochmeister wolle selbst in die Ehe treten (ebd., 2, 81 Nr. 252). Am 16. September fordert Paul Speratus den Hochmeister auf, das Zölibat in seinem Land abzuschaffen (ebd., 2, 82 Nr. 254). Am 1. Juni 1525 sieht Bi-

als Verteidigungsgrundlage benutzt werden konnte.[162] Diese praktische Verwendung der Apologie lässt sich auch an den unterschiedlichen Textfassungen ablesen, die den Vorgang laufender Aktualisierung widerspiegeln. Die Schrift wurde von manchen Lesern geradezu euphorisch begrüßt.[163] Der Elsässer Anonymus, der sie zu einer antiklerikalen Propagandaschrift umgestaltet hat, schließt sein Nachwort folgendermaßen: „Darum laßt uns alle Gott bitten, dass diese Sachen gewandt werden, ist das größte Werk christlichen Glaubens, der göttlichen Liebe."[164] Diese Aufnahme der Apologie zeigt, dass für manche Zeitgenossen die erfolgreiche Verteidigung einer der ersten Priesterehen ein befreiendes Signal war.

3. Der Fall Balthasar Zeiger

Für den Verlauf des Falls Bernhardi war die Verweigerung der Amtshilfe durch den Kurfürsten von entscheidender Bedeutung. Bei dem dritten hier zu erörternden Fall einer Priesterehe war die politische Ausgangssituation aufgrund einer loyalen Zusammenarbeit des zuständigen Landesherrn mit dem Erzbischof eine andere. Unter diesen für ihn günstigen Umständen hatte Albrecht einen größeren Handlungsspielraum. Es wird zu prüfen sein, ob und inwieweit die propagandistischen Interventionen der Wittenberger ihm in dieser Situation Abstriche an der Wahrnehmung der bischöflichen Jurisdiktion abnötigen konnten.

Balthasar Zeiger, Pfarrer zu Vatterode bei Mansfeld,[165] hatte vermutlich einst in Wittenberg studiert[166] und besaß von daher persönliche Kontakte dorthin. Spätestens im Juni 1521 hatte er geheiratet.[167] Dabei tat er diesen Schritt nicht öffentlich oder in einer feierlichen Form, sondern erklärte sein bisheriges Kon-

---

schof Erhard Queiß in seinem Reformationsentwurf für das Bistum Pomesanien die Priesterehe vor (ebd., 2, 102 Nr. 299).

[162] So ausdrücklich die erweiterte Colmarer Ausgabe: s. Anm. 142.

[163] Siehe die in Anm. 132 zitierten Randglossen eines Lesers.

[164] An Maidenbergers etrzbischof herforderung vber Eelichs stanz handel (wie Anm. 136), Bl. c 2ᵛ.

[165] Nebe, G., Balthasar Zeiger in Vatterode bei Mansfeld, in: Zeitschrift des Harz-Vereins für Geschichte und Altertumskunde 13 (1880), 341–348; WA.B 2, 420 Anm. 24; Delius, Walter, Die Reformationsgeschichte der Stadt Halle a. S., Berlin 1953, 27.

[166] Ich vermute Identität mit dem im Sommersemester 1503 immatrikulierten Balthisar Cziger aus Oschatz (Album 1, 10a). Drei Brüder Zeigers sind allerdings 1521 Bürger in Halle (Nebe, Balthasar Zeiger [wie Anm. 165], 345).

[167] Am 2. Juli verteidigt sich Zeiger bereits wegen seiner Tat gegenüber Hans von Trotta, Marschall Graf Hoyers (Nebe, Balthasar Zeiger [wie Anm. 165], 342–344). Graf Hoyer schreibt am 8. Juli an Erzbischof Albrecht, dass Zeiger während seiner Abwesenheit geheiratet habe (ebd., 344). Vermutlich ist mit der Abwesenheit Hoyers Teilnahme am Reichstag zu Worms gemeint. Dass die Heirat Zeigers ungefähr gleichzeitig mit den anderen beschriebenen Priesterehen vollzogen wurde, zeigt folgende Äußerung Hoyers (ebd.): „[...] und dieweill wir aber ye nit genaigt oder gerne sehen, das sich die oder dergleichen, wider der heiligen kir-

kubinat zur Ehe.[168] Das entsprach in etwa den von Luther in der Adelsschrift gegebenen Ratschlägen. Wie die Sache bekannt wurde, geht aus den Quellen nicht hervor. Zeigers Landesherr, Graf Hoyer von Mansfeld, erhielt Kenntnis davon und missbilligte den Schritt des Dorfpfarrers. Daraufhin verteidigte sich Zeiger am 2. Juli in einem längeren, an Hoyers Rat Hans von Trotte gerichteten Schriftsatz.[169] Dieser Brief enthält eine längere theologische Begründung des Rechts der Priester auf Eheschließung, durchsetzt von heftiger antipäpstlicher Polemik. Die Wittenberger Apologie für Bernhardi lag Zeiger noch nicht vor. Doch finden sich die von ihm vorgetragenen biblischen und historischen Argumente gegen das Zölibat auch in den einschlägigen Schriften Karlstadts, so dass bei Zeiger eine gute Kenntnis der einschlägigen Positionen vorausgesetzt werden kann.[170]

Graf Hoyer handelte im Rahmen des geltenden Rechts, als er am 8. Juli Zeiger bei Albrecht als dem für eine solche geistliche Sache zuständigen Bischof anzeigte[171] und dabei die Verteidigungsschrift Zeigers beifügte.[172] Bald darauf wurde Zeiger auf Veranlassung des Erzbischofs verhaftet.[173] Graf Hoyer leistete also die Amtshilfe, die Albrecht vergeblich von Kurfürst Friedrich forderte.[174]

---

chen Ordnung und alt herkomniß christliche gebräuche, Vernewerung oder mishandlung zum ersten In unser graffschaft, von unsern belehenten erheben und fürgenommen werden sollten."

[168] Valentin von Tetleben, Bericht im Auftrag Kardinal Albrechts an Papst Leo X., [1521, zwischen 9. August und 18. September]; Monumenta reformationis Lutheranae (wie Anm. 32), 269.

[169] Nebe, Balthasar Zeiger (wie Anm. 165), 342–344.

[170] Die Parallelen zu den einschlägigen Ausführungen in Luthers Adelsschrift sind gering, abgesehen von der Übereinstimmung in drei geläufigen Bibelzitaten. Eine direkte literarische Abhängigkeit des Verteidigungsbriefs Zeigers von Luthers Ausführungen lässt sich daher nicht nachweisen.

[171] Nebe, Balthasar Zeiger (s. Anm. 165), 344: „Und nach dem auch die sache geistlich und E. churfl. gnaden alß dem geistlichen Churfürsten zugehörig, darumb wir die E. churfl. g. als geordneten obersten Richter nicht haben verbergen wollen."

[172] Ebd.

[173] Zeigers Urfehde, Calbe, 1521 Nov. 1; Nebe, Balthasar Zeiger (wie Anm. 165), 345: Zeiger sagt hier, dass er wegen seiner Heirat und wegen des Unterfangens, diese zu verteidigen, „jn seiner churf. g. straff u. zucht auß czustehenden Erzbischöfl. Ampt genohmmen u. ein zeit lang jn gefeckniß enthalten […]". Die Verhaftung dürfte vor dem 13. Juli erfolgt sein. Vgl. Capito an Hieronymus Aleander, Halle, 1521 Juli 13: „promiserunt comites de Mansfeldt, qui hactenus impendio Lutherio favebant, omnem operam et quosdam ex illa factione ceperunt plexuri eos ultimo supplicio." Friedensburg, Walter, Beiträge zum Briefwechsel der katholischen Gelehrten Deutschlands im Reformationszeitalter, in: ZKG 16 (1896), 470–499; hier 497. Demnach scheinen außer Zeiger noch weitere Personen verhaftet worden zu sein. Capitos pauschale Beschreibung der Haltung der Mansfelder Grafen ist insofern ungenau, als Graf Albrecht damals schon zu Luther tendierte. Vgl. Krumhaar, Karl, Die Grafschaft Mansfeld im Reformationszeitalter, Eisleben 1855, 93 ff.; Gess 1, 189–191. 208; WA 10/1, 2, XLVII; Bornkamm, Heinrich, Martin Luther in der Mitte seines Lebens. Das Jahrzehnt zwischen dem Wormser und dem Augsburger Reichstag, Göttingen 1979, 42.94.

[174] Die rechtliche Verantwortung für die Verhaftung Zeigers liegt dabei eindeutig beim Erzbischof. Capito hat später die Sache gegenüber den Wittenbergern so hingestellt, als liege die Verantwortung für die Verhaftung bei den Mansfelder Grafen: Capito an Luther, 1521 Dez. 20; WA.B 2, 419,104–107. Noch mehr entstellt den Vorgang eine anonyme Apologie für Capito,

Darüber hinaus wies er Zeigers Frau aus der Grafschaft aus.[175] Der Priester wurde in erzbischöflichem Gewahrsam[176] in Halle festgehalten.[177] Etwa im August 1521[178] erstattete Albrechts Rat Valentin von Tetleben in Rom über den Fall Zeiger Bericht.[179] Aus Tetlebens Bericht erfahren wir, dass das Verhalten des inhaftierten Priesters eine ermunternde Wirkung auf andere Anhänger der reformatorischen Bewegung hatte. Abgesehen von seinem aktuellen Delikt hatte Zeiger, so wird ausgeführt, einen guten Leumund, und mittlerweile sei sogar von Seiten der Mansfelder Grafen für ihn Fürbitte eingelegt worden.[180] Unter diesen Umständen wollte Albrecht wenigstens erreichen, dass Zeiger seine Tat bereue und öffentlich widerrufe. Erhielt es für angebracht, Zeiger nach geleistetem Widerruf unter Verwarnung, jedoch ohne weitere Bestrafung freizulassen. Allerdings bittet Albrecht um päpstliche Instruktion für den Fall, dass Zeiger hartnäckig in seinem Irrtum verharren sollte. Wir können diesem Bericht abspüren, wie sich Albrecht in der Zwickmühle sah zwischen den Verpflichtungen seines bischöflichen Amts und den Wünschen Roms einerseits und der Sympathie andererseits, die Zeigers Verhalten in der reformatorisch gesinnten Öffentlichkeit fand.

Spätestens im September 1521 schalteten sich die Wittenberger in diesen Fall ein. In der am 21. September 1521 erschienenen Spottschrift Karlstadts gegen den Ablass in Halle[181] trat Karlstadt für den inhaftierten Priester ein. Wir erfahren, dass der Propst des Neuen Stifts in Halle[182] mit dem Fall befasst gewesen

---

Wittenberg, 1523 Juli 30: ebd., 439,100–102. Capitos unzutreffende Darstellung entspringt dem Interesse, die Angriffe der Wittenberger wegen des Falls Zeiger von Albrecht abzulenken. Er hat auch in anderen Punkten den Wittenbergern falsche Informationen über den Fall Zeiger gegeben. Siehe unten S. 262–264.

[175] So Capito: WA.B 2, 419,102f.

[176] Bericht Valentin von Tetlebens an Papst Leo X. (s. Anm. 68); Monumenta reformationis Lutheranae (wie Anm. 32), 269. KALKOFF, Capito (wie Anm. 68), 71 wurde durch die beschönigende Darstellung Capitos zu der falschen Annahme verleitet, Zeiger sei nicht im Gewahrsam des Erzbischofs, sondern der Mansfelder Grafen gefangen gehalten worden.

[177] Dass Zeiger in Halle im Gefängnis saß, erfahren wir aus der von Karlstadt unter dem Pseudonym Lignacius Stürll verfaßten Schrift: Gloße / Des Hochgelarten / yrleuchten / Andechtigen / vn Barmhertzigen / ABLAS Der tzu Hall in Sachsen / mit wunn vn freude außgeruffen, [Wittenberg: Nickel Schirlentz 1521], VD16 S 9797, Bl. b 4ʳ (LB Dresden: Hist. eccl. E 356, 1ᵐ). Die Stelle ist zitiert unten Anm. 183. Zu dieser Flugschrift und Karlstadts Verfasserschaft s. 7. Beitrag: Reliquienfest und Ablass in Halle, S. 283 ff. und KGK IV.193, 309–349.

[178] Zur Datierung s. Anm. 68.

[179] Monumenta reformationis Lutheranae (wie Anm. 32), 269 f. Gleichzeitig wird über den Fall Bernhardi berichtet.

[180] Es wird nur allgemein von den Mansfelder Grafen geredet, so dass offen bleibt, welcher von ihnen sich für Zeiger verwandt hatte. Die Umstände des Falls lassen vermuten, dass dies nicht Graf Hoyer, sondern eher Graf Albrecht getan haben dürfte.

[181] Siehe Anm. 177 und 7. Beitrag: Reliquienfest und Ablass in Halle.

[182] Erster Propst des Stifts war Johannes Rider, belegt 1519 August 30. Danach ist erst wieder 1528 April 6 der Name eines Propstes – Stephan Geiseler (Greyszel) – belegt. REDLICH, PAUL, Cardinal Albrecht von Brandenburg und das Neue Stift zu Halle. 1520–1541. Eine kirchen- und kunstgeschichtliche Studie, Mainz 1900, 40.79. Es ist demnach offen, ob Rider im September 1521 noch im Amte war.

war. Karlstadt fordert den Propst auf, den Priester freizulassen, den er „wegen des ehelichen Standes zu Halle gefänglich gehalten", oder dessen etwaige weitere Inhaftierung bis 11. November schriftlich zu rechtfertigen.[183] Karlstadt hatte zu dem Zeitpunkt, als er das schrieb, offenbar schon länger keine sichere Nachricht über Zeiger erhalten. Er weiß nicht einmal, ob der Priester noch am Leben war. Möglicherweise war Zeiger mittlerweile von Halle in ein anderes Gefängnis gebracht worden, zumal er am 1. November seine Urfehde in Calbe geleistet hat.

Der Wittenberger Archidiakon hatte jedenfalls ein Ultimatum bis 11. November gestellt.[184] Kurz vor Ablauf dieser Frist kam Zeiger aufgrund seiner Urfehde frei.[185] Als Bürgen stellt er seine drei Brüder Benedikt, Lukas und Alexius sowie einen Kaspar Jähnicke, alle Bürger zu Halle. Als Vertreter des Erzbischofs nahmen die Urfehde entgegen der Kanzler Lorenz Zoch, Capito und der Hauptmann zu Calbe, Simon Hake.[186] Die Freilassung Zeigers erfolgte „auf Fürbitte vieler frommer Leute" hin.[187] In diesen Fürbitten könnte auch die Intervention Karlstadts impliziert gewesen sein. Zeiger wurde allerdings als Preis für die Freilassung eine mindestens verbale Verurteilung seines Zölibatsbruchs abgenötigt. Im Blick auf die konkreten Folgen gelobt Zeiger pauschal Besserung und Ge-

---

[183] Gloße (s. Anm. 177), Bl. b4ʳ: „Derhalben bieth ich Ignatius ir wollet von wegen meiner geselschaffr [sic!] / vnßer tzimliche vnd anliegende clage vnd geschrei an meiner stad fur ewren Probst tragen / vnd in vlyß enrstlich [sic!] sagen. Her / stellet den Pfaffen welchen .E. W. von wegen des Eliche Standes tzu Hall / gefencklich / gehalten / wider tzu lichte. Aber so E. W. das nit mogten aber wolthen tuhen / vorschaffet / das ewre tapffere / scheinliche / vnd gnugsame vrsachen zu rechte / die auch furstlich vnd loblich sein angetzeigt werden / warumb E. w. den briester nit kan ader wil anßlichte geben / Darnach schicket mir solche entschuldung ken Neumburg am tag Martini in die grosse herberig bey dem kirchoffe / Werdet ir mein ansynnen vorachten / so wil ich ein spiel anfahen / das euch Halle tzu enge wirtt / Ich wil wissen kurtz / ob mein bruder bei leben aber im tod ist / vnd vorstehen / das mit ome Probstlich vnd redlich gehandelt / werde ich das nit von euch erlangen / Solt ir mir nit vor argen so ich werd schreiben / das ir den fromen hern vnredlich / wider gottlich vnd menschlich recht / ermort habt. Ich wil auch nach obgemeltem tag nach den pfaffen trachten die sich mit weibern vorwerren. vnd treten doch nit in Elichen standt." Der als Vermittler angesprochene Ignatius ist unidentifiziert. Er ist nicht mit dem Pseudonym „Lignacius" zu identifizieren, unter dem Karlstadt schreibt. „Ignatius" ist Anrede, nicht eine Selbstbezeichnung des Schreibers. Als Adresse für die etwaige Entschuldigung des Propsts nennt Karlstadt Naumburg, weil er unter einem Pseudonym schreibt. Zu Naumburg als Postumschlagsplatz s. BUBENHEIMER, Luthers Stellung (wie Anm. 26), 99 Anm. 151.

[184] Vgl. noch den Schluss der Glosse, Bl. b 4ʳ (Fortsetzung des Zitats in Anm. 183): „Nach Martini werdet yr besser spiel hören. Das helff vnß gott. Amen."

[185] Text der Urfehde, ausgestellt Calbe, 1521 November 1, bei NEBE, Balthasar Zeiger (wie Anm. 165), 344–346.

[186] Ebd., 346. Einer von ihnen hat nach dem Verteidigungsbrief für Capito aus dem Jahr 1523 Zeiger die Urfehde, die dieser „mit eigener Hand geschrieben" hat (ebd., 345), in die Feder diktiert: „Nam iure illius iurandi verba, ne errare possit, in aurem quidam tum exposuit." WA.B 2, 440,108f. Dass Capito der Diktant gewesen sei (so KALKOFF, Capito [s. Anm. 68], 72), steht nicht in den Quellen.

[187] „Daruff sein churf. g. auß vetterlicher guthe vnd mildikeit vnd umb vorbit willen vihl frommer leuthe die vor mich gescheen ist mich solcher gefengniß vnd straffe gnediglich entlassen u. erledigt hatt [...]" NEBE, Balthasar Zeiger, 345.

horsam gegenüber der Kirche.[188] In der Urfehde ist von einer Bestrafung Zeigers nicht die Rede. Welche praktischen Konsequenzen Zeigers Versprechungen für sein Amt haben sollten, bleibt ebenfalls offen. Im wesentlichen entspricht der Wortlaut der Urfehde dem, was Albrecht nach dem Bericht Tetlebens bereits im August/September 1521 geplant hatte: Widerruf Zeigers einerseits, Freilassung ohne weitere Bestrafung andererseits.

Die weiteren rechtlichen und praktischen Folgen der Urfehde lassen sich erst den nach Zeigers Freilassung entstandenen Schriftstücken entnehmen. Zunächst ging er ins Exil. In einem auf dem Weg ins Exil geschriebenen lateinischen Schreiben an den Erzbischof[189] hat Zeiger noch eindeutiger als in der Urfehde seine Tat als sündiges Vergehen bezeichnet und um Absolution von dieser „einmaligen Übertretung" und um Wiederaufnahme in den Schoß der katholischen Kirche gebeten.[190] Dieses unterwürfige Schreiben war offenbar dazu bestimmt, für Zeiger auch die päpstliche Absolution einzuholen. Denn vor 17. Februar 1522 hat Graf Hoyer von Albrecht erfahren, dass Zeiger vom Papst absolviert werden müsse und dass der Erzbischof erwarte, diese Absolution in Kürze zu erhalten.[191] Zeiger bemühte sich nämlich darum, seine Pfarre zu behalten. Aus dem Briefwechsel zwischen Graf Hoyer und Albrecht geht hervor, dass er zunächst nur für ein Jahr auf persönliche Versehung seiner Pfarre in Vatterode verzichten musste. Daraufhin hatte er Graf Hoyer gebeten, die Pfarre für dieses Jahr selbst mit einem anderen Priester versorgen zu dürfen.[192] Hoyer lehnte dies ab, behielt sich selbst die Wahl des Stellvertreters vor und ließ im übrigen offen, was er nach Ablauf des Jahres tun werde.[193] In den Tagen, als Hoyer und Albrecht über diese Fragen korrespondierten, erfuhr der Graf auch, dass Zeiger sich erneut mit der Frau zusammen getan hatte, die er im Vorjahr als seine Ehefrau bezeichnet hatte. Hoyer wusste aber nicht, wo sich Zeiger aufhielt und ob er die Frau weiter als

---

188 „Ich Balthazar Czeger prister bekenne [...] Nach dem [...] mein gnedigster her mich von wegen meines ungehorsamß vnd mißhandlung umb daß, daß ich einem unzüchtigen verlumpten weibe als ein prister widder Ordnung und vorboth der heiligen christlichen kirchen ein ehelich leben mith der that czu halden gelobt zu gesagt, und daß auß widdersetzlikeit und ungehorsam alss hett ich recht daran gethan daß zcu vertheidigen understanden halb jn seiner churf. g. straff u. zucht [...] genohmmen [...] u. so lang bis ich meinen irrthumb erkanth und mich derhalb zcu bessern und alß ein gehorsam kindt der h. christl. kirchen zu folgen mich erbotten und gehorsamlich verfolgen wil." Ebd., 344 f.

189 Das Schreiben Zeigers trägt nur folgendes Datum: „Datum in captivitate transmigrationis: ubi autem terrarum novit deus, ego inscius sum." Ebd., 346 f.

190 „[...] cognosco me miserum deliquisse, peccavi, veniam et remissionem quam ardenter cupio, ut R. p. v. mihi indigno pie ignoscat quod negligenter actum est et dignetur suscipere filium perditum in gremium unitatis catholice. omnem obedientiam et subiectionem quam teneor (ut obediens filius) promitto et pollliceor, saltem hanc unicam transgressionem mihi benigne ac gratiose ignoscat R. p. v." Ebd., 346.

191 Graf Hoyer an Kardinal Albrecht, Mansfeld, 1522 Februar 17; ebd., 347. Hoyer referiert den Inhalt eines Schreibens Albrechts an ihn.

192 Ebd.

193 Graf Hoyer an Kardinal Albrecht, Mansfeld, 1522 Februar 21; ebd., 348.

Ehefrau oder – was man ihm wohl hätte konzedieren können – als Konkubine ausgab.[194] Weitere Nachrichten über den Fall Zeiger fehlen.

Die Schlussphase des Prozesses Zeigers, d. h. seine Urfehde und ihre weiteren Folgen, habe ich hier nach den Originalakten dargestellt. Von ihnen her muss der Wahrheitsgehalt der Gerüchte über Zeiger beurteilt werden, die nach seiner Urfehde nach Wittenberg gelangten und dort kursierten. Karlstadt hatte in der „Gloße" ultimativ die Freilassung Zeigers bis Martini 1521 gefordert. Er erfuhr vermutlich im Laufe des November von Zeigers Freilassung und versäumte nun nicht, diese nun ebenfalls publizistisch bekannt zu machen. Am 1. November verfasste er die an Albrecht Dürer gerichtete Widmungsvorrede zu seiner Abendmahlsschrift „Von Anbetung und Ehrerbietung der Zeichen des Neuen Testaments".[195] Am Text dieser Schrift arbeitete er noch um Martini.[196] Am Schluss trug er nicht zum Thema gehörige „Neue Zeitungen" über Kardinal Albrecht und über die Freilassung Zeigers nach.[197] Die Nachrichten, die Karlstadt über das Verhalten des Kardinals und über Zeigers Freilassung hatte, veranlassten ihn, sich jetzt lobend über Albrecht zu äußern.[198] Von „einem Glaubwürdigen" hat Karlstadt erfahren, dass Zeiger in Freiheit sei und sowohl seine Pfarre als auch sein Eheweib behalten würde.[199] Wer Karlstadts Gewährsmann war, ist nicht belegt. Jedoch lässt sich vermuten, dass diese Darstellung des Falls Zeiger auf Capito zurückgeht, da dieser später nachweislich das Vorgehen gegen Zeiger gegenüber den Wittenbergern beschönigt hat.[200] Dass diese Darstellung

---

[194] Ebd., 347f. Briefe Hoyers an Albrecht vom 17. bis 21. Februar.

[195] Von anbettung vnd ererbietung der tzeychen des newen Testaments (s. Anm. 71), Bl. A 1ᵛ.

[196] Ebd., Bl. A 2ᵛ verweist Karlstadt auf die am 11. November verfasste Widmungsvorrede an Georg Reich in seiner Schrift: Von beiden gestaldten der heylige Messze [...], Wittenberg: Nickel Schirlentz 1521, VD16 B 6219, Bl. A 1ᵛ–3ʳ (UB Würzburg: Th. dp. q. 448; Freys/Barge Nr. 71).

[197] Von anbettung (s. Anm. 71), Bl. B 3ʳ–4ʳ. Vgl. den Anfang dieses Nachtrags: „Wiewol ich von newen tzeyten nicht willens gewest bin. ettwas hiemit zu schreyben / sie gehören auch nit in das büchlin. Dannest weil ich gots gnad sonderlich itzo hoer loben vnd preysen / wil ich euch nit bergen [...]".

[198] Zu Karlstadts Ausführungen über Albrecht (Bl. B 3ʳ⁻ᵛ) s. 7. Beitrag: Reliquienfest und Ablass in Halle.

[199] Ebd., Bl. B 4ʳ: „Der Priester. ßo des eestands halben gefangen gelegen / ist / ledig vnud [sic!] frey geben / vund [sic!] behelt sein pfar / vund [sic!] sein eeweib dartzu / das hat mir ein glaubwirdiger gesagt. vnd gibt scheinlich antzeyg / das .m. g. h. von Magdeburg tzunhemen wirt in Euangelischer freyheit vnd warheit Das .s. Curf. g. auch tzimen vnd geburen will / als eynem Primaten Germanie. Der barmhertzig got woll .s. Curf. g. stercken vnd also behalten." Diese Worte bilden den Schluss von Karlstadts Schrift.

[200] WA.B 2, 419,100–108. Vgl. die Verteidigungsschrift für Capito aus dem Jahre 1523, ebd., 440,103–107: „[...] quodque diligentissima Capitonis opera potissimum ereptus tandem, praestito duntaxat sacramento, ut vocant, exultionis, et super eo, quod sit daturus operam, ne temere unquam catholicam violet ecclesiam et ne pusillos in Christo velit ex proposito offendere, uxore proprie neutiquam abiurata." Der Anonymus, der seine Sicht des Falls von Capito bezogen haben dürfte, hat offensichtlich keine Kenntnis vom tatsächlichen Inhalt der

nicht dem Sinn von Zeigers Urfehde entspricht, liegt auf der Hand. Dass man ihm seine Pfarrei nicht aberkannt hat, ist zwar richtig, jedoch war der weitere Besitz der Pfarrei an gravierende Vorbedingungen, nämlich die Verurteilung seiner Eheschließung und die Absolution durch den Papst geknüpft. Dass man Zeiger zugestanden hatte, sein „Eheweib" behalten zu dürfen, ist schlichtweg falsch. Wenn man ihm ein weiteres Zusammenleben mit der Frau erlaubt hatte, dann doch nur in der Form des Konkubinats. Aber dagegen gerade richtete sich die Kritik der Wittenberger. Zeigers Urfehde entsprach nicht ihren Vorstellungen.

Am 17. Januar 1522 antwortete Luther auf Capitos dissimulierende Darstellung, die dieser ihm am 20. Dezember gegeben hatte.[201] Er besaß mittlerweile richtigere Informationen über den Inhalt von Zeigers Urfehde.[202] Luther wirft Capito vor, dass er Zeiger gezwungen habe, gegen sein Gewissen seiner Ehefrau abzuschwören. Nach Luther habe Zeiger seinen Widerruf mittlerweile bereut. Für den Reformator bedeutet das Vorgehen gegen Zeiger eine gewaltsame Ehescheidung. Er fordert Capito auf, Zeigers erzwungenen Eid wieder aufzuheben.[203]

Die Widersprüche zwischen dem Inhalt von Zeigers Urfehde und den nach Wittenberg lancierten Nachrichten erklärt sich aus der ambivalenten Interessenlage Capitos, der zwischen Albrecht und den Wittenbergern Frieden vermitteln wollte. Im Interesse der Wittenberger betrieb er Zeigers Freilassung. Diese musste aber unter Umständen erfolgen, denen der Erzbischof zustimmen konnte, was bedeutete, dass mindestens verbal das geltende Recht gewahrt bleiben musste. Aus diesem Grund musste Zeiger in seiner Urfehde seiner Eheschließung als einer Verfehlung abschwören, nach Wittenberg durfte aber nur die positive Seite dieses Vorgangs gemeldet werden: Zeigers Freilassung; die Aussicht, dass er seine Pfarrei möglicherweise würde behalten können; der Umstand, dass man ihn an einem weiteren Zusammenleben mit seiner Lebensgefährtin nicht explizit gehindert hatte. Aber alle an diese Zugeständnisse geknüpften Bedingungen mussten gegenüber den Wittenbergern dissimuliert werden. Tatsächlich hatte sich Zeiger dem auf ihn ausgeübten Druck gebeugt, da er sich um seine Existenz sorgte und seine Pfarre behalten wollte.

Karlstadt hat die Taktik Capitos zunächst nicht durchschaut und den ersten Nachrichten von Zeigers Freilassung Glauben geschenkt. Aufgrund besserer In-

---

Urfehde Zeigers. Auf diesen Quellen beruht die Darstellung von Zeigers Prozess bei KALKOFF, Capito (wie Anm. 68), 71 f. Sie ist unhaltbar, weil Kalkoff die von NEBE, Balthasar Zeiger (wie Anm. 165) publizierten Prozessakten nicht benützt hat. Kalkoff ist einseitig an einer Ehrenrettung Capitos interessiert.

[201] Capito hatte versucht, die Schuld den Mansfelder Grafen zuzuschieben und über Zeigers Freilassung nur geschrieben: „Sed ille nunc liber factus sacerdotium iterum ambit, quod spero nos illi quodam ingenio statim confecturos." WA.B 2, 419,107 f.

[202] Als Karlstadt seine in Anm. 199 zitierte Darstellung über Zeigers Freilassung gab, hatte dieser sich offensichtlich selbst noch nicht mit den Wittenbergern in Verbindung gesetzt. Spätestens in der ersten Januarhälfte scheint dies erfolgt zu sein.

[203] WA.B 2, 432,83–87.

formationen hat Luther die geschönte Capitosche Darstellung von Zeigers Freilassung im Januar 1522 zurückgewiesen.

4. Rückwirkungen: Priesterehen in Wittenberg

Die intensive Propaganda und Aktivität der Wittenberger zugunsten der Priesterehe im Jahre 1521 musste die Wittenberger Kleriker zwangsläufig mit sich selbst konfrontieren. Konnten sie über längere Zeit mit Worten andere Priester zur Ehe ermuntern,[204] in ihren Prozessen unterstützen, ohne selbst durch die eigene Tat ein Vorbild zu geben?[205] Sie hätten an Glaubwürdigkeit verloren, wenn Sie den von anderen geforderten Schritt nicht selbst getan hätten.

Zuerst traf allerdings die Propaganda die im Konkubinat lebenden Priester. Denn Karlstadt hatte in einer Disputation am 20. Juni 1521 die These vertreten, dass die Konkubinarier von den Bischöfen zur Ehe gezwungen werden müssten.[206] In der „Gloße", in der Karlstadt im September 1521 die Freilassung Zeigers forderte, kündigte er eine Offensive gegen die Pfaffen an, „die sich mit weibern vorwerren. vnd tretten doch nit in Elichen standt."[207] Eine entsprechende propagandistische Aktion Karlstadts unterblieb dann allerdings im November. Karlstadt wählte nun den Weg, zunächst mit dem eigenen Beispiel voranzugehen. Im Zusammenhang mit seiner eigenen Verlobung gegen Jahresende ließ er dann erneut verlauten, „wen er das verentt hab, woll er pfaffen, groß oder klein, ernstlich mitt wortten vnd mit der that fuᵉrnemen vnd angreiffen, die in solchenn gestalt kôchin halten vnd nitt weiber wollen nhemen."[208]

Die eigene Heirat bereiteten einige der Wittenberger Kleriker spätestens seit November 1521 vor. In der Absicht, noch vor Fasnacht 1522 zu heiraten, ließen sie zunächst die Tonsur verwachsen.[209] Justus Jonas, der Stiftspropst, erwog nachweislich bereits damals die Heirat.[210] Als erster schritt dann Karlstadt zur

---

[204] Zu der durch den Angriff auf Zölibat und Ordensgelübde ausgelösten „Heiratsbewegung" im Klerus vgl. FRANZEN, Zölibat (wie Anm. 16), 29f.

[205] Vgl. Luther an Johann Rühel, [Wittenberg], 1525 Juni 3; WA.B 3, 522,10–13: „Und ob Seine Kurfürstl. Gnaden [nämlich Albrecht] abermal würde sagen, wie ich zuvor auch gehöret hob, warumb auch ich nicht nähme, der ich jedermann dazu reize, sollet Ihr antworten, daß ich immer noch gefürchtet, ich sei nicht tüchtig gnug dazu." Vgl. Anm. 221.

[206] „Deberent Episcopi Sacerdotes concubinarios ad matrimonia cogere." SVPER COELIBATU MONACHATV ET VIDUITATE AXIOMATA PERPENSA VVITTEMBERGAE. [...], Wittenberg: Nickel Schirlentz 1521, VD16 B 6126, Bl. c 4ᵛ (Freys/Barge Nr. 59; UB München: 4° Theol. 5464 (3)). Eine leicht abweichende Textüberlieferung bei KAPP, JOHANN ERHARD, Kleine Nachlese einiger größten Theils noch ungedruckter, Und sonderlich zur Erläuterung Der Reformations-Geschichte nützlicher Urkunden, Bd. 2, Leipzig 1727, 463.

[207] Siehe Anm. 183.

[208] Zeitung aus Wittenberg, 1522, bald nach 6. Januar; WB Nr. 68, 159.

[209] Herzog Georg von Sachsen an Herzog Johann d. Ä., Schellenberg, 1521 Nov. 21; Gess 1, 210,5–7.

[210] Jonas an Johann Lang, Wittenberg, 1521 Nov. 8; BJJ 1, 77.

Tat in Übereinstimmung mit der Vorreiterrolle, die ihm in Sachen Zölibat in der Phase der theoretischen Propaganda zukam. Am 26. Dezember 1521 verlobte er sich mit Anna von Mochau in Seegrehna, wohin ihn in zwei Wagen zahlreiche Universitätskollegen begleiteten, darunter Jonas und Melanchthon. Gleichzeitig gab er seine bisherige Köchin dem Pfarrer von Seegrehna zur Frau.[211] Seine eigene Hochzeit am 19. und 20. Januar 1522 nützte er zu einer erneuten propagandistischen Aktion.[212] Er ließ am 5. Januar ein öffentliches Einladungsschreiben ausgehen.[213] Darin sagt er ausdrücklich, dass er mit seiner Heirat anderen Priestern ein Vorbild geben wolle.[214] Am 6. Januar hat er eine leicht veränderte Fassung dieses Schreibens als persönliche Einladung an den Kurfürsten geschickt.[215] Ferner lud Karlstadt „die gantz vniuersitet", womit wohl der Lehrkörper gemeint ist, sowie den Wittenberger Stadtrat ein. Ja, er ließ sogar verlauten, die Bischöfe von Magdeburg, Brandenburg und Meißen zur Hochzeit bitten zu wollen.[216]

Diese Einladungen zeigen, mit welcher Selbstsicherheit Karlstadt seine Heirat in Angriff nahm. Die Einladung der weltlichen Obrigkeiten[217] soll die program-

---

[211] Näheres dazu Barge 1, 364 Anm. 118 und WB 158 f. Anm. 2.

[212] Zum Folgenden s. WB Nr. 68, 155–159.

[213] Es wurde im Druck verbreitet: Sendtbrieff .D. Andree Boden: von Carolstadt meldende seiner Wirtschafft. Newe getzeyt vonn pfaffen vnnd mönchenn tzu Wittemberg außgangen. Wittemberg, [Erfurt: Matthes Maler 1522], VD16 B 6194 (HAB Wolfenbüttel: 359 Th. (7); Freys/Barge Nr. 81). Danach WB Nr. 65, 145 f. Bei Freys/Barge Nr. 81–86 fünf weitere Drucke.

[214] „[...] so betracht ich auch in ansehung das vil arme elende vnd vorlorne pfaffen yetzt in des teufels gefencknis vnd kercker liegen denen ane zweyfel durch gut vorbildt vnnd Exempel möcht gerathen vnd geholffen werden [...]" Sendtbrieff (s. Anm. 213), Bl. A 2ʳ. Zwei Drucke (Freys/Barge Nr. 85 f.) sind mit Sicherheit erst nach Karlstadts Hochzeit erschienen. Sie enthalten die WB Nr. 101, 209–211 abgedruckte Neue Zeitung aus Wittenberg, die bald nach 16. Februar abgefaßt ist. Dieser Umstand belegt, dass Karlstadts Einladungsschreiben eine über ihren ursprünglichen Anlaß hinausreichende propagandistische Funktion zukam. – Auch Luther sah in Karlstadts Heirat einen beispielgebenden Schritt: „Carlstadii nuptiae mire placent, novi puellam. Confortet eum Dominus in bonum exemplum inhibendae et minuendae papisticae libidinis, Amen." WA.B 2, 423,45–47.

[215] WB Nr. 66, 146 f. Falsch ist die Angabe bei Barge 1, 365 Anm. 123, Karlstadt habe im Schreiben an den Kurfürsten die Einladung zum Hochzeitsfest weggelassen. Vielmehr heißt es ähnlich wie im allgemeinen Einladungsschreiben: „[...] E. C. F. G. derhalbenn gantz vnderthenigs flaysß bittende, E. C. F. G. wollenn sich jn gnaden allhie [d. h. in Wittenberg] erzaygenn." WB 147, vgl. 145.

[216] WB Nr. 68, 159; Schottenloher, Berichte (wie Anm. 71), 88. Dass Karlstadt mit zahlreichen Gästen rechnete, zeigt auch der Umstand, dass er in Leipzig für mehr als 50 fl „würtz vnd ander Ding" einkaufte (WB 159).

[217] In ähnlicher Weise lud Wenzeslaus Linck zu seiner Heirat in Altenburg am 14./15. April 1523 die kurfürstlichen Räte als Zeugen ein. Lorz, Jürgen, Das reformatorische Wirken Dr. Wenzeslaus Lincks in Altenburg und Nürnberg (1523–1547), Nürnberg 1978 (Nürnberger Werkstücke zur Stadt- und Landesgeschichte 25), 7. – In Hamburg wohnten einige Ratsherren der Hochzeit des Johann Meyer bei, eines der ersten verehelichten Kleriker Hamburgs. Postel, Rainer, Horenjegers und Kökschen. Zölibat und Priesterehe in der hamburgischen Reformation, in: Ingrid Bátori (Hg.): Städtische Gesellschaft und Reformation, Stuttgart 1980 (SMAFN 12), 221–233; hier 227.

matische und politische Bedeutung seiner Heirat unterstreichen. Der Kurfürst kam zwar nicht, aber in Sachen Priesterehe konnten die Wittenberger Theologen des kurfürstlichen Wohlwollens mittlerweile sicher sein.[218]

Indem Karlstadt Bischöfe einladen wollte,[219] drückt er das Selbstbewusstsein aus, mit ihnen hinsichtlich der geistlichen Autorität auf einer Stufe zu stehen[220] und auch ihnen ein Vorbild zu geben.[221] Zudem war dies eine erneute Antwort auf die Auseinandersetzungen des Vorjahres mit dem Meißener und dem Magdeburger Ordinarius.

Es gelang Karlstadt tatsächlich, mit seiner Heirat großes Aufsehen zu erregen. Alsbald erschien von altgläubiger Seite eine Spottschrift über Karlstadts Heirat.[222] Auf der anderen Seite stellte sich die von Karlstadt gewünschte Vorbildwirkung alsbald ein[223]. „Die meisten ahmen ihn glücklich und tapfer nach," schreibt Jonas am 8. Januar an Johann Lang nach Erfurt.[224] Von den Stiftsherren folgten der Propst Jonas am 9. Februar[225] und bis etwa Mitte Februar der Kustos Johann Dölsch.[226] Ferner heiratete Anfang 1522 der Wittenberger Organist an Stifts- und Stadtkirche, der aus Nürnberg stammende Priester Johann Wein-

---

[218] Siehe Anm. 126 und 230.

[219] Ob dieser Plan ausgeführt wurde, ist mangels Quellen nicht zu sagen. Es ist dies Karlstadt jedoch durchaus zuzutrauen. Auch sonst sind alle persönlichen Einladungsschreiben außer demjenigen an den Kurfürsten verloren.

[220] Dazu s. 7. Beitrag: Reliquienfest und Ablass in Halle.

[221] Auch Luther hoffte noch 1525, mit seiner Heirat Kardinal Albrecht „zum Exempel vorherzutraben". Luther an Rühel, 1525 Juni 3; WA.B 3, 522,13–15. Vgl. Luthers Sendbrief an Albrecht von Mainz (1525), in dem er ihn zur Heirat auffordert: WA 18,408–411. Siehe HENDRIX, SCOTT H., Martin Luther und Albrecht von Mainz. Aspekte von Luthers reformatorischem Selbstbewusstsein, in: LuJ 49 (1982), 96–114; hier 102 f. Im Blick auf die Reaktion Albrechts auf solche unerbetenen Exempel ist immerhin bemerkenswert, dass er Luthers Frau zur Hochzeit 20 fl schenkte. WA 30/2, 391; SCHRADER, FRANZ, Kardinal Albrecht von Brandenburg, Erzbischof von Magdeburg, im Spannungsfeld zwischen alter und neuer Kirche, in: Remigius Bäumer (Hg.): Von Konstanz nach Trient. Beiträge zur Geschichte der Kirche von den Reformkonzilien bis zum Tridentinum. Festgabe für August Franzen, München 1972, 419–445; hier 426.

[222] MISSA DE NVPTIIS ANDREAE CAROLOSTADII, ET SACERDOTIBVS MATRIMONIVM CONTRAHENTIBVS, [Augsburg: Sigmund Grimm & Marx Wirsung 1522], VD16 M 5491 (UB München: Theol. 5464 (13)). Deutsche Ausgabe: Die Messe, von der Hochzeyt D. Andre Carolstadt. vnnd der Priestern/ so sich Eelich verheyrraten, [1522], VD16 M 5492 (HAB Wolfenbüttel: 456 Theol. 4° (9)). Barge 1, 366. Es handelt sich um eine Persiflage der bei der Priesterheirat begangenen gottesdienstlichen Feier. Der Verfasser der „Missa" hat gute Kenntnisse, denn er führt richtig die von Karlstadt bemühten wesentlichen Bibelstellen auf. Wahrscheinlich sind diese tatsächlich in einer gottesdienstlichen Handlung verlesen worden.

[223] Jonas an Capito, Wittenberg, 1521 Januar 1; BJJ 1, 81: „Carolostadius duxit uxorem puellam imaginibus nobilem, sed pauperem, quam tenuitatem consulto delegit; ducturi hic et alii clerici. Ipse huiusmodi quid meditari pene incipio contra hypocrisin, gregem scortorum sub fuco castitatis alentem."

[224] WB Nr. 69, 165. In BJJ 1, 83 ist dieser Satz irrtümlich weggelassen.

[225] Spalatin: Chronicon sive Annales, zum Jahr 1522, in: Scriptores rerum Germanicarum (wie Anm. 31), 2, 611; WB 182 Anm. 1.

[226] WB Nr. 101, 210.

mann.[227] In engster Verbindung zu Stift und Universität standen auch die Pfarrer von Schmiedeberg und Lochau, die etwa gleichzeitig mit Einführung der evangelischen Messe das Zölibat brachen. Die Pfarrei Schmiedeberg war dem Wittenberger Allerheiligenstift inkorporiert. Der dortige Pfarrer Nikasius Claii hatte es in seinem Wittenberger Studium bis zum Sententiar gebracht (1519) und hatte die Pfarre als Schützling Karlstadts erhalten. Er heiratete seine Konkubine.[228] Der aus Nordhausen stammende Lochauer Pfarrer Franz Günther bereitete Anfang 1522 seine Heirat vor,[229] öffentlich und mit Wissen und Duldung des dort residierenden Kurfürsten.[230] Günther traute dann am 22./23. März 1522 auch seinen Pfarrhelfer, den einstigen Augustiner Balthasar Sturnius.[231] Erst am 24. September 1521 hatte Günther in Wittenberg unter Johann Dölesch zum Erwerb des Grades eines Lizentiaten der Theologie Thesen über das Bischofsamt verteidigt.[232]

In den kursächsischen Landen folgten bis April auch die Pfarrer Johann Stumpf im Schönbach und Franz Klotzsch in Großbuch.[233] Von diesen beiden hatte Stumpf in Wittenberg studiert.[234] Beim Verhör vor dem Merseburger Bischof verteidigte er seine Ehe mit Argumenten die aus Karlstadts Schriften gegen das Zölibat bekannt sind.[235] Ein Schritt in dieselbe Richtung tat auch der Torgauer Prediger Valentin Tham, indem er zum Zeichen der Verwerfung des Zölibats die Tonsur verwachsen ließ,[236] wie es die Wittenberger vorgemacht hatten.

5. Vergleich und Schlussfolgerungen: Priesterehen und landesherrliches Kirchenregiment

Die ersten Priesterehen führten „zu einem Dammbruch in der herrschenden kirchlichen Ordnung"[237]. Die Verhaltensweisen und Strategien der an diesem Prozess beteiligten Priester und Theologen, Bischöfe und Landesherrn sollen abschließend in einer vergleichenden Zusammenschau festgehalten werden.

---

[227] WB Nr. 69, 165; 351–353.

[228] WB 358–364. Siehe unten S. 270.

[229] WB, 376–381. Flugschriften aus den ersten Jahren der Reformation, Bd. 1, hg. v. Otto Clemen, Halle a. S. 1907, 51–83.

[230] Jonas an Johann Lang, 1522 Januar 8; BJJ 1, 83; WB Nr. 69, 105: „Episcopus Lochanus sciente et ferente principe palam molitur nuptias." Zum Aufenthalt des Kurfürsten auf seinem Schloss in Lochau s. WB Nr. 64, 138.

[231] Flugschriften (wie Anm. 229), 71,10 f. mit 92 Anm. 4.

[232] Näheres s. (°10).

[233] Flugschriften (wie Anm. 229), 57–59.84–92.

[234] Immatrikuliert Wintersemester 1502/03: „Joannes stumpf de schneberg". Album 1, 5 a.

[235] Flugschriften (s. Anm. 229), 94 Anm. 10.

[236] Ebd., 56.65–68.93 Anm. 1.

[237] Brecht, Martin, Martin Luther, Bd. 2, Ordnung und Abgrenzung der Reformation 1521–1532, Stuttgart 1986, 31.

Gegenüber dem Sommer 1520, als Luther seine Kritik am Priesterzölibat in die Öffentlichkeit brachte, war der reformatorische Prozess nach dem Wormser Reichstag in ein neues Stadium getreten. Die Verurteilung Luthers durch Papst und Kaiser hat keine Dämpfung, sondern eine Eskalation der reformatorischen Bewegung bewirkt. Empfehlungen Luthers von 1520 an Konkubinarier und noch unbeweibte Priester – vorsichtiges Dissimulieren bzw. Warten auf die durch ein Konzil vorzunehmende Neuordnung – schienen überholt. Im Gegenzug zu Bann und Acht wuchsen in der reformatorischen Bewegung Bekennermut und Martyriumsbereitschaft. Es verdient aber festgehalten zu werden, dass auch Luthers Empfehlungen unter veränderten kirchenpolitischen Rahmenbedingungen weiterwirkten. Angesichts des vorübergehenden Erstarkens der katholischen Reaktion nach dem Mandat des Nürnberger Reichsregiments und unter dem Eindruck von Luthers die reformatorische Bewegung bremsenden Haltung nach seiner Rückkehr von der Wartburg rät Johann Eberlin von Günzburg gegen Ende 1522 den Pfarrern zu heimlicher Eheschließung und zur Dissimulation.[238] Dabei bezieht sich Eberlin auf Luthers Adelsschrift[239] und versucht den gegen Luthers Ratschlage erhobenen Einwand zu entkräften, dass eine heimliche Priesterehe der davon nicht in Kenntnis gesetzten Gemeinde ebenso Ärgernis gebe wie das Priesterkonkubinat.[240]

Für das Vorgehen und die Stimmung der heiratenden Priester im Sommer 1521 ist der Schritt in die Öffentlichkeit bezeichnend. Die Priesterehe wird zur reformatorischen Demonstration. Damit wird nicht nur anderen Priestern ein Vorbild gegeben, auch die Gemeinden der heiratenden Priester werden aktiviert und in den Prozess einbezogen: Bernhardi holt für seinen Schritt die Zustimmung seiner Gemeinde ein; Seidelers Gemeinde in Glashütte tritt für ihren inhaftierten Pfarrer bei Herzog Georg ein. In der Umgestaltung von Bernhardis Apologie von einer prozessualen Verteidigungsrede zu einem Aufruf an die Laien in der Colmarer Ausgabe spiegelt sich diese Aktivierung der Laienschaft auch in Sachen Priesterehe literarisch wider. Die Priesterehe wird einerseits im Volk populär, und andererseits befördert dieser Prozess die Verbürgerlichung des Klerus, die etwas später in protestantischen Städten im Erwerb des Bürgerrechts durch Kleriker und in der Abschaffung ihrer Steuerprivilegien rechtlich fixiert wird.

Erstaunlich ist das hohe Selbstbewusstsein, mit dem Priester und Theologen die Priesterehe gegenüber den Bischöfen, teils auch gegenüber der weltlichen Obrigkeit verteidigen. Auch Balthasar Zeiger, der den obrigkeitlichen Repressionen letztendlich nicht standgehalten hat, bringt seinen Prozess durch

---

[238] Ausgabe von Enders, Johann Eberlin von Günzburg (wie Anm. 156), 82 f. Zur Datierung s. Brecht, Martin, Johann Eberlin von Günzburg in Wittenberg 1522–1524, in: Wertheimer Jahrbuch 1983, 47–54; hier 51.
[239] Johann Eberlin von Günzburg (wie Anm. 156), 62.
[240] Ebd., 2, 82–84.

eine im Ton nicht nur selbstbewusste, sondern sogar offensiv polemische Verteidigungsschrift in Gang. Die Apologie für Bernhardi als auch seine Schutzschrift an Kurfürst Friedrich geraten zu einer Belehrung und Ermahnung des Erzbischofs. Dieselbe Tendenz hat das Mahnschreiben, das Karlstadt, Agricola und Melanchthon Seidelers wegen an den Meißener Bischof schickten. In diesen Zusammenhang gehört auch Karlstadts Plan, Bischöfe zu seiner Hochzeit einzuladen. Eberlin von Günzburg richtete im Frühjahr 1522 von Leipzig aus in Sachen Priesterehe ein verschollenes Mahnbüchlein an die deutschen Bischöfe.[241] Dem in jener Zeit ebenfalls mit Priesterheiraten konfrontierten Bischof von Merseburg[242] sandte Eberlin ein Exemplar dieser Schrift zu, der ihn daraufhin immerhin zu einem Gespräch empfangen wollte.[243] Seine Schrift *Wie gar gefährlich sei, so ein Priester kein Eheweib hat*, die er 1522 zu Beginn seines Wittenberger Aufenthalts abgefasst hat,[244] schloss Eberlin mit einer erneuten Ermahnung der Bischöfe ab.[245]

Deutlich wird in diesen Vorgängen zunächst die Relativierung der geistlichen Autorität der Bischöfe. Die Wittenberger Theologen, aber auch theologisch gebildete Pfarrer und Prediger nehmen ihrerseits eine geistliche Autorität für sich in Anspruch, wie sie herkömmlich den Bischöfen zukam. Die theologischen Hintergründe dieses neuen Selbstverständnisses reformatorischer Theologen und Prediger sollen im zweiten Teil im Rahmen der Darstellung der Neuinterpretation des Bischofsamts weiter verfolgt werden.

Erzbischof Albrecht registriert deutlich den Versuch der Reformatoren, die Bischöfe in die Defensive zu drängen, letztlich den Richter zum Angeklagten zu machen. Er lehnt daher eine inhaltliche Auseinandersetzung ab, in die auch die anderen betroffenen Bischöfe damals nicht eintreten. Im Rahmen der Priesterprozesse wird eine Sachdiskussion nicht geführt. Dies ist im Grunde unmöglich geworden, weil keine gemeinsame Rechtsgrundlage mehr vorhanden ist. Während die Priester nur die Bibel als Rechtsnorm gelten lassen wollen, versuchen die Bischöfe, auf dem Boden des kanonischen Rechts und der herrschenden Rechtspraxis gegen die Priester vorzugehen. Dabei sind einer vollen Durchsetzung der geltenden Rechtsnormen selbst dort Grenzen gesetzt, wo die weltlichen Herren die notwendige Amtshilfe leisten. Angesichts der offenkundigen Sympathie, die

---

[241] Ebd., 2, 31.

[242] Flugschriften (wie Anm. 229), 1, 57–59.84–92.

[243] Johann Eberlin von Günzburg (wie Anm. 156), 92. Eberlin schickte dem Bischof von Merseburg ein Exemplar seiner „vermanung zu den teutschen bischoffen", keine „eigene Vermahnung an den Bischof von Merseburg" (BRECHT, Johann Eberlin von Günzburg [wie Anm. 238], 51).

[244] Siehe BRECHT, Johann Eberlin von Günzburg [wie Anm. 238], 48.

[245] Johann Eberlin von Günzburg (wie Anm. 156), 36 f.: „[...] begere ich ann euch, an aller frommen pfaffen stat, durch gott, durch ewr selen hail, durch alles guts, das er nit alleyn Christlichem wesen, Sonder auch menschlicher Pollicey schuldig seynd, als trew mitburger, yr wollen ablassen vonn der veruolgung der Priester, ßo sich in Eelichen standt begeben [...]".

das reformatorische Gedankengut und das Verhalten der Priester in der Öffentlichkeit finden, ziehen sich die Prozesse Seideler und Zeiger zunächst einmal mehrere Monate hin, ohne dass eine Entscheidung gefällt wird. Offenbar hoffte man zunächst, die Priester allein durch die Inhaftierung zur Revision ihrer Haltung bewegen zu können. Wo das nicht glückte, vermieden geistliche und weltliche Herren dennoch, Märtyrer zu schaffen und damit die Solidarisierung mit diesen Priestern zu verstärken. Die weitestgehende Maßnahme, die im Fall Zeiger durchsetzbar war, war der verbale Widerruf, der aber gegenüber den Wittenberger Reformatoren aus Sorge vor deren publizistischer Reaktion dissimuliert werden musste. Aus diesem Grund blieben in diesem Fall auch die praktischen Konsequenzen in der Schwebe. An die Durchsetzung der hergebrachten Strafnormen war unter diesen Voraussetzungen nicht zu denken.

Die Krise der geistlichen Jurisdiktion wurde dort offenkundig, wo der Landesherr die Amtshilfe verweigert wie im Fall Bernhardi. Es wäre eine unzureichende Interpretation, wollte man diesen Vorgang nur auf persönliche Sympathie Friedrichs für seine heiratenden Priester oder auf eine religiöse Unsicherheit des Fürsten zurückführen. Der angemessene Deutungshorizont sind die Tendenzen zur Ausweitung des landesherrlichen Kirchenregiments. Formalrechtlich gesehen bietet sich im Fall Bernhardi Friedrich eine Gelegenheit, der bischöflichen Jurisdiktion die Zuständigkeit für eine ihr bisher zustehende Rechtsmaterie nicht theoretisch, sondern praktisch, d.h. durch Verhinderung der Exekution, streitig zu machen. Ein solches Verhalten Friedrichs ist nun nachweislich nicht völlig neu und somit nicht erst das Produkt der reformatorischen Entwicklung des Jahres 1521. Wegen eines offenbar nicht genehmigten Konkubinats war der Pfarrer von Schmiedeberg, Nikasius Claii, 1520 vor den Bischof von Meißen zitiert worden. Mit Deckung durch den Kurfürsten ignorierte Claii die Vorladung.[246] Von besonderem Interesse an diesem Vorgang ist der Umstand, dass die Pfarrei Schmiedeberg dem Wittenberger Allerheiligenstift inkorporiert war. Diese war selbst von der ordentlichen geistlichen Gerichtsbarkeit eximiert und der des päpstlichen Stuhls unterstellt. Dieser Umstand trug im Jahre 1522 dazu bei, dass die heiratenden Priester, die dem Klerus des Wittenberger Stifts angehörten, schon gar nicht prozessual belangt wurden. Die zahlreichen dem Stift inkorporierten Pfarreien waren jedoch nicht automatisch mit ihrer Inkorporation von der bischöflichen Jurisdiktion wie das Stift ausgenommen.[247] Ebenso wie die Exemtion des Allerheiligenstifts zu Querelen wegen Übergriffen des bischöflich-brandenburgischen Gerichts führte,[248] bestand umgekehrt ein Interesse

---

[246] WB 361.

[247] Das zeigen z.B. zwei Inkorporationsurkunden bei ISRAEL, FRIEDRICH, Das Wittenberger Universitätsarchiv, seine Geschichte und seine Bestände, Halle 1913, 87f. Nr. 121f.

[248] Der bischöflich-brandenburgische Vikar Jakob Gropper hatte 1517 einen Vikar des Wittenberger Allerheiligenstifts vor sein Gericht geladen. Im Gegenzug zitierte Matthäus Beskau, Scholastikus des Allerheiligenstifts, als subdeputierter Richter der Universität den bi-

des Kurfürsten, die Rechtsstellung der dem Stift inkorporierten Pfarreien in der Praxis, wo immer sich eine Möglichkeit bot, den Verhältnissen des Stifts anzunähern. Denn die Exemtion führte angesichts der Entfernung Roms faktisch zu einer Stärkung des landesherrlichen Einflusses auf das Kirchenwesen.[249] In diesem Horizont ist auch die Verweigerung der Amtshilfe für Bernhardi zu sehen, der Inhaber einer ebenfalls dem Stift inkorporierten Propstei war. Der Kurfürst hat seine Bestrebungen nach Erweiterung der eigenen Kompetenzen auf Kosten der bischöflichen Autorität in den offiziellen Akten natürlich nicht explizit ausgedrückt, sie wurden besser praktiziert als formuliert. Die Verfolgung der diesbezüglichen Interessen des Landesherrn war eine Aufgabe für das diplomatische Geschick seiner Räte. Hinter die Kulissen lässt uns eine ungeschützte private Äußerung seines Rats Hans von Taubenheim blicken. Als Gabriel Zwilling an Weihnachten 1521 nach Eilenburg kam, hat der dortige Pfarrer Zwillings Predigten verhindern wollen mit der Auskunft, er dürfe diese ohne Erlaubnis des Erzbischofs nicht gestatten. Taubenheim, der Zwilling unterstützte, setzte darauf den Pfarrer mit der Bemerkung unter Druck: „Was fragt Herzog Friedrich nach dem Erzbischof von Magdeburg und nach Propst und Pfarrer?"[250]

Die hier gegebene Interpretation des kurfürstlichen Verhaltens wird noch gestützt durch die Beobachtung, dass auch Herzog Georg von Sachsen die offenkundige Krise der bischöflichen Autorität dazu nutzte, die geistliche Jurisdiktion zurückzudrängen, obwohl er in Sachen Priesterehe die nötige Amtshilfe leistete. Die Vorgänge im Sommer 1521, insbesondere die Erfahrungen mit dem Pfaffenstürmen in Erfurt und Magdeburg, hatten Erzbischof Albrecht veranlasst, bei den weltlichen Obrigkeiten um Schutz für den Klerus nachzusuchen.[251] Herzog Georg nutzte nun die Gelegenheit, angebliche „Übergriffe" der geistlichen Jurisdiktion in den weltlichen Bereich als Ursache des „Aufruhrs" zu benennen und deren Abstellung zu fordern.[252] Es liegt auf der Hand, dass eine Eindämmung von „Übergriffen" der geistlichen Gerichte eine Stärkung der Position der weltlichen Autorität bedeutete. Albrecht blieb zunächst nichts anderes übrig, als

---

schöflichen Vikar nach Wittenberg, wo er sich für sein Vorgehen verantworten sollte. ISRAEL, Universitätsarchiv, 86 f. Nr. 119 f.

[249] Vgl. JUNGHANS, Wittenberg (wie Anm. 6), 13 f.

[250] KOLDE, THEODOR, Gleichzeitige Berichte über die Wittenberger Unruhen im Jahre 1521 und 1522, in: ZKG 5 (1882), 323–333; hier 327 f.

[251] Monumenta reformationis Lutheranae (wie Anm. 32), 270; Hans von der Planitz Berichte 1899 (wie Anm. 5), 595, 19–26 (bei Kurfürst Friedrich durch den Kanzler Lorenz Zoch Anfang August 1521); Gess 1, 182–184 (bei Herzog Georg durch den Rat Erhard Milde vor 12. August).

[252] Gess 1, 183,20–33. 1521 Oktober 26 weist Georg den Anspruch des Erzbischofs auf das *ius primarum precum* zurück selbst unter der Voraussetzung, dass Albrechts Vorgänger dieses ausgeübt hätten (ebd., 1, 198). Anfang Februar 1522 wird den Geistlichen im Amt Sangerhausen die Exekution von Bannbriefen, die weltliche Dinge betreffen, verboten (ebd., 1, 263). 1522 Februar 13 werden Kardinal Albrecht und die Bischöfe von Meißen, Merseburg und Naumburg aufgefordert, die Missbräuche des geistlichen Gerichts abzustellen (ebd., 1, 272).

seine grundsätzliche Bereitschaft, Georg entgegenzukommen, zu bekunden,[253] wenngleich er alsbald den Versuch einer Beschränkung der geistlichen Gerichtsbarkeit witterte.[254]

Auf dem dargestellten Hintergrund erscheint mir die Schlussfolgerung erlaubt, dass die erfolgreiche Ausschaltung der bischöflichen Jurisdiktion über einen Kleriker, die Friedrichs Verhalten im Fall Bernhardi bewirkte, ein wichtiger Erfolg des Fürsten auf dem Weg zur Entwicklung eines landesherrlichen Kirchenregiments war. Nach dem Mandat des Nürnberger Reichsregiments musste Friedrich zwar die Visitation der unbotmäßigen Kleriker durch den Meißener und den Merseburger Bischof zulassen, aber zur Anwendung der bischöflichen Jurisdiktion kam es damals nicht mehr.[255] Das „Modell Bernhardi" konnte von den Bischöfen nicht mehr revidiert werden.

So gesehen ist auch der fürstliche Schutz, auf den die reformatorische Praxis betreibenden Kleriker ebenso wie die Wittenberger Theologen damals angewiesen waren, eine Etappe auf dem Weg zur Entwicklung des protestantischen landesherrlichen Kirchenregiments. Die ambivalente Rolle zwischen landesväterlichem Schützer und obrigkeitlichem Ordner der Kirche, die dem Kurfürsten von den Wittenberger Theologen immer wieder angetragen wurde, bringt der Titelholzschnitt der Colmarer Ausgabe der Apologie für Bernhardi treffend zum Ausdruck:[256] „Bernhardus" wird von einem Geistlichen getraut, flankiert von den Zeugen „D. Martinus Luther" mit der Bibel und „Hertzogk zů saxen" mit dem Szepter.

---

[253] Vgl. ebd., 1, 187 f.

[254] Albrecht an die Herzöge Johann d. J. und Friedrich d. J., Halle, 1522 Februar 20; ebd., 1, 278 f. – Die Verhandlungen über diesen Punkt zogen sich noch lange hin, wobei das Zögern der erzbischöflichen Seite auffällt: siehe ebd., 1, 349 f. Darin zeigt sich das Wissen der Beteiligten um die grundsätzliche Bedeutung der Angelegenheit.

[255] PALLAS, KARL, Die Visitationsreise des Bischofs Johann VII. von Meißen im Kurfürstentum Sachsen 1522, in: Zeitschrift des Vereins für Kirchengeschichte der Provinz Sachsen 6 (1909), 25–80.

[256] Abgebildet bei BAILLET, Amandus Farckall (wie Anm. 136), 175.

7. Reliquienfest und Ablass in Halle

Albrecht von Brandenburgs Werbemedien und die Gegenschriften Karlstadts und Luthers

Der Name Albrechts von Brandenburg (1490–1545), Erzbischofs von Magdeburg, Administrators von Halberstadt (ab 1513) sowie Erzbischofs von Mainz (ab 1514), ist eng verbunden mit dem durch Martin Luthers (1483–1546) 95 Thesen ausgelösten ersten Ablassstreit. Indem Luther gegen Ablässe schrieb, zielte er zugleich auch auf die Ablässe, für die Erzbischof Albrecht werben ließ. Dabei stand der von Albrechts Kommissaren verbreitete Peterskirchenablass und die Ablasspredigt Johann Tetzels (gest. 1519) zunächst im Zentrum der Wittenberger Kritik. Diplomatische Motive hielten Luther jedoch zunächst davon ab, Albrecht offen anzugreifen.

In vorliegendem Beitrag geht es nicht um den Peterskirchenablass, sondern um einen zweiten Ablassstreit zwischen den Wittenberger Theologen und Albrecht. Andreas Bodenstein von Karlstadt (1486–1541) und Martin Luther versuchten ab September 1521, über einen publizistischen Angriff auf die von Albrecht bevorzugt geförderten und beworbenen Ablässe in Halle die Autorität des Erzbischofs zu schwächen. Durch die Einbeziehung Karlstadts wird das Bild von einer Auseinandersetzung Luthers mit dem Kardinal[1] zu einer nicht nur von Luther getragenen Auseinandersetzung des Wittenberger Reformatorenkreises mit Albrecht und dem Hallenser Klerus erweitert.[2]

Albrechts Diplomat Wolfgang Capito (1481–1541) konnte jenen Angriff der Wittenberger Theologen durch einen Besuch in Wittenberg auf halbem Wege aufhalten.[3] Die durch die Angriffe der Wittenberger auf Albrecht genährten Spannungen zwischen Albrecht und Kurfürst Friedrich III. von Sachsen (1463–1525) hatten zur Folge, dass Friedrich stärker als zuvor die publizistischen Aktivitäten der Wittenberger kontrollierte und bremste. Dabei wird sich zeigen

---

[1] Vgl. HENDRIX, SCOTT H., Martin Luther und Albrecht von Mainz. Aspekte von Luthers reformatorischen Selbstbewusstsein, in: LuJ 49 (1982), 96–114, besonders 99f.

[2] KRUSE, JENS-MARTIN, Universitätstheologie und Kirchenreform. Die Anfänge der Reformation in Wittenberg 1516–1522, Mainz 2002 (VIEG 187), 279ff. würdigt die „Wittenberger Reformer" der Jahre 1521/22 als „Gruppe" und als „Diskussionsgemeinschaft". Deren Auseinandersetzung mit Albrecht von Brandenburg und ihre Rückwirkung auf die Wittenberger Reformation ist in Kruses Darstellung nicht einbezogen worden.

[3] Während seines Aufenthalts in Wittenberg konfrontierte Capito die Wittenberger auch mit dem Vorwurf des Antinomismus in ihren Reihen. Das unerforschte Vorspiel der späteren antinomistischen Streitigkeiten klammere ich hier aus.

wie der allmähliche Ausbau der Pressezensur in Wittenberg ursprünglich durch außenpolitische Rücksichtnahmen des Kurfürsten verursacht war.

Um die Reaktion der Wittenberger auf die Vorgänge in Halle historisch angemessen einordnen und erklären zu können, ist es erforderlich, zunächst die Ablässe in Halle und insbesondere die für diese Ablässe werbenden Printmedien, auf die sich die Wittenberger beziehen konnten, zu betrachten. In diesem Zusammenhang können von der Forschung übersehene oder nicht hinreichend ausgewertete Quellen vorgestellt werden. In diesem Kontext wird deutlich, wie konkret die Wittenberger versuchten, auf die Entwicklung in Halle und im Erzbistum Magdeburg Einfluss zu nehmen und möglichen Anhängern im Herrschaftsbereich Albrechts den Rücken zu stärken.

I. Ablässe und Reliquienweisung in Halle 1515 bis 1521[4]

Im September 1521 eröffneten die Wittenberger eine Kampagne gegen Albrecht, der in jener Zeit in Halle residierte.[5] Albrecht hatte umfangreiche Reliquienschätze zusammengetragen, das sogenannte „Hallesche Heiltum", das er mit üppigen Ablassprivilegien hatte ausstatten lassen. Präzise Informationen über diese Ablässe findet man in der Lutherforschung, soweit sie sich mit Luthers Angriff auf diesen Ablass befasst hat, nicht. Nach der in der Luther-Literatur herrschenden Meinung sollen die Hallenser Ablässe erstmalig im September 1521 ausgelobt worden sein,[6] womit man meint, den Zeitpunkt von Luthers Angriff auf Albrecht hinreichend erklärt zu haben. Wenn aber, was in Forschungen über die Reformationsgeschichte in Halle[7] sowie über die Erzbischöfe Ernst von Sachsen und Albrecht von Brandenburg[8] bereits aufgezeigt wurde, Reliquienablässe in Halle schon früher angeboten wurden, muss neu nach dem Motiv gefragt werden, das die massive Reaktion Luthers und Karlstadts gerade im Herbst 1521 provoziert hat.

---

⁴ Vgl. Bubenheimer, Ulrich, Streit um das Bischofsamt in der Wittenberger Reformation 1521/22. Von der Auseinandersetzung mit den Bischöfen um Priesterehen und den Ablaß in Halle zum Modell des evangelischen Gemeindebischofs. Teil 1, 6. Beitrag in diesem Band. Der vorliegende Beitrag bietet die in jenem Aufsatz angekündigte Darstellung der Auseinandersetzung um den Ablass in Halle.

⁵ Albrecht hielt sich vom 4. Juli 1521 bis 11. März 1522 in Halle auf. Zum Itinerar Albrechts s. Scholz, Michael, Residenz, Hof und Verwaltung der Erzbischöfe von Magdeburg in Halle in der ersten Hälfte des 16. Jahrhunderts, Sigmaringen 1998 (Residenzforschung 7), 294.364.

⁶ WA 10/2, 93; Otto Clemen in: WA.B 2, 395 Anm. 3. – Bornkamm, Heinrich, Martin Luther in der Mitte seines Lebens. Das Jahrzehnt zwischen dem Wormser und dem Augsburger Reichstag, Göttingen 1979, 30f. – Brecht, Martin Martin Luther, Bd. 2, Ordnung und Abgrenzung der Reformation 1521–1532, Stuttgart 1986, 21.

⁷ Delius, Walter, Die Reformationsgeschichte der Stadt Halle a. S., Berlin 1953, 21 nennt die Abhaltung des Reliquienfestes im Jahr 1520.

⁸ Scholz, Residenz (wie Anm. 5), 213–215 weist auf Reliquienablässe und Reliquienweisungen ab 1515 hin.

Die Errichtung eines neuen Kollegiatstifts, Reliquiensammlung und Ablass in Halle[9] sind aufs Engste miteinander verknüpft. Schon Albrechts Vorgänger auf dem Magdeburger Erzbischofstuhl, Ernst von Sachsen (1476–1513), hatte in Halle – wie sein Bruder Kurfürst Friedrich III. von Sachsen (1463–1525) in Wittenberg – Reliquien gesammelt, die Errichtung eines neuen Kollegiatstifts in Halle geplant[10] und dafür die Kirche zur Hl. Maria Magdalena auf der Moritzburg errichten lassen. Albrecht knüpfte daran an und erweiterte die Reliquiensammlung erheblich. Schon 1515, zwei Jahre nach seiner Wahl zum Erzbischof, veranstaltete Albrecht in Halle eine Reliquienprozession. Diese ist dargestellt in einem langen poetischen „Panegyrikus [...] über die in die Stadt Halle durch genannten Erzbischof [nämlich Albrecht] eingeführten Reliquien der Himmlischen"[11]; verfasst von dem Leipziger Poetikdozenten Johannes Tuberinus (gest. 1522)[12] aus Rothenburg ob der Tauber. Albrechts Wappen auf dem Ti-

---

[9] Vgl. Dreyhaupt, Johann Christoph, Pagus Neletici et Nudzici Oder Ausführliche diplomatisch-historische Beschreibung des [...] Saal-Creyses [...], Halle 1749–1750, T. 1, 847–929. – Hertzberg, Gustav Friedrich, Geschichte der Stadt Halle an der Saale von den Anfängen bis zur Neuzeit, Bd. 2, Halle 1891, 26–52. – Redlich, Paul, Cardinal Albrecht von Brandenburg und das Neue Stift zu Halle. 1520–1541. Eine kirchen- und kunstgeschichtliche Studie, Mainz 1900. – Delius: Reformationsgeschichte der Stadt Halle (wie Anm. 7), 15–26. – Tacke, Andreas, Das Hallenser Stift Albrechts von Brandenburg. Überlegungen zu gegenreformatorischen Kunstwerken vor dem Tridentinum, in: Friedrich Jürgensmeier (Hg.), Erzbischof Albrecht von Brandenburg (1490–1545). Ein Kirchen- und Reichsfürst der Frühen Neuzeit, Frankfurt am Main 1991 (BMKG 3), 357–380. – Scholz: Residenz (wie Anm. 5), 213–233. – Kühne, Hartmut, Ostensio reliquiarum. Untersuchungen über Entstehung, Ausbreitung, Gestalt und Funktion der Heiltumsweisungen im römisch-deutschen Regnum, Berlin 2000 (AKGH 75), 424–444. – Diedrichs, Christof L, Ereignis Heiltum. Die Heiltumsweisung in Halle, in: Andreas Tacke (Hg.), „Ich armer sundiger mensch". Heiligen- und Reliquienkult am Übergang zum konfessionellen Zeitalter, Göttingen 2006 (Schriftenreihe der Stiftung Moritzburg, Kunstmuseum des Landes Sachsen-Anhalt 2), 314–360.

[10] von Ludewig, Johann Peter, Reliquiae manuscriptorum omnis aevi diplomatum ac monumentorum, ineditorum adhuc, Bd. 11, Halle a. S. 1737, 422–426. – Vgl. Redlich: Cardinal Albrecht (wie Anm. 9), 3–7. 265–271.

[11] Tuberinus, Johannes, Ad reuere(n)du(m) in Christo patrem, Principe(m) Illustrissimu(m), ac d(omi)n(u)m, d(omi)n(u)m Albertum, & Mogu(n)tinu(m), & Virginopolitanu(m) Archiepiscopu(m), [...] Ioa(n)nis Tuberini Erythropolitani Panegyric(us), ac Epitome sup(er) C(a)elitu(m) Reliquijs vrbi Halle(n)si p(er) me(m)moratu(m) Archia(n)tistite(m) i(n)troduct(is), Leipzig: Melchior Lotter d. Ä., 1515, VD 16 B 2373; künftig zitiert als Panaegyricus. Exemplar der Württ. Landesbibliothek Stuttgart: HB 368 K mit Geschenkvermerk von der Hand [Andreas Althamers] auf dem Titelblatt: „Hunc Libellum Tuberinus dono mihi dedit Anno etc 1520. Lypsiae". Edition des Panaegyricus von Förstemann, Joseph, Johannis Tuberini Gedicht an Erzbischof Albrecht von Mainz, in: Neue Mitteilungen aus dem Gebiet historisch-antiquarischer Forschungen 9, H. 3/4 (1862), 133–142.

[12] Biographische Daten über Johannes Tuberinus (Familienname: Beussel/Beuschel) bei von der Gönna, Sigrid, Albrecht von Brandenburg als Büchersammler und Mäzen der gelehrten Welt, in: Friedhelm Jürgendmeier (Hg.), Erzbischof Albrecht von Brandenburg (1490–1545), Frankfurt am Main 1991, 381–477, hier: 235 Anm. 247. Zu korrigieren ist, dass der hier mit Johannes Tuberinus vermischte „kaiserliche Hauskaplan und Feind der Reformation", der nach 1522 unter dem Namen „Tuberinus" publizierte, eine andere Person ist. Der Leipziger Johannes Tuberinus starb 1522. Im Wintersemester 1521/22 las er noch über Quintilian, am

telblatt deutet darauf hin, dass die Publikation dieses Lobgedichts[13] zwischen Tuberinus und Albrecht abgestimmt war.[14] Albrecht belohnte den Autor mit 20 Gulden.[15] Der Anlass für die von Tuberinus besungene prächtige Prozession[16] war die Überführung von Reliquien von Mainz nach Halle.[17] Als Teilnehmer des die Reliquien beim Einzug in Halle begleitenden Prozessionszuges werden herausgehoben der Hallenser Klerus, Karmelitermönche[18], die Patres der Augustinerchorherrenstifte St. Moritz und Neuwerk, dann Musikanten und fackeltragende Knaben vor dem Erzbischof mit seinem Hofmeister, die Ratsherren, die „Matres" und schließlich eine „unzählbare Volksmenge"[19]. Als erste Station der Prozession wird die Kirche des vor den Toren Halles gelegenen Stiftes Neuwerk genannt, wo eine Reliquienzeigung erfolgte ebenso wie anschließend auf der Moritzburg, wo der Erzbischof die Zuschauer mit ausgestrecktem Kreuz segnete. Abschließend betrat die Prozession die Kirche der Maria Magdalena auf der Burg, wo die transferierten Reliquien abgestellt wurden.[20] Dieses Reliquienfest sollte, wie Tuberinus mitteilt, künftig jährlich mit einer feierlichen Prozession, begleitet von Gesängen und Weihrauch, gefeiert werden.[21] Dafür wird abschließend mit dem Hinweis auf die von Erzbischof Albrecht gespendeten Ablässe

---

24. April 1522 war er verstorben: Die Matrikel der Universität Leipzig, hg. v. Georg Erler, Leipzig 1895–1902, Bd. 2, 564.567. Ferner s. Brief von Johann Arnold an Andreas Althamer in Halle, [Leipzig, vor 21. März 1522]: „M. Joannes Thuberinus Erythropolitanus" ist vor acht Tagen gestorben (Herzog August Bibliothek Wolfenbüttel: Cod. 17.32 Aug. 4°, Bl. 73ᵛ).

[13] Der Druck ist angeführt bei REDLICH: Cardinal Albrecht (wie Anm. 9), 272; VON DER GÖNNA: Albrecht (wie Anm. 12), 434f.

[14] Im Februar 1515 erschien ein Panegyrikus Ulrich von Huttens auf Albrecht, der auf Veranlassung Eitelwolf vom Steins geschrieben wurde und auf dem Titelblatt ebenfalls Albrechts Wappen zeigt. Eitelwolf war 1514/15 Albrechts Hofmeister zuerst in Halle, dann in Mainz. REBER, HORST, Zum 500. Geburtstag eines deutschen Renaissancefürsten. Albrecht von Brandenburg. Kurfürst, Erzkanzler, Kardinal [...], hg. v. Berthold Roland, Mainz 1990, 215f. Nr. 94. Zu Eitelwolf s. SCHOLZ: Residenz (wie Anm. 5), 46f.328.

[15] Im Stuttgarter Exemplar von TUBERINUS: Panaegyricus (wie Anm. 11) hat [Andreas Althamer] auf Bl. 8ʳ ein Epigramm des Tuberinus notiert, in dem sich dieser für das Geldgeschenk bei Albrecht bedankt: „Tuberini Epigramma de munere quo pro oblato Panaegyrico ab Archiantistite donatus est: ‖ Pontifici Alberto: Tuberinus ut obtulit illud ‖ Carmen donatur munere largifluo ‖ Viginti nummos Rhenensis suscipit auri ‖ Pro quibus o Praesul sit tibi pacis honos".

[16] TUBERINUS: Panaegyricus (wie Anm. 11), Bl. B 3ʳ: „Pompa superba".

[17] Ebd., Bl. A 3ᵛ: „Illa [scil. Moguntia] tibi sacris cedit, sacra annuit ossa ‖ Avehere, ac aliis inducere, sidere, terris ‖ Foelici, fausto auspicio, foelicibus orsis." Vgl. REDLICH: Cardinal Albrecht (wie Anm. 9), 272f.

[18] TUBERINUS: Panaegyricus (wie Anm. 11), Bl. B 1ᵛ: „Cultores Mariae Carmelo monte vocati". Noch 1522 sind Karmeliter in Halle belegt: 2 Mönche erhalten in Merseburg die Subdiakonatsweihe, einer die Priesterweihe mit dem Herkunftsvermerk: „ordinis Carmelitarum Hallensis Magdeburgensis dioceseos". Die Matrikel des Hochstifts Merseburg 1469 bis 1558, hg. v. Georg Buchwald, Weimar 1926, 149.

[19] TUBERINUS: Panaegyricus (wie Anm. 11), Bl. B 1ᵛ–2ʳ.

[20] Ebd., Bl. B 2ʳ–3ᵛ.

[21] Ebd., Bl. B 3ʳ: „Indigenae cuncti celebrate pij annua festa ‖ Cantibus Hymnisonis, accensi turis honore, ‖ Progressu celebri, festiua denique pompa."

geworben.[22] Albrecht hatte sich im August 1515 Ablässe zugunsten der in der Marien-Magdalenen-Kirche ausgestellten Reliquien ausstellen lassen.[23]

Das als Höhepunkt einer Translatio reliquiarum in Halle 1515 gefeierte Reliquienfest erweist sich also als die von Albrecht planmäßig inszenierte Gründungsfeier für künftig jährlich zu begehende Reliquienfeste. Als Werbeinstrument für dieses Fest wurde von Anfang an, wie der Panaegyricus des Tuberinus zeigt, der Buchdruck genutzt.[24] Der Zeitpunkt der Drucklegung des Panaegyricus im Oktober 1515 lässt schon vermuten, dass jene Gründungsfeier zu dem später belegten Termin der Reliquienweisung erfolgt sein könnte, nämlich am Sonntag nach Mariä Geburt, d. h. am Sonntag nach dem 8. September. Diese Vermutung wird dadurch bestätigt, dass das Reliquienfest im Halleschen Heiltumsbuch von 1520 bezeichnet wird als „das fest der einfurung des merglichen hochwirdigen heiligthumbs"[25] – eine Formulierung, deren Bedeutung bisher unklar geblieben war.[26] Sie verweist zurück auf die Einführung der aus Mainz geholten Reliquien in die Stadt Halle im Jahr 1515. Zudem wird dieser Termin in einer päpstlichen Bulle vom 19. September 1519 bestätigt mit dem Hinweis, dass man das Reliquienfest schon bisher an diesem Tag gefeiert habe.[27] Nach 1515 wurden allerdings die Anzahl der Reliquien und der Umfang der Ablässe erheblich gesteigert und seit 1519 der ursprüngliche Festtag zu einem mehrtägigen Ereignis erweitert. Die größte Steigerung war ein Ablassprivileg nach Art und Umfang eines Jubiläumsablasses, den Papst Leo X. (1513–1521) in der Stiftungsbulle für das Neue Stift vom 13. April 1519[28] und einer zweiten Bulle vom 19. September 1519[29] gewährte. Dieser Plenarablass konnte jährlich in Verbindung mit dem Reliquienfest acht Tage lang[30] erworben werden, was 1520 oder 1521 auf zehn Tage[31] erweitert wurde.

Am 10. Februar 1520 veröffentlichte Bischof Hieronymus Schulz von Brandenburg (1507–1521) als einer der Exekutoren des Neuen Stifts[32] die päpstliche

---

[22] Ebd., Bl. B 3^v: „Et tutelares Diuos extollite laude || Altisona vestros, capturi caelica dona, || Munera opima simul, commissa piacula purgant || Quae, pius Albertus Praesul celeberrimus ipse || Quae vobis donat mente aequa, diuite palma."

[23] SCHOLZ, Residenz (wie Anm. 5), 213 f.

[24] SCHOLZ, Residenz (wie Anm. 5), 215 registriert den Einsatz des Buchdrucks als Mittel der Propagierung der Hallenser Reliquienweisung erst ab der Drucklegung des Halleschen Heiltumsbuch im Jahr 1520.

[25] REDLICH, Cardinal Albrecht (wie Anm. 9), 233.

[26] Vgl. ebd., 233.

[27] Ebd., 232. Redlichs Schlussfolgerung, das Fest sei erstmalig am 11. September 1519 begangen worden, ist unzutreffend.

[28] VON LUDEWIG, Reliquiae (wie Anm. 10), Bd. 11, 438.

[29] Vgl. SCHOLZ, Residenz (wie Anm. 5), 214 f., der eine Aufstellung aller am Neuen Stift in Halle erwerbbaren Ablässe bietet.

[30] So nach der Bulle vom 13. April 1519. VON LUDEWIG, Reliquiae (wie Anm. 10), Bd. 11, 438.

[31] Siehe unten Anm. 80.

[32] Die Bischöfe von Brandenburg und Havelberg sowie der Abt des Schottenklosters in

Stiftungsbulle für das Stift vom 13. April 1519.[33] Schließlich konnte am 28. Juni 1520 das Neue Stift von Albrecht in aller Form fundiert werden[34] und war somit ins Leben gerufen.

Ein Reliquienfest mit Heiltumsweisung, Prozession und umfangreichen Ablässen, wie Albrecht es in Halle aufgezogen hat, zielte auf die Beteiligung eines möglichst großen Publikums ab. Denn zum einen waren mit einer derartigen Veranstaltung finanzielle und wirtschaftliche Interessen verbunden und zum anderen diente sie der zeremoniellen Repräsentation der Herrschaft des Bischofs und Landesherrn.[35] Um den Zulauf zu derartigen Feierlichkeiten zu steigern, nutzte Albrecht verschiedene Printmedien, die insbesondere die überregionale Werbung intensivierten. Der Panaegyricus des Johannes Tuberinus über die Reliquienprozession des Jahres 1515 war ein Ansatz dazu, doch als lateinisch verfasstes Gedicht erreichte es nur entsprechend vorgebildete Kreise. Auch zwischen 1515 und 1519 dürfte Albrecht für die Reliquienfeste und die Hallenser Ablässe durch geeignete Medien geworben haben, doch sind entsprechende Quellen bisher nicht bekannt. Es gibt allerdings eine mögliche Spur zu einem verschollenen, vor 1519 verwendeten Werbemedium. In einem Holzschnitt von Lukas Cranach d. Ä. (1472–1553) sind die Erzbischöfe Ernst von Sachsen und dessen Nachfolger Albrecht von Brandenburg als Stifter der Maria-Magdalenen-Kirche auf der Burg in Halle dargestellt.[36] Albrechts Wappen zeigt, dass er

---

Erfurt wurden in der Bulle vom 13. April 1519 zu Defensoren oder Exekutoren des Stifts bestimmt. VON LUDEWIG, Reliquiae (wie Anm. 10), Bd. 11, 461.470. Vgl. REDLICH, Cardinal Albrecht (wie Anm. 9), 18.

[33] VON LUDEWIG, Reliquiae (wie Anm. 10), Bd. 11, 445–472. Die Publikationsurkunde wurde auf der bischöflichen Burg Ziesar ausgestellt und beglaubigt von dem Halberstadter Kleriker Joachim Cassel, Protonotar des Bischofs von Brandenburg (ebd., 471f.), und von dem Notar Andreas Gronewalt (ebd., 472f.), der bereits für Erzbischof Ernst gearbeitet hatte (freundlicher Hinweis von Privatdozent Dr. Martin Keßler, Göttingen) und wohl im Auftrag Albrechts mitwirkte. Zu Gronewalt vgl. BUBENHEIMER, ULRICH, Die Bücher und Buchnotizen des Klerikers Andreas Gronewalt aus Halberstadt. Zur frühen Geschichte der Marktkirchenbibliothek Goslar und zur Rezeption der Wittenberger Reformation, in: Otmar Hesse (Hg.), Beiträge zur Goslarer Kirchengeschichte. Die Vorträge der Amsdorfabende, Bielefeld 2001, 35–56.

[34] DREYHAUPT: Pagus (wie Anm. 9), Bd. 1, 881 ff. Nr. 264. Nach dem gleichzeitigen Instrumentum processus erectionis (ebd., Bd. 1, 883 ff. Nr. 265) wirkten der Propst des Stifts Neuwerk, Nikolaus Demuth, und der Kanzler Dr. Lorenz Zoch bei dem Vorgang mit. In dem Instrumentum bestätigt Albrecht die von ihm erlassenen Statuten des Stifts. Auf die in der Literatur dargestellte Umwandlung des Augustinerchorherrenstifts St. Moritz in das neue Kollegiatstift St. Moritz, Maria Magdalena und Erasmus und auf dessen Verlegung von der zunächst vorgesehenen Marien-Magdalenen-Kirche auf der Burg in die Kirche des ehemaligen Dominikanerklosters gehe ich hier nicht ein.

[35] Vgl. SCHOLZ, Residenz (wie Anm. 5), 219 und KÜHNE: Ostensio reliquiarum (wie Anm. 9), 810.

[36] Abgebildet in KOEPPLIN, DIETER/FALK, TILMAN, Lukas Cranach. Gemälde Zeichnungen Druckgraphik, Bd. 1, Basel/Stuttgart ²1974, 45 Abb. 7 mit Beschreibung 57 Nr. 5 sowie in REBER, Albrecht von Brandenburg (wie Anm. 14), 154 Nr. 58.

zum Zeitpunkt der Entstehung dieses Holzschnitts noch nicht Kardinal war. Der Holzschnitt muss demnach vor Juli 1518 entstanden sein.[37] Im Jahr 1520 ist eine aktualisierte zweite Fassung dieses Bildmotivs, auf dem Albrechts Wappen mit den Würdezeichen eines Kardinals ausgestattet ist, auf einem Einblattdruck erschienen, in dem für das Reliquienfest und die Ablässe des Neuen Stifts in Halle geworben wird.[38] Entsprechend könnte die erste Fassung des Holzschnitts für einen verschollenen Plakatdruck zwischen 1515 und 1517 geschaffen worden sein.

Ein Höhepunkt der Werbung für die Reliquiensammlung im Stift und für deren Ablässe war die Drucklegung des sogenannten Halleschen Heiltumsbuchs im Jahr 1520[39], in dem die Weisungstermine genannt, die Reliquien verzeichnet und genau gezählt, die Reliquiare abgebildet und die damit verbundenen Ablässe zusammengefasst sind. Die erste Auflage dieses Lese- und Bilderbuchs für Heiltumsbesucher dürfte vor dem im September 1520 begangenen Reliquienfest erschienen sein. Die zweite Fassung des oben beschriebenen Holzschnitts, der die Stifter Ernst und Albrecht zeigt, war auch im Heiltumsbuch abgedruckt neben einem von Albrecht Dürer (1471–1528) geschaffenen Kupferstich mit dem Bildnis Albrechts[40]. Durch diese Bildbeigaben in den Werbemedien wurde das Hallenser Reliquienfest und die Spendung der Ablässe unübersehbar mit der Autorität des Erzbischofs verbunden.

Neben dem Heiltumsbuch wurde mit Datum vom 19. August 1520 der oben genannte Einblattdruck publiziert, auf dem für die Teilnahme am bevorstehenden Hallenser Reliquienfest geworben wurde.[41] In der Werbung wird mitgeteilt, dass Erzbischof Albrecht kraft päpstlicher Bulle das mit einem Plenarablass ausgestattete „güldene Jahr" in die Kirche Maria Magdalena auf der Moritzburg eingeführt habe[42] und dass dieses „güldene Jahr" jährlich vom Freitag vor dem

---

[37] Mit der Übertragung der römischen Titelkirche St. Chrysogonus an Albrecht am 5. Juli 1518 war der Prozess der Ernennung Albrechts zum Kardinal abgeschlossen. Zu den Daten s. JÜRGENSMEIER, FRIEDHELM, Kardinal Albrecht von Brandenburg (1490–1545). Kurfürst, Erzbischof von Mainz und Magdeburg, Administrator von Halberstadt, in: REBER, Albrecht von Brandenburg (wie Anm. 14), 22–41; hier: 28.

[38] Siehe unten Abb. 2 und die Einführung zu Anlage Nr. 1.

[39] VOrtzeichnus vnd zceigung des hochlobwirdigen heiligthumbs der Stifftkirchen der heiligen Sanct Moritz vnd Marien Magdalenen zu Halle, Halle: [Wolfgang Stöckel] 1520, VD16 V 896 /897.

[40] Abbildung in REBER, Albrecht von Brandenburg (wie Anm. 14), 132 Nr. 38. Der Dürer-Kupferstich befindet sich auf der Rückseite des Titelblatts, rechts daneben auf Bl. 2ʳ der die Stifter Ernst und Albrecht zeigende Holzschnitt. Vgl. BRUMME, CARINA, Das spätmittelalterliche Wallfahrtswesen im Erzstift Magdeburg, im Fürstentum Anhalt und im sächsischen Kurkreis. Entwicklung, Strukturen und Erscheinungsformen frommer Mobilität in Mitteldeutschland von 13. bis zum 16. Jahrhundert, Frankfurt a. M. u. a. 2010 (Europäische Wallfahrtsstudien 6), 167 f.

[41] Edition des Textes unten als Anlage Nr. 1.

[42] Dies fand zum Reliquienfest des Jahres 1519 statt, obwohl der Einblattdruck irrtümlich 1520 angibt. Dazu s. Anm. 161.

Sonntag nach Mariae Geburt bis zum folgenden Freitag gefeiert werde[43] – im Jahr 1520 war das der Zeitraum vom 13. bis 20 September. Der Leser wird zum Eintritt in eine mit besonderen geistlichen Privilegien ausgestattete Bruderschaft des Hl. Erasmus durch Erwerb eines Bruderschaftsbriefes eingeladen.[44] Ferner werden die Reliquien des neu gegründeten Stifts der Heiligen Moritz, Maria Magdalena und Erasmus „ad Velum aureum" zahlenmäßig vorgeführt und die durch bestimmte Gebete oder ein Geldalmosen erwerbbaren Ablässe im Einzelnen aufgeführt,[45] darunter auch ein Ablass geringeren Umfangs, der das ganze Jahr über erworben werden konnte.[46] Nach Sonderregelungen für die Vertretung verhinderter Wallfahrer und die Spende von unrechtem Gut gegen entsprechende Absolution[47] wird der Höhepunkt der Feierlichkeiten, die Reliquienweisung und die Reliquienprozession am Sonntag nach Mariae Geburt herausgestrichen[48]. Alle, die ihr „Selen/heyl und seligkeit suchen", werden eingeladen, zu der genannten Zeit nach Halle zu kommen, um „weyther/dissen handel zu belernen".[49] Propst, Dignitäten und das ganze Stiftskapitel beurkunden schließlich den Inhalt mit dem Siegel der Stiftskirche.[50]

Dieser Plakatdruck war dazu bestimmt, durch Aushang insbesondere an Kirchentüren verbreitet zu werden, wie im nächsten Kapitel gezeigt wird. Die Werbeaktion sollte ein Jahr später zum Gegenstand des Spotts der Ablasskritiker werden.

II. Angriffe auf die Hallenser Ablässe: *Karlstadts und Luthers Schriften gegen Albrecht von Brandenburg 1520–1522*

In den Beziehungen zwischen dem Hof Albrechts und den Wittenberger Theologen spielten drei Räte des Erzbischofs eine wichtige Rolle:

---

[43] Anhang 1, Z. 1–20.

[44] Ebd., Z. 21–31.

[45] Ebd., Z. 32–43.

[46] Ebd., Z. 44–50 – WOLTERS, ALBRECHT, Der Abgott zu Halle 1521–1542. Bonn 1877, 14 ff. meinte, dass der Ablass nur einmal jährlich im Zusammenhang mit einer Pilgerfahrt zu der Reliquienausstellung erworben werden konnte (24 f.). Diese Auffassung ist u. a. übernommen worden von BORNKAMM, Luther (wie Anm. 6), 31. Differenzierter, aber dennoch im Blick auf die Terminierung der Ablässe verschwommen, beschreibt den Sachverhalt. KRODEL, GOTTFRIED G, „Wider den Abgott zu Halle". Luthers Auseinandersetzung mit Albrecht von Mainz im Herbst 1521, das Luthermanuskript Add. C. 100, SC. 28660 der Bodleian Library, Oxford, und Luthers Schrift *Wider den falsch genannten geistlichen Stand des Papsts und der Bischöfe* vom Juli 1522. Ein Beitrag zur Lutherbiographie aus der Werkstatt der Amerikanischen Lutherausgabe in: LuJ 33 (1966), 9–87; hier 11.

[47] Anhang 1, Z. 51–57.

[48] Ebd., Z. 58–60.

[49] Ebd., Z. 61 f.

[50] Ebd., Z. 63–66.

- Karlstadts Oheim Nikolaus Demuth, seit 1519 Propst und Archidiakon des Augustinerchorherrenstiftes Neuwerk vor Halle[51] und Rat Albrechts[52];
- der Leipziger Medizinprofessor Heinrich Stromer (1482–1542),[53] Arzt und Diplomat Albrechts;
- Wolfgang Capito, der ab September 1521 diplomatisch im Vordergrund stand.

Alle drei gehörten zu den Humanisten in Albrechts Umgebung.[54] Sie bemühten sich 1521/22 mehr als ein Jahr lang, Luther und Karlstadt von publizistischen Aktionen gegen Albrecht abzuhalten. Dabei hatten Demuth, Stromer[55] und Capito[56] gewisse Sympathien für Luther und Karlstadt, die sich zumindest auf die gemeinsame Wertschätzung humanistischer Bildung stützten. Karlstadt widmete Demuth im Juni und Juli 1521 zwei Traktate.[57]

Luther hatte schon Ende 1520 eine heute verschollene Schrift gegen den Kardinal verfasst. Demuth erfuhr davon an Neujahr 1521 in Leipzig. Er informierte Albrechts Räte in Halle und erhielt von diesen den Auftrag, in Wittenberg die Publikation von Luthers Schrift nach Möglichkeit abzuwenden. Am 6. Januar traf Demuth in Wittenberg ein und informierte zunächst Karlstadt „in der geheim" über seinen Auftrag. Karlstadt vermittelte ein Gespräch zwischen Demuth und Luther. Luther erklärte, dass er schon längst Ursache hatte, gegen den Kardinal

---

[51] Vgl. Barge 2. 241 Anm. 4; SCHOLZ, Residenz (wie Anm. 5), 240–242.

[52] STROMER, HEINRICH, Henrici Stromeri Aurbachi Medici Sermo panegyricus, Petro Mosellano, quo die Lipsensis Academiae Rector proclamatus est, dictus […], Leipzig: Melchior Lotter d. Ä. 1520, VD16 S 9728 (Marktkirchenbibl. Goslar: 308, Provenienz: Andreas Gronewalt): In Stromers Widmungsvorrede an Demuth wird dieser als Rat Albrechts bezeichnet (Bl. A 2ʳ). Die Widmungsvorrede Stromers ist ediert in: ULRICHI HUTTENI, opera, hg. v. Eduard Böcking, Leipzig 1859–1862., Bd. 3, 547 f. Schon Demuths Vorgänger im Propstamt Dr. Johannes Pals war erzbischöflicher Rat gewesen.

[53] WUSTMANN, GUSTAV, Der Wirt von Auerbachs Keller. Dr. Heinrich Stromer von Auerbach 1482–1542, Leipzig 1902, 33–35.10–12. – SCHOLZ: Residenz (wie Anm. 5), 33–35.93.

[54] Zu Demuth als Humanist vgl. STROMER, Sermo (wie Anm. 52), Bl. A 2ʳ⁻ᵛ = Ulrichs von Hutten Schriften (wie Anm. 52), Bd. 3, 547 f.: Demuth besitzt beide neuen Publikationen von Erasmus, Hutten, Pirckheimer, Capito und Melanchthon. Er hat für sein Stift Christoph Janus als Sprachlehrer bestellt. Stromer kannte Demuth von seinem Aufenthalt am erzbischöflichen Hof. Vgl. WUSTMANN, Wirt von Auerbachs Keller (wie Anm. 53), 46; WA.B 2, 83 Anm. 7.

[55] Vgl. WUSTMANN, Wirt von Auerbachs Keller (wie Anm. 53), 33–35.41.53 f.74 f. Stromer im Brief an Georg Spalatin, Altenburg, 1. Dezember 1519, in: Ebd., 99: Stromer spricht von Luther als einem „Christi famulo" und von Karlstadt als „veteri meo integerrimo amico".

[56] Vgl. KAUFMANN, THOMAS, Der Anfang der Reformation. Studien zur Kontextualität der Theologie, Publizistik und Inszenierung Luthers und der reformatorischen Bewegung, Tübingen 2012 (Spätmittelalter, Humanismus, Reformation 67), 270 f.

[57] BODENSTEIN VON KARLSTADT, ANDREAS, Von den Empfahern: zeychen: vnd zusag des heyligenn Sacraments fleysch vnd bluts Christi. Vuitemberg, [Wittenberg: Melchior Lotter d. J. 1521], VD16 B 6239; Widmungsvorrede an Demuth datiert am 24. Juni 1521 (Bl. a 2ʳ⁻ᵛ). – DERS.: Berichtung dyesser red. Das reich gotis/leydet gewaldt/und die gewaldtige nhemen oder rauben das selbig. […], Wittenberg: [Nikolaus Schirlentz], 1521; Widmungsvorrede an Demuth datiert am 29. Juli 1521 (Bl. A 1ᵛ). Freys/Barge 153–179.209–243.305–331; hier: Nr. 54 und Nr. 63.

zu schreiben. Jetzt aber wolle er seine Schrift gegen Albrecht drucken lassen, weil dieser erstens seine Bücher in Mainz verbrennen und zweitens ein Mandat gegen seine Schriften ausgehen ließ. Der Propst räumte ein, der Erzbischof habe ein Mandat anschlagen lassen, in dem Kauf und Verkauf von „Schmähschriften" untersagt würden. Jedoch sei Luthers Name darin nicht genannt. Luther versprach dem Propst schließlich, die umstrittene Schrift nicht ausgehen zu lassen unter der Bedingung, dass Albrecht ihn und seine Schriften unbehelligt lasse.[58] Das Gespräch zwischen Demuth und Luther drehte sich nicht um die Frage, ob Luther etwas gegen den Kardinal schreiben werde oder nicht,[59] sondern bereits konkreter um die Frage der Drucklegung und Verbreitung eines bereits abgefassten Textes Luthers.[60]

Neue Angriffe sowohl Luthers als auch Karlstadts auf Albrecht waren von September 1521 bis Januar 1522 Gegenstand der Diplomatie zwischen Albrecht und seinen Räten einerseits, Kurfürst Friedrich von Sachsen und seinem Rat Georg Spalatin (1484–1545) sowie Philipp Melanchthon (1497–1560), Karlstadt, Justus Jonas (1493–1555) und Luther andererseits.

Die genannten Wittenberger Theologen nahmen das Hallenser Reliquienfest des Jahres 1521 zum Anlass, um Albrecht publizistisch anzugreifen. In dieser auf die Hallenser Ablässe konzentrierten Attacke flossen reformatorische Motive und antiklerikale humanistische Polemik ineinander. Etwa Ende August/Anfang September 1521 begegnet in den Quellen die Verhöhnung des Hallenser Ablasses durch Leipziger Humanisten. Der Leipziger Humanist Paul Fetzer[61] schrieb dem Humanisten Andreas Althamer[62], der damals in Halle an der Schule der Marienkirche als Kollaborator tätig war,[63] in einem Brief vor 9. September 1521:[64]

---

[58] So nach dem Bericht, den Demuth dem Kardinal erstattete: Stift Neuwerk Halle, 11. Januar 1521; ERHARD, HEINRICH AUGUST, Die ersten Erscheinungen der Reformation in Halle, in: Allgemeines Archiv für die Geschichtskunde des Preußischen Staates 2 (1830), 97–126.252–274; hier: 98–100.

[59] BRECHT, MARTIN, Martin Luther, Bd. 1, Sein Weg zur Reformation 1483–1521, Stuttgart ²1983, 408 gibt die opinio communis wieder, Demuth habe gehört, dass sich Luther gegen die Bücherverbrennung in Mainz „in einer Schrift wenden wollte".

[60] Nach Demuths Bericht erklärte Luther: Karlstadt habe ihm bereits den Wunsch überbracht, dass er „solche Schreiben wollte nachlassen", jedoch habe er „jezund ganz beschlossen, dasselbige lassen drucken". Schließlich habe Luther dem Propst „zugesagt, er woll es nicht lassen ausgehen". ERHARD, Reformation in Halle (wie Anm. 58), 99 f.

[61] Paul Fetzer aus Nördlingen, immatrikuliert in Leipzig im Wintersemester 1517, bacc. art. im Sommersemester 1517, mag. art. Wintersemester 1521/22, blieb in Leipzig (Rektor 1526, Dr. med. 1534). Matrikel Leipzig (wie Anm. 12), Bd. 3, s. v. Fetzer, Paul.

[62] Andreas Althamer aus Brenz bei Gundelfingen wurde im Sommersemester 1516 in Leipzig immatrikuliert (ebd., Bd. 1, 549 B 87), am 8. Mai 1518 in Tübingen, hier bacc. art. im September 1518 (Die Matrikeln der Universität Tübingen, Bd. 1, hg. von Heinrich Hermelink, Stuttgart 1906, Nr. 72, 1). Nach kurzer Lehrtätigkeit in Reutlingen kehrte er nach Leipzig zurück. Weiteres s. Anm. 63.

[63] Althamer lehrte dort mindestens von Mai 1521 bis März 1521 Griechisch und Latein

„Bei uns wurden neulich an den Kirchentüren eure Ablässe bekannt gemacht, die mich und Johann Beck[65] aufs Heftigste bewegten. Wir beschlossen deshalb (sind wir doch beide ganz elende Sünder), dass auch wir losziehen werden, um jener Ablässe teilhaftig zu werden. Nach unserer Ankunft werden wir, beladen mit einer großen Menge Geldes, das in die Kästen geworfen werden soll, dafür sorgen, dass uns Ablässe neben den Huren nicht fehlen, und anschließend gemeinsam nach unserer Art ein herrliches Gelage feiern."[66]

Wir erfahren aus dieser Quelle, dass im Sommer 1521 über das Erzbistum Magdeburg hinaus mit Anschlägen an Kirchentüren für die Hallenser Ablässe geworben wurde.[67] Der Text jener im Jahr 1521 verbreiteten Ablasswerbung ist überliefert in einer in Wittenberg im September 1521 erschienenen Spottschrift „Glosse des hochgelehrten, erleuchten, andächtigen und barmherzigen Ablass der zu Hall in Sachsen, mit Wonn und Freuden ausgerufen"[68]. In der Glosse ist der Text der Hallenser Werbung für den Besuch des Hallenser Reliquienfestes abgedruckt und vom Autor mit satirischen Glossen versehen worden. Das Pamphlet erschien unter dem im Stil der Dunkelmännerbriefe fingierten Pseudonym

---

(Staatsarchiv Bamberg: A 245 VI Nr. 31 ½, Bl. 18ᵛ; Herzog August Bibl. Wolfenbüttel: Cod. 17.32 Aug. 4°, Bl. 71ᵛ.72ᵛ). In Halle korrespondierte er mit Capito und pflegte Kontakte nach Wittenberg, u. a. mit Melanchthon. Von Halle ging er erneut an die Reutlinger Stadtschule in der Position eines Provisors. Nach vorübergehender reformatorischer Wirksamkeit in Schwäbisch Gmünd ließ er sich am 18. Oktober 1525 in Wittenberg immatrikulieren (Album Academiae Vitebergensis. Ältere Reihe. 1502–1602, hg. v. K. E. Förstemann u. a., Leipzig 1841, 126b). Die bis in die Gegenwart vielfach fehlerhaft dargestellte Biographie Althamers ist bereits korrigiert von EHMER, HERMANN, Andreas Althammer und die gescheiterte Reformation in Schwäbisch Gmünd, in: BWKG 78 (1978), 46–72. Vgl. BRECHT MARTIN/EHMER, HERMANN, Südwestdeutsche Reformationsgeschichte. Zur Einführung der Reformation im Herzogtum Württemberg 1534. Stuttgart 1984, 78–80.

⁶⁴ Der zeitgenössische Abschreiber von Fetzers Brief (s. Anm. 66) hat das Datum weggelassen. Die Publikation der im Text erwähnten Plakatwerbung muss einige Zeit vor Beginn der Hallenser Reliquienweisung am 9. September 1521 erfolgt sein. Bald nach der Publikation schrieb Fetzer den Brief an Althamer.

⁶⁵ Johann Beck, ein Hörer Fetzers in Leipzig, war wie Fetzer mit Althamer befreundet. Fetzer schreibt in dem genannten Brief an Althamer (wie Anm. 66, Bl. 72ʳ): „[…] Johannes Beckius amicorum tuorum primus […]".

⁶⁶ „Publicate quoque sunt nobis nuper in valvis ecclesiarum vestre indulgenciae que me et Johannem Beckium maxime moverunt. Statuimus itaque (ambo peccatores miserrimi) nos quoque venturos ut illarum particeps fiamus. Quare cum advenerimus magna pecuniarum copia quare cistis imponemus onerati curato ne desint nobis indulgenciae iuxta ac meretrices, Celebrabimus enim una egregium pro nostro more convivium." Paul Fetzer an Andreas Althamer in Halle, [Leipzig, vor 9. September 1521]; Abschrift in einem Briefbuch Althamers in: HAB Wolfenbüttel: Cod. 17.32 Aug. 4°, Bl. 72ʳ⁻ᵛ.

⁶⁷ Ein Quellenbeleg für diese Werbeaktion ist nur aus Leipzig bekannt (s. Anm. 66). Jedoch kann vorausgesetzt werden, dass sie mindestens im Erzbistum Magdeburg und Hochstift Halberstadt sowie – wie der Leipziger Beleg zeigt – im Fürstentum Sachsen erfolgte.

⁶⁸ Gloße/Des Hochgelarten/yrleuchten/Andechtigen/vn(d) Barmhertzigen/ABLAS Der tzu Hall in Sachsen/mit wunn vn(d) freude(n) außgeruffen, [Wittenberg: Nikolaus Schirlentz 1521], VD16 S 9797. Sprachlich modernisierter Abdruck in: Hallisches Trutz-Rom von 1521, hg. v. Eduard Böhmer, Halle 1862; vgl. auch die Edition der *Gloße* in KGK IV.193.

Lignacius Stürll,[69] was soviel wie „hölzerne[70] Stange" bedeutet. Der „sturl"/ „stürl" war eine Stange, wie sie insbesondere für das Aufscheuchen von Fischen verwendet wurde.[71] Dem in diesem Namen implizierten Bild vom Aufscheuchen korrespondiert die Androhung am Schluss der Schrift: „Werdet ir mein ansynnen vor achten / so wil ich ein spiel anfahen / das euch Halle tzu enge wirt".[72] Angesprochen sind hier die Stiftsherren und das Kapitel des Neuen Stifts, an die der Autor eine Vorrede gerichtet hat und die uns als Aussteller der Hallenser Werbung von 1520 bereits bekannt sind.[73]

Der Text der vom Verfasser der Glosse zitierten Werbung für die Hallenser Ablässe ist, abgesehen von wenigen Varianten, derselbe Text, der im August 1520 in Form eines Plakatdrucks vom Kapitel des Neuen Stifts publiziert worden war.[74] Albrecht und das Stiftskapitel griffen also im Sommer 1521 auf das im Vorjahr verbreitete Werbeplakat zurück und publizierten eine Neuauflage für das Reliquienfest im September 1521. Die Varianten, die der in der Glosse zitierte Werbetext gegenüber dem Plakatdruck von 1520 aufweist, dienen der Aktualisierung der in der Fassung von 1520 enthaltenen Daten.[75] Das Schlussdatum hat der Autor der Glosse weggelassen,[76] weil es für seine Glossierung uninteressant war.

Vergleicht man die Texte der Werbung von 1520 und 1521, dann fällt vor allem eine enorme quantitative Steigerung des Reliquien- und Ablasswesens im Neuen Stift in Halle auf. So ist die Anzahl der Reliquienpartikel innerhalb nur eines Jahres von 8255 auf 21441 angewachsen.[77] Damit erhöhte sich zugleich der Gesamtumfang der über Ablässe zu erzielenden Reduzierung der Dauer der Fegefeuerstrafe, da jedes Partikel mit einem bestimmten Umfang an Ablass ver-

---

[69] So in der Vorrede (Gloße, Bl. a 1ᵛ). Siehe Anm. 73.

[70] Statt „lignarius" ist das Kunstwort „Lignacius" gebildet, worin zugleich ein Wortspiel mit dem Namen „Ignatius" steckt.

[71] Vgl. GÖTZE, ALFRED, Frühneuhochdeutsches Glossar. Berlin ⁷1967, 212. Eine etwas andere Worterklärung bietet SCHOLZ, Residenz (wie Anm. 5), 220 Anm. 280.

[72] Gloße (wie Anm. 68), Bl. b 4rb.

[73] Ebd., Bl. a 1ᵛ: „Lignacius Stürll. Den Erbaren vnd vesten hern Probst Dechand / Cantores [!] / Scholasticus [!] / vnd ganztem capitel / obgemelter Stifftkirchen / meinen gruß." Das Wort „obgemelter" hat kein Bezugswort. Der zitierten Anrede voraus geht lediglich der Titel, der allgemeiner Vom „Ablas Der tzu Hall in Sachsen" redet (s. Anm. 68), nicht von der Stiftskirche. „obgemelter" ist vom Verfasser der Gloße aus der Schlussformel der von ihm zitierten Ablasswerbung übernommen: „Zu vrkunde haben wir probst / Dechandt / Cantor / Scolasticos [!] / Senior / vnd gantz Capittel / der obgemelten Stiffkirchen / vnßers Stifft Secret zu ende uffgedruckt." (Gloße, Bl. b 4ra.)

[74] Siehe Anhang 1.

[75] Die Varianten, die die Gloße gegenüber dem Einblattdruck von 1520 bietet, sind in der Edition des letzteren (s. Anhang 1) in den Fußnoten vermerkt, sofern sie nicht nur sprachlicher Art sind.

[76] Dass der in der Gloße zitierte Text aus dem Jahr 1521 stammt, ergibt sich eindeutig aus der Benennung der mit Albrechts Kardinalat verbundenen Titelkirche: „Tituli sancti Petri ad vincula", was erst ab 5. Januar 1521 zutraf. Siehe Anhang 1, Z. 2 f. mit Anm. 159.

[77] Anhang 1, Z. 37. Die Anzahl „gantzer cörper" ist allerdings von 43 auf 42 reduziert (ebd.).

bunden war. Der Umfang des mit jedem einzelnen Partikel verbundenen Ablasses wurde von 4000 Jahren und 40 Tagen um jeweils 800 Quadragen, d. h. 800
mal 6 Wochen, pro Partikel erhöht.[78] Interessant ist die zeitliche Ausdehnung
des Reliquienfestes und der Feierlichkeiten. Währte das „güldene Jahr" nach der
Werbung 1520 insgesamt acht Tage,[79] war es nach der Werbung von 1521 bereits
um zwei Tage verlängert[80] und dauerte somit vom 13. bis 22. September 1521.
Dadurch wurde erreicht, dass am Schluss der Festzeit der Tag des Hl. Moritz
(22. September), des Haupttheiligen des Neuen Stiftes, mit einbezogen war. Und
schließlich fällt auf, dass Reliquienweisung und Prozession 1520 an nur einem
Tag, dem Sonntag nach Mariae Geburt, stattfanden, 1521 hierfür aber der Sonntag und der Montag eingeplant waren.[81]

Als Autor der Glosse lässt sich Karlstadt erschließen.[82] Zum einen schrieb
Karlstadt auf ein Exemplar der Glosse das Erscheinungsdatum: „Gedruckt zcu
Wittenberg auff Mathei apostoli Anno etc. 21"[83]. Demnach ist die Drucklegung
am 21. September 1521 abgeschlossen worden, am vorletzten Tag des in Halle
gefeierten Reliquienfestes. Zum anderen gibt es einige Verbindungen zwischen
der Glosse und Karlstadts Schriften von 1521/22.[84] Am meisten fällt auf, dass der
Autor am Schluss der Schrift vom glossierenden Stil abgeht und ein anderes Thema anschneidet, nämlich den schwebenden Fall der Priesterehe Balthasar Zeigers
aus Vatterode bei Mansfeld,[85] der in erzbischöflicher Haft saß. An den Propst
des Neuen Stifts gewandt, schreibt der Autor: „Her / stellet den Pfaffen welchen
.E. W. von wegen des Elichen standes tzu Hall / gefencklich / gehalten / wider tzu
lichte." Der Autor nimmt an, dass Zeiger im Neuen Stift gefangen gehalten wird,
und fordert entweder Freilassung des Priesters oder Zusendung einer Rechtfertigung der Inhaftierung bis zum 11. November.[86] Karlstadt knüpft in seiner
Schrift *Von Anbetung und Ehrerbietung der Zeichen des Neuen Testaments*[87],

---

[78] Anhang 1, Z. 41 f.

[79] Vom Freitag nach Mariae Geburt bis zum darauf folgenden Freitag. Anhang 1, Z. 17–20.

[80] Gloße (wie Anm. 68), Bl. b 4ra–b: „[…] alwege uff den Freitag vor dem sontag nach dem tag der geburt Marie […] biß wider uff den andern Sontag tzu Sonnen nidergangk".

[81] Anhang 1, Z. 58 f. und Gloße, Bl. b 3vb–4ra.

[82] Vgl. BUBENHEIMER, ULRICH, Art. Karlstadt, Andreas Rudolff Bodenstein von (1486–1541), TRE 17 (1988), 656,6–9; DERS.: Streit (wie Anm. 4), 192 Anm. 177; ZORZIN, ALEJANDRO, Karlstadt als Flugschriftenautor, Göttingen 1990 (GTA 48), 286 Nr. 34.

[83] Auf dem Titelblatt des Exemplars der Sächs. Landesbibl. Dresden: Hist. eccl. E 356, 1m.

[84] Neben dem unten dargestellten Sachverhalt betreffend Priesterehe sei noch hingewiesen auf folgende Ankündigung in der Gloße, Bl. b 4ra: „Von dem Jubel iar solt ich schreiben Vnd sunderlich von den nerrischen glockenweihen […]". Zu Texten Karlstadts über das Jubeljahr s. BUBENHEIMER, ULRICH, Scandalum et ius divinum. Theologische und rechtstheologische Probleme der ersten Innovationen in Wittenberg 1521/22, in: ZSRG.K 59 (1973), 263–342, hier: 334 f. 5. Beitrag in diesem Band.

[85] Über diesen Fall s. BUBENHEIMER, Streit (wie Anm. 4), 190–198.

[86] Gloße, Bl. b 4ra–b.

[87] BODENSTEIN VON KARLSTADT, ANDREAS, Von anbettung vnd ererbietung der tzeychen des newen Testaments, Wittenberg: [Nickel Schirlentz] 1521, KGK IV.204.

deren Widmungsvorrede an Albrecht Dürer[88] vom 1. November 1521 datiert ist, implizit an jene in der Glosse erhobene Forderung an. In einem Nachtrag am Schluss dieses Abendmahlstraktats teilt Karlstadt die Freilassung des Priesters mit und lobt den Erzbischof.[89] Zeiger war nach einer in Gegenwart Capitos am 1. November geleisteten Urfehde freigelassen worden.[90]

Einer der Stiftskanoniker, der Dekan, wird von Karlstadt besonders angesprochen.[91] Karlstadt weist ihn auf seine Bibelkenntnis hin und beklagt, dass er, der die Ungelehrten belehren sollte, schweige und die Sache laufen lasse.[92] Karlstadt dürfte den Dekan persönlich gekannt haben. Denn Dekan des Neuen Stifts war Konrad Steyerwald aus Remda,[93] der im Sommersemester 1509 in Wittenberg immatrikuliert worden war.[94] Karlstadt konnte hoffen, bei ihm nicht auf taube Ohren zu stoßen. Nikolaus Demuth hatte am 11. Januar 1521, wenige Tage nach seinem Besuch bei Karlstadt und Luther, an Erzbischof Albrecht berichtet, „[...] daß der Dechant zu Halle sehr die Meinung D. Martini ausruft und dem Volk einbildet.“[95]

An dem Tag, an dem der Druck der Glosse fertiggestellt war (21. September), datierte Karlstadt den Widmungsbrief zu einer lateinischen Schrift, dessen erster Teil Thesen Karlstadts über Trübsal, Prädestination und Gebet enthielt: „Loci tres [...] tribulationis, praedestinationis et orationis Theologici“. Während ein Teil der „Loci tres“ erhalten ist, wissen wir von einem gegen den Ablass in Halle gerichteten Teil nur durch dessen Ankündigung auf dem Titelblatt: „Die Hallenser Priester werden gebeten, eine Begründung für ihre Ablässe herauszubringen, andernfalls sowohl ihr Jubiläum als auch ihre Gesänge zu widerrufen“.[96] Kritik an Albrecht klingt im Widmungsbrief an den humanistisch gebildeten

---

[88] Dürer. Schriftlicher Nachlass, Bd. 1, hg. v. Hans Rupprich, Berlin 1956, Nr. 37.

[89] KARLSTADT, Von anbetung (wie Anm. 87), Bl. B 4ʳ. Karlstadts weitere Ausführungen zeigen, dass er – wahrscheinlich von Capito – gezielte Fehlinformationen über den Vorgang erhalten hatte.

[90] Vgl. BUBENHEIMER, Streit (wie Anm. 4), 194f.

[91] „Wisset ir nit/vnd sunderlich du .N. das got spricht. So ein Prophet auf sthet/vnd saget etwas/das ich/got/nit hab beuolen/ir solt ynen toden Deu. 18.“ Gloße (wie Anm. 68), a1ᵛ. Dass mit „N.“ der Dekan gemeint ist, ergibt sich aus Bl. b 2rb.

[92] „Sich Dechand/das .14.c. in Actis. vnd bewege vleissiglich/Das Barnabas vnd Paulus/ire kleider tzurissen/vnd sprungen in das welck [!]/vnd schreihen. Was thut yr? Wir seint menschen/vnd predigen euch das ir von solichen schnoden sachen abstellet. Das salstu Dechand die ungelarten leren/du schweigest/vnd leste nit allein geschehen/das man den Aposteln/gelt/kühe/vnd ochsen opffert/Ja du fast sie in gulden/vnd sylbern seerge aber kasten.“ Gloße, Bl. b 2rb.

[93] REDLICH, Cardinal Albrecht (wie Anm. 9), 40.79f.

[94] Album (wie Anm. 63), Bd. 1, 29b.

[95] ERHARD, Reformation in Halle (wie Anm. 58), 100. Vgl. SCHOLZ, Residenz (wie Anm. 5), 356.

[96] „Presbyteri Hallenses Rogantur, vt veniarum suarum rationem edant. sin autem, vt et iubilaeum et suas naenias recantent.“ Karlstadt wählt das Wort „naeniae“ (Gesänge) wegen des Wortspiels mit „veniae“ (Ablässe). Den ganzen Titel s. u. in der Einführung zu Anhang Nr. 2.

Patrizier Arnold Belholt in Münster[97] zwar an.[98] Jedoch richtete Karlstadt seine Polemik – ähnlich wie in der Glosse – laut Titel verallgemeinernd gegen die Hallenser Priester, womit konkret der Klerus des Neuen Stifts gemeint ist. Von dieser Schrift sind nur die ersten beiden Druckbogen in einem Exemplar der Kirchenbibliothek Eisleben überliefert.[99] Die Drucklegung von Karlstadts „Loci tres" scheint abgebrochen worden zu sein.[100] Schon in seiner Widmungsvorrede hatte Karlstadt angedeutet, dass seine Publikationsmöglichkeiten damals eingeschränkt worden waren: „[...] und einstweilen gehorche ich einem fremden Willen. Das geschieht, damit ich nicht immer neue Dinge publiziere. Also schicke ich im Jahr 1520 disputierte Thesen [...].“[101]

Der vermutete Abbruch der Drucklegung dieser Schrift, die einen Angriff auf den Hallenser Ablass und damit de facto auch gegen Albrecht enthielt, lässt sich als Folge einer Intervention Erzbischof Albrechts erklären. Albrechts Räte Capito und Stromer besuchten Wittenberg am 30. September und 1. Oktober, um neue publizistische Attacken gegen Albrecht zu verhindern. Capito und Stromer verhandelten am 30. September mit Melanchthon[102], der versuchte, sich in dieser Sache für nicht zuständig zu erklären,[103] aber dennoch Luther verteidigte. Den Autor der Glosse kenne er nicht; er missbillige sie wegen der darin ausgesprochenen Drohungen.[104] Er wolle aber, soweit er könne, für eine Schonung des Erzbischofs eintreten, wenn dieser keine gegen die Wittenberger gerichteten Maßnahmen ergreife.[105] Stromer verhandelte in dieser Angelegenheit auch mit Jonas.[106] Am 1. Oktober führten die Gesandten ein Gespräch mit Kurfürst Friedrich und Spalatin.[107] Melanchthon[108] bekam in Wittenberg schließlich doch die Aufgabe, dafür zu sorgen, dass keine vom Hof beanstandeten Schriften publiziert werden[109].

---

[97] Zu Belholt s. u. die Einleitung zu Anhang 2.

[98] Siehe Anhang 2, Z. 28–31.

[99] Siehe Einführung zu Anhang 2.

[100] Dafür spricht auch der Umstand, dass der Druck unsorgfältig gedruckt ist und überdurchschnittlich viele Druckfehler und typographische Versehen enthält, die noch nicht korrigiert sind. Das erhaltene Fragment könnte eine Probeausdruck gewesen sein, der für Korrekturzwecke angefertigt wurde.

[101] Siehe Anhang 2, Z. 23 f.

[102] Melanchthon an [Spalatin], [ca. 20. Oktober 1521]; MBW T 1, Nr. 175, 3–64.

[103] Ebd., Z. 19–21.

[104] Ebd., Z. 36–38.

[105] Ebd., Z. 38–42.

[106] Ebd., Z. 43.

[107] Stromer und Simon Pistoris, Rat Herzog Georgs von Sachsen, waren vom 8. bis 12. Oktober 1521 in dieser Sache auch am Hof in Weimar. WA.B 2, 396 Anm. 9.

[108] Schon am 8. Oktober wird von einem heute verschollenen Brief Melanchthons an Albrecht berichtet. Sebastian Helmann an Johann Hess, Wittenberg, 8. Oktober 1521: „[...] mitto item Epistolam Philippi, quam scripsit ad Episcopum Moguntinensem [...]". WB, 18. Auch an Capito hat Melanchthon noch einen Brief geschrieben, auf den dieser antwortete (MBW T 1, Nr. 179, 24–27; Nr. 180, 22–24). Dieser Briefwechsel ist verloren.

[109] Noch im Februar 1522 hat Melanchthon verhindert, dass in Wittenberg auf antilutheri-

Trotz Albrechts Intervention in Wittenberg wollte nun Luther sein Pamphlet *Wider den Abgott zu Halle* veröffentlichen. Der erste sicher datierte Beleg für diesen Plan Luthers stammt vom 7. Oktober 1521,[110] doch dürfte Luthers Vorhaben schon vor Capitos und Stromers Besuch in Wittenberg bekannt gewesen sein. Am 1. November hatte er seine Schrift vollendet.[111] Als Spalatin das erfuhr,[112] teilte er Luther mit, dass der Kurfürst die Publikation einer Schrift gegen Albrecht mit Rücksicht auf die Wahrung des öffentlichen Friedens nicht dulden werde. Luther reagierte wütend – „Eher werde ich Dich, ja sogar den Fürsten und alle Kreatur verderben!" – und schickte das Manuskript am 11. November 1521 an Spalatin zur Weitergabe an Melanchthon.[113] Allerdings räumte Luther ein, Melanchthon könne ändern, was ihm nötig erscheine,[114] wozu es aber nicht kam. Jetzt griff die im Verlauf der Wittenberger Bewegung verschiedentlich aktive kurfürstliche Zensur zu. Spalatin konfiszierte Luthers Manuskript. Luther forderte mittlerweile in einem persönlichen Brief vom 1. Dezember Albrecht auf, den Ablass abzustellen und die verheirateten Priester nicht zu verfolgen; ansonsten würde er „Wider den Abgott" publizieren.[115] Damit stellte er sich dem von Capito in Wittenberg ausgehandelten Stillhalteabkommen offen in den Weg. Von der Konfiszierung der genannten Schrift hat Luther allerdings erst bei seinem überraschender Besuch in Wittenberg vom 4. bis 6. Dezember 1521[116] erfahren und übte noch von Wittenberg Druck auf Spalatin aus, um die jetzt gegen ihn gerichtete Zensurpolitik des kursächsischen Hofes zu Fall zu bringen.[117] Lu-

---

sche Schriften von Hieronymus Emser und Wolfgang Wulfer geantwortet wird. Melanchthon an Spalatin, [ca. 20. Februar 1522]; MBW T 1, Nr. 216, 9–15. Damals ging es um Rücksichtnahme auf Herzog Georg von Sachsen, der durch Wittenberger Schriften gegen seine Theologen zu weiteren politischen Aktivitäten gegen den Kurfürsten hätte gereizt werden können.

[110] Luther an Spalatin; WA.B 2, Nr. 434, 11 f.

[111] Luther an Nikolaus Gerbel, WA.B 2, Nr. 435, 31–33: „[...] item in Cardinalem Moguntinum absolvi reprehensionem publicam ob idolum indulgentiarum Halli denuo erectum [...]".

[112] Spalatin erfuhr dies aus Luthers Brief an Nikolaus Gerbel vom 1. November 1521, den Luther offen an Spalatin zur weiteren Veranlassung geschickt hatte. Luther an Spalatin, 1. November 1521; WA.B 1, Nr. 436, 3–6.

[113] Luther an Spalatin; WA.B 2, Nr. 438, 3–13: „[...] proinde mitto libellum in eum [scil. Moguntinum] iam paratum, cum venissent tuae literae, quibus nihil motus sum, vt aliquid mutarem [...]" Im Brief an Spalatin vom 1. November 1521 hatte Luther an Spalatin geschrieben: „Philippo ista tradi curabis [...]" (ebd., 2, 399, 3). Irrtümlich wird zu „ista" in WA 1, 399 Anm. 1 bemerkt, Luther habe mit diesem Brief „Wider den Abgott" zur Weitergabe an Melanchthon übersandt (übernommen von Brecht, Luther, Bd. 2 [wie Anm. 6], 22). Vielmehr ergibt sich aus dem Brief Luthers vom 11. November 1521, dass Spalatin Luther das kurfürstliche Verbot der Drucklegung angekündigt hatte (WA.B 2, Nr. 438, 5 f.), bevor ihm Luther die Schrift übersandte.

[114] WA.B 2, Nr. 438, 13 f.

[115] WA.B 2, Nr. 442.

[116] Vgl. Bubenheimer, Ulrich, Luthers Stellung zum Aufruhr in Wittenberg 1520–1522 und die frühreformatorischen Wurzeln des landesherrlichen Kirchenregiments, in: ZSRG.K 71 (1985), 147–214; hier: 187–189. 4. Beitrag in diesem Band.

[117] Luther an Spalatin, Wittenberg, [ca. 5. Dezember 1521; WA.B 2, Nr. 443.

thers Brief an Albrecht vom 1. Dezember schickte Melanchthon am 11. Dezember an Capito, verbunden mit seinem Kommentar und der dringlichen Aufforderung an Capito, Luthers Brief dem Erzbischof vorzulegen.[118] Der Erzbischof gab sich in einem diplomatischen Brief an Luther vom 21. Dezember konziliant und behauptete, die Ursache für Luthers Schreiben sei längst abgestellt.[119]

Gegenüber dem kurfürstlichen Hof musste Luther allerdings zurückstecken. In einem Brief an Spalatin, etwa vom 12. Dezember, stimmte er nun zu, die Publikation von „Wider den Abgott" zu verschieben. Zugleich schlägt er erneut vor, dass Melanchthon die „acerbiora" tilgen könne.[120] Am 13. Januar 1522 erwägt er in einem Brief an Melanchthon die Generalisierung der gegen den Erzbischof erhobenen Vorwürfe im Sinne einer increpatio generalis, die sich gegen eine Mehrzahl von Bischöfen wenden würde.[121] Durch einen solchen Eingriff würde die Nennung Albrechts vermieden. So war schon Karlstadt in der Glosse verfahren, indem er „die zu Hall in Sachsen" bzw. die Mitglieder des Neuen Stifts in generali unter Vermeidung eines expliziten Angriffs auf den Erzbischof ansprach. Melanchthon hielt sich aber weiterhin in dieser heiklen Angelegenheit bedeckt und befasste sich nicht mit einer Änderung von Luthers Schrift.

Die bisher vom kurfürstlichen Hof ad hoc ausgeübte Pressezensur wurde nun in die Hand der Universität gelegt,[122] die gegen Ende April 1522 die Universitätsmitglieder der Zensur unterstellte.[123] Damit führte sie keine Neuregelung ein, denn eine Zensur war in den Universitäts- und Fakultätsstatuten von Anfang an vorgesehen gewesen,[124] jedoch – nach gegenwärtigem Forschungsstand – nicht oder höchstens selten ausgeführt worden. Verantwortlich für die Durchführung der Zensur war der Rektor der Universität.[125] Dieses Amt versah im Sommersemester 1522 Nikolaus von Amsdorf.[126] Im Folgenden soll gezeigt werdend, dass nicht Melanchthon, wie Luther gewünscht hatte, *Wider den Abgott zu Halle* bearbeitet hat, sondern dass dies unter den veränderten Umständen nach Luthers Rückkehr Amsdorf ausführte.

---

[118] Melanchthon an Capito (oder in dessen Abwesenheit zu Händen von Nikolaus Demuth), 11. Dezember [1521]; MBW T 1, Nr. 189.

[119] WA.B 2, Nr. 448, 4f.

[120] WA.B 2, Nr. 444, 2f.

[121] WA.B 2, Nr. 450, 127f.

[122] Allerdings faktisch unter der Oberaufsicht des Kurfürsten, wie die Quellen zeigen. Vgl. Schreiben der Universität an Kurfürst Friedrich, 27. April 1522; BARGE 2, 562f., insbesondere 563: „Doch stellen wir es in e. kf. g. gnedige messigung."

[123] Siehe ebd., 562f. Auch die Rolle des mitbeteiligten Magistrats der Stadt ist zu beachten: Vgl. HASSE, HANS-PETER, Bücherzensur an der Universität Wittenberg im 16. Jahrhundert, in: 700 Jahre Wittenberg. Stadt Universität Reformation, hg. v. Stefan Oehmig, Weimar 1995, 186–212; hier: 190 Anm. 20.

[124] Vgl. HASSE: Ebd., 188f.

[125] Der Rektor konnte die Prüfung der Schriften an die Dekane oder andere Beauftragte delegieren. Vgl. BARGE 2, 562.

[126] Album (wie Anm. 63), Bd. 1, 111.

Dieser Sachverhalt ergibt sich aus einem Fragment von Luthers Manuskript „Wider den Abgott", das sich in der Bodleian Library in Oxford befindet.[127] Gottfried Krodel erklärte das Manuskript von „Wider den Abgott" als vollständig verloren und betrachtete jenes Handschriftenfragment als Teil von Luthers Manuskript von „Wider den falsch genannten geistlichen Stand".[128] Eine genaue paläographische Analyse ergibt jedoch einen etwas anderen Befund. An dem von der Handschrift gebotenen Text haben zwei Schreiberhände gearbeitet.[129] Die ursprüngliche Textfassung ist zweifelsfrei von Luther selbst geschrieben, der sich im Zuge der Niederschrift hie und da durch Streichung oder Einfügung einiger Worte selbst verbesserte. Daran ist zu sehen, dass Luther während der Niederschrift noch am Text arbeitete. Neben Luthers Handschrift findet sich in dem Manuskript noch eine zweite Hand, die Luthers Text in einem vergleichsweise geringen Umfang bearbeitet hat. Mangels Handschriftenkenntnis wurde diese Hand spekulativ Melanchthon zugeschrieben, weil Luther wiederholt eine Bearbeitung seines Textes durch Melanchthon vorgeschlagen hatte.[130] Der Handschriftenvergleich ergibt jedoch, dass es sich um Amsdorfs Handschrift handelt und Melanchthon an dem Text nicht gearbeitet hat.[131]

Luther hatte ursprünglich einen Text geschrieben, der mehrfach explizit gegen Erzbischof Albrecht oder den Ablass in Halle gerichtet ist. In welchem Sinne Amsdorf solche Stellen geändert hat, soll an der umfangreichsten Änderung gezeigt werden, die sich in dem erhaltenen Fragment findet (siehe Abbildung 1).

Luther hatte unter Berufung auf Paulus und den 2. Petrusbrief (2. Petr 2) ausgeführt, dass die Papisten durch das Keuschheitsgelübde die Geistlichen geradezu zur Unkeuschheit und Unzucht verführen würden. Er schließt diese Passage folgendermaßen ab:

---

[127] The Bodleian Library, University of Oxford: Ms. Add. C 100, fol. 11^r–14^v. Das Lutherautograph ist in dem Konvolut Teil einer antiquarischen Sammlung unterschiedlicher Lutherzimelien (Beschreibung des Bandes in WA 10/2, 94). Das Autograph wurde von Georg Schaafs, einem der Editoren von Luthers *Wider den falsch genannten geistlichen Stand* in WA 10/2 entdeckt (vgl. WA 10/2, S. V und 93). Er hat bereits richtig erkannt, dass es sich um ein Fragment der verloren geglaubten Schrift *Wider den Abgott zu Halle* handelt (ebd., 93 f.), aufgenommen von BRECHT, Luther, Bd. 2 (wie Anm. 6), 23.

[128] KRODEL, „Wider den Abgott zu Halle" (wie Anm. 46), 19.63–81. Mit nicht stichhaltigen Argumenten hat Krodel Schaafs Erkenntnis, dass das Fragment ein Stück aus *Wider den Abgott zu Halle* repräsentiert, bestritten.

[129] Auf die Schreiber von sekundären Notizen (Buchdruckermarkierungen, Notizen von späteren Besitzern der Handschrift) gehe ich hier nicht ein. Siehe dazu WA 10/2, 94.

[130] So Schaafs in WA 10/2, 94, übernommen von Otto Clemen in WA.B 2, Nr. 523, 11 f. KRODEL, „Wider den Abgott zu Halle" (wie Anm. 46), 67 stellte diese Zuweisung an Melanchthon zwar in Frage, konnte aber seinerseits die zwei Schreiberhände nicht auseinanderhalten.

[131] Die erforderliche paläographische Analyse des Fragments ist in der Forschung nicht vorgenommen worden. Melanchthons Handschrift ist in paläographischer Hinsicht von den im Fragment vorkommenden Handschriften weit entfernt. Zwischen Luthers und Amsdorfs Handschrift wiederum gibt es hinreichende spezifische Unterscheidungsmerkmale. Edition des Fragments in WA 10/2, 121–132 (linke Spalte). Der erforderlichen Neuedition sollte eine Abbildung der Handschrift zur Seite gestellt werden.

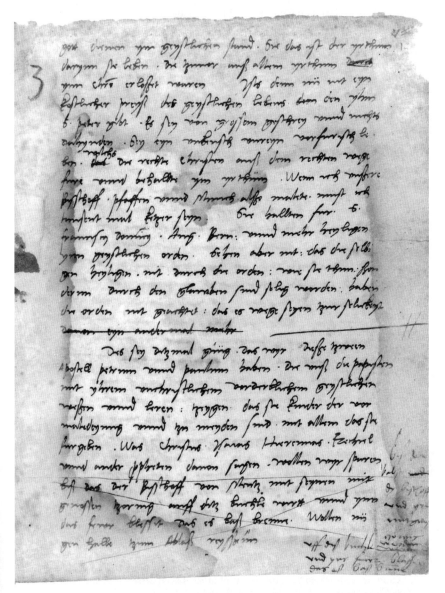

Abb. 1: Luther, Wider den Abgott zu Halle, Autograph (1521) mit Änderungen von der Hand Nikolaus von Amsdorfs (1522). Bodleian Libraries,The University of Oxford: Ms. Add. C. 100, fol. 14r

„Was Christus. Isaias Hieremias. Ezechiel vnnd ander propheten dauon [scil vom un-
christlichen geistlichen Wesen der Papisten] sagen. wollen wyr sparen *biß das der Bischoff von Mentz mit seynen mitgenossen tzornig auff ditz buchle wirtt vnnd ynn das
fewr blesset das es baß brenne. Wollen nu gen halle tzum Ablaß reysßen".*[132]

Den hier kursiv markierten Text hat Amsdorf durchgestrichen und am Rand
durch folgenden Wortlaut ersetzt:

„[...] bis der babst dy bischoff vnd yre mitgenoss⟨en⟩ tzornig werden vff diß buchle
vnd yns fewr blassen das eß baß brenne".[133]

Amsdorf hat an dieser Stelle den Bischof von Mainz durch Papst und Bischöfe
ersetzt und den Hinweis auf den Ablass zu Halle gestrichen. Mit dieser Tendenz
hat er auch sonst alle Bezugnahmen auf Albrecht und den Hallenser Ablass gestrichen.[134] Damit hat Amsdorf ein diplomatisches Meisterstück vollbracht. Als
Rektor hat er seine Pflicht als Zensor absolviert; als Freund Luthers hat er ausgeführt, was Luther einst selbst vorgeschlagen hatte: Umarbeitung der Schrift
zu einer *increpatio generalis*. Am 28. Mai 1522 hatte Luther Amsdorfs Version
unter dem Titel *Wider den falsch genannten geistlichen Stand des Papstes und
der Bischöfe* dem Drucker gegeben.[135]

Spalatin muss vor dem 26. Juli 1522 ein Exemplar vorgelegen haben, denn er
kritisierte trotz der vorgenommenen Änderungen erneut, dass die Schrift zu
scharf sei. Indem Luther gegenüber Spalatin betont, dass die Schärfe der Schrift
von ihm so gewollt sei,[136] gibt er zu erkennen, dass Amsdorfs Bearbeitung ein-
vernehmlich mit ihm erfolgte. Insgesamt übte Amsdorf die Zensur so aus, dass

---

[132] BL Oxford: Ms. Add. C. 100, fol. 14r. Transkription nach der Handschrift, kursive
Auszeichnung von U. B. Vgl. WA 10/2, 131, 18–25, linke Spalte.

[133] BL Oxford: Ms. Add. C. 100, fol. 14ʳ. In spitzer Klammer stehen konjizierte Buchstaben, die wegen Beschädigung des Papiers am Rand fehlen. Vgl. WA 10/2, 131, 19–25, rechte
Spalte (mit Transkriptionsfehlern).

[134] Ebd., Bl. 14ᵛ ersetzt Amsdorf „den Bischoffe von Mentz" durch „dy Bischoffe", ersetzt
mehrfach den Singular „Bischof" durch den Plural „Bischöfe" und streicht ersatzlos: „ßonder-
lich seynes abgotts tzu hall". Vgl. WA 10/2, 131,26–132,14.

[135] Philipp Glünspieß an Georg Römer, [Wittenberg], 28.05.1522; Forschungsbibliothek
Gotha: Chart A 395, fol. 3v: „Hoc vnum scito Lutherum tradidisse incudi impressoris libellum
sane acrem aduersus Sauliticam omnium episcoporum vitam [...]". Glünspieß fügte am Rand
hinzu: „Er schreybt wyder alle bischoff." – Titel des Druckes: *Wider den falsch genannte(n)
geystlichen stand des Babst vn(d) der bischoffen. D. Mart. Luther Ecclesiasten tzu Wittemberg,*
Wittenberg: Nikolaus Schirlentz 1522, VD16 L 7417. Benzing, Josef, Lutherbibliographie.
Verzeichnis der gedruckten Schriften Martin Luthers bis zu dessen Tod, Baden-Baden 1966,
Nr. 1196 (UB Heidelberg: Salem 30,5 RES). WA 10/2, 105–158.

[136] Luther an Spalatin, Wittenberg, 26. Juli 1522: „Libellum meum Episcopos laruales
inuadentem ex proposito volui tam acrem esse." WA.B 2, Nr. 523, 11 f. Die Annahme von Otto
Clemen ebd., Anm. 9, Spalatin habe von der Schrift „nicht einen Druck, sondern das von Melanchthon [sic!] zurechtgemachte Manuskript" in Händen gehabt, hat keinen Anhalt in den
Quellen. Wäre Spalatin das von Amsdorf zensierte Manuskript vor der Drucklegung vorgelegt
worden, hätte er erneut Änderung verlangen können. Er ist offenbar vor vollendete Tatsachen
gestellt worden.

er Luthers Schrift zur Publikation verhalf, ohne dass – formal gesehen – die im Herbst 1522 mit Capito getroffene Vereinbarung, eine Publikation gegen Albrecht zu verhindern, gebrochen wurde. Und andererseits hat er außer den persönlichen Spitzen gegen Albrecht und dessen Ablässe die polemische Schärfe der Schrift, soweit aus dem Fragment zu erkennen ist, nicht reduziert.

Luther schneidet in seiner Schrift mehrere Themen an, die ineinander übergehen: Das falsche und das wahre Bischofsamt, Ablass und Keuschheitsgelübde sind Hauptthemen. Auch er kennt die Werbung für den Hallenser Ablass. Das deutet sich schon an in seiner ironischen Bemerkung: „Wollen nu gen halle tzum Ablaß reisßen".[137] Einzelne in dem Plakatdruck von 1520 und 1521 ausgeführte Punkte nimmt Luther aufs Korn. So das Angebot der Absolution für Personen, die unrechtmäßiges Gut in einem „ziemlichen" Anteil in den Ablasskasten legen[138], geißelt er wie Karlstadt in der Glosse[139] als Beihilfe zum Diebstahl[140] und meint: „Hie were es tzeytt, nit alleyn alle Bepstliche ablaß bullen sondernn auch die thür unnd ortt, daran sie hangen, umb grosser gotis lesterung willen tzu(o) pulver machen."[141] Die Hallenser Plakatwerbung streicht heraus, dass die den Jubiläumsablass bewilligende päpstliche Bulle auch das Privileg enthält, von Gelübden zu entbinden mit Ausnahme der vom Papst ausgenommenen Gelübde wie z. B. das Gelübde der Keuschheit.[142] Auf dieses Thema geht Luther ausführlich ein[143] und nimmt es zum Anlass, abschließend auf die Verfolgung von Priestern zu sprechen zu kommen, die geheiratet haben[144]. Einen konkreten Fall kann er wegen der Dissimulation des eigentlichen Adressaten nicht nennen, anders als Karlstadt in der Glosse. In seinem Brief an Albrecht vom 1. Dezember 1520, forderte Luther von Albrecht nicht nur, er möge den „Abgott" abtun[145], sondern verlangt auch, die verheirateten Priester in Frieden zu lassen.[146] Und ähnlich wie Karlstadt in der Glosse stellt Luther ein Ultimatum: Er verlangt – zu beiden Forderungen – eine Antwort binnen vierzehn Tagen.[147]

---

[137] WA 10/2, 131, 24f., linke Spalte.

[138] Siehe Anhang 1, S. 300, Z. 3–5.

[139] Gloße (wie Anm. 68), Bl. b 3ra–3vb. Dies ist Karlstadts längste Glosse im Umfang von 3 Druckspalten.

[140] WA 10/2, 135,23–136,2.

[141] Ebd., 136, 13–15.

[142] Anhang 1, S. 298, Zeilen 15f.

[143] WA 10/2, 145,27–149,20.

[144] Ebd., 149, 21ff.: „Zu(o) letzt, ist es nit eyn Yamer, das die bischoff von gotis ungnaden, meyn ungnedige herrnn, die armen priester fahen, die sich ynn den ehlichen stand begeben? [...]". Diese Thematik endet 153, 27 mit „Amen". Der restliche Text bis 158, 14 könnte ein Nachtrag sein, den Luther vor der Drucklegung hinzugefügt hat. In 153,28–31 könnte Kritik an der Pseudonymität von Karlstadts Gloße vorliegen: „Ich bitt auch die, ßo wollen die Larven mit schrifften antasten, das sie das offentlich und redlich thun nach der regel des Euangeli und lere S. Pauli. Und schreyben yhren namen an das blatt unnd bieten sich nur frisch tzu(o) recht, wie ich thue."

[145] WA.B 2, Nr. 442, 66f.

[146] Ebd., Z. 78–103.

[147] Ebd., Z. 104–107.

Die durchgehende Verbindung der Polemik gegen den Ablass in Halle mit der Forderung nach Straffreiheit für die verheirateten Priester, die Luther und Karlstadt in den einschlägigen Schriften bzw. Briefen jener Zeit herstellten, könnte erklären, warum die Wittenberger Theologen im Herbst 1521 gegen Albrecht und seine Hallenser Ablässe zu Felde zogen. Zwar nahmen die Wittenberger wohl wahr, dass Albrecht mit seinen Hallenser Reliquienfesten und Ablässen 1520 und 1521 auch demonstrierte, dass er Luther nicht nachgeben wollte. Unter dieser Perspektive hätten die Wittenberger schon 1520 genügend Anlass gehabt, Albrecht anzugreifen. Im Herbst 1521 kam das diplomatische Motiv dazu, auf Albrecht Druck auszuüben, um ihn zur Nachgiebigkeit in der Sache des Priesters Balthasar Zeiger zu bewegen. Capito beeilt sich denn auch, Luther in einem Brief vom 20./21. Dezember 1521 die Freilassung des Priesters zu bestätigen und die Verantwortung für Zeigers Verhaftung von Albrecht abzuwälzen.[148] Diesen Vorgang dürfte Albrecht auch im Auge haben, wenn er Luther zeitgleich, am 21. Dezember 1521, antwortet, „die Ursach sei längst abgestellt, so Euch zu solchem Schreiben bewegt hat."[149] Wieweit er sich in der Ablassfrage zu Änderungen hat bewegen lassen, bedarf weiterer Forschungen[150].

---

[148] WA.B 2, Nr. 447,100–108.
[149] WA.B 2, Nr. 448,3–4.
[150] Vgl. die Andeutungen Capitos gegenüber Luther, Halle, 20. und 21. Dezember 1521; WA.B 2, Nr. 447,42–49. Vgl. SCHOLZ, Residenz (wie Anm. 5), 224 f., KÜHNE: Ostensio reliquiarum (wie Anm. 9), 437.

Anhang

1. Werbung des Kapitels der Stiftskirche St. Moritz in Halle für den von Erz-bischof Albrecht von Brandenburg eingeführten Jubiläumsablass und für weitere Ablässe, zum Erwerb eines Bruderschaftsbriefs und zur Teilnahme an der Reli-quienweisung und Prozession in Halle, [Halle], 19. August 1520

Der hier edierte Text entstammt einem Einblattdruck (s. Abb. 2), der in der For-schungsbibliothek Gotha unter der Signatur: Theol 2° 00015/03 (01) R erhalten ist. Der Text ist vom 19. August 1520 datiert. Ein Impressum mit Angabe des Druckorts und des Druckers fehlt.

Das Blatt ist in einem Folioband vom Buchbinder auf der Innenseite des Vor-derdeckels aufgeklebt und am rechten Rand mit eingebunden worden. Die an-deren drei Ränder sind am Rand beschnitten, ohne dass Textverlust eingetreten ist. In der vorliegenden Form hat das Blatt eine Größe von ca. 34,3 × 24,0 cm. Die Maße des Satzspiegels sind 28,6 × 21, 3 cm. Links oben befindet sich ein Holz-schnitt in der Größe 16,5 × 11,7 cm. Der Text umfasst 62 Druckzeilen.

Unterhalb des Textes findet sich ein breiter Rand, auf den ein Papiersiegel auf-gedrückt ist, das am unteren Rand geringfügig beschnitten ist. Das runde Siegel hat einen Durchmesser von ca. 3,8 cm.

Der Einblattdruck befindet sich in einem Band, der eine Lyoner Vulgata-Aus-gabe von 1521 enthält: Biblia cu(m) concordantiis veteris (et) noui testament et ‖ sacrorum canonum: [...]. Lyon: Jacobus Sacon für Anton Koberger in Nürnberg, 24. Juli 1521.[151] Der Band gehörte ursprünglich dem Augustinerchorherrenstift Neuwerk vor Halle[152] und wurde von dem Konventualen Petrus Carolstadius benützt[153]. Dieser war 1485, damals bereits Mönch im Stift Neuwerk, in Mer-

---

[151] FB Gotha: Theol 2° 00015/03 (02) R.

[152] Die Herkunft des Bandes aus dem Stift Neuwerk registrierte bereits EHWALD, RUDOLF, Geschichte der Gothaer Bibliothek, in: ZfB 18 (1901), 434–463; hier 441. Irreführend cha-rakterisierte Ewald den Einblattdruck als „Ablassbrief, den Albrecht seiner neuen Stiftung ausgefertigt hatte." Übernommen bei VON DER GÖNNA, Albrecht (wie Anm. 12), 409 Anm. 123: „Ablaßbrief Kardinal Albrechts". Bei vorliegendem Dokument handelt es sich nicht um einen Ablassbrief und das Stiftskapitel ist nicht der Adressat des Dokuments, sondern der Aussteller. Wie ein von Albrecht ausgestellter Ablassbrief formal gestaltet war, wissen wir aus Ablass-briefen, die Albrecht für den Peterskirchenablass verbreitete. Ein Exemplar eines solchen als Formular gedruckten Ablassbriefs ist abgebildet in REBER, Albrecht von Brandenburg (wie Anm. 14), 228 Nr. 107. Von Ablassbriefen, die sich auf die Ablässe des Neuen Stifts beziehen, ist nichts bekannt.

[153] Besitzvermerk auf dem Titelblatt der Bibel: „Liber sancte dei genitricis Marie divique Alexandri martyris patronorum Monasterii Novi operis prope Hallam. Ordinis canonicorum

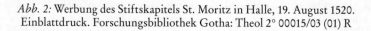

Abb. 2: Werbung des Stiftskapitels St. Moritz in Halle, 19. August 1520.
Einblattdruck. Forschungsbibliothek Gotha: Theol 2° 00015/03 (01) R

seburg unter dem Namen Petrus Karlstat zum Akolythus und zum Subdiakon geweiht worden.[154]

Der den Plakatdruck zierende Holzschnitt[155] zeigt (ikonographisch) rechts Albrecht von Brandenburg, links seinen Vorgänger Ernst von Sachsen im erzbischöflichen Ornat, identifiziert durch ihre Wappen. Als Stifter halten sie gemeinsam das Modell der – 1520 noch im (Um-)Bau befindlichen – Stiftskirche St. Moritz in der Hand. Über der Kirche schweben deren drei Patrone Mauritius (Mitte), Maria Magdalena (rechts) und Erasmus (links). Hinter Albrecht steht der Apostel Johannes, hinter Ernst der Apostel Thomas.

Unter der Moritzkirche zeigt der Holzschnitt das Wappen des Moritzstifts. Dasselbe Wappen weist das auf dem Blatt aufgedruckte Papiersiegel auf.[156] Dieser Befund entspricht der Mitteilung am Schluss des Textes, wonach die vorliegende Bekanntmachung von Propst, Dignitäten und ganzem Kapitel des Stifts St. Moritz durch Aufdrückung des Stiftssiegels beurkundet wird. Das bedeutet, dass jedes zur Publikation bestimmte Exemplar entsprechend gesiegelt wurde.

Der beschriebene Holzschnitt ist im Jahr 1520 auch in einem zweiten für das Hallenser Reliquienfest werbenden Printmedium abgedruckt, nämlich im Halleschen Heiltumsbuch.[157] Letzteres hat der Leipziger Buchdrucker Wolfgang Stöckel gedruckt, laut Impressum in Halle.[158] Die Annahme liegt nahe, dass auch der Einblattdruck von Wolfgang Stöckel hergestellt wurde. Der typographische Vergleich bestätigt diese Zuweisung an Stöckel. Im Blick auf den Termin des bevorstehenden Reliquienfestes wird der Einblattdruck bald nach dem 19. August gedruckt worden sein und damit in einer Zeit, an der Stöckel an dem umfangreichen und drucktechnisch aufwendigen Heiltumsbuch gearbeitet haben muss. Die Drucklegung der ersten Auflage des Heiltumsbuches dürfte vor dem 14. September 1520 abgeschlossen gewesen sein, damit es bei dem vom 14. bis 21. September abgehaltenen Reliquienfest verkauft werden konnte.

---

regularium. Beati Augustini. Episcopi. Magdeburgensis diocesis. Per fratrem Petrum Carolstadium. etc". Die Bibel enthält Notizen von der Hand des Petrus sowie von einer zweiten Hand, deren Notizen zum Teil mit Publikationen Andreas Karlstadts im Jahr 1521 in Zusammenhang zu stehen scheinen.

[154] Matrikel Merseburg (wie Anm. 18), 241. Petrus dürfte aus Karlstadt am Main stammen wie Andreas Bodenstein von Karlstadt.

[155] Der Holzschnitt wird dem Nürnberger Maler Wolf Traut (gest. 1520) zugeschrieben, was nicht gesichert ist. Vgl. Koepplin/Falk, Cranach (wie Anm. 36), Bd. 1, 57 Nr. 5. – Martin Luther. Sein Leben in Bildern und Texten, hg. v. Gerhard Bott, Gerhard Ebeling und Bernd Moeller, Frankfurt am Main 1983, 177 Nr. 142.

[156] Die Umschrift um das Siegel ist nicht mehr lesbar.

[157] Bibliographie s. Anm. 39.

[158] Es ist umstritten, ob Stöckel das Heiltumsbuch wirklich in Halle gedruckt hat oder ob dieser Druckort fingiert ist. Vgl. Claus, Helmut, Das Leipziger Druckschaffen der Jahre 1518–1539. Kurztitelverzeichnis, Gotha 1987 (Veröffentlichungen der Forschungsbibliothek Gotha 26), Nr. 173.

In der folgenden Edition sind i/j und u/v entsprechend heutiger Schreibweise normalisiert; o bzw. u mit übergeschriebenem e werden als ö bzw. ü wiedergegeben; Abbreviaturen sind aufgelöst. Der Text wurde zur besseren Lesbarkeit in Absätze gegliedert.

Czu wissen / Nach dem / der hochwirdigst / yn got vatther durchlauchtigst hochgeborn Furst / und herre / herre Albrecht der heiligen Römischen kirchen / Tituli s[ancti] Crisogoni /[159] presbiter / Cardinal / des Stiffts zu Magdeburg / und des heiligen stuls zu Meintz Ertzbischoff / Primas / und des heiligen Römischen
5 reichs durch Germanien / Ertzkantzler vnd Churfurste / Administrator zu Halberstadt / Marggrave zu Brandenburg zu Stetin / Pomern / der Cassuben und Wenden / Hertzoge / Burggrave tzu Nurmberg / und Fürste zu Rugen / Czu Halle yn Sachsen / freitags nach dem tage / des Festis / der geburt Marie[160] / ym Jahr .M.CCCCC.xx.[161] In die kirchen / sanct Marie Magdalene / uff sanct Mo-
10 ritzburgk doselbs / das gnadenreich gulden Jahr / haben ein gefurth / und nach meldung und vormögen Bebstlicher heylikeit Bullen / mit voller macht und krafft / die menschen / Welchs stands / wirden / adder wesens / Doch das sie auch ware und[162] rechte rewhe / ob yr sunde erholen / von allen yren sunden / zu entbinden. Auch alle felle / welche auch sunst / Bepstlicher heylikeit zustendig / uff
15 zulösen Auch von allen gelubden / ausschließlich / eynganck geistlichs lebens und keuscheit / sampt den puncten / welche am tag Cene Domini[163] / zu Rom / gelesen werden. Welche Römische gnade / und gnadenreich gulden Jhare / hinfurth / Jerlich und zu ewigen getzeiten / nach vormögen bebstlicher heylikeit Bullen / unwidderruflich / sich anfahen wirdet / alwege uff den Freitag vor dem sontag / nach
20 dem tage der geburt Marie / und stehen mit uffgerichtem Creutz / und vorordenten beichtvettern / Gleicher gewalt den Penitenciarien zu Rom / mit weissen steben / biß widder uff den andern freitag[164] / zu Sonnen nidergangk.

Dergleichen auch / ein löbliche Bruderschafft / uff Bebstlicher heilikeit bestettung / Got zu lobe / in ehre des heiligen Erasmi / zu trost und seligkeit / allen
25 Christglaubigen / ist uffgericht.[165] Also / das alle Brüdere und schwestern / ob sie

---

[159] Gloße: „Tituli sancti Petri ad vincula". Albrecht wurde 1518 zum Kardinal ernannt mit der Titelkirche St. Chrysogonus in Rom. Auf Albrechts Bitte hin verlieh ihm der Papst am 5. Januar 1521 die höherrangige Titelkirche St. Petrus ad vincula in Rom. JÜRGENSMEIER, Kardinal Albrecht (wie Anm. 37), 28.

[160] Marien Geburt wird am 8. September gefeiert.

[161] Das angegebene Datum wäre der 14. September 1520. Die Jahreszahl ist offenkundig falsch. Denn vorliegende Werbung ist vom 19. August 1520 datiert, während von der bereits in der Vergangenheit liegenden Einführung des güldenen Jahres am 14. September 1520 berichtet wird. Die Gloße bietet an dieser Stelle die richtige Datierung: „freitags nach dem tage des festis der geburt Marie / im Jar M. D. Neuntzen.", also 9. September 1519.

[162] „und" fehlt in der Gloße.

[163] Gründonnerstag.

[164] Gloße: „Sontag".

[165] Albrecht hatte am Ostermontag 1516 die Gebeine des Hl. Erasmus von Magdeburg

in der zeit / des Interdicts / von was gewalt / das geleget wurde / mögen / mit allen Sacramenten von einem ydern briester / den sie dartzu / vor gut erwelen / auch zu welcher zeit / ungehindert / besorget und vorsehen. Und ob auch die / von hynnen / todßhalber schieden / der selbigen / Cörper / mit offentlichem singen / lesen / und leuthen / begraben nach Christlicher ordnung werden sollen und 30 mögen / Es sey / an welchem orth der christenheit / nichts außgeschlossen / mit teilhafftiger uberkommunge / aller gutten werck / die in der Cristenheit / in den vier Bettelorden / verbracht werden: Darob auch / vorsigelte brieffe / werden außgeben /[166] zu bekrefftung / obangetzeigter freyheiten.

Wann aber nhun / von hochgemeltem Cardinal / Ertzbischoffe und Churfurs- 35 ten etc. ein nhew Stifftkirchen / yn genanter Stadt Hall / yn gots lob und ehre / under dem Titel und anruffung sanct Moritz / Marie Magdalene / und Erasmi / ad Velum aureum / ist uffgericht worden / Die selbige auch / nit mit weniger darlegung / auch mit vielen kleynodten / geschmocken / und tzirheiten. Bevoraus der heiligen / und freunde Christi / heiliges gebeyne. Welcher partikel ytzo seindt 40 .viij. thausent .ij. hundert .lv.[167] Vnd .xliij.[168] gantzer cörper / begabt. Und was der selbigen noch yerlich dartzu kommen. Von welcher heiligen gebeyn partikel / einem ydern / In sunderheit / wer .iij. Vater unser / und .iij. Ave maria / mit andacht / vor dem heyltumb spricht / adder in den stock vor der Capelln / nach seinem vormögen / sein almusen / reicht und gibet / vordient .iiij. thausent Jhar 45 .iij. thausent und .xl. tag[169]. Czu welcher Stifftkirchen / bebstliche heilikeit / den obgemelten Ablas / und gnadenreich gulden Jahr haben geeygnet und eingeleibet.

Und tzum uberflus / das alle from Christen / die yre milde almusen / zu gemelter Stifftkirchen / reichen / und geben nach yrem vormögen / vordynen / so uffte das geschicht / vierthausent Jar ablas[170] / viij. hundert tage und .viij. hun- 50 dert karen[171]. Welche aber / iij. Vater unser / iij. Ave maria / adder sunst ein ander gebethe / dartzu vorordent / vor der Capelln / aller heiligen in genanter Stifftkirchen / mit andacht bethen werden vordienen hundert Jhar ablas / von einem ydern / der selbigen heiligen feste / welcher partikel do enthalten wirdet.

Und ob auch ymandes / von alders / adder kranckheit wegen dartzu in eyg- 55 ner person / nit kommen / und doch / auß seiner gutter andacht / sulchs zuthun

---

nach Halle überführen lassen und die Bruderschaft des Hl. Erasmus gestiftet. Hamann, Matthias, Die liturgische Verehrung des heiligen Mauritius am Neuen Stift in Halle, in: Andreas Tacke (Hg.), „Ich armer sundiger mensch". Heiligen- und Reliquienkult am Übergang zum konfessionellen Zeitalter, Göttingen 2006 (Schriftenreihe der Stiftung Moritzburg 2), 287–313; hier: S. 290 Anm. 14.

[166] Ein Exemplar eines solchen vermutlich gedruckten Bruderschaftsbriefs ist mir nicht bekannt.

[167] Gloße: „.xxi. tausent vier hundert und xli. partickel."

[168] Gloße: „xlii."

[169] Gloße ergänzt hier: „und achthundert. quadragen".

[170] „ablas" fehlt in der Gloße.

[171] Gloße: „und vii Karen". Eine Karen ist ein Zeitraum von 40 Tagen.

wie berurt/durch einen andern bestelte/sol gleichmessig/sulchs ablas teilhafftig/als ob er personlich erschyne/sein und werden.

60　Wer es auch das ymandes/böse/und nith wolgewonnen gut ynhethe/und nit wuste/wohin ers von rechte/geben solde/magk nach antzeygung bebstlicher Bullen/uff tzimlich einlegen yn kasten/absolvirt werden.

Und des selbigen löblichen heilthumbs/weisen und umbtragen/wirt hinfurt Jerlich/Sontags[172] nach dem tage der Geburt Marie allernegst/geschehen und gehalten werden/mit obgerurtem ablas und gnadenreich guldem Jhare/mit aller
65　herlikeit und solenniteten. So nhun ymandes wolde seiner Selen/heyl und seligkeit suchen/magk sich/uff obangetzeigte zeit keyn Hall fugen/weyther/dissen handel zu belernen[173].

Czu urkunde/haben wir Probst[174]/Dechandt[175]/Cantor[176]/Scholasticus[177]/ Senior/und gantz Capittel/der obgemelten nhewen[178] Stifftkirchen/unsers
70　Stift Secret zu ende uffgedruckt/[179] Geschehen Sontags nach der Himmelfart Marie Im .M.ccccc. und .xx. Jharen.

2. *Widmungsvorrede Andreas Karlstadts an Arndt Belholt in Münster, Wittenberg, 21. September 1521*

Diese Widmungsvorrede findet sich in folgendem Druck:

LOCI TRES, AB ANDREA BO. || Carolostadio Vuittemberg(ae) in arena tractati, || Tribulationis, Praedestina-||tionis, & Orationis || Theologici. || PRESBYTERI HALLENSES RO-||gantur, vt veniaru(m) suaru(m) rationem edant. || sin autem, vt & iubil(a)eu(m) & suas || n(a)enias recantent. || [Wittenberg: Nikolaus Schirlentz, 1521].

Von diesem Druck ist nur ein Fragment überliefert,[180] bestehend aus den Druckbogen A und B zu je 4 Blättern. Dieses Unikat befindet sich in der Turm-

---

[172] Gloße: „Sontags und montags".

[173] belehren. Korrekt die Gloße: „lernen".

[174] Johann Ryder, 1519 Senior, 1520–1523 Propst, gest. 1523. SCHOLZ, Residenz (wie Anm. 5), 353.

[175] Konrad Steyerwald. Zu ihm s. o. bei Anm. 93.

[176] Peter Lentz. SCHOLZ, Residenz (wie Anm. 5), 349.

[177] Nikolaus Munck, 1520 als Scholastikus belegt, davor Kanoniker des Augustinerchorherrenstifts St. Moritz. Ebd., 352 f.

[178] „nhewen" fehlt in der Gloße.

[179] Hier endet der in der Gloße gebotene Text. Die Datierung ist in der Gloße weggelassen.

[180] Von diesem als verschollen geltenden Druck hatte zuletzt Kenntnis RIEDERER, JOHANN BARTHOLOMÄUS, Versuch eines vollständigern Verzeichnisses von Andr. Carlstadts Schriften, in: ders. (Hg.), Nützliche und angeneme Abhandlungen aus der Kirchen- Bücher- und Gelerten-Geschichte von verschiedenen Verfassern zusammen getragen, Viertes Stück, Altdorf 1769, 473–499; hier 486 f. Riederer gibt keinen Fundort an; vermutlich bezog er den Titel von dem Eislebener Exemplar. Vgl. KGK IV, Nr. 194.

bibliothek der St.-Andreas-Kirche Eisleben: 221[n.][181] Provenienz: Kaspar Güttel (1471–1542), als Augustinermönch als Prediger im Kloster Eisleben (bis 1523), später reformatorischer Prediger an der Andreaskirche in Eisleben.

Die erhaltenen Druckbögen bieten das Titelblatt, die Widmungsvorrede (Bl. A 1[v]) sowie einen Großteil des ersten Teils, nämlich 19 von 33 Thesen samt den Probationes über die Loci Tribulatio (These 1–8) und Praedestinatio (9–19), während zwei weitere Thesen über Praedestinatio (20–21) sowie die Thesen über Oratio (22–28) sowie fünf angehängten Thesen zu verschiedenen Themen zusammen mit dem gegen den Hallenser Ablass gerichteten Teil fehlen. Der im Fragment fehlende Teil hätte mindestens zwei weitere Druckbögen erfordert. Die vollständige Thesenreihe ist – ohne die Probationes – abgedruckt in der 1520 oder 1521 in Leiden gedruckten ersten Sammelausgabe Wittenberger Thesenreihen.[182] Aus Karlstadts Widmungsvorrede an Belholt erfahren wir nun, dass über die Thesen bereits im Jahr 1520 disputiert wurde.[183]

Die Schrift hat Karlstadt dem Patrizier Arnold bzw. Arndt Belholt in Münster gewidmet. Wie die beiden miteinander in Kontakt kamen, ist unbekannt. Belholt wurde am 3. August 1500 an der Universität Rostock immatrikuliert.[184] Am 31. Mai 1524 wurde er zum Stadtrichter von Münster ernannt.[185] Am 9. August 1529 wurde er Gograf und Richter zum Sandwell, dem obersten Gogericht im Hochstift Münster.[186] Humanistisch gebildet,[187] suchte er 1529 Kontakt zu Willibald Pirckheimer (1470–1530).[188] Ab 1532 begegnet er mehrfach als Unterstützer der evangelischen Partei in Münster, wobei sich sowohl Einflüsse Karl-

---

[181] Der Druck wurde von Dr. Konrad von Rabenau, Leipzig entdeckt, der ihn mir freundlicherweise zur Bearbeitung zur Verfügung stellte. Das Exemplar wurde in der Karlstadtbibliographie bisher aufgeführt bei BUBENHEIMER, Karlstadt (wie Anm. 82), 656,2–6 und bei ZORZIN, Karlstadt (wie Anm. 82), 286 Nr. 35.

[182] Insignium theologoru(m) Domini Martini Lutheri / domini Andree Carolostadij / Philippi Melanthonis et alioru(m) / co(n)lusio(n)es varie/ [...] disputate in preclara academia Vvittenbergensi. [...], [Leiden: Jan Seversz, 1520/21], Bl. C 1[v]–2[v]. (Bodleian Library Oxford. CLAUS HELMUT/PEGG, MICHAEL A, Ergänzungen zur Bibliographie der zeitgenössischen Lutherdrucke, Gotha 1982, Nr. 85.) Die Thesen sind ediert von BRIEGER, THEODOR, Thesen Karlstadt's, in: ZKG 11 (1890), 479–483. Vgl. BARGE (wie Anm. 51), T. 1, 474 f. Nr. 8.

[183] Näheres s. in Anm. 200. Vgl. KGK III, Nr. 164, 363–370.

[184] Die Matrikel der Universität Rostock, Bd. 2, hg. v. Adolph Hofmeister, Rostock 1891, S. 4b Nr. 98.

[185] StaatsA Münster: Msc I, 22, Bl. 9r. Hermann Hamelmanns Geschichtliche Werke, Bd. 1, H. 3, hg. v. Klemens Löffler, Münster 1908, 163 Anm. 4.

[186] Staatsarchiv Münster: Msc I, 22, Bl. 53[r].

[187] Vgl. CORNELIUS, CARL ADOLF, Die Münsterischen Humanisten und ihr Verhältniß zur Reformation. Ein historischer Versuch. Münster 1851, 36 f.

[188] Jakob Montanus, Lehrer und Fraterherr in Herford, an Willibald Pirckheimer, Herford, 9. April 1529: „Vir quidam patricii sanguinis apud Monasterienses degit Arnoldus Bellholtius nomine, qui erga scripta tua miro fertur afficiturque ardore. Is cum tuam ad me proxime datam epistolam legisset, ita ardenter desiderare coepit praedictas Nazianzeni orationes, ut ipse necesse haberem id tibi litteris s(ignifi)care, uti hominem tuo dignum amore tam desyderato munere demereri in animum induceres. Tu quod ratio suadebit, haud dubie facturus

stadts als auch Luthers beobachten lassen. So tritt er einerseits als Bilderstürmer, andererseits als Gegner der täuferischen Bestrebungen Bernd Rothmanns in Erscheinung.[189] In einer Unterredung, die der Rat 1533 zwischen „evangelischen" und täuferischen Predigern sowie einigen „Gelehrten" veranlasst hatte, gehörte Belholt zu den Gelehrten, die mündlich und schriftlich gegen die Täufer Stellung nahmen.[190] Anfang 1531 war er als Gograf zum Sandwell abgesetzt.[191] Wegen seiner reformatorischen Aktivitäten wurde er am 6. Juni 1532 von Häschern des Bischofs Franz von Waldeck in Schöppingen gefangen genommen und nach Urfehde am 16. Februar 1533 frei gelassen.[192] Er hat Münster verlassen,[193] wurde jedoch vom Bischof am 31. Juli 1534 des Landes verwiesen.[194] 1535 ist Belholt bereits tot.[195]

Eximio et inclyto viro domino Arnoldo Belthold patricio Monasteriensi Andreas Bo[denstein] Carolostadius Sal[utem] D[icit].

Sic praeclaritas, preclarissime patrone, effulget, Sic es multis ingenii viribus insignis, Sic fortuna locupletatus, ut merito debeam vereri, ne haec dedicatio 5 fuligines quamlibet tenues illi luci obfundat. Verum tuus ille candor me revocat et consolatur, Siquidem soleas, per adceptum e sacris literis spiritum, res pene nullas aequo ferre animo, imo boni consulere, quod, accurate perpensum, iure abiceres. Proinde testem aliquem neque politum neque fortem tamen animi erga te mei indicem emittere destinabam. Quo vel subindicem, Quam sum avidus in 10 istam voluntatem suspicere, Quam mihi fuerit optabile iucundumque, quodlibet obsequiolum praestitisse. Igitur patere quaeso floc⟨c⟩ulos hos te adire quantulacunque possunt reformidatione et hunc libellum permittere tibi dedicari. Quo

---

es." Willibald Pirckheimers Briefwechsel, Bd. 7, bearb. u. hg. v. Helga Scheible, München 2009, Nr. 1221, 37–44.

[189] Hermann Hamelmanns Geschichtliche Werke, Bd. 2, hg. v. Klemens Löffler, Münster 1913, 9.15.43.

[190] DORPIUS, HENRICUS, Warhafftige historie/wie das Euangelium zu Mu(e)nster angefangen/vnd darnach durch die Widderteuffer versto(e)rd/widder auffgeho(e)rt hat. [...], [Wittenberg: Georg Rhau] 1536, VD16 D 2434, Bl. T 2ᵛ–3ʳ.

[191] Am 8. Januar 1531 erhielt Heinrich Krechting dieses Amt (briefliche Mitteilung von Hans Jürgen Warnecke, Staatsarchiv Münster, vom 24. Juli 1981).

[192] Nach Belholts Uhrfehdebrief (Staatsarchiv Münster: Fstm. Münster, Urk. Nr. 2995) war er in Horstmar, Bevergen, Vechta und Delmenhorst im Gefängnis.

[193] Nach Hamelmanns Geschichtliche Werke, Bd. 2 (wie Anm. 189), 43 soll Belholt Münster der Täufer wegen verlassen haben.

[194] Staatsarchiv Münster: Fürstentum Münster, Landesarchiv 1518/19, Bd. 4a, Bl. 77. In einem eigenhändigen Schreiben vom 4. August [1534] bat Belholt den Bischof, sich vor ihm persönlich verteidigen zu dürfen. Er lebte damals in seiner „Behausung zur Offer". Staatsarchiv Münster: Ebd., Bl. 78. Beide Quellen hat mir freundlicherweise Hans Jürgen Warnecke brieflich am 10. Februar 1982 mitgeteilt.

[195] Staatsarchiv Münster: Kollegiatstift Alter Dom, Münster, Akten V, 15, 235 ist von der „relicta Arnoldi Belholt" die Rede (Mitteilung von Hans Jürgen Warnecke vom 10. Februar 1982).

certi scripturae loci, Afflictionis, praedestinationis et nonnulli alii, saltem demonstrantur, si negas excussos. Cuius[196] postrema pars indulgentias pontificias veluti sentina viridem et grave olentem aqu⟨o⟩lam excipit. Adeoque illusionibus   15
exponit multis ut honestius Naeniae, volebam dicere veniae, pontificales inter insuetas beluas quam homines versarentur. Utpote, que ab illis stupidis bestiis nonnihil honoris consequi viderent, apud pios enim et emunctae naris homines nullam honestitudinem capient. Quod non dico ut rerum novitate quempiam velim excitare. Sunt enim Lutheriano gladio concisae.[197] Iacet cadaver putre ver-   20
mium plenum. Franciscanas ipse vocalissimas alioqui ranas oppidi S. Annae in Cyrenas intuli.[198] Ubi nunc clam mussant. Post eas e vicina specu aliae ranae erepserunt coaxantque, Quas novo prelio oportet obturare. Quare vetera retractamus. Praeterea in palestram disputationum saepe descendo, et interim alienae voluntati obsequor. Fit eo ne semper aedam nova.[199] Conclusiones igitur anno   25
XX disceptatas[200] mitto, propediem alia[201].

Hic nihil est novi nisi quod aiunt, Reverendum D[ominum] D[ominum] Episcopum Misnensem[202] suae inclemenciae poenitere, Captivos quos vinxerat evagari[203]. Ante Episcopatum recta studia exosculabatur. Deinde sui dissimi-

---

[196] Scil. libelli.

[197] Auf Luthers Kampf gegen den Ablass verweist ANDREAS BODENSTEIN VON KARLSTADT auch in: Von vormugen des Ablas [...], Wittenberg: Johann Grunenberg, 1520, VD16 B 6255 (FREYS/BARGE: Verzeichnis [wie Anm. 57], Nr. 28), Bl. A 3ᵛ sowie in der Gloße (wie Anm. 68), Bl. a 3va („Ich mein Luther hab euch langst geschriben / das Ablas ein vorderber ist gutter werken [...]").

[198] Karlstadts Schrift: Von vormugen des Ablas (wie Anm. 197) ist gegen Franziskus Seyler, Guardian, und Johann Forchem, Vizeguardian des Franziskanerklosters in Annaberg, gerichtet (Bl. A 2ʳ).

[199] Offenbar unterlag Karlstadt damals einer kurfürstlichen Anweisung, er solle nicht immer neue Bereiche der herrschenden kirchlichen Lehre und Praxis angreifen. Um diese Vorgabe zu unterlaufen, betont er, dass die Ablassthematik nicht neu sei und ediert Probationes zu Thesen, die bereits 1520 disputiert wurden.

[200] Die Thesen und deren Probationes gehören angesichts zahlreicher inhaltlicher Parallelen in die Nähe von BODENSTEIN VON KARLSTADT, ANDREAS, Missiue vonn der aller hochste tugent gelassenheyt. Endres Bodensteyn von Carolstat Dotcor [sic!], Wittenberg: [Johann Grunenberg], 1520, VD16 B 6173 (FREYS/BARGE: Verzeichnis [wie Anm. 57], Nr. 38; StadtB Nürnberg: 8 in Theol. 910.4° mit Korrekturen von Karlstadts Hand), von Karlstadt am 11. Oktober 1520 datiert (vgl. KGK III, Nr. 166).

[201] Diese Stelle deutet daraufhin, dass Karlstadt beabsichtigte, Arndt Belholt weitere Schriften aus seiner Feder zukommen zu lassen. Exemplare mit Widmungen Karlstadts an Belholt sind nicht bekannt.

[202] Johann VII. von Schleinitz, Bischof von Meißen 1518–1537. Karlstadt nahm am 18. Oktober 1518 in Meißen an der Konsekration des Bischofs teil. Karlstadt an Spalatin, Wittenberg, 20. Oktober 1518; Scrinium Antiquarium, Idiocheira Antiquitatis Fragmenta, hg. v. Johann Gottfried Olearius, Halle 1671, 35 (= KGK I.2, Nr. 96, 1009–1012). Vgl. WA.B 1, S. 301.

[203] Bekannt ist der Fall Jakob Seidelers, Priesters in Glashütte, der wegen Heirat am 19. Mai 1521 auf bischöfliche Anforderung verhaftet wurde. Er wurde allerdings erst am 9. Oktober 1521 auf Bürgschaft hin aus der Haft entlassen (vgl. BUBENHEIMER, Streit [wie Anm. 4], 166–170). Für ihn hatten sich Karlstadt, Johann Agricola und Melanchthon in einem Brief an Bischof Johann vom 18. Juli 1521 eingesetzt (MBW T 1, Nr. 152). Auch der Pfarrer von Wurzen

30 lis[204], Iam iterum bonos defensat. Faxit ut sic vitam transigat. Utinam Archie[piscopus] Magdenbur[gensis][205] idolorum[206] tandem puderet. Narem habet puram, sed ad dei vocem, haud scio cuius studio, corruptam. Domine, cor eius fide circumcaede[207], supersticionem avelle, et mortua tyrannide reviviscent charitas, iudicium, fides, amen. Data Wittenberg, Matt[haei] Anno M. D. XXI.

---

war in bischöflicher Haft gewesen, jedoch war er nach Freilassung bereits am 13. Juli 1521 in Wittenberg (vgl. BUBENHEIMER, Streit [wie Anm. 4], 166 Anm. 40).

[204] Ähnlich äußerte sich Luther über Johann von Schleinitz: An Spalatin, 14. Januar 151[9]; WA.B 1, Nr. 135, 43–45.

[205] Albrecht von Brandenburg.

[206] Gemeint ist die Reliquiensammlung im Neuen Stift in Halle.

[207] Vgl. Dt 30,6.

8. Martin Luthers Invocavitpredigten und die Entstehung religiöser Devianz im Luthertum

Die Prediger der Wittenberger Bewegung 1521/1522 und Karlstadts Entwicklung zum Kryptoradikalen

Nach seiner überraschenden Rückkehr von der Wartburg am 6. März 1522 hielt Luther ab dem darauffolgenden Sonntag Invokavit die acht sogenannten Invocavitpredigten (9.–16. März) mit dem Ziel, die ihm während seiner Abwesenheit entglittene Führung der Wittenberger Gemeinde auf dem Weg zu einer Reformation wieder zurückzugewinnen und die kirchlichen Verhältnisse in der Stadt, die in den Vormonaten sowohl aus kurfürstlicher als auch aus seiner Sicht in das Fahrwasser von „Aufruhr und Empörung" geraten waren, wieder einer „Ordnung" zuzuführen. Die Hauptvorwürfe Luthers gegen diejenigen, die während der Wittenberger Bewegung bzw. der sogenannten „Wittenberger Wirren" (Oktober 1521 bis Februar 1522)[1] die Führung übernommen und die praktische Durchsetzung von kirchlichen – daneben auch sozialen – Reformen mit Wort und Tat befördert hatten, waren:

1. Das Drängen der Prediger auf baldige Reformen sowie ihre rhetorische Heftigkeit hätten die Gemeinde zu Aufruhr gereizt.
2. Da die Reformen ohne die Zustimmung der landesherrlichen Obrigkeit durchgeführt wurden, sei der Gehorsam gegenüber der Obrigkeit verletzt worden.
3. Die Prediger hätten die Liebe verletzt und den im Glauben Schwachen, die die Reformen noch nicht bejahen konnten, ein Ärgernis gegeben. Ihnen hätten sie mit den in der Wittenberger Stadtordnung vom 24. Januar 1522 beschlossenen kultischen Reformen ein neues Gesetz aufgezwungen anstelle der von ihm, Luther, gepredigten evangelischen Freiheit.

Da Luther, die Beurteilung des Kurfürsten und der kurfürstlichen Räte aufgreifend, für die Entwicklung in erster Linie einige Prediger verantwortlich machte, will ich hier methodisch so vorgehen, dass ich zunächst das Predigtwesen während der Wittenberger Bewegung, die einzelnen Reformprediger und ihren Einfluss auf die Entwicklung der Kirchenreform in Wittenberg und die

---

[1] Die letzte ausführliche Darstellung der Wittenberger Bewegung findet sich bei KRUSE, JENS-MARTIN, Universitätstheologie und Kirchenreform. Die Anfänge der Reformation in Wittenberg 1516–1522, Mainz 2002 (VIEG 187), 279–389.

dadurch ausgelösten Konflikte sowie die jeweiligen Reaktionen der Obrigkeit darstelle. Auf diesem Hintergrund wird dann gezeigt, wie Luther den Einfluss der Reformprediger unter anderem über seine Predigten zu beenden suchte und wie dies zur Ausgrenzung des sich Luther nicht beugenden Andreas Bodenstein von Karlstadt aus der im Entstehen begriffenen neuen Kirche lutherischer Prägung geführt hat mit der Folge, dass der theologische und kirchenpolitische Außenseiter zu einem der ersten Kristallisationspunkte religiöser Devianz im Luthertum geworden ist.

I. Die Reformprediger der Wittenberger Bewegung

1. Das Predigtwesen in Wittenberg 1521/1522

In der Stadt Wittenberg gab es damals zwei wichtige Prädikaturen, eine in der unter kurfürstlichem Patronat stehenden Schlosskirche (Allerheiligenstift), die zweite in der Stadtkirche, die dem Allerheiligenstift inkorporiert war. Die Predigten fanden nach den Stiftsstatuten an Sonn- und Feiertagen in der Schlosskirche vor 8 Uhr morgens, anschließend in der Stadtkirche um 8 Uhr statt. Außerdem wurde an diesen Tagen jeweils um 12 Uhr in den Kirchen des Augustinerklosters und des Franziskanerklosters von einem Mönch gepredigt. Das Predigtamt an der Schlosskirche lag statutengemäß in der Hand des Archidiakons.[2] Die Wittenberger Bürger konnten in allen Kirchen die Predigten hören, nicht nur in der Stadtkirche.

Im Verlauf der Wittenberger Bewegung verschoben sich die institutionellen Voraussetzungen an vielen Stellen. Die Predigt in der Stiftskirche hätte nach den Statuten 1521/1522 zu den Aufgaben des Archidiakons Andreas Bodenstein von Karlstadt gehört. Die Predigtpraxis am Stift war jedoch zwischen Karlstadts Rückkehr von seinem kurzen Aufenthalt in Kopenhagen Mitte Juni 1521 und Luthers Rückkehr von der Wartburg teilweise anders. Karlstadt predigte längere Zeit – bis etwa Mitte Dezember 1522 – nicht,[3] während an seiner Stelle, mindestens ab Oktober 1522, Justus Jonas, der im Juni 1521 zum Propst am Stift berufen worden war, als Prediger in Erscheinung trat.[4] Welche Regelungen oder Absprachen dabei im Hintergrund standen, ist unbekannt. In der Endphase der Wittenberger Bewegung haben zeitweise sowohl Karlstadt als auch Jonas

---

[2] Barge 2, 528.
[3] Zeitung aus Wittenberg, [bald nach 6. Januar 1522]; WB, 153: „[...] hat er vorher auch lang nye gepredigt [...] – Instruktion für die Verhandlung der kurfürstlichen Räte mit Vertretern der Universität und des Stiftskapitels [Eilenburg, spätestens 13. Februar 1522]"; ebd., 193: „Wu man Karolstat vermocht, das er nicht prediget, so were es nit Vngut, dieweyl er sich zuuorn des Ambts zuweylen geeussert."
[4] Siehe unten Anm. 43.

gepredigt. Karlstadt berichtet am 4. Februar 1522, dass Jonas morgens in der Schlosskirche, er selbst nach der Vesper predige.[5]

Für die Prädikatur in der Stadtkirche hatte der Rat das Nominationsrecht, was bedeutete, dass er in der Regel den Prediger auswählen konnte. Vor der Bestellung des Predigers musste allerdings das Stiftskapitel zustimmen.[6] Seit etwa 1514 bis zu seiner Abreise zum Reichstag nach Worms versah Martin Luther das Predigtamt an der Stadtkirche.[7] Nach seinem Verschwinden auf der Wartburg war das Predigtamt auf unbestimmte Zeit unversorgt. Luther schlug im September 1521 Melanchthon als Prediger vor.[8] Dieser hatte seinerseits Bedenken gegen die Übernahme dieser Aufgabe. Dennoch nominierte der Rat im Oktober oder Anfang November 1521 beim Stiftskapitel Melanchthon als Prediger der Stadtkirche. Sowohl der Propst Justus Jonas als auch die übrigen Stiftsherren lehnten diese Nomination vor allem mit der Begründung ab, dass Melanchthon kein Priester sei, obwohl er schriftkundig genug wäre, das Volk zu unterweisen.[9] Daraufhin wählte der Rat noch im November den Schulmeister Magister Georg Mohr zum Prediger[10] und bemühte sich, für dessen Besoldung eine Vikarie am Stift zu bekommen, was Jonas, Karlstadt und andere unterstützten, verbunden mit der Absicht, Mohr vom Chordienst zu befreien.[11] In welchem Umfang Mohr gepredigt hat, wissen wir nicht. In der Schlussphase der Wittenberger Bewegung, jedenfalls im Januar und Februar 1522, versorgte dann Nikolaus von Amsdorf die Prädikatur.[12]

2. Gabriel Zwilling als Prediger im Augustinerkloster (Oktober/November 1521): Messreform im Kloster und Mönchsgelübde

Die später inkriminierte Predigttätigkeit der Reformer begann mit den Predigten des Augustinermönchs Gabriel Zwilling, der – nach Aussage eines studentischen Augenzeugen auf briefliche Veranlassung Luthers hin – das Predigtamt im Augustinerkloster wahrnahm. Er fand starken Anklang und wurde „zweiter Martinus" genannt. Der Augenzeuge berichtete im Oktober, Melanchthon versäume keine von Zwillings Predigten. Am 6. Oktober 1521, einem Sonntag, ermahnte Zwilling in der regulären Mittagspredigt eine große Hörerschaft[13] „sehr

---

[5] „Dan mir geburt zu Sloße czepredigen. Weil nuhn der probst fruh prediget, hab ich nach der vesper auch czupredigen furgenomen [...]", Karlstadt an Hugold von Einsiedel, Wittenberg, 4. Februar 1522 (WB, 180f.).
[6] Ebd., 63f.
[7] BRECHT, MARTIN, Martin Luther, Bd. 1, Sein Weg zur Reformation 1483–1521, Stuttgart ²1983, 150.
[8] Luther an Georg Spalatin, Wartburg, 9. September 1521 (WA.B 2, 387.388,43–389,73).
[9] WB, 63f.
[10] Ebd., 72.
[11] Ebd., 214f.
[12] Ebd., 173 u. 205.
[13] Ebd., 20.

heftig", keine Messen mehr zu hören und erzielte damit Erfolg. Er kündigte an, seinerseits künftig keine Messe mehr zu lesen und fand sofort Nachahmer.[14] Der kurfürstliche Rat Gregor Brück meldete den Vorgang am 8. Oktober dem Kurfürsten und zeichnet Zwilling als maßlosen Eiferer, der „mit vielen starcken und fast schrecklichen wortten wider das ampt der messen gepredigt [...] vnd sunst vil seltzams, vnschicklichs dinghs geßagt" habe.[15] Zwilling verwarf die Anbetung des Sakraments und bezeichnete die Messe in dieser oder einer späteren Predigt als „teuflisch ding"[16]. Der ersten Predigt Zwillings folgte der erste praktische Schritt der Messreform in der Augustinerkirche auf dem Fuße, zu dem insbesondere die Einstellung der ohne Kommunikanten gelesenen Privatmessen gehörte. Ansonsten sollten pro Woche nur eine Messe oder, sofern möglich, auch mehrere Messen mit Kommunikanten gehalten werden, die aber immer mit einer Predigt verbunden sein müssten. Doch der Prior Konrad Helt widersetzte sich mit der Folge, dass die Mönche das Messelesen, wozu jeder einzelne täglich verpflichtet war, überhaupt einzustellen begannen.[17] Die Theologen der Universität – Jonas, Karlstadt, Johann Dölsch – und Melanchthon haben schon am 8. Oktober die Mönche aufgesucht und befragt. Danach haben Universität und Kapitel ihr Missfallen am Vorgehen der Mönche bekundet.[18] Daraufhin sind im Kloster offenbar wieder Messen gelesen worden.

Auch Kurfürst Friedrich reagierte sofort am 10. Oktober, nahm die Universität und das Stiftskapitel in die Pflicht und auferlegte ihnen die Verantwortung dafür zu sorgen „das die sachen vf gute wege gericht, domit zcwispaldigkait, aufrur vnd ander beswerung verhut werden".[19] Damit sind von Anfang an als wichtigste landesherrlichen Ziele für das weitere Vorgehen festgeschrieben: Erhaltung der Einheit des Kirchenwesens im Land und Vermeidung von Aufruhr. Zwilling wird jetzt schon in den Verdacht der Aufruhrstiftung gebracht. Auf diese Intervention des Landesherren hin bildete die Universität einen Ausschuss aus Theologen und Juristen unter Einschluss Melanchthons. Der Ausschuss sollte die Mönche zum Aufschub der Reform bewegen bis zu einer Entscheidung des Generalvikars des Ordens oder einer Entscheidung an der Universität über den Weg der Disputation. Auch der Rat der Stadt stellte sich den Mönchen entgegen.[20]

Zwilling steigerte am nächsten Sonntag, 13. Oktober, seine Predigtaktivitäten über seinen Auftrag hinaus: Er predigte zunächst morgens zwei Stunden lang über den christlichen Glauben und nach einstündiger Pause in dem über-

---

[14] Ebd., 14–17. Zu Zwillings Predigtamt noch 28.
[15] Ebd., 20.
[16] Ebd., 59.
[17] Ebd., 55 f.
[18] Ebd., 28 f.
[19] Ebd., 27.
[20] Ebd., 28 f.

füllten Kirchlein über den Missbrauch der Messe in einer Weise, dass er Verwunderung bei den Hörern auslöste. Wieder hatte die Predigt praktische Folgen: Die Mönche wollten erneut die Messen einstellen. Vier Tage später (17. Oktober) veranstaltete die Universität eine große Disputation über die Messe unter dem Vorsitz von Karlstadt, der sich den Befürwortern einer Abschaffung der bisherigen Messen scharf entgegenstellte. Er forderte die Augustiner auf, die Messen nur mit Zustimmung des Rats einzustellen. Melanchthon sprach sich für die Einführung der Kommunion unter beiden Gestalten in der Gemeinde aus.[21] Karlstadt schlug vor, zunächst noch zu predigen und dann, um die Liebe nicht zu verletzen, eine Änderung nur mit Zustimmung der versammelten Wittenberger Bürgerschaft und ohne Aufruhr vorzunehmen. Melanchthon entgegnete, es sei bereits genug gepredigt worden und verteidigte die Augustiner.[22] Als Ergebnis der Disputation stellte der Ausschuss am 20. Oktober für den Kurfürsten ein Gutachten über die Messreform zusammen und bat den Kurfürsten, die Sache als Landesherr in die Hand zu nehmen und in seinem Fürstentum eine Messe nach dem Vorbild Christi einzuführen.[23] Allerdings wird im Blick auf die Privatmessen auch die zeitweilige Schonung der Schwachen nahegelegt: „Idoch bleibt nach, das man die swachen bruder im glauben ein zeit lang dulde und leide, bis sie besser im wort gots vnderweist werden, Als Paulus uns gelernet."[24] Die Augustiner ließen sich allerdings nicht bremsen und suspendierten am 23. Oktober endgültig alle Messen in ihrem Kloster.[25] Von den altgläubigen Stiftsherren erfuhr der Kurfürst allerdings später, dass es auch Mönche gab, die die Messe weiterhin gelesen hätten, wenn sie von der Mehrheit nicht daran gehindert worden wären.[26] Ein Bruder beabsichtigte, am Allerheiligentag eine Messe zu lesen, erhielt jedoch von Propst Jonas den Rat, dies zu unterlassen, wofür Jonas von Zwilling von der Kanzel gelobt wurde.[27] Einige Tage später kommunizierten die Mönche bereits unter beiden Gestalten.[28] Von Luther erhielten sie durch seine vom 1. November datierte Schrift *De abroganda missa privata sententia* (deutsche Fassung: „Vom Mißbrauch der Messe") hinsichtlich der Einstellung der Privatmessen Rückendeckung,[29] doch wurde die Schrift damals von dem kurfürstlichen Geheimsekretär Georg Spalatin am Hof zurückgehalten und erst im Januar 1522 gedruckt.[30]

---

[21] Ebd., 33 f.
[22] Ebd., 47 f.
[23] Ebd., 35–40.
[24] Ebd., 38.
[25] Ebd., 47.
[26] Ebd., 58 f.
[27] Ebd., 62.
[28] Ebd., 62.
[29] WA 8, 411 f.
[30] BRECHT, MARTIN, Martin Luther, Bd. 2, Ordnung und Abgrenzung der Reformation 1521–1532, Stuttgart 1986.

Zwilling nahm nach der Messe in seinen Predigten jetzt ein weiteres Thema in Angriff, die Infragestellung der Mönchsgelübde. Nach Darstellung der altgläubigen Stiftsherren soll Zwilling „seinen eigen vnd andere geistliche ordenn mit entdeckung irer gebrechen vnd sund offentlich vorleumet vnd gesmehet haben".[31] Er gab seinen Mitbrüdern den Rat, das Kloster zu verlassen, und kündigte an, diesen Schritt bald selbst vollziehen zu wollen. Er forderte die Hörer auf, den Mönchen nichts mehr zu geben, so dass sie mangels Unterhaltes zum Austritt gezwungen würden. Wieder fand Zwilling sofort Gefolgsleute. Anfang November waren bereits einige Augustinermönche ausgetreten, auch auf das Franziskanerkloster griff diese Entwicklung über.[32]

Der Kurfürst war mit dem Gutachten des Ausschusses zur Messreform unzufrieden. In seiner Instruktion für den Rat Christian Beyer (25. Oktober), der dem Ausschuss die Antwort des Kurfürsten zu eröffnen hatte, weist dieser das Ansinnen des Ausschusses, er solle bald zu einer Messreformation im ganzen Land schreiten, zurück, warnt vor übereilten Schritten, verlangte weitere Beratung und Stellungnahme[33] unter Einbeziehung der übrigen Glieder der Universität und des Stiftskapitels und schärfte erneut die Verhütung von Zwiespalt und Aufruhr ein. Er machte auf die durch Einstellung der Messen zu erwartenden finanziellen Einbußen für Kirchen und Klöster aufmerksam.[34] Als der kurfürstliche Rat Christian Beyer diese Bedenken des Kurfürsten dem Ausschuss vortrug, registrierte er, dass der Ausschuss sich in der Angelegenheit nicht einig war und Universität und Kapitel noch nicht über die bisherigen Beschlüsse informiert hatte, worüber Beyer dem Kurfürsten umgehend am 30. Oktober Meldung machte.[35] Die Uneinigkeit war schon in der Disputation zu Tage getreten, unter anderem in der Differenz zwischen dem reformfreudigen Melanchthon und dem bremsenden Karlstadt. Der Vorwurf, dass der Ausschuss seine bisher gefassten Beschlüsse, die sich im Gutachten vom 20. Oktober niederschlugen, der Universität und dem Stiftskapitel nicht mitgeteilt hätte, war Beyer offenbar von Mitgliedern des Stiftskapitels hinterbracht worden. Denn sieben altgläubige Mitglieder des Stiftskapitels, die sich bisher nicht zu Wort gemeldet hatten, legten nun am 4. November dem Kurfürsten eine ausführliche Stellungnahme vor,[36] verbunden mit der Beschwerde, dass ihnen das Ausschussgutachten nicht eröffnet worden sei.[37] Die Stiftsherren sind es, die nun als erste konkret den Vorwurf der Erregung von „Ärgernis" anwenden: Zwilling und Gefolgsleute im Kloster „machen vnd erwecken solche ergernis im gemeynen Volcke, das es erschrecklich."[38]

---

[31] WB, 62.
[32] Ebd., 59.
[33] Vgl. ebd., 53.66f.
[34] Ebd., 49–52.
[35] Ebd., 54f.
[36] Ebd., 58–66.
[37] Ebd., 58.
[38] Ebd., 59.

Dem Beispiel der Stiftsherren folgend, sah sich nun auch der mit seinen Mönchen uneinige Prior des Augustinerklosters, Konrad Helt, ermutigt, am 12. November eine scharfe Beschwerde an den Kurfürsten zu richten. Seinem Prediger Zwilling wirft nun auch er offen vor, mit seinen Predigten gegen Orden und Klosterleben, „Ärgernis und Aufruhr des gemeinen Volkes" anzurichten. Nach Helt habe Zwilling die Bürger konkret zu Gewaltanwendung gegen die Mönche aufgefordert:

> „Man sol di munchen, wu si auff der gassen gin, zupfen vnd spotten, auf das si auß dem kloster zu gen verursacht werden. Vnd wu si, also gespot, nit auß wollen gen, sol man si mit gewalth außtreibenn Vnnd das gepeie der closter also zerprechen vnnd zerstören, das man nit, ob ein steck von ein kloster do sey gestandenn, mercken mug."

Helt bittet um Schutz gegen einen befürchteten Klostersturm, zu dem 13 ausgetretene Mönche anstacheln würden.[39]

Luther hat bis 22. November erfahren, dass einige Brüder die Kutte abgelegt hätten. Da er fürchtet, sie hätten das nicht mit hinreichend sicherem Gewissen getan, schickt er zu deren Bestärkung seine Schrift *De votis monasticis iudicium* an Spalatin,[40] die erst im Februar erscheinen konnte, da Spalatin das Manuskript zurückhielt[41] Am 30. November 1521 hielt Zwilling seine vorläufig letzte Predigt, trat aus dem Orden aus und verließ Wittenberg.[42]

3. Justus Jonas als Prediger in der Schlosskirche (Oktober bis Dezember 1521): Messreform, Aufruhr und Bürgerforderung nach freier Predigt

Dass sich die Stiftsherren Anfang November mit einer eigenen Stellungnahme zur Messe zu Wort meldeten, lag daran, dass die Messreform mittlerweile auch das Stift selbst berührte. Denn mittlerweile war auch ihr Propst, Justus Jonas, zum Anhänger einer schnellen Messreform geworden. Er übte, vermutlich ab 20. Oktober nach der Disputation über die Messe, selbst eine regelmäßige Predigttätigkeit in der Schlosskirche aus,[43] die in den Stiftsstatuten nicht für den Propst vorgesehen war. Am Vorabend vor Allerheiligen, dem höchsten Fest des Stifts, hielt der Propst die Morgenpredigten.[44] Zusätzlich hielt Jonas an Allerheiligen auch nachmittags nach der Vesper die Predigt.[45]

Es ist offenkundig, dass Jonas' Predigttätigkeit neben der Störung des Allerheiligenablasses des Stifts das Ziel verfolgte, die im Augustinerkloster begonnene

---

[39] Ebd., 67–69.
[40] WA.B 2, 404,6–405,14.
[41] BRECHT, Luther (wie Anm.30), 32f.
[42] WB, 71f.
[43] Der Student Felix Ulscenius an Capito, Wittenberg, 23. Oktober 1521 (WB, 48: „Postremo Jonas in arce provinciam buccinandi verbi divini subiit.").
[44] Ebd., 62f.
[45] Ebd., 63.

Messreform auf das Stift zu übertragen. Jonas predigte von Anfang an nach dem Urteil eines Hörers „sehr feurig" gegen die Missbräuche der Messe und kündigte eine baldige Änderung der Messe mit Einführung der Kommunion unter beiden Gestalten an.[46] Die altgläubigen Stiftsherren beschwerten sich am 4. November 1521 beim Kurfürsten über die „heftigen, spitzigen" und „höhnischen" Worte ihres Propstes, mit denen er in Predigten am Allerheiligentag unter anderem gegen die Messstiftungen für Verstorbene polemisiert hätte.[47] Dies brachte dem Stift umgehend finanzielle Einbußen dadurch, dass Messstiftungen widerrufen und an andere Orte verlegt wurden. Auch Jonas ließ auf seine Predigten noch im November die Tat folgen und feierte nur Messen, bei denen Kommunikanten beteiligt waren, die unter beiden Gestalten kommunizierten.[48] In der Schlosskirche teilte Jonas damit als erster das Abendmahl unter beiden Gestalten aus. Bis Mitte November stellten einige Kapläne im Stift das Messelesen ein.[49] Auch gegen den Propst erhoben die Stiftsherren den Vorwurf, mit seinem „vngeheur darein zufallen" Ärgernis zu erregen.[50] Und explizit wurden Zwilling und der Propst beschuldigt, Aufruhr gegen die Geistlichkeit zu provozieren.[51]

Am 3. Dezember frühmorgens kam es in der Stadtkirche zu einem Zwischenfall, mit dem für beide weltliche Obrigkeiten, für den Rat der Stadt[52] ebenso wie für den Kurfürsten, tatsächlich der Tatbestand des Aufruhrs gegeben war. Studenten und Stadtbürger hinderten Priester gewaltsam, die Messe zu lesen. Dabei führten Studenten bloße Messer mit sich. Während Rat und Universität sich noch um Bestrafung der Täter bemühten, hinderten Studenten am 4. Dezember in der Franziskanerkirche die Mönche am Messelesen und drohten für die folgende Nacht einen Sturm auf das Kloster an, das der Rat daraufhin bewachen ließ.[53]

Im Zusammenhang mit der beabsichtigten Bestrafung der an den Unruhen Beteiligten kam es – noch vor dem 12. Dezember – zu einer Konspiration von Stadtbürgern,[54] die „mit vngestumkeit" vor den Rat drangen und ihm in einigen Artikeln ihre Forderungen übergaben.[55] Auf Bitten des Rates intervenierte der Kurfürst und ordnete eine Versammlung des Rates und der ganzen Gemeinde auf dem Schloss an zur weiteren Untersuchung der Angelegenheit und zur Entgegennahme des kurfürstlichen Willens. Der Gemeinde wurde vorgeworfen,

---

[46] Ebd., 48.
[47] Ebd., 62f.
[48] Ebd., 72.
[49] Ebd., 215f.
[50] Ebd., 60f.
[51] Ebd., 62.
[52] Ebd., 73f.
[53] Ebd., 77f.
[54] Näheres s. BUBENHEIMER, ULRICH, Luthers Stellung zum Aufruhr in Wittenberg 1520–1522 und die frühreformatorischen Wurzeln des landesherrlichen Kirchenregiments, in: ZSRG.K 71 (1985), 147–214, hier 166–168, 4. Beitrag in diesem Band.
[55] WB, 115.

durch ihre Konspiration den dem Landesherrn geleisteten Gehorsamseid gebrochen zu haben.[56] Mit Beschwerden gegen den Rat hätte sie sich an den Kurfürsten zu wenden. Weitere Aktionen gegen den Klerus wurden unter schwere Strafe gestellt.[57]

Bald nach dieser Bürgerversammlung legte die Bürgerschaft dem Rat auf friedlichem Wege ihre Forderungen in Sechs Artikeln vor.[58] Noch vor den Hauptanliegen der Messreform wurde vorweg im ersten Artikel gefordert, „das man eyn yeden das gots wortt frey soll lassen predigen".[59] Predigttätigkeit soll danach nicht mehr nur den Predigern erlaubt sein, die eine ordentliche äußere Berufung in ein Predigtamt haben, sondern auch freien Predigern. Das war eine neue radikale und folgenreiche Forderung, die vielleicht ursprünglich dadurch provoziert war, dass das Stiftskapitel den Laien Melanchthon als Prediger abgelehnt hatte. Der Rat schickte die Sechs Artikel an den Kurfürsten, der deren Umsetzung verbot, bis er selbst eine Ordnung vorschlagen werde.[60] Damit hat der Kurfürst auch den Anspruch formuliert, dass die Einführung neuer, das Kirchenwesen betreffender Ordnungen zu den Befugnissen des Landesherren gehöre.

Der Kurfürst machte für den Aufruhr auch die Uneinigkeit von Universität und Kapitel in der Messfrage verantwortlich und drängte jetzt, dass diese „sich einer eintrechtigen antwort entslissen sollen vnd vns domit nit lenger aufhalten sollen".[61] Auf diesen Druck hin mussten Universität und Kapitel einräumen, dass sie zu einer „eintrechtlichenn anthwort" nicht kommen könnten, da der Ausschuss auf seiner bisherigen Position beharrte und die Gegenpartei eine Messreform ablehnte. Als der Kurfürst dennoch eine Stellungnahme verlangte, legte der um weitere Reformfreunde erweiterte Ausschuss, dem jetzt auch der in der Wittenberger Bewegung bislang nicht hervorgetretene Theologe Nikolaus von Amsdorf angehörte, ein zweites Gutachten vor.[62] Der Theologe Johann Dölsch, der im Oktober noch das erste Ausschussgutachten mitunterschrieben hatte, legte jetzt ein Separatvotum vor, in dem er sich bei Einräumung einzelner Reformen grundsätzlich für die einstweilige Beibehaltung des bisherigen Brauchs aussprach[63] und nahm zusätzlich,[64] wie es auch zwei Stiftsherren ta-

---

[56] Ebd., 118f.

[57] Ebd., 153.

[58] Zum Vorgang siehe Bubenheimer, Stellung (wie Anm. 54), 172f. Die 6. Artikel in WB, 161f.

[59] WB, 161.

[60] Ebd., 163.

[61] Ebd., 76.

[62] Ebd., 84–90. Justus Jonas ist diesmal auffallenderweise nicht unter den Unterzeichnern dieses Gutachtens. Ich vermute, dass er verhindert war.

[63] WB, 42–46. Zu meiner von Nikolaus Müller abweichenden Datierung von Dölschs Stellungnahme (auf 7. Dezember oder bald danach) siehe: Bubenheimer, Ulrich, Scandalum et ius divinum. Theologische und rechtstheologische Probleme der ersten reformatorischen Innovationen in Wittenberg 1521/22, in: ZSRG.K 59 (1973) 311–313 Anm. 191, 5. Beitrag in diesem Band.

[64] WB, 100–106.

ten,[65] ablehnend zum zweiten Ausschussgutachten Stellung. Schließlich legten die Reformgegner im Stiftskapitel gemeinsam ein eigenes Gutachten vor.[66] Die Befürworter der Messreform, zu denen Karlstadt und Luthers Freunde – Melanchthon, Amsdorf und der Jurist Hieronymus Schurf – gehörten, plädierten dafür, bei einer schriftgemäßen Reform der Messe Ärgernis in Kauf zu nehmen: „Es ßal sich auch nymand daran stossen, Das groß vnd viel ergernis daraus erwachsen wird."[67] Der Stiftsherr Otto Beckmann sieht beim bisherigen Vorgehen Empörung und Gewalt mit im Spiel. Die notwendigen Reformen sollten „nicht myd auffrur vnd gewalt, sonder myd chrafft des gotlichen wortes eingebildet vnde gelernet werdenn."[68]

Unter dem Eindruck der jüngsten gewalttätigen Aktionen in der Stadtkirche und im Franziskanerkloster und der Auflehnung der Bürgerschaft gegen den Rat nahm der Kurfürst die Uneinigkeit der Gelehrten und der Stiftsherren zum Anlass, in einer Instruktion für seinen Rat Christian Beyer vom 19. Dezember 1521 der Universität und dem Stift eindeutig eine Änderung der Messe bis auf weiteres zu verbieten, verbunden mit dem Auftrag, sich in der Angelegenheit auf Disputationen, Schriften, Vorlesungen und Predigten in einem „cristlichen vnd vernunftigen maß" zu beschränken.[69] Eine Beruhigung der Wittenberger Szene ist dennoch nicht eingetreten. Am 29. Dezember berichten altgläubige Stiftsherren, dass die agitatorische Predigt im Stift, der Pfarrkirche und in beiden Klosterkirchen weitergehe.[70]

Die Anfänge der Wittenberger Dezemberunruhen hat Martin Luther vor Ort mitbekommen, denn er hielt sich drei Tage, etwa vom 4. bis zum 6. Dezember 1521,[71] heimlich in Wittenberg auf, und zwar im Haus Nikolaus von Amsdorfs, wo er auch Melanchthon traf.[72] Seine Reaktion auf die bisherige Entwicklung war zwiespältig. In einem aus Wittenberg an Georg Spalatin, geschriebenen Brief macht er dem Höfling zunächst heftige Vorwürfe, weil dieser drei von ihm für die Drucklegung zugeschickte Manuskripte heimlich bei sich zurückgehalten hatte.[73] Trotzig nimmt er im Anschluss daran zunächst die Wittenberger Reformen und damit seine Freunde in Schutz: „Alles gefällt mir gewaltig, was ich sehe und höre."[74] Dann deutet er aber auch Sorgen über das Verhalten einiger seiner Anhänger an: „Gott möge den Geist derer stärken, die guten Willens sind, obwohl ich schon unterwegs – gequält durch verschiedene Gerüchte

---

[65] Otto Beckmann und Thomas Eschaus (ebd., 91–96).
[66] Ebd., 107–115.
[67] Ebd., 90.
[68] Ebd., 95.
[69] Ebd., 124.
[70] Ebd., 131 f.
[71] Zur Datierung s. Bubenheimer, Stellung (wie Anm. 54), 187 f., Anm. 232.
[72] WA.B 2, 410,15 f.24 f.
[73] Ebd., 409,3–410,18.
[74] Ebd., 410,18 f.

über die Unschicklichkeit einiger der Unsrigen – beschlossen habe, eine öffentliche Ermahnung herauszugeben, sobald ich in meine Wüste zurückgekehrt sein werde."[75] Bereit einige Tage nach seiner Rückkehr auf die Wartburg, ungefähr um den 12. Dezember 1521, schickte Luther *Eine treue Vermahnung an alle Christen sich zu verhüten vor Aufruhr und Empörung*[76] an Spalatin, die im Januar 1522 in Wittenberg erschien.[77]

In zwei Hauptteilen behandelt Luther zwei Reizthemen jener Tage: „Aufruhr" und „Ärgernis". Zur Aufruhrfrage vertrat er, wie schon im Jahr 1520 im Rahmen von Wittenberger Studentenunruhen,[78] die kurfürstliche Position.[79] Im zweiten Teil der Schrift über das Ärgernisgeben widersprach er in der Sache der Position, die die reformgesinnten Universitätsmitglieder im zweiten Gutachten vom Dezember 1521 vertraten, und knüpfte im Gegenteil verständnisvoll an die Beschwerde aus dem Kreis der gegenüber den Reformen entweder noch schwankenden oder ablehnenden Stiftsherren an, wonach ihnen als den im Glauben „Einfältigen" durch die Plötzlichkeit der Reformen ein Ärgernis gegeben worden sei.[80] Dies Positionen wird Luther in den Invocavitpredigten wieder aufgreifen.

4. Karlstadt als Prediger in Schloss- und Stadtkirche (Dezember 1521/Januar 1522): Die evangelische Messe

Karlstadt gab seine bisherige Zurückhaltung erst in der zugespitzten Situation nach den Dezemberunruhen und dem kurfürstlichen Verbot von Reformen auf und begann nun seinerseits – nach Zwilling und Jonas – die Reformen durch Predigten und darauffolgende praktische Schritte voranzutreiben. Nach dem Urteil eines Predigthörers sei Karlstadt nach langer Predigtpause „nymer der Carlstat, also kostliche dingk predigt er nun".[81] Er hatte schon einige Zeit keine der ihm obliegenden Feiertagsmessen selbst gelesen, sondern ließ sich durch andere Stiftsherren vertreten. Als er dann aber im Dezember seinerseits in einer Predigt „greulich" gegen die Messe polemisierte, verweigerten ihm die Stiftskollegen die weitere Vertretung.[82] Daraufhin kündigte Karlstadt in seiner Sonntagspredigt am 22. Dezember für den Neujahrstag, an dem er statutengemäß das Hochamt in der Schlosskirche zu halten hatte, eine „evangelische Messe" nach dem Vorbild Christi an. Er werde der Kommunion eine kurze Predigt vo-

---

[75] Ebd., 410,18–22.
[76] LStA Bd.3, 15–26 = WA 8, 676–687. Zur Entstehung und Inhalt dieser Schrift vgl. Bubenheimer, Stellung (wie Anm. 54), 187–201.
[77] Zum Erscheinungsdatum s. ebd., 190.
[78] Ebd., 150–161.
[79] Ebd., 194f.
[80] Ebd., 200f.
[81] WB, 153f.
[82] Ebd., 153.

rausschicken, die Liturgie auf die Einsetzungsworte Christi beschränken, dann die Kommunion in beiden Gestalten durchführen und dabei keine Messgewänder tragen. Im Sinne des kurfürstlichen Verbots von Veränderungen der Messe beauftragten die kurfürstlichen Räte Christian Beyer in Wittenberg, Karlstadt sein Vorhaben zu untersagen, der damit „Beschwerung und Aufruhr" erregen könnte. Angesichts seines Ungehorsams erhoben sie gegen Karlstadt den Vorwurf, er handle aus „Mutwillen" statt aus „Andacht und Notdurft".[83] Karlstadt hatte wohl einen Wink erhalten, dass das Verbot seiner geplanten evangelischen Messe bevorstehe. Denn er zog diese vor auf den ersten Weihnachtstag (25. Dezember), an dem er seine neue Form der Messe in der Schlosskirche unter großer Beteiligung des Volks feierte.[84] Dabei kündigte er an, in Zukunft die Messe nur auf diese neue Weise feiern zu wollen.[85] An Neujahr 1522 hielt er erneut zwei Predigten über das Altarsakrament und spendete es anschließend angeblich mehr als tausend Menschen, diesmal allerdings in der Stadtkirche mit Zustimmung und Mitwirkung des Pfarrers Simon Heins.[86] Karlstadt wiederholte das am folgenden Sonntag (5. Januar) und am Dreikönigstag (6. Januar).

5. Karlstadts, Jonas' und Zwillings gesteigerte Predigtaktivität; Amsdorf Prediger an der Stadtkirche (Januar/Februar 1522): Beseitigung der Bilder, neue Stadtordnung, Intervention des Kurfürsten

Im Januar erreichten die Predigeraktivitäten in Wittenberg eine personelle und inhaltliche Vielfalt, die sich der von den Bürgern Anfang Dezember geforderten freien Predigt annäherte. Karlstadt weitete seine Predigttätigkeit angesichts großen Interesses seitens der Bevölkerung stark aus. An den Feiertagen hielt er jetzt jeweils zwei Predigten. Ein Augenzeuge berichtete: „Ich gelaub, das alls das volck in der stat ist dapey sey, dye vor nye oder wenig zu predig gangen seyn, versammen itzund keine"[87]. Jonas und Karlstadt planten Anfang Januar tägliche Predigten an den Werktagen, um den Laien Bibelkenntnis zu vermitteln. Jonas wollte morgens einen Psalm auslegen, Karlstadt zur Vesperzeit ein anderes Kapitel aus der Bibel.

Im Januar war auch Gabriel Zwilling nach Wittenberg zurückgekehrt und predigte wieder in seinem früheren Kloster, obwohl er als ausgetretener Mönch hierfür kein Amt mehr hatte. Während im Herbst 1521 im Zusammenhang mit der Messreform und der Infragestellung der Klostergelübde immer die Predigt

---

[83] Ebd., 125f.153.
[84] Über diesen Vorgang berichteten einige Stiftsherren dem Kurfürsten am 29. Dezember 1522 (WB, 132). Aus diesem Bericht ergibt sich, dass Karlstadt am 25. Dezember keine zweite Messe in der Pfarrkirche hielt, wie Spalatin später meinte (ebd., 127).
[85] Ebd., 127f.
[86] Ebd., 136.
[87] Ebd., 163.

der Aktion vorausging, verfuhr Zwilling jetzt umgekehrt. Er griff ein neues Thema auf: Die Beseitigung der Bilder, d. h. der Heiligen-, Marien- und Christusbilder. Am 10. Januar verbrannte er mit einigen Mönchen die Bilder der Augustinerkirche und begründete erst am folgenden Sonntag (12. Januar) diese Tat in zwei Predigten.[88] In seinen Predigten kritisierte Zwilling von der Kanzel Jonas und Nikolaus von Amsdorf, die das Evangelium nicht „würdig genug" verkünden würden. Amsdorf, der das Vertrauen des Kurfürsten genoss[89] war mittlerweile Prediger an der Stadtkirche geworden,[90] und predigte offenbar, ebenso wie jetzt auch Jonas, zurückhaltender als Zwilling. Aus Amsdorfs Predigten zur Zeit der Wittenberger Bewegung ist nichts bekannt.

Die Forderung der Bilderbeseitigung ging zusammen mit der Messreform in die vom Wittenberger Rat am 24. Januar 1522 beschlossene „Ordnung der Stadt Wittenberg"[91] ein. Sie ist das Ergebnis von Verhandlungen des Rates mit einem fünfköpfigen Universitätsausschuss, bestehend aus Justus Jonas, Karlstadt, Melanchthon, Amsdorf und dem Rektor Johann Eisermann.[92] Während der größere Teil der Ordnung die Einrichtung eines Armenkastens und die daraus zu finanzierende Sozialfürsorge regelt, worin der Abbau von Seelmessstiftungen, die Aufhebung der Bruderschaften und die Vorbereitung der Auflösung der Klöster eingeschlossen ist,[93] ist der kleinere, aber dank Luthers Invocavitpredigten bekanntere Teil der Stadtordnung den kultischen Reformen im engeren Sinn gewidmet, die ich kurz zusammenfasse:

1. Die Beseitigung der Bilder sowie der Altäre bis auf drei bildlose Altäre, um „Abgötterei zu vermeiden" (Artikel 13).[94]
2. Die Messreform (Artikel 14): Zunächst wird der Grundsatz formuliert: „Die Messe soll nicht anders gehalten werden als wie sie Christus am Abendessen hat eingesetzt."[95] Mit Rücksicht auf die im Glauben Schwachen[96] wird der Großteil der römischen Messliturgie beibehalten, doch werden die Heiligenmessen sowie die Teile des Messkanons gestrichen, die den Opfergedanken enthalten, „dieweil sie nicht schriftgemäß sind"; ferner wird die Schlussformel „Ite missa est" gestrichen,[97] wahrscheinlich weil man bereits das Wort

---

[88] Vgl. BUBENHEIMER, Stellung (wie Anm. 54), 265 f.
[89] WB, 173.
[90] Ebd., 205.
[91] LStA Bd. 2, 325–329.
[92] WB, 194 in Verbindung mit 204; vgl. 188 f.199.
[93] LStA Bd. 2, 525–526,3.
[94] LStA Bd. 2, 527,20 f.
[95] LStA Bd. 2, 527,22 f.
[96] Nach dem oben gegebenen Zitat wird die Aufzählung der beibehaltenen Stücke des Missale eingeführt mit den Worten: „[...] doch vmb ettlicher sachen vmbs glauben willen, lasset man singen [...]" (LStA Bd. 2, 527,23 f.).
[97] Ebd., 527,24–528,3.

„missa" als unbiblisch ablehnte.[98] Die Kommunikanten erhalten Brot und Wein und können auch die Hostie und den Kelch selbst in die Hand nehmen.[99]

Die Stadtordnung war hinsichtlich der Messe ein Kompromiss, der hinter Karlstadts evangelischer Messe zurückblieb und die Reform zurückhaltender anging. Der Kompromiss diente dem Ziel, angesichts der entstandenen Vielfalt im Messgottesdienst wieder zu einer einheitlichen Gottesdienstordnung in der Stadt zu kommen.

Den größeren Zündstoff für den Stadtfrieden enthielt zu jenem Zeitpunkt die in der Ordnung vorgesehen Bilderbeseitigung. Karlstadt hatte alsbald Zweifel, dass der Rat die Bilderbeseitigung wirklich ausführen werde und versuchte, über eine Sonntagspredigt am 26. Januar den Druck auf den Rat zu verstärken. Obwohl er sich verschiedentlich gegen „Aufruhr" ausgesprochen hatte, war die Folge ein begrenzter Bildersturm von Bürgern in der Stadtkirche (zwischen 27. Januar und 5. Februar), der vom Rat mitten in der Aktion gestoppt wurde.[100] Dieser Vorgang erfüllte nach dem Urteil des Kurfürsten den Tatbestand des Aufruhrs, für den er Zwilling und Karlstadt wegen ihrer Predigten verantwortlich machte.[101] Die Räte versuchten jetzt, Karlstadt und Zwilling vom weiteren Predigen zurückzuhalten. Nachdem Zwilling Wittenberg verlassen hatte, konzentrierten sie sich auf Karlstadt. Am 3. Februar warf der kurfürstliche Rat Hugold von Einsiedel Karlstadt vor, er habe mit seinen Predigten schon viele Leute geärgert und „Aufruhr und Empörung" Vorschub geleistet. Er fordert ihn auf, „wue jr auch zu verkundung des worths nicht sunderlich werdt geruffenn", vom Predigen Abstand zu nehmen.[102] Karlstadt verwies auf sein Predigtamt an der Schlosskirche, machte aber auch eine innere Berufung geltend, der er folgen müsse,[103] womit er wohl die über seine Amtspflichten hinausgehenden Predigten rechtfertigen wollte. Dennoch hielten die Räte daran fest, dass sich Karlstadt ebenso wie Zwilling ungefordert ins Predigen eingedrängt habe.[104] Bei den Verhandlungen der Räte mit Vertretern der Universität und des Kapitels über die neue Ordnung wurde versucht, Karlstadt zum Verzicht auf weiteres Predigen zu bewegen, auch mit dem Argument, dass er sein Predigtamt früher zeitweilig nicht ausgeübt habe.[105] Auf einen völligen Predigtverzicht ließ sich Karlstadt nicht ein, doch sagte er zu, „sich hinfurder dergleichen predigens zuenthaltenn". Die Räte berichteten dem Kurfürsten, Karlstadt habe nicht in Ab-

---

[98] So in der im April 1522 konfiszierten Schrift Karlstadts über die Messe (Barge 2, 528,3–5).

[99] LStA Bd. 2, 528,3–5.

[100] Näheres s. BUBENHEIMER, Stellung (wie Anm. 54), 4. Beitrag in diesem Band.

[101] WB, 191.

[102] Ebd., 179.

[103] Ebd., 180 f.

[104] Ebd., 186.

[105] Ebd., 193.

rede stellen können, dass der Aufruhr „aus nichts anderem" als aus seinem und Zwillings Predigen erfolgt sei.[106] Damit wurde eine Beurteilung der Vorgänge festgeschrieben, die Luther nach seiner Rückkehr übernahm.

II. Luthers Invocavitpredigten

1. Direkte Reaktion auf die Reformprediger

Luther nennt in den Invocavitpredigten explizit sowohl die Freunde, die er zum Zeitpunkt der Predigten sicher auf seiner Seite weiß und denen er sein Vertrauen schenkt, als auch diejenigen unter den Reformpredigern, die in den Vormonaten mit ihren Predigten den stärksten Einfluss auf die Gemeinde ausübten.

Als seine Freunde hebt Luther öffentlich Philipp Melanchthon und Nikolaus von Amsdorf hervor:

> „[...] ich hab allein gottes wort getrieben / geprediget vnd geschrieben / sonst hab ich nichts gethan / das hat wenn ich geschlafen han wenn ich wittenbergisch bier mit meynen Philipo vnd Amßdorff getruncken hab / also viel gethan / das das Bapstum also schwach worden ist."[107]

Den Zusammenhalt dieses engsten Freundeskreises unterstreicht Luther durch die Bemerkung, dass er mit diesen Freunden beim Bier zusammensaß. Unerwähnt bleibt, dass Melanchthon selbst als Vertreter der Universität ein führender Vorkämpfer der Messreform gewesen war, in Fragen des Ärgernisses zunächst zu denen gehört hatte, die bei der Messreform keine Rücksicht auf das dadurch ausgelöste Ärgernis nehmen wollten, und dass er sich für die neue Stadtordnung eingesetzt hatte. Allerdings hatte sich Melanchthon nach Intervention des Kurfürsten gegen die neue Ordnung und die Prediger Zwilling und Karlstadt im Februar 1522 schnell von diesen Positionen zurückgezogen. Bereits bei dem Verhör der Vertreter der Universität und des Kapitels durch die kurfürstlichen Räte wegen der neuen Stadtordnung am 13. Februar 1522 galt Melanchthon als Vertrauensmann: „Es ist auch gut, Philippus [sic] zuuorn auff diese sach werd gefragt, wie es jm doch allenthalb gefall."[108] Auch auf Amsdorf legte der Kurfürst wert. Als Amsdorf im Januar dem Kurfürsten schrieb, er wolle keine Messe mehr halten und deshalb auf die Einkünfte aus seiner Stiftspräbende verzichten, wurde seine Besoldung direkt von der kurfürstlichen Kammer übernommen, um ihn an der Universität zu halten.[109] Vermutlich hat er in diesem Zusammenhang das Predigtamt an der Stadtkirche übernommen.

---

[106] Ebd., 205.
[107] LStA Bd. 2, 537.6–10; WA 10/3, 18,14–19,1.
[108] WB, 192.
[109] Ebd., 173.

An anderer Stelle der Predigten bildet Luther eine zweite Personengruppe. Er zählt drei Prediger auf, die die Reformen propagiert hatten, und warnt seine Hörer, ihre eigene Entscheidung auf die Autorität dieser Prediger zu gründen:

> „Es ist nicht genuog/das du sprechen woltest/der vnd der hat es gethan/jch hab dem gemeynen haüffen gefolget. Als vnns hat der Probst Doctor Carlestatt/Gabriel oder Michael gepredigt/Neyn. Ein yettlicher muoß vor sich steen/vnd geruost sein/mit dem theüffel zuo streytten/du muost dich gründen/auff eynen starcken klaren sprüch der schrifft.“[110]

Diese Aussage wurde in der Literatur „mißverstanden“. Da im Speyerer Erstdruck der Invocavitpredigten von 1523[111] zwischen Probst und Doctor Carlestatt kein Satzzeichen steht, hat man den Titel „Probst“ mit „Doctor Carlestatt“ zusammengezogen und gemeint, Luther habe Karlstadt, der nicht Propst, sondern Archidiakon des Allerheiligenstifts war, irrtümlich als Propst bezeichnet. Auf der Wartburg hätte Luther nicht mitbekommen, dass im Juni 1521 der einstige Erfurter Jurist und Theologe Justus Jonas als Propst am Allerheiligenstift eingesetzt worden war.[112] Diese nicht haltbare Einschätzung erklärt sich daraus, dass ins Bild der Freundschaft zwischen Luther und Jonas[113] nicht zu passen schien, dass Luther Jonas in den Invocavitpredigten auf die Seite der von ihm kritisierten Prediger stellt. Da Luther während seines Wartburgaufenthalts über wichtige Vorgänge in Wittenberg auf dem laufenden gehalten worden war und er zudem Anfang Dezember 1521 einen heimlichen Besuch in Wittenberg gemacht hatte, wird er über die für die kirchlichen und universitären Verhältnisse Wittenbergs bedeutsame Besetzung des Propstamtes Bescheid gewusst haben. Außerdem ist Luther am Vorabend vor Beginn der Invocavitpredigten Jonas in Wittenberg im Hause des Juristen Hieronymus Schurf begegnet.[114]

Sprachlich ist die zitierte Aussage Luthers eindeutig.[115] Wo in den Akten, die den Invocavitpredigten vorausgehen, Jonas und Karlstadt nebeneinander aufgezählt werden, kann dies ebenfalls mit den Worten „Propst, Doktor Karlstadt“ erfolgen.[116] Sachlich passt Luthers Bemerkung auf die dargestellte Rolle, die Jonas als Prediger in der Wittenberger Bewegung[117] einnahm. Er war von den kurfürstlichen Räten wegen seines Lobes für den Pfarrer der Stadtkirche, Simon

---

[110] LStA Bd. 2, 539,7–12 = WA 10/3, 22.8–23.1.

[111] Benzing, Josef, Lutherbibliographie. Verzeichnis der gedruckten Schriften Martin Luthers bis zu dessen Tod, Baden-Baden 1966, Nr. 49.

[112] Helmar Junghans in LStA Bd. 2, 539, Anm. 126.

[113] Leder, Hans-Günter, Luthers Beziehungen zu seinen Wittenberger Freunden, in: Helmar Junghans (Hg.), Leben und Werk Martin Luthers von 1526 bis 1546. Festgabe zu seinem 500. Geburtstag, 2. Aufl. Berlin 1985, 419–440, hier 433–436.

[114] Brecht, Luther (wie Anm. 30), 50.

[115] Satzzeichen fehlen im Erstdruck der Invocavitpredigten wiederholt.

[116] WB, 204. Entsprechend in einem lateinischen Text: „[...] a preposito, Karolostadio [...]“ (ebd., 173).

[117] Rosin, Robert, Art. Jonas Justus, EncR 2 (1996), 352f.

Heins von Brück, der die Einführung der evangelischen Messe in der Stadtkirche aktiv unterstützt hatte, kritisch zur Rede gestellt worden.[118] Es gibt keinen Hinweis in den Quellen, dass Jonas vor Luthers Rückkehr auf Distanz gegenüber den mit der Stadtordnung beschlossenen Reformen gegangen wäre.

Als dritten Reformprediger führt Luther in den Invocavitpredigten neben Propst und Karlstadt mit dem Vornamen „Gabriel" seinen einstigen Klosterbruder Gabriel Zwilling ein. Seinen Vornamen nutzte Luther zu einer hintersinnigen rhetorischen Anspielung: Er ergänzte zu Zwillings Vornamen Gabriel, der den Hörern auch als Name eines Erzengels bekannt war, noch den Erzengelnamen „Michael", und löste damit bei den schriftkundigen Hörern eine Assoziation zu einer Aussage des Apostels Paulus im Galaterbrief aus:[119] „Aber auch wenn wir oder ein Engel vom Himmel euch ein Evangelium predigen würden, das anders ist, als wir es euch gepredigt haben, der sei verflucht." (Gal 1,8) Mit dieser Anspielung rückte Luther die von ihm genannten Prediger in die Nähe der „Irrlehrer", mit denen sich Paulus im Galaterbrief auseinandersetzt. Explizit nennt der Jurist Hieronymus Schurf – einst selbst Mitglied des Universitätsausschusses zur Messreform –, der mit Luther nach dessen Rückkehr im Auftrag des Kurfürsten verhandeln musste, die „ingedrungene Prediger" am ersten Tag der Invocavitpredigten in einem Brief an den Kurfürsten „Pseudoprophetae".[120] Luther sah eine Analogie zwischen den von ihm genannten Predigern und den von Paulus im Galaterbrief angegriffenen Lehrern, die die von ihm gegründeten Gemeinden vom gesetzesfreien Evangelium zum Gesetz zurückführen. Die neue Wittenberger Ordnung mit ihren den Kult betreffenden Regelungen wertet Luther als Bindung der Gewissen an ein neues Gesetz. So wird in Luthers Erinnerung an Paulus, der über die Gesetzesprediger das Anathema gesprochen hat, die Schärfe seiner Abgrenzung von den Reformpredigern spürbar. Luther hat sich seinerseits nach seiner Rückkehr als von Christus berufener Apostel nach dem Vorbild des Paulus verstanden: im Anschluss an Gal 1,10f. schrieb Luther am Tag vor seinem Eintreffen in Wittenberg an den Kurfürsten: „[...] so laß sie es ihr hiemit kund sein, daß ich das Euangelium nicht von Menschen, sondern allein vom Himmel durch unsern Herrn Jesum Christum habe."[121] Dieses Verständnis seiner Rolle wurde auch von seinen Freunden geteilt: Schurf nennt Luther „zu dieser Zeit wahrhaftigen Apostel und Evangelisten Christi".[122]

Immer wieder drückt Luther, mehr oder weniger direkt, seine Meinung aus, dass die Reformprediger ihr Evangelium vom Teufel haben. Vor allem verbindet er diesen Gedanken mit Karlstadt: Während der Predigten schreibt er am

---

[118] Notiz des kurfürstlichen Rats Johann von Dolzig vom 13. Februar 1522 (WB, 200).
[119] Auf diese Bibelstelle weist Helmar Junghans in LStA Bd. 2, 539, Anm. 128 hin.
[120] WA.B 2, 464,13f.
[121] Ebd., 455,40–42.
[122] Ebd., 463,8f.

13. März an Spalatin: „[...] hilf diesen Satan zu zertreten, der sich in Wittenberg gegen das Evangelium unter dem Namen des Evangeliums erhoben hat [...] Karlstadt wird sich schwer tun seinen Sinn zu ändern."[123] Im Blick auf Karlstadt und Zwilling schreibt Luther am 19. März an Wenzeslaus Link in Nürnberg: „Diese Sache zwang mich zurückzukehren, damit ich, so Christus will, diese Bühne des Satans zerstöre."[124] Ohne Namensnennung, für den Hörer aber dennoch durchschaubar, spricht er in den Invocavitpredigten die Prediger, die die Beseitigung der Bilder gefordert haben – Luther meint Zwilling und Karlstadt –, als Apostel des Teufels an:

> „[...] jr solten das geprediget habe wie die bilder nichts weren / gott fragt nichts darnach. [...] wann sie solichs hetten gehoert / das die bilde nit gülten / hetten sie von jn selber abgestanden / vnd die bilde waeren on alle rumor vnd auffruor zufallen [...] Derhalben müssen wir vns wol fürsehen / dann der teuffel sucht vns auff das allerlistigiste / vnd spitzegiste / durch seine aposteln."[125]

Luther hat die beiden von ihm angesprochenen Personengruppen – auf der einen Seite er selbst mit seinen besten Freunden, auf der anderen Seite die kritisierten Reformprediger – nach der Druckfassung der Predigten nicht direkt einander gegenübergestellt. Die Hörer konnten jedoch aus den beiden Bemerkungen entnehmen, wer zu jenem Zeitpunkt die Kollegen seines Vertrauens waren und wer nicht. Die namentliche kritische Erwähnung anderer Predigerkollegen in Predigten, denen ein großes Öffentlichkeitsinteresse von vornherein sicher war, ist auffallend. Die kurfürstlichen Räte hatten die zum Verhör am 13. Februar 1522 nach Eilenburg einbestellten Vertreter der Universität und des Stiftes zu erinnern, dass namentliche Angriffe eines Predigers auf einen anderen Kollegen unschicklich seien.[126] Luther hatte diese Ermahnung zwar nicht mitgehört, dennoch drängt sich die Frage auf, welche Funktion die Verletzung des „guten Tons" in Luthers Predigten hat.

Luther benennt in den Predigten zwei Gruppen, den Kreis seiner engsten Freunde und Gefolgsleute, die mit ihm in Ruhe allein das Wort wirken lassen können, und den Kreis der kritisierten Reformprediger, die mit ihren auf umgehende praktische Reformen drängenden Predigten das Wittenberger Volk in die Irre geführt haben. Durch die Öffentlichkeit der Infragestellung der Autorität dieser Prediger entsteht – abgesehen von der möglichen Überzeugungskraft der von Luther vorgebrachten theologischen Argumente – ein sozialer Druck auf die benannten Prediger, sich der vorgetragenen Position Luther anzuschließen,

---

[123] Ebd., 471,19–22.

[124] Ebd., 478,12 f.

[125] LStA Bd.2, 544,12–21 = WA 10/3, 32,7–33,4.

[126] Instruktion für die Verhandlungen Hugold von Einsiedels und anderer kurfürstlicher Räte mit den Vertretern der Universität und des Stiftkapitels, [Eilenburg, spätestens 13. Februar 1522] (WB, 192: „Es wolt sich auch nit schigken, wu einer den anndern auff der Canntzel schmehet oder angriff mit außdrugkung seins Namens").

was zugleich die (Wieder-)Aufnahme in den Kreis der Freunde und Gefolgsleute bedeuten würde.

2. Die unmittelbare Wirkung der Invocavitpredigten auf die Reformprediger

Am Samstag nach Invocavit, nach 6 oder 7 Predigten Luthers, schildert Hieronymus Schurf dem Kurfürsten seinen Eindruck von der Wirkung von Luthers Predigten:

> „[...] dann er dadurch uns armen verführten und geärgerten *Menschen* vermittelst göttlicher Hülfe wiederumb auf den Weg der Wahrheit täglichen wiset mit unwiderfechtlichen Anzeigung unsers Irrtums, darinne wir von den ingedrungenen Predigern jämmerliche geführet."[127]

Er geht im weiteren auch auf die Reaktion der inkriminierten Prediger ein, wobei er Jonas – im Unterschied zu Zwilling und Karlstadt – gar nicht erwähnt. Luther war schon vor den Predigten auf Jonas zugegangen. Am Vorabend vor der ersten Predigt war Luther bei dem Juristen Hieronymus Schurf[128] und traf dort Melanchthon, Amsdorf und Jonas.[129] Es ist dabei sicher über das weitere Vorgehen und über Luthers Predigtvorhaben gesprochen worden.[130] Die schon früher angebahnte Freundschaft zwischen Luther und Jonas, der mit Luther zum Reichstag nach Worms gereist war, ermöglichte in der Folgezeit eine loyale Zusammenarbeit beider.

Über Gabriel Zwilling schreibt Hieronymus Schurf am Samstag nach Invocavit und damit nach Luthers sechster oder siebenter Predigt an den Kurfürsten: „Gabriel hat auch bekannt, daß er geirret und den Sachen zu viel geton."[131] Und Luther äußert am 19. März: „Gabriel hat Selbstkritik geübt und ist ein anderer Mensch geworden."[132] Luther hat Zwillings Einlenken honoriert und bereits im April 1522 versucht, dem Brotlosen zu einem Predigtamt in Altenburg zu verhelfen, was aber am Widerstand des kurfürstlichen Hofes, bei dem Zwilling noch in Ungnade stand, scheiterte.[133]

---

[127] Hieronymus Schurf an Kurfürst Friedrich, Wittenberg, 15. März 1522 (WA.B 2, 472,13–17).

[128] Schurf war vom Kurfürsten beauftragt worden, Luther zur Abfassung eines Briefes zu veranlassen, in dem Luther den Kurfürsten von aller Mitwirkung und Verantwortung für seine Rückkehr nach Wittenberg entlastete. Dieses Schreiben wollte der Kurfürst zum Beweis seiner Unschuld beim Reichsregiment in Nürnberg vorweisen können. WA.B 2, 458,18–59,2.

[129] BRECHT, Luther (wie Anm.30), 50.

[130] Sofort am folgenden Tag berichtet Hieronymus Schurf dem Kurfürsten über Luthers Predigtvorhaben: Schurf an Kurfürst Friedrich, Wittenberg, 9. März 1522 (WA.B 2, 464). Am selben Tag, an dem Schurf diesen Brief schrieb, hielt Luther die erste Predigt. Es ist nicht eindeutig, ob Schurf den Brief vor oder nach der Predigt schrieb (vgl. BRECHT, Luther [wie Anm.30], 52).

[131] Schurf an Kurfürst Friedrich, 15. März 1522 (WA.B 2, 472,20 f.).

[132] Luther an Wenzeslaus Link, [Wittenberg], 19. März 1522 (WA.B 2, 478,6).

[133] Ebd., 502–509.517–524.538–542.547,41–51.552,6–10 u. 575 f. Über Zwillings spätere

Karlstadt scheint nach Luthers Rückkehr nicht zu denjenigen gehört zu haben, mit denen er direkten Kontakt aufgenommen hat. Mit den Invocavitpredigten hat er ihn nicht für sich und seine Position gewinnen können. Bereits im Verlauf der Predigtwoche, am Donnerstag nach Invocavit, zweifelte Luther, dass Karlstadt seinen Sinn ändern werde, doch werde Christus ihn dazu zwingen, wenn er es nicht freiwillig tue.[134] Am 15. März berichtet Schurf an den Hof: „Carlstad ist nicht wohl zufrieden, aber er wird nichts, hoff ich zu Gott, ausrichten noch schaffen."[135] Am 19. März war Luther unsicher über Karlstadts künftige Haltung, jedenfalls erhalte dieser Predigtverbot.[136]

Diese Äußerung zeigen zwar, dass Karlstadt im März 1522 in irgendeiner Weise seinen bleibenden Dissens mit Luther zum Ausdruck gebracht hat. Jedoch entspricht Luthers Unsicherheit im Blick auf Karlstadts künftige Haltung dem Befund, dass Karlstadt sich in der Öffentlichkeit zunächst ausgeschwiegen hat. Auch gegen das Predigtverbot scheint er damals keinen offiziellen Schritt unternommen zu haben. Er hat sich insofern nach außen der jetzt geltenden kurfürstlichen „Staatsräson" angepasst. Aus einem zufällig erhaltenen Privatbrief Karlstadts erfahren wir, was Karlstadt in den ersten Wochen nach den Invocavitpredigten über Luther dachte. An Hektor Pömer, Propst zu St. Sebald in Nürnberg, mit dem sich Karlstadt während dessen Wittenberger Studium angefreundet hatte, schrieb er am 27. März 1522 vertraulich:[137] Luther widerrufe eigene Positionen, indem er nun im Kult zulasse, was er selbst oft als gotteslästerlich erwiesen habe. Allerdings zeigt der Brief, dass Karlstadt damals mit Luther seinerseits noch nicht gebrochen hat, denn er hat noch Hoffnung, dass Luther, „der gute Vater" (*bonus pater*), seinen Irrtum erkennen könnte: „Vielleicht wird der Herr den Gefallenen aufrichten." Er vermisst allerdings bei Luther, der die Liebe gegenüber im Glauben Schwachen in den Vordergrund rücke, die Liebe gegenüber den „im Glauben Erweckten", zu denen sich Karlstadt zählt. Karlstadt bittet den Empfänger, seine Äußerungen nicht an die Öffentlichkeit kommen zu lassen.[138]

Laufbahn als kursächsischer Geistlicher s. HOYER, SIGFRIED, Art. Zwilling, Gabriel, EncR 3 (1996), 319f.

[134] „Carlstadio difficile erit sensum cedere, At Christus coget eum, si non cesserit sponte." (Luther an Georg Spalatin, [Wittenberg], 13. März 1522, WA.B 2, 471,21–23).

[135] Hieronymus Schurf an Kurfürst Friedrich, Wittenberg, 15. März 1522 (ebd., 472,32f.).

[136] Luther an Wenzelaus Link, [Wittenberg], 19. März 1522 (ebd., 478,5–7).

[137] Der lateinische Brief an Pömer in KGK IV, Nr. 226.

[138] Ebd., 46f.

III. Luther und Karlstadt:
erste Schritte zu protestantischer Orthodoxie und Heterodoxie

Luther erhob in den Invocavitpredigten den Anspruch auf Gefolgschaft in Theologie und in Praxis der Kirchenreform. Dieser Anspruch auf Gefolgschaft, den Luther von Paulus aufnimmt (1 Kor 11,1; Röm 15,14–21), folgt konsequenterweise aus seinem apostolischen Sendungsbewusstsein, der von Gott erstberufene Reformator zu sein: „Darumb lieben bruoder volgend mir/jch hab es jo nye verderbt. Jch bin auch der erste gewest den gott auff diesen plan gesetzt hat. [...] Jch bin auch der gewest dem es got zum ersten offembart hat/auch solche seine wort zuo predigen."[139] Die Wittenberger hätten bei Luther schriftlich anfragen sollen, bevor sie Reformen durchführen.[140] Da Luther sein Evangelium auf direkte göttliche Offenbarung zurückführt, beansprucht er für sich die Kompetenz, die wahren und die falschen Propheten erkennen zu können. Dieses Selbstbewusstsein schließt es letztlich aus, theologische Positionen zu dulden, die von seiner Theologie in den von ihm als wesentlichen definierten Bereichen abweichen. Damit ist ein erster Schritt zur Entstehung einer lutherischen Orthodoxie getan. Der Normierungsanspruch Luthers entspricht auch der vom Landesherrn im Rahmen der Konflikte formulierten Erwartung, dass das Ziel der Neugestaltung der kirchlichen Verhältnisse ein einheitliches Kirchenwesen sein müsse.

Melanchthon und Jonas können sich aufgrund ihrer Freundschaft mit Luther loyal dessen Führungs- und Normierungsanspruch unterordnen. Ähnlich ist das bei Zwilling, den mit Luther eine längere Lebensgemeinschaft im Kloster verbindet. Das Freundschaftsband fehlte zwischen Luther und Karlstadt. Obwohl sie in den Vorjahren seit 1517 im Kampf gegen die römische Kirche nach außen als Kampfgemeinschaft in Erscheinung traten, gab es intern immer wieder Differenzen. Eine persönliche Freundschaft hat sich zwischen den beiden nicht entwickelt. Der Bruch kam, als Luther sich in den Invocavitpredigten öffentlich von Karlstadt distanzierte und Karlstadt sich Luthers Führungsanspruch und damit auch dessen theologischer Beurteilung der Wittenberger Vorgänge versagte.

Karlstadt war im Kreis der reformgesinnten Wittenberger Kollegen zum Außenseiter geworden, sowohl persönlich als auch theologisch. Die allmähliche persönliche und theologische Ausgrenzung Karlstadts aus dem Reformerkreis[141] weist einige für solche Ausgrenzungsprozesse paradigmatische Schritte auf:

1. Die Stigmatisierung: Der Vorwurf, Werkzeug des Satans zu sein, der ursprünglich mehrere Reformprediger traf, blieb künftig ein feststehendes Muster

---

[139] LStA Bd. 2, 532,25–29 = WA.B 10/3, 8,5–9.
[140] LStA Bd. 2, 533,23–25 = WA.B 10/3, 10,13–11,1.
[141] Vgl. Kruse, Universitätstheologie (wie Anm. 1), 383–387.

bei der Beurteilung Karlstadts. Luther verbreitete dieses Bild von Karlstadt nach den Invocavitpredigten auch in Briefen nach außen, womit dessen Ansehen auch außerhalb Wittenbergs geschädigt wurde. Das Image, ein Verräter zu sein, der Judas unter den Aposteln, wird Karlstadt künftig im lutherischen Lager nicht mehr los. Bereits kurz vor seiner Abreise von der Wartburg hatte Luther an den Kurfürsten geschrieben: „alßo musß vnnd soll es gehen, wer gottes wortt haben will, das auch nicht alleyn Annas vnnd Caiphas toben, Sondernn auch Judas vnter den Apostelln sey vnnd Satanas vnter den kindern gottes."[142] Für diese Qualifizierung blieb Karlstadt nach dem Einlenken der übrigen Reformprediger allein übrig.

2. Das Predigtverbot:[143] Dieses kam einem partiellen Berufsverbot für Karlstadt gleich. Denn ich gehe davon aus, dass sich das Predigtverbot insbesondere auch auf sein Predigtamt an der Schlosskirche bezog,[144] Predigen in der Stadtkirche stand für ihn nach Luthers Rückkehr in das dortige Predigtamt ohnehin nicht mehr zur Disposition. Nur durch ein umfassendes Predigtverbot für Karlstadt in Wittenberg konnte Luthers Ziel erreicht werden, eine weitere Einflussnahme Karlstadts auf die Wittenberger Gemeinde zu verhindern und damit seine öffentliche Wirksamkeit in Wittenberg auf die Universität zu beschränken. Die Wittenberger Bürger sollten über das Kommunikationsmittel Predigt nur noch von Luther und den mit ihm übereinstimmenden Predigern erreicht werden.

3. Unterstellung unter die Pressezensur: Die Pressezensur wurde an der Universität Wittenberg Ende April 1522 eingeführt, um die Veröffentlichung einer bereits im Druck befindlichen Schrift Karlstadts zu verhindern. Diese Schrift war zwar nicht gegen Luther gerichtet, sondern gegen den altgläubigen Leipziger Theologen Hieronymus Dungersheim von Ochsenfurt,[145] an der Karlstadt schon vor Luthers Rückkehr gearbeitet hatte. Doch interpretierte Luther diese Schrift als gegen ihn gerichtet, denn sie enthielt Aussagen, die den von Luther in den Invocavitpredigten vorgetragenen Positionen nicht entsprachen: „Sicher ist, daß ich das nicht dulden werde, was er schrieb, ohne Rücksicht auf ein Ärgernis."[146] Da Karlstadt offenbar nicht bereit war, die beanstandeten Passagen zu ändern und sich dadurch der Zensur zu unterwerfen, war die Folge, dass Karlstadt bis 1523 nichts publizieren konnte. Damit war auch Karlstadts Einflussnahme auf die reformatorische Entwicklung außerhalb Wittenbergs beschnitten. Karlstadt verhielt sich zunächst insofern loyal, als er vorübergehend auch außerhalb Wittenbergs nichts drucken ließ.

---

[142] WA.B 2, 448,10–13 (vgl. Abb. des Originalautographs in: Martin Luther. Dokumente seines Lebens und Wirkens. Martin-Luther-Ehrung der DDR 1983, hg. v. Stattliche Archivverwaltung der DDR, Weimar 1983, Nr. 67, 107 [Transkript u. Lit. Hinweise, 344]).

[143] Siehe oben Anm. 136.

[144] Gegen Kruse, Universitätstheologie (wie Anm. 1), 383, Anm. 617.

[145] Die Akten dieses Zensurvorgangs und die von den Zensoren aus der – heute verlorenen – Schrift exzerpierten Stellen sind ediert bei Barge 2, 562 ff.

[146] WA.B 2, 509,11–17.

Auf diese Weise wurde Karlstadt für den Zeitraum 1522/1523 in die Rolle eines Kryptodissidenten abgedrängt, der sich allerdings vorübergehend, an die gegebenen Umstände anpasste. In der Wittenberger Öffentlichkeit – außerhalb der Universität – schwieg er und versuchte auf anderen, privaten Wegen, einen neuen Kreis von Freunden und Gesinnungsgenossen zu finden, unter anderem durch Briefe und Reisen zu auswärtigen Freunden, schließlich durch einen erneuten eigenständigen Reformationsversuch in seiner Pfarrei Orlamünde (1523/1524), die durch das Auftreten Luthers als Visitator im August 1524 ihr Ende fand. Indem Karlstadt danach eine Reihe von Schriften veröffentlichte, in denen er sich offensiv mit Luther auseinandersetzte und seine eigene Theologie entfaltete, wurde er zu einem der zeitweise einflussreichsten offenen frühen Dissidenten im Raum der entstehenden lutherischen Kirche.

Anhang

Ritualwandel: Protest gegen akademische Promotionen und Titel

Bodensteins Position in der theologischen Fakultät der Universität war nach Luthers Rückkehr nicht so, dass er dort kaltgestellt worden wäre. Er war zuletzt im Sommersemester 1521/22 Dekan gewesen. Im Sommersemester 1522 gab es nicht einen einzigen Eintrag im Dekanatsbuch, was darauf hinweist, dass in diesem Semester keine akademischen Grade verliehen wurden. Selbst ein Vermerk über die Person des Dekans fehlt. Die Konflikte der vergangenen Monate scheinen die Fakultät in eine Krise geführt zu haben. Für das Wintersemester 1522/23 wurde dann Bodenstein zum Dekan gewählt. Er muss also noch Unterstützung in der Fakultät gehabt haben. Man hatte wohl nicht erwartet, dass Bodenstein einen Versuch machen würde, eine Reform der Fakultät anzugehen. Im Anschluss an eine Doktorpromotion erklärte er, künftig keine Promotion zum Erwerb eines akademischen Grades in der Theologie unterstützen zu wollen. Als Dekan trug er diesen Entschluss eigenhändig und, wie üblich, in lateinischer Sprache in das Dekanatsbuch ein:

> „Am 3. Februar [1523] haben die ausgezeichneten Männer und Augustinerbrüder Johannes Westermann und Gottschalk Crop jeweils ihr Doktorat erlangt. Promotor war Karlstadt. Dieser bezeugte damals öffentlich, ab jetzt keinen einzigen in irgendeinen [akademischen] Grad stürzen (*subverturum*) zu wollen."[147]

Hinter der drastischen Formulierung, der bei einer Promotion den Vorsitz führende Professor „stürze" seinen Studenten in den Erwerb des akademischen Titels steht biblische Sprache. In der lateinischen Bibel kann das von Bodenstein gebrauchte Wort ‚subvertere' (‚umstürzen', ‚stürzen') auch die Bedeutung von ‚verführen' haben (z.B. Lk 23, 2). Mit seiner öffentlichen Absichtserklärung brach Bodenstein auch mit eigenem bisherigen Verhalten. Das erfahren wir aus einem Bericht des Benediktinermönchs Gottschalk Kruse aus Braunschweig, der am 28. November 1521 in Wittenberg zum Doktor der Theologie promoviert wurde.[148] Kruse war von seinen Braunschweiger Freunden gedrängt worden, den Doktorgrad zu erwerben. Nach seinem Selbstbericht aus dem Jahr 1523 wehrte er sich gegen das Ansinnen seiner Freunde:

---

[147] Liber Decanorum. Das Dekanatsbuch der theologischen Fakultät zu Wittenberg in Lichtdruck nachgebildet, mit einem Vorwort von Johannes Ficker, Halle a. S. 1923, Bl. 34ᵛ.
[148] Ebd., Bl. 33ᵛ.

„Dagegen habe ich mich mit allen Kräften widersetzt um des Spruches Christi Willen Matthäi am 23., wo er seinen Jüngern geboten hat, dass sie ja nicht Rabbi und Meister genannt werden sollten, weil einer wäre der rechte Meister und sie alle Brüder. Diese Rede hat mich so hart gegen die Annahme des Doktorats gedrängt. Jedoch haben meine Freunde nicht abgelassen, so dass ich Doktor Andreas Bodenstein von Karlstadt und Philipp Melanchthon in dieser Sache bekümmern musste. Und wenn sie mir nicht zugeraten hätten [Doktor zu werden], so hätte ich lieber alle meine Freunde erzürnt als das Doktorat anzunehmen."[149]

Kruse berief sich für seine Ablehnung des Doktorats zunächst auf Mt 23,8: „Ihr sollt Euch nicht Rabbi nennen lassen; denn einer ist euer Meister *[magister]*, ihr alle aber seid Brüder." Dieses Argument wird verständlich, wenn man weiß, dass sich ein Doktor der Theologie auch als „Magister der Theologie" bezeichnen konnte.[150] Dieses biblische Argument gegen Promotionen war in Wittenberg, zumindest bei den heranwachsenden Gelehrten, längere Zeit in der Diskussion, denn auch ein anderer Kandidat führte es ein Jahr später ins Feld. Nikolaus Coci, ein Augustinermönch aus Anklam in Vorpommern hatte in Rom studiert und es dort bis zum ersten theologischen Grad, dem biblischen Bakkalar, gebracht. Mit der Zustimmung des römischen Generalpriors des Ordens, Gabriele della Volta, wurde Coci zur Fortsetzung seiner Studienlaufbahn nach Wittenberg geschickt. Vermutlich war damit die Hoffnung des Generalpriors verbunden, der in Rom geschulte Mönch werde dort der lutherischen Ketzerei kritisch gegenübertreten und über die Vorgänge in Wittenberg berichten können.[151] Dort nahm in die theologische Fakultät am 29. Oktober 1522 in die Matrikel der Bakkalare auf.[152] Am 3. November meldete sich Coci brieflich bei seinem Generalprior und bekannte:

„Aber als ich in diese evangelische Lehre, die hier wieder auflebte, näher eindrang, dass wir uns nämlich auf Erden nicht Meister lassen dürfen, habe ich mir diese ehrsüchtigen Strebereien oder eher Missbräuche beinahe schon aus dem Kopf geschlagen."[153]

Mit demselben Argument, das schon Kruse gebraucht hatte, zögerte Coci, einen weiteren akademischen Grad zu erwerben. Dennoch erwarb er schon am 28. November den nächsten akademischen Grad, den eines *baccalaureus sententiarius*. Die weiteren Grade, den des Lizentiaten und des Doktors bzw. Magisters der Theologie erwarb er nicht mehr.

---

[149] KRUSE, GOTTSCHALK, To allen Christgelöuigen fromen mynschen, [Wittenberg: Nickel Schirlentz 1523], VD 16 ZV 9237, Bl. B 3ᵛ.

[150] Luther trug sich im Wintersemester 1518/19, als er Dekan war, mit dem Titel „S.[acrae] T.[heologiae] Magister" ins Dekanatsbuch ein. Liber decanorum (wie Anm.148), Bl. 29ʳ.

[151] Zu Nikolaus Coci s. SCHNEIDER, HANS, Zwei Briefe über die Situation in Wittenberg 1522 und 1524 im Register des Ordensgenerals der Augustinereremiten, in: LuJ 83 (2016), 14–17. (Freundlicher Hinweis von Dr. Alejandro Zorzin, Karlstadt-Edition Göttingen.)

[152] Liber decanorum (wie Anm.148), Bl. 34ᵛ.

[153] Edition und Übersetzung des Briefes bei Schneider, Briefe (wie Anm. 151), 12–14.

Karlstadt übernahm schließlich die Einwände, die seine Schüler gegen die theologischen Promotionen vorbrachten. Als er am 3. Februar 1523 anlässlich zweier Doktorpromotionen seine oben zitierte Erklärung ins Dekanatsbuch schrieb, künftig niemanden mehr zum Erwerb eines akademischen Grades verführen zu wollen, war auch Martin Luther anwesend. Er schrieb später unter Karlstadts Erklärung folgenden Kommentar:

> „Und ich bezeuge mit dieser meiner Hand, dass ich bei jenem Vorfall anwesend war und aus seinem gotteslästerlichen Mund noch folgende gottlosen Worte hörte (denen ich damals nicht öffentlich widersprechen durfte): ‚Ich [nämlich Bodenstein] handele wissend sündhaft, weil ich für 2 Gulden promoviere.' Und er behauptete nach Mt 23, niemand dürfe auf Erden Vater oder Meister (Magister) genannt werden, sondern es gebe nur einen Meister und Vater im Himmel usw. Daran sieht man, aus welchem Geist er seine Theologie geschöpft hat. Martin Luther mit eigener Hand."[154]

In der Wittenberger Diskussion um die akademischen Promotionen und Titel zeigte Bodenstein als Hochschullehrer die Fähigkeit, auf Argumente von Studenten zu hören und, wenn auch zögernd, selbstkritisch eigenes Verhalten zu revidieren. Allerdings hatte sich ein Wandel hinsichtlich des rituellen und demonstrativen Gebrauchs akademischer Titel als Zeichen von Autorität und Würde bei Bodenstein schon seit dem Sommersemester 1520 angekündigt. Die Dekane der theologischen Fakultät, die ihre Amtshandlungen im Dekanatsbuch festzuhalten hatten, fügten dem eigenen Namen und den Namen der Kollegen und Kandidaten regelmäßig deren akademische und geistliche Titel hinzu. Als Bodenstein im Sommersemester 1512 zum ersten Mal Dekan war, führte er sich im Dekanatsbuch mit folgenden Worten ein: „... der ausgezeichnete Mann Andreas Bodenstein aus Karlstadt, Doktor der Künste und der Theologie, Archidiakon der Kirche Allerheiligen in Wittenberg ..."[155] Luther stellte sich 1518 vor als der „Ehrwürdige Vater Martin Luther, Magister der Heiligen Theologie".[156] Mit diesem üblichen Titel-Ritual brach Bodenstein im Sommersemester 1520 für die eigene Person, indem er alle seine Titel wegließ: „Im Jahr des Herrn 1520 im Dekanat des Andreas Bodenstein aus Karlstadt".[157] Für seine Kollegen benutzte er jedoch weiterhin deren Titel. Bodensteins Beispiel folgte im Wintersemester 1521/22 sein Kollege Johannes Dölsch,[158] später folgte der Stiftspropst Justus Jonas.

Mit der Ablehnung der theologischen Promotionen übte Bodenstein auf die Fakultät eine nachhaltige Wirkung aus. Von den aus dem scholastischen Lehrbetrieb stammenden gestuften theologischen Graden vom Bakkalar über den Lizentiaten zum Doktor blieb nur der Doktortitel übrig. Und nachdem in den

---

[154] Liber decanorum (wie Anm.148), Bl. 34^v.
[155] Ebd., Bl. 21^v.
[156] Ebd., Bl. 29^r.
[157] Ebd., Bl. 30^v.
[158] Ebd., Bl. 33^v.

Jahren 1524 und 1525 noch fünf Doktoren promoviert wurden, stellte man die Doktorpromotionen ein, bis diese auf Verlangen des jungen Kurfürsten Johann Friedrich im Jahr 1533 wieder aufgenommen wurden.[159]

Auch für die eigene Person zog Bodenstein weitere Konsequenzen aus seiner Ablehnung der Promotionen am 3. Februar 1523. Hatte er als Dekan im Amtsbuch schon seit 1520 seine Titel weggelassen, verzichtete er bald auch öffentlich auf die Inanspruchnahme derartiger akademischer und klerikaler Würdezeichen. Ende 1522 oder Anfang 1523 wagte er die erste Publikation nach seiner Unterstellung unter die Universitätszensur, indem er eine in St. Joachimsthal gehaltene Predigt, den „Sermon vom Stand der christgläubigen Seelen, von Abrahams Schoß und Fegfeuer", in Nürnberg drucken ließ. Auf dem Titelblatt bezeichnete er sich noch wie bisher als „Doctor".[160] Doch auf einer am 13. März 1523 im Druck vollendeten Schrift ersetzte er den Titel demonstrativ mit der Selbstbezeichnung „ein neuer Laie"[161], und wiederholte dies auf dem Titel einer zweiten Schrift – „Was gesagt ist: Sich gelassen, und was das Wort Gelassenheit bedeutet"[162], deren Widmung an seinen ehemaligen Kommilitonen Georg Schenck[163] vom 20. April 1523 datiert ist.[164]

Mit dieser Nivellierung sowohl seines Priesterstandes als auch seines Gelehrtenstatus zugunsten einer Aufwertung des Laien reagierte Bodenstein auf eine in Wittenberg damals verbreitete Stimmung. Der Augustinermönch Nikolaus Coci, der Bedenken gegenüber Promotionen vorbrachte, schrieb in seinem bereits zitierten Brief an seinen Generalprior in Rom auch:

> „Jener Luther bewirkt nämlich durch Schriften, Predigten und ähnliche Werke, dass in Deutschland schon überall das Licht und die evangelische Freiheit, wie sie es nennen, wieder aufzuleben beginnt. Es ist soweit gekommen, dass man hier keinen Unterschied zwischen Mönchen, Priestern und Laien macht, haben sie doch alle ein und denselben Herrn."[165]

Bodenstein begründete in der Schrift „Was gesagt ist: Sich gelassen" in einem Kapitel über Hochschulen seine Absage an akademische Grade und Titel ausführlicher:

---

[159] Ebd., Bl. 35^r–37^r.

[160] BODENSTEIN VON KARLSTADT, ANDREAS, Ein Sermon Vom Stand der Christglaubigen seelen von Abrahams schosz vnd fegfeur, [Nürnberg: Johann Stuchs, 1522 oder 1523], VD16 B 6201. Zum Druck s. Bubenheimer: Thomas Müntzer und Wittenberg, 47f., 3. Beitrag in diesem Band.

[161] BODENSTEIN VON KARLSTADT, ANDREAS, Von manigfeltigkeit des eynfeltigen eynigen willen gottes, 1523, VD16 B 6251.

[162] BODENSTEIN VON KARLSTADT, ANDREAS, Was gesagt ist/Sich gelassen/vnd was das wort gelassenhait bedeüt, [Augsburg: Silvan Otmar, 1523], VD16 B 6256.

[163] Wie Bodenstein im WS 1504/05 in Wittenberg immatrikuliert. Album 1, 16b.

[164] Vgl. ZORZIN, ALEJANDRO, Karlstadt als Flugschriftenautor, Göttingen 1990 (GTA 48), 97.120.

[165] SCHNEIDER, Briefe (wie Anm. 151).

„In den hohen Schulen, was sucht man Anderes denn Ehre von den anderen? Derhalben wird einer Magister, der andere Doktor und dazu Doktor der Heiligen Schrift. Sie geben auch Gut und Gabe um die Ehre, die Christus seinen Lehrjungen verboten hat [vgl. Mt 23, 8. 10], und wollen dennoch diejenigen sein, die christlichen Glauben lehren und erhalten; wollen unsere Meister und Doctores genannt sein, wiewohl sie doktorliche Ehre mit solchem Geiz und Fraß suchen, dass sie alle anderen, die gleichermaßen lehren [können], beneiden und verfolgen, wenn sie ihre Ehre erkauft haben. Sie wollen auch keinen aufkommen lassen oder bei sich sitzen lassen, der nicht gleichen Namen hat. Und wenn ich oder ein anderer das verneinen wollte, würden uns doch Gottes Augen mit ihrem durchscheinenden Blick treffen und überzeugen, dass wir wegen universitärem Ruhm niederknien, Geld geben, Hochzeit [d. h. Feste] oder köstliche Mahlzeiten aufrichten, damit wir bei den Leuten eine Autorität haben und angesehen sind, und wollen dennoch nicht hören, dass wir ungläubig sind. Nun mag es nicht sein, dass einer Gott glaube und vertraue, wenn er Ehre annimmt.“[166]

Mit seiner Kritik an den Hochschulen verarbeitet Karlstadt sicher auch die demütigenden Erfahrungen, die er durch die öffentliche Brandmarkung in Luthers Invocavitpredigten, die Unterstellung unter die Zensur und andere Maßnahmen, die ihn in Wittenberg zu einer Randfigur in der akademischen Szene machten. Zugleich übte Karlstadt jedoch auch Selbstkritik an sich selbst und eigenen Verhaltensweisen. Er forderte sich selbst und seine Leser auf: „Du musst Dich gelassen.“[167] Er trägt die zitierte Hochschulkritik im Kontext einer mystischen Schrift über die Gelassenheit vor. Wie schon in der durch die päpstliche Bannandrohung ausgelösten Krise des Jahres 1520, in der er seine erste Schrift über die Gelassenheit verfasste, hat er sich in der neuen Krisensituation der Jahre 1522/23 wieder intensiv in die Predigten des Mystikers Johannes Tauler vertieft. Diese haben ihm – neben den kritischen Rückfragen, die er von Studenten und sicher auch anderen Personen[168] erhalten hatte – dabei geholfen, sich nicht nur von hergebrachten, lange von ihm nicht hinterfragten akademischen Ritualen, sondern schließlich auch von dem inneren Zwang, sein Lebensziel mit einer ehrenvollen akademischen Karriere zu identifizieren, abzulösen, d. h. – in seinen Worten – diese zu „gelassen“.

[166] BODENSTEIN, Was gesagt ist / Sich gelassen (wie Anm. 162), Bl. F 1ʳ.
[167] Ebd., Bl. F 1ᵛ.
[168] Siehe dazu ZORZIN, Karlstadt (wie Anm. 165), 121 Anm. 53.

9. Die *Antithesis figurata vitae Christi et Antichristi* und das *Passional Christi und Antichristi*

Inhalt, Quellen, Verfasser, Theologie

I. Aufbau und Inhalt

Im Jahr 1521 wurde in Wittenberg in einer Kombination von Bild und Text eine Gegenüberstellung von Christus und Antichristus, d. h. Christi und des Papstes, produziert, die sowohl in einer lateinischen – *Antithesis figurata vitae Christi et Antichristi* (Antithese des Lebens Christi und des Antichrists in Bildern) als auch in einer deutschen Fassung *Passional Christi und Antichristi* – anonym publiziert wurde. Alle an der Produktion Beteiligten – Erfinder des Bildprogramms, Künstler, Autoren und Übersetzer sowie der Drucker – gaben ihre Namen nicht preis. Die polemische Satire auf das Papsttum besteht in der Wittenberger Fassung aus 13 Antithesen, die ich in der folgenden Tabelle mit römischen Zahlen durchzähle (I bis XIII). Jede sogenannte Antithese besteht aus zwei Holzschnitten, wobei auf je einer Doppelseite links eine Szene aus dem Leben Christi, auf der rechten Seite eine Szene aus dem Leben des Papstes dargestellt ist. Unter jedem der insgesamt 26 Holzschnitte (hier mit arabischen Zahlen durchgezählt: 1 bis 26) wurde ein teils kurzer, teils längerer kommentierender Text abgedruckt (Beispiel s. Abb. 1).[1]

Ein zusätzlicher Holzschnitt auf dem Titelblatt besteht aus einer für die Drucklegung des *Passional* bzw. der *Antithesis* geschaffenen dekorativen Titeleinfassung, die im Renaissance-Stil gestaltet ist und keinen Bezug zum Inhalt des Pamphlets erkennen lässt.[2]

Im Folgenden stelle ich zunächst einen Überblick über den Aufbau der Bildfolge und die auf den Holzschnitten dargestellten Themen voran (Tabelle 1).

---

[1] Die deutsche Version der Texte ist ediert in WA 9, 701–715 mit einer ausführlichen Einleitung von Gustav Kawerau (WA 9, 677–700). Die Holzschnitte sind im Anhang von WA 9 als *Beilagen* abgebildet. Vollständige Abbildung der *Antithesis figurata* bietet GROLL, KARIN, Das „Passional Christi und Antichristi" von Lucas Cranach d. Ä., Frankfurt am Main 1990 (EHS Kunstgeschichte 118), 129–134.

[2] Abgebildet bei LUTHER, JOHANNES, Die Titeleinfassungen der Reformationszeit. Mit Verbesserungen und Ergänzungen von Josef Benzing, Helmut Claus und Martin von Hase, Hildesheim; New York 1973, Tafel 6. Beschreibung der Titeleinfassung in: KOEPPLIN, DIETER/FALK, TILMANN, Lukas Cranach. Gemälde Zeichnungen Druckgraphik, Bd. 2, Basel/ Stuttgart 1976, 586 und 588.

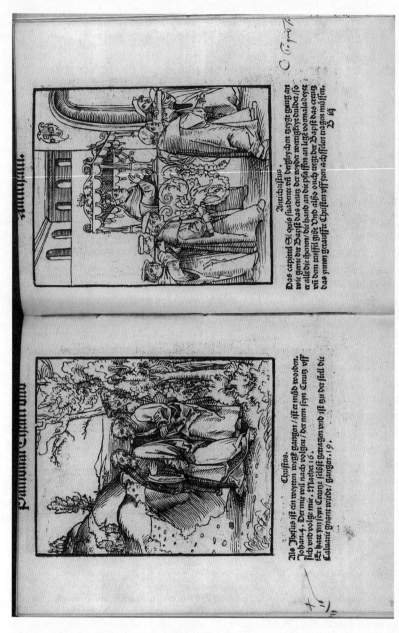

Abb. 1: Antithese: Während Jesus bis zur Ermüdung geht, lässt sich der Papst tragen. Passional Christi vnd Antichristi, [Wittenberg: Johann Grunenberg 1521], Bl. B 2ᵛ–B 3ʳ (Benzing/Claus Nr. 2015). Ratsschulbibliothek Zwickau: 12.10.11.(8).

Zu den Themen der 13 Antithesen mit je 2 Bildern notiere ich die in den Texten zitierten Quellen aus der Bibel und dem Kanonischen Recht.[3]

Bibelzitate stehen in der Regel unter den Christus-Szenen, manchmal auch unter einzelnen Papstbildern, während Zitate aus dem Kanonischen Recht nur den Papst-Szenen beigefügt sind. Da zu den einzelnen Holzschnitten oft mehrere Bibelstellen zitiert sind, habe ich jeweils die Bibelstelle, aus der heraus die jeweilige Christus-Szene – in zwei Fällen auch die Antichristus-Szene – entwickelt wurde, in Tabelle 1 durch Kursive hervorgehoben. Die Texte unter den Christus-Szenen bestehen in der Regel lediglich aus Bibel-Zitaten, nur vereinzelt finden sich zusätzliche kommentierende Bemerkungen. Unter den meisten Papst-Szenen finden sich neben den Zitaten aus dem Kanonischen Recht und der Bibel zusätzlich papstkritische Kommentare des Autors bzw. der Autoren.

Tabelle 1: Bildthemen, Quellenzitate und antithetische Symbolik

Antithese	*Bild*	*Themen der Bilder*	*Quellen (Bibel, Kanonisches Recht)*	*Antithetische Symbolik*
I	01	Christus flieht vor dem Angebot einer Königskrone	*Joh 6,15* Joh 18,36 Luk 22,25–26	Christus *weist Krone zurück* / Papst *trägt*
	02	Papst mit Krone (Tiara) empfängt Kaiser mit Geschützen und Landsknechten	2 Petr 2,1.10 *Clem.,* De sententia et re iudicata II 11 c. Pastoralis[4]	*Krone* wie ein weltlicher Herrscher
II	03 04	Krönung Christi mit Dornenkrone Krönung des Papstes mit Tiara	*Joh 19,2* *Decr.,* d. 96 c. 13[5] Constantinus	Krönung Christi *mit Dornen* / Krönung des Papstes *mit Tiara*
III	05	Christus wäscht und küsst die Füße der Jünger	*Joh 13,14–17*	Christus *küsst die Füsse* anderer / Papst *lässt sich die Füsse küssen*
	06	Papst lässt sich die Füsse küssen	Apk 13,15 *Decretal.,* V 33 De privilegiis c. 12 Cum olim[6] *Clem.,* V 10 De sententia excommunicationis c. 4 Si summus pontifex[7]	

---

[3] Die Nachweise der in den Texten angeführten Quellen des Kanonischen Rechtes konnte ich größtenteils aus der Edition in WA 9 übernehmen. Dort fehlende Nachweise habe ich ergänzt.

[4] Clem 2.11.2 (ed. Friedberg II, 1153).

[5] Dist. 96 c.13 (ed. Friedberg I, 342).

[6] Decretal 5.33.12 (ed. Friedberg II, 854).

[7] Clem. 5.10 c. 4 (ed. Friedberg II, 1192).

Anti-these	Bild	Themen der Bilder	Quellen (Bibel, Kanonisches Recht)	Antithetische Symbolik
IV	07	Christus und Petrus zahlen Zoll	*Mt 17,23–26* Röm 13,(4).7[8]	Christus *zahlt Zoll* / Papst *fordert*
	08	Papst verhängt Bann über Obrigkeiten, die den Klerus besteuern	*Lib. Sextus,* III 23 De immunitate ecclesiarum c. 1[9]	*Steuerfreiheit* für den Klerus
V	09	Christus im Gebet bei Lahmen, Aussätzigen und Blinden	*Phil 2,6–8 Decr.,* d. 86 c. 4 Quando[10] mit Glossa[11]	*Demut* Christi / *Hochmut* des Papstes
	10	Papst ergötzt sich an Ritterturnier		
VI	11A[12]	A Christus geht zu Fuß	A *Joh 4,6* Mt 16,24 Joh 19,17	A Christus *geht* B Jesus *trägt sein Kreuz*
	11B	B Christus trägt sein Kreuz	B Joh 4,6 Mt 16,24 *Joh 19,17*	Papst *geht nicht,* er *lässt sich tragen*
	12	Papst wird in Sänfte getragen	*Decr.,* [C. 17 q. 4][13] c. 29 Si quis suadente diabolo[14]	
VII	13	Christus predigt dem Volk	*Luk 4,43–44*	Christus *predigt* / der Papst
	14	Papst beim Festmahl	Jes 56,12 mit Tit 1,12 *Decretal.,* I 31 De officio iudicis ordinarii c. 15 Inter cetera[15]	*schlemmt beim Mahl* (statt zu predigen)

---

[8] *Antithesis* zitiert Röm 13,7, *Passional* ergänzt das Zitat frei nach Röm 13,4.

[9] VI.3.23.1 (ed. Friedberg II, 1061).

[10] Dist. 86 c. 4 (ed. Friedberg I, 298): „Quando necessitas discipline in moribus coercendis dicere vos dura verba compellit: si etiam ipsi modum vos excesisse sentitis non a vobis exigitur: ut vos a subditis veniam postuletis: ne apud eos quos oportet esse subiectos: dum nimium servatur humilitas regendi *frangatur auctoritas:* [...]." (Hervorhebung von U. B.)

[11] Die *Glossa* zu *frangatur auctoritas* in dem in Anm. 11 zitierten Text lautet: „*Frangatur auctoritas.* Augere enim ex ingenio debet dignitatem. Nimia enim familiaritas contemptum generat [...] quod verum est inter fatuos: [...] illa ergo auctoritas Vade prius reconciliari fratri tuo antequam offeras ad altare: de prelatis non intelligitur." *Decretum Gratiani [...],* Lyon: Nicolaus de Benedictis, 12. Mai 1506, fol. 87rb. (Hervorhebung von U. B.)

[12] Zu dieser Antithese existieren zwei verschiedene Christusszenen: Die Szene A (nur in den ersten beiden Wittenberger Drucken des *Passional,* Benzing/Claus Nr. 1015 und 1014) zeigt Jesus barfuß auf dem Weg mit zwei Jüngern. Die Szene B (in den Wittenberger Drucken Benzing/Claus Nr. 1016, 1017 und 1024 sowie in den Erfurter und Straßburger Drucken) zeigt das Motiv der Kreuztragung Christi.

[13] Im Druck fehlt die Angabe von *Causa* und *quaestio.*

[14] C. 17 q. 4 c. 29 (ed. Friedberg I, 822).

[15] Decretal. 1.31 c. 15 (ed. Friedberg II, 192).

Anti-these	Bild	Themen der Bilder	Quellen (Bibel, Kanonisches Recht)	Antithetische Symbolik
VIII	15	Geburt Christi im Stall	Luk 9,58 2 Kor 8,9	Christus in *Ar-mut* / Papst führt Krieg für *Reich-tum*
	16	Papst mit Tiara und Ritter-rüstung führt Krieg	*Decr.*, C. 15 q. 6 c. 2 Auctoritatem[16] *Decr.*, C. 23 q. 5 c. 46 Omnium[17] *Decr.*, C. 23 q. 8 c. 9 Omni[18]	
IX	17	Einzug in Jerusalem: Chris-tus reitet auf Esel, begleitet	*Mt 21,1–8* Joh 12,14–15.47	Reiten auf Esel in *Demut* / Reiten
	18	vom einfachen Volk Auszug in die Hölle: Papst reitet auf Pferd, begleitet von Landsknechten und hohem Klerus	*Decr.*, C. 12 q. 1 c. 7 duo[19] *Decr.*, d. 96 c. 14 Con-stantinus[20] *Extrav. com.*[21], I 1 c. 1 Super gentes[22]	auf Pferd in *Hoch-mut*. Ziel: *Jerusa-lem / Hölle*
X	19	Aussendung der Jünger: Christus fordert sie zur Armut auf	*Mt 10,9–10* Apg 3,6	Christus *fordert Armut* / Papst *ver-leiht Reichtum*
	20	Papst zeigt einem Bischof ein Schloss	*Decr.*, d. 80 c. 3 Epis-copi[23] *Decr.*, d. 70 c. 2 Sanc-torum[24]	
XI	21	Jünger waschen Hände vor dem Mahl nicht – Christus darüber im Streitgespräch mit Schriftgelehrtem	Lk 17,20–21 *Mt 15,1–3* Jes 29,13 1 Tim 4,1.3	(Texte: Reich Gottes *in-nerlich* / Reich des Antichrists *äußerlich*)
	22	Papst wird von Klerus und Volk angebetet		

---

[16] C. 15 q. 6 c. 2 (ed. Friedberg I, 755).
[17] C. 23 q. 5 c. 46 (ed. Friedberg I, 944).
[18] C. 23 q. 8 c. 9 (ed. Friedberg I, 955).
[19] C. 12 q. 1 c. 7 (ed. Friedberg I, 678).
[20] Dist. 96 c. 14 (ed. Froedberg I, 344).
[21] Im Text irrtümlich den *Extravagentes Iohannis XXII* zugeschrieben.
[22] Extrav. Joann. 1.1 (ed. Friedberg II, 1237).
[23] Dist. 80 c. 3 (ed. Friedberg I, 280).
[24] Dist. 70 c. 2 (ed. Friedberg I, 257).

Anti-these	Bild	Themen der Bilder	Quellen (Bibel, Kanonisches Recht)	Antithetische Symbolik
XII	23	Tempelaustreibung: Christus treibt Händler aus dem Tempel	*Joh 2,14–16* Mt 10,8 Apg 8,20	*Austreibung der Händler* aus dem Tempel / *Papst*
	24	Papst sitzt in Kirche, gesiegelte Briefe verkaufend	*2 Thess 2,4* Dan 11,36–37 *Decr.*, d. 19 c. 2 Sic omnis[25] *Decr.*, C. 17 q. 4 c. 30 Nemini[26]	*als Händler* im Tempel
XIII	25	Himmelfahrt Christi	*Apg 1,9.11* Luk 1,33	Auffahrt in den *Himmel* / Sturz in die *Hölle*
	26	Höllensturz des Papstes	Joh 12,26 *Apk 19,20–21* 2 Thess 2,8	

Im Blick auf das Verhältnis der Bilder zu den in den Texten zitierten Quellen, ergibt sich Folgendes: Nur eines der Christus-Motive, Geburt Christi im Stall (VIII 15), ist nicht nach einer der zitierten Bibelstellen gestaltet (VIII 15). Die Motive für die Antichristus- bzw. Papst-Szenen bieten den Antitypus zu den dargestellten Christusszenen. In vier Fällen werden auch zu den Antichrist-Bildern Bibelstellen zitiert (I 2; III 6; XII 24; XIII 26). Es handelt sich um Zitate, mit denen entweder die Warnung vor Pseudopropheten auf den Papst bezogen wird (2 Petr 2,1.10 in I 2) oder Gestalten der biblischen Apokalyptik mit dem Papst identifiziert werden. Dabei haben die der Bibel entnommenen apokalyptischen Motive die Gestaltung der letzten beiden Papstbilder (XII 24; XIII 26) mitgeprägt. In den Texten zu den Papstbildern stehen allerdings nicht Bibelzitate, sondern Zitate aus den Quellen des Kanonischen Rechts – aus dem *Decretum Gratiani* und den päpstlichen Dekretalen – im Vordergrund. Die Gegenüberstellung von Texten der Bibel und des Kanonischen Rechtes stellen eine die einzelnen Antithesen übergreifende, in den Texten explizierte Antithese dar: Bibel contra Kanonisches Recht, oder im Sinne der Autoren: Wahrheit gegen Lüge.

II. Lateinische *Antithesis* und deutsches *Passional* – Erstfassung und Reihenfolge der Wittenberger Drucke

Martin Luther (1483–1546) sprach am 7. März 1521 in einem Brief an seinen Freund Georg Spalatin (1484–1545), den Sekretär Kurfürst Friedrichs des Weisen (1463–1525), erstmals von einer Antithese in Bildern: „Iam paratur Anti-

---

[25] Dist. 19 c. 2 (ed. Friedberg I, 60).
[26] C. 17 q. 4 c. 30, (ed. Friedberg I, 823).

thesis figurata Christi et pap(a)e, bonus pro laicis liber."[27] (Im Augenblick wird eine Antithesis Christi und des Papstes in Bildern vorbereitet, ein gutes Buch für die Laien.) Die von Luther hier gewählte Bezeichnung für das in Vorbereitung befindliche Werk – „Antithesis figurata Christi et papae" – steht dem Titel des lateinischen Druckes – „Antithesis figurata vitae Christi et Antichristi" – so nahe, dass sich die Vermutung nahelegt, die Version mit lateinischen Texten könnte die ursprüngliche gewesen sein, der erst in einem zweiten Schritt eine Übersetzung der Texte für eine deutschsprachige Ausgabe gefolgt sein könnte. Um die Frage nach der Erstfassung zu klären, wurde ein vollständiger Vergleich der lateinischen Textfassung (*Antithesis figurata*) mit der deutschen (*Passional*) durchgeführt. Dem Vergleich wurden folgende Wittenberger Drucke zugrunde gelegt:

ANTITHESIS FIGVRATA VITAE | CHRISTI ET ANTHICHRISTI. | AD LECTOREM | Eusebius. || Qua[m] male co[n]ueniant cum Christi pectore Iesu: | [...]. [Wittenberg: Johann Grunenberg, 1521][28] (s. Abb. 2).

Passional Christi vnd | Antichristi. [Wittenberg: Johann Grunenberg, 1521][29] (s. Abb. 3).

Der Vergleich ergab, dass der deutsche Text eine gekürzte Übersetzung des lateinischen ist. Vereinzelt sind im deutschen Text noch lateinische Formulierungen stehen geblieben, die Lesern ohne Lateinkenntnisse nicht verständlich sein konnten. Dies soll hier an dem auffallendsten Beispiel gezeigt werden:[30] Zur zehnten Antithese (Holzschnitt X 19: Christus fordert die Jünger zur Armut auf, nach Mt 10,10–11) heißt es in der *Antithesis figurata*:

„S. Petrus dixit: Aurum et argentum non habeo. Actuum. iij. Vbi est ergo patrimonium Petri?"[31]

---

[27] WA.B 2, 283 (Nr. 385,24–25).

[28] VD16 L 5589. Benzing/Claus Nr. 1024. Exemplar der Universitätsbibliothek Heidelberg: Sal. 121,29 RES (mit handschriftlichen lateinischen Notizen und Kolorierung aller Holzschnitte außer dem Titelholzschnitt). Benzing/Claus (Bd. 2, 95) führen zu Nr. 1024 auch eine vermeintliche Druckvariante mit der Korrektur *ANTI-CHRISTI* (statt *ANTHICHRISTI*) in Z. 2 des Titelblatts auf. Das als Beleg angeführte Exemplar in der SUB Göttingen: 8 TH TH II, 207/7 (1) RARA bietet jedoch keine Druckvariante. Vielmehr ist die Variante im Titel das Ergebnis einer Rasur und einer daran anschließenden handschriftlichen Korrektur. Der Irrtum geht zurück auf KIND, HELMUT, Die Lutherdrucke des 16. Jahrhunderts und die Lutherhandschriften der Niedersächsischen Staats- und Universitätsbibliothek Göttingen, Göttingen 1967, Nr. 530c. Dementsprechend ist VD16 L 5590, wo die vermeintliche Variante als eigener Druck verzeichnet ist, zu streichen.

[29] Erstdruck des *Passional*: Benzing/Claus Nr. 1015 (nicht 1014!); VD16 L 5585. Exemplar der Ratsschulbibliothek Zwickau: 12.10.11 (8).

[30] Weiteres Beispiel: Im *Passional*, fol. B4ʳ ist *animalia ventris* („Tiere des Bauches") ohne Übersetzung übernommen worden. Hinter dieser Formulierung steht Tit 1,12: *Cretenses semper mendaces, malae bestiae, ventres pigri.*

[31] *Antithesis figurata*, fol. C2ᵛ.

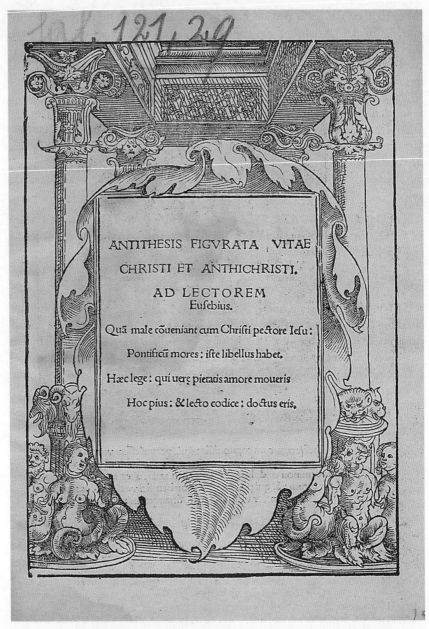

Abb. 2: Antithesis figurata vitae Christi et Antichristi, [Wittenberg 1521] Titelblatt. UB Heidelberg: Sal. 121, 29

Abb. 3: Passional Christi und Antichristi, [Wittenberg 1521], Titelblatt mit handschriftlicher Notiz: *Author Iohannes Huß.* Ratsschulbibliothek Zwickau: 1.10.11 (8).

Der Wittenberger Erstdruck des deutschen *Passional* bietet folgende Version:

> „Sanct Peter sagt/Ich habe wyder golt nach silber act. 3.[32] Vbi ist dan Patrimonium Petri?"[33]

Die Mischung aus Deutsch und Latein im zweiten Satz ist ein deutlicher Hinweis darauf, dass dem Übersetzer der Text der *Antithesis figurata* vorlag. Während die zitierte Version der deutschen Fassung in allen Wittenberger und Erfurter Drucken beibehalten wurde, haben erst die Straßburger Drucke, die insgesamt eine veränderte und erweiterte Fassung der Flugschrift bieten, jenes sprachliche Defizit behoben:

> „Sanct Peter sagt/Ich hab weder golt noch silber. Act.3. Wo ist dann Patrimonium vnd erbgu(o)t[34] Petri."[35]

Neben den Latinismen in den deutschen Texten weist die wiederholte Kürzung der Texte in der deutschen Version auf die Priorität der lateinischen Version hin. Die Kürzung war aus drucktechnischen Gründen erforderlich. Denn unter den Holzschnitten war der Raum, der für den Abdruck des zugehörigen Textes zur Verfügung stand, begrenzt. Da der vollständig ins Deutsche übersetzte Text nach der Anzahl der Buchstaben länger gewesen wäre und außerdem die für das Deutsche verwendeten Schrifttypen größer waren als die lateinischen, wurde vorrangig in den Zitaten aus dem Kanonischem Recht, geringfügiger in den Bibelzitaten gekürzt[36]. Für die Interpretation der Texte ist daher der Rückgriff auf die lateinische Fassung erforderlich. Die bisherige Forschung hatte jedoch nicht erkannt, dass der lateinische Text in zwei Druckvarianten überliefert ist. Zunächst hatte der Drucker eine Ausgabe (A) geliefert, die mehrere Druckfehler enthielt.[37] Darauf folgte eine Ausgabe (B), in der vier Verbesserungen vorgenommen wurden,[38] ohne weitere Änderungen am Schriftsatz.[39]

---

[32] Apg 3,6.

[33] *Passional*, fol. C2[v].

[34] Zwar wird das lateinische Wort *Patrimonium* beibehalten, jedoch zugleich mit *erbgu(o)t* übersetzt.

[35] *Passional Christi vnd Antichristi.* [Straßburg: Johann Prüß 1521], fol. C2[v]. Benzing/Claus Nr. 1018; VD16 L 5583. Exemplar der Universitätsbibl. Heidelberg: Q 3661–4 (zeitgenössischer Besitzvermerk: *Joannis Beckij Vberling.[ensis]*, also Johannes Beck aus Überlingen). Dieser Druck ist die erste von zwei Straßburger Ausgaben.

[36] Besonders umfangreich sind die Kürzungen von Zitaten aus dem Kanonischen Recht im *Passional* (Wittenberg), fol. C1[r] zu Bild VIII 16. Hier war schon der lateinische Text so lang, dass die erste Zeile nach oben bis an den unteren Rand des Holzschnitts gequetscht wurde und viele Abkürzungen verwendet wurden.

[37] Folgende Exemplare gehören zur Variante A: Staats- und Stadtbibliothek Augsburg: 4 Th 131; Bodleian Library Oxford: Douce C 313; Universitätsbibliothek Halle: Ib 4187a; Universitätsbibliothek Heidelberg: Sal. 121,29 RES.

[38] *Antithesis figurata*, fol. A1[v], Z. 1, *raperetur* wurde korrigiert in *raperent*; fol. A2[r] *vocante* (Z. 2) wurde ersetzt durch *vacante* und *Cesares* (Z. 5) durch *Caesares*; fol. C 6[v], Z. 1 *secrimina* wurde durch Einfügung eines Leerzeichens zu *se crimina*.

[39] Zur Variante B gehören folgende Exemplare: Staats- und Universitätsbibl. Göttingen: 8 Th Th II 202/7_1 RARA; Universitäts- und Landesbibl. Jena: 4 OP. Theol. V, 3.

Der Nachweis, dass der deutsche Text eine Übersetzung des lateinischen Textes ist, bedeutet allerdings nicht, dass der lateinische Text als erster gedruckt wurde.[40] Vielmehr wurde erst nach Fertigstellung der deutschsprachigen Wittenberger Drucke die lateinische Ausgabe gedruckt. Die Reihenfolge, in der die vier deutschen und der lateinische Druck in der Offizin von Johann Grunenberg hergestellt wurden, lässt sich anhand des Zustands der für den Druck der Bilder verwendeten 26 Druckstöcke feststellen. Im Laufe des Druckprozesses nahm die Abnutzung der Druckstöcke zu, deutlich sichtbar an den sich mehrenden Beschädigungen – Risse und Brüche – an der äußeren Rahmenlinie der Holzschnitte.[41]

Aus der Priorität des lateinischen Textes ergibt sich, dass der Begriff *Passional* in der lateinischen Erstfassung noch gar nicht verwendet wurde, sondern die Bilderfolge als „Antithesis des Lebens Christi (vitae Christi) und des Antichrists" bezeichnet wurde. Luther sprach in seinem Brief an Spalatin vom 7. März 1521 von der in Vorbereitung befindlichen „Antithesis Christi und des *Papstes* in Bildern"[42]. Tatsächlich sind die ausgewählten Szenen keineswegs nur den biblischen Überlieferungen von der Passion Christi entnommen, sondern sie bieten eine Auswahl an Szenen aus dem Leben Jesu, zu denen entsprechend der ikonographischen Tradition[43] sich ein kleinerer Teil natürlich auch auf die Passion Christi bezieht. Der weitere, nicht auf die Passion Christi beschränkte Horizont der Motivauswahl erklärt sich aus der Zielsetzung der Bildfolge, Verhaltensweisen Christi den Verhaltensweisen des Antichrists gegenüberzustellen. Entsprechend werden in einem auf dem Titelblatt der lateinischen Fassung abgedruckten Epigramm die Verhaltensweisen (*mores*) des Papstes betont:

„AD LECTOREM Eusebius.
Quam male conueniant cum Christi pectore Iesu:
Pontificum mores: iste libellus habet.
Haec lege: qui verae pietatis amore moueris
Hoc pius: et lecto codice: doctus eris."

(Eusebius an den Leser: Wie sehr die Sitten der Päpste mit dem Geiste Jesu Christi übereinstimmen, kann dieses Büchlein zeigen. Dies lese, wer von der Liebe zur wahren Frömmigkeit getrieben ist. Wenn du diesen Band gelesen hast, wirst du fromm und gelehrt sein.)

---

[40] Zum selben Ergebnis kommt KAUFMANN, THOMAS, Neues von „Junker Jörg". Lukas Cranachs frühreformatorische Druckgraphik. Beobachtungen Anfragen, Thesen und Korrekturen, Weimar 2021 (Konstellationen 2), 59, Anm. 32.

[41] Nach diesem Kriterium konnte folgende Abfolge der Wittenberger Drucke rekonstruiert werden: Der Erstdruck ist Benzing/Claus Nr. 1015. Es folgen Benzing/Claus Nr. 1014, 1016 und 1017 und zuletzt der lateinische Druck Nr. 1024.

[42] Siehe oben bei Anm. 29.

[43] Vgl. BRAUNFELS, WOLFGANG/NITZ, MICHAEL, Art. „Leben Jesu", in LCI 3 (1971), 39–85, besonders 68–79.

Indem das Gedicht die Sitten des Papstes dem Geist Christi gegenüberstellt, formuliert es implizit eine Antithese von Äußerem und Innerem, die sich durch das ganze Werk zieht. Das Leben des Papstes ist durch geistlose Äußerlichkeiten gekennzeichnet, das Leben Christi durch den Geist Gottes. Die dritte und vierte Zeile des Gedichtes werben für die Lektüre – und natürlich für den Kauf – des Buches. Die Lektüre dieses Buches, so wird versprochen, werde den Leser fromm und gelehrt machen.

Die ursprüngliche Fassung der Holzschnittfolge enthält nur drei Szenen, die man dem traditionellen Inventar der Passion Christi zuweisen kann: Dornenkrönung (II 03), Fußwaschung (III 05), Einzug in Jerusalem (IX 17). Die Himmelfahrt Christi (XIII 25) könnte man eventuell noch dazurechnen. Es fehlen eine Reihe zentraler Motive eines Christus-Passionals, u. a. Gebetskampf Christi in Gethsemane, Gefangennahme, Kreuztragung und Kreuzigung Christi. Dieses Defizit an Passionsszenen wurde nachträglich etwas reduziert, indem ab dem dritten deutschen Druck[44] in Antithese VI die Christusszene ausgetauscht wurde: Anstelle des Christus, der zu Fuß geht bis zur Ermüdung (VI 11A), trat der das Kreuz tragende Christus (VI 11B),[45] wodurch auch die Antithese zu dem Papst, der sich in der Sänfte tragen lässt, verschärft wurde. Das Motiv der Kreuztragung Christi wurde auch in die drei Erfurter und die zwei Straßburger Drucke des *Passional* übernommen.

Am 29. Mai 1521 war das *Passional* in Wittenberg im Druck erschienen. An diesem Tag bekam Bernhard von Hirschfeld, Rat Kurfürst Friedrichs des Weisen, in Würzburg, wo er sich auf der Rückfahrt vom Wormser Reichstag aufhielt, ein Exemplar, das er an den Nürnberger Ratsherrn Anton Tucher d. Ä. schickte.[46] Zu diesem Datum passt, dass Luther am 26. Mai 1521 auf der Wartburg offenbar ein Druckexemplar des *Passional* in Händen hielt.[47]

---

[44] Benzing/Claus Nr. 1016, entsprechend dann in Nr. 1017 und in dem lateinischen Druck Nr. 1024.

[45] Nach dem Austausch dieser Motive musste der zugehörige Text nicht geändert werden, da beide Motive im Text von Anfang an enthalten waren: „Als Jhesus ist ein weytten wegk gangen/ist er mu(e)d worden. Johan. 4. Der mir wil nach volgen/der nem seyn Creutz vff sich vnd volge mir. Mathei 16. Er hatt ym seyn Creutze selbst getragen vnd ist tzu der stell die Caluarie gnant wirdt/gangen. ⟨Johan.⟩ 19." Vgl. WA 9, 706.

[46] Bernhard von Hirschfeld an Anton Tucher d. Ä., Würzburg, 29. Mai 1521: „Euch thue ich neben dem ein neu gedruckts buchlein, welches ich alhie bekomen, Des inhalts habent ir zuvornemen; passional XRI [= Christi] auch ubersenden, in zuvorsicht, so fernne es gut grundig, ir werdet darab gut vormercken und auch gfallen entpfahen." WESTPHAL, INA, Die Korrespondenz zwischen Kurfürst Friedrich dem Weisen von Sachsen und der Reichsstadt Nürnberg. Analyse und Edition, Frankfurt am Main 2011 (Kieler Werkstücke E 10), 552 (Nr. 377). Diese Mitteilung referierte bereits KÖSTLIN, JULIUS, Briefe vom kursächsischen Hofe an A. Tucher in Nürnberg 1518–1523, in ThStKr 55 (1882), 691–702; hier 699. Vgl. WA 9, 689–990.

[47] Melanchthons Briefwechsel. Kritische und kommentierte Gesamtausgabe, Bd. T 1, bearb. v. Richard Wetzel, Stuttgart-Bad Cannstatt 1991, 288, 22–23 (Nr. 141). Zitiert unten bei Anm. 105.

III. Die Erfurter Drucke des *Passional*

Drei Nachdrucke des *Passional* stammen aus der Offizin des Erfurter Druckers Matthes Maler († 1536),[48] dem bedeutendsten Erfurter Drucker der Reformationszeit.[49] Maler hat wiederholt Texte aus dem Kreis der Wittenberger
Reformatoren als erster gedruckt, wobei manchmal Luthers Erfurter Freund
und dortiger Vertrauensmann, der Augustinerprior Johannes Lang († 1548),
als Vermittler begegnet. Maler hat im ersten seiner drei Ausgaben des *Passional*[50] die Gestaltung der Wittenberger Drucke samt deren typographischen
Schwächen bis ins Detail nachgeahmt.[51] Auch die Wittenberger Titeleinfassung
wurde in Gestalt eines Nachschnitts in diesem Druck übernommen. Offenbar
sollten Kaufinteressenten den Eindruck haben, es handle sich um einen Wittenberger Druck. Die 26 Holzschnitte, die die 13 Antithesen illustrieren, sind
sehr genaue Nachschnitte,[52] die in ihrer künstlerischen Qualität den Holzschnitten in den Wittenberger Drucken nur wenig nachstehen. Es ist denkbar,
dass diese Nachschnitte in der Werkstatt Cranachs in Wittenberg hergestellt
wurden. Maler rückte in seiner zweiten und dritten Ausgabe insofern von der
visuellen Imitation der Wittenberger Drucke ab, als er nun eine hauseigene Titeleinfassung verwendete, die mit dem Monogramm *FB* eines nicht identifizierten Künstlers signiert ist und ein Bogenportal im Renaissance-Stil zeigt.[53] In
einem Exemplar von Malers dritter Ausgabe[54] hat eine vermutlich zeitgenössische Hand auf jeder Doppelseite, und zwar jeweils im Christusbild, handschriftlich das Monogramm *ICW* nachgetragen.[55] Deutet man die Buchstaben
I und *C* als Abkürzung von Vor- und Nachnamen einer uns unbekannten Person, dann könnte *W* auf Wittenberg als Herkunfts- oder Wirkungsort dieser
Person hinweisen.

Mit Hilfe der neuen Titeleinfassung Malers lässt sich der Zeitraum, in dem er
seine *Passional-Ausgaben* gedruckt hat, bestimmen. Der für die Titeleinfassung

---

[48] Benzing/Claus Nr. 1020–1022; VD16 L 5579–5581. Die Abfolge der Drucke entspricht
der Anordnung der drei Drucke bei Benzing/Claus.

[49] Zu Maler s. Reske, Christoph, Die Buchdrucker des 16. und 17. Jahrhunderts im deutschen Sprachgebiet, Wiesbaden ²2015 (BBBW 51), 218.

[50] Benzing/Claus Nr. 1020.

[51] Vgl. Gustav Kawerau in WA 9, 693.

[52] Vgl. Koepplin/Falk, Lukas Cranach (wie Anm. 3), 330, Nr. 218.

[53] Abgebildet in: Luther, Titeleinfassungen (wie Anm. 3), Tafel 67 und 67a.

[54] Württembergische Landesbibliothek Stuttgart: Theol. qt. 5577–1 (Benzing/Claus
Nr. 1022; VD16 L 5881).

[55] Es befindet sich jeweils an Stellen, wo üblicherweise Monogramme der Künstler ihren
Platz hatten, z. B. in der linken unteren Ecke. Zusätzlich ist dieses Monogramm auf dem Titelblatt gleich neben dem in der Titeleinfassung enthaltenen Monogramm *FB* notiert. Vermutlich
wollte der Schreiber darauf aufmerksam machen, dass nur die Titeleinfassung von *FB* stammt,
nicht jedoch die übrigen Holzschnitte.

in Malers zweitem Druck[56] verwendete Holzschnitt trägt das Jahresdatum 1520, im dritten Druck[57] ist er jedoch in 1521 geändert.[58] Der Holzschnitt wurde demnach im Jahr 1520 hergestellt; und Maler hat ihn seit diesem Jahr verwendet. Eine 1521, vermutlich im Juni oder Juli, gedruckte Schrift Johannes Langs bietet noch den Titelholzschnitt mit dem Datum 1520.[59] Der Holzschnitt mit der aktualisierten Jahreszahl 1521 findet sich dann auch im Druck der deutschen Übersetzung von Luthers *Iudicium de votis*.[60] Der Wittenberger Druck der lateinischen Originalversion dieser Schrift war am 8. Oktober 1521 abgeschlossen gewesen;[61] die Drucklegung der Übersetzung erfolgte bald darauf bei Matthes Maler. Aus diesen Daten ergibt sich, dass die Drucklegung der *Passional*-Ausgaben Malers, die seine neue Titeleinfassung enthalten zwischen Juli 1521 und spätestens Ende 1521 erfolgte. Die Aktualisierung des Jahresdatums auf dem Titelholzschnitt ist offensichtlich während der Drucklegung des *Passional* erfolgt, da die zwei *Passional*-Drucke, die diesen Titelholzschnitt aufweisen, sich nur in dieser Jahreszahl unterscheiden,[62] während der Satz nicht geändert wurde.

IV. Die Straßburger Drucke

In einer erweiterten und erheblich veränderten Gestalt erschienen zwei *Passional*-Drucke in Straßburg, die ebenfalls die Namen der Drucker verschweigen. Die erste Ausgabe druckte Johann Prüß d. J.,[63] die zweite Ausgabe Johann

---

[56] Passional Christi | vnnd Antichristi, [Erfurt: Matthes Maler 1521], VD16 L 5580. In der Titeleinfassung links unten: *1520*. Landesbibliothek Coburg: Lu-59,616; einziges bekanntes Exemplar, enthält nur Bogen A und B. Benzing Nr. 1021.

[57] Passional Christi | vnnd Antichristi, [Erfurt: Matthes Maler 1521]. In der Titeleinfassung: *1521*. Pitts Theology Library, Atlanta, Kessler Collection: 1521 Luth WW; Taylor Institution Library, Oxford: ARCH.8o. G.1521(19).

[58] Beide Versionen der Titeleinfassung sind abgebildet in: Luther, Titeleinfassungen (wie Anm. 3), Tafel 67 und 67a. Die Änderung der Jahreszahl ist am Holzstock vorgenommen worden, indem die rechte Hälfte der Ziffer 0 so herausgeschnitten wurde, dass der verbliebene Rest als 1 gelesen werden kann.

[59] Lang, Johannes, *Joannis Langi ErPHVRDIENSIS Epistola ad Excellentiss.D. Martinum Margaritanum, Erphurdien.[sis] Gymnasij Rectorem pro literis sacris, & seipso*, [Erfurt: Matthes Maler 1521], VD16 L 309. Der in diesem Druck enthaltene Brief Langs ist vom 4. Juni 1521 datiert. Die Vorrede des Eobanus Hessus an den Leser ist datiert *mense Iunio.Anno. M. D. XXI.*

[60] Luther, Martin, *Doctoris Mar. Lutther kurtz schluszrede von den gelobdten vnnd geystlichen leben der closter*, [Erfurt: Matthes Maler 1521], VD16 L 5012, Benzing/Claus Nr. 980, vgl. WA 8, 320. Der Erfurter Druck ist der Erstdruck der Übersetzung.

[61] WA 8, 317.

[62] Diese Aussage ist begrenzt auf die Bogen A und B, da von dem Druck Benzing/Claus Nr. 1021 nur diese Bogen vorliegen (s. Anm. 57).

[63] Passional Christi vnd Antichristi. || Christus. | Petre / wa[n] | würd enbun|den ich? | [...], [Straßburg: Johann Prüß d. J. 1521], VD16 L 5583, Benzing/Claus Nr. 1018. Universitätsbibl. Heidelberg: Q 3661–4. Zu Johann Prüß d. J. s. Reske, Buchdrucker (wie Anm. 50), 955.

Knobloch d. Ä.,[64] wobei Knobloch die Holzstöcke von Prüß übernahm.[65] Zumindest der erste der beiden Drucke kann noch ins Jahr 1521 datiert werden. Denn der Text, der einem für das Titelblatt neu konzipierten Holzschnitt beigegeben ist, geht davon aus, dass Papst Leo X. (1513–1521), der am 1. Dezember 1521 starb, noch im Amt war.[66] (s. Abb. 4).

Die Straßburger Drucke weisen eine Reihe von Besonderheiten und Erweiterungen auf:[67]

1. Die 13 Antithesen der Wittenberger Vorlage sind übernommen. Von den 26 Holzschnitten der Wittenberger Drucke wurden 25 nachgeschnitten, jedoch spiegelbildlich. Bei einem Bild, der Geburt Christi im Stall (VIII 15), wurde die Wittenberger Vorlage ersetzt durch einen Holzschnitt eines anderen Künstlers, der dasselbe Motiv zeigt und den einer der beiden Drucker in seinem Holzschnittvorrat gehabt haben dürfte. Da dieser Holzschnitt ein kleineres Format hatte als die übrigen Holzschnitte, füllten beide Drucker den überschüssigen Raum durch Hinzufügung von zwei Bordüren, wobei Prüß d. J.[68] und Knobloch d. Ä. unterschiedliche Zierleisten aus ihrem Vorrat verwendeten.

2. Nach Antithese XII der Wittenberger Vorlage (Austreibung der Händler aus dem Tempel/Papst als Händler im Tempel) wurden zwei zusätzliche Antithesen eingefügt, die ich in Tabelle 2 als Antithesen XII A und XII B bezeichne, während ich die zusätzlichen Bilder mit den Zahlen [27] bis [30] kennzeichne.

---

[64] Passional Christi vnd Antichristi. ‖ Christus | Petre/ | wa[n] würd | entbunde[n] ich?, [Straßburg: Johann Knobloch d. Ä. 1521?], VD16 L5582, Benzing/Claus Nr. 1019. Bayerische Staatsbibl. München: Res/4 H.eccl. 870,9. Dieser Druck bietet wiederholt den besseren Text. Zu Johann Knobloch d. Ä. s. RESKE, Buchdrucker (wie Anm. 50), 952f.

[65] Die Reihenfolge, in der die Drucke angefertigt wurden, ergibt sich aus dem Vergleich der Qualität der Holzschnitte. Bei Knobloch gedruckte Exemplare lassen Beschädigungen einiger Holzstöcke an den Rändern erkennen, die in bei Prüß gedruckten Exemplaren noch nicht zu sehen sind.

[66] Text rechts neben dem Titelholzschnitt: „Christus. Petre/ wan würd enbunden ich? Wie lanng verfolg der Babst doch mich? Petrus. Jetz/ so Babst Leo mit seim gesind Mit offenn augen ist starblind."

[67] Zu den Besonderheiten der Straßburger Drucke s. WA 9, 693–695 sowie 713 und 715. Vgl. GROLL, Passional Christi (wie Anm. 2), 98–101; BEYER, FRANZ-HEINRICH, Eigenart und Wirkung des reformatorisch-polemischen Flugblatts im Zusammenhang der Publizistik der Reformationszeit, Frankfurt am Main 1994 (Mikrokosmos 39), 16f.

[68] Die im Druck von Prüß (s. Anm. 64) auf fol. B4ᵛ verwendete senkrechte Bordüre findet sich mehrfach in folgendem Druck: *History Von den fier ketzren Prediger ordens der obseruantz zu(o) Bern jm Schweytzer land verbrant/ [...]*. [Straßburg: Johann Prüss d. J. 1521], VD16 M 7064.

Abb. 4: Passional Christi vnd Antichristi, [Straßburg: Johann Prüß d. J., 1521],
Titelblatt. Universitätsbibl. Heidelberg: Q 3661–4.

Tabelle 2: Zusätzliche Antithesen im Straßburger *Passional*

Anti-these	Bild	Themen der Bilder	Quellen (Bibel, Kano-nisches Recht)	Antithetische Symbolik
XII A	[27] = 19[69]	Aussendung der Jünger: Christus fordert sie zur Armut auf	Mt 6,20 Apk 20,6	Christus *fordert Armut* /
	[28]	Papst verkauft Ablass	–	Papst *fordert Geld*
XII B	[29]	Christus der gute Hirte	*Joh 10,4.11–13* Joh 15,13	*Hirte Christus* mit Schaf /
	[30]	Papst ein gefräßiger Wolf	[Mt 7,15][70] Mt 23,4	*Papst als Wolf*

Die Einfügung der Antithese XII A nach der Antithese XII ist motiviert durch das Anliegen, den Ablasshandel stärker als in der Wittenberger Vorlage an den Pranger zu stellen. Davor war in Bild XII 25 dargestellt, wie der Papst Briefe für Geld verkauft, wobei der aus der Wittenberger Vorlage übernommene Text diesen Vorgang als Verkauf von „dispensation / Ablas / Pallia / Bistum / Lehen" und weiteren Privilegien interpretierte.[71] Der Straßburger Bearbeiter des *Passional* erweiterte den Vorwurf der Geldgier des Papstes durch die Antithese XII A: Hier steht der Papst vor einem Sack mit der Aufschrift: „vmb gelt ein sack vol ablaß". Um hier Christus als Gegenbild gegenüberzustellen, erfand der Bearbeiter kein neues Bild, sondern wiederholte das schon vorhandene Motiv der Aussendung der Jünger mit der Armutsforderung Christi. In der zweiten neuen Antithese XII B wird das Thema der Geldgier des Papstes mit zwei neuen Bildern fortgesetzt (s. Abb. 5):

Während Christus als guter Hirte für das Wohl seiner Schafe sorgt, lässt der Papstwolf durch seine Kleriker als Schergen einen Mann foltern, bis er Geld erbricht. Der gequälte Mann wird im zugehörigen Text zuerst als Armer, dann als Bauer bezeichnet. Es fällt auf, dass in den Texten zu den neuen Antithesen nur Bibelzitate geboten werden. Die in den Wittenberger Texten im Vordergrund stehende Antithese von Bibel und Kanonischem Recht hat damit weniger Gewicht. Dagegen setzt die Straßburger Version neue sozialkritische Akzente.

3. Der Bearbeiter ergänzte Bilder und Prosatexte durch das Medium der Poesie, indem er jede Antithese in einem deutschen Reimpaar und zugleich in einem lateinischen Hexameter zuspitzte.[72] Zum Beispiel steht über der abgebildeten neuen Antithese XII B (s. Abb. 5): „Christus sein scha(e)fflin / weyd trewlich | So frißts der wolfsbapst grausamklich." Der zugehörige Hexameter, der zum Teil neben dem Christusbild, zum Teil neben dem Papstbild steht, lautet: „Pas-

---

[69] Das Bild X 19 (Aussendung der Jünger) wird hier wiederholt.
[70] Die Bibelstelle ist in den Drucken zitiert ohne Angabe der Quelle.
[71] *Passional* (Druck von Prüß, Benzing Nr. 1018), fol. D1r.
[72] Alle Reime und Hexameter sind abgedruckt in WA 9, 692–693.

Abb. 5: Antithese XII B in den Straßburger Drucken: Christus der gute Hirte/Papst der gefräßige Wolf. *Passional Christi vnd Antichristi*, [Straßburg: Johann Prüß d.J., 1521], Bl. D 2ᵛ–D 3ʳ. UB Heidelberg: Q 3661-4.

cit oues Christus, | Inopis hic sanguine gaudet."[73] Dabei macht der Bearbeiter graphisch deutlich, dass das intendierte Ziel dieser Publikation die Papstkritik, nicht etwa die Christusmeditation ist: In jedem Reimpaar setzt er vor die dem Papst geltende zweite Zeile eine weisende Hand als das graphische Notabene.

4. Der Höhepunkt der Neubearbeitung ist das Titelblatt (s. Abb. 4), das in der Weise einer bildlich dargestellten Theaterszene gestaltet ist ein Präludium zum Passional. In dieser Szene steht der gemarterte Christus, begleitet von Petrus, unmittelbar vor dem Papst, begleitet von Kardinal und zwei Bischöfen. Während sich Christus in seiner Körperhaltung zu Petrus hinwendet, zeigen Petrus und der Papst jeweils mit der rechten Hand einen Redegestus. Der zugehörige Text ist an den Rändern, rechts neben und unter dem Bild, formal gestaltet wie das Textbuch eines Theaterstücks:

> „Christus.
> Petre/wan würd enbunden ich?
> Wie lanng verfolgt der Babst doch mich?
> Petrus.
> Jetz/so Babst Leo mit seim gesind
> Mit offenn augen ist starblind.
> Babst
> Stond nackent/beyd on dach ellend
> Wardt bitz ich eüwer armu(o)t wend.
> In gewalt/eer/reichtumb/hochbrachtlich
> Bezwing ich erd/vnnd himelrich."

5. Am Schluss des Druckes[74] ist noch ein achtzeiliges Gedicht angehängt.[75] das als Ziel des Buches angibt, zu klären, ob der Papst der Antichrist sei.

6. Am Ende wird ein fingiertes Impressum angegeben:

> „Das man dem sündfluß mich entzuckt/Bin ich in Noes arch getruckt.
> Ex archa Noe.[76]"

V. Aufnahme hussitischer Traditionen

Die im *Passional* dargestellten Szenen knüpfen an bereits vorhandene Überlieferungen an und setzten einen neuen Überlieferungsprozess in Gang. In diesen Traditionsstrom sind Bilder und Texte der lateinischen und deutschen Versionen einzuordnen. Dementsprechend ist die rezeptionsgeschichtliche Frage in zwei Richtungen zu verfolgen: Zum einen: Welche Traditionen haben die Wittenberger Produzenten – die Erfinder des Bildprogramms und die Autoren der Tex-

---

[73] Übersetzung: Christus weidet die Schafe, dieser [der Papst] freut sich am Blut des Armen.
[74] Fol. D4ᵛ.
[75] Abgedruckt in WA 9, 715.
[76] Zitate nach der Ausgabe von Johann Prüss d. J. (Benzing/Claus Nr. 1018; VD16 L5583).

te – aufgenommen? Und zum anderen: Wie wurde das Wittenberger Produkt von den Zeitgenossen aufgenommen und fortgeschrieben? Zur letzteren Frage fehlen noch hinreichend differenzierte Forschungen, denn man müsste wenigstens einen Teil der vielen noch erhaltenen Druckexemplare auf graphische und verbale Eintragungen ihrer Nutzer als Leser und Betrachter der Bilder hin auswerten (Exemplarforschung). Hier soll zunächst die erste Frage nach den Vorbildern des Wittenberger Antithesen-Pamphlets angesprochen werden, die mit der Frage nach deren Verfasser oder Verfassern verbunden ist.

Schon Zeitgenossen der Reformatoren haben sich mit der Frage nach dem Verfasser des anonymen *Passional* beschäftigt. Auf einem glossierten Exemplar des Wittenberger Erstdrucks,[77] das sich in der Ratsschulbibliothek Zwickau befindet, hat ein noch nicht identifizierter Schreiber des 16. Jahrhunderts auf dem Titelblatt notiert: „Author Iohannes Huß"[78] (s. Abb. 3). Ansonsten hat er durchgängig zu jeder Antithese die jeweils zitierten Texte aus der Bibel bzw. dem Kanonischen Recht durch Wiederholung der Fundstellen am Rand herausgehoben.[79] Er unterstreicht damit, dass er als Kern der Text-Antithesen die Konfrontation von biblischen Aussagen mit Zitaten aus dem Kanonischen Recht erkannte. Der Schreiber wusste, dass Antithesen über Christus und den Papst einen festen Platz in der hussitischen Überlieferung hatten und dass dazu auch bildliche Illustrationen existierten, die mit dem Muster der Wittenberger Bild-Antithesen vergleichbar waren. Und er schloss daraus, die Wittenberger hätten hier aus Johannes Hus geschöpft. Ob er die Formulierung, Hus sei der Autor, ganz wörtlich meinte oder Hus als Inspirator des *Passional* betrachtete, kann offen bleiben.

Zur Vorgeschichte der Wittenberger Antithesen bei John Wyclif, Johannes Hus und in der hussitischen Überlieferung hat Gustav Kawerau, der Editor des *Passional* in der Weimarer Ausgabe von Luthers Werken, 1893 bereits eine Reihe von Quellen, die auch bildliche Darstellungen einschließen, zusammengestellt.[80] Kawerau zog das Fazit: „Nicht allein die Grundidee des Passionals, sondern auch schon ein großer Theil der einzelnen Antithesen desselben ist somit in Wort und theilweise auch im Bild vor Cranach vorhanden gewesen."[81] Dieses Urteil Kaweraus ist meines Erachtens zutreffend, wenn man die Formulierung „Grundidee des Passional" durch „Grundidee der Antithesis figurata vitae Christi et Antichristi" ersetzt, da die im Entstehungsprozess sekundäre

---

[77] Benzing/Claus Nr. 1015.

[78] Ratsschulbibliothek Zwickau: 12.10.11 (8).

[79] Eine derart glossierte Seite aus dem Zwickauer Exemplar (fol. C5ʳ, Antithese XII, Bild 24) ist abgebildet in: WERNER, JOACHIM/LEISTNER, KRISTINA, Kostbarkeiten der Ratsschulbibliothek Zwickau, Zwickau 1979, 53.

[80] WA 9, 677–685. Die Zusammenstellung von Kawerau ließe sich um weitere hussitische Quellen erweitern. Einen Teil der von Kawerau vorgestellten Quellen hat GROLL, Passional Christi (wie Anm. 2), 21–28 mit dem *Passional* verglichen.

[81] WA 9, 684.

Anwendung des Begriffs *Passional* auf die Wittenberger Druckschrift nach gegenwärtigem Erkenntnisstand eine Wittenberger Schöpfung war.

VI. Verfasser der *Antithesis* bzw. des *Passional*

Der Glossator des zitierten *Passional*-Exemplars in der Ratsschulbibliothek Zwickau hat Johannes Hus als Autor des *Passional* bezeichnet, weil er in der Schrift Gedankengut des Johannes Hus zu erkennen meinte. Mit einer methodisch ähnlichen Argumentationsweise hat Gustav Kawerau die Aufnahme des *Passional* in die Weimarer Ausgabe von Martin Luthers Werken gerechtfertigt: Die Texte des *Passional* enthalten, so Kawerau, geistiges Eigentum Luthers,[82] da es zahlreiche Parallelen zwischen *Passional* und einigen Schriften Luthers gibt, die vor dem *Passional* erschienen sind.[83] Jedoch hat gerade Kawerau einige Argumente dafür angeführt, die gegen Luther als Verfasser der Texte sprechen.[84] Er vermutet, Luther sei nur als Berater bei der Planung der Schrift beteiligt gewesen.[85] Der Umstand, dass das *Passional* in die anerkannte Standardausgabe von Luthers Schriften aufgenommen wurde, hat – entgegen der Intention Kaweraus – dazu geführt, dass Kaweraus Ausführungen zur Verfasserfrage nur in einem Teil der einschlägigen reformationsgeschichtlichen Literatur rezipiert wurden,[86] jedoch das *Passional* in viel verwendeten Lutherbibliographien,[87] Bibliothekskatalogen und Handbüchern[88] wie selbstverständlich als eine von Luther verfasste Schrift behandelt wird.

---

[82] WA 9, 690.

[83] WA 9, 685–687. Dabei hebt Kawerau vor allem Luthers Schrift *Warum des Papstes und seiner Jünger Bücher von D. Martin Luther verbrannt sind* vom Dezember 1520 (WA 7, 152–186) hervor, welche nach Kaweraus Meinung „die direkte Vorlage für Cranachs Arbeit gewesen zu sein scheint" (WA 9, 686). Kaufmann, Thomas, Die Mitte der Reformation. Eine Studie zu Buchdruck und Publizistik im deutschen Sprachgebiet, zu ihren Akteuren und deren Strategien, Inszenierungs- und Ausdrucksformen, Tübingen 2019 (BHTh 187), 656f. Anm. 894 betont die Abhängigkeit des *Passional* von Luthers *An den christlichen Adel deutscher Nation* (WA 6, 404–469) und zählt die Antithesen auf, die bereits in diesem Traktat vorkommen.

[84] WA 9, 687–688.

[85] WA 9, 690. Kaufmann, Mitte der Reformation (wie Anm. 84), 656f. stellt ähnliche Erwägungen an.

[86] Ein Beispiel aus der jüngeren Literatur ist Roper, Lyndal, Der Mensch Martin Luther. Die Biographie, Frankfurt am Main 2016, 270 (Philipp Melanchthon als Verfasser der Texte, Johannes Schwertfeger als Beiträger der Belege aus dem Kanonischen Recht). Teilweise werden auch Luther und Melanchthon oder nur Melanchthon als Verfasser angegeben.

[87] Neben Benzing/Claus vgl. Aland, Kurt, Hilfsbuch zum Lutherstudium, Bielefeld ⁴1996, 137, Nr. 555 unter dem Stichwort *Passional*, während die *Antithesis* nicht berücksichtigt ist.

[88] Zum Beispiel Gause, Ute, „Passional Christi und Antichristi", in Volker Leppin/Gury Scheider-Ludorff (Hg.), Das Luther-Lexikon, Regensburg 2014, 534f.

Luther selbst hat an keiner Stelle die Autorschaft der *Antithesis* oder des *Passional* für sich in Anspruch genommen. Im ersten gedruckten Verzeichnis der publizierten Schriften Luthers, erschienen 1528 in Wittenberg, sind weder *Antithesis* noch *Passional* aufgeführt.[89] Es ist bislang auch keine Äußerung eines Zeitgenossen bekannt, in der unsere Schrift Luther zugewiesen wurde. Dagegen gibt es zwei für die Verfasserfrage herangezogene Aussagen Luthers über *Antithesis* bzw. *Passional* aus der Zeit der Entstehung dieser Schrift. Die erste Aussage, die oben schon zitiert wurde, machte Luther im Brief an Spalatin vom 7. März 1521, und zwar in folgendem Kontext:

> „Has Effigies Iussit Lucas a me subscribi et ad te mitti. Tu eas curabis. Iam paratur Antithesis figurata Christi et pap(a)e, bonus pro laicis liber."[90]
>
> (Diese Bilder sollten nach Lukas' Anweisung von mir unterschrieben und an Dich geschickt werden. Du wirst Dich um sie kümmern. Im Augenblick wird eine bebilderte Antithesis Christi und des Papstes vorbereitet, ein gutes Buch für die Laien.)

Dieser Text enthält zwei Themen: erstens geht es um Bilder, die Luther unterschreiben soll,[91] und zweitens um die *Antithesis,* die in Vorbereitung ist.

Das erste Thema: Luther hatte von Cranach Bilder („Has effigies") erhalten, die von ihm unterschrieben und an Spalatin weitergeleitet werden sollten. Dies führte Luther mit vorliegendem Brief an Spalatin aus in der Erwartung, dass dieser sich um sie („eas") kümmern wird. Von einigen Forschern wurden die genannten „effigies" mit den Antithesis-Holzschnitten Cranachs identifiziert.[92] Jedoch bezeichnet das Wort „effigies" das einem Original nachgebildete Bildnis, speziell das Porträt[93] oder die Skulptur. Dieser Ausdruck passt nicht auf die frei gestalteten Christus- und Papstszenen. Letztere werden von Luther vielmehr in der zweiten Mitteilung sprachlich präzis – unter Verwendung des Partizips „figurata" – mit dem Begriff *figura* in Verbindung gebracht: Es geht hier um *figurae,* um bildlich-symbolische Darstellungen der Antithesen. Die davor genannten „effigies" sollten von Luther unterschrieben werden. Ich rekonstruiere den gemeinten Vorgang folgendermaßen: Cranach schickte Luther-Porträts und

---

[89] *Verzeychung vnd Register/ aller Bu(e)cher vn[d] schrifften/ D. Mart. Luth. durch yhn ausgelassen Vom Jar M. D. xviij. Bis yns acht vnd zwenzigst,* Wittenberg: Georg Rhau [1528], VD16 L 3447 (Benzing/Claus Nr. 3070). WA 38, 132–134. Auch in der zweiten, mit einer Vorrede Luthers versehenen Ausgabe von 1533 (Benzing/Claus Nr. 3072) fehlt unsere Schrift.

[90] WA.B 2, 283 (Nr. 385, 23–25).

[91] Mit „tu eas curabis" wird das erste Thema abgeschlossen. Mit „Iam paratur" beginnt das zweite Thema.

[92] Vgl. Otto Clemen in WA.B 2, 284, Anm. 11.

[93] Vgl. Pawlak, Anna, „Effigies Lutheri. Martin Luther im Bilderstreit der Konfessionen", in: Zaal Andronikashvili u. a. (Hg.), Kuturheros. Genealogien. Konstellationen. Praktiken, Berlin 2017, 411–443, hier 420, Abb. 4, wo Cranachs Kupferstich *Luther mit Doktorhut* reproduziert ist. Das Distichon unter dem Porträt lautet: „Lucae opus effigies haec est moritura Lutheri | aeternam mentis exprimit ipse suae" (Übersetzung: Lukas' Werk ist dieses sterbliche Bild Luthers. Das ewige [Bild] seines Geistes bringt dieser selbst zum Ausdruck.)

wünschte, dass Luther diese eigenhändig unterschreiben und an Spalatin weiterleiten solle. Luther erfüllte diese Aufgabe und schickte die signierten Bilder an Spalatin mit den Worten „Du wirst dich um sie kümmern".[94]

Doch was sollte Spalatin mit den von Luther unterzeichneten Porträts anfangen? Spalatin hielt sich zu dieser Zeit im Gefolge Kurfürst Friedrichs des Weisen auf dem Reichstag in Worms auf. Während des Reichstages wurden Lutherporträts, die sowohl mit als auch ohne Nimbus dargestellt waren, verkauft. Es handelte sich offensichtlich um begehrte Erinnerungsstücke. Angesichts der Klientel, die auf dem Reichstag anwesend war, könnte es sinnvoll gewesen sein, Spalatin Porträts mit einem Autogramm zu schicken, damit Spalatin sie ausgewählten Personen schenken konnte.[95] Denn die Handschrift ergänzte das Bild um einen zusätzlichen individuellen Ausdruck der porträtierten Person.[96] Hier stoßen wir auf eine Werbekampagne von Spalatin, Cranach und Luther, mit der die Bühne für den von kurfürstlich-sächsischer Seite organisierten Auftritt Luthers in Worms vorbereitet wurde.

Das zweite Thema, das das obige Zitat aus dem Brief an Spalatin enthält, sagt aus, dass eine „Antithesis figurata" in Vorbereitung sei. Diese Mitteilung verband Luther assoziativ mit dem ersten Thema,[97] weil beide Themen etwas mit Cranachs aktuellen Aktivitäten rund um die Reformationspropaganda zu tun hatten. Luther formulierte: Die bebilderte Antithese wird vorbereitet („pa-

---

[94] KAUFMANN, Junker Jörg (wie Anm. 41), 14 bietet eine andere Interpretation von Luthers Brief an Spalatin vom 7. März 1521: „Dem Schreiben war eine ‚[e]ffigies' beigefügt. Cranach habe ihn, so ließ Luther wissen, um eine Unterschrift für dieses Bild gebeten. Der Augustinereremit wollte diese aber nicht selbst liefern; stattdessen gab er die Aufgabe an Spalatin weiter." Kaufmann meint, Cranach habe Luther gebeten, eine gedruckte Inschrift unter das Lutherporträt zu setzen. Doch statt Luther habe Spalatin diese Aufgabe übernommen. Diese Interpretation scheint auf einem Missverständnis zu beruhen. Cranach schickte Luther nicht nur ein Bildnis, sondern mehrere („Has Effigies"). Spalatin sollte sich anschließend um diese Bilder (eas) kümmern, nicht um eine Inschrift. Dass Luther sich weigerte, wie von Cranach gefordert zu unterschreiben („a me subscribi"), steht nicht im Text. Vielmehr drückt Luther die Erwartung aus, dass Spalatin das Nötige tun wird.

[95] Vier gemalte Bildnisse von Luther, Melanchthon, Johannes Bugenhagen und Justus Jonas wurden 1543 in der Cranach-Werkstatt angefertigt. Unter jedem der Reformatoren stehen ein oder zwei Bibelzitate und deren eigenhändige Unterschrift. Diese Beispiele zeigen, welchen Wert eine individuelle Handschrift haben konnte, wenn sie einem Porträt beigefügt wurde. (Reproduktionen der Bildnisse in: BUBENHEIMER, ULRICH, „Die Lutherbibel des Hallenser Schultheißen Wolfgang Wesemer. Ein Stück Kulturgeschichte von den Einzeichnungen der Wittenberger Reformatoren bis zur Ausstellung auf der Wartburg", in: Schätze der Lutherbibliothek auf der Wartburg. Studien zu Drucken und Handschriften, hg. von Grit Jacobs, Regensburg 2016, 114–117.

[96] Vgl. BLAIR, ANN, „Early Modern Attitudes towards the Delegation of Copying and Note-Taking", in: Forgetting Machines. Knowledge Management Evolution in Early Modern Europe, ed. Alberto Cevolini, Leiden 2016, 265–285. Auf S. 270 zitiert Blair die Aussage von Erasmus (1528), dass die Handschrift eines Menschen die gleiche individuelle Qualität habe wie seine Stimme.

[97] Mit „Tu eas curabis" ist das erste Thema abgeschlossen. Mit „Iam paratur" beginnt das zweite Thema.

ratur"). Eine sprachliche Parallele zu dieser Formulierung im Passiv, die kein bestimmtes Subjekt nennt, findet sich im Brief Luthers an Johann Staupitz vom 9. Februar 1521: „Huttenus et multi alii fortiter scribunt pro me, et parantur indies cantica, quae Babylonem istam parum delectabunt."[98] (Hutten und viele andere schreiben mutig zu meinen Gunsten, und täglich werden Lieder vorbereitet, die dieses Babylon wenig erfreuen werden.) Auch hier nennt Luther – analog wie bei der *Antithesis* – den Autor oder die Autoren der in Vorbereitung befindlichen Spottlieder oder Gedichte nicht.

Was Luthers Beteiligung an *Antithesis* und *Passional* betrifft, so geht aus seinen Äußerungen lediglich hervor, dass er die Veröffentlichung billigte und die Schrift lobte. Am 7. März 1521 hatte er Kenntnis von dem Plan und vielleicht sogar davon, dass ein Teil der Antithesis in Arbeit war ein Zeichen dafür, dass er in Kontakt mit den Protagonisten des Projekts stand. Inhaltliche Parallelen zwischen *Antithesis* bzw. *Passional* und den veröffentlichten Schriften Luthers beweisen nicht, dass er (Mit-)Autor war.[99] Luther war von Menschen umgeben, die seine Ideen aufnahmen und weitergaben. Darüber hinaus enthält das Pamphlet auch Hinweise auf den Einfluss von Schriften anderer Wittenberger Reformatoren auf das *Passional*. Zu diesen Impulsgebern gehört Andreas Karlstadts Pamphlet *Von päpstlicher Heiligkeit* vom Herbst 1520, das im Blick auf das Passional noch näher auszuwerten ist. Karlstadt drohte darin, den Papst bildlich aus der Perspektive der Bibel darzustellen: „Ich musz yhe / wie ich durch clare schrifften gethan / etzlichen narren / den Bapst ausz yhrem maul tzihen / und yhn mit linien und farben heyliger Biblien fur yhren augen / ab gemalte / furstellen."[100]

Eine zweite Äußerung Luthers über unsere Schrift findet sich in seinem Brief an Philipp Melanchthon, geschrieben auf der Wartburg am 26. Mai 1521:

> „Passionale antitheton mire placet; Iohannem Schwertfeger in ea opera video tibi succenturiatum."[101]

> (Das antithetische Passional gefällt [mir] außerordentlich. Ich sehe, dass dir Johann Schwertfeger bei dieser Arbeit ein Mithelfer war.)

Luther lobt hier zunächst das *Passional*. Dann kommt er auf Johann Schwertfeger (gest. 1524) als Mithelfer Melanchthons in dieser Sache zu sprechen. Daraus wird meines Erachtens zu Recht geschlossen, dass Melanchthon und der Jurist Johann Schwertfeger, dessen Freundschaft mit Melanchthon und Luther seit 1518 belegt ist,[102] an der Abfassung von *Antithesis* und *Passional* beteiligt

---

[98] WA.B 2, 264 (Nr. 376,31–32).

[99] Zu diesem Ergebnis kommt auch KAUFMANN, Junker Jörg (wie Anm. 41), 16.18.

[100] KGK III, 472,6–9.

[101] Melanchthons Briefwechsel (wie Anm. 48), 288 (Nr. 141,22–23). Anders WA.B 2, 347 (Nr. 413,3–4) nach fehlerhafter Überlieferung.

[102] Zu Schwertfeger und seiner Beziehung zu Melanchthon und Luther s. BUBENHEIMER, ULRICH, „Andreas Karlstadts und Martin Luthers frühe Reformationsdiplomatie. Thesenanschläge des Jahres 1517, Luthers ‚Asterisci' gegen Johannes Eck und Wittenberger anti-

waren. Die weitere in der Literatur oft tradierte Angabe, Melanchthon habe die Texte verfasst, während Schwertfeger als Jurist die Belege aus dem Kanonischen Recht beigesteuert habe, ist eine Hypothese, für die es keine Quelle gibt. Welche Rolle Schwertfeger in der Wittenberger Reformation spielte und warum er sich als Partner für die Erarbeitung der Antithesis eignete, soll nun näher erörtert werden.

Johann Schwertfeger[103] hatte ab 1514 oder 1515 in Wittenberg Kirchen- und Zivilrecht studiert und im Sommersemester 1521 den Grad eines Doktors der Rechte erworben. Ein unedierter Brief Schwertfegers an Georg Spalatin vom 22. November 1519[104] zeigt, wie der junge Jurist Ende 1519 die reformatorische Kritik an kirchlichen Missständen in die Juristische Fakultät einführte. Schwertfeger teilte Spalatin mit, dass er Thesen verteilt habe, über die er am Sonntag, dem 27. November 1519, disputieren wolle. In einem ersten Teil würde er die Argumente der Wahrheit („veritas"), d. h. der Bibel, den Spitzfindigkeiten der „Officiales" entgegenhalten. In weiteren Disputationen wollte er das Recht der sogenannten „Ersten Bitten" („primariae preces") sowie die priesterliche Absolution von Mördern erörtern, gegen die die Bischöfe ihre Tyrannei ausüben würden.[105] Schwertfeger präsentierte sich hier nicht nur als jemand, der mit der Rechtspraxis der Offiziale vertraut war, sondern auch mit der Bibel,[106] die er selbst studiert hatte. Die Offiziale waren die Vertreter der Bischöfe bei der Ausübung der bischöflichen Gerichtsbarkeit. Wie nahe Luther und Schwertfeger in ihrer Kritik an der Tätigkeit der Offiziale beieinander lagen, zeigen weitere Quellen. Bereits 1518 hatte Luther in seiner *Predigt von der Kraft des Bannes* (*Sermo de virtute excommunicationis*) die Praxis der Exkommunikation durch die Offiziale angeprangert.[107] Nachdem Schwertfeger im November 1519 in seinen

---

römische Polemik während des Augsburger Reichstags 1518", in: BPfKG 85 (2018), 265–302, hier 299–300.

[103] Weitere Daten zur Biographie Schwertfegers sind zusammengestellt von PALLAS, KARL/MÜLLER, NIKOLAUS, „Urkunden das Allerheiligenstift zu Wittenberg betreffend, 1522–1536", ARG 12 (1915), 1–46.81–11; hier 39f. Anm. 3.

[104] Universitätsbibliothek Basel: G I 31, Bl. 36. Der Brief ist verzeichnet bei WEIDE, CHRISTINE, Georg Spalatins Briefwechsel. Studien zu Überlieferung und Bestand (1505–1525), Leipzig 2014 (Leucorea-Studien zur Geschichte der Reformation und der Lutherischen Orthodoxie 23), 139, Nr. 303.

[105] „Quo re comprobarem, quod uerbis tue dominacioni coram pollicitus sum emisi posiciones, Die Solis proxima disputaturus […]. Mitto ad te mearum nugarum exemplar, iudica num dignae disputacione sint an secus. Metui non nihil ne in priore periodo in coelum me spuere plerique existimarent. Verumtamen quom Officialium maliciam probe meditatam haberem libitum est magis ueritatis (huic studuisse me arbitror) racionem habere quam Deliciis aurium magnatorum incrementum adiicere. Restant plura quae disputare constitui ut de primariis precibus. De homicidis a presbitero absoluendis in quibus episcopi Tirannidem exercent." Universitätsbibliothek Basel: G I 31, fol. 36ʳ.

[106] In Anlehnung an den Sprachgebrauch der Wittenberger Reformatoren ist mit „veritas" die Bibel gemeint. Schwertfeger verwendet veritas häufig in diesem Sinn.

[107] WA 1, 649,9–19. Vgl. hierzu KAUFMANN, THOMAS, An den christlichen Adel deutscher

Disputationsthesen allgemein das Übel der Offiziale attackiert hatte, kritisierte er in zwei Briefen an Spalatin vom 14. März und 1. Juni 1520 die bischöflichen Offiziale in Meißen und Stolpen im Besonderen.[108] Im Sommer 1520 hat dann Luther in seinem Sendschreiben an den deutschen Adel gefordert, dass die weltlichen Behörden die Einmischung der Offiziale in religiöse Angelegenheiten einschränken sollten.[109] Luther dürfte Schwertfegers Thesen gekannt haben, und es ist wahrscheinlich, dass sich die beiden über das Problem ausgetauscht haben.

Schwertfegers Anteil an der *Antithesis* beschränkte sich also nicht notwendigerweise auf die Bereitstellung von Zitaten aus dem Kanonischen Recht zu einer Reihe von Antithesen, die bereits Melanchthon konzipiert hatte. Schwertfeger könnte auch selbst einschlägige Antithesen entwickelt haben. Wie Melanchthon und Schwertfeger letztlich zusammengearbeitet haben, bleibt vorerst offen. Auch die weitere Frage, wer die lateinischen Antithesen ins Deutsche übersetzte, ist noch nicht geklärt.

VII. Von der Verbrennung des päpstlichen Rechtes zum *Passional Christi* – Theologische Aspekte

Am 10. Dezember 1520 fand in Wittenberg vor dem Elstertor eine aufsehenerregende Verbrennungsaktion statt, in deren Rahmen Luther ein gedrucktes Exemplar der päpstlichen Bulle *Decet Romanum pontificem* ins Feuer warf, mit der ihm im Falle der Widerrufsverweigerung Papst Leo X. den kirchlichen Bann angedroht hatte. Anschließend wurden Bücher des päpstlichen Rechts sowie Schriften von Luthers Gegnern Johannes Eck (1486–1543) und Hieronymus Emser (1478–1527) dem Feuer geopfert.[110] Jens-Martin Kruse hat überzeugend einen Zusammenhang zwischen der Verbrennungsaktion und der Publikation des *Passional* herausgearbeitet: „In einer weiteren Gemeinschaftsarbeit bemühten sich die Wittenberger Reformer, die lokal und zeitlich begrenzte Aktion vom 10. Dezember und die ihr zugrunde liegende Einsicht in den Gegensatz zwischen Christus und dem Antichristen in visueller Form einer breiteren Öffentlichkeit zu vermitteln. Das Ergebnis dieser Bestrebungen stellte das ‚Passional Christi und Antichristi' dar [...]."[111]

Nation von des christlichen Standes Besserung, Tübingen 2014 (Kommentare zu Schriften Luthers 3), 229.

[108] Universitätsbibliothek Basel: G I 31, fol. 45^r und 47^v. Schwertfeger selbst stammte aus Meißen und hatte Kontakte zur dortigen Bischofskurie.

[109] KAUFMANN, An den christlichen Adel (wie Anm. 108), 228 f.

[110] Vgl. die Darstellung von KRUSE, JENS-MARTIN, Universitätstheologie und Kirchenreform. Die Anfänge der Reformation in Wittenberg 1516–1522, Mainz 2002 (VIEG 187), 266–270.

[111] KRUSE, Universitätstheologie (wie Anm. 111), 271.

Neben der Kontrastierung von Verhaltensweisen Christi mit als Antitypus konstruierten Verhaltensweisen des Papstes beinhalten die Christus-Szenen in der Kombination von Bild und Text eine spezifische christologische Aussage: Christus ist das Vorbild, dem der Christ in seiner Lebensgestaltung nachfolgen soll – und deshalb auch der Papst. An einem Beispiel soll dies gezeigt werden: Zum Christusbild der sechsten Antithese (Bild VI 11: Jesus geht zu Fuß, s. oben Abb. 1) werden drei Bibelzitate aus den Evangelien geboten (Joh 4,6; Mt 16,24; Joh 19,17), darunter an zweiter Stelle eine zentrale Belegstelle für die Christus-nachfolge in Mt 16,24, vollständig zitiert in der lateinischen *Antithesis*: „Si quis vult venire post me: abneget semetipsum, tollat crucem suam, et sequatur me. Matthei .xvi."[112] (Wer mir nachfolgen will, der verleugne sich selbst und folge mir. Matthäus 16). Bildgebend war allerdings für den Wittenberger Erstdruck die davor angeführte Bibelstelle Joh 4,6: „Als Jhesus ist ein weytten wegk gangen, ist er müd worden. Johan. 4."[113] Nach Joh 4,6 setzte sich Jesus, vom Weg ermüdet, in Samaria an den Jakobsbrunnen. In diese Aussage wird von den Autoren des *Passional*, anknüpfend an das monastische Ideal der *peregrinatio* (Wanderschaft), die Bescheidenheit und Demut Jesu hineingelesen: Gezeigt wird im Bild (s. Abb. 1) der barfuß wandernde Jesus, dem drei Jünger folgen (Bild VI 11A), während der Papst sich in einer Sänfte tragen lässt (Bild VI 12). Eine derartige Antithese war nützlich für die Verspottung des Papstes. Doch im Rahmen des für die deutsche Ausgabe gewählten Titels *Passional* erschien das Motiv des zu Fuß gehenden asketischen Christus offenbar nicht befriedigend.

Im Verlauf der Drucklegung der verschiedenen Wittenberger Ausgaben wurde jenes Motiv des zu Fuß gehenden Jesus ersetzt[114] durch das traditionelle Passionsmotiv des sein Kreuz tragenden Christus (Bild VI 11B). Damit wurde nun das dritte Bibelzitat in der Antithese VI bildgebend: „Er hatt ym seyn Creutze selbst getragen vnd ist tzu der stell die Calvarie gnant wirdt/gangen .19."[115] (Joh 19,17). Der vor diesem Zitat stehende Aufruf zur Nachfolge Christi durch Übernahme des Kreuzes gewinnt dadurch den konkreten Sinn einer Aufforderung zur Leidensbereitschaft nach dem Beispiel Christi. Der abgebildete Papst hingegen lebt im Luxus und zwingt „getaufte Christen", ihn auf den Schultern zu tragen[116].

---

[112] *Antithesis*, fol. B2ᵛ. Vgl. *Passional*, fol. B2ᵛ; WA 9, 706,3–4 (Elftes Bild): „Der mir will nach volgen/der nem seyn Creutz vff sich vnd volge mir. Mathei. 16."
[113] WA 9, 706,2. *Antithesis*, fol. B 2ᵛ: *„Ihesus fatigatus ex itinere sedebat sic supra fontem. Iohannis. iiij."*
[114] Ab der dritten Ausgabe, Benzing/Claus Nr. 1016, in einem Teil der Exemplare. Danach auch in dem Druck Benzing/Claus Nr. 1017 sowie im Druck der *Antithesis*.
[115] WA 9, 706,5–6. Wortlaut der abgebildeten lateinischen Version: „Et baiulans sibi crucem, exiuit in eum qui dicitur Caluarie locus, Iohan. xix."
[116] Vgl. die lateinische Version, *Antithesis figurata*, fol. B3ʳ: *„Sic etiam fert crucem Papa, vt baptisati Christiani cogantur eum humeris suis portare."*

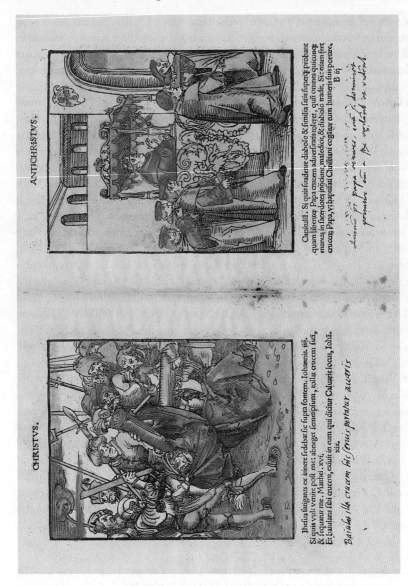

Abb. 6: Geänderte Antithese VI: Christus trägt sein Kreuz/Papst wird in der Sänfte getragen. Antithesis figurata vitae Christi et Antichristi, Bl. B 2ᵛ–B 3ʳ. Universitätsbibl. Heidelberg: Sal 129, 29. Koloriertes Exemplar.

Die Konzentration der Bild- und Text-Auswahl auf Szenen aus dem Leben Jesu, die die Kontrastierung mit Verhaltensweisen und Machtansprüchen des Papstes ermöglichten, führte dazu, dass soteriologische, auf Christus als Erlöser des sündigen Menschen bezogene Aussagen im *Passional* fehlen. Im *Passional* gilt das Handeln Christi als Vorbild, an dem menschliches Handeln zu orientieren sei. Diese ethische Dimension der Christologie – Christus als *exemplum* – ist auch bei Luther zu finden,[117] wenngleich sie nicht das Hauptanliegen seiner Christologie ist, wie er sie bis 1521 entwickelt hatte. In seiner Schrift *An den christlichen Adel deutscher Nation von des christlichen Standes Besserung* (1520) hatte Luther bereits die Antithese zwischen dem zu Fuß gehenden Christus und dem in der Sänfte getragenen Papst geboten:

> „Der selben grosz ergerlichen hoffart ist auch das ein heszlich stuck / das der Bapst yhm nit lessit benugenn / das er reytten odder farenn muge / szondern / ob er wol starck und gesund ist / sich von menschen / als ein abtgot mit unerhorter pracht / tragen lessit. Lieber wie reymet sich doch solch Lucifersche hoffart / mit Christo / der zufussen gangen ist / und alle seine Aposteln?"[118]

Vergleicht man Luthers Antithese von Christus, der zu Fuß geht, und dem Papst, der sich tragen lässt, mit der entsprechenden Antithese im *Passional,* dann wird deutlich, dass die Antithese im *Passional* verschärft ist: Spricht Luther nur davon, dass Christus zu Fuß gegangen sei, so steigert das *Passional* zu der Aussage, dass Christus bis zur Ermüdung gegangen sei; kritisiert Luther, dass sich der Papst wie ein Abgott tragen lasse, so fügt das *Passional* als weiteres Vergehen des Papstes hinzu, dass er getaufte Christen zwinge, ihn zu tragen.

Der Hintergrund für die Konzentration des *Passional* auf den Vergleich der Lebensweise Christi mit der Lebensweise der Päpste ist die Zielsetzung der Autoren, die Ehrfurcht und Scheu des Lesers gegenüber dem Papst zu erschüttern. Die Vorbild-Christologie wurde als ein theologischer Bezugsrahmen genutzt, da sie in der Frömmigkeit jener Zeit populär war und damit ein Anknüpfungspunkt bei vielen Lesern erwartet werden konnte. Auch Andreas Karlstadt (1486–1541) hatte im Herbst 1520 in seiner Schrift *Von päpstlicher Heiligkeit* die Verfehlungen des Papstes Leo X. mit der Lebensweise Christi konfrontiert.[119] Davor hatte er sich in einer gegen Johannes Eck gerichteten Schrift auf Erasmus von Rotterdam († 1536) berufen, der Christus als „exemplum" und „archetypus" für die Lebensgestaltung des Christen bezeichnete.[120] Die von Karlstadt hier

---

[117] Vgl. SLENCZKA, NOTGER, Christus, in: Albrecht Beutel (Hg.), Luther Handbuch, Tübingen ³2017, 428–438, hier 432.

[118] WA 6, 436,10–14. Vgl. dazu KAUFMANN, An den christlichen Adel, 260–262.

[119] Referiert von KRUSE, Universitätstheologie (wie Anm. 111), 265.

[120] BODENSTEIN VON KARLSTADT, ANDREAS, *VERBA DEI Quanto candore [et] q[uam] syncere praedicari, quantaq[ue] solicitudine vniuersi debeant addiscere. [...],* Wittenberg: Melchior Lotter d. J. 1520, VD16 B 6210, fol. D3ʳ. Vgl. die Edition von Harald Bollbuck in KGK III.63, 13–23 mit Anm. 247.

ausgeschöpfte, dem *Novum Instrumentum* (1516) des Erasmus beigegebene *Paraclesis*[121] war auch den Wittenberger Verfassern der *Antithesis figurata* bzw. des *Passional* bekannt und dürfte einem Teil der gebildeten Leserschaft der *Antithesis* oder des *Passional* vertraut gewesen sein.

Nachdem die Drucklegung der Ausgaben des *Passional* und der *Antithesis figurata* in Wittenberg abgeschlossen war, erschien bei demselben Drucker, Johann Grunenberg, ein anonyme Flugschrift, die in Bild und Text an das *Passional* anknüpfte: *Ein Klag und Bitt der deutschen Nation an den allmächtigen Gott um Erlösung aus dem Gefängnis des Antichrist*[122]. Auf der Rückseite des Titelblatts ist einer der Holzschnitte aus dem *Passional* abgedruckt, und zwar das Bild, auf dem der Papst mit seinem Klerus, begleitet von Landsknechten, auf die Hölle zureitet (Bild IX 18 des *Passional*).[123]

Der Verfasser der *Klag und Bitt* hat nicht das letzte Bild des *Passional*, den Höllensturz des Papstes (Bild XIII 26), ausgewählt, sondern bewusst das genannte Bild, auf dem nicht nur der Papst zur Hölle reitet, sondern auch sein ihn begleitender Klerus der Hölle entgegen geht. Denn der Autor der *Klag und Bitt* richtet seine Kritik zuerst gegen den Papst, dann der Reihe nach gegen Bischöfe, Äbte bzw. Äbtissinnen und Bettelmönche, und fasst abschließend zusammen:

> „Alßo richt sich yderman nach dem Romischen Antichrist
> Bischoff / Cardinal / pfaff / monich / seyn hoffgesinde ist
> Die sich alle mit dem Antichrist voreynet han
> das sie betrigen / vnd vorfuren / alle christen man."[124]

Die *Klag und Bitt* übernimmt aus dem *Passional* die Entgegensetzung von Heiliger Schrift und päpstlichem Recht. Bei dem Rückgriff auf die Bibel stehen jedoch nicht Szenen aus dem Leben Jesu im Vordergrund. Nicht die Evangelien, sondern die Briefe des Apostels Paulus sind die Hauptquelle:

> „O Herre Jesu laß dich erbarmen
> Das sie [die Bischöfe] sich beweyssen ßo tyrannisch gen[125] den armen

---

[121] Karlstadt zitierte aus Erasmus' *Paraclesis ad lectorem pium*. Die Passage über Christus als *exemplum* lautet bei Erasmus: „Siue quod discere cupimus, cur alius autor magis placet quam ipse Christus? Siue viuendi formam requirimus, cur aliud nobis prius est exemplum quam Archetypus ipse Christus?" DESIDERIUS ERASMUS ROTERODAMUS, *Opera omnia*, Tomus V, 7, Leiden 2013, 294,201–203.

[122] *Eyn Clag vnd bitt der deutsche[n] Nation an den almechtigen gott vmb erloszu[n]g ausz dem gefencknis des Antichrist*, [Wittenberg: Johann Grunenberg] 1521, VD16 K 1209 (KÖHLER, HANS-JOACHIM, Bibliographie der Flugschriften des 16. Jahrhunderts. Teil I: Das frühe 16. Jahrhundert [1501–1530], Tübingen 1991–1996, vol. 2, Nr. 2055). Nicht originaltreue, sprachlich vereinfachte Edition von Satiren und Pasquille aus der Reformationszeit, vol. 1, hg. v. Oskar Schade, Hannover ²1863, 1–6.179–180.

[123] Der Holzschnitt zeigt in der *Clag* eine stärkere Beschädigung der Rahmenlinien als in der *Antithesis figurata*. Daraus ergibt sich, dass die *Clag* erst nach der *Antithesis figurata* gedruckt wurde.

[124] *Eyn Clag*, fol. A4ʳ; Satiren und Pasquille (wie Anm. 122), 6,171–174.

[125] gegen.

Antichrifti.

Die geyſtlichen ſeint alle konnige vnnd das betzeygt die platten
vffim kopffe. duo 12 q .1.
Der Bapſt magk gleych wie der keyſſer reytten vñ der keyßer iſt
ſeyn thraßant vff das Biſchofflicher wirde gehalt nicht gemin
dert werde c. conſtantinus 10. c.6. diſ.
Der Bapſt iſt allen volckern vnd reychen vorgeſatzt ex vag ſup
gentes Johannis 22.   C ij

Abb. 7: Papst mit Gefolge reitet Richtung Hölle. Passional Christi vnd Antichristi,
Bl. C 2ʳ. Herzog August Bibliothek Wolfenbüttel: 151.31 theol. (25)
(Benzing/Claus Nr. 1016).

Geschehe on[126] nit me[127] vnder deynen namen sulch geperde[128]
   Thu deyn gnade vnd straff sie hie auff erden
Das sie widder kommen yn den rechten standt
   Do tzu sie sanct Pauel vorbunden hat mit munde vnd hand."[129]

Die päpstlichen Gesetze verführen dazu, die „Seligkeit" durch Werke erlangen zu wollen statt „allein durch Christus" mit Glauben, Hoffnung und Liebe:

„O Ir Christen weynet vnd vorgisset blutige zern[130]
   das die heylige schrifft ist vndergedruckt mit gefern[131]
Den der Antichrist vnd großer anhangk
   Die heylige geschrifff han gestossen vnder dye bangk
Ire gesetze/vnd heydennisch kunst heruor getzogen
   Do mit sye land vnd leuhte haben betrogen
Das vil menschen durch yre werck selig hoffen zu werden
   Szo doch/alleyne durch Christum mussen hye auff erden
Mit heyligen glauben/hoffnung/vnd rechter liebe
   Szeligkcyt erlangen/aber[132] kommen zun hellischen dieben."[133]

Die *Klag und Bitt* liest sich wie ein Kommentar zum *Passional Christi und Antichristi*. Die Vorbild-Christologie des *Passional* wird dezent ergänzt durch Aussagen über den Weg zur Seligkeit nicht durch Werke, sondern allein durch Christus im Glauben. In dieser Hinsicht ist die Orientierung an der Theologie Luthers unverkennbar.

Georg Spalatin, Sekretär Kurfürst Friedrichs des Weisen, hat noch im Jahr 1521 ein Exemplar der *Klag und Bitt* mit einer eigenhändigen Widmung weitergegeben: „Meinem Gnedigen Hern Hertzog Hans Fridrich zu Sachssenn etc. 1521."[134] Johann Friedrich von Sachsen (1503–1554, Kurfürst 1532–1547) war ein Sohn Herzog Johanns von Sachsen (1468–1532, Kurfürst 1525–1532) und Neffe Kurfürst Friedrichs des Weisen. Spalatin war am Hofe Friedrichs des Weisen zeitweise Johann Friedrichs Lehrer und Erzieher gewesen. Spalatins Zusendung der *Klag und Bitt* an den achtzehnjährigen Prinzen Johann Friedrich zeigt, wie er sich bemühte, den künftigen Kurfürsten für die Anliegen der Wittenberger Reformatoren zu gewinnen.

---

126 ihnen.
127 mehr.
128 Gebaren.
129 *Eyn Clag*, fol. A3ʳ; Satiren und Pasquille (wie Anm. 122), 4,101–106.
130 Tränen.
131 Betrügereien.
132 oder.
133 *Eyn Clag*, fol. A2ʳ; Satiren und Pasquille (wie Anm. 122), 2, 25–34.
134 Notiz Spalatins auf dem Titelblatt des Exemplars der Pitts Theology Library, Emory University, Atlanta: 1520 CLAG A. Abbildung in: A Book More Precious Than Gold. Reading the Printed Book Alongside Its Previous Owners and Readers, An exhibition at Pitts Theology Library curated by Dr. Armin Siedlecki and Dr. Ulrich Bubenheimer with Dr. Eric Moore; August 9 – November 30, 2019, Atlanta 2019, 32.

10. Die „christliche Stadt" als Modell

Die Propaganda der Wittenberger Theologen 1521/22 im Licht bekannter und neuer Quellen[1]

I. Die erste Wittenberger Stadtreformation als Modell

„Gedruckt in der *Christliche[n]* statt Wittemberg Andree im xxi. Jar." Dieses Impressum mit Datum vom 30. November 1521 begegnet dem Leser von Andreas Karlstadts Schrift *Von beiden Gestalten der Heiligen Messe* bereits auf dem Titelblatt.[2] In zwei weiteren Flugschriften führt sich der Autor, ebenfalls auf dem Titelblatt, als „Karlstadt in der *christlichen* Stadt Wittenberg" ein, und zwar in der Schrift über Bilder und Bettler im Januar 1522[3] und in dem Druck der ersten der neu eingeführten Wochenpredigten Karlstadts im Februar 1522.[4] Diese Formulierungen waren ungewohnt für den Leser jener Zeit, denn er hatte Formeln im Ohr wie „gedruckt in der *fürstlichen* Stadt" Wittenberg, die den status quo der politischen Ordnung widerspiegelten, in der die Landstadt Wittenberg sich befand. Daher kann eine sprachliche Sensibilität des Lesers vorausgesetzt werden, die Programmatik wahrzunehmen, die in der Verschiebung von „fürstlicher" zu „christlicher" Stadt verpackt war. Ein Autor, der auf das Titelblatt seiner Druckschriften mehrfach setzen lässt: „in der christlichen Stadt

---

[1] Vortrag in Göttingen am 12. Dezember 2012, der der für den vorliegenden Band bearbeitet und erweitert wurde.

[2] Von beiden gestaldten|der heylige Messze.|[...]|Andres Boden. von Carolstatt|Gedruckt in der Christliche statt|Wittemberg Andree|im xxi. Jar. Wittenberg, Nikolaus Schirlentz 1521, VD16 B 6219 (Freys/Barge Nr. 71). Am Schluss (Bl. F4ʳ) ist das Impressum variiert: „Gedruckt in der Christlichen statt wittemberg durch Nickell Schyrlentz ym xxi. Jar." In einem Nachdruck des Wittenberger Druckers Johann Grunenberg aus dem Jahr 1522 (Freys/Barge Nr. 72) ist die Formel „in der christlichen Stadt" weggelassen. Siehe die Edition in KGK IV.205.

[3] Von abtuhung der Bylder/|Vnd das keyn Betdler|vnther den Chri=|sten seyn soll.|Carolstatt. in der Christliche[n]|statt Wittenberg, Wittenberg: Nikolaus Schirlentz 1522, VD16 B 6214 (Freys/Barge Nr. 87). Flugschriften der frühen Reformationsbewegung (1518–1524), bearb. von Adolf Laube (Leitung) und Sigrid Looß, Berlin 1983, Bd. 1, 105–187 (erster Teil über Bilder) und Bd. 2, 1024–1032 (zweiter Teil über Bettler), künftig abgekürzt zitiert: FFRB. Die beiden Teile der Schrift sind in dieser Ausgabe von einander getrennt worden. Siehe Edition in KGK V.

[4] Predig oder homilien vber|den prophete[n] Mala=|chiam gnant. || Andres Bo. von Carol-statt. In der Christlichen statt|Wittemberg, Wittenberg: Nikolaus Schirlentz 1522, VD16 B 6181 (Freys/Barge Nr. 93).

Wittenberg", erhebt den Anspruch, mit seinen Schriften für ein Modell einer christlichen Stadt zu werben.[5]

Es war schwerlich Karlstadts Meinung, dass sich in einzelnen Reformmaßnahmen – Kommunion unter beiden Gestalten, Beseitigung der Heiligenbilder, Maßnahmen der Armenfürsorge und Bibelauslegungen für Laien unter der Woche – das Wesen einer Christenstadt erschöpfe, wenngleich die genannten Punkte für ihn dazugehören. Zur Beseitigung des Bettelwesens in der Stadt meinte Karlstadt immerhin, dass er, wenn er in einer fremden Stadt Bettler sehe, erkennen könne, ob dort Christen leben oder nicht: „Und sage kurtzlich, das ich ein gewiß tzeychen hab, so ich yn eyne stat kum, das keyne ader ye blode und wenig Christen yn der statt seind, darinn ich menschen nach brot seh gehn oder lauffen."[6] Darüber hinaus sah Karlstadt ein Vorbild für die Gestaltung einer christlichen Stadt in der am 24. Januar 1522 verabschiedeten ersten offiziellen evangelischen Kirchen- und Stadtordnung gegeben, aus seiner Sicht allerdings vorläufig in Erwartung weiterer Reformen.[7] Diese Ordnung, steht für die von den Protagonisten der Wittenberger Bewegung ersehnte doppelte Reformation, die Reformation der Kirche und die Reformation der Stadt auf biblischer Grundlage. Auf diese Ordnung werde ich zunächst in einem besonderen Kapitel eingehen, da die Verbreitung des damals in Wittenberg Schritt um Schritt theoretisch konzipierten und praktisch umgesetzten Reformationsmodells ein bewusst verfolgtes Ziel der Wittenberger Protagonisten war. Danach werde ich die von den Wittenbergern genutzten Instrumente und Strategien für eine effektive Vermittlung der eigenen reformatorischen Konzepte an andere Städte zunächst in Auswahl phänomenologisch zusammenstellen und an einem ausgewählten Vorgang, nämlich die auf Halle gerichteten Versuche der Einflussnahme durch die Wittenberger näher beschreiben.

---

[5] Die Vorbildfunktion der Wittenberger Reformen erwähnt Karlstadt in Von abtuhung der Bylder in der Widmungsvorrede an Graf Wolfgang von Schlick: „Gnediger her, die weil aller welt ougen uff vns sehen vnnd unßere werck unnd leben betrachten, utliche vorbild vnd exempel tzehaben. Etliche nach reed tzu erdencken, [...]." FFRB 1, 105, 31–33.

[6] Von abtuhung der Bylder, in: FFRB 2, 1024, 5–8.

[7] „Sie [scil. unsere Regenten] hoffen ouch, nach verfahung gemelter dreyer artickell [scil. betreffend Messe, Bilder, Bettler], noch mehr Christliche stucke furtzunehmen, und das beste auff tzebrengen, unther welchen diser hoch von noten ist, das Christliche obirkeit, auß eygner Christlicher pflicht und bewegnis, ernstlich und emsig auffsehen sollen haben uff Witwen, Weßen und andere uberdrenckte personen, sie vor gewalt und unrecht zu verhüten, [...]". FFRB 1, 105, 20–25.

II. Die Wittenberger Stadtordnung vom Januar 1522

Ich konzentriere mich auf die Darstellung des Wittenberger Reformprogramms, wie es in der *Ordnung der Stadt Wittenberg*[8] vorliegt und von Karlstadt in seiner gleichzeitigen Schrift *Vom Abtun der Bilder und dass kein Bettler unter den Christen sein soll* erläutert und erweitert wurde.[9] Letztere Schrift verfolgte die Ziele, einen Teil der kultischen und sozialen Bestimmungen der Ordnung theologisch zu begründen, Rat und Gemeinde zur tatsächlichen Ausführung der Ordnung zu drängen, Vorschläge für weitere künftige Reformen zu machen und schließlich die Wittenberger Ordnung anderen Städten als Vorbild zu empfehlen. Der zweite Teil dieser Schrift ist dem Thema „Bettler" gewidmet und enthält den theologischen und sozialethischen Kontext, in den Karlstadt die in der *Ordnung* vorgesehenen Maßnahmen der Sozialfürsorge stellte.[10]

1. Zur Entstehung und Überlieferung der Stadtordnung

Die Frage nach dem oder den Verfassern der Wittenberger Ordnung ist bisher nicht detailliert genug erörtert worden. In dem Streitgespräch, das Martin Luther und Karlstadt am 22. August 1524 im Schwarzen Bären in Jena führten, machte Luther Karlstadt allein für die Beseitigung der Bilder in Wittenberg verantwortlich. Karlstadt antwortete, dass an dem – in der Stadtordnung enthaltenen – Beschluss der Bilderbeseitigung „drei Räte und etliche Eurer Freunde" mitgewirkt hätten.[11] Daraus lässt sich schließen, dass an den Beratungen über den Inhalt der Stadtordnung drei Stadträte sowie neben Karlstadt noch weitere Luther nahestehende Personen beteiligt waren. Das Gremium der drei Räte begegnet schon in der Wittenberger Beutelordnung von 1520/21 als städtisches Organ, dem neben dem regierenden Bürgermeister und dem Pfarrer der Stadt-

---

[8] Ich zitiere nach der Edition von Helmar Junghans in LStA, 325–329. Neuhochdeutsche Fassung unter dem Titel „Kastenordnung der Stadt Wittenberg 1522" bei: STROHM, THEODOR/KLEIN, MICHAEL (Hg.), Die Entstehung einer sozialen Ordnung Europas, Heidelberg 2004 (VDWI 22/23)., Bd. 2, 17–19.

[9] Die Widmungsvorrede ist datiert vom 27. Januar 1522.

[10] Dem zweiten Teil der Bilder- und Bettlerschrift gehen inhaltlich parallel 10 Thesen Karlstadts „De iubileo et anno remissionis", abgedruckt in der dritten (Basler) Sammlung Wittenberger Thesen: LVTHERI, MELANCH. CAROLOSTADII etc. PROPOSITIONES, VVITTEMBERGAE uiua uoce tractate […], Basel: [Adam Petri] 1522, VD16 L 7642, Bl. F 8ᵛ. Danach bei RIEDERER, JOHANN BARTHOLOMÄUS, Nachrichten zur Kirchen-, Gelehrten- und Bücher-Geschichte, Bd. 4, Altdorf 1768, 191 f. Zum Nachweis von Karlstadts Verfasserschaft s. BUBENHEIMER, ULRICH, Scandalum et ius divinum. Theologische und rechtstheologische Probleme der ersten Innovationen in Wittenberg 1521/22, in: ZSRG.K 59 (1973), 263–342, hier 333 f. 5. Beitrag in diesem Band, 1.10 Thesen De iubileo (s. auch KGK V, Nr. 214).

[11] „Karol. Das hab ich nicht allein für genommen, sondern die drey rethe unnd ewer gesellen etliche, die beschlossen es, darnach zugen sy die Köpf uß der schlingen und lyssen mich allein stehen." Wesz sich doctor Anndreas Bodenstein von Karlstadt mit doctor Martino Lutther/beredt zu Jhenn […], in: WA 15, 337,16–18.

kirche die Aufsicht über die Armenpflege übertragen war[12]. Dieser Dreierrat verhandelte im Januar 1522 an mehreren Tagen mit führenden Vertretern der Universität und des Klerus über die vorgesehene neue Stadtordnung. Beteiligt waren Propst Justus Jonas, Karlstadt, Melanchthon sowie weitere Vertreter des Klerus.[13] Unter diesen Umständen kann Karlstadt als einer der Mitverfasser der Ordnung gelten. Auf ihren Inhalt hat er sicher maßgeblich eingewirkt. Die in der Literatur zu findenden Annahme, Karlstadt sei der Alleinverfasser des vorliegenden Textes gewesen,[14] geht allerdings zu weit. Der Text ist in der vorliegenden Form ein Ergebnis von Verhandlungen. Es wäre auch verfehlt, die ganze Stadtordnung ihrem Inhalt nach als „Karlstadtisch" zu bezeichnen, denn die Ordnung setzt an vielen Punkten, insbesondere bei den sozialen Regelungen, frühere Vorschläge Luthers um.[15]

Möglicherweise hatte Karlstadt einen ersten Entwurf für die Verhandlungen verfasst. Denn einzelne Formulierungen der Ordnung finden sich ähnlich in seinen Schriften wieder.[16] Auch identifizierte sich Karlstadt in seiner Bilder- und Bettlerschrift persönlich ganz mit dem Inhalt der Stadtordnung[17] und setzte sich am meisten für deren Ausführung ein. Andererseits gab er zu erkennen, dass er vorläufig Abstriche von seinen weitergehenden Plänen machen musste In diesem Sinn kann die Wittenberger Stadtordnung als Kompromiss verstanden werden, über den Karlstadt noch hinausstrebte.

Die Überlieferung des Textes in zwei sich unterscheidenden Fassungen zeigt, dass die Entstehung der Wittenberger Stadtordnung ein Prozess in mehreren Etappen war. In der Zwickauer Ratsschulbibliothek befindet sich eine kürzere, handschriftliche Überlieferung (Überlieferung Z), niedergeschrieben von Ste-

---

[12] Siehe die Edition von STROHM/KLEIN, Entstehung (wie Anm. 8), Bd. 2, 16, hier auch als „Dreierrat" bezeichnet.

[13] Bericht des Felix Ulscenius an Wolfgang Capito, Wittenberg, 24. Januar 1522, in: WB, 173.

[14] Theodor Strohm in STROHM/KLEIN, Entstehung (wie Anm. 8), Bd. 2, 13 im Anschluss an: Die evangelischen Kirchenordnungen des 16. Jahrhunderts, hg. v. Ernst Sehling, 1. Bd., 1. Abt., 1. Hälfte, Leipzig 1902, 696 f.

[15] LINDBERG, CARTER, The Liturgy after the Liturgy. Welfare in the Early Reformation, in: Emily Albu Hanawalt/ders. (Hg.), Through the Eye of a Needle. Judeo-Christian Roots of Social Welfare, Kirksville, Missouri 1994, 186. – Helmar Junghans in LStA 2, 523.

[16] Vgl. z. B. den 8. Artikel der Ordnung („Item es so(e)llen auch die Stacionierer noch kainerlay kirchenbitter nit geduldet werden, in ansehung das alle kirchen berayt vnd *mer dann zuuil gebaut seind.* (et)c(etera)." (LStA 2, 526,22–527,2) mit Karlstadt: Uon gelubden vnterrichtung […], Wittenberg: [Nikolaus Schirlentz] 1521, VD16 B 6245, (Freys/Barge Nr. 50), Bl. D3v „Das gelt / odder siclos soll man itzt nit tzu den steynern kirchen geben. Dan *der selben ist mehr dan zuuiel* / vnd wer genug. das in eyner meylen / oder halben / aber ye in eyner statt nur ein kirchen stuend / dar yhn das wort gottis geprediget würd." (Hervorhebungen von U. B.)

[17] Siehe die Widmungsvorrede: FFRB 1, 105,7–106,13; ferner FFRB 1, 121; 38 ff., besonders FFRB 2, 20–22: „Dan ich forcht, das ouch in diesem notdurfftigem und christlichem artickell [scil. Bettler betreffend] nit werd gescheen, das beschlossen ist, und solt gescheen, ßo wir anders christen genent vnd seyn wollen. Ich hab das meyn gethan."

phan Roth[18], der seine Vorlage wie andere von ihm überlieferte Wittenberger Dokumente aus jener Zeit aus Wittenberg erhalten haben dürfte. Den bisherigen Editionen wurde jedoch eine längere Textfassung zugrunde gelegt, wie er sich in den insgesamt vier nachgewiesenen Druckausgaben der Ordnung findet (Überlieferung D), von denen zwei in Augsburg[19], eine in Speyer[20] und eine in Coburg oder Bamberg[21] gedruckt wurden, auffallenderweise keine in Wittenberg. Auch die Edition von Helmar Junghans im zweiten Band der Luther-Studienausgabe folgt der Drucküberlieferung. Die von den Drucken (D) abweichenden Varianten der Überlieferung Z finden sich in dieser Edition in den Fußnoten. Ohne nähere Untersuchung wurde dabei erstens angenommen, dass der kürzere Text ein „Konzept"[22] bzw. eine „Vorform"[23] des längeren Textes darstellt, und zweitens, dass die längere Drucküberlieferung die Fassung sei, die am 24. Januar 1522 beschlossen wurde. Meine eigenen überlieferungsgeschichtlichen und textkritischen Untersuchungen, die ich im vorliegenden Rahmen nicht näher ausführen kann, brachten mich zu folgendem Ergebnis: Richtig ist, dass die kürzere handschriftliche Überlieferung (Z) den früheren, die längere Druckfassung (D) den späteren Text bietet. Nicht die Druckfassung (D), sondern die kürzere Überlieferung (Z) bietet die Fassung, die am 24. Januar 1522 in Wittenberg beschlossen wurde. Nach diesem Beschluss und vor der Drucklegung von D wurde am Text der Ordnung weiter gearbeitet. Mit dieser Rekonstruktion komme ich der Annahme von Karl Pallas nahe, die Ordnung sei etappenweise zwischen dem 24. Januar und dem 14. Februar 1522 entstanden.[24] Die erweiterte Druckfassung (D) weist neben kleineren Textveränderungen zusätzlich zwei neue Artikel auf: Beschränkung des Zinssatzes auf 4 % (Artikel 16) und Ausbildungsbeihilfen für arme Knaben (Artikel 17).[25]

Der folgenden Analyse des Inhalts der Ordnung lege ich die Drucküberlieferung (D) zugrunde, sofern ich nicht etwas anderes vermerke. Denn es soll hier ein Gesamtbild der sozialen Reformen gegeben werden, die Anfang 1522 in Wittenberg in Angriff genommen, wenn auch sicher nicht in allen Punkten durchgesetzt wurden.

---

[18] CLEMEN, OTTO, Miszellen zur Reformationsgeschichte, in: ThStKr 70 (1897), 820–822, hier 820f.

[19] Drucker: Melchior Ramminger. VD16 W3697 bzw. VD16 ZV 30957.

[20] Drucker: Johann Eckhart. VD16 ZV 23463.

[21] Drucker: Bamberg: Georg Erlinger oder Coburg: Ägidius Fellenfürst. VD16 W 3698.

[22] Die Wittenberger und Leisniger Kastenordnung, hg. v. Hans Lietzmann, Bonn 1907 (Kleine Texte 21), 4.

[23] Junghans in LStA 2, 525.

[24] PALLAS, KARL, Die Wittenberger Beutelordnung vom Jahre 1521 und ihr Verhältnis zur Einrichtung des Gemeinen Kastens im Januar 1522, in: Zeitschrift des Vereins für Kirchengeschichte in der Provinz Sachsen 12 (1915), 1–45.100–137, hier 121ff.

[25] LStA 2, 529,1–14.

2. Die Regelungen der Wittenberger Stadtordnung: Gottesdienst- und Sozialreform

Der kleinere, aber dank Luthers Invocavitpredigten bekanntere Teil der Stadtordnung ist kultischen Reformen gewidmet, die ich kurz zusammenfasse:[26]

1) Die *Beseitigung der Bilder* – d. h. der Heiligen-, Marien- und Christusfiguren bzw. -gemälde – sowie der Altäre bis auf drei bildlose Altäre, um „Abgötterei zu vermeiden" (Artikel 13).[27]

2) Die *Messreform* (Artikel 14): „Die Messe soll nicht anders gehalten werden als wie sie Christus am Abendessen hat eingesetzt"[28]. Aus der zum Großteil beibehaltenen römischen Messliturgie[29] bleiben die Heiligenmessen sowie die Teile des Messkanons weg, die den Opfergedanken enthalten, „dieweil sie nicht schriftgemäß sind"; ferner wird die Schlussformel „Ite missa est" gestrichen,[30] wahrscheinlich weil man bereits das Wort „missa" als unbiblisch ablehnte.[31] Die Kommunikanten erhalten Brot <u>und</u> Wein und können auch die Hostie und den Kelch selbst in die Hand nehmen.[32]

Der größere Teil der Ordnung ist der Einrichtung eines Armenkastens und der daraus zu finanzierenden Sozialfürsorge gewidmet:[33]

1) Die wichtigste soziale Maßnahme ist die Einrichtung eines *„gemeinen Kastens"* (Artikel 1), die mit einem Bündel gleichzeitiger Regelungen zur Begründung eines *städtischen Fürsorgewesens* verbunden ist. Die Verwaltung von Einnahmen und Ausgaben dieses Armenkastens soll in der Hand von zwei Ratsherren, zwei Gemeindegliedern und eines Schreibers liegen, wobei das Fehlen der Geistlichkeit in diesem Gremium auffällt.

2) Die *Inventarisierung des Klostergutes* wird als bereits ausgeführte Maßnahme festgehalten (Artikel 6). Da bereits mit einer künftigen Aufhebung der Klöster gerechnet wurde,[34] traf der Rat Vorsorge für die zu erwartenden ökonomischen Folgen. Eine Regelung über die Verwendung des Klostergutes nach Aufhebung der Klöster ist noch nicht getroffen.

---

[26] Auf die kultischen Reformen bin ich in meinen Publikationen zur Wittenberger Bewegung und zu Karlstadt wiederholt eingegangen.

[27] LStA 2, 527,20 f.

[28] LStA 2, 527,22 f.

[29] Nach dem oben gegebenen Zitat wird die Aufzählung der beibehaltenen Stücke des Missale eingeführt mit den Worten: „[...] doch vmb ettlicher sachen vmbs glauben willen, lasset man singen [...]" LStA 2, 527,23 f. Diese Worte deuten auch auf den Kompromisscharakter der Ordnung hin.

[30] LStA 2, 527,24–528,3.

[31] So in der im April 1522 konfiszierten Schrift Karlstadts über die Messe, bei Barge 2, 563.

[32] LStA 2, 528,3–5.

[33] LStA 2, 525,1–526,3.

[34] Die Aufhebung der Klöster war vom Rat für Ende März 1522 vorgesehen worden, doch wurde sie nach Luthers Rückkehr aufgeschoben.

3) Die *Einnahmen* des Armenkastens stammen aus mehreren Quellen:
   a) Aus den „*Zinsen der Gotteshäuser*", was gleichzeitig die Übertragung der Einkünfte aus zuvor frommen Zwecken dienenden Stiftungen, z. B. Seelmessstiftungen, an den Armenkasten bedeutet. Ferner aus den *Zinsen der aufzuhebenden Bruderschaften und Handwerkerzünfte* (Artikel 1)[35], die bisher einen Teil der Aufgaben der Armenfürsorge wahrnahmen.
   b) Aus den *Einkünften der Lehenspriester*, d. h. der Priester, die gestiftete Altarpfründen innehaben. Die Einkünfte werden aber erst nach dem Tod der gegenwärtigen Pfründner dem gemeinen Kasten zugeführt (Artikel 2).[36]
   c) Soweit die genannten Einkünfte für die vorgesehenen Maßnahmen der Sozialfürsorge nicht ausreichen, sollen zusätzliche Einnahmen geschöpft werden durch eine *Armensteuer*, die jährlich von Bürgern und Klerikern entsprechend der jeweiligen Vermögenslage abgeführt werden soll (Artikel 11).[37] Über die Höhe dieser Steuer wird nichts ausgesagt. Sie sollte wohl jeweils nach Bedarf festgesetzt werden.

4) Die *Ausgaben* sind für folgende Zwecke der Sozialfürsorge vorgesehen:
   a) Einstige *Bettler*, die wegen Alter oder Krankheit oder aus anderen Gründen nicht arbeiten können, sollen künftig eine angemessene Unterstützung erhalten. Im übrigen wird jegliches Bettelwesen einschließlich des Bettelns durch Mönche, Schüler und Studenten oder des Bettelns zugunsten von Kirchenbauten – „denn mehr als zuviel gebaut sind" – verboten. Arbeitsunwillige Bettler werden aus der Stadt gewiesen. (Artikel 3–5 und 7–8).[38]
   b) In Not geratenen *armen Handwerkern* soll durch befristete zinslose Überbrückungsdarlehen die weitere Ausübung ihres Handwerks ermöglicht werden. Die Rückzahlung des Darlehens soll bei Zahlungsunfähigkeit erlassen werden (Artikel 9).[39]
   c) *Waisen und Kinder armer Leute* sollen angemessen unterstützt, insbesondere Mädchen ausgestattet werden (Artikel 10).[40]
   d) Bürgern und Einwohnern der Stadt, die bislang mit zu hohen *Zinsen* belastet waren – genannt wird eine Belastung mit einem Zinssatz von 5 bis 6 % – und die eine Kapitalsumme nicht aus eigenen Mitteln ablösen können, sollen zur Ablösung der Kapitalsumme ein Darlehen zu einem Zinssatz von 4 % erhalten. Dazuhin wird der Hoffnung Ausdruck gegeben, dass die Geistlichkeit sich in dieser Angelegenheit „christlicher Liebe befleißigen" werde (Artikel 16).[41] Damit wird wohl die Erwartung ausgesprochen, dass

---

[35] LStA 2, 525,2–526,3.
[36] LStA 2, 526,3–6.
[37] LStA 2, 527,10–13.
[38] LStA 2, 525,7–15 und 525,19–527,2.
[39] LStA 2, 527,3–7.
[40] LStA 2, 527,8f.
[41] LStA 2, 529,1–7.

auch die Geistlichkeit bereit sein sollte, die Kapitalsummen zurückzunehmen, da beim sogenannten Rentkauf eine Ablösung nicht vorgesehen war.

e) Regelung von *Ausbildungsbeihilfen* (Artikel 17): „[...] armer Leute Kinder als Knaben, die zu der Schule und den Studien geschickt sind", sollen mit den nötigen Mitteln versorgt werden, „damit man allezeit gelehrte Leute habe, die das heilige Evangelium und die Schrift predigen, und dass auch in weltlichen Regimenten an geschickten Leuten kein Mangel sei". Die Knaben, die sich für jenen Bildungsweg nicht eignen, soll man zu einem Handwerk oder zu anderer Arbeit anhalten, „denn in solchem sonderliches Aufsehen von Nöten ist."[42] Hier wird in Ansätzen eine *Ausbildungs- oder Arbeitspflicht* für junge Menschen angedeutet.

5) *Prostitution* wird verboten. Prostituierten wird die Heirat nahe gelegt. Soweit sie weiter ihrem Gewerbe nachgehen, sind sie aus der Stadt zu weisen. Gastwirte, die Prostituierte beherbergen, sollen mit hohen Strafen belegt werden (Artikel 14).[43]

Soweit die Regelungen der Stadtordnung. Das Bild, das sich aus ihren Bestimmungen ergibt, soll in einem nächsten Schritt durch Karlstadts darüber hinausgehende Reformvorschläge ergänzt werden, die er im zweiten Teil seiner Schrift gegen Bilder und Bettler vorgetragen hat.

Karlstadts lässt in seiner Schrift gegen Bilder und Bettler die Hoffnung erkennen, dass den in der Stadtordnung getroffenen Regelungen weitere Reformen folgen werden:

1) Für eine weitere Reformstufe erwartet er zugunsten sozial benachteiligter Bevölkerungsgruppen die Einführung einer *Rechtsfürsorge* als Ergänzung der finanziellen Fürsorge.[44]
2) Politisch potentiell explosiv war die verhaltene Kritik Karlstadts an der *Leibeigenschaft*. Konkret nennt er in diesem Zusammenhang zwar nur Missstände in Rom und Neapel. Trotzdem ist deutlich, dass seine Argumentationsweise auf eine grundsätzliche Kritik an der Leibeigenschaft abzielt.[45]

Diese zwei Punkte deuten an, dass Karlstadt über eine Neugestaltung der gesellschaftlichen Verhältnisse nachdachte, die weitergehen sollte, als es in der Stadtordnung und in seinen gleichzeitigen Schriften niedergelegt ist. Das Thema Leibeigenschaft zeigt auch, dass Karlstadt mit seinen Zielen den Horizont der städtischen Verhältnisse Wittenbergs überstieg. Denn Leibeigene gab es weder in der Stadt noch im Amt Wittenberg.

---

[42] LStA 2, 529,7–14.
[43] LStA 2, 528,6–11.
[44] FFRB 1, 105,20–30.
[45] FFRB 2, 1027,28–1029,9.

3. Theologische und sozialethische Motive Karlstadts

Den theologischen und sozialethischen Motiven der Reformen räumt Karlstadt in seinen Ausführungen zum Thema „Bettler" breiten Raum ein:

1) *Die „christliche Stadt":* Aus Karlstadts Sicht besteht eine innere Verbindung zwischen der Reform des Gottesdienstes und der Reform der Sozialordnung: Die „christliche Stadt Wittenberg", wie die reformierte Stadt programmatisch auf dem Titelblatt der Bilder- und Bettlerschrift genannt wird, kann nach Karlstadts Vorstellung nur durch gleichzeitige Durchsetzung des göttlichen Willens in Gottesdienst und Stadtgemeinde errichtet werden. Da die christliche Stadt nach Karlstadts Rechtsidee gemäß dem biblischen Recht gestaltet werden sollte, nimmt die Schriftbegründung der Reformen einen breiten Raum ein. Im Mittelpunkt der Ausführungen Karlstadts zum Armenwesen steht eine Auslegung der Bestimmungen von Deut 15,4–14 über das Erlassjahr.[46] Aus diesem Text schöpft er Argumente zur Begründung der konkreten Reformmaßnahmen. Bezeichnend für Karlstadts Schriftverwendung ist, dass er neben das im Deuteronomium verfasste alttestamentliche Gesetz mit Hilfe von Stellen aus dem Matthäusevangelium Christus als Erneuerer dieses Gesetzes stellt: „Siehe, dass Gott spricht [Dt 15,11], dass wir stets arme Brüder werden haben. Wir sollen aber doch keine Bettler haben. Das ist der Text und das göttliche Gebot, das Christus [Mt 26,11] erneuert hat [...]."[47]

2) *Der Arme als Tempel Gottes:* Von der Imago-dei-Lehre her werden Gottesdienst und soziales Leben der christlichen Stadt noch schärfer als Einheit beider Bereiche sichtbar. Auch der Arme, der Bedrückte, der einfache Mann ist ein Tempel Gottes; und das soziale Eintreten für ihn ist nicht etwas, was neben dem Gottesdienst steht, sondern ist selbst Gottesdienst: „Nun weil der Kirchen zuviel sind, soll das Geld [...] einem lebendigen, elenden Tempel gegeben werden, von welchem Christus insgemein sagt: ‚Was ihr dem Mindesten getan habe, das ist mir getan. Was ihr dem Durstigen, Hungrigen, Bloßen, Kranken und Gefangenen etc. gebt, das habt ihr mir getan.' Das sind die lebendigen und rechten Tempel, darin Gott herrscht und wandelt [...]."[48] Neben diesem Gottesdienst im Alltag ist eine einzige Kirche je Stadt genug, in der das Wort Gottes gepredigt wird.

3) *Das Paradigma der Prävention:* Die christliche Liebestätigkeit des Mittelalters war überwiegend darauf ausgerichtet, bereits eingetretene Nöte zu lindern. Demgegenüber weist die Idee der Prävention in die Zukunft des So-

---

[46] FFRB 2, 1025,14–1029,9. Inhaltlich entsprechend die oben genannte Thesenreihe „De iubileo et anno remissionis".

[47] FFRB 2, 1027,21–23.

[48] BODENSTEIN VON KARLSTADT, ANDREAS, Uon gelubden vnterrichtung (wie Anm. 16), Bl. D 4ʳ.

zialwesens. Karlstadt führt diese Idee als erstes Motiv gleich zu Beginn seiner Ausführungen an und wiederholt sie mehrmals.[49] Die präventive Gestaltung der sozialen Interventionen soll verhindern, dass überhaupt erst jemand in äußerste Not gerät, die ihn völlig abhängig macht. Unter diesem Aspekt kritisiert Karlstadt das gesamte karitative Wirken der Orden und Bruderschaften des Mittelalters. In diesen Zusammenhang gehört auch, dass er die Situation des Hilfenehmers emotional erleichtern möchte, indem er darauf hinweist, dass es für die wirklich Hilfsbedürftigen eine Zumutung sei, um Hilfe erst bitten zu müssen. Deshalb sollen auch peinliche Diskussionen zur Erhebung des Grades der Hilfsbedürftigkeit vermieden werden: „Domit verbeut die schrifft [scil. Dt 15] grosse disputation tzemachen, ab yemands hilff wol bedarff oder nit."[50] Karlstadt zeigt damit bereits im Entstehungsstadium einer differenzierten öffentlichen Sozialfürsorge ein Gespür für Probleme, die deren Bürokratisierung mit sich bringen würde.

4) *Der Gedanke der genossenschaftlichen Solidarität:* Die Verwendung des Begriffs „genossenschaftliche Solidarität" legt sich nahe angesichts von Karlstadts Vorstellungen von einer öffentlichen Darlehensordnung. Ausbildungshilfen und Starthilfen zur Eröffnung eines Handwerkbetriebs sollen als zurückzahlbare oder als verlorene Darlehen gewährt werden. Die Darlehensnehmer haben sie zurückzuzahlen, soweit sie „ohne Beschwerung" dazu in der Lage sind. Von den anderen darf die Schuld nicht zurückgefordert werden.[51] Diese Forderung stellt Karlstadt nicht nur an die Stadt als Pflegerin des gemeinsamen Kastens, sondern er vertritt darüber hinaus auch die These, dass alle Gläubiger gegenüber armen Schuldnern auf ihre Forderungen verzichten müssten. Auch lehnt er es generell ab, dass Gläubiger die ihnen geschuldeten Summen einklagen.[52] Dies enthebt aber zahlungsfähige Schuldner nicht ihrer Rückzahlungspflicht. Notfalls habe die Obrigkeit zugunsten der Gläubiger gegen böswillig säumige Schuldner einzutreten. Bereits die hier anklingende Tendenz, den Rechtsweg und Zwangsverfahren nach Möglichkeit auszuschalten, fußt auf dem Wunsch Karlstadts, in der Bürgerschaft eine ausgewogene, gewissermaßen genossenschaftliche sowie auf Treu und Glauben gegründete Solidarität von Gläubigern und Schuldnern zu entwickeln. Dieses Ziel zeigt noch deutlicher die Forderung, dass ehemalige Hilfenehmer ihrerseits anderen helfen sollen, wenn sich ihre Vermögensverhältnisse verbessert haben.[53]

5) *Das Problem der gerechten Güterverteilung:* Karlstadt hat in seiner Schrift zu konkreten Punkten der Wittenberger Stadtordnung Stellung nehmen wollen

---

[49] FFRB 2, 1024,7–17.23–31; 1025,5–7.14–17.
[50] FFRB 2, 1027,5–8.
[51] FFRB 2, 1026,10–23.
[52] FFRB 2, 1026,37–40.
[53] FFRB 2, 1026,41 f.

und keine systematische Erörterung einer besseren Güterverteilung verfasst. Trotzdem wird deutlich, dass er die Notwendigkeit umfassenderer Reformen gespürt hat. Der Gedanke eines völligen Güterausgleichs mit dem Ziel einer Gütergleichheit ist ihm allerdings fremd. Er fordert einerseits eine Umverteilung der Güter in dem Sinne, dass die Reichen „den Armen nähren und erhalten müssen".[54] Jedoch verbindet er diese Forderung andererseits mit dem römisch-rechtlichen Billigkeitsgedanken – „Suum cuique" – im Sinne ständischer Gliederung: Jeder Hilfsbedürftige soll „nach seinem Stand" unterstützt werden.[55]

6) *Individuelle Freiheit und obrigkeitlicher Zwang:* Karlstadt ist der Auffassung, dass bei der sozialen Gestaltung des Gemeinwesens Einschränkungen der individuellen Freiheit durch gesetzliche Zwangsmaßnahmen erforderlich werden. Unter zwei Voraussetzungen ist dies nach Karlstadt der Fall:

a) Wenn das Verhalten des Individuums „unchristlich" ist, d. h. wenn es direkt gegen ein Schriftgebot – „göttliche Rechte"[56] – verstößt. So ist etwa das Betteln gegen die Schrift.[57] Zur Durchsetzung des göttlichen Rechtes ist die christliche Obrigkeit verpflichtet.

b) Wenn das Verhalten des Individuums „betrüglich und schädlich" ist, d. h. wenn dadurch die Rechte anderer beeinträchtigt werden: Die Bettelmönche „betrügen oftmals Arme und Reiche um das Ihre, und beschädigen den armen Mann durch Forderung von Käse, Korn, Brot, Bier, Wein, an Testament und allerlei, reißen den armen Kindern aus ihrem Maul, dessen sie selbst bedürfen". Auch hier ist die Obrigkeit kraft ihrer Amtsgewalt zur Herstellung der Gerechtigkeit verpflichtet.[58]

III. Instrumente der Verbreitung des Wittenberger Modells

Ohne Anspruch auf Vollständigkeit werden in der folgenden Übersicht einige sowohl Strategien zusammengestellt, die die Akteure der Wittenberger Bewegung nutzten, um ihre Vorstellungen von Reformation zu exportieren und durch Gewinnung von Bundesgenossen die eigene Position zu stärken.

– Die Publikation von *deutschen Flugschriften* als Mittel der reformatorischen Agitation hat in der Forschung viel Aufmerksamkeit gefunden. Karlstadt bediente sich dieses Mittels seit Frühjahr 1519, beginnend mit seinem zuerst mit lateinischen Texten versehenen Bildblatt „Wagen". Das Echo auf diese

---

[54] FFRB 2, 1027,10 f.
[55] FFRB 2, 1026,2 f.
[56] Vgl. FFRB 1, 122,13.19.
[57] FFRB 2, 1029,41 f.
[58] FFRB 2, 1029,40–1030,6.

karikierende antithetische Gegenüberstellung der Wagenfahrt des gelassenen frommen Beters zu Christus und der Reise der auf die eigenen Kräfte bauenden scholastischen Theologen in die Hölle scheint Karlstadt den letzten Anstoß gegeben zu haben, sich literarisch in deutscher Sprache auch an ein nicht akademisch gebildetes Laienpublikum zu wenden. Er betont in seinen deutschen Schriften der Jahre 1520 bis 1522 wiederholt, dass er die Laien zur selbständigen Lektüre der Bibel hinführen wolle. Schon im Herbst 1520 weist er in *Welche Bücher biblisch sind* auf eine künftige Neuübersetzung der Bibel hin.[59] Ungeklärt ist, ob er auf entsprechende Pläne Luthers bzw. der Wittenberger Gesprächs- und Aktionsgemeinschaft um Luther anspielte oder ob er von der in Vorbereitung befindlichen niederdeutschen Halberstädter Bibel[60] wusste, deren historische Hintergründe unzureichend erforscht sind. Nach seiner Rückkehr von Kopenhagen Mitte Juni 1521 nahm Karlstadt in einer Serie von deutschen Schriften wirksamen Einfluss auf die mit der Verbrennung der päpstlichen Bannandrohungsbulle und des Kanonischen Rechts im Dezember 1520 in Wittenberg begonnene Transformation der theologischen Revolution in eine reformatorische Praxis. Die zuerst in Wittenberg erschienenen Schriften wurden an anderen Orten nachgedruckt, auffallend häufig in süddeutschen Druckereien.

– Karlstadt veröffentlichte weiterhin vereinzelt noch kleine *lateinische Schriften.* Bei Thesen für Disputationen ist das selbstverständlich. Darüber hinaus ließ er inmitten der Konflikte um Zölibat, Mönchsgelübde, Beichte und am Anfang der Auseinandersetzungen über die Messe Ende September 1521 noch zwei lateinische Schriften drucken und zeigt damit, dass er weiterhin das Gespräch auch mit einer theologisch gebildeten Klientel sucht. Der Humanist Melanchthon blieb in seinen Publikationen vorerst beim Lateinischen, abgesehen davon, dass die Texte zu der Bildsatire *Passional Christi und Antichristi* von Melanchthon zusammen mit dem Juristen Johannes Schwertfeger zwar auch lateinisch abgefasst worden waren, doch im Druck zuerst in deutscher Übersetzung erschienen. Wer dabei der Übersetzer war, ist allerdings unbekannt.

---

[59] Anfang der Vorrede: „Nach dem ittzt/wie ich bericht/new und deutsche Biblien/sollen gedruckt werden/und alle Christen geystliche vnd leyhen/gelarte aber ungelarten/die heylige schrifft/zuleszen odder horen leszen (vnd in solchem vleysz) schuldig seint/das sie widderumb andere Christen leren mugen und wollen/hab ich [...] ein kurtze unterricht thun wollen." KGK III, 526,10–18.

[60] Biblia dudesch|dat erste|deell.] Sowie: Biblia dudesch|dat ander|deell. Halberstadt, Lorenz Stuchs (D); Ludwig Trutebul/Halberstadt und Godeken/Magdeburg (V), 1522, VD16 B 2839. Unterhalb des Impressums (Teil 2, Bl. mm4ᵛ) findet sich ein vom dem Monogrammisten CD mit der Jahreszahl 1520 signierter Holzschnitt. Er zeigt zwei Wappen. Die Träger dieser Wappen hat ein unbekannter Schreiber des 16. Jahrhunderts im Exemplar der Staatsbibliothek München (Rar. 2011–2) handschriftlich unterhalb des Holzschnitts folgendermaßen identifiziert: [Wappen links]: „Trutebilen von Halberstadt Burger"; [Wappen rechts:] „Goddeken von Magdeborch sein Mitgeselle"]. Ludwig Trutebul war als Verleger der Bibel bereits bekannt. Sein Mitverleger Godeken aus Magdeburg war bisher unbekannt geblieben.

- Aussagekräftig im Blick auf die Ziele damaliger reformatorischer Propaganda ist die Wahl der Adressaten von Widmungsbriefen in den Druckschriften,[61] da die Adressaten als mögliche Multiplikatoren in Frage kamen. Karlstadt adressierte Schriften z. B. an den Kaufmann Jörg Reich in Leipzig, an Albrecht Dürer in Nürnberg, an den in fürstbischöflichen und städtischen Ämtern belegten Arndt Belholt in Münster. Melanchthon widmet seine *Loci* Tilmann Plettner, Pfarrer in Stolberg, der zwei Stolberger Grafen zum Studium nach Wittenberg begleitet hatte. Das benachbarte Halle fällt im Jahr 1521 als Ziel der Wittenberger Propaganda besonders auf, worauf ich im nächsten Kapitel näher eingehen werde.

- Die Rekrutierung, Ausbildung und Aussendung geeigneter *Sendboten*, die andernorts der Reformation zum Durchbruch verhelfen könnten, wurde in Wittenberg schon ab 1520 praktiziert. Anknüpfend auch an die bereits vorreformatorische Praxis nicht weniger Städte, als Prädikanten oder Pfarrer bevorzugt Doktoren, mindestens aber Bakkalare der Theologie anzustellen, kam es in Wittenberg 1521/22 zu einer vorher nicht da gewesenen Häufung von theologischen Promotionen, teilweise im Schnellverfahren unter extremer Verkürzung der vorgeschriebenen Studienzeiten. Ein Beispiel: Gottschalk Kruse, Benediktinermönch aus Braunschweig, kam am 22. April 1521 nach Wittenberg mit dem Grad eines *baccalaureus artium*. Schon nach anderthalb Jahren wurde er unter Überspringung des Grades eines Magister artium am 17. Oktober 1521 *baccalaureus biblicus*. Mit Karlstadts und Melanchthons Zuspruch wurde er, ohne den nach den Statuten vorgesehenen *cursus biblicus* ordnungsgemäß abzuhalten, schon am 28. November 1521 Doktor der Theologie. Alsbald hielt er in seinem Kloster in Braunschweig auch von Bürgern besuchte Vorlesungen, wegen derer reformatorischer Tendenzen er schon ab der Jahreswende 1521/22 mit dem Ketzerverdacht konfrontiert und schließlich ausgewiesen wurde. Kruses spätere Schriften und reformatorische Strategien spiegeln Einflüsse Karlstadts und der Wittenberger Bewegung wider.[62] Zu den eilig Promovierten gehörten u. a. auch die Augustiner Jakob Propst und Heinrich von Zütphen, beide alsbald in Antwerpen predigend; Tilmann Plettner, Pfarrer in Stolberg; Franz Günther, als „Bischof von der Lochau", wie er sich selbst bezeichnete, die Reaktion seines Diözesanbischofs provozierend.

- Die *Disputationen* nahmen mit der Vermehrung der Promotionsakte ebenfalls zu. „Praeterea in palestram disputatorum saepe descendo [...]" – „Zudem steige ich oft in den Ring der Disputatoren hinein [...]", berichtet Karlstadt am 24. September 1521 an den Münsteraner Patrizier Arndt Belholt.[63] Die

---

[61] Vgl. dazu ausführlich ZORZIN, ALEJANDRO, Karlstadt als Flugschriftenautor, Göttingen 1990 (GTA 48), 145–153.

[62] Vgl. LANGE, BERNHARD D., Gottschalk Kruse in seiner Bedeutung für die Reformation in der Stadt Braunschweig und im Fürstentum Lüneburg, in: JGNKG 56 (1958), 97–149.

[63] Widmungsvorrede Karlstadts an Arndt Belholt, 21. Spetember 1521, zu seiner Schrift

Disputationen mutierten teilweise von Veranstaltungen der akademischen Ausbildung zu öffentlichen Foren der Auseinandersetzung um die aktuell anstehenden praktischen Reformen mit dem erhofften Ziel, mit den Disputationen eine Entscheidung herbei führen zu können. Die Disputanten aus der Studentenschaft wurden durch solche Reformdisputationen auch darauf vorbereitet, an ihren künftigen Wirkungsorten entsprechende Disputationen erfolgreich zu bestehen, denn die vorrangigen Reformthemen wiederholten sich an anderen Orten. Mehrfach griffen Wittenberger Alumni an ihren späteren Wirkungsorten wieder die Wittenberger Thesen auf, an deren Disputation sie schon in Wittenberg beteiligt waren. Auch auswärtige Gäste beteiligten sich an den Disputationen, z. B. von der Universität Erfurt kommend. Karlstadt forderte im Oktober 1521 in einer großen Disputation über die Messe alle Anwesenden ausdrücklich auf, ihre Sicht der Angelegenheit in die Disputation einzubringen.[64] Ein Teil der Auswärtigen, die selbst hören und sehen wollten, was sich in Wittenberg abspielte, brachte das Wittenberger Vorbild wirksam in andere Städte, so dass sich einzelne Landesherren veranlasst sahen, ungenehmigte Aufenthalte ihrer Untertanen an der Universität Wittenberg unter Strafandrohung zu stellen, so z. B. Kardinal Albrecht 1523 für das Erzstift Magdeburg und das Stift Halberstadt. Eberhard Weidensee, Propst am Johannisstift in Halberstadt, musste 1523 anlässlich einer Visitation zwar einräumen, in Wittenberg gewesen zu sein, allerdings beteuerte er, nicht Luther besucht zu haben.[65]

– Auch *akademische Vorlesungen* dienten einem propagandistischen Nebenzweck. Die Hörer nahmen das Gedankengut ihrer Dozenten, zu denen auch Vorstellungen über praktische Schritte zur Kirchenreform gehörten, mit an ihre künftigen Wirkungsorte. Wiederholt stößt man auf Fälle, in denen auswärtige „Gasthörer" nur vorübergehend Vorlesungen besuchten, ohne immatrikuliert zu sein. Wolfgang Capito besuchte am 30.9./1.10.1521, als er von Kardinal Albrecht zwecks Verhandlungen nach Wittenberg geschickt worden war, eine Vorlesung Melanchthons über 1. Kor 13.[66] Allerdings wurden durch die lateinischen Vorlesungen nur die Akademiker erreicht.

– Die enorme agitatorische Wirkung, die im Verlauf der Wittenberger Bewegung die gottesdienstlichen *Predigten* des Augustiners Gabriel Zwilling, des

---

Loci tres, tribulationis, praedestinationis et orationis. Siehe BUBENHEIMER, ULRICH, Reliquienfest und Ablass in Halle. Albrecht von Brandenburgs Werbemedien und die Gegenschriften Karlstadts und Luthers, in: Stephan Oehmig (Hg.), Buchdruck und Buchkultur im Wittenberg der Reformationszeit, Leipzig 2015 (Schriften der Stiftung Luthergedenkstätten in Sachsen-Anhalt 21), 71–100, hier 100, 7. Beitrag in diesem Sammelband.

[64] Vgl. die Berichte von Albert Burer bzw. Felix Ulscenius über die Disputation bei WB, 33 f. und 47 f.

[65] TSCHACKERT, PAUL, Dr. Eberhard Weidensee (+ 1547). Leben und Schriften, Berlin 1911, 4.

[66] Vgl. WB, 13 Anm. 3. 35.

Stiftspropst Justus Jonas und diejenigen Karlstadts gewannen, ist bekannt.[67] Die unmittelbare Wirkung reichte über Wittenberg hinaus, weil die Gottesdienste Zulauf aus der umliegenden Region fanden.

– Karlstadt, der seit 1520 auf das selbständige Bibelstudium der Laien hinarbeitete, begann nach der Verabschiedung der Stadtordnung, „offenlich/vnd in etlichen tagen wogenlich zu leßen vnd predigen". In dieser neuen *Einrichtung von Wochenpredigten* wollte er dem Volk fortlaufend jeweils ein biblisches Buch erklären. Er begann angesichts der kirchenpolitisch unklaren Situation im Februar 1522 zurückhaltend mit der Erklärung einer kleinen biblischen Schrift, dem Propheten Maleachi, obwohl er lieber das Buch Deuteronomium gewählt hätte. Dieser Versuch endete mit dem über Karlstadt nicht viel später verhängten Predigtverbot und seine Einschränkung auf die Wahrnehmung der universitären Aufgaben. Luther hat seinerseits die Einrichtung von derartigen Wochenpredigten 1525 wiederbelebt.

IV. Von Wittenberg nach Halle – von Halle nach Wittenberg

Kardinal Albrecht von Brandenburg hielt sich, wenn er in seinem Erzbistum Magdeburg weilte, bevorzugt in Halle auf, wo er seine Lieblingsresidenz ausbaute. Die Wittenberger Propaganda, die in Richtung Halle zielte, erreichte 1521/22 eine besondere Intensität in einem Zeitraum, während der Kardinal Albrecht in Halle residierte, vom 4. Juli 1521 – nach der Rückkehr Albrechts vom Reichstag zu Worms – bis 11. März 1522[68]. Bekannt ist aus den einschlägigen Aktivitäten der Wittenberger vor allem die Polemik Luthers und Karlstadts gegen die mit der Reliquiensammlung des Kardinals verbundenen Ablässe im Neuen Stift zu Halle, „dem Abgott zu Halle", wie Luther es ausdrückte. Dieser Vorgang ist eingebettet in missionarische Bemühungen der Wittenberger um eine potentielle Anhängerschaft in Halle, die vor allem von Karlstadt getragen wurde. Die Vehikel dieser Mission waren u. a.

– die Nutzung vorhandener persönlicher Beziehungen:
  – Verwandtschaftliche Kontakte;
  – humanistische Freundeskreise;
  – Kontakte mit Personen aus dem Umfeld Albrechts von Brandenburg.

---

[67] Siehe Bubenheimer, Ulrich, Martin Luthers Invocavitpredigten und die Entstehung religiöser Devianz im Luthertum. Die Prediger der Wittenberger Bewegung 1521/1522 und Karlstadts Entwicklung zum Kryptoradikalen, in: Günther Mühlpfordt/Ulman Weiß (Hg.), Kryptoradikalität in der Frühneuzeit, Stuttgart 2009 (Friedenstein-Forschungen 5),17–37, hier 18–30, 8. Beitrag in diesem Sammelband: „1.2 Gabriel Zwilling" & „1.3 Justus Jonas").

[68] Zum Itinerar Albrechts s. Scholz, Michael, Residenz, Hof und Verwaltung der Erzbischöfe von Magdeburg in Halle in der ersten Hälfte des 16. Jahrhunderts. Sigmaringen 1998 (Residenzforschung 7), 294.364.

- Kontakte von Studenten nach Halle;
- Bemühungen der Wittenberger um aus Halle angereiste Personen;
- die Publikation von Flugschriften und zum Teil deren Widmung an Hallenser Persönlichkeiten.

In den Beziehungen der Wittenberger nach Halle und zum Hof Kardinal Albrechts spielte Karlstadts Onkel Nikolaus Demuth eine wichtige Rolle. Demuth kam aus der fuldaischen Landstadt Hammelburg, nur 27 km von Karlstadt am Main entfernt. Er studierte in Leipzig ab 1511 und wurde dort 1514/15 Magister artium. Als er 1514 in Merseburg zum Diakon geweiht wurde,[69] war er bereits Mitglied des Augustinerchorherrenstiftes Neuwerk vor Halle. 1519 wurde er Propst dieses Stifts, des reichsten und mächtigsten Stiftes in der Region, da der Propst zugleich als Archidiakon die kirchliche Gerichtsbarkeit im Bann Halle ausübte. Über Demuths Bildung, Freundeskreis und Stellung am Hallenser Hof erfahren wir etwas aus einem Widmungsbrief des Leipziger Medizinprofessors Heinrich Stromer an Demuth vom 1. Juni 1520, der dem Druck einer Rede vorangestellt ist, die Stromer zum Amtsantritt des Humanisten Petrus Mosellanus als Rektor der Universität Leipzig gehalten hatte. Stromer war etwa von Juni 1516 bis Anfang 1519 als Leibarzt Kardinal Albrechts regelmäßig an dessen Hof.[70] Aber auch danach wurde Stromer von Albrecht weiterhin, auch zu diplomatischen Missionen, herangezogen. Wir erfahren aus Stromers Widmungsbrief, dass auch Demuth als Rat im Dienst Kardinal Albrechts stand.[71] Stromer teilt mit, dass seit Demuths Besuch auf der Leipziger Messe keine neuen „Monumente berühmter Menschen" erschienen seien. Die Neuerscheinungen von Erasmus, Hutten, Willibald Pirckheimer, Capito und Melanchthon besitze Demuth bereits.[72] Stromer beschreibt Demuth als Mitglied eines humanistischen Klerikerkreises, der sich durch Sprach- und Bibelstudien als Vertreter des „verus Christianismus" ausweise. Zu diesem Kreis zählt Stromer neben anderen auch den Vikar der Augustiner Johann Lang in Erfurt, Propst Eberhard Weidensee am Stift St. Johannes in Halberstadt sowie Propst Ulrich Pfister an St. Thomas in Leipzig. Demuth halte seinen Kanonikern nicht nur täglich eine Vorlesung, sondern habe auch für den Latein- und Griechischunterricht einen Lehrer herangezogen.[73]

Andreas Karlstadt kehrte nach Mitte Juni 1521 von seinem äußerst kurzen Aufenthalt in Kopenhagen zurück. Am 24. Juni datierte er den Widmungsbrief

---

[69] Die Matrikel des Hochstifts Merseburg 1469 bis 1558. V. Georg Buchwald, Weimar 1926, 98,9–12: Weihe zum Diakon 15.04.1514.

[70] WUSTMANN, GUSTAV, Der Wirt von Auerbachs Keller. Dr. Heinrich Stromer von Auerbach 1482–1542, Leipzig 1902, 10–12. – SCHOLZ, Residenz (wie Anm. 68), 93.

[71] STROMER, HEINRICH, Henrici Stromeri Aurbachi Medici Sermo panegyricus, Petro Mosellano, quo die Lipsensis Academiae Rector proclamatus est, dictus [...], Leipzig: Melchior Lotter d. Ä. 1520, VD16 S 9728, Bl. A 2ʳ.

[72] Ebd.

[73] Ebd., A 2ʳ⁻ᵛ· Als Sprachlehrer wird Christoph Ianus genannt.

seines ersten Abendmahlstraktats *Von den Empfängern, Zeichen und Zusage des heiligen Sakraments, Fleisches und Blutes Christi*[74]. Der Adressat ist Nikolaus Demuth; auch seinen Landsmann Andreas Zeitlos aus Karlstadt, damals Kämmerer des Stifts, bezieht Bodenstein im Widmungsbrief durch Anbietung seiner Dienste mit ein. Karlstadt gibt zu erkennen, dass er mit Demuth schon früher über ein anderes Publikationsvorhaben gesprochen hatte: „E[wer] E[rwirden] wollen hiemit / biszlang das ander buchlin getruckt wurd / gedueld haben."[75] Das „ander Buchlin", das am 24. Juni 1521 entweder in Arbeit oder schon fertig war, ist die Schrift *Berichtung dieser Rede: Das Reich Gottes leidet Gewalt, und die Gewaltigen nehmen oder rauben dasselbige,* mit Datum vom 29. Juli 1521 erneut Demuth gewidmet: „[...] nach dem mir ewre achtpar erwirden. bluets halben verwandt vnd befreundt / hab ich niht vntherlassen e[wer] e[rwirden] abermals durch eyn clayn antzeyg meyne bereite dienste antzubieten. [...]"[76] Karlstadt hofft, über den Propst des Hallenser Stifts Neuwerk hinaus auch auf dessen Klosterbrüder einwirken zu können: „Ich hab auch nit tzueifel / eweren. brüder werden sich des bessern", und zwar insbesondere, „heilig schrifft mit hoherm vleis tzulesen"[77]. Karlstadts Erwartung hat sich erfüllt: Beginnend mit Propst Demuth, sollte sich ab April 1523 ein Stiftsmitglied nach dem anderen ins reformatorische Lager absetzen.

Das Beispiel Demuth zeigt, dass Karlstadt als Adressaten seiner Widmungsbriefe Personen auswählt, zu denen er nicht nur bereits eine positive Beziehung aufgebaut hat, sondern die sich sowohl im Blick auf ihren Status als auch im Blick auf ihren lokalen Wirkungskreis als mögliche Multiplikatoren seiner theologischen Konzepte und – wie wir sehen werden – Reformforderungen in besonderem Maße eignen. Beide Demuth gewidmeten Schriften sind seelsorgerliche und exegetische Traktate, in denen sich Karlstadt mit anerkannten theologischen Autoritäten kritisch auseinandersetzt, jedoch keine Forderungen zur Veränderung kirchlicher Praxis erhebt. In *Berichtung dieser Rede* flicht er zwar publizistisch zum ersten Mal eine Polemik gegen die Verehrung von Heiligenbildern ein,[78] fordert jedoch noch nicht deren Beseitigung. Als diese bei ihm ein halbes Jahr später auf dem Programm steht, hält er Propst Demuth auf dem Laufenden: Er schenkt dem Propst ein Exemplar seiner Schrift *Von Abtuung der Bilder, und dass keine Bettler unter den Christen sein sollen,* dessen – nicht an Demuth gerichteter – Widmungsbrief vom 27. Januar 1522 datiert ist. In der

---

[74] Von den Empfahern: zeychen: vnd zusag des heyligenn Sacraments fleysch vnd bluts Christi. Vuittemberg, [Wittenberg: Melchior Lotter d. J. 1521], VD16 B 6239, a 2$^{r–v}$ (Freys/ Barge Nr. 54).

[75] Ebd., a 2^{v}.

[76] Berichtung dyesser red. Das reich gotis / leydet gewaldt / vnd die gewaldtige nhemen oder rauben das selbig ... Matthei. XI, Wittenberg: [Nikolaus Schirlentz] 1521, VD16 B 6117, Bl. A 1^{r}. Diese Schrift war am 8. Oktober 1521 erschienen; s. WB, 16.18.

[77] Ebd.

[78] Berichtung (wie Anm. 76), Bl. C 2^{v} und C 3$^{r.}$

Gymnasialbibliothek Freiberg befindet sich ein Exemplar, auf dessen Titelblatt sich Karlstadts handschriftliche Widmung an Demuth befindet.[79] Wie bedeutsam Demuth als möglicher Multiplikator für Karlstadt hätte sein können, zeigen dessen Vernetzung in einen Humanistenkreis und seine Verbindung zu Erzbischof Albrecht.

Demuth gehörte mit Stromer und Wolfgang Capito zu den drei Humanisten in Albrechts Umgebung, die auf Albrechts Wunsch hin sich 1521/22 mehr als ein Jahr lang bemühten, Luther und Karlstadt davon abzuhalten, öffentlich gegen Albrecht zu schreiben. Mit ihren Aktionen übten sie ihrerseits von außen auch Einfluss auf die Entwicklung in Wittenberg aus. Dabei waren Capito seit 1518, Stromer seit der Leipziger Disputation heimliche Sympathisanten Luthers und Karlstadts; Melanchthon schätzten sie als Humanisten ohnehin.[80]

Verbindungen Demuths nach Wittenberg sind seit April 1520 belegt. Anfang 1521 kam er persönlich nach Wittenberg, um Luther und seine Kollegen von direkt gegen den Kardinal gerichteten publizistischen Aktionen abzuhalten. Er hatte an Neujahr 1521 in Leipzig erfahren, Luther habe etwas gegen den Kardinal geschrieben. Er informierte die erzbischöflichen Räte und erhielt von diesen den Auftrag, in Wittenberg zu sondieren und eine Publikation von Luthers Schrift nach Möglichkeit abzuwenden. Am 6. Januar 1521 traf Demuth in Wittenberg ein und informierte zunächst Karlstadt „in der geheim" über seinen Auftrag. Karlstadt vermittelte daraufhin ein Gespräch zwischen Demuth und Luther. Dieser erklärte, dass er schon längst Ursache hatte, gegen den Kardinal zu schreiben. Jetzt aber habe er beschlossen, seine Schrift gegen Albrecht drucken zu lassen, weil dieser erstens seine Bücher in Mainz verbrennen und zweitens ein Mandat gegen seine Schriften ausgehen ließ. Der Propst räumte ein, der Kardinal habe ein Mandat anschlagen lassen, in dem Kauf und Verkauf von „Schmähschriften" untersagt wurden. Jedoch sei Luthers Name darin nicht genannt. Luther versprach dem Propst schließlich, die umstrittene Schrift nicht ausgehen zu lassen unter der Bedingung, dass der Kardinal ihn und seine Schriften unbehelligt lasse.

Man hat bisher nicht zur Kenntnis genommen, dass nach dem Bericht Demuths Luther damals bereits gegen den Kardinal geschrieben hatte. Das Gespräch dreht sich nicht um die Frage, ob Luther etwas gegen den Kardinal schreiben werde oder nicht, sondern bereits konkret um die Frage der Drucklegung und Verbreitung eines bereits abgefassten Textes Luthers. Das bedeutet, dass

---

[79] „Dem Erenwirdigem hern Nicolao Demuth probst des Newen werkes zu hall etc. meynem [...]" Der Rest der Widmung ist abgeschnitten. Exemplar des Druckes Freys/Barge Nr. 88 in der Gymnasialbibl. Freiberg: Von abtuhung der Bylder/Vnd das keyn Betdler vnther den Christen seyn sollen. [...], Wittenberg: Nikolaus Schirlentz, 1522, VD16 B 6214. Den Hinweis auf diese Widmung Karlstadts verdanke ich Dr. Hans-Peter Hasse, Dresden.

[80] Stromer an Georg Spalatin, Altenburg, 1. Dezember 1519, in: WUSTMANN, Wirt (wie Anm. 70), 99. Stromer bezeichnet hier Karlstadt als „meinen alten untadeligen Freund".

bereits Anfang 1521 eine gegen den Kardinal gerichtete Schrift Luthers vorlag, die – wie später seine Schrift *Wider den Abgott zu Halle* – auf Demuths Intervention hin nicht gedruckt wurde.[81]

Der Besuch Demuths in Wittenberg scheint sich, so vermute ich, auch auf Karlstadts Publikationstätigkeit ausgewirkt zu haben. Während er im Herbst 1520 im Umkreis der Bannandrohungsbulle zahlreiche Schriften veröffentlichte, trat er bis zu seiner Rückkehr aus Dänemark im Juni 1521 publizistisch nicht hervor, um dann wieder eine Schrift nach der anderen in den Druck zu geben. Mit den zwei Demuth gewidmeten Traktaten beginnt Karlstadt nun, aktiv auf die Verhältnisse in Halle Einfluss zu nehmen.

Wie dicht die Kontakte der genannten humanistisch gebildeten Diener Albrechts nach Wittenberg waren, zeigt auch ein anderer Vorgang. Für die Promotion Jakob Propsts zum Lizentiaten der Theologie am 12. Juli 1521 hatte Karlstadt eine Thesenreihe aufgestellt, deren letzter Teil sich gegen die nach den Bestimmungen des kanonischen Rechts gestaltete Praxis der Ohrenbeichte richtete. Auf Betreiben Karls von Miltitz untersagte der Kurfürst die Behandlung dieses Themas. Dennoch wurde über die beanstandeten Thesen disputiert. Noch am selben Tag wurde Capito darüber brieflich informiert, der die Neuigkeit bereits am 13. Juli aus Halle an den päpstlichen Legaten Hieronymus Aleander weitergab.[82]

Ab September ist dann für uns greifbar die polemische Kampagne der Wittenberger gegen den mit dem Besuch des Reliquienfestes im Neuen Stift in Halle verbundenen großzügigen Ablass, der nach Mariä Geburt (8. September) zwei Wochen lang gespendet wurde. Diese Kampagne war von Ende September 1521 bis Januar 1522 Gegenstand delikater Diplomatie zwischen Kardinal Albrecht und seinen Räten in Halle einerseits, Kurfürst Friedrich dem Weisen bzw. seinem Rat Georg Spalatin, Philipp Melanchthon und Karlstadt in Wittenberg und Luther auf der Wartburg andererseits.[83]

Der Hallenser Ablass wurde im Sommer 1521 im sächsischen Raum im Namen Albrechts durch Aushängung von Plakaten beworben. Von Leipziger Humanisten wurde diese Aktion verhöhnt. Der dortige Humanist Paul Fetzer berichtet brieflich dem in Halle als Kollaborator an einem Gymnasium wirkenden Humanisten Andreas Althamer:

„Bei uns wurden neulich an den Kirchentüren eure Ablässe bekannt gemacht, die mich und Johann Beck [ein Schüler Fetzers] aufs Heftigste bewegten. Wir beschlossen deshalb (sind wir doch beide ganz elende Sünder), dass auch wir losziehen werden, um jener Ablässe teilhaftig zu werden. Nach unserer Ankunft werden wir, beladen mit einer großen Menge Geldes, das in die Kästen geworfen werden soll, dafür sorgen,

---

[81] Näheres zu den Vorgängen s. in meinem Aufsatz: Reliquienfest (wie Anm. 63), Kapitel 2.

[82] FRIEDENSBURG, WALTER, Beiträge zum Briefwechsel der katholischen Gelehrten Deutschlands im Reformationszeitalter, in: ZKG 16 (1896), 471–499, hier 498.

[83] Detailliert dazu in: Reliquienfest (wie Anm. 63).

dass uns Ablässe neben den Huren nicht fehlen, und anschließend gemeinsam nach unserer Art ein herrliches Gelage feiern."[84]

In Wittenberg erschien eine anonyme Spottschrift: *Glosse des hochgelehrten, erleuchten, andächtigen und barmherzigen Ablass der zu Hall in Sachsen, mit Wonn und Freuden ausgerufen*[85], dessen Verfasser sich im Stil der Kunstnamen der Dunkelmännerbriefe Lignacius Stürll nennt, was, wie Alejandro Zorzin herausgefunden hat[86], soviel wie „hölzerne Stange" bedeutet. In der *Glosse* ist das päpstliche Ablassprivileg, das der Papst dem Kardinal erteilt hatte, ins Deutsche übersetzt und mit kritischen und ironischen Glossen kommentiert. Eine Reihe textimmanenter und externer Gesichtspunkte führten mich zu dem Schluss, dass sich hinter Lignacius Stürll Karlstadt verbirgt. Der anonyme Druck war am 21. September 1521, am Tag *Matthaei Apostoli*, fertiggestellt, wie auf einem Exemplar der Landesbibliothek Dresden handschriftlich vermerkt ist.[87]

Am selben Tag *Matthaei* datierte Karlstadt den Widmungsbrief zu einer lateinischen Schrift dessen erster Teil *(Loci tres [...] tribulationis, praedestinationis et orationis Theologici)* Thesen Karlstadts über Trübsal, Prädestination und Gebet enthielt. Ein zweiter Teil sollte sich laut Titel gegen den Hallenser Ablass richten: *Presbyteri Hallenses rogantur, ut veniarum suarum rationem edant, sin autem, ut iubilaeum et suas naenias recantent* – „Die Hallenser Priester werden gebeten, eine Begründung für ihre Ablässe herauszubringen, andernfalls sowohl ihr Jubiläum als auch ihre Kindereien zu widerrufen". Kritik an Albrecht klingt im Widmungsbrief an Arndt Belholt zwar an, jedoch sollten laut Titel in der Schrift hauptsächlich die das Reliquien- und Ablassfest durchführenden Kleriker des Neuen Stifts aufs Korn genommen werden, wie das auch in der *Glosse* der Fall ist. Es ist nur ein einziges Fragment jenes lateinischen Drucks in der Turmbibliothek Eisleben aus dem Besitz Kaspar Güttels bekannt[88], das Konrad von Rabenau entdeckt hat. Es enthält zwei Druckbögen, die einen Großteil des ersten Teils, nämlich 19 von 23 Thesen über die drei Loci *Tribulatio, Praedestinatio, Oratio,* zusammen mit deren *Probationes* enthalten, während die letzten

---

[84] „Publicate quoque sunt nobis nuper in valvis ecclesiarum vestre indulgenciae que me et Johannem Beckium maxime moverunt. Statuimus itaque (ambo peccatores miserrimi) nos quoque venturos ut illarum particeps fiamus. Quare cum advenerimus magna pecuniarum copia quare cistis imponemus onerati curato ne desint nobis indulgencie iuxta ac meretrices, Celebrabimus enim una egregium pro nostro more convivium." Paul Fetzer an Andreas Althamer in Halle, [Leipzig, vor 9. September 1521]; Wolfenbüttel HAB: Cod. 17.32 Aug. 4°, Bl. 72[r–v].

[85] VD16 S 9797.

[86] ZORZIN, Karlstadt (wie Anm. 61), 153 Anm. 90. Vgl. SCHOLZ, Residenz (wie Anm. 68), 220 Anm. 280.

[87] Sächsische Landesbibliothek Dresden: Hist. Eccl. E 356, 1m. Die zitierte Notiz auf dem Titelblatt ist nicht von Karlstadts Hand geschrieben, wie ich früher angenommen hatte.

[88] Turmbibliothek der Andreaskirche Eisleben: 221n.

vier Thesen zusammen mit dem gegen den Hallenser Ablass gerichteten Teil fehlen. Da nirgendwo eine weitere Spur dieses Drucks existiert, gehe ich davon aus, dass die Drucklegung abgebrochen wurde, als Bogen A und B fertiggestellt waren. Über die Druckerei von Nikolaus Schirlentz oder über Karlstadt könnte Güttel an das unfertige Exemplar gekommen sein. Der humanistisch stilisierte Widmungsbrief[89] ist an Arndt Belholt in Münster gerichtet, einen Patrizier mit humanistischen Interessen, der später als Förderer der Münsteraner Frühreformation Gefängnisstrafe in Kauf nahm. In der Widmungsvorrede deutet Karlstadt vorsichtig an, dass seine Publikationsmöglichkeiten damals eingeschränkt waren: „Und einstweilen gehorche ich einem fremden Willen. Das geschieht, damit ich nicht immer neue Dinge publiziere. Also schicke ich im Jahr 1520 disputierte Thesen." Das Ansinnen, er solle nicht immer neue Dinge publizieren, umging Karlstadt dadurch, dass er formal etwas „Altes" publizierte.

Der vermutete Abbruch der Drucklegung einer Schrift, die einen Angriff auf den Hallenser Ablass und damit de facto auch gegen den schon im Widmungsbrief kritisch bedachten Kardinal als dessen Schöpfer enthielt, lässt sich als Folge von Capitos und Stromers Intervention in Wittenberg Ende September/Anfang Oktober 1521 plausibel erklären.

Bekannter als Karlstadts Traktate gegen den Hallenser Ablass ist Luthers damaliges Vorhaben, den Hallenser Ablass zum Anlass zu nehmen, jetzt eine Abrechnung mit dem Kardinal auf den Markt zu bringen. Der Titel der in der Literatur als unveröffentlicht und verloren geltenden Schrift ist mit *Wider den Abgott zu Halle* überliefert[90]. Luther schickte das Manuskript am 1. November 1521 an Spalatin zur Weitergabe an Melanchthon zwecks Drucklegung. Jetzt griff die im Verlauf der Wittenberger Bewegung verschiedentlich aktive kurfürstliche Zensur zu und Spalatin kassierte das Manuskript. Denn Capito hatte in Wittenberg am 1. Oktober auch mit Kurfürst Friedrich und Spalatin ein Gespräch geführt und mit Sicherheit seinen Auftrag, Publikationen der Wittenberger gegen Albrecht zu verhindern, zur Sprache gebracht. Luther forderte daraufhin in einem Brief vom 1. Dezember den Kardinal nun direkt auf, den Ablass abzustellen, ansonsten würde er *Wider den Abgott* publizieren. Der Kardinal gab sich in einem diplomatisch gekonnten Brief an Luther vom 21. Dezember konziliant und behauptete – gegen die Tatsachen –, die Ursache für Luthers Schrift sei längst abgestellt. Aus anderen Quellen geht hervor, dass man auch die Vereinbarung ausgehandelt hatte, dass der Erzbischof seinem Klerus untersage, gegen Luther zu predigen, solange Luther nicht gegen den Kardinal schreibe.

Als Luther von der Wartburg zurückgekehrt war, weilte Capito im März 1522 erneut in Wittenberg. Ob erneut über Luthers Schrift gesprochen wurde, ist offen. Die bisher vom kurfürstlichen Hof ad hoc ausgeübte Zensur wurde nun in

---

[89] Siehe Reliquienfest (wie Anm. 63), 97–100.
[90] Die Quellenbelege zu Luthers Schrift gegen den Hallenser Ablass s. ebd.

die Verantwortung der Universität gelegt, die im April 1522 die Universitätsmitglieder einer Zensur unterstellte, wobei es den Anschein hat, diese Maßnahme sei als „Lex Karlstadt" gedacht gewesen, von dessen im Druck befindlicher Schrift über die Messe gegen Hieronymus Dungersheim von Ochsenfart die bereits ausgedruckten Druckbögen in der Druckerei beschlagnahmt wurden. Amtlich verantwortlich für die Durchführung der Zensur war Nikolaus von Amsdorf als damaliger Rektor der Universität. Luther hatte mittlerweile wieder sein Manuskript *Wider den Abgott* aufgetrieben und wollte es publizieren. Früher war nicht erkannt worden, dass *Wider den Abgott* im Sommer 1522 erschienen ist, allerdings unter einem anderen Titel: *Wider den falsch genannten geistlichen Stand des Papstes und der Bischöfe.* Wie im Titel, ist die Bezugnahme auf Halle und damit auf Erzbischof Albrecht auch innerhalb des Textes ersetzt worden durch Verallgemeinerung der Kritik auf Papst und Bischöfe. Diese Umarbeitung war allerdings nicht das Werk Luthers, sondern des Universitätsrektors Amsdorf, der einerseits die Zensur ausübte und andererseits diese so freundschaftlich durchführte, dass er Luthers Schrift zur Publikation verhalf, ohne dass – formal gesehen – die Vereinbarung mit Erzbischof Albrecht gebrochen wurde. Außer der genannten Verallgemeinerung von Erzbischof Albrecht auf Papst und Bischöfe hat Amsdorf scharfe, dem Grobianismus Luthers entsprungene Worte durch etwas mildere Ausdrücke ersetzt. Dieser Sachverhalt ergibt sich aus einem Teilfragment von Luthers Manuskript *Wider den Abgott,* das sich – allerdings ohne die Titelseite – in den Bodleian Libraries in Oxford befindet. Diese Handschrift galt bisher als Teil von Luthers eigenhändigem Manuskript von *Wider den falsch genannten geistlichen Stand.* Das ist jedoch nur teilweise richtig, denn die Handschrift weist zwei Schreiberhände auf. Luther hatte ursprünglich einen sehr sauberen Text geschrieben. Dieser war, wie einige später gestrichene Passagen zeigen, gegen Kardinal Albrecht gerichtet. Die Veränderungen des Textes stammen nicht von Luther, sondern sind von der Hand Nikolaus von Amsdorfs geschrieben, der seinen Namen nicht nannte. In dieser von Amsdorf zensierten Form ging das – damals noch vollständige – Manuskript im Sommer 1522 in die Druckerei und wurde in der Amsdorfschen Fassung gedruckt.

V. Capitos Einwirkung auf die theologische Arbeit Karlstadts und Melanchthons

Was Capito im Auftrag Albrechts in Wittenberg auszurichten hatte, tat er als loyaler Beamter des Erzbischofs. Er erfüllte seine Pflicht, obwohl Reliquien und Ablässe ihm, dem Humanisten und Sympathisanten der Wittenberger Theologen, persönlich nicht am Herzen lagen. Ihn trieb damals noch ein anderes Thema um, nämlich eine offenbar auch durch die Wittenberger theologische Neuorientierung, wenn auch ungewollt, ausgelöste Infragestellung der Bedeutung des alttestamentlichen Gesetzes für den gläubigen Christen. Dass es schon in jener Frühzeit der Reformation so etwas wie einen „Antinomerstreit" gab, ist in der historischen Erinnerung nicht mehr präsent.

In Capitos Briefwechsel finden sich zwei Briefe aus dem Jahr 1521, die im Zusammenhang mit Capitos Besuch in Wittenberg stehen. Der eine ist von Karlstadt an Capito gerichtet, datiert Wittenberg 1521;[91] der andere ist ein undatierter Brief Capitos an eine nicht genannte Person, da in dem nur abschriftlich überlieferten Brief eine Adresse fehlt.[92] Die inhaltliche Zusammengehörigkeit der beiden Briefe hat die Capito-Forschung erkannt, da in beiden Briefen dasselbe Thema angeschnitten wird: Infragestellung der Geltung des alttestamentlichen Gesetzes für die zum Glauben gekommenen Christen, die Capito nach seiner Aussage selbst aus dem Mund von einer oder mehreren Personen gehört hat, die sich offenbar auf die Autorität von Wittenberger Theologen beriefen. In dem Brief Capitos an N. N. berichtet Capito sehr besorgt über die Gesetzfeinde. Karlstadt geht in seinem Brief auf thematisch entsprechende Ausführungen Capitos ein. Daraus konstruierte die Forschung, Capitos Brief sei vermutlich an Karlstadt gerichtet gewesen, der mit seinem vorliegenden Schreiben auf Capitos Brief antworte.[93] Eine korrekte Übersetzung von Capitos Brief an N. N. ergibt jedoch, dass der Adressat Justus Jonas war.[94]

Eine Analyse von Karlstadts undatiertem Brief an Capito zeigt, dass Capito einen Boten zu Karlstadt geschickt hatte, der Capitos persönliches Erscheinen mit gesundheitlichen Problemen Capitos entschuldigte und dessen Sorgen über die Gesetzfeinde vortrug. Karlstadt antwortete Capito mit einem eilig geschriebenen kurzen Brief, der die unter den Humanisten üblichen Höflichkeitsbekundungen einsparte, und dem formal eine vollständige Adresse[95] als auch eine genaue Datierung fehlte, erklärbar dadurch, dass Karlstadt sein Briefchen dem in der Nähe weilenden Capito umgehend zukommen ließ. Ungefähr in derselben

---

[91] Original in der UB Basel: ms. Ki. Ar. 25a, 61. Erstedition von Jäger, Carl Friedrich, Andreas Bodenstein von Carlstadt. Ein Beitrag zur Geschichte der Reformationszeit aus Originalquellen gegeben, Stuttgart 1856, 506.

[92] UB Basel: Ki. Ar. 25a, 124. Abschrift, geschrieben von einer unbekannten Hand des 16. Jahrhunderts.

[93] So The Correspondence of Wolfgang Capito, hg. v. Erika Rummel, Vol. 1: 1507–1523, Toronto 2005, 181 Nr. 123 (englische Übersetzung des Briefes).

[94] Capito fordert in dem Brief den Adressaten auf, gegen die das Evangelium bedrohenden Feinde einzuschreiten. In diesem Zusammenhang bezeichnet er den Adressaten als „in arce in primo eruditionis fastigio constitutus" („in der Schlosskirche in den höchsten Rang der Bildung eingesetzt"). „Arx" war in jener Zeit in Wittenberg geläufige Bezeichnung nicht nur für das Schloss, sondern auch für die Schlosskirche, dem Allerheiligenstift. Den höchsten Rang in der Schlosskirche nahm der Propst ein. Dieses Amt hatte damals Justus Jonas inne.

[95] Die von Karlstadts Hand geschriebene Adresse lautet: „Domino Guelphango Capitoni theologie sincerioris principi amico et patrono obseruando". Darunter abgesetzt, ebenfalls von Karlstadts Hand: „Carlstadt". Es fehlt die Angabe des Ortes, an dem sich Capito aufhielt.

Zeit hat Capito den Brief an Jonas geschrieben, dem er seine Bedenken und Gedanken über die Gesetzesfeinde schriftlich differenzierter darlegte.

Schon dieser Befund legt nahe, dass mindestens der Brief Karlstadts an Capito in der Zeit geschrieben wurde, als Capito mit Stromer in Wittenberg war (30. September bis 1. Oktober 1521). Eine andere Quelle unterstützt diese Rekonstruktion. An dem genannten Tag datierte Karlstadt den an Melanchthon gerichteten Widmungsbrief zu seiner Schrift *De legis litera sive carne et spiritu enarratio.* Schon Alejandro Zorzin hat vermutet, dass Karlstadts Widmung an Melanchthon mit Capitos Besuch zusammenhängen könnte; Karlstadt habe sich vielleicht bei Melanchthon implizit dafür bedankt, dass dieser ihn betreffs der pseudonymen Spottschrift des Ignatius Stürll gegenüber Capito gedeckt haben könnte.[96] Die Verbindung des Widmungsbriefes an Melanchthon mit Capitos Besuch bestätigt sich auf andere Weise bei einem Blick in den Inhalt der Schrift: Karlstadt legt kompakt auf nur zwei Bogen eine systematische, im Loci-Stil geschriebene Theorie vor, die die positive Bedeutung des Gesetzes für den im Glauben gerechtfertigten Christen herausarbeitet. In seinem Brief an Capito hatte Karlstadt den Verdacht Capitos zurückgewiesen, die Infragestellung des Gesetzes werde an der Wittenberger Universität verbreitet. Vielmehr würdige er in Vorlesungen und Disputationen das Gesetz Gottes. Um das unter Beweis zu stellen, schrieb Karlstadt noch am selben Tag eine *enarratio* zu jenem Thema. *Enarratio* ist laut dem in Wittenberg maßgeblichen rhetorischen Lehrbuch Quintilians eine Erklärung, eine Kommentierung eines Schriftstellers. Tatsächlich kommentiert Karlstadt in der Schrift zentrale biblische Loci zu dem Thema, wobei die Kernstelle 2. Kor 3 ist, über die Karlstadt zusätzlich eine nur in einer Wolfenbütteler Handschrift unter Karlstadts Namen überlieferte Thesenreihe[97] aufstellte, über die am 31. Oktober 1521 bei der Promotion des Franziskaners Johannes Briesmann zum Lizentiaten der Theologie disputiert wurde. Und obendrein findet sich in derselben Handschrift[98] eine früher unbekannte Thesenreihe Melanchthons *De lege, evangelio et fide,* die ihrem Inhalt nach und angesichts der Parallelen zu den genannten Texten Karlstadts ebenfalls in jene Zeit gehören dürfte. Melanchthon und Karlstadt haben in dieser Angelegenheit zusammengearbeitet und die Mahnung Capitos aufgegriffen, Gesetzesfeindschaft nicht aufkommen zu lassen. Karlstadts *De legis litera sive carne et spiritu enarratio* ist möglicherweise als Grundlage für ein Kolleg gedacht gewesen und deshalb lateinisch verfasst worden. In der Thesenreihe über 2. Kor 3 werden teils Haupt-

---

[96] ZORZIN, Karlstadt (wie Anm. 61), 147 Anm. 72.

[97] Herzog August Bibliothek Wolfenbüttel: Li 5530 (35, 585), fol. 5^r–6^r. Die Handschrift ist geschrieben von dem bekannten Sammler Wittenberger Thesenreihen Heino Gottschalk (gest. 1541), Abt des Benediktinerklosters Oldenstadt bei Ülzen. Die Thesenreihe über 2 Kor 3 war als anonyme Thesenreihe bereits bekannt aus der zweiten Basler Sammlung Wittenberger Thesenreihen: LVTHERI, MELANCH. CAROLOSTADII (et)c. PROPOSITIONES (wie Anm. 10), fol. 5^r–6^r. Siehe die Edition in KGK, Bd. IV.

[98] HAB Wolfenbüttel: Li 5530 (35, 585), fol. 7^v–8^v und erneut fol. 11^v–12^v.

aussagen der *Enarratio* wiederholt, teils wird die Thematik über den Traktat hinaus weitergeführt. Nie vorher hatte Karlstadt die *dulcis lex* dei[99] so erhoben wie in diesen Texten – eine Reaktion auf Capitos Vorhaltungen. Sehr deutlich zeigt dieser Vorgang, dass nicht nur die Wittenberger ihre Vorstellungen exportierten, sondern dass auch andere von außen, hier ein kritisch begleitender Humanist, auf die Entwicklung in Wittenberg mit Erfolg Einfluss nehmen konnten.

VI. Melanchthon wirbt in fremden Büchern: Seine Notizen in Bänden des Notars Andreas Gronewalt

Zu den Hallenser Humanistenkreisen kann auch Andreas Gronewalt gerechnet werden, ein heutzutage wenig bekannter Mann, Kleriker mit einer Vikarie in seinem Heimatort Halberstadt, beruflich jedoch an verschiedenen Orten als Notar in Erscheinung tretend.[100] Ab 1508 begegnen wir den beruflichen und freundschaftlichen Verbindungen des zumindest zeitweise in Halle lebenden Gronewalt zum Stift Neuwerk vor Halle. Zwei Mitglieder des Stifts schenkten oder besorgten dem Büchersammler Gronewalt humanistische und reformatorische Literatur aus Leipzig oder Wittenberg. Als Notar auch für dieses Stift arbeitend, wird Gronewalt Propst Demuth gekannt haben. Auch der Name Heinrich Stromers taucht in Gronewalts Büchern auf. Er selbst stand in beruflichen Verbindungen zu zwei Magdeburger Erzbischöfen. Als Notar arbeitete er zuerst für Ernst von Sachsen (gest. 1513), danach für dessen Nachfolger Albrecht von Brandenburg.

Eine Verbindung Gronewalts zur Universität Wittenberg ist aktenkundig durch dessen dortige Immatrikulation im Wintersemester 1509/10. Er dürfte schon zuvor zwei Wittenberger Humanisten kennengelernt haben, den Artisten und Rhetor Otto Beckmann, der wie Gronewalt eine Vikarie in Halberstadt besaß, und Beckmanns Freund Andreas Karlstadt, der im Sommer oder Herbst 1509 in Halberstadt eine theologische Disputation bestritt und beim dortigen Klerus einen guten Eindruck hinterließ.

In der Marktkirchenbibliothek Goslar befindet sich eine 1506 in Lyon erschienene Ausgabe des *Decretum Gratiani*,[101] das als erster und ältester Teil in das spätere *Corpus Iuris Canonici* einging und in Kirche, Theologie und Jurisprudenz zu kanonischem Ansehen gelangte. Das sogenannte *Decretum,* vom

---

[99] Thesen über 2 Kor 3, These 11.

[100] Zur Biographie Gronewalts s. Bubenheimer, Ulrich, Andreas Gronewalt. Priester, Notar und Humanist aus Halberstadt zwischen Erzbischof Albrecht von Brandenburg und den Wittenberger Reformatoren, in: Helmut Liersch (Hg.), Marktkirchenbibliothek Goslar. Beiträge zur Erforschung der reformationszeitlichen Sammlung, Regensburg 2017, 162–203.

[101] Gratianus (Verf.); Bartholomäus Brixiensis (Komm.): Decretum Gratiani [...], Lyon: Nicolas de Benedictis, 1506. Marktkirchen-Bibliothek (MKB) Goslar: 15.

Bologneser Theologen Gratian als *Concordantia discordantium canonum* betitelt, ist keine Gesetzessammlung im heutigen Sinn, sondern war zunächst eine von Gratian um 1142 vollendete private Quellensammlung, in der Texte u. a. von Kirchenvätern, Päpsten und Konzilen unter kirchenrechtlich relevanten Fragestellungen thematisch geordnet sind.

Das Goslarer Exemplar des *Decretum* stammt aus dem Besitz Gronewalts, der der Marktkirche einen Teil seiner großen privaten Bibliothek hinterlassen hatte. Der historische Quellenwert von Gronewalts Sammlung besteht heute vorrangig in den einmaligen handschriftlichen Texten in und auf den Büchern, größtenteils von Gronewalt selbst geschrieben, mitunter aber auch von Zeitgenossen, die sich einer größeren Berühmtheit erfreuen als der öffentlich wenig hervorgetretene Gronewalt.

Das *Decretum* gehörte zu Gronewalts Arbeitsbüchern und dementsprechend findet sich in seinen zahlreichen Notizen, die sich auf dem vorderen und hinteren Spiegel des Einbandes, auf dem Titelblatt sowie im Inneren des Bandes finden, auch der Niederschlag jeweils aktueller Aufgaben und Problemstellungen. Diese würden im Kontext meines vorliegenden Themas nicht weiter interessieren, hätte mir nicht der gegenwärtige Beauftragte für die Marktkirchenbibliothek Goslar, Propst i. R. Helmut Liersch, im Zuge gemeinsamer Erforschung der Provenienzen der Inkunabeln und Frühdrucke der Bibliothek die Handschrift eines anderen Schreibers in Gronewalts Exemplar des *Decretum* vorgelegt. Wenn man die Provenienz eines Bandes erfassen will, schlägt man das Buch zuerst vorne, dann hinten auf in der Erwartung, an diesen Stellen vielleicht den Namen eines Vorbesitzers oder einen anderen auf die Provenienz hinweisenden Eintrag zu finden. In diesem Fall stößt man vorne sofort auf die typische Handschrift Gronewalts, hinten jedoch, auf der Vorderseite eines vom Buchbinder zwischen Druck und hinterem Buchdeckel eingefügten Vorsatzblattes, auf zwei Notizen einer anderen anonymen Schreiberhand, die sich als diejenige Philipp Melanchthons identifizieren ließ. Weitere Forschungen ergaben, dass Melanchthon noch in zwei weiteren Büchern Gronewalts Notizen hinterlassen hat, und zwar im neunten Band der Basler Hieronymus-Ausgabe des Erasmus von 1516[102] sowie in einer lateinischen Ausgabe der Schriften des Kirchenvaters Athanasius, gedruckt in Paris 1519[103]. Im Rahmen des vorliegenden Beitrags gehe ich nur auf die Notizen Melanchthons im *Decretum Gratiani* ein.

---

[102] MKB Goslar: 76, 2. Sophronius Eusebius Hieronymus (Verf.); Didymos (Verf.); Desiderius Erasmus (Hrsg.): TOMVS NONVS|OPERVM DIVI HIERONYMI EUSE|BII STRIDONENSIS COMPLE|CTENS COMMENTARIOS IN|MATTHAEVM ET MARCVM,|ET IN DIVI PAVLI|EPISTOLAS, [...], Basel: Johann Froben 1516, VD16 H 3482, Bl. 84[rb] (zu Hieronymus, *In Epistolam ad Galatas*) und 191[r]–193[r] (zu Didymos, *De spiritu sancto*).

[103] MKB Goslar: 77. Athanasius Alexandrinus (Verf.); Desiderius Erasmus (Beitr.): ATHANASII|EPISCOPI ALEXANDRINI|SANCTISSIMA, ELOQVENTIS|SIMAQVE OPE-RA|[...], Paris: Jean Petit 1519.

Melanchthon verweist auf dem hinteren Vorsatzblatt des *Decretum* auf zwei Textstellen im *Decretum*, die er mit der Angabe der Blattzahl kennzeichnet. Eine der beiden Notizen lautet:

„difficile est vt bono peragantur exitu. fol.[io] 107."

(„Schwierig ist es, dass (sie) zu einem guten Ausgang geführt werden. Blatt 107.")

Dieser Satz ist unvollständig, da es sich hier um eine Fundstellennotiz handelt, gedacht als Hilfe, die betreffende Stelle im *Decretum* bei Bedarf rasch wiederzufinden. Die andere Fundstellennotiz ist ebenfalls knapp:

„populo sanguis J.[esu] C.[hristi] debetur. p.[agina] 398."

(„Dem Volk schuldet man das Blut Jesu Christi. Seite 398.")

Schlägt man an den von Melanchthon genannten Fundstellen nach, so finden sich an beiden Stellen ebenfalls Notizen von Melanchthons Hand. Auf Bl. 107^r hielt der Griechischprofessor eine Lebensweisheit sowohl lateinisch als auch griechisch fest:

„[griech.:] Απο ἀρχῆς κακῆς γίνεται τέλος κακόν.

[lat.:] Difficile est ut bono peragantur exitu quae sunt malo inchoata principio."

„[griech.:] Aus einem bösen Anfang wird ein böses Ende."

„[lat.:] Schwerlich kann einen guten Ausgang nehmen, was mit einem bösen Anfang begonnen wurde."

Der Blick in den Text des *Decretum* auf der Seite, auf dem sich das griechische und das lateinische Zitat befinden, ermöglicht es, die Entstehung dieser Notizen zu rekonstruieren. Melanchthon las im *Decretum* und stieß dort auf das obige lateinische Dictum vom bösen Anfang, dem das böse Ende folgt.[104] Melanchthon war von diesem Satz so angesprochen, dass er die Stelle am äußeren Rand der Seite mit leichter stilistischer Veränderung wiederholt hat. Als belesenem Gräzisten fiel ihm, der 1518 als Griechischprofessor nach Wittenberg berufen worden war, ein passendes Zitat aus der griechischen Dichtung ein. Dieses Sprichwort ist als Euripidesfragment überliefert in einer Anthologie des Johannes Stobaios (5. Jhdt. nach Chr.).[105]

Welcher konkrete Vorgang veranlasste Melanchthon, die These, ein schlechter Anfang einer Sache könne kein gutes Ende nehmen, in Gronewalts *Decretum*

---

[104] Decretum (wie Anm. 101), fol. 107^r: „Ait Leo episcopus ad mauros episcopos. Que malo inchoantur principio non peraguntur bono exitu. Principatus quem aut seditio extorsit: aut ambitus occupavit: etiam si moribus aut actibus non offendit: ipsius tamen initij sui est pernitiosus exemplo. Et difficile est vt bono peragantur exitu: que malo sunt inchoata principio." Der letzte Satz ist unterstrichen, vermutlich von der Hand Melanchthons.

[105] Euripides fragm. 32. Diesen Quellennachweis verdanke ich dem Hamburger Altphilologen Dr. Heinrich Linn. Melanchthon scheint das griechische Zitat aus handschriftlicher Überlieferung geschöpft zu haben.

zu schreiben, das dieser für seine Tätigkeit als Notar nutzte und darüber hinaus auch theologisch mit Interesse las und annotierte? Einen ersten Hinweis zur Beantwortung dieser Frage bietet der Kontext, in dem die von Melanchthon herausgehobene Redewendung vom bösen Anfang und schlechten Ende im *Decretum* steht. Es geht Gratian in der betreffenden Quaestio (Pars II, Causa 1, quaestio 1) um den Nachweis, dass Simonie, d. h. der Kauf geistlicher Ämter, eine Sünde sei.[106] Auf derartige sündhafte Umstände des Antritts eines geistlichen Amtes ist die Aussage gemünzt, dass dem bösen Anfang kaum ein gutes Ende folgen kann. Es legt sich die Vermutung nahe, dass Melanchthon jenen Satz Gronewalt gewissermaßen ins Stammbuch schreiben wollte, da dieser für Kardinal Albrecht von Brandenburg, Erzbischof von Magdeburg und Mainz, arbeitete. Luther hatte Albrecht in seiner Schrift *An den christlichen Adel* im Sommer 1520 öffentlich vorgerechnet, für die Anerkennung seiner Wahl zum Erzbischof von Mainz 20.000 Gulden in Rom bezahlt zu haben, womit Rom gegen das kanonische Recht verstoßen habe.[107] In diesem Licht lässt sich Melanchthons griechisch-lateinische Notiz in die Auseinandersetzung der Wittenberger mit Erzbischof und Kardinal Albrecht von Brandenburg einordnen. Diese spitzten sich im Herbst 1521 zu, als Albrecht erfahren hatte, Luther plane, eine Schrift gegen Albrechts Ablassunternehmung am Neuen Stift in Halle zu verfassen. Der Besuch der Räte Albrechts, Capitos und Stromers, nach Wittenberg diente dem Ziel, die Drucklegung von Luthers Schrift durch Verhandlungen mit Melanchthon und Kurfürst Friedrich dem Weisen zu unterbinden. Vielleicht kam Gronewalt mit dieser Delegation des Erzbischofs nach Wittenberg, falls er nicht vorher schon als Beobachter der Szene dort war. Auf das Thema der Publikation diffamierender Schriften war er juristisch vorbereitet, wie eine Notiz Gronewalts auf dem Titelblatt des *Decretum* belegt. Hier schrieb Gronewalt:

> „Reprehensio triplex infra folio xxj[108]|tertia themeraria que fit diffamandi gratia prohibetur|per Paulum ad Titum c.[apitulo] iij[109] Neminem Blasphemare."[110]
>
> „Drei Arten des Tadelns, unten Blatt 21: Die dritte Art ist leichtfertig, die der üblen Nachrede wegen untersagt wird durch Paulus an Titus, Kapitel 3: ‚Niemanden schmähen'."

---

[106] Decretum (wie Anm. 101), fol. 104ʳ: „Quod autem spiritualia emere peccatum sit: probatur multis auctoribus. Ait enim Leo papa. Symoniaci gratiam non prestant quam vendere querunt." Es folgen zahlreiche Quellen, in denen Simonie verurteilt wird.

[107] WA 6, 421,18–422,8. Vgl. dazu KAUFMANN, THOMAS, An den christlichen Adel deutscher Nation von des christlichen Standes Besserung, Tübingen 2014 (Kommentare zu Schriften Luthers 3), 179–181.

[108] Gronewalt bezieht sich auf auf von ihm angestrichene Glosse zu Decretum, Pars I, dist. 21 in Decretum (wie Anm. 101), fol. 21ʳᵇ: „triplex est reprehensio. Imperiosa que fit imperio potestatis. Hec tantum maioribus conceditur [...]. Alia socialis hec minoribus conceditur. [...] Tertia temeraria est que infamandi causa fit:et hec nulli conceditur: [...]."

[109] Vgl. Tit 3,1 f.: „Admone illos principibus et potestatibus subditos esse, dicto obedire, ad omne opus bonum paratos esse, neminem blasphemare, non litigiosos esse, sed modestos, omnem ostendentes mansuetudinem ad omnes homines." Diese Bibelstelle ist nicht angeführt.

[110] Decretum (wie Anm. 101), Titelblatt.

Wir sehen hier, wie Gronewalt und Melanchthon über ihre Annotationen in Gronewalts *Decretum* miteinander im Gespräch waren. Im Blick auf die akute Frage, ob eine den Erzbischof schmähende Schrift Luthers gedruckt werden dürfe, berief sich Gronewalt zwar auf das *Decretum Gratiani*, fügte aber seinerseits als Autorität eine einschlägige Anweisung des Apostels Paulus hinzu, der dazu aufforderte, Schmähungen gegen die heidnische Obrigkeit zu unterlassen. Gronewalt wusste, dass die Wittenberger das Kanonische Recht als Autorität nicht mehr anerkannten. Melanchthon seinerseits wiederum stellte die Autorität des Erzbischofs gerade durch den Verweis auf das Verbot der Simonie im *Decretum Gratiani* in Frage. In der Sache waren die Hallenser Gesandten allerdings erfolgreich, da Luthers Manuskript, als es am Hof bei Georg Spalatin eintraf, beschlagnahmt wurde und erst im folgenden Jahr nach einer die Angriffe auf Albrecht tilgenden oder entschärfenden Bearbeitung durch Nikolaus von Amsdorf gedruckt werden konnte.

Die zweite Stelle, an der Melanchthon Kommentare in Gronewalts *Decretum* hinterlassen hat, steht auf Blatt 398^r:

„populo debet[111] dari sanguis Jesu Christi".

(„Dem Volk *muss* das Blut Jesu Christi gereicht werden".)

Eine Belegstelle für diese seine reformatorische These hat Melanchthon im *Decretum* diesmal nicht markieren können. Die Notiz steht im dritten Teil des *Decretum Gratiani* (Tertia Pars, De consecratione, dist. 2), in dem u. a. die Sakramente behandelt werden. Melanchthon hat offenbar etwas ausführlicher in dem das Altarsakrament betreffenden Abschnitt gelesen, wie eine weitere lateinisch-griechische Notiz auf Blatt 397va zeigt:

„[lat.:] prohibetur dari intincta [griech.:] ευχαριστια eucharistía [lat.:] populis."

(„Es wird verboten, den Leuten die eingetauchte Eucharistie zu geben.")

Die korrespondierende Textpassage bei Gratian hat Melanchthon durch Unterstreichungen markiert. An dieser Stelle weist das *Decretum* die Meinung zurück, man könne den Laien bei der Eucharistie in Wein getauchtes Brot reichen und ihnen auf diese Weise die Kommunikation unter beiden Gestalten, Brot und Wein, ermöglichen. Melanchthon steht zu dem Zeitpunkt, als er die Notizen schrieb, bereits im Widerspruch zur kirchenrechtlich herrschenden Tradition. Diesen Widerspruch hat er mit der gegenüberliegenden Notiz über die Notwendigkeit der Kommunion unter beiden Gestalten eindeutig formuliert.

Auch diese Notiz spricht dafür, dass Gronewalt im Jahr 1521 in Wittenberg weilte, und zwar dürfte er sich damals auf einen etwas längeren Aufenthalt eingestellt haben. Die drei Bände, in denen bislang Melanchthons Notizen regis-

---

[111] Melanchthon schrieb zunächst „solet", ersetzte dieses Verb dann durch „debet" und verschärfte dadurch die Forderung nach der *communio sub utraque*.

triert wurden, sind schwere, großformatige Folianten, die man in der Regel nur transportiert, wenn man am Ziel einen etwas längeren Aufenthalt geplant hat und dort mit den Büchern arbeiten möchte. Melanchthons programmatische Notiz, man müsse dem Volk das Blut Christi reichen, passt sehr gut in die Zeit, in der in Wittenberg ab September 1521 intensiv über die *communicatio sub utraque* gestritten, disputiert, geschrieben und beratschlagt wurde, mit den Augustinermönchen, Melanchthon und Karlstadt an der Spitze. Melanchthon selbst kommunizierte am 29. September 1521 „mit allen seinen Schülern" in der Pfarrkirche unter beiden Gestalten.[112]

Ferner ist auffallend, dass sich Gronewalt in mehreren seiner Bücher – *Decretum Gratiani*, Werke des griechischen Kirchenvaters Theophylactus und *Biblia latina* – mit der Auslegung von Mt 11,12 – „das Reich Gottes leidet Gewalt [...]" – beschäftigt hat, mit der sich Karlstadt im Sommer 1521 in seiner Demuth gewidmeten Schrift *Berichtung dieser Rede: Das Reich Gottes leidet Gewalt* auseinandergesetzt hat. Karlstadt dürfte Gronewalts Bemühungen um die Bedeutung der Bibelstelle ausgelöst haben.

Er war jedoch ein eigenständiger, in den religiösen und geistigen Strömungen seiner Zeit breit belesener Denker, der im Lauf der Jahre Luther und Karlstadt miteinander verband, in dieser Hinsicht Capito nahestehend. Einerseits verblieb er in seinem Status als Vikar am Liebfrauenstift in Halberstadt, in dieser Hinsicht ein Element der Reformvorstellungen des Erasmus realisierend; andererseits konnte er einen Teil seiner Bibliothek einer protestantischen Kirche stiften. Bei solchen Persönlichkeiten, die eine eigenständige individuelle religiöse Orientierung an den Tag legten,[113] stießen sowohl reformatorische als auch gegenreformatorische Propaganda an ihre Grenzen.

---

[112] Vgl. WB, 17.

[113] Vgl. BUBENHEIMER, ULRICH, Existenz zwischen Einheitsanspruch und religiösem Pluralismus in der Reformationszeit – Individuelle religiöse Orientierung am Beispiel des Klerikers und Notars Andreas Gronewalt in Halberstadt und Halle, in: ders./Dieter Fauth (Hg.), Religiöser Pluralismus und Deutungsmacht in der Reformationszeit, Neu-Isenburg 2017 (Schriftenreihe der Freien Akademie 36), 61–84.

Geschichtswissenschaftliche Publikationen
von Ulrich Bubenheimer

1972–2022

Der Aufenthalt Burchards von Worms im Kloster Lobbes als Erfindung des Johannes Trithemius. Zur literarischen Arbeitsweise und Quellenkenntnis des Sponheimer Abts, in: Zeitschrift der Savigny-Stiftung für Rechtsgeschichte, Kanonistische Abteilung 89=58 (1972), S. 320–337.

Rezension von: Klaus Arnold: Johannes Trithemius (1462–1516), Würzburg: Kommissionsverlag Ferdinand Schöningh 1971 (Quellen und Forschungen zur Geschichte des Bistums und Hochstifts Würzburg 23). In: Zeitschrift der Savigny-Stiftung für Rechtsgeschichte. Kanonistische Abteilung 89=58 (1972), S. 455–459.

Scandalum et ius divinum. Theologische und rechtstheologische Probleme der ersten reformatorischen Innovationen in Wittenberg 1521/22, in: Zeitschrift der Savigny-Stiftung für Rechtsgeschichte. Kanonistische Abteilung 90=59 (1973), S. 263–342.

Rezension von: Remigius Bäumer: Nachwirkungen des konziliaren Gedankens in der Theologie und Kanonistik des frühen 16. Jahrhunderts, Münster: Aschendorffsche Verlagsbuchhandlung 1971 (Reformationsgeschichtliche Studien und Texte, 100). In: Zeitschrift der Savigny-Stiftung für Rechtsgeschichte. Kanonistische Abteilung 90=59 (1973), S. 455–465.

Rezension von: James Atkinson: The Trial of Luther, London: B. T. Batsford Ltd. 1971 (Historic Trials Series). In: Zeitschrift für Kirchengeschichte 84 (1973), S. 395–396.

Interpretation und Konfrontation. Medien und Verfahren im kirchengeschichtlichen Unterricht, in: entwurf. Religionspädagogische Mitteilungen, Jg. 1976, H. 4, S. 49–60 + 3. Umschlagseite + beigelegtes Poster [Karlstadts „Wagen"].

Rezension von: Gabrielis Biel Collectorium circa quattuor libros Sententiarum. Vol. I: Prologus et Liber primus, ediderunt Wilfridus Werbeck et Udo Hofmann, Tübingen: J. C. B. Mohr (Paul Siebeck) 1975. Sowie Vol. IV/1: Libri quarti pars prima (dist. 1–14), ed. Wilfridus Werbeck et Udo Hofmann, Tübingen: Mohr 1975. In: Zeitschrift der Savigny-Stiftung für Rechtsgeschichte. Kanonistische Abteilung 93=62 (1976), S. 466–474.

Rezension von: Hans-Dieter Schmid: Täufertum und Obrigkeit in Nürnberg. Nürnberg: Stadtarchiv 1972 (Nürnberger Werkstücke, 10). In: Zeitschrift für Stadtgeschichte, Stadtsoziologie und Denkmalpflege 3 (1976), S. 324–325.

Consonantia Theologiae et Iurisprudentiae. Andreas Bodenstein von Karlstadt als Theologe und Jurist zwischen Scholastik und Reformation, Tübingen: J. C. B. Mohr (Paul Siebeck) 1977 (Jus Ecclesiasticum. Beiträge zum evangelischen Kirchenrecht und zum Staatskirchenrecht, 24),

Becker, Egeling (aus Braunschweig), in: Die deutsche Literatur des Mittelalters. Verfasserlexikon, hrsg. von Kurt Ruh, Bd. 1, Berlin: de Gruyter 1978, Sp. 657 f.

Biel, Gabriel, in: Ebd., Bd. 1, Berlin: de Gruyter 1978, Sp. 853–858.

Rezension von: Johannes Brenz: Werke. Eine Studienausgabe, hrsg. von Martin Brecht; Frühschriften Teil 2, hrsg. von Martin Brecht, Gerhard Schäfer und Frieda Wolf, Tübingen: J. C. B. Mohr 1974. In: Blätter für württembergische Kirchengeschichte 78 (1978), S. 242–248.

Augustin/Augustinismus III. Augustinismus in der Reformationszeit, in: Theologische Realenzyklopädie, hrsg. von Gerhard Krause und Gerhard Müller, Bd. 4, Berlin: de Gruyter 1979, S. 718–721.

Rezension von: Bullinger-Tagung 1975. Vorträge gehalten aus Anlaß von Heinrich Bullingers 400. Todestag, hrsg. von Ulrich Gäbler und Endre Zsindely, Zürich: Institut für Schweizerische Reformationsgeschichte 1977. In: Zeitschrift der Savigny-Stiftung für Rechtsgeschichte. Kanonistische Abteilung 96=65 (1979), S. 424–427.

Andreas Rudolff Bodenstein von Karlstadt. Sein Leben, seine Herkunft und seine innere Entwicklung, in: Andreas Bodenstein von Karlstadt 1480–1541. Festschrift der Stadt Karlstadt zum Jubiläumsjahr 1980, hrsg. von Wolfgang Merklein, Karlstadt 1980, S. 5–58.

Gelassenheit und Ablösung. Eine psychohistorische Studie über Andreas Bodenstein von Karlstadt und seinen Konflikt mit Martin Luther, in: Zeitschrift für Kirchengeschichte 92 (1981), S. 250–268. Sowie in: Ulrich Bubenheimer; Erich Mende: Andreas Bodenstein gen. Dr. Karlstadt (1480–1541). Festvorträge anläßlich des 500. Geburtstages Andreas Bodensteins, hrsg. von der Volkshochschule Karlstadt; Stadt Karstadt; Wolfgang Merklein, [Karlstadt]: Volkshochschule Karlstadt 1981 (Beiträge zur Geschichte der Stadt Karlstadt und des Umlandes, 4), S. 1–37.

Andreas Bodenstein von Karlstadt, in: Gestalten der Kirchengeschichte, hrsg. von Martin Greschat, Bd. 5: Die Reformationszeit I, Stuttgart: Kohlhammer 1981, S. 105–116.

Gevatter Tod. Gott und Tod in einem religionskritischen Märchen, in: Gott im Märchen, hrsg. von Jürgen Janning [u. a.], Kassel: Erich Röth 1982, S. 76–91 und 172 f.

Reformation in Reutlingen. Heimatgeschichte mit Schülern entdecken und darstellen, in: entwurf. Religionspädagogische Mitteilungen, Jg. 1982, H. 3, S. 26–41.

Andreas Bodenstein von Karlstadt und die Reform von Gottesdienst und Leben, in: Martin Luther – Zeuge des Glaubens in Kirche und Gesellschaft, Berlin o. J. [1983] (Evangelisches Bildungswerk Berlin, Kirchliche Erwachsenenbildung, Dokumentation 38/83), S. 65–79.

Gabriel Biel, in: Gestalten der Kirchengeschichte, hrsg. von Martin Greschat, Bd. 4: Mittelalter II, Stuttgart: Kohlhammer 1983, S. 308–319.

Thomas Müntzer, in: Protestantische Profile. Lebensbilder aus fünf Jahrhunderten, hrsg. von Klaus Scholder und Dieter Kleinmann, Königstein: Athenäum 1983, S. 32–46.

Radikale Reformation. Von Luther zu Müntzer. Grünwald: Institut für Film und Bild in Wissenschaft und Unterricht 1984 (Beiheft Diareihe Nr. 10 2816). 20 S.

Die Vorreformatoren John Wyclif und Jan Hus. Grünwald: Institut für Film und Bild in Wissenschaft und Unterricht 1984 (Beiheft Diareihe Nr. 10 2815). 16 S.

Thomas Müntzer in Braunschweig. Teil 1. Teil 2, in: Braunschweigisches Jahrbuch 65 (1984), S. 37–78; 66 (1985), S. 79–114.

Luthers Stellung zum Aufruhr in Wittenberg 1520 – 1522 und die frühreformatorischen Wurzeln des landesherrlichen Kirchenregiments, in: Zeitschrift der Savigny-Stiftung für Rechtsgeschichte. Kanonistische Abteilung 102=71 (1985), S. 147–214.

Thomas Müntzer und der Anfang der Reformation in Braunschweig, in: Nederlands Archief voor Kerkgeschiedenis 65 (1985), S. 1–30.

Luther – Karlstadt – Müntzer: soziale Herkunft und humanistische Bildung. Ausgewählte Aspekte vergleichender Biographie, in: Amtsblatt der Evangelisch-lutherischen Kirche in Thüringen 40 (1987), S. 60–62 und 65–68.

Streit um das Bischofsamt in der Wittenberger Reformation 1521/22. Von der Auseinandersetzung mit den Bischöfen um Priesterehen und den Ablaß in Halle zum Modell des evangelischen Gemeindebischofs. Teil 1 [Teil 2 nicht erschienen.], in: Zeitschrift der Savigny-Stiftung für Rechtsgeschichte. Kanonistische Abteilung 104=73 (1987), S. 155–209.

Biel, Gabriel, in: Literaturlexikon. Autoren und Werke deutscher Sprache, hrsg. von Walther Killy, Bd. 1, Gütersloh; München: Bertelsmann Lexikon Verlag 1988, S. 499 f.

Karlstadt, Andreas Rudolff Bodenstein von (1486–1541), in: Theologische Realenzyklopädie, hrsg. von Gerhard Müller, Bd. 17, Berlin: de Gruyter 1988, S. 649–657.

Thomas Müntzers Wittenberger Studienzeit, in: Zeitschrift für Kirchengeschichte 99 (1988), S. 168–213.

Thomas Müntzers Nachschrift einer Wittenberger Hieronymusvorlesung, in: Zeitschrift für Kirchengeschichte 99 (1988), S. 214–237.

Gedenkblatt für Andreas Karlstadt, in: Staatliche Museen zu Berlin (Hrsg.): Dasein und Vision. Bürger und Bauern um 1500. Ausstellung im Alten Museum vom 8. Dezember 1989 bis 12. Februar 1990, Berlin: Henschelverlag 1989, S. 131, Nr. C59.

Thomas Müntzer. Herkunft und Bildung. Leiden: E. J. Brill 1989 (Studies in Medieval and Reformation Thought, 46).

Thomas Müntzer und der Humanismus, in: Der Theologe Thomas Müntzer. Untersuchungen zu seiner Entwicklung und Lehre, hrsg. von Siegfried Bräuer und Helmar Junghans, Berlin: Evangelische Verlagsanstalt; Göttingen: Vandenhoeck & Ruprecht 1989, S. 302–328.

Wider das geistlose Fleisch, in: Deutsches Allgemeines Sonntagsblatt, Jg. 1989, Nr. 17 vom 28. April 1989, S. 17.

Müntzer, Thomas, in: Literaturlexikon. Autoren und Werke deutscher Sprache, hrsg. von Walther Killy, Bd. 8, Gütersloh; München: Bertelsmann Lexikon Verlag 1990, S. 289–290.

Thomas Müntzer – Gideon. Warnung vor einem zum Unglauben einladenden Fundamentalisten. Meine Urbegegnung mit Müntzer, in: Religion heute, Jg. 1990, S. 120–123.

Thomas Müntzer. Prediger – Prophet – Heerführer, in: Thomas Müntzer (vor 1491–1525). Prediger – Prophet – Bauernkriegsführer, hrsg. von Günter Scholz, Böblingen: Wilhelm Schlecht 1990 (Böblinger Museumsschriften, 4), S. 18–49.

ULRICH BUBENHEIMER; DIETER FAUTH (Bearb.): Texte von Thomas Müntzer und seinem Umkreis, in: Ebd., S. 61–72.

GÜNTER SCHOLZ; ULRICH BUBENHEIMER: Thomas Müntzer. Prediger – Prophet – Bauernkriegsführer. Ausstellung des Böblinger Bauernkriegsmuseums. Museumsgebäude Zehntscheuer, Böblingen, Pfarrgasse vom 16. November 1990 bis zum 20. Januar 1991, Böblingen: Bauernkriegsmuseum Böblingen 1990.

Rezension von: Eric W. Gritsch: Thomas Müntzer. A Tragedy of Errors. Minneapolis: Fortress Press 1989. In: Theologische Literaturzeitung 115 (1990), Sp. 826–828.

Unbekannte Luthertexte. Analecta aus der Erforschung der Handschrift im gedruckten Buch, in: Lutherjahrbuch 57 (1990), S. 220–241.

ULRICH BUBENHEIMER; JÖRG THIERFELDER: Wozu Bildungsgeschichte in der Lehrerbildung? In: Neuere Entwicklungen in Lehre und Lehrerbildung. Symposion ,90 Pädagogische Hochschule Heidelberg, 5. bis 8. Juni 1990, hrsg. von Albrecht Abele,

Weinheim: Deutscher Studien Verlag 1990 (Schriftenreihe der Pädagogischen Hochschule Heidelberg, 5), S. 279–282.

Andreas Bodenstein genannt Karlstadt (1486–1541), in: Fränkische Lebensbilder, Bd. 14, hrsg. von Alfred Wendehorst, Neustadt/Aisch: Kommissionsverlag Degener 1991 (Veröffentlichungen der Gesellschaft für fränkische Geschichte, Reihe VII A: Fränkische Lebensbilder. Neue Folge der Lebensläufe aus Franken, 14), S. 47–64.

Rezension von: Fabio Chávez Alvarez: „Die brennende Vernunft". Studien zur Semantik der „rationalitas" bei Hildegard von Bingen, Stuttgart – Bad Cannstatt: Frommann 1991 (Mystik in Geschichte und Gegenwart, Abt. 1: Christliche Mystik, 8). In: Theologische Literaturzeitung 117 (1992), S. 854.

Christen und wahre Christen. Verwehte Spuren nebenkirchlicher Frömmigkeit in Herrenberg zwischen Reformation und Pietismus, in: Die Stiftskirche in Herrenberg 1293–1993, hrsg. von Roman Janssen und Harald Müller-Baur, Herrenberg: Stadt Herrenberg 1993, S. 99–130.

Von der Heterodoxie zur Kryptoheterodoxie. Die nachreformatorische Ketzerbekämpfung im Herzogtum Württemberg und ihre Wirkungen im Spiegel des Prozesses gegen Eberhard Wild im Jahre 1622/23, in: Zeitschrift der Savigny-Stiftung für Rechtsgeschichte. Kanonistische Abteilung 110=79 (1993), S. 307–341.

Ulrich Bubenheimer; Wolfram Winger: Literatur- und Sozialprofil der Krypto-Heterodoxie in Tübingen und Württemberg um 1620, in: Historical Social Research. Historische Sozialforschung 18 (1993), S. 135–141.

Beobachten – Einbinden – Ausbürgern. Kultur der Anpassung in der Tradition der evangelischen Kirche, in: Auf dem Weg zur Einheit. Aspekte einer neuen Identität, hrsg. von Herbert Raisch, Idstein: Schulz-Kirchner 1994 (Forschen – Lehren – Lernen. Beiträge aus dem Fachbereich IV [Sozialwissenschaften] der Pädagogischen Hochschule Heidelberg, 9), S. 62–75.

Schwarzer Buchmarkt in Tübingen und Frankfurt. Zur Rezeption nonkonformer Literatur in der Vorgeschichte des Pietismus, in: Rottenburger Jahrbuch für Kirchengeschichte 13 (1994), S. 149–163.

Streittheologie in Tübingen am Anfang des 17. Jahrhunderts. Versuch einer sozialpsychologischen Interpretation, in: Kirchliche Zeitgeschichte 7 (1994), S. 26–43.

Orthodoxie – Heterodoxie – Kryptoheterodoxie in der nachreformatorischen Zeit am Beispiel des Buchmarkts in Wittenberg, Halle und Tübingen, in: 700 Jahre Wittenberg. Stadt – Universität – Reformation, hrsg. von Stefan Oehmig, Weimar: Hermann Böhlaus Nachfolger 1995, S. 257–274.

Schwenckfeld von Ossig, Kaspar, in: Biographisch-Bibliographisches Kirchenlexikon, begründet und hrsg. von Friedrich Wilhelm Bautz, fortgeführt von Traugott Bautz, Bd. 9, Herzberg: Traugott Bautz 1995, Sp. 1215–1235.

Stiefel, Esaias, in: Biographisch-Bibliographisches Kirchenlexikon, begründet und hrsg. von Friedrich Wilhelm Bautz; fortgeführt von Traugott Bautz. Bd. 10, Herzberg: Traugott Bautz 1995, Sp. 1442–1445.

Wilhelm Schickard im Kontext einer religiösen Subkultur, in: Zum 400. Geburtstag von Wilhelm Schickard. Zweites Tübinger Schickard-Symposion 25. bis 27. Juni 1992, hrsg. von Friedrich Seck, Sigmaringen: Jan Thorbecke 1995 (Contubernium. Tübinger Beiträge zur Universitäts- und Wissenschaftsgeschichte, 41), S. 67–92.

Die Bücher und Bucheinzeichnungen des Klerikers Andreas Gronewalt aus Halberstadt. Ein Beitrag zur Geschichte der Marktkirchenbibliothek Goslar und zur Rezeption der Wittenberger Reformation, in: Jahrbuch der Gesellschaft für niedersächsische

Kirchengeschichte 94 (1996), S. 51–74. – Verbesserte Version: Die Bücher und Buchnotizen des Klerikers Andreas Gronewalt aus Halberstadt – Zur frühen Geschichte der Marktkirchenbibliothek Goslar und zur Rezeption der Wittenberger Reformation, in: Beiträge zur Goslarer Kirchengeschichte. Die Vorträge der Amsdorfabende, hrsg. von Otmar Hesse, Bielefeld: Verlag für Regionalgeschichte 2001 (Beiträge zur Geschichte der Stadt Goslar. Goslarer Fundus, 49), S. 35–56.

Bodenstein von Karlstadt, Andreas, in: The Oxford Encyclopedia of the Reformation, ed. by Hans-Joachim Hillerbrand, New York; Oxford: Oxford University Press 1996, Bd. 1, S. 178–180.

Müntzer, Thomas, in: The Oxford Encyclopedia of the Reformation, ed. by Hans-Joachim Hillerbrand, New York; Oxford: Oxford University Press 1996, Bd. 3, S. 99–102.

Eine unechte Lutherreliquie in der Württembergischen Landesbibliothek Stuttgart, in: „Was Christum treibet". Martin Luther und seine Bibelübersetzung, hrsg. von Siegfried Meurer, Stuttgart: Deutsche Bibelgesellschaft 1996 (Bibel im Gespräch, 4), S. 140–144.

[The First and Radical Reformations and their Relations with the Magisterial Reformation.] A Lutheran Response, in: Towards a Renewed Dialogue. Consultation on the First and Second Reformations, Geneva, 28 November to 1 December 1994 , ed. by Milan Opocenský, Geneva: World Alliance of Reformed Churches 1996 (Studies from the World Alliance of Reformed Churches, 30), S. 33–38.

Aspekte der Karlstadtrezeption von der Reformation bis zum Pietismus im Spiegel der Schriften Karlstadts zur Gelassenheit, in: Europa in der Frühen Neuzeit. Festschrift für Günter Mühlpfordt, Bd. 1: Vormoderne, hrsg. von Erich Donnert, Weimar; Köln; Wien: Böhlau 1997, S. 405–426.

Karlstadtrezeption von der Reformation bis zum Pietismus im Spiegel der Schriften Karlstadts zur Gelassenheit, in: Andreas Bodenstein von Karlstadt (1486–1541). Ein Theologe der frühen Reformation. Beiträge eines Arbeitsgesprächs vom 24. – 25. November 1995 in Wittenberg, hrsg. von Sigrid Looß und Markus Matthias, Lutherstadt Wittenberg: Drei Kastanien Verlag 1998 (Themata Leucoreana, 4), S. 25–71.

Rezeption und Produktion nonkonformer Literatur in einem protestantischen Dissidentenkreis des 17. Jahrhunderts, in: Religiöse Devianz in christlich geprägten Gesellschaften. Vom hohen Mittelalter bis zur Frühaufklärung, hrsg. von Dieter Fauth – Daniela Müller, Würzburg: Religion & Kultur Verlag 1999, S. 106–125.

Das Schöne in Natur und Kunst und die Lust am Lernen. – Zur Ästhetik bei Johann Valentin Andreae (1586–1654), in: Wegstrecken. Beiträge zur Religionspädagogik und Zeitgeschichte. Festschrift für Jörg Thierfelder zum 60. Geburtstag, hrsg. von Gerhard Büttner, Dieter Petri und Eberhard Röhm. Stuttgart: Calwer 1998, S. 259–270.

Veränderte Fassung: Zur Ästhetik bei Johann Valentin Andreae (1586–1654) oder: Das Schöne in Natur und Kunst und die Lust am Lernen, in: Herrenberger Persönlichkeiten aus acht Jahrhunderten, ausgewählt und vorgestellt von Roman Janssen und Oliver Auge, Herrenberg: Stadt Herrenberg 1999 (Herrenberger Historische Schriften, 6), S. 205–214.

Andreas Bodenstein von Karlstadt und seine fränkische Heimat. Mit einem Brief Bodensteins an Hektor Pömer in Nürnberg vom 27. März 1522, in: Querdenker der Reformation. Andreas Bodenstein von Karlstadt und seine frühe Wirkung, hrsg. von Ulrich Bubenheimer – Stefan Oehmig, Würzburg: Religion & Kultur Verlag 2001, S. 15–48.

Symbolik und Komposition des Herrenberger Altars des Jörg Ratgeb. Eine Anleitung zur Bildmeditation, in: Leben mit Vergangenheit. Jahrbuch des Heimatgeschichtsvereins für Schönbuch und Gäu e. V. 5 (2006), S. 241–264.

ULRICH BUBENHEIMER; CHRISTOPH FASBENDER: Biel, Gabriel, in: Killy Literaturlexikon. Autoren und Werke des deutschsprachigen Kulturraumes, 2. Auflage, hrsg. von Wilhelm Kühlmann, Bd. 1, Berlin: de Gruyter 2008, S. 533–534.

Martin Luthers Invocavitpredigten und die Entstehung religiöser Devianz im Luthertum. Die Prediger der Wittenberger Bewegung 1521/1522 und Karlstadts Entwickung zum Kryptoradikalen, in: Kryptoradikalität in der Frühneuzeit, hrsg. von Günter Mühlpfordt und Ulman Weiß, Stuttgart: Franz Steiner 2009 (Friedenstein-Forschungen, 5), S. 17–37.

Müntzer, Thomas, in: Killy Literaturlexikon. Autoren und Werke des deutschsprachigen Kulturraumes, 2. Auflage, hrsg. von Wilhelm Kühlmann, Bd. 8, Berlin: de Gruyter 2010, S. 428–429.

Rezension von: Thomas-Müntzer-Ausgabe. Kritische Gesamtausgabe, hrsg. von Helmar Junghans und Armin Kohnle, Bd. 2: Thomas Müntzer Briefwechsel, bearb. u. komm. von Siegfried Bräuer und Manfred Kobuch, Leipzig: Sächsische Akademie der Wissenschaften zu Leipzig (Quellen und Forschungen zur sächsischen Geschichte, 25.2). In: Zeitschrift für historische Forschung 40 (2013), S. 505–507.

Thomas Müntzer und Wittenberg, Mühlhausen: Thomas-Müntzer-Gesellschaft e. V., Mühlhausen 2014 (Thomas Müntzer-Gesellschaft e. V. Veröffentlichungen, 20).

Rezension von: Michael Widmann: Wege aus der Krise. Frühneuzeitliche Reformvision bei Johann Valentin Andreae und Johann Amos Comenius, Epfendorf/Neckar: bibiotheca academica 2011 (Quellen und Forschungen zur württembergischen Kirchengeschichte, 22). In: Blätter für württembergische Kirchengeschichte 114 (2014), S. 471–473.

Reliquienfest und Ablass in Halle. Albrecht von Brandenburgs Werbemedien und die Gegenschriften Karlstadts und Luthers, in: Buchdruck und Buchkultur im Wittenberg der Reformationszeit, hrsg. von Stefan Oehmig, Leipzig: Evangelische Verlagsanstalt 2015 (Schriften der Stiftung Luthergedenkstätten in Sachsen-Anhalt, 21), S. 71–100.

Zur vorreformatorischen Rezeption des italienischen Humanismus in Erfurt und Wittenberg bei Martin Luther und Andreas Karlstadt, in: Anwälte der Freiheit! Humanisten und Reformatoren im Dialog. Begleitband zur Ausstellung im Reuchlinhaus Pforzheim, 20. September bis 8. November 2015, hrsg. von Matthias Dall'Asta, Heidelberg: Universitätsverlag Winter 2015, S. 105–113.

Die Lutherbibel des Hallenser Schultheißen Wolfgang Wesemer. Ein Stück Kulturgeschichte von den Einzeichnungen der Wittenberger Reformatoren bis zur Ausstellung auf der Wartburg, in: Ulman Weiß; Ulrich Bubenheimer: Schätze der Lutherbibliothek auf der Wartburg. Studien zu Drucken und Handschriften, hrsg. von Grit Jacobs, Regensburg: Schnell & Steiner 2016, S. 98–147.

Ablassplakate als Altpapier, in: Im Aufbruch. Reformation 1517 – 1617, hrsg. von Heike Pöppelmann und Dieter Rammler; Braunschweigisches Landesmuseum und Evangelische Akademie Abt Jerusalem, Dresden: Sandstein 2017 (Veröffentlichungen des Braunschweigischen Landesmuseums, 117), Sp. 111–113, Nr. 20.

Müntzer macht Ernst [Thomas Müntzer: Deutsch Euangelisch Messze], in: Ebd., Sp. 189–190, Nr. 73.

Ferndiagnose [2 Braunschweiger Briefe an Müntzer], in: Ebd., Sp. 203–204, Nr. 85 / 85a / 85 b.

Druckerzeugnisse aus der Leipziger Offizin Melchior Lotters d. Ä. für den von Albrecht von Brandenburg vertriebenen Petersablass und deren Funktion. In: Johann Tetzel und der Ablass. Begleitband zur Ausstellung „Tetzel – Ablass – Fegefeuer" in Mönchenkloster und Nikolaikirche in Jüterbog vom 8. September bis 26. November 2017, hrsg. von Hartmut Kühne, Enno Bünz und Peter Wiegand, Berlin: Lukas Verlag 2017, S. 267–285.

Johann Tetzel erteilt einem Beichtvater ein Consilium zum Umgang mit einem in Todsünde befindlichen Käufer eines Beichtbriefes, In: Ebd., S. 345–348.

Ulrich Bubenheimer; Helmut Liersch: Das älteste Bücherverzeichnis (Inventarium) der Marktkirchen-Bibliothek Goslar aus dem Jahr 1559. Kommentierte Edition, in: Marktkirchen-Bibliothek Goslar. Beiträge zur Erforschung der reformationszeitlichen Sammlung, hrsg. von Helmut Liersch in Zusammenarbeit mit Ulrich Bubenheimer, Regensburg: Schnell & Steiner 2017, S. 57–131.

Andreas Gronewalt: Priester, Notar und Humanist aus Halberstadt zwischen Erzbischof Albrecht von Brandenburg und den Wittenberger Reformatoren, in: Ebd., S. 163–203.

Existenz zwischen Einheitsanspruch und religiösem Pluralismus in der Reformationszeit – Individuelle religiöse Orientierung am Beispiel des Klerikers und Notars Andreas Gronewalt in Halberstadt und Halle, in: Religiöser Pluralismus und Deutungsmacht in der Reformationszeit, hrsg. von Ulrich Bubenheimer und Dieter Fauth, Berlin: Freie Akademie; Neu-Isenburg: Angelika Lenz Verlag 2017 (Schriftenreihe der Freien Akademie, 36), 61–84.

In Prag gebunden. Thomas Müntzer: Randbemerkungen in der Tertullian-Ausgabe des Beatus Rhenanus, [1521/1522], in: Manu propria – Mit eigener Hand. 95 Autographe der Reformationszeit. Aus den Sammlungen der Sächsischen Landesbibliothek – Staats- und Universitätsbibliothek Dresden (SLUB), hrsg. von Hans-Peter Hasse, Jana Kocourek und Katrin Nitzschke, Beucha-Markkleeberg: Sax-Verlag 2017, S. 26–27, Nr. 7.

Luthers Handschrift, in: Luthers Handschrift, in: Luther Handbuch, hrsg. von Albrecht Beutel, Tübingen: Mohr Siebeck [3]2017, S. 21–27.

Andreas Karlstadts und Martin Luthers frühe Reformationsdiplomatie. Thesenanschläge des Jahres 1517, Luthers „Asterisci" gegen Johannes Eck und Wittenberger antirömische Polemik während des Augsburger Reichstags 1518, in: Ebernburg-Hefte 52 (2018), S. 31–68 = Blätter für pfälzische Kirchengeschichte und religiöse Volkskunde 85 (2018), S. 265–302.

Rezension von: Siegfried Bräuer; Günter Vogler: Thomas Müntzer. Neu Ordnung machen in der Welt. Eine Biographie, Gütersloh: Gütersloher Verlagshaus 2016. In: Zeitschrift für Historische Forschung 45 (2018), S. 381–383.

A Book More Precious than Gold. An exhibition at Pitts Theology Library, curated by Dr. Armin Siedlecki and Dr. Ulrich Bubenheimer with Dr. Eric Moore, August 19 – November 30, 2019. [Atlanta]: Emory University, Candler School of Theology, Pitts Theology Library 2019.

Karlstadt, Andreas Bodenstein von (1486–1541). In: Evangelisches Lexikon für Theologie und Gemeinde. Neuausgabe, hrsg. von Heinzpeter Hempelmann und Uwe Swarat, Bd. 2, Holzgerlingen: SCM R. Brockhaus 2019, Sp. 1740–1742.

The Appeal of German Mysticism to Religious Dissenters in Sixteenth-Century Germany: Mystical Books and the Life Stories of Their Readers, in: Medieval Mysticald Theology 29 (2020), S. 109–122.

Chronology from World Creation up to Luther's Time. An Unknown Single-Sheet Print
by Melanchthon (1521) and a Fragmentary Letter from Luther to Melanchthon (1540
or 1541), in: Teaching Reformation. Essays in Honor of Timothy J. Wengert, ed. by
Luka Ilić and Martin J. Lohrmann, Minneapolis: Fortress Press 2021, S. 154–167.

Content – Sources – Author – Reception [of the Passional Christi und Antichristi]. In:
Passional Christi und Antichristi. Antithesis figurata vitae Christi et Antichristi […],
ed. by Edmund Wareham, Ulrich Ulrich Bubenheimer and Henrike Lähnemann, Oxford: Taylor Institution Library 2021 (Treasures of the Taylorian. Series One: Reformation Pamphlets, vol. 4), S. xxi-lv.

Paratexte in Martin Luthers Biblia deutsch und Vulgata-Rezeption in Wittenberg. Bi-
belgestaltung durch Produzenten und Rezipienten, in: Wittenberger Bibeldruck der
Reformationszeit, hrsg. von Stefan Oehmig und Stefan Rhein, Leipzig: Evangelische
Verlagsanstalt 2022 (Schriften der Stiftung Luthergedenkstätten 24), S. 343–366.

Rezension von: Reformation und Bauernkrieg, hrsg. von Werner Greiling, Thomas
T. Müller und Uwe Schirmer, Wien; Köln; Weimar: Böhlau 2019 (Quellen und Forschungen zu Thüringen im Zeitalter der Reformation, 12). In: Zeitschrift für historische Forschung 49 (2022) S. 601–603.

Bearbeiter und Mitbearbeiter von mehreren Editionseinheiten in: Kritische Gesamtaus-
gabe der Schriften und Briefe Andreas Bodensteins von Karlstadt, hrsg. von Thomas
Kaufmann, Bände I-IV. Heidelberg: Verein für Reformationsgeschichte; Gütersloh:
Gütersloher Verlagshaus 2017–2022.

Literaturverzeichnis

Abkürzungen nach RGG[4]

Archivmaterial (Handschriften/Annotierte Drucke)

Bodleian Library, Oxford

A 6.9 Th (Johannes Langs Biblia latina).
Ms. Add. C 100, fol. 11[r]–14[v] (Lutherautograph).

Deutsches Historisches Museums Berlin, Bibliothek

Inventarnr. R 55/911 (Drucksammlung Schwertfeger).

Erzbischöfliche Akademische Bibliothek Paderborn

3,329a (Otto Beckmanns Exemplar von Gratianus, Decretum Gratiani).
Th. 6116 (Drucksammlung Beckmann).

Forschungsbibliothek Gotha

Chart. A 123, Bl. 2 (Petrus Mosellanus an Erasmus Stella).

Gleim-Haus Museum der deutschen Aufklärung, Bibliothek, Halberstadt

C9243 (Sammelband aus Karlstadts Bibliothek).

Herzog August Bibliothek Wolfenbüttel

Cod. 17.32 Aug. 4o (Briefbuch Althamer).
A: 62.58 Jur. 2° (Handschrift Schwertfeger).
Li 5530 (35, 585) (Sammlung Wittenberger Thesenreihen 1517–1521).
Yv 1648 Helmst. 8° (handschriftliche Überlieferung Invocavit-Predigten).

Herzogin Anna Amalia Bibliothek Weimar

7/cl/29 (Steins Exemplar von Karlstadt *Sermon*).

Kirchen-/Turmbibliothek Eisenach

221n (Fragmente von Karlstadt-Drucken).

Landesarchiv Thüringen – Hauptstaatsarchiv Weimar

Ernestinisches Gesamtarchiv Reg. O 472, Bl. 1 (Schwertfeger an Kurfürst Friedrich III.,
18. Februar 1519).

Ernestinisches Gesamtarchiv Reg. O 159a, Bl. 406v–408v (Entwurf Johannes Schwertfegers für einen Brief Karlstadts, Johann Agricolas und Melanchthons an Johann von
Schleinitz).

Landesbibliothek Dresden

Mscr. Dresd. C 109^d, Bl. 21^r (Abschrift Müntzer an Mansfelder Grafen, 12. Mai 1525).
Hist. Eccl. E 356 (*Glosse des hochgelehrten, erleuchten, andächtigen und barmherzigen
Ablass der zu Hall in Sachsen, mit Wonn und Freuden ausgerufen*).

Lutherhaus Wittenberg

SS 3391–3394 (Agricolas Exemplar von *Biblia Rabbinica Bombergiana*).

Marktkirchen-Bibliothek Goslar

15 (Gronewalts Ausgabe des *Decretum Gratiani*).
76, 2 (Gronewalts Ausgabe der Basler Hieronymus-Ausgabe des Erasmus).
77 (Gronewalts Ausgabe der Schriften des Kirchenvaters Athanasius).

Reformationsgeschichtliche Forschungsbibliothek Wittenberg

2 ETh 28 (Stackmanns Exemplar von *Sanctus Hieronymus interpres biblie*).
Bestand BEPS: HTh fol. 891 (Karlstadts Exemplar von Tauler, *Sermones*).

Sächsischen Landesbibliothek zu Dresden

Mscr. Dresd. App. 747 (2) (Exemplar von Tertullianus Opera mit Randnotizen Müntzers).

Staatsarchiv Bamberg

A 245 VI Nr. 31 ½ (Althamer).

Staatsarchiv Münster

Msc I, 22 (Belholt).
Fstm. Münster, Urk. Nr. 2995 (Belholts Uhrfehdebrief).
Fürstentum Münster, Landesarchiv 1518/19, Bd. 4a (Belholt).
Kollegiatstift Alter Dom, Münster, Akten V, 15 (Belholt).

Staatsbibliothek München

J. can. P. 119P; Baurmeister Druck Nr. 3 (Hugenwalds Ausgabe von Karlstadts CON-
TRA PAPISTICAS LEGES […]).

Stadtarchiv Kamenz

Sammelband 6463 (23 Druckschriften 1518–1520).

Stadtbibliothek Nürnberg

Theol. 910.4° (Flugschrift mit Korrekturen von Karlstadts Hand).

Thüringer Universitäts- und Landesbibliothek Jena

Ms. Bos. q. 25a (Abschrift Michael Stiefels von Luthers *Asterisci*).

Turmbibliothek St. Andreas Eisleben

385q (Güttels Exemplar von Karlstadts Predig oder homilien vber den prophete(n). Malachiam gnant).

221n (Güttels Exemplar von *Presbyteri Hallenses rogantur*).

Universitätsbibliothek Basel

G I 31, Bl. 36ʳ (Johann Schwertfeger an Georg Spalatin, 22. November [15]19).

ms. Ki. Ar. 25a, 61.124 (Briefe zwischen Karlstadt und Capito).

Alte Drucke

AGRICOLA, JOHANN, Auslegung des XIX Psalm. Coeli enarra(n)t/ durch Thomas Muntzer an seyner besten iunger einen/ auff new prophetisch/ [...] Auslegung des selben Psalms/ wie yhn S. Pauel auslegt [...], Wittenberg: [Nickel Schirlentz]1525, VD16 A 649.

ALTENSTAIG, JOHANN, Vocabularius Theologiae [...], Hagenau: Heinrich Gran (D); Iohann Rynman von Öhringen (V) 1517, VD16 A 1992.

An Maidenbergers etrzbischof herforderung vber Eelichs stantz handel aines ersamenn Priesters Bernhardj leyppfarres Kemberger kirchen enschuldigung vnd antwurt, [Straßburg: Johann Knobloch] 1522, VD 16 B 6107.

An Maidenbergers etrzbischof. herforderung/vber Eelichs stantz handel aines ersamen pristers Bernhardj leyp pfarres Kemberger kirchē enschuldigung vnd antwurt, [Colmar:] Amandus Farckall [1521/22], VD16 ZV 2155.

ANTITHESIS FIGVRATA VITAE | CHRISTI ET ANTHICHRISTI. | AD LECTOREM | Eusebius. || Qua[m] male co[n]ueniant cum Christi pectore Iesu: | [...], [Wittenberg: Johann Grunenberg, 1521], VD16 L 5589.

ATHANASII | EPISCOPI ALEXANDRINI | SANCTISSIMA, ELOQVENTIS|SIMAQVE OPERA | [...], Paris: Jean Petit 1519.

Biblia Rabbinica Bombergiana, Venedig: Daniel Bomberg, 1518. 4 Bände.

Biblia/ das ist/ die gantze Heilige Schrifft Deudsch. Mart. Luth. Wittemberg. Begnadet mit Kürfurstlicher zu Sachsen freiheit. Gedruckt durch Hans Lufft. M. D. XXXIIII., Wittenberg: Hans Lufft 1534, VD16 B 2694.

Biblia dudesch | dat erste | deell.] Sowie: Biblia dudesch | dat ander | deell, Halberstadt, Lorenz Stuchs (D); Ludwig Trutebul/Halberstadt und Godeken/Magdeburg (V), 1522, VD16 B 2839.

BODENSTEIN VON KARLSTADT, ANDREAS, Von gelubden vnterrichtung [...], Wittenberg: [Nickel Schirlentz] 1521, VD16 B 6245.

BODENSTEIN VON KARLSTADT, ANDREAS, APOLOGIA PASTORIS, CEMBERGENSIS QVI Nvper suae Ecclesiae consensu, uxorem duxit, [Straßburg: Ulrich Morhart 1521/22], VD16 ZV 2153.

BODENSTEIN VON KARLSTADT, ANDREAS, Berichtung dyesser red. Das reich gotis/ leydet gewaldt/ vnd die gewaldtige nhemen oder rauben das selbig ... Matthei. XI, Wittenberg: [Nikolaus Schirlentz] 1521, VD16 B 6117.

BODENSTEIN VON KARLSTADT, ANDREAS, CONTRA PAPISTICAS LEGES SACERDOTIBVS PROHIBENTES MATRIMONIVM, APOLOGIA pastoris Cembergensis, qui nuper, suae Ecclesiae consensu, uxorem duxit, [Basel: Adam Petri 1521/22], VD16 B 6100.

BODENSTEIN VON KARLSTADT, ANDREAS, Ein Sermon Vom Stand der Christglaubigen seelen von Abrahams schosz vnd fegfeur, [Nürnberg: Johann Stuchs, 1522 oder 1523], VD16 B 6201.

BODENSTEIN VON KARLSTADT, ANDREAS, Missiue vonn der aller hochste tugent gelassenheyt. Endres Bodensteyn von Carolstat Dotcor [sic!]. Wittenberg: [Johann Grunenberg] 1520, VD16 B 6173.

BODENSTEIN VON KARLSTADT, ANDREAS, Predig oder homilien vber den prophete(n). Malachiam gnant. [...], Wittenberg: Nickel Schirlentz 1522, VD16 B 6181.

BODENSTEIN VON KARLSTADT, ANDREAS, Pro Diuinae graciae defensione. SANCTISSIMI AVGVSTINI DE SPIRITV .ET .LITERA LIBER CVM ExplicaTIONIBUS siue lecturis. D: Andreae Boden: Carolstatini [...], Wittenberg: Johann Grunenberg, [1517]1519, VD16 A 4237.

BODENSTEIN VON KARLSTADT, ANDREAS, Sendbryff Andres Boden, von Carolstatt. Erklerung Pauli. Ich bitt euch brüder das yhr alle sampt ein meinung reden weit. i. Co. i., Wittenberg: [Nikolaus Schirlentz] 1521, VD16 B 6188.

BODENSTEIN VON KARLSTADT, ANDREAS, Sendtbrieff .D. Andree Boden: von Carolstadt meldende seiner Wirtschafft. Newe getzeyt vonn pfaffen vnnd mönchenn tzu Wittemberg außgangen. wittemberg, [Erfurt: Matthes Maler 1522], VD16 B 6194.

BODENSTEIN VON KARLSTADT, ANDREAS, *Sunt enim Lutheriano gladio concisae. Iacet cadaver putre vermium plenum.*, LOCI TRES, [...] Tribulationis, Praedestinationis, et Orationis Theologici. [...], [Wittenberg: Nikolaus Schirlentz 1521], kein VD 16, Fragment,

BODENSTEIN VON KARLSTADT, ANDREAS, SVPER COELIBATU MONACHATV ET VIDUITATE AXIOMATA PERPENSA VVITTEMBERGAE. [...], Wittenberg: Nickel Schirlentz 1521, VD16 B 6126.

BODENSTEIN VON KARLSTADT, ANDREAS, Uon gelubden vnterrichtung [...], Wittenberg: [Nikolaus Schirlentz] 1521, VD16 B 6245.

BODENSTEIN VON KARLSTADT, ANDREAS, *VERBA DEI Quanto candore [et] q[uam] syncere praedicari,quantaq[ue] solicitudine vniuersi debeant addiscere. [...]*, Wittenberg: Melchior Lotter d. J. 1520, VD16 B 6210.

BODENSTEIN VON KARLSTADT, ANDREAS, Von abtuhung der Bylder/ | Vnd das keyn Betdler | vnther den Chri=|sten seyn soll. | Carolstatt. in der Christliche[n] | statt Wittenberg, Wittenberg: Nikolaus Schirlentz 1522, VD16 B 6214.

BODENSTEIN VON KARLSTADT, ANDREAS, Von anbettung vnd ererbietung der tzeychen des newen Testaments, Wittenberg: [Nickel Schirlentz] 1521, VD16 B 6218.

BODENSTEIN VON KARLSTADT, ANDREAS, Von beiden gestaldten der heylige Messze [...], Wittenberg: Nikolaus Schirlentz 1521, VD16 B 6219.

BODENSTEIN VON KARLSTADT, ANDREAS, Von den Empfahern: zeychen: vnd zusag des heyligenn Sacraments fleysch vnd bluts Christi. Vuittemberg, [Wittenberg: Melchior Lotter d. J. 1521], VD16 B 6239.

BODENSTEIN VON KARLSTADT, ANDREAS, Von manigfeltigkeit des eynfeltigen eynigen willen gottes, 1523, VD16 B 6251.

BODENSTEIN VON KARLSTADT, ANDREAS, Von vormugen des Ablas [...], Wittenberg: Johann Grunenberg, 1520, VD16 B 6255.

BODENSTEIN VON KARLSTADT, ANDREAS, Was gesagt ist/ Sich gelassen/ vnd was das wort gelassenhait bedeüt, [Augsburg: Silvan Otmar, 1523], VD16 B 6256.

Bodenstein von Karlstadt, Andreas: [...] CCCLXX: ET APOLOGEtic(a)e Co(n)clu-sio(n)es [...], Wittenberg: Johann Grunenberg 1518, VD16 B 6203.

Celtis, Konrad: QVATVOR LIBRI AMORVM SECVNDVM QVATVOR LATERA GERMANIE [...], Nürnberg: Sodalitas Celtica (V) 1502, VD16 C 1911.

Das die Priester Ee weyber nemen mögen vn sollen. Durch eyn hochberümbten trefflichen mä erst im lateyn gestalt/vor beschutz red des würdigen herre Bartolomei Bernhardi probst tzü Kemberg/ßo von seyne Bischoff gefordert/antwurt zu geben/das er yn priesterliche stand/eyn iungkfraw zu der Ee genome hatt. [...], Wittenberg: [Nickel Schirlentz] 1522, VD16 B 6108.

Das die Priester Eeweiber nemen mügen vnd sollen. Beschütz red/des würdigen herren Bartholomei Bernhardi [...], [Augsburg: Jörg Nadler] 1522, VD16 B 6103.

Das die Priester Eeweyber nemen mögen vnd sollen. Beschutz red/des würdigen herren Bartolomei Bernhardi/[...], [Straßburg: Reinhard Beck] 1522, VD16 B 6106.

DAs die prister ehe weyber nemen mögen vnd sollen Beschutz rede. des würdigen hern. Bartolomei Bernhardi. probsts zu Camberg, so vö bischoff von Meydburg gefordert, antwurt zugeben, das er in pristerlichem stand, ein iunckfraw zur ehe genomen hatt, [Speyer: Johann Eckkardt] 1522, VD16 B 6105.

Der Ander Teil aller Bucher vnd Schrifften [...] Doct. Mart. Lutheri [...] zum andern mal Gedruckt, Jena: Christian Rödingers Erben 1558, VD16 L 3335.

Dialogvs, Bulla, T. Curtio Malaciola. Equit. Burlassio. Autore. [...] Gygantum Frater-culus. Excusum, Impensis & opera Iohannis Coticulae, [Wittenberg: Melchior Lotter d. J. 1520], VD16 M 383.

Die Messe, von der Hochzeyt D. Andre Carolstadt. vnnd der Priestern/so sich Eelich verheyratten. [1522], VD16 M 5492.

Dorpius, Henricus, Warhafftige historie/ wie das Euangelium zu Mu(e)nster angefangen/ vnd darnach durch die Widderteuffer versto(e)rd/ widder auffgeho(e)rt hat. [...], [Wittenberg: Georg Rhau] 1536, VD16 D 2434.

Dye zaigung des hochlobwirdigen hailigthums der Stifftkirchen aller hailigen zu Wittenburg, Wittenberg: [Symphorian Reinhart] 1509, VD16 Z 250.

Emser, Hieronymus, Auß was gründ vnnd vrsach Luthers dolmatschung/ vber das nawe testament/ dem gemeine[n] man billich vorbotten worden sey, Leipzig: Wolfgang Stöckel [1523], VD16 E 1089.

Eyn buchleyn wieder den Sermon Augustini Alueldes vom ehlichen stande den er wieder Martinum Lutther gemacht/Darinnen auch angezeygt ab es auß götlicher heyliger schrieff gegründet das Priester möchten ehlich weyber habern. [...], [Erfurt: Matthes Maler 1521], VD16 N 9125.

Eyn Clag vnd bitt der deutsche[n] Nation an den almechtigen gott vmb erloszu[n]g ausz dem gefencknis des Antichrist, [Wittenberg: Johann Grunenberg] 1521, VD16 K 1209.

Gloße/ Des Hochgelarten/ yrleuchten/ Andechtigen/ vn(d) Barmhertzigen/ ABLAS Der tzu Hall in Sachsen/ mit wunn vn(d) freude(n) außgeruffen, [Wittenberg: Nikolaus Schirlentz 1521], VD16 S 9797.

Gratianus, Decretum Gratiani [...], Lyon: Nicolas de Benedictis, 1506.

History Von den fier ketzren Prediger ordens der obseruantz zu(o) Bern jm Schweytzer land verbrant/ [...], [Straßburg: Johann Prüss d. J. 1521], VD16 M 7064.

Incipiunt disputationes Minoritice habite Wittenberge in eorum conuentu [...], [Leiden: Jan Seversz 1519].

Insignium theologoru(m) Domini Martini Lutheri/ domini Andree Carolostadij/ Philippi Melanthonis et alioru(m)/ co(n)lusio(n)es varie/ [...] disputate in preclara academia Vvittenbergensi. [...], [Leiden: Jan Seversz, 1520/21].

KRUSE, GOTTSCHALK, To allen Christgelöuigen fromen mynschen, [Wittenberg: Nickel Schirlentz 1523], VD 16 ZV 9237.

LANG, JOHANN, Apologia pro .M. Bartolomeo Praeposito qui vxorem in sacerdotio duxit, [Erfurt: Matthes Maler 1521/22], VD16 B 6101.

LANG, JOHANNES, *Joannis Langi ErPHVRDIENSIS Epistola ad Excellentiss.D. Martinum Margaritanum, Erphurdien.[sis] Gymnasij Rectorem pro literis sacris, & seipso*, [Erfurt: Matthes Maler 1521], VD16 L 309.

LUTHER, MARTIN/MAZZOLINI DA PRIERO, SILVESTRO/BODENSTEIN VON KARLSTADT, ANDREAS, AD LEONEM X. | PONTIFICEM MAXIMVM, | Resolutiones disputationum de uirtute indulgentia|rum reuere[n]di patris ac sacrae Theologiae doctoris Mar|tini Luther Augustiniani Vuittenbergensis. | [...], [Basel: Johann Froben] 1518, VD16 L 3407.

LUTHER, MARTIN, DISPVTATIO [...] PRO DECLARATIONE VIRTVTIS INDVLGEN-TIARVM, [Basel: Adam Petri] 1517, VD16 L 4457.

LUTHER, MARTIN, *Doctoris Mar. Lutther kurtz schluszrede von den gelobdten vnnd geystlichen leben der closter*, [Erfurt: Matthes Maler 1521], VD16 L 5012.

LUTHER, MARTIN, Eyn trew vormanung Mar=||tini Luther tzu allen Chris=||ten. Sich tzu vorhuten || für auffruhr vnnd || Empörung. || Vuittemberg, [Wittenberg: Melchior Lotter d. J. 1522], VD16 L 6777.

LUTHER, MARTIN, Eyn trew vormanung Mar=||tini Luther tzu allen Chri=[| sten. Sich tzu vorhuten || für auffrühr vnnd || Empörung. || Vuittemberg, [Wittenberg: Melchior Lotter d. J. 1522], VD16 L 6776.

LUTHER, MARTIN, Resolutiones disputationum de Indulge[n]tiarum virtute [...], [Wittenberg: Johann Rhau-Grunenberg] 1518, VD16 L 5786.

LUTHER, MARTIN, TOMVS PRIMVS OMNIVM OPERVM [...], Wittenberg: Hans Lufft 1545, VD16 L 3413.

LUTHER, MARTIN, Wider den falsch genantte(n) geystlichen stand des Babst vn(d) der bischoffen. D. Mart. Luther Ecclesiasten tzu Wittemberg, Wittenberg: Nikolaus Schirlentz 1522, VD16 L 7417.

LVTHERI, MELANCH. CAROLOSTADII ETC. PROPOSITIONES, VVITTEMBERGAE UIUA UOCE TRACTATE [...], BASEL: [ADAM PETRI] 1522, VD16 L 7642.

MAZZOLINI DA PRIERO, SILVESTRO, R. P. Fratris Siluestri Prieratis [...] in p[re]umptuosas Martini Luther co[n]clusio[n]es de p[otes]tate pape dialog[us], Leipzig: Melchior Lotter d. Ä. 1518, VD16 L 4458.

MELANCHTHON, PHILIPP, σοφιας θεοπνευστ αγγελε. SERMO [...] DE CORRIGENDIS ADVLESCENTIAE STVDIIS, Wittenberg: Iohann Rhau-Grunenberg 1518, VD16 M 4233.

MISSA DE NVPTIIS ANDREAE CAROLOSTADII, ET SACERDOTIBVS MATRIMO-NIVM CONTRAHENTIBVS, [Augsburg: Sigmund Grimm & Marx Wirsung 1522], VD16 M 5491.

Passional Christi | vnnd Antichristi, Erfurt: Matthes Maler 1521, VD16 L 5580.

Passional Christi vnd | Antichristi, [Wittenberg: Johann Grunenberg, 1521], VD16 L 5585.

Passional Christi vnd Antichristi, [Straßburg: Johann Prüß 1521], VD16 L 5583.

Passional Christi vnd Antichristi. || Christus | Petre/ | wa[n] würd | entbunde[n] ich ?, [Straßburg: Johann Knobloch d. Ä. 1521?], VD16 L5582.

Passional Christi vnd Antichristi. || Christus. | Petre/ wa[n] | würd enbun|den ich? | [...], [Straßburg: Johann Prüß d. J. 1521], VD16 L 5583.

PICO DELLA MIRANDOLA GIOVANNI FRANCESCO, JOHANNIS FRANCISci Pici Mirandulae Opusculum de sententia excom(m)unicationis iniusta, pro Hieronymo Sauanorolae viri prophetae innoce(n)tia, Wittenberg: Melchior Lotther d. J. 1521, VD 16 P 2656.

Propositiones theologicae Reverendorum Virorum D. Mart. Luth. Et D. Philippi Melanth. Continentes summam doctrinae christianae, scriptae et disputate Witenbergae, ind usque ab anno 1516 ..., Wittenberg 1558, VD16 L 5748.

QUINTUS SEPTIMIUS FLORENS TERTULLIANUS, Opera [...], Basel: Johann Froben 1521, VD16 T 559.

REVERENDVS IN CHRISTO D. Andreas Botenstein Carolstadius, obijt <...> anno aetatis suae quinquagesimoquinto. ..., Basel [1541/42].

Sachsenspiegel [...], Augsburg: Silvan Otmar (D); Iohann Rynmann (V), 1517, VD16 D 742.

Sanctus Hieronymus interpres biblie. Biblia cum concordantijs veteris et noui testamenti [...], Lyon: Jacobus Sacon (D); Anton Koberger (V) 1513, VD16 ZV 26696.

Schutzrede vor Magister Bartholomeo Probst zu Kemmerig der ein eehweib so er priester ist genümen hat, Erfurt: [Matthes Maler] 1522, VD16 B 6104.

STROMER, HEINRICH, Henrici Stromeri Aurbachi Medici Sermo panegyricus, Petro Mosellano, quo die Lipsensis Academiae Rector proclamatus est, dictus [...], Leipzig: Melchior Lotter d. Ä. 1520, VD16 S 9728.

STÜRLL, LIGNACIUS (BODENSTEIN VON KARLSTADT, ANDREAS), Gloße/Des Hochgelarten/yrleuchten/Andechtigen/vn Barmhertzigen/ABLAS Der tzu Hall in Sachsen/mit wunn vn freude außgeruffen, [Wittenberg: Nickel Schirlentz 1521], VD16 S 9797.

TAULER, JOHANNES, Sermones: [...], Augsburg: Johann Otmar (D); Johann Rynman von Öhringen (V) 1508, VD16 J 783.

TOMVS NONVS | OPERVM DIVI HIERONYMI EUSE|BII STRIDONENSIS COMPLE|CTENS COMMENTARIOS IN | MATTHAEVM ET MARCVM, | ET IN DIVI PAVLI | EPISTOLAS, [...], Basel: Johann Froben 1516, VD16 H 3482.

TUBERINUS, JOHANNES, Ad reuere(n)du(m) in Christo patrem, Principe(m) Illustrissimu(m), ac d(omi)n(u)m, d(omi)n(u)m Albertum, & Mogu(n)tinu(m), & Virginopolitanu(m) Archiepiscopu(m), [...] Ioa(n)nis Tuberini Erythropolitani Panaegyric(us), ac Epitome sup(er) C(a)elitu(m) Reliquijs vrbi Halle(n)si p(er) me(m)oratu(m) Archia(n) tistite(m) i(n)troduct(is), Leipzig: Melchior Lotter d. Ä., 1515, VD 16 B 2373.

Verzeychung vnd Register/ aller Bu(e)cher vn[d] schrifften/ D. Mart. Luth. durch yhn ausgelassen Vom Jar M. D. xviij. Bis yns acht vnd zwenzigst, Wittenberg: Georg Rhau [1528], VD16 L 3447.

VON STAUPITZ, JOHANN, Libellus de Executione eterne predestinationis. [...], Nürnberg: Friedrich Peypus 1517, VD16 S 8702.

VOrtzeichnus vnd zceigung des hochlobwirdigen heiligthumbs der Stifftkirchen der heiligen Sanct Moritz vnd Marien Magdalenen zu Halle, Halle: [Wolfgang Stöckel] 1520, VD16 V 896 /897.

WALTHER, CHRISTOPH, Von vnderscheid der Deudschen Biblien vnd anderer Büchern des Ehrnwirdigen vnd seligen Herrn Doct. Martini Lutheri/ so zu Wittemberg ge-

druckt/ vnd an andern enden nachgedruckt werden, Wittenberg: Hans Lufft 1563, VD16 ZV 18738.
WESSEL, JOHANNES, FARRAGO RERVM THEOLOGICARVM VBERRIMA, Wittenberg: [Melchior Lotter d. J. 1522], VD16 J 600.
WIMPFELING, JAKOB, Adolescentia, Straßburg: Martin Flach 1500.

Editionen

Acten der Erfurter Universität, bearb. v. Hermann Weissenborn, Halle 1884.
Akten und Briefe zur Kirchenpolitik Herzog Georgs von Sachsen, Bd. 1, hg. v. Felician Gess, Leipzig 1905.
Aktenstücke zur Wittenberger Bewegung Anfang 1522, hg. v. Hermann Barge, Leipzig 1912.
Album Academiae Vitebergensis. Ältere Reihe. 1502–1602, hg. v. K. E. Förstemann u. a., Leipzig 1841.
Andreas Osiander d. Ä.: Gesamtausgabe, Bd. 4, hg. v. Gerhard Müller u. Gottfried Seebaß, Gütersloh 1981.
Bibliographie der deutschen und lateinischen Flugschriften des frühen 16. Jahrhunderts. Probedruck zur Erläuterung der Konzeption eines laufenden Forschungsprojekts, hg. v. Hans-Joachim Köhler u. a., Tübingen 1978.
BODENSTEIN VON KARLSTADT, ANDREAS, Von abtuhung der bilder und das keyn bedtler unther den Christen seyn sollen 1522, hg. v. Hans Lietzmann, Bonn 1911 (Kleine Texte 74).
Christoph Scheurl's Briefbuch [...], hg. v. Franz von Soden u. J[oachim] K[arl] F[riedrich] Knaake, Potsdam 1867–1872.
CONRADUS CELTIS PROTUCIUS, Quattuor libri amorum secundum quattuor latera Germaniae [...], hg. v. Felicitas Pindter, Leipzig 1934.
Corpus Iuris Canonici. Editio Lipsiensis secunda post Aemilii Ludouici Richteri curas ad librorum manu scriptorum et editionis Romanae fidem recognouit et adnotatione critica instruxit Aemilius Friedberg. 2 Bde, Leipzig 1879–1881.
Corpus Schwenckfeldianorum, Leipzig 1907–1919.1961.
CRANACH, LUKAS, Wittenberger Heiltumsbuch. Faksimile-Neudruck der Ausgabe 1509, Unterschneidheim 1969.
D. Martin Luthers Werke. 120 Bände, Weimar 1883–2009.
Der Briefwechsel des Justus Jonas, Bd. 1, hg. v. Gustav Kawerau, Halle 1884.
Der Heidelberger Katechismus und vier verwandte Katechismen, hg. v. A. Lang, Leipzig 1907 [Nachdruck Darmstadt 1967].
Des kursächsischen Rathes Hans von der Planitz Berichte aus dem Reichsregiment in Nürnberg 1521–1523, hg. v. Ernst Wülcker u. Hans Virck, Leipzig 1899.
DESIDERIUS ERASMUS ROTERODAMUS: *Opera omnia,* Tomus V, 7, Leiden 2013.
Die evangelischen Kirchenordnungen des 16. Jahrhunderts, hg. v. Ernst Sehling, 1. Bd., 1. Abt., 1. Hälfte, Leipzig 1902.
Die Loci communes Philipp Melanchthons in ihrer Urgestalt, hg. v. Gustav Leopold Plitt u. Theodor Kolde, Leipzig ⁴1925.
Die lutherischen Pamphlete gegen Thomas Müntzer, hg. v. Ludwig Fischer, Tübingen 1976.

Die Matrikel der Universität Ingolstadt 1472–1550, 1. Hälfte, bearb. v. Georg Wolff, München 1906.

Die Matrikel der Universität Leipzig, hg. v. Georg Erler, Leipzig 1895–1902.

Die Matrikel der Universität Rostock, Bd. 2, hg. v. Adolph Hofmeister, Rostock 1891.

Die Matrikel des Hochstifts Merseburg 1469 bis 1558, hg. v. Georg Buchwald, Weimar 1926.

Die Matrikeln der Universität Tübingen, Bd. 1, hg. von Heinrich Hermelink, Stuttgart 1906.

Die Wittenberger und Leisniger Kastenordnung, hg. v. Hans Lietzmann, Bonn 1907 (Kleine Texte 21).

Dokumente zur Causa Lutheri (1517–1521). 1. Teil: Das Gutachten des Prierias und weitere Schriften gegen Luthers Ablaßthesen (1517–1518), hg. u. kommentiert v. Peter Fabisch u. Erwin Iserloh, Münster 1988 (Ccath 41).

Dürer. Schriftlicher Nachlass, Bd. 1, hg. v. Hans Rupprich, Berlin 1956.

ECK, JOHANNES, Defensio contra amarulentas D. Andreae Bodenstein Carolstatini Invectiones (1518), hg. v. Joseph Greving, Münster 1919 (Corpus Catholicorum 1).

Flugschriften aus den ersten Jahren der Reformation, Bd. 1, hg. v. Otto Clemen, Halle 1907.

Flugschriften der frühen Reformationsbewegung (1518–1524), bearb. von Adolf Laube (Leitung) und Sigrid Looß, Berlin 1983.

Hallisches Trutz-Rom von 1521, hg. v. Eduard Böhmer, Halle 1862.

Hermann Hamelmanns Geschichtliche Werke, Bd. 1, H. 3, hg. v. Klemens Löffler, Münster 1908.

Hermann Hamelmanns Geschichtliche Werke, Bd. 2, hg. v. Klemens Löffler, Münster 1913.

Johann Eberlin von Günzburg, Sämtliche Schriften, Bd. 3, hg. v. Ludwig Enders, Halle 1902.

Karlstadt und Augustin. Eine Einführung in den Kommentar des Andreas Bodenstein von Karlstadt zu Augustins Schrift De spiritu et litera, hg. v. Ernst Kähler, Halle 1952.

Karlstadts Schriften aus den Jahren 1523 – 25, hg. v. E. Hertzsch, Halle 1956–1957.

Kritische Gesamtausgabe der Schriften und Briefe Andreas Bodensteins von Karlstadt. hg. v. Thomas Kaufmann, Gütersloh 2017 ff. (QFRG).

Lukas Cranach. Gemälde, Zeichnungen, Druckgraphik, hg. v. Dieter Koepplin / Tilmann Falk, Basel 1974–1976.

Luthers Werke in Auswahl, Bonn 1912 ff.

Martin Luther. Briefe von der Wartburg 1521/22, übers. und eingel. v. Herbert von Hintzenstern, Eisenach 1984 (Schriften der Wartburgstiftung Eisenach 4).

Melanchthoniana Paedagogica, eine Ergänzung zu den Werken Melanchthons im Corpus Reformatorum, hg. v. Karl Hartfelder, Leipzig 1892.

Melanchthons Briefwechsel, hg. v. Otto Clemen, Leipzig 1926 (Supplementa Melanchthoniana 6/1).

Melanchthons Briefwechsel. Kritische und kommentierte Gesamtausgabe, Bd. T 1, bearb. v. Richard Wetzel, Stuttgart-Bad Cannstatt 1991.

Melanchthons Werke in Auswahl [Studienausgabe], Gütersloh 1951 ff.

Monumenta reformationis Lutheranae ex tabulariis secretioribus S. Sedis 1521–1525, hg. v. Pietro Balan, Regensburg 1884.

MÜNTZER, THOMAS, Schriften und Briefe, hg. v. G. Franz, Gütersloh 1968 (QFRG 33).

Opus epistolarum Des. Erasmi Roterodami, Bd. 4, hg. v. Percy Stafford Allen, Oxford 1922.

Satiren und Pasquille aus der Reformationszeit, vol. 1, hg. v. Oskar Schade, Hannover ²1863.

Scrinium Antiquarium, Idiocheira Antiquitatis Fragmenta, hg. v. Johann Gottfried Olearius, Halle 1671.

Scriptores rerum Germanicarum, praecipue Saxonicarum, Bd. 2, hg. v. Johann Burkhard Menke, Leipzig 1728.

SPALATIN, GEORG, Annales Reformationis oder Jahr-Bücher von der Reformation Lutheri, hg. v. E. S. Cyprian, Leipzig 1718.

Martin Luther. Dokumente seines Lebens und Wirkens. Martin-Luther-Ehrung der DDR 1983, hg. v. Stattliche Archivverwaltung der DDR Weimar 1983.

The Correspondence of Wolfgang Capito, hg. v. Erika Rummel, Vol. 1: 1507–1523, Toronto 2005.

The Richard C. Kessler Reformation Collection, Vol. 1, Manuscripts and printed works, 1470–1522, compiled by Fred A. Grater, ed. by Wm. Bradford Smith. Atlanta, Georgia 1999 (Emory texts and studies in ecclesial life 3).

The Richard C. Kessler Reformation Collection. An Annotated Bibliography, compiled by Fred A. Grater, ed. by Wm. Bradford Smith, Atlanta, Georgia 1999, 4 Bde.

Thomas Müntzers Briefwechsel, hg. v. Heinrich Böhmer und Paul Kirn, Leipzig 1931.

Thomas Müntzers Briefwechsel. Lichtdrucke Nr. 1 bis 73 nach Originalen aus dem Sächs. Landeshauptarchiv Dresden, bearb. v. H. Müller, o. O. u. J., Leipzig 1953.

Thomas-Müntzer-Ausgabe. Kritische Gesamtausgabe, hrsg. von Helmar Junghans und Armin Kohnle. Bd. 2: Thomas Müntzer: Briefwechsel, bearb. und kommentiert von Siegfried Bräuer und Manfred Kobuch, Leipzig 2010; Bd. 3: Quellen zu Thomas Müntzer, bearb. von Wieland Held und Siegfried Hoyer, Leipzig 2004.

ULRICHI HUTTENI, opera, hg. v. Eduard Böcking, Leipzig 1859–1862.

Urkundenbuch zur Reformationsgeschichte des Herzogthums Preußen, Bd. 2, hg. v. Paul Tschackert, Leipzig 1890.

Vom Bodensee an den Neckar. Bücherschätze aus der Bibliothek des Zisterzienserklosters Salem in der Universitätsbibliothek Heidelberg, bearb. v. Armin Schlechter, Heidelberg 2003 (Schriften der Universitätsbibliothek Heidelberg 5).

VON PALTZ, JOHANNES, Werke, Bd. 1, hg. v. Christoph Burger [u. a.], Berlin 1983 (SuR 2).

Willibald Pirckheimers Briefwechsel, Bd. 3, bearb. v. Helga Scheible, hg. v. Dieter Wuttke, München 1989.

Willibald Pirckheimers Briefwechsel, Bd. 7, bearb. u. hg. v. Helga Scheible, München 2009.

Sekundärliteratur

A Book More Precious Than Gold. Reading the Printed Book Alongside Its Previous Owners and Readers, An exhibition at Pitts Theology Library curated by Dr. Armin Siedlecki and Dr. Ulrich Bubenheimer with Dr. Eric Moore; August 9 – November 30, 2019, Atlanta 2019.

ALAND, KURT, Hilfsbuch zum Lutherstudium, Bielefeld ⁴1996.

Aldine Imprints & Early Printed Books from the Library of Kenneth Rapaport, Public Auction Sale 2291, Swann Oct 23, 2012.

ALTHAUS, PAUL, Die Ethik Martin Luthers, Gütersloh 1965.

ARFFMAN, KAARLO, Yliopistot ja kirkon magisterium reformaation alkuvaiheessa. Bd. 2: Wittenbergin ja Baselin yliopistojen kannanotot 1521–1528, Helsinki 1985 (Suomen Kirkkohistoriallisen Seuran toimituksia 135).

BACKUS, IRENA, Bibliotheca dissidentium, Répertoire des non-conformistes religieux des seizième et dix-septième siècles, T. 2 Martin Borrhaus (Cellarius), Baden-Baden 1981 (BBAur 88).

BAEUMER, MAX L., Sozialkritische und revolutionäre Literatur der Reformationszeit, in: IAL 5 (1980) 169–233.

BAILLET, LINA, Amandus Farckall, le premier imprimeur de Colmar (fin 1522? – 1er semestre 1524), in: Gutenberg-Jahrbuch 43 (1968), 170–182.

BAKHUIZEN VAN DEN BRINK, JAN NICOLAAS, Art. Hoen, RGG³ 3 (1959), 411.

BAKHUIZEN VAN DEN BRINK, JAN NICOLAAS, Art. Rode, RGG³ 5 (1961), 1135.

BARGE, HERMANN, Frühprotestantisches Gemeindechristentum in Wittenberg und Orlamünde, Leipzig 1909.

BARGE, HERMANN, Andreas Bodenstein von Karlstadt Teil 1. Karlstadt und die Anfänge der Reformation, Leipzig 1905.

BARGE, HERMANN, Andreas Bodenstein von Karlstadt Teil 2. Karlstadt als Vorkämpfer des laienchristlichen Puritanismus, Leipzig 1905.

BARGE, HERMANN, Frühprotestantisches Gemeindechristentum in Wittenberg und Orlamünde, Leipzig 1909.

BARGE, HERMANN, Karlstadt, nicht Melanchthon der Verfasser der unter dem Namen des Bartholomäus Bernhardi von Feldkirch gehenden Schrift Apologia pro Bartholomeo Praeposito, in: ZKG 24 (1903), 310–318.

BAUTZ, FRIEDRICH WILHELM, Art. Bernhardi, Bartholomäus, BBKL 1 (1990), 539f.

BEI DER WIEDEN, SUSANNE, Luthers Predigten des Jahres 1522. Untersuchungen zu ihrer Überlieferung, Köln u. a. 1999 (AWA 7).

BENSING, MANFRED, Thomas Müntzer. Leipzig ⁴1989.

BENZING, JOSEF/CLAUS, HELMUT, Lutherbibliographie, Verzeichnis der gedruckten Schriften Martin Luthers bis zu dessen Tod, Band 2, Baden-Baden 1994 (BBAur 143).

BENZING, JOSEF, Lutherbibliographie. Verzeichnis der gedruckten Schriften Martin Luthers bis zu dessen Tod, Baden-Baden 1966.

BERBIG, GEORG, Georg Spalatin und sein Verhältnis zu Martin Luther auf Grund ihres Briefwechsels bis zum Jahre 1525, Halle 1906 (QDGR 1).

BEYER, FRANZ-HEINRICH, Eigenart und Wirkung des reformatorisch-polemischen Flugblatts im Zusammenhang der Publizistik der Reformationszeit, Frankfurt am Main 1994 (Mikrokosmos 39).

Biblia/ das ist/ die gantze Heilige Schrifft Deudsch. Mart. Luth. Wittemberg. Begnadet mit Kürfürstlicher zu Sachsen freiheit. Faksimileausgabe, Köln 2002.

BIGELMAIR, ANDREAS, Art. Bild, Veit, in: NDB 2 (1955), 235.

BLAIR, ANN, "Early Modern Attitudes towards the Delegation of Copying and Note-Taking", in: Forgetting Machines. Knowledge Management Evolution in Early Modern Europe, ed. Alberto Cevolini, Leiden 2016, 265–285.

BLASCHKE, KARLHEINZ, Die Kirchenorganisation in den Bistümern Meißen, Merseburg und Naumburg um 1500, Weimar 1969.

BLASCHKE, KARLHEINZ. Sachsen im Zeitalter der Reformation, Gütersloh 1970 (SVRG 185).

BLICKLE, PETER, Gemeindereformation. Die Menschen des 16. Jahrhunderts auf dem Weg zum Heil, München 1985.

BORNKAMM, HEINRICH, Martin Luther in der Mitte seines Lebens. Das Jahrzehnt zwischen dem Wormser und dem Augsburger Reichstag, Göttingen 1979.

BORTH, WILHELM, Die Luthersache (Causa Lutheri) 1517–1524. Die Anfänge der Reformation als Frage von Politik und Recht, Lübeck 1970.

BRADY, THOMAS A. JR., Luther and society. Two Kingdoms or Three Estates? Tradition and experience in Luther's social teaching, Vortrag vor dem Sechsten Internationalen Kongreß für Lutherforschung in Erfurt 1983, LuJ 52 (1985), 197–212.

BRADY, THOMAS A., Turning Swiss. Cities and Empire, 1450–1550, Cambridge 1985.

BRÄUER, SIEGFRIED, Der Briefwechsel zwischen Andreas Bodenstein von Karlstadt und Thomas Müntzer, in: Ders./Stefan Oehmig (Hg.), Querdenker der Reformation. Andreas Bodenstein von Karlstadt und seine frühe Wirkung, Würzburg 2001, 188-–209.

BRÄUER, SIEGFRIED/VOGLER, GÜNTER, Thomas Müntzer. Neu Ordnung machen in der Welt. Eine Biographie, Gütersloh 2016.

BRAUNFELS, WOLFGANG/NITZ, MICHAEL, Art. „Leben Jesu", in LCI 3 (1971), 39–85.

BRAUNFELS, WOLFGANG Art. Gott, Gottvater, in: LCI 2 (1970), 165–170.

BRECHT, MARTIN, Andreas Bodenstein von Karlstadt, Martin Luther und der Kanon der Heiligen Schrift, Ulrich Bubenheimer/Stefan Oehmig (Hg.), Querdenker der Reformation. Andreas Bodenstein von Karlstadt und seine frühe Wirkung, Würzburg 2001, 188–209, 135–150.

BRECHT, MARTIN, Johann Eberlin von Günzburg in Wittenberg 1522–1524, in: Wertheimer Jahrbuch 1983, 47–54.

BRECHT, MARTIN, Luther und die Wittenberger Reformation während der Wartburgzeit, in: Günther Vogler (Hg.), Martin Luther. Leben. Werk. Wirkung, Berlin 1983, 73–90.

BRECHT, MARTIN, Martin Luther, Bd. 1, Sein Weg zur Reformation 1483–1521, Stuttgart ²1983.

BRECHT, MARTIN, Martin Luther, Bd. 2, Ordnung und Abgrenzung der Reformation 1521–1532, Stuttgart 1986.

BRECHT, MARTIN, Martin Luther. Sein Weg zur Reformation 1483–1521, Stuttgart 1981.

BRENDLER, GERHARD, Martin Luther. Ein politisches Portrait aus marxistischer Sicht, in: Blätter für deutsche und internationale Politik 28 (1983), 1348–1362.

BRIEGER, THEODOR, Thesen Karlstadt's, in: ZKG 11 (1890), 479–483.

BRUMME, CARINA, Das spätmittelalterliche Wallfahrtswesen im Erzstift Magdeburg, im Fürstentum Anhalt und im sächsischen Kurkreis. Entwicklung, Strukturen und Erscheinungsformen frommer Mobilität in Mitteldeutschland vom 13. bis zum 16. Jahrhundert, Frankfurt a. M. u. a. 2010 (Europäische Wallfahrtsstudien 6).

BUBENHEIMER, ULRICH, „Andreas Karlstadts und Martin Luthers frühe Reformationsdiplomatie. Thesenanschläge des Jahres 1517, Luthers ‚Asterisci‘ gegen Johannes Eck und Wittenberger antirömische Polemik während des Augsburger Reichstags 1518", in: BPfKG 85 (2018), 265–302.

BUBENHEIMER, ULRICH, „Content – Sources – Author – Reception", in: Edmund Wareham/ders./Henrike Lähnemann (Hg.), Passional Christi und Antichristi – Antithesis figurata viatae Christi et Antichristi. Passional of Christ and Antichrist – Antithesis of the Life of Christ and Antichrist in Pictures, Oxford 2021 (Treasures of the Taylorian. Series One: Reformation Pamphlets 4).

BUBENHEIMER, ULRICH, „Die Lutherbibel des Hallenser Schultheißen Wolfgang Wesemer. Ein Stück Kulturgeschichte von den Einzeichnungen der Wittenberger Reformatoren bis zur Ausstellung auf der Wartburg", in: Schätze der Lutherbibliothek auf der Wartburg. Studien zu Drucken und Handschriften, hg. von Grit Jacobs, Regensburg 2016, 114–117.

BUBENHEIMER, ULRICH, Andreas Bodenstein von Karlstadt als Theologe und Jurist auf dem Weg von der Scholastik zur Reformation, theol. Diss. Tübingen 1971 [Masch.].

BUBENHEIMER, ULRICH, Andreas Bodenstein von Karlstadt und seine fränkische Heimat. Mit einem Brief Bodensteins an Hektor Pömer in Nürnberg vom 27. März 1522, in: Ders./Stefan Oehmig (Hg.), Querdenker der Reformation. Andreas Bodenstein von Karlstadt und seine frühe Wirkung, Würzburg 2001, 15–48.

BUBENHEIMER, ULRICH, Andreas Gronewalt. Priester, Notar und Humanist aus Halberstadt zwischen Erzbischof Albrecht von Brandenburg und den Wittenberger Reformatoren, in: Helmut Liersch (Hg.), Marktkirchenbibliothek Goslar. Beiträge zur Erforschung der reformationszeitlichen Sammlung, Regensburg 2017.

BUBENHEIMER, ULRICH, Art. Karlstadt, Andreas Rudolff Bodenstein von (1486–1541), TRE 17 (1988), 656.

BUBENHEIMER, ULRICH, Art. Müntzer, Thomas, EncR 3 (1996), 99–102.

BUBENHEIMER, ULRICH, Biblia latina Johannes Langs mit einem Wittenberger Einblattdruck in der Bodleian Library Oxford, Typoskript 2018, unpubliziert.

BUBENHEIMER, ULRICH, Consonantia Theologiae et Iurisprudentiae. Andreas Bodenstein von Karlstadt als Theologe und Jurist zwischen Scholastik und Reformation, Tübingen 1977 (JusEcc 24).

BUBENHEIMER, ULRICH, Content – Sources – Author – Reception, in: Edmund Wareham u. a. (Hg.): Passional Christi und Antichristi, Antithesis figurata vitae Christi et Antichristi, Passional of Christ and Antichrist, Antithesis of the Life of Christ and Antichrist in Pictures, Oxford 2021 (Treasures of the Taylorian, Series One: Reformations Pamphlets 4).

BUBENHEIMER, ULRICH, Die Bücher und Buchnotizen des Klerikers Andreas Gronewalt aus Halberstadt. Zur frühen Geschichte der Marktkirchenbibliothek Goslar und zur Rezeption der Wittenberger Reformation, in: Otmar Hesse (Hg.): Beiträge zur Goslarer Kirchengeschichte. Die Vorträge der Amsdorfabende, Bielefeld 2001, 35–56.

BUBENHEIMER, ULRICH, Johann Tetzel erteilt einem Beichtvater ein Consilium zum Umgang mit einem in Todsünde befindlichen Käufer eines Beichtbriefes, in: Hartmut Kühne u. a. (Hg.), Johann Tetzel und der Ablass. Begleitband zur Ausstellung »Tetzel – Ablass – Fegefeuer« in Mönchenkloster und Nikolaikirche Jüterbog vom 8. September bis 26. November 2017, Berlin 2017, 345–348.

BUBENHEIMER, ULRICH, Luthers Handschrift, in: Albrecht Beutel (Hg.), Luther Handbuch, Tübingen ³2017, 21–27.

BUBENHEIMER, ULRICH, Luthers Stellung zum Aufruhr in Wittenberg 1520–1522 und die frühreformatorischen Wurzeln des landesherrlichen Kirchenregiments, in: ZSRG.K 71 (1985), 147–214.

BUBENHEIMER, ULRICH, Martin Luthers Invocavitpredigten und die Entstehung religiöser Devianz im Luthertum. Die Prediger der Wittenberger Bewegung 1521/1522 und Karlstadts Entwicklung zum Kryptoradikalen, in: Günther Mühlpfordt/Ulman Weiß (Hg.): Kryptoradikalität in der Frühneuzeit, Stuttgart 2009 (Friedenstein-Forschungen 5), 17–37.

BUBENHEIMER, ULRICH, Paratexte in Martin Luthers Biblia deutsch und Vulgata-Rezeption in Wittenberg. Bibelgestaltung durch Produzenten und Rezipienten, in: Stefan Rhein (Hg.), Wittenberger Bibeldruck in der Reformationszeit, Leipzig 2022 [im Druck].

BUBENHEIMER, ULRICH, Reliquienfest und Ablass in Halle. Albrecht von Brandenburgs Werbemedien und die Gegenschriften Karlstadts und Luthers, in: Stephan Oehmig (Hg.), Buchdruck und Buchkultur im Wittenberg der Reformationszeit, Leipzig 2015 (Schriften der Stiftung Luthergedenkstätten in Sachsen-Anhalt 21), 71–100.

BUBENHEIMER, ULRICH, Scandalum et ius divinum. Theologische und rechtstheologische Probleme der ersten Innovationen in Wittenberg 1521/22, in: ZSRG.K 59 (1973), 263–342.

BUBENHEIMER, ULRICH, Streit um das Bischofsamt in der Wittenberger Reformation 1521/22. Von der Auseinandersetzung mit den Bischöfen um Priesterehen und den Ablaß in Halle zum Modell des evangelischen Gemeindebischofs. Teil 1, in: ZSRG.K 73 (1987), 155–209.

BUBENHEIMER, ULRICH, Thomas Müntzer in Braunschweig. Teil 1.2, in: Braunschweigisches Jahrbuch 65 (1984) 37–78; 66 (1985), 79–114.

BUBENHEIMER, ULRICH, Thomas Müntzer und der Anfang der Reformation in Braunschweig, in: NAKG 65 (1985), 1–30.

BUBENHEIMER, ULRICH, Thomas Müntzer und der Humanismus in: Siegfried Bräuer/Helmar Junghans (Hg.): Der Theologe Thomas Müntzer. Untersuchungen zu seiner Entwicklung und Lehre, Berlin 1989, 283--301.

BUBENHEIMER, ULRICH, Thomas Müntzer. Herkunft und Bildung, Leiden 1989 (SMRT 46).

BUBENHEIMER, ULRICH, Thomas Müntzer. Prediger – Prophet – Heerführer, in: Günter Scholz (Hg.), Thomas Müntzer (vor 1491–1525). Prediger – Prophet – Bauernkriegsführer, Böblingen 1990, 19--48.

BUBENHEIMER, ULRICH, Thomas Müntzers Nachschrift einer Wittenberger Hieronymusvorlesung, in: ZKG 99 (1988), 214–237.

BUBENHEIMER, ULRICH, Thomas Müntzers Wittenberger Studienzeit, in: ZKG 99 (1988), 168–213.

BUBENHEIMER, ULRICH, Unbekannte Luthertexte. Analecta aus der Erforschung der Handschrift im gedruckten Buch, in: LuJ 57 (1990), 220–241.

BUBENHEIMER, ULRICH, Zur vorreformatorischen Rezeption des italienischen Humanismus in Erfurt und Wittenberg bei Martin Luther und Andreas Karlstadt, in: Matthias Dall'Asta (Hg.), Anwälte der Freiheit! Humanisten und Reformatoren im Dialog. Begleitband zur Ausstellung in Pforzheim, 20. September bis 8. November 2015, Heidelberg 2015, 105–113.

BUCHWALD, GEORG, Luther-Kalendarium, Leipzig 1929.

BÜNGER, FRITZ/WENTZ, GOTTFRIED, Das Bistum Brandenburg. Zweiter Teil, Berlin 1941 (Germania Sacra 1, 3, 2).

BURMEISTER, KARL HEINZ, Der Vorarlberger Reformationstheologe Bartholomäus Bernhardi, in: Montfort-Zeitschrift für Geschichte, Heimat- und Volkskunde Vorarlbergs 19 (1967), 218–238.

CAMERARIUS, JOACHIM, De vita Philippi Melanchthonis Narratio [zuerst 1566]. Recensuit G[eorgius] Th[eodorus] Strobelius, Halle 1777.

CLAUS, HELMUT/PEGG, MICHAEL A., Ergänzungen zur Bibliographie der zeitgenössischen Lutherdrucke, Gotha 1982.

CLAUS, HELMUT, Das Leipziger Druckschaffen der Jahre 1518–1539. Kurztitelverzeichnis, Gotha 1987 (Veröffentlichungen der Forschungsbibliothek Gotha 26).

CLEMEN, OTTO, Beiträge zur Lutherforschung, in: ZKG 26 (1905), 243–249.394–402 und 27 (1906), 100–111.

CLEMEN, OTTO, Beiträge zur Reformationsgeschichte aus Büchern und Handschriften der Zwickauer Ratsschulbibliothek, Bd. 1, Berlin 1900.

CLEMEN, OTTO, Der Wiedertäufer Ulrich Hugwald, in: Ders.: Beiträge zur Reformationsgeschichte aus Büchern und Handschriften der Zwickauer Ratsschulbibliothek, Bd. 2, Berlin 1902, 45–85.

CLEMEN, OTTO, Hinne Rode in Wittenberg, Basel, Zürich und die frühesten Ausgaben Wesselscher Schriften, in: ZKG 18 (1897), 346–372.

CLEMEN, OTTO, Kleine Schriften zur Reformationsgeschichte, Bd. 2, hg. v. Ernst Koch, Leipzig 1983.

CLEMEN, OTTO, Miszellen zur Reformationsgeschichte, in: ThStKr 70 (1897), 820–822.

CORNELIUS, CARL ADOLF, Die Münsterischen Humanisten und ihr Verhältniß zur Reformation. Ein historischer Versuch, Münster 1851.

CORVINUS, JOHANN FRIEDRICH, Anabaptisticum Et Enthusiasticum Pantheon […], [Köthen] 1701–1702.

DAMMASCHKE, MARION/VOGLER, GÜNTER, Thomas Müntzer Bibliographie (1519–2012), Baden-Baden 2013.

DELIUS, WALTER, Die Reformationsgeschichte der Stadt Halle a. S., Berlin 1953.

Deutsches Wörterbuch, begründet von J. Grimm/W. Grimm, Leipzig 1, 1854–16, 1954.

DIEDRICHS, CHRISTOF L, Ereignis Heiltum. Die Heiltumsweisung in Halle, in: Andreas Tacke (Hg.), „Ich armer sundiger mensch". Heiligen- und Reliquienkult am Übergang zum konfessionellen Zeitalter, Göttingen 2006 (Schriftenreihe der Stiftung Moritzburg, Kunstmuseum des Landes Sachsen-Anhalt 2), 314–360.

DÖLL, ERNST, Die Kollegiatstifte St. Blasius und St. Cyriacus zu Braunschweig, Braunschweig 1967 (Braunschweiger Werkstücke 36).

DREYHAUPT, JOHANN CHRISTOPH, Pagus Neletici et Nudzici Oder Ausführliche diplomatisch-historische Beschreibung des […] Saal-Creyses […], Halle 1749–1750.

EHMER, HERMANN, Andreas Althammer und die gescheiterte Reformation in Schwäbisch Gmünd, in: BWKG 78 (1978), 46–72.

EHWALD, RUDOLF, Geschichte der Gothaer Bibliothek, in: ZfB 18 (1901), 434–463.

EISERMANN, FALK, Der Ablass als Medienereignis, Kommunikationswandel durch Einblattdrucke im 15. Jahrhundert, in: Berndt Hamm u. a. (Hg.), Media Salutis, Gnaden- und Heilsmedien in der abendländischen Religiosität des Mittelalters und der Frühen Neuzeit, Tübingen 2011 (Spätmittelalter, Humanismus, Reformation 58), 121–143.

ELLIGER, WALTER, Thomas Müntzer. Leben und Werk, Göttingen [3]1975.

ENDERS, LUDWIG (Hg.), Aus dem Kampf der Schwärmer gegen Luther. Drei Flugschriften (1524. 1525), Halle 1893.

ERHARD, HEINRICH AUGUST, Überlieferungen zur vaterländischen Geschichte alter und neuer Zeiten, Heft 3, Magdeburg 1828.

ERHARD, HEINRICH AUGUST: Die ersten Erscheinungen der Reformation in Halle, in: Allgemeines Archiv für die Geschichtskunde des Preußischen Staates 2 (1830), 97–126.252–274.

ERLER, A., Art. Bibel, HDRG 1 (1971), 411–416.

FABIAN, ERNST, Zwei gleichzeitige Berichte von Zwickauern über die Wittenberger Unruhen 1521 und 1522, in: Mitteilungen des Altertumsvereins für Zwickau und Umgegend 11 (1914), 25–30.

FAST, HEINOLD (Hg.), Der linke Flügel der Reformation, Bremen 1962 (KlProt 4).

FAUTH, DIETER, Das Türkenbild bei Thomas Müntzer, in: BThZ 11 (1994), 1–12.

FAUTH, DIETER, Thomas Müntzer in bildungsgeschichtlicher Sicht, Köln u. a. 1993 (Studien und Dokumentationen zur deutschen Bildungsgeschichte 43).

FAUTH, DIETER, Träume bei religiösen Dissidenten in der frühen Reformation, in: Dieter Fauth / Daniela Müller (Hg.), Religiöse Devianz in christlich geprägten Gesellschaften. Vom hohen Mittelalter bis zur Frühaufklärung, Würzburg 1999, 71–105.

FELLER, JOACHIM, Catalogus codicum MSSCtorum Bibliothecae Paulinae in Academia Lipsiensi, Leipzig 1686.

FÖRSTEMANN, JOSEPH, Johannis Tuberini Gedicht an Erzbischof Albrecht von Mainz, in: Neue Mitteilungen aus dem Gebiet historisch-antiquarischer Forschungen 9, H. 3/4 (1862), 133–142.

FÖRSTEMANN, KARL EDUARD, Der Studenten-Auflauf zu Wittenberg im J. 1520, Neue Mittheilungen aus dem Gebiet historisch-antiquarischer Forschungen 8 (1850), H. 2, 51–71.

FÖRSTEMANN, KARL EDUARD, Mittheilungen aus den Wittenberger Kämmerei-Rechnungen in der ersten Hälfte des sechzehnten Jahrhunderts, Neue Mittheilungen aus dem Gebiet historisch-antiquarischer Forschungen 3 (1836) H. 2, 103–119.

FOTH, ALBRECHT, Gelehrtes römisch-kanonisches Recht in deutschen Rechtssprichwörtern, Tübingen 1971 (Juristische Studien 24).

FRANZEN, AUGUST, Zölibat und Priesterehe in der Auseinandersetzung der Reformationszeit und der katholischen Reform des 16. Jahrhunderts, Münster 1969 (KLK 29).

FREYS, ERNST / BARGE, HERMANN, Verzeichnis der gedruckten Schriften des Andreas Bodenstein von Karlstadt, in: Zentralblatt für Bibliothekswesen 21 (1904), 153–179.209–243. 305–331. (Sonderdruck: Nieuwkoop 1965).

FRIEDENSBURG, WALTER, Beiträge zum Briefwechsel der katholischen Gelehrten Deutschlands im Reformationszeitalter, in: ZKG 16 (1896), 470–499.

FRIEDENSBURG, WALTER, Geschichte der Universität Wittenberg, Halle 1917.

FUCHS, GERHARD, Karlstadts radikal-reformatorisches Wirken und seine Stellung zwischen Müntzer und Luther, in: WZ(H).GS 3 (1953/54), 523–552.

FÜSSEL, STEPHAN, Das Buch der Bücher, Die Luther-Bibel von 1534, Eine kulturhistorische Einführung, Köln 2002.

GAUSE, UTE, „Passional Christi und Antichristi", in Volker Leppin / Gury Scheider-Ludorff (Hg.), Das Luther-Lexikon, Regensburg 2014, 534 f.

GEHRT, DANIEL / SALATOWSKY, SASCHA, Aus erster Hand, 95 Porträts zur Reformationsgeschichte, Aus den Sammlungen der Forschungsbibliothek Gotha, Katalog zur Ausstellung der Universitäts- und Forschungsbibliothek Erfurt/Gotha vom 6. April bis 25. Mai 2014, Gotha 2014 (Veröffentlichungen der Forschungsbibliothek Gotha 51).

GERDES, DANIEL, Scrinium antiquarium sive Miscellanea Groningana nova, Bd. 1, Groningen 1749.

GERDES, HAYO, Luthers Streit mit den Schwärmern um das rechte Verständnis des Gesetzes Mose, Göttingen 1955.

GERICKE, WOLFGANG, Luthers Verbrennungstat vom 10. Dezember 1520 und der Bericht Agricolas in seinen verschiedenen Fassungen, in: HerChr 1981/82, 39–46.

GOERTZ, HANS-JÜRGEN, Innere und äußere Ordnung in der Theologie Thomas Müntzers, Leiden 1967.

GOERTZ, HANS-JÜRGEN, Thomas Müntzer. Mystiker – Apokalyptiker – Revolutionär, München 1989.

GOTTSCHICK, KONRAD, Zu Luthers Invocavitpredigten, in: Reformation und praktische Theologie. Festschrift für Werner Jetter zum 70. Geburtstag, hg. v. H. M. Müller u. D. Rössler, Göttingen 1983.

GÖTZE, ALFRED, Frühneuhochdeutsches Glossar, Berlin ⁷1967.

GRIMM, HEINRICH, Die Buchführer des deutschen Kulturbereichs und ihre Niederlassungsorte in der Zeitspanne 1490 bis um 1550, in: AGB 7 (1967), 1153–1772.

GRIMM, JACOB / GRIMM, WILHELM, Deutsches Wörterbuch, Bd. 13, bearbeitet von Matthias von Lexer, München 1984.

GROLL, KARIN, Das „Passional Christi und Antichristi" von Lucas Cranach d. Ä., Frankfurt am Main 1990 (EHS Kunstgeschichte 118).

GÜLSOW, HENNECKE, Art. Heinrich von Zütphen, NDB 8 (1969), 431.

HAKAMIES, AHTI, „Eigengesetzlichkeit" der natürlichen Ordnungen als Grundproblem der neueren Lutherdeutung. Studien zu Geschichte und Problematik der Zwei-Reiche-Lehre Luthers, Witten 1971 (UKG 7).

HAMANN, MATTHIAS, Die liturgische Verehrung des heiligen Mauritius am Neuen Stift in Halle, in: Andreas Tacke (Hg.), „Ich armer sundiger mensch". Heiligen- und Reliquienkult am Übergang zum konfessionellen Zeitalter, Göttingen 2006 (Schriftenreihe der Stiftung Moritzburg 2), 287–313.

HAMM, BERNDT, Frömmigkeitstheologie am Anfang des 16. Jahrhunderts. Studien zu Johannes von Paltz und seinem Umkreis, Tübingen 1982 (BHTh 65).

HAMMER, GERHARD, Militia Franciscana seu militia Christi. Das neugefundene Protokoll einer Disputation der sächsischen Franziskaner mit Vertretern der Wittenberger theologischen Fakultät am 3. und 4. Oktober 1519, in: ARG 69 (1978), 51–81; 70 (1979), 59–106.

HARTFELDER, KARL, Melanchthoniana paedagogica. Eine Ergänzung zu den Werken Melanchthons im Corpus Reformatorum, Leipzig 1892.

HASSE, HANS-PETER, Ambrosius Blarer liest Hieronymus. Blarers handschriftliche Eintragungen in seinem Exemplar der Hieronymusausgabe des Erasmus von Rotterdam (Basel 1516), in: Leif Grane u. a. (Hg.): Auctoritas Patrum. Zur Rezeption der Kirchenväter im 15. und 16. Jahrhundert, Mainz 1993 (VIEG 39), 33–53.

HASSE, HANS-PETER, Bücherzensur an der Universität Wittenberg im 16. Jahrhundert, in: 700 Jahre Wittenberg. Stadt Universität Reformation, hg. v. Stefan Oehmig, Weimar 1995.

HASSE, HANS-PETER, Tauler und Augustin als Quelle Karlstadts am Beispiel von Karlstadts Marginalien zu Taulers Predigt zum Johannistag über Lk 1,5–23, in: Sigrid Looß / Markus Matthias (Hg.): Andreas Bodenstein von Karlstadt (1486–1541). Ein Theologe der frühen Reformation. Beiträge eines Arbeitsgesprächs vom 24.-25. November 1995 in Wittenberg, Lutherstadt Wittenberg 1998, 247–282.

HASSELHORN, BENJAMIN / GUTJAHR, MIRKO, Tatsache! Die Wahrheit über Luthers Thesenanschlag, Leipzig 2018.

HECKEL, JOHANNES, Lex charitatis. Eine juristische Untersuchung über das Recht in der Theologie Martin Luthers, München 1953 (ABAW.PH 36).

HECKEL, JOHANNES, Lex charitatis. Eine juristische Untersuchung über das Recht in der Theologie Martin Luthers, hg. v. M. Heckel, Köln ²1973.

HECKEL, JOHANNES, Widerstand gegen die Obrigkeit? Pflicht und Recht zum Widerstand bei Martin Luther (1954), in: Gunther Wolf (Hg.), Luther und die Obrigkeit, Darmstadt 1972, 114–134.

HECKEL, MARTIN, Summum ius – summa iniuria als Problem reformatorischen Kirchenrechts, in: Summum ius summa iniuria. Individualgerechtigkeit und der Schutz allgemeiner Werte im Rechtsleben. Ringvorlesung gehalten von Mitgliedern der Tübinger Juristenfakultät im Rahmen des Dies academicus, Wintersemester 1962/63, Tübingen 1963 (Tübinger rechtswissenschaftliche Abhandlungen 9), 240–266.

HECKEL, MARTIN, Zum Sinn und Wandel der Freiheitsidee im Kirchenrecht der Neuzeit, in: ZSRG.K 55 (1969), 397–436.

HECKEL, MARTIN, Zur Entwicklung des deutschen Staatskirchenrechts von der Reformation bis zur Schwelle der Weimarer Verfassung, in: ZEvKR 12 (1966), 1–39.

HELD, WIELAND, Thomas Müntzer in Orlamünde, in ZfG 39 (1991), 1224–1230.

HENDRIX, SCOTT H., Martin Luther und Albrecht von Mainz. Aspekte von Luthers reformatorischen Selbstbewusstsein, in: LuJ 49 (1982), 96–114.

HERMELINK, HEINRICH, Die theologische Fakultät in Tübingen vor der Reformation 1477–1534, Tübingen 1906.

HERTZBERG, GUSTAV FRIEDRICH, Geschichte der Stadt Halle an der Saale von den Anfängen bis zur Neuzeit, Bd. 2, Halle 1891.

HOFFMANN, FRIEDICH WILHELM, Geschichte der Stadt Magdeburg. Neu bearb. v. G. Hertel u. F. Hülße, Bd. 1, Magdeburg 1885.

HOLFELDER, HANS HERMANN, Art. Bugenhagen, Johannes, in: TRE 7 (1981), 354–363.

HOLL, KARL, Luther und das landesherrliche Kirchenregiment (1911), in: ders., Gesammelte Aufsätze zur Kirchengeschichte, Bd. 1, Tübingen ⁷1948, 326–380.

HONSELMANN, KLEMENS, Otto Beckmann und sein Sammelband von Reformationsschriften, in: Westfälische Zeitschrift 114 (1964), 243–268.

IKEN, JOHANN FRIEDRICH, Heinrich von Zütphen, Halle 1886.

Intelligenzblatt der Allgemeinen Literatur-Zeitung, Nr. 41 (24. April 1793).

ISRAEL, FRIEDRICH, Das Wittenberger Universitätsarchiv, seine Geschichte und seine Bestände, Halle 1913.

JACOBS, EDUARD, Aus dem Rechnungsbuch des Wernigeröder Dechanten und bischöflichen Halberstädtischen und Hildesheimischen Offizials zu Braunschweig Johann Kerkener, in: Zeitschrift des Harzvereins für Geschichte und Altertumskunde 27 (1894), 593–612.

JÄGER, CARL FRIEDRICH, Andreas Bodenstein von Carlstadt. Ein Beitrag zur Geschichte der Reformationszeit aus Originalquellen gegeben, Stuttgart 1856.

JUNGHANS, HELMAR, Der junge Luther und die Humanisten, Weimar 1984.

JUNGHANS, HELMAR, Die probationes zu den philosophischen Thesen der Heidelberger Disputation Luthers im Jahr 1518, in: LuJ 46 (1979), 10–59.

JUNGHANS, HELMAR, Freiheit und Ordnung bei Luther während der Wittenberger Bewegung und der Visitationen, in: ThLZ 97 (1972), 95–104.

JUNGHANS, HELMAR, Thomas Müntzer als Wittenberger Theologe, in: Siegfried Bräuer/Helmar Junghans (Hg.), Der Theologe Thomas Müntzer. Untersuchungen zu seiner Entwicklung und Lehre, Berlin 1989, 258–282.

JUNGHANS, HELMAR, Wittenberg als Lutherstadt, Göttingen 1979.

JÜRGENSMEIER, FRIEDHELM, Kardinal Albrecht von Brandenburg (1490–1545). Kurfürst, Erzbischof von Mainz und Magdeburg, Administrator von Halberstadt, in: Horst

Reber, Zum 500. Geburtstag eines deutschen Renaissancefürsten. Albrecht von Brandenburg. Kurfürst, Erzkanzler, Kardinal, hg. v. Berthold Roland, Mainz 1990, 22–41.

KÄHLER, ERNST, Art. Bodenstein, Andreas, NDB 2 (1955), 365 f.

KÄHLER, ERNST, Nicht Luther, sondern Karlstadt (zu WA 6, 26 f.), in: ZKG 82 (1971), 351–360.

KALKOFF, PAUL, Ablass und Reliquienverehrung in der Schlosskirche zu Wittenberg unter Friedrich dem Weisen, Gotha 1907.

KALKOFF, PAUL, Capito im Dienste Erzbischof Albrechts von Mainz, Berlin 1907 (Neue Studien zur Geschichte der Theologie und der Kirche 1).

KAPP, JOHANN ERHARD, Kleine Nachlese einiger, größten Theils noch ungedruckter, Und sonderlich zur Erläuterung der Reformations-Geschichte nützlicher Urkunden, Leipzig 1727.

KAPP, JOHANN ERHARD, Kleine Nachlese einiger, größten Theils noch ungedruckter, Und sonderlich zur Erläuterung der Reformations-Geschichte nützlicher Urkunden Bd. 2, Leipzig 1727.

KAUFMANN, THOMAS, An den christlichen Adel deutscher Nation von des christlichen Standes Besserung, Tübingen 2014 (Kommentare zu Schriften Luthers 3).

KAUFMANN, THOMAS, Der Anfang der Reformation. Studien zur Kontextualität der Theologie, Publizistik und Inszenierung Luthers und der reformatorischen Bewegung, Tübingen 2012 (Spätmittelalter, Humanismus, Reformation 67).

KAUFMANN, THOMAS, Die Mitte der Reformation. Eine Studie zu Buchdruck und Publizistik im deutschen Sprachgebiet, zu ihren Akteuren und deren Strategien, Inszenierungs- und Ausdrucksformen, Tübingen 2019 (BHTh 187).

KAUFMANN, THOMAS, Erlöste und Verdammte. Eine Geschichte der Reformation, München 2016.

KAUFMANN, THOMAS, Neues von „Junker Jörg". Lukas Cranachs frühreformatorische Druckgraphik. Beobachtungen Anfragen, Thesen und Korrekturen, Weimar 2021 (Konstellationen 2).

KAUFMANN, THOMAS, Thomas Müntzer, „Zwickauer Propheten" und sächsische radikale. Eine quellen und traditionskritische Untersuchung zu einer komplexen Konstellation, Mühlhausen 2010 (Veröffentlichungen der Thomas-Müntzer-Gesellschaft 12).

KAWERAU, GUSTAV, Johann Agricola von Eisleben, Berlin 1881.

KIND, HELMUT, Die Lutherdrucke des 16. Jahrhunderts und die Lutherhandschriften der Niedersächsischen Staats- und Universitätsbibliothek Göttingen, Göttingen 1967.

KIRN, PAUL, Friedrich der Weise und die Kirche. Seine Kirchenpolitik vor und nach Luthers hervortreten im Jahre 1517, dargestellt nach den Akten im Thüringischen Staatsarchiv zu Weimar, Leipzig 1926 (Beiträge zur Kulturgeschichte des Mittelalters und der Renaissance 30).

KLEEBERG, ALFRED, Georg Spalatins Chronik für die Jahre 1513 bis 1520 (Diss. Jena), Borna/Leipzig 1919.

KLEINEIDAM, ERICH, Universitas Studii Erffordensis, Bd. 2, Leipzig 1969 (EThSt 22).

KLEINER, JOHN WALTER, Andreas Bodenstein von Karlstadt's Eschatology as Illustrated by Two Major Writings of 1523 and 1539. (Thesis for the degree of Master of Theology.) Cambridge, Mass.: Harvard University, September 1966 (Typoskript).

KNOD, GUSTAV C., Deutsche Studenten in Bologna (1289–1562). Biographischer Index zu den Acta nationis Germanicae universitatis Bononiensis, [Berlin] 1899.

KOEPPLIN, DIETER/FALK, TILMAN, Lukas Cranach. Gemälde Zeichnungen Druckgraphik, Bd. 1, Basel/Stuttgart [2]1974.

KOEPPLIN, DIETER/FALK, TILMANN, Lukas Cranach. Gemälde Zeichnungen Druck-graphik, Bd. 2, Basel/Stuttgart 1976.

KÖHLER, HANS-JOACHIM, *B*ibliographie der Flugschriften des 16. Jahrhunderts. Teil I: Das frühe 16. Jahrhundert (1501–1530), Tübingen 1991–1996.

KÖHLER, WALTHER, Rezension von H. Barge, Karlstadt, in: GGA 174 (1912), 505–550.

KÖHLER, WALTHER, Zwingli und Luther, Bd. 1, Leipzig 1924.

KÖHLER, WALTHER, Luthers 95 Thesen samt seinen Resolutionen sowie den Gegen-schriften von Wimpina-Tetzel, Eck und Prierias und den Antworten Luthers darauf, Leipzig 1903.

KOHNLE, ARMIN, Art. Asterisci, in: Volker Leppin/Gury Schneider-Ludorff (Hg.), Das Luther-Lexikon, Regensburg 2014, 80.

KOLDE, THEODOR, Gleichzeitige Berichte über die Wittenberger Unruhen im Jahre 1521 und 1522, in: ZKG 5 (1882), 323–333.

KOLDE, THEODOR, Wittenberger Disputationsthesen aus den Jahren 1516–1522, in: ZKG 11 (1890), 448–471.

KÖPF, ULRICH, Nikolaus von Amsdorf an der Universität Wittenberg (mit Abdruck von Disputationsthesen Amsdorfs), in: Irene Dingel (Hg.), Nikolaus von Amsdorf (1483–1565) zwischen Reformation und Politik, Leipzig 2008 (Leucorea-Studien zur Ge-schichte der Reformation und der Lutherischen Orthodoxie 9), 35–55.

KÖSTLIN, JULIUS/KAWERAU, GUSTAV, Martin Luther. Sein Leben und seine Schriften, Bd. 1, Berlin ⁵1903.

KÖSTLIN, JULIUS, Briefe vom kursächsischen Hofe an A. Tucher in Nürnberg 1518–1523, in: ThStKr 55 (1882), 691–702.

KÖSTLIN, JULIUS, Die Baccalaurei und Magistri der Wittenberger philosophischen Fa-kultät 1503–1517, Halle 1887.

KRAUSE, H. Art. Gesetzgebung, HDRG 1 (1971), 1606–1620

KRENTZ, NATALIE, Ritualwandel und Deutungshoheit. Die frühe Reformation in der Residenzstadt Wittenberg (1500–1533), Tübingen 2014 (SMHR 74).

KRIECHBAUM, FRIEDEL, Grundzüge der Theologie Karlstadts, Hamburg-Bergstedt 1967 (Theologische Forschung 43).

KRODEL, GOTTFRIED G., „Wider den Abgott zu Halle". Luthers Auseinandersetzung mit Albrecht von Mainz im Herbst 1521, das Luthermanuskript Add. C. 100, SC. 28660 der Bodleian Library, Oxford, und Luthers Schrift „Wider den falsch genannten geist-lichen Stand des Papsts und der Bischöfe" vom Juli 1522. Ein Beitrag zur Lutherbio-graphie aus der Werkstatt der Amerikanischen Lutherausgabe, in: LuJ 33 (1966), 9–87.

KROPATSCHEK, FRIEDRICH, Johannes Dölsch aus Feldkirch, phil. Diss. Greifswald 1898.

KRUMHAAR, KARL, Die Grafschaft Mansfeld im Reformationszeitalter, Eisleben 1855.

KRUSE, JENS-MARTIN, Universitätstheologie und Kirchenreform. Die Anfänge der Re-formation in Wittenberg 1516–1522, Mainz 2002 (VIEG 187).

KÜHNE, HARTMUT, Einblattdruck über den Ablass der Wittenberger Heiltumsweisung, in: Hartmut Kühne u. a. (Hg.), Alltag und Frömmigkeit am Vorabend der Reformati-on in Mitteldeutschland. Katalog zur Ausstellung »Umsonst ist der Tod«, Petersberg 2013, 210 f., Nr. 4.9.3.

KÜHNE, HARTMUT, Ostensio reliquiarum. Untersuchungen über Entstehung, Ausbrei-tung, Gestalt und Funktion der Heiltumsweisungen im römisch-deutschen Regnum, Berlin 2000 (AKGH 75).

KÜHNE, HARTMUT, Prophetie und Wunderzeichendeutung in der Reformation und im frühneuzeitlichen Luthertum. Beobachtungen zu wenig beachteten Zusammenhängen, in: James M. Stayer/ders., Endzeiterwartung bei Thomas Müntzer und im frühen Luthertum. Zwei Beiträge. Mühlhausen 2011 (Veröffentlichungen der Thomas Müntzer Gesellschaft 16), 26–53.

KÜHNE, HEINRICH, Lucas Cranach d. Ä. als Bürger Wittenbergs, Wittenberg ²1973.

LANGE, BERNHARD D., Gottschalk Kruse in seiner Bedeutung für die Reformation in der Stadt Braunschweig und im Fürstentum Lüneburg, in: JGNKG 56 (1958), 97–149.

LAU, FRANZ, Reformationsgeschichte bis 1532, Göttingen 1964 (Die Kirche in ihrer Geschichte 3, Lieferung K).

LEDER, HANS-GÜNTER, Leben und Werk des Reformators Johannes Bugenhagen, in: Ders./Norbert Buke, Reform und Ordnung aus dem Wort. Johannes Bugenhagen und die Reformation im Herzogtum Pommern, Berlin 1985, 9–45.

LEDER, HANS-GÜNTER, Luthers Beziehungen zu seinen Wittenberger Freunden, in: Helmar Junghans (Hg.), Leben und Werk Martin Luthers von 1526 bis 1546. Festgabe zu seinem 500. Geburtstag, 2. Aufl. Berlin 1985, 419–440.

LEPPIN, VOLKER, Die Monumentalisierung Luthers. Warum vom Thesenanschlag erzählt wurde – und was davon zu erzählen ist, in: Joachim Ott /Martin Treu (Hg.), Luthers Thesenanschlag – Faktum oder Fiktion, Leipzig 2008 (Schriften der Stiftung Luthergedenkstätten in Sachsen-Anhalt 9).

Liber Decanorum. Das Dekanatsbuch der theologischen Fakultät zu Wittenberg in Lichtdruck nachgebildet, mit einem Vorwort von Johannes Ficker, Halle 1923.

LINDBERG, CARTER, The Liturgy after the Liturgy. Welfare in the Early Reformation, in: Emily Albu Hanawalt/ders. (Hg.), Through the Eye of a Needle. Judeo-Christian Roots of Social Welfare, Kirksville, Missouri 1994.

LOHSE, BERNHARD, Luther und der Radikalismus, in: LuJ 44 (1977), 7–27.

LOHSE, BERNHARD, Zu Thomas Müntzers früher Kirchenkritik, in: Mennonitische Geschichtsblätter 46 (1989), 23––30.

LORZ, JÜRGEN, Das reformatorische Wirken Dr. Wenzeslaus Lincks in Altenburg und Nürnberg (1523–1547), Nürnberg 1978 (Nürnberger Werkstücke zur Stadt- und Landesgeschichte 25).

LUDOLPHY, INGETRAUT, Friedrich der Weise Kurfürst von Sachsen 1463–1525, Göttingen 1984.

LUTHER, JOHANNES, Die Titeleinfassungen der Reformationszeit. Mit Verbesserungen und Ergänzungen von Josef Benzing, Helmut Claus und Martin von Hase, Hildesheim/New York 1973.

Martin Luther. Sein Leben in Bildern und Texten, hg. v. Gerhard Bott, Gerhard Ebeling und Bernd Moeller, Frankfurt am Main 1983.

MARTIN, PETER, Martin Luther und die Bilder zur Apokalypse. Die Ikonographie der Illustrationen zur Offenbarung des Iohannes in der Lutherbibel 1522 bis 1546, Hamburg 1983 (VB 5).

MATHESON, PETER, Thomas Müntzer's Marginal Comments on Tertullian, in: JThS 41 (1990), 76–90.

MAURER, WILHELM, Der junge Melanchthon zwischen Humanismus und Reformation, Bd. 1, Göttingen 1969.

MAURER, WILHELM, Der junge Melanchthon zwischen Humanismus und Reformation. Bd. 2. Der Theologe, Göttingen 1969.

MAURER, WILHELM, Von der Freiheit eines Christenmenschen. Zwei Untersuchungen zu Luthers Reformationsschriften 1520/21, Göttingen 1949.

MENTZ, GEORG, Handschriften der Reformationszeit, Bonn 1912.

MOELLER, BERND, Thesenanschläge, in: Joachim Ott/Martin Treu (Hg.), Luthers Thesenanschlag – Faktum oder Fiktion, Leipzig 2008 (Schriften der Stiftung Luthergedenkstätten in Sachsen-Anhalt 9), 9–31.

MOELLER, BERND, Zwinglis Disputationen. Studien zur Kirchenbildung und des Synodalwesens im Protestantismus. I. Teil, in: ZSRG.K 56 (1970), 275–324.

MÜLHAUPT, ERWIN, Luthers Testament. Zum 450. Jubiläum des Septembertestaments 1522, Witten 1972.

MÜLHAUPT, ERWIN, Rheinische Kirchengeschichte. Von den Anfängen bis 1945, Düsseldorf 1970 (SVKKG 35).

MÜLLER, GERHARD, „Niemand soll sein eigener Richter sein." Luthers Gedanken zu Aufruhr, Krieg und Frieden, in: LM 22 (1983), 512–517.

MÜLLER, KARL, Luther und Karlstadt, Tübingen 1907.

MÜLLER, NIKOLAUS, Die Wittenberger Bewegung 1521 und 1522, Die Vorgänge in und um Wittenberg während Luthers Wartburgaufenthalt. Leipzig ²1911.

NEBE, G., Balthasar Zeiger in Vatterode bei Mansfeld, in: Zeitschrift des Harz-Vereins für Geschichte und Altertumskunde 13 (1880), 341–348.

NEUSER, WILHELM H., Die Abendmahlslehre Melanchthons in ihrer geschichtlichen Entwicklung (1519–1530), Neukirchen-Vluyn 1968.

NÖRR, KNUT WOLFGANG, Kirche und Konzil bei Nicolaus de Tudeschis (Panormitanus), Köln 1964 (FKRG 4).

OBERMAN, HEIKO AUGUSTINUS, Die „Extra"-Dimension in der Theologie Calvins, in: Heinz Liebig/Klaus Scholder (Hg.), Geist und Geschichte der Reformation. Festgabe Hanns Rückert zum 65. Geburtstag dargebracht von Freunden, Kollegen und Schülern, Berlin 1966 (AKG 38), 323–356.

OBERMAN, HEIKO AUGUSTINUS, Luther. Mensch zwischen Gott und Teufel, Berlin 1982.

OBERMAN, HEIKO AUGUSTINUS, Martin Luther Vorläufer der Reformation, in: Eberhard Jüngel u. a. (Hg.): Verifikationen. Festschrift für Gerhard Ebeling zum 70. Geburtstag, Tübingen 1982, 91–119.

OBERMAN, HEIKO AUGUSTUS, Forerunners of the Reformation, New York 1966.

OEHMIG, STEFAN, „Christliche Bürger" – „christliche Stadt"? Zu Andreas Bodensteins von Karlstadt Vorstellungen von einem christlichen Gemeinwesen und den Tugenden seiner Bürger, in: Bubenheimer/ders., Querdenker der Reformation. Andreas Bodenstein von Karlstadt und seine frühe Wirkung, Würzburg 2001, 151–185.

OEHMIG, STEFAN, „Gedruckt zu Wittenberg durch Nickel Schirlentz" – Zum Leben und Wirken des Wittenberger Reformationsdruckers Nickel Schirlentz, in: Ders. (Hg.), Buchdruck und Buchkultur im Wittenberg der Reformationszeit, Leipzig 2015 (Schriften der Stiftung Luthergedenkstätten in Sachsen-Anhalt 21), 115–167.

Ohn' Ablass von Rom kann man wohl selig werden. Streitschriften und Flugblätter der frühen Reformationszeit, hg.v. Germanischen Nationalmuseum Nürnberg. Mit einer Einführung von K. Hoffmann, Nördlingen 1983.

PALLAS, KARL /MÜLLER, NIKOLAUS: „Urkunden das Allerheiligenstift zu Wittenberg betreffend, 1522–1536", in: ARG 12 (1915), 1–46.81–11.

PALLAS, KARL, Briefe und Akten zur Visitationsreise des Bischofs Johannes VII. von Meißen im Kurfürstentum Sachsen 1522, in: ARG 5 (1907/08), 217–312.

PALLAS, KARL, Die Visitationsreise des Bischofs Johann VII. von Meißen im Kurfürstentum Sachsen 1522, in: Zeitschrift des Vereins für Kirchengeschichte der Provinz Sachsen 6 (1909), 25–80.

PALLAS, KARL, Die Wittenberger Beutelordnung vom Jahre 1521 und ihr Verhältnis zur Einrichtung des Gemeinen Kastens im Januar 1522, in: Zeitschrift des Vereins für Kirchengeschichte in der Provinz Sachsen 12 (1915), 1–45.100–137.

PATER, CALVIN A., Karlstadt as the father of the baptist movements. The emergence of lay protestantism, Toronto 1984.

PAWLAK, ANNA, „Effigies Lutheri. Martin Luther im Bilderstreit der Konfessionen", in: Zaal Andronikashvili u. a. (Hg.), Kuturheros. Genealogien. Konstellationen. Praktiken, Berlin 2017, 411–443.

PESCHKE, ERHARD, Die Theologie der böhmischen Brüder in ihrer Frühzeit Bd. 1/1. Das Abendmahl, Stuttgart 1935 (FKGG 5).

POSTEL, RAINER, Horenjegers und Kökschen. Zölibat und Priesterehe in der hamburgischen Reformation, in: Ingrid Bátori (Hg.), Städtische Gesellschaft und Reformation, Stuttgart 1980 (SMAFN 12), 221–233.

PREUS, JAMES SAMUEL, Carlstadt's *ordinaciones* and Luther's liberty. A study of the Wittenberg Movement 1521–22, Cambridge/Mass. 1974 (HThS 27).

REBER, HORST, Zum 500. Geburtstag eines deutschen Renaissancefürsten. Albrecht von Brandenburg. Kurfürst, Erzkanzler, Kardinal […], hg. v. Berthold Roland, Mainz 1990.

REDLICH, PAUL, Cardinal Albrecht von Brandenburg und das Neue Stift zu Halle. 1520–1541. Eine kirchen- und kunstgeschichtliche Studie, Mainz 1900.

REINITZER, HEIMO, Biblia deutsch. Luthers Bibelübersetzung und ihre Tradition, Wolfenbüttel u. a. 1983.

RESKE, CHRISTOPH, Die Buchdrucker des 16. und 17. Jahrhunderts im deutschen Sprachgebiet, Wiesbaden ²2015 (BBBW 51).

RIEDERER, JOHANN BARTHOLOMÄUS, Nachrichten zur Kirchen-, Gelehrten- und Bücher-Geschichte, Bd. 4, Altdorf 1768.

RIEDERER, JOHANN BARTHOLOMÄUS, Versuch eines vollständigern Verzeichnisses von Andr. Carlstadts Schriften, in: ders. (Hg.), Nützliche und angeneme Abhandlungen aus der Kirchen- Bücher- und Gelerten-Geschichte von verschiedenen Verfassern zusammen getragen, Viertes Stück, Altdorf 1769, 473–499.

ROPER, LYNDAL, Der Mensch Martin Luther. Die Biographie, Frankfurt am Main 2016.

ROSIN, ROBERT, Art. Jonas Justus, EncR 2 (1996), 352 f.

RUBLACK, HANS-CHRISTOPH, Martin Luther and the Urban Social Experience, in: SCJ 16 (1985), 15–32.

RÜGER, HANS PETER, Karlstadt als Hebraist an der Universität zu Wittenberg, in: ARG 75 (1984), 297–308.

RUNSCHKE, WOLFGANG, Das Prager Manifest, in: Daniel Gehrt/Sascha Salatowsky (Hg.), Aus erster Hand. 95 Porträts zur Reformationsgeschichte. Aus den Sammlungen der Forschungsbibliothek Gotha. Katalog zur Ausstellung der Universitäts- und Forschungsbibliothek Erfurt/Gotha vom 6. April bis 25. Mai 2014, Gotha 2014, 137.

SALVADORI, STEFANIA, Der Augustinkommentar des Andreas Bodenstein von Karlstadt zwischen der Stilisierung einer Bekehrungsgeschichte und der (Wieder-)Entdeckung der biblisch-patristischen Quellen, in: Ebernburg-Hefte 52 (2018), 7–30 = Blätter für pfälzische Kirchengeschichte und religiöse Volkskunde 85 (2018), 239–264.

SCHEIBLE, HEINZ, Besprechung von Wilhelm Neuser, Die Abendmahlslehre Melanchthons in ihrer geschichtlichen Entwicklung (1519–1530), in: ZKG 82 (1971), 126–128.

SCHNEIDER, HANS, Zwei Briefe über die Situation in Wittenberg 1522 und 1524 im Register des Ordensgenerals der Augustinereremiten, in: LuJ 83 (2016), 14–17.

SCHOLZ, MICHAEL, Residenz, Hof und Verwaltung der Erzbischöfe von Magdeburg in Halle in der ersten Hälfte des 16. Jahrhunderts. Sigmaringen 1998 (Residenzforschung 7).

SCHOTTENLOHER, KARL, Erfurter und Wittenberger Berichte aus den Frühjahren der Reformation nach Tegernseer Überlieferungen, in: Otto Scheel (Hg.), Festschrift für Hans von Schubert, Leipzig 1929 (ARG Ergänzungsband 5), 71–91.

SCHRADER, FRANZ, Kardinal Albrecht von Brandenburg, Erzbischof von Magdeburg, im Spannungsfeld zwischen alter und neuer Kirche, in: Remigius Bäumer (Hg.), Von Konstanz nach Trient. Beiträge zur Geschichte der Kirche von den Reformkonzilien bis zum Tridentinum. Festgabe für August Franzen, München 1972, 419–445.

SCHRÖDER, ALFRED, Der Humanist Veit Bild, Mönch bei St. Ulrich. Sein Leben und sein Briefwechsel, in: Zeitschrift des Historischen Vereins für Schwaben und Neuburg 20 (1893), 173–227.

SCHWARZ, REINHARD, Die apokalyptische Theologie Thomas Müntzers und der Taboriten, Tübingen 1977 (BHTh 55).

SCHWENKE, PAUL, Hans Weinreich und die Anfänge des Buchdrucks in Königsberg, in: Altpreußische Monatsschrift 33 (1896), 67–109.

SEEBASS, GOTTFRIED, Art. Müntzer, Thomas, in: TRE 23 (1994), 414–436.

SEIDEMANN, JOHANN KARL, Erläuterungen zur Reformationsgeschichte durch bisher unbekannte Urkunden, Dresden 1844.

SIMON, MATTHIAS, Johannes Petzensteiner, Luthers Reisebegleiter in Worms, in: ZBKG 35 (1966), 113–137.

SLENCZKA, NOTGER, Christus, in Albrecht Beutel (Hg.), Luther Handbuch, Tübingen ³2017, 428–438.

STAHL, IRENE, Jörg Schechner. Täufer – Meistersinger – Schwärmer. Ein Handwerkerleben im Jahrhundert der Reformation, Würzburg 1991 (Würzburger Beiträge zur deutschen Philologie 5).

STROHM, THEODOR / KLEIN, MICHAEL (Hg.), Die Entstehung einer sozialen Ordnung Europas, Heidelberg 2004 (VDWI 22/23).

STUPPERICH, ROBERT, Reformatorenlexikon, Gütersloh 1984.

TACKE, ANDREAS, Das Hallenser Stift Albrechts von Brandenburg. Überlegungen zu gegen-reformatorischen Kunstwerken vor dem Tridentinum, in: Friedrich Jürgensmeier (Hg.), Erzbischof Albrecht von Brandenburg (1490–1545). Ein Kirchen- und Reichsfürst der Frühen Neuzeit, Frankfurt am Main 1991 (BMKG 3), 357–380.

THIELE, ERNST, Denkwürdigkeiten aus dem Leben des Johann Agricola von Eisleben, in: THSTKr 80 (1907), 246–270.

THOMPSON, ALDEN LORNE, Tertius usus legis in the Theology of Andreas Bodenstein von Karlstadt, phil. Diss. Los Angeles, University of Southern California 1969.

TIERNEY, BRIAN, „Sola scriptura" and the Canonists, in: Giuseppe Fochielli / Alfons Maria Stickler (Hg.), Collectanea Stephan Kuttner Bd. 2, Bologna 1967 (StGra 12), 345–366.

TRÖGER, GERHARD, Art. Bischof. III. Das evangelische Bischofsamt, TRE 6 (1980), 690–694.

TRÖGER, GERHARD, Das Bischofsamt in der evangelisch-lutherischen Kirche, München 1966 (JusEcc 2).

TSCHACKERT, PAUL, Dr. Eberhard Weidensee († 1547). Leben und Schriften, Berlin 1911.

ULLMANN, WOLFGANG, Ordo rerum. Müntzers Randbemerkungen zu Tertullian als Quelle für das Verständnis seiner Theologie, in: ThV 7 (1976), 125–140.

VEESENMEYER, G., Bemerkung über des Barthol. Bernhardi Apologie der Klerogamie, in: ThStKr 4 [1831], 124–130.

VEITH, FRANZ ANTON, Bibliotheca Augustana, complectens notitias varias de vita et scriptis eruditorum, quos Augusta Vindelica orbi literato vel dedit vel aluit, Alphabetum XII, Augsburg 1796.

VOGLER, GÜNTER, Thomas Müntzer – Irrweg oder Alternative? Plädoyer für eine andere Sicht, in: ARG 103 (2012), 11–40.

VOGLER, GÜNTER, Thomas Müntzer, Berlin 1989.

VOLZ, HANS, Luthers deutsche Bibel. Entstehung und Geschichte der Lutherbibel, Hamburg 1978.

VON DER GÖNNA, SIGRID, Albrecht von Brandenburg als Büchersammler und Mäzen der gelehrten Welt, in: Friedhelm Jürgendmeier (Hg.), Erzbischof Albrecht von Brandenburg (1490–1545), Frankfurt am Main 1991, 381–477.

VON GREYERZ, KASPAR, Stadt und Reformation: Stand und Aufgaben der Forschung, in: ARG 76 (1985), 6–63.

VON LUDEWIG, JOHANN PETER, Reliquiae manuscriptorum omnis aevi diplomatum ac monumentorum, ineditorum adhuc, Bd. 11, Halle 1737.

VON SECKENDORF, VEIT LUDWIG, Commentarius historicus et apologeticus de Lutheranismo, Frankfurt 1692.

VON TILING, MAGDALENE, Der Kampf gegen die missa privata in Wittenberg im Herbst 1521, in: NKZ 20 (1909), 85–130.

WAGENMANN, Art. Bernhardi, Bartholomäus, ADB 2 (1875), 459 f.

WANDER, KARL FRIEDRICH WILHELM (Hg.), Deutsches Sprichwörter-Lexikon, Leipzig 1867–1880.

WEIDE, CHRISTINE, Georg Spalatins Briefwechsel. Studien zu Überlieferung und Bestand (1505–1525), Leipzig 2014 (Leucorea-Studien zur Geschichte der Reformation und der Lutherischen Orthodoxie 23).

WERBECK, WILFRID, Valor et applicatio missae. Wert und Zuwendung der Messe im Anschluß an Johannes Duns Scotus, ZThK 69 (1972), 163–184.

WERNER, JOACHIM / LEISTNER, KRISTINA, Kostbarkeiten der Ratsschulbibliothek Zwickau, Zwickau 1979.

WESTPHAL, INA, Die Korrespondenz zwischen Kurfürst Friedrich dem Weisen von Sachsen und der Reichsstadt Nürnberg. Analyse und Edition, Frankfurt am Main 2011 (Kieler Werkstücke E 10).

WILLIAMS, GEORGE HUNSTON, The Radical Reformation, Philadelphia 1963.

WOLGAST, EIKE / VOLZ, HANS, Geschichte der Luther-Ausgaben vom 16. bis zum 19. Jahrhundert (1980), in: WA 60, 506 f.514–516.520 f.

WOLGAST, EIKE, Thomas Müntzer. Ein Verstörer der Ungläubigen, Göttingen 1981 (PerGe 111/112).

WOLTERS, ALBRECHT, Der Abgott zu Halle 1521–1542. Bonn 1877.

WUSTMANN, GUSTAV, Der Wirt von Auerbachs Keller. Dr. Heinrich Stromer von Auerbach 1482–1542, Leipzig 1902.

WUTTKE, DIETER, Art. Celtis, Conrad(us), in: Killy Literaturlexikon. Autoren und Werke des deutschsprachigen Kulturraumes, hrsg. v. Wilhelm Kuhlmann, Bd. 2, Berlin 2008, 396.

ZORZIN, ALEJANDRO, Karlstadt als Flugschriftenautor, Göttingen 1990 (GTA 48).

Ortsverzeichnis

Namensverzeichnis

Spätmittelalter, Humanismus, Reformation

Studies in the Late Middle Ages, Humanism and the Reformation

herausgegeben von Volker Leppin (New Haven, CT)

in Verbindung mit
Amy Nelson Burnett (Lincoln, NE), Johannes Helmrath (Berlin)
Matthias Pohlig (Berlin), Eva Schlotheuber (Düsseldorf),
Klaus Unterburger (Regensburg)

Die Reihe *Spätmittelalter, Humanismus, Reformation* (SMHR) ist dem Zeitraum vom späten 13. Jahrhundert bis zum 17. Jahrhundert mit den beiden Epochen des Spätmittelalters und der Frühen Neuzeit gewidmet. Dabei richtet sich der Blick besonders auf die religiösen Impulse, wie sie etwa in den Kirchenreformbewegungen und der Reformation hervortraten. Darüber hinaus aber gilt das Interesse dem gesamten Spektrum der kulturgestaltenden Kräfte, für die stellvertretend der epochenübergreifende Humanismus des Renaissance-Zeitalters genannt wird.

ISSN: 1865-2840
Zitiervorschlag: SMHR

Alle lieferbaren Bände finden Sie unter *www.mohrsiebeck.com/smhr*

Mohr Siebeck
www.mohrsiebeck.com